UNE HISTOIRE DU MONDE MODERNE

PAUL JOHNSON

UNE HISTOIRE DU MONDE MODERNE

de 1917 aux années 1980

Tome 1

LA FIN DE LA VIEILLE EUROPE 1917-1945

traduit de l'anglais par Philippe Delranc et Philippe Vitrac

ROBERT LAFFONT / L'EXPRESS

Titre original : A HISTORY OF THE MODERN WORLD

ISBN 2-221-04613-7 (édition complète)
ISBN 2-221-04826-1 (volume 1)
(édition originale :
ISBN 0-297-78226-6 George Weidenfeld & Nicolson Ltd, Londres.)

Ce livre est dédié à la mémoire de
mon père, W.A. Johnson, qui fut
un artiste, un éducateur et un homme
plein d'enthousiasme.

SOMMAIRE GÉNÉRAL

Tome 1

LA FIN DE LA VIEILLE EUROPE
1917-1945

I. Un monde en proie à la relativité 13
II. Les premières utopies totalitaires 61
III. En attendant Hitler 117
IV. Légitimité et décadence 151
V. Théocratie diabolique et divin chaos 191
VI. La dernière Arcadie 219
VII. Dégringolade 247
VIII. Les démons 281
IX. Le point culminant de l'agression 331
X. La fin de la vieille Europe 365
XI. L'année charnière 399
XII. Super-puissance et génocides 427

Notes 469

Tome 2

LE NOUVEL ÉCHIQUIER
1945-1980

I. La paix par la terreur
II. La génération de Bandung
III. Les royaumes de Caliban
IV. Expérience sur une moitié de l'humanité
V. L'Europe telle Lazare
VI. La tentative de suicide de l'Amérique
VII. Le collectivisme des années 70
VIII. Palimpsestes pour la liberté

Notes

Index des tomes 1 et 2

Tu les briseras avec un sceptre de fer,
comme vases de potier tu les casseras
Et maintenant, rois, comprenez,
corrigez-vous, juges de la terre !

Psaumes 2 : 9-10

I

Un monde en proie à la relativité

Le 29 mai 1919, naquit le monde moderne. Ce jour-là, des photographies d'une éclipse solaire, prises de l'île du Prince dans le golfe de Guinée et de Sobral au Brésil, prouvèrent le bien-fondé d'une nouvelle théorie de l'univers. Depuis un demi-siècle, il devenait évident que la cosmologie de Newton, basée sur le postulat des parallèles de la géométrie euclidienne, nécessitait de sérieuses modifications. C'est à l'intérieur de ce système que, pendant plus de deux siècles, avaient pris place : l'Europe des Lumières, la Révolution industrielle, l'essor du savoir, de la liberté et de la prospérité caractéristique du XIXᵉ siècle. Mais des télescopes de plus en plus puissants révélaient quelques anomalies. En particulier, la trajectoire de la planète Mercure déviait de 43 secondes par siècle, par rapport aux prévisions de la physique de Newton. Pourquoi ?

En 1905, Albert Einstein, un juif allemand de 26 ans, qui travaillait au Bureau suisse des brevets de Berne, publia un article « De l'électrodynamique des corps en mouvement », plus connu comme la théorie de la relativité restreinte [1]. Les observations d'Einstein, selon lesquelles, en certaines circonstances, les distances paraissaient se réduire et le temps ralentir, sont analogues aux effets de la perspective en peinture. En fait, la découverte que l'espace et le temps sont des éléments de mesure relatifs plutôt qu'absolus est comparable, pour notre perception du monde, au premier usage de la perspective dans le domaine de l'art, vers 500-480 av. J.-C. en Grèce [2].

L'originalité — confinant au génie — d'Einstein et l'élégance surprenante de son argumentation, que ses collègues qualifièrent d'artistique, éveillèrent dans le monde entier un intérêt grandissant. En 1907, il fit la démonstration que toute masse renferme de l'énergie, résumée par l'équation $E = mc^2$, qui plus tard allait devenir le point de départ de la course pour la bombe A [3]. Le déclenchement de la guerre en

1. On trouvera les notes en fin de volume.

Europe n'empêcha pas les savants de poursuivre sa quête d'une théorie de la relativité générale qui couvrirait les champs gravitationnels en fournissant une révision étendue de la physique de Newton. En 1915, parvint à Londres la nouvelle qu'Einstein avait atteint son but. Au printemps suivant, alors que l'Angleterre préparait sa vaste — et catastrophique — offensive sur la Somme, l'article clé, véhiculé clandestinement à travers les Pays-Bas, parvint à Arthur Eddington, professeur d'astronomie à Cambridge, et secrétaire de la Société royale d'astronomie.

En 1918, Eddington publia le résultat des travaux d'Einstein dans un article destiné à la Société de physique et intitulé « Gravitation et principe de relativité ». Mais c'était dans l'essence même de la méthodologie d'Einstein, insistait-il, que les équations devaient être vérifiées et trois tests spécifiques avaient été élaborés dans ce but. Le principal de ces tests reposait sur l'hypothèse qu'un rayon de lumière effleurant la surface du Soleil devait former un angle de réfraction de 1745 secondes — ce qui multipliait par deux le résultat obtenu selon la théorie de Newton. L'expérience impliquait de photographier une éclipse solaire. La prochaine éclipse devait avoir lieu le 29 mai 1919. Vers la fin de la guerre, l'astronome royal, sir Frank Dyson, obtint d'un gouvernement harassé la promesse d'un financement de 1000 livres pour un voyage d'observation depuis l'île du Prince et Sobral.

Début mars 1919, à la veille de l'expédition, les astronomes s'entretinrent jusqu'à une heure avancée de la nuit dans le bureau de Dyson à l'observatoire royal de Greenwich — conçu par Wren en 1675-76, alors que Newton travaillait encore à sa loi de l'attraction universelle. E.T. Cottingham, assistant de Eddington qui devait être du voyage, souleva un problème épineux : que se passerait-il si l'étude des photographies de l'éclipse présentait un angle de réfraction ne correspondant ni aux prévisions de Newton ni à celles d'Einstein, mais au double de celles de ce dernier ? Dyson répondit : « Eh bien Eddington deviendra fou, et vous devrez rentrer à la nage. » Le carnet de bord d'Eddington rapporte qu'au matin du 29 mai un terrible orage éclata sur l'île du Prince. Les nuages se dissipèrent à temps, vers 13 h 30, et Eddington ne disposa que de huit minutes pour prendre les photographies. « Je ne vis pas l'éclipse, étant trop occupé à changer les plaques... nous prîmes seize clichés. » Ensuite, plusieurs nuits durant, il développa les plaques à raison de deux par nuit. Le soir du 3 juin, après avoir passé la journée entière à effectuer des mesures d'après les épreuves, il se tourna vers son collègue : « Cottingham, vous ne rentrerez pas à la nage. » Einstein avait vu juste[4].

Cette expédition répondait de façon satisfaisante à deux des tests d'Einstein qui furent reconfirmés par W.W Campbell lors de l'éclipse de septembre 1922. Mais la rigueur scientifique d'Einstein se mesura à son refus d'accepter la validation de sa théorie avant la confirmation du troisième test : le « décalage vers le rouge ». « S'il était prouvé que ce phénomène n'existe pas dans la nature », écrivit-il à Eddington le 15 décembre 1919, « alors c'est l'ensemble de la théorie qu'il nous faudrait abandonner. » En fait, le « décalage vers le rouge » fut confirmé en 1923 par l'observatoire du mont Wilson; et depuis lors les preuves empiriques de la théorie de la relativité n'ont cessé de s'accumuler. L'exemple le plus frappant en est fourni en 1979-80, par l'identification du système des quasars [5]. En son temps, l'héroïsme professionnel d'Einstein ne fut pas mésestimé. Pour le jeune philosophe Karl Popper et ses amis de l'université de Vienne, « ce fut une grande expérience commune, dont l'influence sur mon développement intellectuel fut durable ». Par la suite, Karl Popper écrivit : « Ce qui m'impressionna le plus fut l'affirmation péremptoire d'Eisntein comme quoi il considérait sa théorie indéfendable si certains de ces tests présentaient un résultat négatif. [...] C'était une attitude radicalement opposée au dogmatisme de Marx, Freud, Adler et plus encore, à celui de leurs disciples. Einstein recherchait des expériences décisives dont le succès fonderait sans conteste sa théorie, mais dont l'insuccès, comme il était le premier à le souligner, l'infirmerait. Ceci était, à mon avis, la seule attitude véritablement scientifique [6]. »

La théorie d'Einstein et l'expédition Eddington pour la vérifier provoquèrent une immense curiosité de par le monde en 1919. Et depuis lors, aucun autre cas de vérification scientifique n'a mobilisé autant de « unes » de journaux et n'est devenu un sujet de conversation aussi universel. La tension ne cessa de croître de juin à septembre 1919, date de la communication officielle du bien-fondé de la théorie d'Einstein, à la Royal Society de Londres devant une salle comble. Pour A.N. Whitehead qui y assista, cela releva de la tragédie grecque :

> « Nous étions le chœur qui commentait le décret du destin dévoilé par le développement d'un incident suprême. Il régnait une qualité dramatique qui tenait au décor : outre le cérémonial traditionnel, le portrait de Newton à l'arrière-plan nous rappelait que la plus grande des généralisations scientifiques venait, après plus de deux siècles, de recevoir sa première modification... une grande aventure de la pensée avait enfin touché terre [7]. »

Dès lors, Einstein devint un héros mondial que s'arrachaient toutes les grandes universités; qui, où qu'il se trouve, attirait les foules. Son visage mélancolique devint familier à des millions d'individus : l'archétype du philosophe naturellement rêveur. L'impact de sa théorie fut immédiat et très vite incommensurable — illustrant par avance ce que Karl Popper devait définir comme « la loi des conséquences imprévisibles ». De nombreux ouvrages cherchèrent à expliciter en quoi la théorie de la relativité générale avait altéré les concepts de Newton, qui pour le grand public définissaient jusqu'alors sa vision du monde et son fonctionnement. Ce qu'Einstein résume ainsi : « Le "principe de relativité" au sens le plus large du terme, est contenu dans l'énoncé suivant : la totalité des phénomènes physiques est de telle nature qu'elle n'offre aucune base à l'introduction du concept de "mouvement absolu"; ou de manière plus schématique et moins précise : il n'y a pas de mouvement absolu[8]. » Des années plus tard, R. Buckminster Fuller devait expédier un télégramme fameux à l'artiste japonais Isamu Naguchi, où il expliquait l'équation mère d'Eisntein en 249 mots exactement : un chef-d'œuvre de raccourci.

Mais chez la plupart des gens, pour qui la physique de Newton avec ses droites parallèles et ses angles droits était parfaitement compréhensible, la relativité ne fit que l'effet d'un vague malaise. Il était clair que les concepts de temps absolu et de distance absolue avaient été détrônés. Ce mouvement était curviligne. Tout à coup, le déplacement des sphères semblait aléatoire. « Le monde ne tourne plus rond », comme l'observait tristement Hamlet. Le globe terrestre paraissait avoir été « désaxé » et lâché à la dérive dans un univers qui ne se conformait plus aux habituels types de mesure. Au début des années 20, et pour la première fois sur une grande échelle, la croyance qu'il n'y avait plus d'absolu d'aucune sorte commença à se répandre : ni de temps, ni d'espace, ni du bien, ni du mal, du savoir, et surtout de valeur. De façon erronée, mais peut-être inévitable, la relativité se trouva confondue avec le relativisme.

Einstein le premier fut catastrophé par cette incompréhension générale. Il était stupéfait de la publicité incessante et des erreurs que son œuvre semblait susciter. Le 9 septembre 1920, il écrivait à son confrère Max Born : « Je suis semblable à l'homme de la légende qui transformait en or tout ce qu'il touchait, mais dans mon cas, tout est transformé et galvaudé par la presse[9]. » Einstein n'était pas un juif pratiquant, mais il croyait en Dieu et était profondément convaincu de l'existence du bien et du mal. Sa vie professionnelle était consacrée non seulement à la recherche de la vérité mais aussi à celle de la certitude. Il soulignait que le monde pouvait être divisé en sphères objective et subjective; et que la sphère objective devait pouvoir donner lieu à des observations précises. C'était un déterministe au sens scientifique et non philosophique du terme. Au cours des années 20, il jugea le principe d'indétermination de la théorie des quanta inacceptable, voire détestable. Jusqu'à sa mort, en 1955, il tenta de le réfuter en cherchant à ancrer la physique dans un champ théorique unifié. Dans une lettre à Born : « Vous croyez en un Dieu qui joue aux dés; je crois, moi, à des lois qui régissent complètement un monde objectif, et je m'efforce d'une manière audacieusement spéculative de le capturer. C'est ce que je crois fermement — mais j'espère qu'un autre trouvera un moyen plus réaliste ou plutôt une base plus tangible que ceux qu'il m'a été donné de découvrir[10]. » Mais Einstein échoua à vouloir établir cette théorie unfiée dont il rêvait. Il vécut assez longtemps pour voir le relativisme moral — qu'il estimait être une maladie — se propager à la vitesse d'une épidémie, et sa fatale équation engendrer la guerre nucléaire. Par moments, disait-il à la fin de sa vie, il aurait préféré n'avoir été que simple spectateur.

Qu'en 1919 Einstein ait surgi comme une figure de renommée mondiale est l'illustration flagrante du double impact des grands innovateurs scientifiques sur l'humanité : ils modifient notre perception du monde « palpable » en accroissant notre maîtrise sur lui. Ils modifient également notre système de pensée. Ce second effet est souvent plus radical. Le génie scientifique marque l'humanité de son empreinte, pour le meilleur ou pour le pire, beaucoup plus que n'importe quel homme d'État ou généralissime. L'empirisme de Galilée créa le ferment de la philosophie naturaliste du XVIIe siècle qui ébaucha les révolutions scientifique et industrielle. La physique de Newton encadrait le siècle des Lumières, et contribua à la naissance du rationalisme moderne et des théories révolutionnaires. La sélection naturelle de Darwin fut un élément clé du concept marxiste de lutte des classes et des philosophies racistes qui façonnèrent l'hitlérisme. D'ailleurs, les conséquences politiques et sociales du darwinisme n'ont pas encore fini de faire parler d'elles, comme nous le verrons plus loin dans cet ouvrage. De même, le retentissement de la théorie générale de la relativité fut l'une des principales influences qui décidèrent du cours de l'Histoire du XXe siècle. Telle une épée imprudemment brandie, elle trancha les amarres traditionnelles de la foi et de la morale d'une société qui, dès lors, partit à vau-l'eau.

La théorie de la relativité eut d'autant plus d'impact qu'elle coïncida avec la révélation du freudisme. Sigmund Freud approchait de la cinquantaine au moment où Eddington vérifiait la théorie générale d'Einstein. Il avait écrit ses ouvrages les plus importants au début du siècle. *L'Interprétation des rêves* parut dès 1900. Il était une figure bien connue et controversée des cercles de la psychiatrie et de la médecine spécialisée ; il avait déjà fondé sa propre école et, avant la déclaration de la grande guerre, conduit une controverse théologique avec son principal disciple : Carl Jung. Mais il fallut attendre la fin du conflit pour que ses idées commencent à se populariser.

L'une des raisons de ce phénomène fut l'attention portée aux cas de dérangement mental provoqués par les interminables combats de tranchées et communément appelés « psychoses traumatiques ». Certains rejetons de grandes familles militaires — qui s'étaient portés volontaires — s'effondraient soudainement après s'être battus avec bravoure et avoir, à plusieurs reprises, été décorés. Il ne s'agissait ni de lâches ni de fous. Freud et la psychanalyse offraient depuis longtemps une alternative sophistiquée aux méthodes « héroïques » de traitement des maladies mentales — drogues, sévices ou électrochocs. Comme la guerre avançait, ces méthodes avaient été utilisées à de telles doses que les « cures » s'en trouvaient écourtées. L'augmentation des décharges électriques tuait les patients pendant le traitement au point que certains préférèrent se suicider, tout comme les victimes de l'Inquisition.

Après guerre, la colère des parents devant les cruautés infligées à leurs enfants dans les hôpitaux militaires, en particulier dans la division psychiatrique de l'Hôpital général de Vienne, amena le gouvernement autrichien à nommer, en 1920, une commission d'enquête qui fit appel à Freud[11]. La controverse qui en résulta, pourtant peu concluante, donna à la pensée de Freud un retentissement mondial. 1920 fut l'année de sa percée professionnelle symbolisée par l'ouverture de la première polyclinique psychiatrique à Berlin alors qu'Ernest Jones, son élève et futur biographe, lançait le *Journal international de psychanalyse*.

Beaucoup plus spectaculaire encore, et beaucoup plus conséquent, fut l'engouement soudain des intellectuels et des artistes pour les idées et les œuvres de Freud. Comme Havelock Ellis le formula alors, à la grande indignation du maître, Freud n'était pas un savant, mais un grand artiste[12]. Quatre-vingts ans plus tard, ses méthodes thérapeutiques se sont, dans la plupart des cas, révélées des échecs coûteux, plutôt faites pour « dorloter » les dépressifs que pour guérir les malades[13]. A présent, nous savons que les idées maîtresses de la psychanalyse n'ont aucune base biologique. Freud les formula en effet avant la découverte des lois de Mendel — la théorie de l'héritage chromosomique, la reconnaissance d'erreurs métaboliques innées, l'existence des hormones et le mécanisme de l'impulsion nerveuse — qui les invalident. Pour sir Peter Medawar, la psychanalyse est voisine du mesmérisme et de la phrénologie : elle comprend des îlots de vérité, mais la théorie générale est fausse[14]. En outre, comme le jeune Karl Popper l'avait à l'époque fort justement fait remarquer, l'attitude de Freud concernant les preuves scientifiques différait de celle d'Einstein et se rapprochait de celle de Marx. Loin de formuler ses théories par un contenu hautement spécifique permettant de les tester empiriquement — ou de les réfuter — il s'en tint à des généralités difficiles à vérifier. Et, semblable en cela aux disciples de Marx, s'il surgissait un témoignage en contradiction avec ses théories, il les modifiait en conséquence. Ainsi le corpus des croyances freudiennes était sujet à une expansion continuelle par osmose, comme un système religieux en formation. Comme on pouvait s'y attendre, les critiques internes — comme Jung — étaient assimilés à des hérétiques ; et les critiques externes — comme Havelock Ellis — à des infidèles. En fait, Freud présentait les pires symptômes de l'idéologue messianique du XXe siècle — avec cette tendance continuelle à considérer ceux qui divergeaient de ses opinions comme ayant eux-mêmes besoin d'un traitement. Ainsi, la dépréciation de son statut scientifique par Ellis fut qualifiée de « forme hautement sublimée de résistance[15] ». Il écrivit à Jung juste avant leur rupture : « J'incline à traiter les collègues qui présentent quelques résistances exactement comme des patients dans la même situation[16]. » Vingt ans après, considérer la dissidence comme une forme de maladie mentale nécessitant l'hospitalisation forcée devait prospérer en Union soviétique, comme la nouvelle forme de répression politique.

Mais si l'œuvre de Freud avait un contenu vraiment peu scientifique, elle était par ailleurs d'une haute qualité littéraire et imaginative. Son style magnétique lui valut le prix Goethe de la ville de Francfort, suprême distinction littéraire en Allemagne. Les traductions allaient bon train. La version anglaise des œuvres freudiennes existantes devint une industrie dans les années 20. Conjointement eut lieu une nouvelle floraison de textes due à la propension de Freud à englober dans son raisonnement un champ toujours plus vaste d'activités et d'expériences humaines. Freud était un gnostique. Il croyait à l'existence d'un savoir à la structure secrète qui, en utilisant les techniques qu'il préconisait, pourrait discerner ce qui se cachait sous la surface des choses. A l'origine : le rêve. « Sa structure ne diffère pas de celle du symptôme névrotique, écrivait-il, comme ce dernier il peut apparaître étrange et absurde ; mais si on l'examine au moyen d'une technique qui diffère légèrement des associations libres — méthode employée en psychanalyse — on glisse de son *contenu manifeste* à sa *signification secrète* ou pensée latente [17]. »

Le gnosticisme avait toujours attiré les intellectuels. Freud en offrit un échantillon particulièrement savoureux. Il avait le don de manier brillamment l'allusion et l'imagerie classiques, en un temps où les gens cultivés s'enorgueillissaient de leur connaissance du grec et du latin. Il comprit vite l'importance qu'attachait au mythe une nouvelle génération d'anthropologistes comme sir James Frazer dont *Le Rameau d'or* commença à paraître en 1890. Signification des rêves, fonction du mythe — à cette potion puissante Freud incorpora un élixir à forte coloration sexuelle, le sexe étant pour lui à l'origine de presque tout comportement humain. La guerre avait délié les langues. Dans l'immédiat après-guerre, on prit l'habitude de parler de sexe jusque dans les livres. Pour Freud, l'heure de gloire était venue. Il ajoutait à ses dons d'écrivain l'habileté d'un journaliste à sensation au néologisme facile ; un inventeur de formules percutantes, et à l'exemple de son jeune contemporain Rudyard Kipling, il enrichit le langage de mots et d'expressions tels que : « l'inconscient », « sexualité infantile », « complexe d'Œdipe », « complexe d'infériorité », « complexe de culpabilité », « le moi, le ça et le sur-moi », « sublimation », « philosophie des profondeurs ». Ses idées dominantes — l'interprétation des rêves par la sexualité ou la notion de lapsus freudien — présentaient l'attrait de nouveaux jeux de salon. Freud saisit l'intérêt de faire partie de l'actualité. En 1920, suite à la conduite suicidaire de l'Europe, il publia *Au-delà du principe du plaisir* qui mit à la mode le concept « d'instinct de mort », popularisé comme « désir de mort ». Tout au long des années 20, où les croyances religieuses accusèrent ex abrupto un nouveau déclin — chez les élites en particulier — Freud se consacra à l'étude poussée des religions qu'il considérait comme de pures inventions humaines. Dans *L'Avenir d'une illusion*, en 1927, il décrivit les tentatives inconscientes de l'homme pour atténuer son désespoir. « La tentative, écrivit-il, de se procurer une protection contre la souffrance par un remodèlement illusoire de la réalité, est un fait commun au très grand nombre. Les religions de l'humanité peuvent être classées parmi les illusions de masse de ce type. Inutile de préciser qu'un individu soumis à une illusion est peu souvent enclin à la juger telle[18]. »

Ces paroles paraissaient ouvrir une ère nouvelle. Ce n'était pas la première fois qu'un prophète d'âge mûr, longtemps isolé, trouvait soudain un public conquis dans une jeunesse dorée. Ce que le freudisme offrait de particulièrement remarquable était sa faculté d'adaptation et d'ubiquité ; il éclairait toute chose d'un jour nouveau et excitant pour l'esprit. Et en vertu de l'habileté de Freud à enfermer dans un discours imprévu les disciplines académiques les plus variées, sa théorie présentait avec panache et autorité aux « cerveaux » de l'élite des idées qu'ils s'étaient déjà à moitié formulées. « Voilà ce que j'ai toujours pensé ! », nota avec admiration A. Gide, dans son journal. Au début des années 20, de nombreux intellectuels découvrirent qu'ils avaient été freudiens sans le savoir, depuis des lustres. Cet attrait s'exerça fortement sur les romanciers — du jeune Aldous Huxley, qui écrivit son étincelant *Jaune de chrome* en 1921, au sombre et conservateur Thomas Mann, pour qui Freud représenta *un oracle.*

L'impact d'Einstein et de Freud sur les intellectuels et les artistes fut d'autant plus grand, dans la paix retrouvée ; ils comprenaient qu'une révolution fondamentale avait eu lieu qui continuait à se développer dans le domaine culturel ; les concepts de relativité et de freudisme en semblaient porteurs et en même temps la répercutaient. Cette révolution s'enracinait profondément dans la période d'avant-guerre. On peut dater son début par ce toast que l'impresario des ballets russes, Serge Diaghilev porta en public en 1905 :

> « Nous sommes les témoins d'une suprême condensation de l'histoire : nous allons créer une culture nouvelle et inconnue qui nous balaiera dans le même temps. C'est donc sans peur et sans appréhension que je lève mon verre à la fois aux ruines de merveilleux palais, et aux nouveaux diktats d'une esthétique nouvelle. En sensualiste incorrigible, le seul vœu que je me permets d'exprimer, est que la lutte à venir ne ternisse pas les charmes de l'existence et que la mort soit aussi belle et illuminante que la résurrection[19]. »

Au moment où Diaghilev tenait ce discours, les Fauves exposaient à Paris pour la première fois. En 1913, il mit en scène *Le Sacre du printemps* de Stravinski ; Schoenberg avait déjà composé ses *Drei Klavierstücke* atonales ; Alban Berg son *Quatuor à cordes* opus 3 ; et Matisse inventé le « cubisme ». En 1909, les futuristes publièrent leur manifeste et Kurt Hiller fonda son Neue Club à Berlin, source du mouvement artistique qui fut baptisé pour la première fois en 1911 « expressionnisme[20] ». Pratiquement tous les grands créateurs des années 20 avaient été soit publiés soit exposés ou interprétés avant 1914, et sur ce plan, l'avant-garde fut un phénomène d'avant-guerre. Mais il fallut à cette modernité le désespoir convulsif de la grande guerre et la chute des régimes qu'elle précipita, pour qu'elle soit dotée d'une dimension politique radicale qui lui avait fait défaut jusque-là, en lui permettant de bâtir un monde nouveau sur les ruines de l'ancien. La touche élégiaque, quoique prudente, de Diaghilev en 1905 se révéla fondée. Les changements des axes culturels et politiques allaient de pair, à l'image du tourbillon révolutionnaire et du romantisme des années 1790-1830. On a souvent fait remarquer que James Joyce, Tristan Tzara et Lénine se trouvaient tous en 1916 en exil à Zurich, attendant leur heure[21].

A la fin de la guerre, la « modernité » surgit, sur une scène apparemment vide, sous les feux de l'actualité. Dans la soirée du 9 novembre 1918, un conseil d'intellectuels expressionnistes se réunit à Berlin dans le bâtiment du Reichtag, réclamant la nationalisation des théâtres, une subvention d'État pour les professions artistiques et la destruction de toutes les académies. Le surréalisme — qui aurait pu être conçu pour visualiser les idées de Freud; quoique ses origines en fussent tout à fait indépendantes — avait son propre programme d'action, comme le futurisme et le mouvement dada. Mais tout cela n'était que de l'écume à la surface de la mer... Au plus profond, la désorientation quant au temps et à l'espace provenant de la relativité et le gnosticisme sexuel de Freud semblaient caractériser les créations nouvelles. Le 23 juin 1919, Marcel Proust publia *A l'ombre des jeunes filles en fleur*; c'était le début d'une vaste expérience de temps désynchronisé et d'émotions sexuelles souterraines qui résumait ces nouvelles préoccupations. Six mois plus tard, le 10 décembre, il reçut le prix Goncourt et le centre de gravité des lettres françaises échappa de façon décisive aux grands survivants du XIXe siècle[22]. Bien entendu, de tels ouvrages ne circulèrent alors que parmi les personnes influentes. Proust avait dû publier son premier volume à compte d'auteur et le vendre au tiers de son prix de revient — jusqu'en 1956, la vente d'*A la recherche du temps perdu en* version complète ne dépassait pas 10 000 exemplaires par an[23]. James Joyce, qui travaillait à Paris, ne pouvait être publié dans les îles britanniques. *Ulysse*, terminé en 1922, fut imprimé à ses frais et diffusé clandestinement. Mais sa signification fut perçue. Aucun autre roman n'illustre aussi clairement l'étendue de l'influence des concepts de Freud en littérature. La même année, en 1922 donc, le poète T.S. Eliot, autre nouveau prophète de l'époque, affirma que « *Ulysse* mettait fin à tout le XIXe siècle[24] ». Proust et Joyce, les deux grands « annonciateurs » et « déplaceurs de centre de gravité », n'avaient pas de terrain d'entente malgré la *Weltanschauung* — conception du monde — qu'ils partageaient par inadvertance. Leur rencontre eut lieu à Paris, le 18 mai 1922, à la soirée qui suivit la première du *Renard* de Stravinski, donnée en l'honneur de Diaghilev et de sa troupe; le compositeur et son décorateur Pablo Picasso, y assistaient. Proust, qui venait d'insulter Stravinski, commit l'imprudence de ramener Joyce en taxi. L'Irlandais, éméché, lui affirma n'avoir pas lu un seul mot de son œuvre et Proust, piqué au vif, lui retourna le compliment, avant de pousser jusqu'au Ritz qui lui garantissait table ouverte à toute heure de la nuit[25]. Il mourut six mois plus tard; le célèbre mathématicien Camille Vettard l'avait salué peu auparavant dans un essai, comme l'équivalent littéraire d'Einstein[26]. Joyce, pour sa part, lui régla son compte dans *Finnegans Wake*, par ce calembour : « *Prost Bitte.* »

Penser que des écrivains comme Proust ou Joyce ont « mis fin » au XIXe siècle, à l'exemple d'Einstein et de Freud, n'est pas aussi fantaisiste qu'il le paraît. Le XIXe siècle vit l'apogée de la philosophie de la responsabilité individuelle — chacun est personnellement redevable de ses actions — qui était l'héritage conjoint des mondes classique et judéo-chrétien. Dans son analyse du jugement d'Eliot sur *Ulysse*, Lionel Trilling devait souligner qu'au XIXe siècle, il était permis à un esthète éminent comme Walter Pater — dans son essai *La Renaissance* — de juger l'aptitude « à brûler du feu ardent d'une pierre précieuse » comme « une réussite vitale ». « Au XIXe siècle, poursuit Trilling, un esprit aussi délicat et désintéressé que celui de Pater pouvait tenir pour acquis qu'il était loisible de juger l'existence d'un individu en termes de réussite ou d'échec[27]. » Le roman du XIXe siècle avait traité essentiellement du succès moral ou spirituel de l'individu. La *Recherche* et *Ulysse* marquèrent non seulement l'apparition de l'anti-héros, mais encore la disparition de l'héroïsme individuel comme élément central des constructions fictives; ainsi qu'un mépris souverain des jugements moraux. L'exercice du libre arbitre allait cesser d'être le trait prédominant du comportement humain.

Cela s'accordait pleinement avec les forces nouvelles qui modelaient l'époque. Le marxisme, qui pour la première fois s'installait sur le siège du pouvoir, représentait une autre forme de gnosticisme qui clamait son aptitude à percevoir, sous l'apparence empirique des choses, leur vérité cachée. En des termes qui annoncent étonnamment les paroles de Freud citées plus haut, Marx s'était exprimé ainsi : « *Le modèle de finalité* des relations économiques *examiné en surface...* diffère et en même temps s'oppose totalement à l'essence de leur *modalité secrète*[28]. » En surface donc, les individus croyaient exercer leur libre arbitre, prendre des décisions et influer sur les événements. En réalité, aux yeux des tenants du matérialisme dialectique, les individus, quel que soit leur niveau de puissance, étaient ballottés çà et là, comme des épaves, par les courants irrésistibles des forces économiques. Le comportement ostensible d'un individu dissimulait simplement des rapports de classes dont il n'avait pratiquement pas conscience, et qu'il n'avait pas la possibilité de défier.

Pareillement, la conscience individuelle qui était au cœur même de l'éthique judéo-chrétienne, le principal moteur de la réussite personnelle, fut ramenée au stade d'un simple système de sécurité, créé collectivement et mis en place pour protéger l'ordre civilisé de l'agressivité inquiétante de l'être humain. Le freudisme recouvrait beaucoup de choses, mais par essence, c'était une description de la culpabilité. « La tension entre le sur-moi et le moi qu'il tyrannise » écrivit Freud en 1920, « nous l'appelons le sentiment de culpabilité. [...] La civilisation maîtrise la pulsion, dangereuse pour elle, d'agression de l'individu en l'affaiblissant et en le désarmant par l'installation d'un poste de surveillance en son for intérieur, comme une garnisson dans une ville conquise. » Le sentiment de culpabilité n'est donc pas une marque de vice, mais de vertu. Le sur-moi ou conscience était le prix rigoureux que payait l'individu pour préserver la civilisation et ce coût de malheur augmentait inexorablement avec les progrès de cette civilisation. « Un malheur venant d'une menace extérieure... a été troqué contre un malheur intérieur permanent, contre une tension provoquée par le sentiment de culpabilité. » Freud disait qu'il comptait montrer comment le sentiment de culpabilité, qu'aucune fragilité humaine ne justifiait, était « le problème le plus important posé par le développement de la civilisation [29] ». Peut-être, comme le suggéraient déjà les sociologues, que la société était collectivement coupable, en créant les conditions qui rendaient le vice et le crime inévitables. Mais le sentiment de culpabilité individuel était une illusion à dissiper. Aucun de nous n'était personnellement coupable; nous l'étions tous.

Vers 1920, Marx, Freud et Einstein transmettaient tous trois le même message : le monde n'était pas celui qu'il semblait être. Nos cinq sens — dont les perceptions empiriques formaient notre idée du temps et des distances, du bien et du mal, de la loi et de la justice, et de la nature du comportement de l'homme en société — n'étaient pas fiables. Plus encore, les analyses freudienne et marxiste se combinèrent pour miner, par des voies différentes, le sens hautement développé de responsabilité individuelle, de respect d'un code moral établi et d'une vérité objective, qui fut au centre de la civilisation européenne du XIXe siècle. Le sentiment, dérivé de la pensée d'Einstein, d'un univers où toutes les valeurs de mesure étaient relatives, aida à confirmer cette vision d'anarchie morale — à la fois source de désarroi et d'excitation.

Et « l'anarchie pure et simple » n'avait-elle pas été, comme l'écrivait W.B. Yeats en 1916, « lâchée sur le monde » ? La guerre était apparue à beaucoup comme la plus grande calamité depuis la chute de Rome. L'Allemagne, poussée par la peur et l'ambition, et l'Autriche, par la résignation et le désespoir, avaient désiré la guerre différemment des autres belligérants. Elle avait marqué le point culminant de la vague de pessimisme de la philosophie allemande, si caractéristique de l'avant-guerre. Le pessimisme germanique contrastait fortement avec l'optimisme, basé sur une politique réformatrice, des États-Unis, de la Grande-Bretagne, de la France et même de la Russie d'avant 1914; il n'était pas propre à l'intelligentsia, on le trouvait à tous les niveaux de la société allemande; et en particulier dans les classes dirigeantes. Dans les semaines qui précédèrent le déclenchement de cet Armaguedon, Kurt Riezler — secrétaire et confident de Bethmann Hollweg — nota la satisfaction morbide avec laquelle son maître conduisait l'Allemagne et l'Europe vers l'abîme. 7 juillet 1914 : « Le chancelier s'attend à ce qu'une guerre, quel que soit son résultat, aboutisse au déracinement de tout ce qui existe. Ce monde poussiéreux et sans idées. » 27 juillet : « Une catastrophe qu'aucune puissance au monde ne peut plus stopper plane sur l'Europe et notre peuple[30]. » Bethmann Hollweg, né la même année que Freud, semblait personnifier « l'instinct de mort », inventé par ce dernier à la fin de cette terrible décennie. Comme tout bon Allemand cultivé, il avait lu *Dégénérescence* de Max Nordau, paru en 1895, et connaissait les théories sur l'abâtardissement du criminologiste italien Cesare Lombroso. Guerre ou pas guerre, l'humanité subissait un déclin inévitable; et la civilisation courait à sa perte. De telles idées étaient des lieux communs en Europe centrale, ouvrant la voie au sursaut d'approbation qui salua *Le Déclin de l'Occident* d'Oswald Spengler, dont la publication fut fortuitement fixée à 1918, après l'accomplissement du suicide qu'il annonçait.

Plus à l'ouest, en Grande-Bretagne, Joseph Conrad — lui-même d'origine polonaise — avait été le seul écrivain majeur à refléter ce pessimisme dans toute une série de romans saisissants : *Nostromo* — 1904 — *The Secret Agent* — 1909 — *Sous les yeux d'occident* — 1911 — *Une victoire* — 1915. Ces sermons politiques désespérants prêchaient, sous forme de fiction, le message que Thomas Mann allait délivrer en 1924 à l'Europe centrale dans *La Montagne magique*; Thomas Mann lui-même le reconnut dans la préface qu'il écrivit deux ans plus tard, à la traduction allemande de *The Secret Agent*. Pour Conrad, la guerre ne faisait que confirmer l'aspect irrémédiable de la condition humaine. Soixante après, il faut avouer que Conrad est le seul écrivain d'envergure de cette époque, dont la vision demeure claire et vraie jusque dans le moindre détail. Il réfutait le marxisme comme on rejetterait un non-sens maléfique devant engendrer une tyrannie monstrueuse; et les idées de Freud n'étaient pour lui rien d'autre qu'une sorte de tour de prestidigitation. La guerre avait démontré la fragilité humaine mais ne résoudrait ni n'engendrerait rien. De gigantesques plans de réforme, toutes les panacées, toutes les « solutions » étaient illusoires. Dans une lettre à Bertrand Russell du 23 octobre 1922 — Russell était un inventeur de « solutions » patenté, et *The Problem of China* était son livre le plus récent —, Conrad insistait : « Je n'ai jamais pu trouver dans le livre ou le discours de quiconque quoi que ce soit d'assez convaincant pour résister un seul instant à mon sens enraciné de la fatalité qui dirige le monde habité des hommes... Le seul remède applicable aux Chinois comme au reste de l'humanité est le changement de leurs sentiments. Mais au regard de l'histoire de ces derniers 2000 ans, il y a peu de raisons d'espérer une telle chose, même si depuis, l'homme a appris à voler... L'homme ne plane pas comme l'aigle, mais volète comme le scarabée[31]. »

Le scepticisme de Conrad était rare dans le monde anglo-saxon des débuts de la guerre que certains considéraient comme une forme de progrès. H.G. Wells souligna la déclaration de guerre par un brillant petit volume intitulé : *La guerre qui mettra fin à la guerre.* Au moment de l'armistice, la notion de progrès au sens victorien du terme — à savoir un continuum presque inexorable — était morte. En 1920, J.B. Bury publia *L'Idée de progrès* qui proclamait son extension. « Une idée nouvelle prendra sa place comme idée directrice de l'humanité... Le progrès en lui-même ne suggère-t-il pas que sa valeur de doctrine est seulement relative, correspondant à un certain stade, point trop avancé, de civilisation[32] ? »

Ce qui tua l'idée de progrès organisé — opposé à l'anarchique — fut la pure énormité des actes perpétrés par l'Europe civilisée les quatre années précédentes. Qu'il y ait eu une dégénérescence morale inimaginable et sans précédent — quiconque examinant les faits ne pourrait en douter. Alors qu'il était secrétaire d'État à la Guerre — 1919-1921 — Winston Churchill jeta sur papier à en-tête du ministère de la Guerre, ce qui suit :

> « Une horreur du fond des âges se déversa non seulement sur les armées, mais sur les populations entières qui y furent précipitées. Les nations hautement civilisées qui étaient concernées conçurent — non sans raison — que leur existence même était en jeu. Ni les peuples ni leurs dirigeants ne posèrent de limite à quelque acte que ce soit qui, pensaient-ils, pourrait les aider à vaincre. L'Allemagne, qui avait déchaîné cet enfer, mena l'avant-garde de la terreur; mais les nations qu'elle avait assaillies, désespérées et finalement vindicatrices, lui emboîtaient le pas. Chaque crime contre l'humanité ou chaque violation du droit international occasionnait des représailles, souvent à une plus grande échelle et d'une durée plus longue. Ni trêve ni pourparlers ne mitigeaient les combats armés. Les blessés sur le front mouraient entre les lignes; les morts s'amalgamaient au sol. Les navires marchands, les navires neutres, et les navires hôpitaux étaient coulés et leurs équipages abandonnés à leur sort sur les mers ou tués quand ils surnageaient. Tous les efforts étaient faits pour affamer des nations entières, sans considération d'âge ou de sexe, pour mieux les soumettre. Les monuments des villes étaient « criblés » par l'artillerie. Les bombardements aériens avaient lieu sans discrimination. Des gaz toxiques — de divers types — asphyxiaient ou brûlaient les soldats. Du feu liquide était projeté sur leurs corps. Certains tombaient en torche ou bien étaient étouffés lentement dans les gouffres noirs de la mer. La force combattante de l'armée était seulement limitée par les réserves d'hommes des nations engagées. L'Europe et de grandes parties de l'Asie et de l'Afrique devinrent un vaste champ de bataille sur lequel, après des années de lutte, non seulement les armées mais les nations se débandaient. Quand tout fut terminé, la torture et le cannibalisme furent les deux seuls expédients que les États scientifiques et de civilisation chrétienne avaient été capables de se refuser : avouons que leur utilité était douteuse[33]. »

Comme l'a correctement noté Churchill, c'étaient les « nations hautement civilisées » qui avaient perpétré les horreurs dont il dressait la liste. Bien sûr, elles étaient bien au-delà du pouvoir de chaque individu, même du plus pervers. C'est un lieu commun de rappeler que les hommes sont excessivement cruels et impitoyables non par « méchanceté » délibérée, mais quand est bafoué leur sens de la justice. Cela est encore plus vrai des États légalement constitués, investis de toutes les apparences de l'autorité morale par les parlements, les congrès et les cours de justice ! La capacité de destruction d'un individu — même vicieux — est restreinte. Celle d'un État, même bien intentionné, pratiquement illimitée. Que l'État étende ses pouvoirs, alors cette capacité de destruction s'étend nécessairement en même temps *pari-passu*. Comme le pacifiste américain Randiolph Bourne le déclara hargneusement, la veille de l'intervention de 1917, « la guerre c'est la santé de l'État [34] ». De plus, l'histoire a douloureusement démontré que la vertu collective est beaucoup plus ingouvernable que toute poursuite de vengeance personnelle. Ce point avait été bien compris par Woodrow Wilson, qui, en 1916, avait été réélu sur la base d'un programme pacifiste et qui avait donné l'avertissement suivant : « Une fois conduit à la guerre, un peuple oubliera jusqu'à l'existence de la tolérance... l'esprit de brutalité impitoyable s'emparera de chaque fibre de notre nation [35]. »

La Grande Guerre fut l'occasion d'accroître l'envergure de l'État, et donc sa capacité de détruire et sa propension d'opprimer. En 1914, tous les secteurs d'État étaient « réduits », même si certains d'entre eux prenaient assez rapidement de l'ampleur. Alors, la sphère d'activité de l'État représentait 5 à 10 % du produit national brut [36]. En 1913, aux États-Unis, le revenu total de l'État, incluant celui du gouvernement local, était de 9 % du PNB. En Allemagne, qui depuis Bismarck s'était mise à construire un formidable appareil de réserves de fonds publics, le pourcentage s'élevait à 18 %, donc deux fois plus. En Grande-Bretagne qui, depuis 1906, s'était lancée dans le sillage de l'Allemagne, il était de 13 % [37]. En France, l'État avait toujours absorbé comparativement une large tranche du PNB. Mais c'était au Japon, et par-dessus tout dans la Russie tsariste que l'État assumait entièrement un nouveau rôle dans la vie nationale en investissant tous les secteurs de l'économie industrielle.

Dans ces deux derniers pays, servant les desseins de l'impérialisme militaire, l'État forçait le train de l'industrialisation pour « rattraper » les économies les plus avancées. En Russie, la prédominance de l'État dans chaque secteur de la vie économique devenait un fait central de société. L'État possédait les champs pétrolifères, les mines d'or et de charbon, les deux tiers du réseau ferroviaire, des milliers d'usines. Il existait des « paysans d'État » dans les nouveaux territoires de l'Est [38]. L'industrie russe — quand elle n'était pas propriété officielle d'État — en dépendait largement par le biais des tarifs douaniers, primes d'État, prêts et subventions ; ou bien était interdépendante du secteur public. Les liens entre le ministère des Finances et les grandes banques étaient étroits; certains fonctionnaires étant nommés dans leurs conseils[39]. La banque d'État, également « département » du ministère des Finances contrôlait les caisses d'épargne et les sociétés de crédit; dirigeait les finances des chemins de fer, finançait les péripéties de la politique extérieure, régulait l'économie générale et recherchait constamment les moyens d'accroître son pouvoir et d'étendre ses activités[40]. Le ministère du Commerce supervisait les syndicats privés, contrôlait les prix et les profits, l'usage des matières premières et les frais de transport; et plaçait des agents au comité directeur des compagnies de dépôt[41]. La Russie impériale — dans sa phase finale de paix — représentait une expérience de capitalisme d'État à grande échelle et, apparemment, avec le plus grand succès. Les Allemands, impressionnés, s'alarmèrent; et il est un fait que la peur de l'essor rapide des capacités économiques — et donc militaires — de la Russie fut le facteur déterminant dans la décision de l'Allemagne de déclarer la guerre en 1914. Bethmann Hollweg le résuma ainsi à Riezler : « Le futur appartient à la Russie[42]. »

A l'approche de la guerre, chaque belligérant examina chez ses adversaires comme chez ses alliés pour, éventuellement, imiter leur politique de direction des affaires de l'État et son intervention dans l'économie de guerre. Les secteurs capitalistes, apaisés par d'énormes profits et rassurés par le patriotisme n'élevèrent aucune objection. Le résultat fut une extension qualitative du rôle de l'État, qui n'a jamais connu de total renversement; car si les arrangements pris en temps de guerre furent parfois abandonnés la paix revenue, ils étaient pratiquement dans tous les cas adoptés à nouveau et de manière permanente. L'Allemagne donna l'exemple en adoptant rapidement la plupart des procédures étatiques de la Russie qui, en temps de paix, l'avaient tant inquiétée, et s'en servit avec une efficience tellement améliorée que Lénine, héritant en Russie de cette machine capitaliste d'État en 1917-1918, se tourna vers le modèle de contrôle économique de guerre allemand pour en prendre modèle[43]. Avec la prolongation du conflit, avec l'accroissement du désespoir et des pertes, les nations en guerre devinrent progressivement de plus en plus totalitaires, en particulier après l'hiver 1916-1917. En Allemagne, la chute du gouvernement civil intervint le 9 janvier 1917, quand Bethmann Hollweg fut forcé de réclamer la guerre sous-marine à outrance. Il quitta complètement le pouvoir en juillet, abandonnant au général Ludendorff et aux amiraux la possession d'un État monstre. Cet épisode marqua la fin réelle de la monarchie constitutionnelle, puisque le Kaiser, sous la pression des militaires, renonça à sa prérogative de nommer ou de démettre son chancelier. Alors qu'il était encore chancelier, Bethmann Hollweg découvrit que sa ligne téléphonique était sur table d'écoute et, d'après Riezler, il s'écria en entendant le déclic révélateur : « Quel *Schweinhund* est à l'écoute[44] ? » Mais cette pratique fut légalisée par la proclamation d'« état de siège » qui permit aux sphères de commandement militaire de censurer ou d'interdire la presse. Ludendorff fut autorisé à ramener en Allemagne 400000 ouvriers belges, préfigurant ainsi les méthodes soviétiques et nazies de travail forcé[45]. Pendant les dix-huit derniers mois des hostilités, l'élite germanique pratiqua avec ferveur ce que l'on appela ouvertement « le socialisme de guerre », dans une tentative désespérée pour mobiliser le moindre effort productif vers la victoire.

A l'ouest également, l'État ne fit qu'une bouchée de l'indépendance du secteur privé. L'esprit corporatiste toujours présent en France s'empara de l'industrie en une résurgence de l'intolérance patriotique jacobine. S'y opposant, Georges Clemenceau lutta avec succès pour maintenir une relative liberté de la presse, et après avoir atteint le pouvoir suprême dans l'agonie de novembre 1917, il permit même qu'on le critiquât. Mais des politiciens comme Malvy et Caillaux furent arrêtés et on établit de longues listes de subversifs — le fameux *Carnet B* — qui furent recherchés, arrêtés, voire exécutés. Les démocraties libérales anglo-saxonnes ne furent pas davantage à l'abri de ce genre de pressions. Quand Lloyd George accéda au pouvoir lors de la crise de décembre 1916, toutes les rigueurs de la conscription et l'Acte de Défense du Royaume furent renforcés ; de même, les usines, les transports et les approvisionnements placés sous l'égide de conseils de guerre corporatistes.

Encore plus dramatique fut, cinq mois plus tard, l'empressement avec lequel l'administration Wilson lança les Etats-Unis dans le corporatisme de guerre. Il y avait déjà eu des indicateurs de cette tendance. En 1909, Herbert Croly dans *The promise of American life*, avait prédit que seule une intervention délibérée de l'État pourrait promouvoir « une démocratie beaucoup plus socialisée ». Trois ans plus tard, *Concentration et Contrôle : une solution aux problèmes des trusts aux Etats-Unis* de Charles Van Hise soutenait la cause du corporatisme. Ces idées soustendaient le « nouveau nationalisme » de Theodore Roosevelt que Wilson s'appropria en l'amplifiant pour gagner la guerre[46]. On créa une Administration du carburant qui imposa « les dimanches sans essence » ; un Bureau des réglementations du travail en temps de guerre qui intervenait en cas de conflit industriel ; une Administration de l'alimentation qui fixait les prix des denrées et un Office de la navigation qui lança le 4 juillet 1918, cent nouveaux vaisseaux — office qui avait déjà pris sous son contrôle effectif plus de 9 millions de tonnes de frêt[47]. L'organisme central, le Bureau des industries de guerre, dont le premier « exploit » fut de mettre au rancart le décret antitrust de Sherman — signe certain de corporatisme — et ses membres — Bernard Baruch, Hugh Johnson, Gerard Swope et les autres — engendrèrent un *kindergarten* de l'interventionnisme des années 20 et le New Deal qui, à son tour inspira la Nouvelle Frontière et la Grande Société. Le corporatisme de guerre de 1917 fut à l'origine d'une des grandes continuités de l'histoire américaine moderne, parfois souterraine, parfois en surface, qui devait culminer à la fin des années 60 avec le vaste État-providence créé par Lyndon Johnson. John Dewey nota à l'époque que la guerre avait « miné les droits jusque-là imprescriptibles de la propriété privée : peu importe le nombre important des bureaux spéciaux de contrôle public qui disparut avec la pression de la guerre, ce mouvement ne sera jamais inversé[48] ». Prédiction qui se vérifia. A la même époque, de nouvelles lois restrictives, telles le décret sur l'espionnage — 1917 — et le décret sur la sédition — 1918 — furent souvent appliquées avec sauvagerie : le socialiste Eugène Debs fut condamné à 10 ans de prison pour un discours pacifiste et un individu qui refusa son incorporation écopa de 40 ans de prison[49]. Chez tous les belligérants, et pas seulement en Russie, l'année cruciale — 1917 — démontra que liberté individuelle et propriété privée tendaient à diminuer de concert.

Ainsi la guerre démontra à la fois la rapidité impressionnante avec laquelle l'État moderne pouvait se développer, et l'appétit inextinguible dont il faisait preuve d'une part pour détruire ses ennemis et d'autre part pour exercer son pouvoir despotique sur ses propres citoyens. A la fin de la guerre, un grand nombre d'individus intelligents avaient compris la gravité de ces développements. Mais pouvait-on remettre les pendules à l'heure de juillet 1914 ? Le désirait-on vraiment ? L'Europe avait par deux fois déjà expérimenté des « accords généraux » après de longs et terribles conflits. En 1648, le traité de Westphalie s'était épargné la tâche impossible du retour au *statu quo ante* et avait, en grande partie, simplement entériné les frontières religieuses et politiques qu'une guerre d'épuisement avait établies. Cet accord ne dura pas, même si la religion cessa d'être un *casus belli*. Celui qu'imposa le congrès de Vienne en 1814-1815, après les guerres napoléoniennes, avait été plus ambitieux et fut en grande partie couronné de succès. Son objectif avait été de restaurer autant que possible le système des monarchies de droit divin, grandes ou petites, en place avant la Révolution française, comme la seule référence dont les populations accepteraient durablement la légitimité[50]. Cette transaction réussit, dans la mesure où il fallut attendre 99 ans avant qu'une nouvelle guerre générale n'éclatât en Europe, et l'on peut avancer que le XIXe siècle fut le siècle le plus stable et le plus productif de l'histoire de l'humanité. Mais les « bâtisseurs de paix » des années 1814-1815 formaient un groupe inhabituel : un congrès de réactionnaires parmi lesquels lord Castlereagh faisait figure de boute-feu révolutionnaire et le duc de Wellington de progressiste insigne. Leur postulat de travail reposait sur le refus brutal de toutes les idées politiques innovatrices du quart de siècle précédent. Ils partageaient notamment, et sans la moindre trace de cynisme, la croyance avérée aux équilibres de pouvoir, aux sphères d'intérêt partagées, aux mariages dynastiques princiers, à l'entente privée entre souverains et gentilshommes soumis à un code commun — sauf in extremis — et à la possession légitime de territoire par descendance. Un roi ou un empereur, privé de ses possessions dans un coin de l'Europe, pouvait être « transplanté », suivant l'expression consacrée, ailleurs, sans tenir compte de la nationalité, de la langue et de la culture des habitants. C'était ce que l'on appelait un « transfert d'âmes » ou d'après l'expression en usage en Russie lors de la vente — serfs y compris — d'un domaine : *glebae adscripti*[51].

De telles options étaient impraticables par les « bâtisseurs de paix » de 1919. Une paix « d'épuisement » comme celle de Westphalie, basée sur les occupations militaires, était impensable. Les deux partis étaient plutôt épuisés, mais l'un d'eux, en vertu de l'armistice, possédait un avantage militaire accablant. La France avait occupé au 6 décembre 1918 toutes les têtes de pont sur le Rhin. La Grande-Bretagne avait fait un blocus continental; l'Allemagne ayant rendu sa flotte et ses régions minières le 21 novembre. Une paix par *diktat* était donc possible.

Cependant cela ne signifiait pas que les alliés pourraient restaurer l'ancien monde, l'eussent-ils même désiré. L'ancien monde était en pleine décomposition, bien avant la déclaration de la guerre. En France, les anticléricaux étaient au pouvoir depuis une dizaine d'années, et les élections qui précédèrent la guerre avaient marqué un virage encore plus prononcé vers la gauche. En Allemagne, pour la première fois, les élections de 1912 avaient fait du parti socialiste le parti dominant. En Italie, le gouvernement Giolitti était le plus radical de l'histoire du pays depuis son unité. En Grande-Bretagne, le chef des conservateurs A.J. Balfour décrivit sa défaite catastrophique de 1906 comme « un écho assourdi du mouvement qui avait provoqué les massacres de Saint-Pétersbourg, les émeutes de Vienne et les "défilés" socialistes de Berlin ». Même l'autocratie russe tentait de se libéraliser. Les Habsbourg cherchaient anxieusement de nouveaux plans constitutionnels pour se mettre à l'abri. A la veille de la guerre, l'Europe était dirigée par de soi-disant progressistes chagrinés, cherchant sérieusement à satisfaire des espérances montantes, désireux par-dessus tout de se concilier la jeunesse en l'apaisant.

C'est un mythe « tenace » que la jeunesse européenne fût sacrifiée impitoyablement en 1914, par une génération cynique et égoïste. Les discours des politiciens d'avant-guerre étaient truffés d'appels à la jeunesse. Les mouvements de jeunes étaient un phénomène européen, spécialement en Allemagne où 25000 membres des *Wandervögel* faisaient des randonnées pédestres, grattaient la guitare, protestaient contre la pollution et la croissance des villes et maudissaient les vieux. Des faiseurs d'opinion tels que Max Weber et Arthur Moeller van den Bruck demandaient à ce que la jeunesse participe au pouvoir. La nation, écrivait Bruck, « a besoin de sang neuf, d'une insurrection des fils contre les pères, d'une substitution des vieux par les jeunes[52] ». Par toute l'Europe, les sociologues étudiaient assidûment la jeunesse pour découvrir ce qu'elle pensait et désirait réellement.

Et bien sûr, la jeunesse voulait la guerre. La première « jeune génération » gâtée partit pour la guerre avec enthousiasme ; alors que leurs aînés, presque sans exception, l'acceptèrent avec une horreur ou un fatalisme désespérés. Parmi la jeunesse instruite de la classe moyenne, cette guerre fut, à son début du moins, la plus populaire de toute l'histoire. Ils troquèrent leurs guitares contre des fusils. Charles Péguy écrivit qu'il partit « avidement » pour le front et la mort. Henri de Montherlant raconta qu'il « aimait la vie du front, le bain dans l'élémentaire, l'annihilation de l'intelligence et du cœur ». Pierre Drieu La Rochelle qualifia la guerre de « merveilleuse surprise ». De jeunes écrivains allemands comme Walter Flex, Ernst Wurche et Ernst Jünger célébrèrent ce que Jünger dénomma « l'instant sacré » d'août 14. Le romancier Fritz von Unger compara la guerre à une « purge » ; le début d'un « nouvel appétit de vivre ». Pour Rupert Brooke, c'était « la seule vie possible... un frisson incomparable ». Pour Robert Nichols, carrément « un privilège ». « Il est déjà mort celui qui ne veut pas combattre », décrète Julian Grenfell — *Into Battle* — « et celui qui meurt en combattant grandit ». Plus tard, les jeunes Italiens qui rejoignirent la guerre en rajoutèrent dans le lyrisme : « Voici l'heure du triomphe des valeurs les plus nobles », écrivit un poète italien, « voici l'heure de la jeunesse ». Un autre lui fit écho : « Seuls les petits vieux de vingt ans voudraient manquer cela[53]. »

Au cours de l'hiver 1916-1917, le désir de la guerre s'était éteint. Comme le conflit se prolongeait indéfiniment, la jeunesse désillusionnée et sanglante se retourna contre ses aînés avec dégoût et une colère accrue. Des deux côtés, on parlait dans les tranchées de régler leur compte aux « politiciens responsables », à cette « vieille bande ». En 1917, et plus encore en 1918, tous les régimes en guerre — à l'exception des Etats-Unis — se sentirent menacés de destruction, ce qui aide à comprendre le désespoir grandissant et la sauvagerie avec lesquels ils s'affrontèrent. La victoire s'identifia à la survie politique. Les monarchies belge et italienne, peut-être même anglaise, n'auraient pas survécu à la défaite, pas plus que la troisième République française. Bien sûr, dès que la victoire fut assurée, tous ces régimes semblèrent hors de danger. Mais qui avait paru mieux implanté que les Hohenzollern à Berlin ? Sans hésitation, le Kaiser Guillaume II fut renvoyé avec armes et bagages, le 9 novembre 1918 — dès que l'on eut compris qu'une république allemande pourrait obtenir un traité de paix plus favorable. Le dernier des Habsbourg, l'empereur Charles, abdiqua trois jours plus tard, ce qui mit fin à un millénaire de mariages judicieux et de jonglerie inspirée. Le 16 juillet, les Romanoff avaient été assassinés et ensevelis dans une tombe anonyme. C'est ainsi que les trois monarchies impériales d'Europe centrale et orientale, sur lesquelles reposaient la légitimité de l'*Ancien Régime*, disparurent en l'espace d'un an. Fin 1918, il y avait eu peu de chance que l'une des trois fût restaurée. Le sultan de Turquie fut liquidé à son tour ; cependant la République turque ne fut pas proclamée avant le 1er novembre 1922.

La dissolution de ces empires dynastiques et grands propriétaires libéra soudain les aspirations de populations hétérogènes qui avaient été soigneusement réunies pendant des siècles. Le dernier recensement de l'empire des Habsbourg dénombrait une douzaine de nationalités : 12 millions d'Allemands, 10 millions de Magyars, 8,5 millions de Tchèques, 1,3 million de Slovaques, 5 millions de Polonais, 4 millions de Ruthènes, 3,3 millions de Roumains, 5,7 millions de Serbo-Croates et 800000 Italiens et Rétho-Romans [54]. Suivant le recensement impérial de 1897 en Russie, les Grands-Russiens réprésentaient seulement 43 % de la population globale [55]; les 57 % restant étaient formés de peuples soumis, allant des Suédois aux Allemands luthériens en passant par des Lettons orthodoxes, des Russes blancs et des Ukrainiens, des Polonais catholiques et des Ukrainiens uniates, des musulmans kurdes, sunnites et chiites de douze nationalités et de variétés innombrables de boudhistes, de taoïstes et d'animistes. Mis à part l'empire britannique, aucun autre conglomérat impérial ne comprenait autant de races distinctes. Lors du recensement de 1926, qui écarta pourtant de nombreux groupes occidentaux, on dénombra approximativement 200 idiomes et nationalités [56]. En comparaison, les possessions des Hohenzollern étaient homogènes et unilingues, en comprenant cependant des minorités importantes de Polonais, de Danois, et d'Alsaciens et de Français.

En vérité, du IVe au XVe siècle, le processus de « peuplement » en Europe centrale et orientale et la phase d'urbanisation intensive qui intervint dès le début du XVIIIe avaient vu l'occupation du territoire par des races mêlées — auxquelles il faut ajouter plus de dix millions de juifs — dont l'allégeance par le passé avait été religieuse et dynastique plus que nationale. La monarchie représentait le seul principe unificateur de ces sociétés multiraciales, la seule garantie quoique souvent fragile de l'égalité de chacun devant la loi. Ce principe disparu, que pouvait-on lui substituer ? Le seul principe disponible était le rationalisme et son sous-produit à la mode : l'irrédentisme, tirant son origine du *Risorgimento* italien et signifiant l'unification d'un groupe ethnique donné en un seul État. A cela s'ajoutait le nouveau « cliché » d'autodétermination, c'est-à-dire l'ajustement par plébiscite des frontières aux préférences ethniques.

Les deux alliés principaux, la France et la Grande-Bretagne, n'avaient à l'origine ni le désir ni le dessein de promouvoir une paix basée sur le concept de nationalité. Bien au contraire. Elles étaient toutes deux à la tête d'empires d'outre-mer multiraciaux et polyglottes. La Grande-Bretagne avait de plus un problème irrédentiste particulier avec l'Irlande. En 1918, ces deux pays étaient dirigés par d'anciens progressistes, Lloyd George et Clemenceau, qui avaient appris, contraints par la guerre, la *Realpolitik* et gagné un respect grognon pour les anciennes notions d'« équilibre, de compensation » etc. Quand, au cours des pourparlers de paix, le jeune diplomate anglais Harold Nicolson allégua qu'il était logique pour la Grande-Bretagne de concéder l'autodétermination aux Grecs de Chypre, il fut blâmé par sir Eyre Crowe, chef du Foreign Office, en ces termes : « Pure absurdité, mon cher Nicolson, appliqueriez-vous la même procédure à l'Inde, à l'Egypte, à Malte et à Gibraltar ? Si vous n'*êtes pas* décidé à aller jusque-là, vous n'avez aucun (*sic*) droit d'invoquer la logique. Si vous *y êtes* décidé, alors préparez-vous à retourner à Londres sur-le-champ[57]. » Il aurait pu ajouter que Chypre possédait une forte minorité turque, et c'est pour cette raison qu'elle n'a pas encore réalisé son autodétermination dans les années 80. Llyod George aurait aimé obtenir le maintien de l'empire austro-hongrois tel quel jusqu'à fin 17 et même début 18, contre une paix séparée. Clemenceau, dont l'objectif premier était d'assurer la sécurité du territoire français, voulait obtenir la restitution de l'Alsace-Lorraine — dont presque toute la population parlait allemand — ainsi que la Sarre et la Rhénanie retranchée de l'Allemagne et transformée en État fantoche, pro-français.

De plus, pendant la guerre, la Grande-Bretagne, la France et la Russie avaient cosigné une série de traités secrets, pour inciter les autres puissances à les rejoindre, qui allaient directement à l'encontre des principes nationalistes. La France, par un traité signé le 11 mars 1917, s'était assuré l'approbation de la Russie dans son projet de Rhénanie sous domination française contre son aide dans le règlement du problème polonais[58]. Par l'accord Sykes-Picot de 1916, la Grande-Bretagne et la France s'étaient entendues pour dépouiller la Turquie de ses provinces d'Arabie et se les partager. L'Italie se vendit au plus offrant : par le traité secret de Londres du 26 avril 1915, elle devait recevoir la souveraineté sur le Tyrol — où des millions de personnes parlaient allemand — et sur les Serbo-Croates de Dalmatie. Un traité signé avec la Roumanie le 17 août 1916 lui accorda la Transylvanie et la plus grande partie du Banat de Temesvar et la Bukovine dont la plupart des habitants ne parlaient pas un mot de roumain. Un autre traité secret signé le 16 février 1917 adjugeait la province chinoise de Shantung au Japon, jusque-là dans la sphère commerciale de l'Allemagne[59].

Cependant, à la suite de l'effondrement du régime tsariste et du refus des Habsbourg de signer une paix séparée, la Grande-Bretagne et la France se mirent à encourager le nationalisme et firent de l'autodétermination un « objectif de guerre ». Le 4 juin 1917, en Russie, le gouvernement provisoire de Kerenski reconnut l'indépendance de la Pologne. La France leva une armée polonaise, et le 3 juin 1918, elle décréta que la création d'un État polonais puissant était un objectif primordial[60]. Cependant, en Grande-Bretagne, le lobby slavophile avec à sa tête R.W. Seton-Watson et son journal *The New Europe*, soutenait avec succès l'éclatement de l'Autriche-Hongrie et la création de nouveaux États ethniques[61]. Promesses et engagements furent donnés à plus d'un politicien slave ou balkanique en exil, contre l'assurance d'une résistance à « l'impérialisme germanique ». Au Moyen-Orient, le colonel pro-arabe T.E. Lawrence fut autorisé à promettre des royaumes indépendants aux émirs Feisal et Hussein en récompense de leur lutte contre les Turcs. En 1917, la « Déclaration dite Balfour » promit aux juifs un territoire national en Palestine pour les encourager à déserter les Empires centraux. Nombre de ces promesses étaient incompatibles avec les traités secrets encore en vigueur. En effet, pendant les deux dernières années de combat acharné, la Grande-Bretagne et la France distribuaient avec insouciance des titres de propriété qui sur le papier correspondaient à une portion de territoire excédant celle dont elles avaient la disposition. Et il était inconcevable que ces titres de propriété fussent honorés une fois la paix établie, même à en supposer les termes impitoyables. Certains de ces chèques post-datés eurent des rebondissements fracassants.

Pour embrouiller les choses, Lénine et ses bolcheviks prirent le pouvoir en Russie le 25 octobre 1917 et se trouvèrent alors en possession des archives diplomatiques tsaristes. Ils fournirent des copies des traités secrets aux correspondants occidentaux et le 12 décembre, le *Manchester Guardian* entama leur publication. Cela fut accompagné d'une vigoureuse propagande bolchevique encourageant des révolutions communistes à travers l'Europe contre la promesse de l'autodétermination de tous les peuples. Les agissements de Lénine eurent à leur tour de profondes répercussions sur le comportement du président des Etats-Unis. Depuis plus d'un demi-siècle, Woodrow Wilson a été tourné en ridicule sous le prétexte d'avoir empêché l'établissement d'une paix de bon sens par sa poursuite naïve d'idéaux impossibles à atteindre. Cela n'est qu'à moitié vrai. Wilson était un professeur d'université, un savant politicien, ex-recteur de l'université de Princeton. Il ne dissimulait pas son ignorance des affaires étrangères. Peu avant son investiture en 1913, il confia à des amis : « Ce serait une ironie du sort si mon administration avait à s'occuper surtout de politique extérieure[62]. » Les démocrates n'avaient pas été au pouvoir depuis 53 ans, et Wilson considérait les diplomates américains comme des républicains. Quand la guerre éclata, il tint à ce que l'Amérique « reste neutre en théorie comme en pratique ». Il fut réélu en 1916 sous le slogan : « Il nous a préservés de la guerre. » Il ne désirait pas non plus briser l'ancien système de l'Europe : il se fit avocat « d'une paix sans victoire ».

Début 1917, il conclut que l'Amérique aurait une plus grande influence sur le règlement du conflit comme belligérant et non comme pays neutre ; et il établit une distinction morale, strictement légale, entre la Grande-Bretagne et l'Allemagne : l'emploi de sous-marins par l'Allemagne violait les « droits de l'homme » tandis que le blocus anglais ne violait que le « droit de propriété », ce qui était moins préjudiciable[63]. Une fois en guerre, il la mena avec vigueur tout en ne considérant pas l'Amérique comme un combattant ordinaire. Il était entré en guerre, dit-il dans son adresse au Congrès d'avril 1917, pour « défendre les principes de paix et de justice et pour les venger » et pour assurer « par une action concertée de paix un avenir à ces principes ». Anxieux de bien préparer la paix, il créa en septembre 1917 sous l'égide du colonel Edward House et du Dr S. E. Mezes, une organisation de 150 experts universitaires, connue sous le nom de « l'Enquête », et logée dans l'immeuble de la Société géographique américaine de New York[64]. Le résultat — tout au long des pourparlers de paix — fut pour la délégation américaine d'être de loin la mieux informée, la plus documentée et même sur certains points, souvent, la seule source précise d'information. « Si le traité de paix avait été rédigé seulement par les experts américains, écrit Harold Nicolson, il aurait été l'un des documents les plus raisonnables et les plus scientifiques jamais établi[65]. »

Cependant « l'Enquête » se basait sur l'hypothèse que la paix serait un compromis négocié, et que, pour la rendre durable, le mieux était de s'assurer qu'elle était conforme à la justice naturelle, pour que les peuples concernés puissent l'accepter. C'était une approche empirique et non idéologique du problème. En particulier, Wilson ne fut pas très enthousiaste à propos de la SDN — projet à l'initiative de la Grande-Bretagne datant du 23 mars 1917. Il crut que cela soulèverait des difficultés au sein du Congrès. Mais la publication par les bolcheviks des traités secrets — qui montraient les alliés de l'Amérique sous le jour le plus noir, celui de barbares pillards — jeta Wilson dans la consternation. L'appel de Lénine à l'autodétermination générale força la main de Wilson qui sentit que l'Amérique, gardienne de la liberté démocratique, ne pouvait s'en faire remontrer par un régime révolutionnaire qui s'était emparé illégalement du pouvoir. En hâte, il rédigea et rendit publics le 8 janvier 1918 les célèbres « 14 points ». Le premier dénonçait les traités secrets, le dernier jetait les bases de la SDN. Les autres étaient des garanties spécifiques qui, avec la renonciation aux conquêtes, assuraient que les vaincus ne seraient pas pénalisés par des pertes de population, la nationalité restant le facteur déterminant. Le 11 février, Wilson y ajouta ses « 4 Principes » qui renforçaient le dernier point, et le 27 septembre, il couronna le tout par ses « 5 points particuliers » dont le premier garantissait un traitement identique pour les alliés et leurs ennemis[66]. Le corpus de ces 23 assertions fut l'œuvre de Wilson, en toute indépendance de la Grande-Bretagne et de la France.

Nous arrivons à présent au cœur du malentendu qui détruisit toute chance réelle de succès du règlement de paix — et qui prépara un second conflit mondial. En septembre 1918, il était évident que l'Allemagne, qui avait gagné la guerre sur le front est, allait la perdre sur le front ouest. Cependant l'armée allemande, forte de 9 millions d'hommes, était intacte et se retirait en bon ordre des territoires belges et français qu'elle avait conquis. Deux jours après la parution des « 5 points particuliers » de Wilson, le tout-puissant général Ludendorff stupéfia les membres de son gouvernement en leur déclarant : « L'état de l'armée exige un armistice immédiat afin d'éviter une catastrophe. »

Un gouvernement populaire devait se former et prendre contact avec Wilson[67]. Le dessein de Ludendorff était évidemment de rejeter sur les partis démocratiques la réprobation qui suivrait la restitution des acquis territoriaux de l'Allemagne. Mais il considérait aussi que les 23 propositions de Wilson, dans leur ensemble, garantissaient à l'Allemagne qu'elle ne serait pas démembrée et qu'elle conserverait son intégralité et son pouvoir substantiellement intacts. Vu les circonstances, c'était beaucoup plus qu'elle ne pouvait raisonnablement espérer ; surtout en ce qui concernait le deuxième des 14 points — la libre circulation maritime — qui impliquait la levée du blocus britannique. « Les autorités civiles » en jugèrent de même, et le 4 octobre, le chancelier, le prince Max de Bade, ouvrit les négociations pour la signature d'un armistice avec Wilson, sur la base de ses propositions. Les Autrichiens, mus par un sentiment encore plus optimiste, firent de même trois jours plus tard[68]. Wilson, soutenu par une armée de 4 millions d'hommes et dont on croyait généralement à la toute-puissance, serrant fermement la France et la Grande-Bretagne dans un étau économique, répondit favorablement. Suivirent des échanges de dépêches qui aboutirent à sa proposition du 5 novembre faite à l'Allemagne pour un armistice qui reposerait sur les 14 points, avec deux réserves ressortant aux alliés : la liberté des mers — que la Grande-Bretagne se réservait d'interpréter à sa guise — et la compensation des dommages de guerre. Ce fut sur cette entente que les Allemands acceptèrent de déposer les armes.

Ce que les Allemands et les Autrichiens ignoraient était que le colonel House — envoyé spécial de Wilson et représentant des Etats-Unis au Conseil suprême de guerre des Alliés — avait, le 29 octobre, tenu une réunion longue et secrète avec Clemenceau et Lloyd George. Les dirigeants français et britannique avaient exprimé leurs doutes et leurs réserves sur les propositions de Wilson et les firent partager par House qui les rédigea sous la forme d'un « commentaire » qu'il câbla ensuite à Wilson à Washington. Ce « commentaire » ne fut jamais communiqué ni aux Allemands ni aux Autrichiens ; il supprimait effectivement tous les avantages des points de Wilson en ce qui concernait les empires centraux. En effet, il esquissait les caractéristiques du futur traité de Versailles — auxquelles ces derniers élevèrent les objections les plus fortes — comme le démembrement de l'Autriche-Hongrie, la perte des colonies allemandes, la création d'un corridor polonais en Prusse et le montant des réparations[69]. Fait plus notable encore : non seulement, il faisait peser sur l'Allemagne la « responsabilité morale de la guerre » — qui était implicite dans les 23 points de Wilson — mais encore évoquait le principe de « récompense » pour les vainqueurs et de « châtiment » pour les vaincus, que Wilson avait particulièrement rejeté. Il est vrai que, lors des négociations d'octobre, Wilson, qui jusque-là n'avait jamais eu à traiter avec les Allemands, leur devint plus hostile. Il fut, entre autres, exaspéré par le torpillage du ferry irlandais *Leinster* qui entraîna la mort de 450 civils, surtout des femmes et des enfants, le 12 octobre, plus d'une semaine après la demande d'armistice que lui avait adressée l'Allemagne. Il est malgré tout étrange qu'il ait accepté le « commentaire » et stupéfiant qu'il n'en ait touché mot aux Allemands. De leur côté, ces derniers prouvèrent leur incompétence en ne demandant pas la clarification de certains points ; car le style de Wilson, déclara A.J. Balfour secrétaire du Foreign Office, est loin d'être précis : « C'est un rhétoricien de premier ordre, mais un très mauvais rédacteur[70]. » Le principal responsable de ce fatal défaut de communication est donc Wilson. Et ce fut une erreur sur le plan de la lettre, sinon de l'esprit.

La seconde gaffe qui se greffa sur la première, et la transforma en catastrophe, se situa sur le plan de l'organisation. On ne songea même pas à structurer la conférence de paix — elle eut lieu simplement ; acquérant un aspect et un élan propres et développant par ce processus un antigermanisme croissant, à la fois en substance et sur un plan formel. Au début, on avait vaguement pensé que les termes préliminaires en seraient tracés par les alliés entre eux ; après quoi, les Allemands et leurs partenaires feraient leur apparition et que le traité de paix proprement dit serait négocié. C'est ainsi que s'était déroulé le Congrès de Vienne. Un programme en ce sens avait été mis sur pied par la logique française et soumis à Wilson par l'ambassadeur de France à Washington dès le 29 novembre 1918. Ce document avait un mérite supplémentaire : il stipulait l'abrogation immédiate de tous les traités secrets. Mais sa formulation irrita Wilson et on n'en entendit plus parler. Ainsi, la conférence de paix s'ouvrit sans un accord de procédure préalable et il n'y en eut jamais[71]. Le *modus operandi* fut encore plus perturbé par la détermination de Wilson à vouloir traverser l'Atlantique pour y participer. Cela signifiait que l'homme supposé « le plus puissant du globe » ne pouvait plus longtemps être tenu en réserve pour intervenir, comme un *deus ex machina*, chaque fois que les alliés étaient dans une impasse. En venant à Paris, il se rabaissait à n'être qu'un Premier ministre comme les autres, et perdait autant d'avantages qu'il en gagnait. Tout ceci était dû en partie, alors que les négociations allaient bon train, à ce que l'intérêt de Wilson s'était déplacé de manière décisive, en laissant de côté ses vingt-trois points et les termes actuels du traité, pour se concentrer sur la Société des Nations et son covenant. A ses yeux, la proposition d'une nouvelle organisation mondiale, qui jusque-là l'avait laissé sceptique, devint le véritable objet de cette conférence. Son organisation rattraperait les failles éventuelles du traité. De cette attitude, découlèrent deux conséquences terribles. D'une part, la France put arracher des conditions de paix beaucoup plus dures supposant une « grande » Pologne qui coupait la Prusse en deux et ôtait à l'Allemagne sa ceinture industrielle de Silésie ; quinze ans d'occupation alliée de la Rhénanie ainsi que d'énormes indemnités. Ensuite, l'idée d'établir des bases préliminaires fut écartée. Wilson était pourtant déterminé à « insérer le covenant de la SDN » dans le document préliminaire. Son secrétaire d'État, Robert Lansing, lui fit remarquer qu'un tel accord, même putatif constituait un traité légal et requérait donc la ratification du congrès. Wilson, craignant des troubles au Sénat, décida d'opter pour un traité final[72]. Evidemment, d'autres facteurs entrèrent en ligne de compte. Le maréchal Foch, le généralissime français, redoutait que l'annonce d'accords préliminaires n'accélérât la démobilisation des alliés de la France et ne raffermît ainsi la position des Allemands au stade final des négociations. Même entre les alliés et sur de nombreux points, un accord se montrait si difficile à obtenir, que tous craignaient que l'intervention de nouvelles et hostiles parties négociatrices n'effiloche ce qui avait été déjà tissé. On abandonna donc toute idée de préliminaires[73].

Quand les Allemands purent enfin venir à Paris, ils découvrirent, à leur grande consternation, que la paix ne serait pas négociée, mais qu'on la leur imposerait. Ils s'étaient d'eux-mêmes réduits à l'impuissance en signant un accord d'armistice qui leur apparut alors comme une escroquerie. En outre, Clemenceau, pour qui la haine et la crainte de l'Allemagne étaient un réflexe naturel, régit l'imposition du *diktat*. Il avait échoué à vouloir imposer l'idée d'une fédération allemande qui aurait défait l'œuvre de Bismarck — ou d'une frontière militaire française sur le Rhin. Le 7 mai 1919, il put présider la cérémonie de Versailles, lieu même de l'humiliation française devant la Prusse en 1871, et où la délégation allemande apparut non comme une négociatrice, mais comme une horde de prisonniers venus entendre leur sentence. S'adressant au plénipotentiaire allemand, le comte von Brockdorff-Rantzau, plutôt maussade, choisit avec soin ses paroles :

> « Vous avez devant vous les représentants accrédités des puissances alliées et des puissances associées, à la fois grandes et petites, qui sans trêve, ont mené pendant plus de quatre ans un combat sans merci qui leur fut imposé. L'heure est venue du règlement sérieux de nos comptes. Vous nous avez demandé la paix. Nous sommes disposés à vous l'accorder[74]. »

Puis, il fixa une date limite pour le rejet ou la complète acceptation. Le comte lut une réponse aigre sans daigner se lever : un manque de courtoisie élémentaire qui courrouça de nombreux assistants, Wilson en particulier, qui était devenu antiallemand au fur et à mesure de la conférence : « Quelles manières abominables... Les Allemands sont vraiment un peuple stupide. Ils font toujours tout de travers... C'est le discours le plus dépourvu de tact qu'il m'ait été donné d'entendre. Il leur mettra le monde entier à dos.[75] » Ce ne fut pas le cas. A.J. Balfour ne fit aucune objection à l'attitude de Brockdorff. Il déclara à Nicolson : « Je ne l'ai même pas remarqué. Je me fais un devoir de ne jamais regarder lorsque quelqu'un est dans une détresse évidente[76]. » Il y eut des mouvements de compassion pour les Allemands parmi les Anglais, et par la suite jusqu'à la signature finale des Allemands le 28 juin, Lloyd

George ne ménagea pas ses efforts pour que les termes du traité soient atténués, surtout ceux concernant la frontière germano-polonaise. Il craignait — à juste titre — que cela ne conduise à une nouvelle guerre. Mais de l'hostilité de Wilson et de Clemenceau, il n'obtint qu'un plébiscite en haute Silésie[77]. Les Allemands signèrent en cédant — selon leurs propres termes — « à une force écrasante ». Lansing écrivit : « Ce fut comme si l'on avait exigé de ces hommes qu'ils signent leur propre arrêt de mort... les mains tremblantes, ils tracèrent leurs noms rapidement avant d'être raccompagnés à leurs places[78]. »

La manière dont les accords du traité furent extorqués aux Allemands devait avoir un effet calamiteux sur leur nouvelle République, comme nous le verrons plus tard. En dernière minute, l'intervention en leur faveur de Lloyd George mit également fin à l'*Entente cordiale*, et jusqu'en 1940, empoisonna les relations franco-anglaises : un acte de perfidie que le général de Gaulle devait agiter sous le nez de Winston Churchill pendant toute la Seconde Guerre mondiale[79]. A l'époque, beaucoup de Français crurent que les concessions de Clemenceau avaient été importantes; il était le seul politicien du pays à avoir pu obtenir un règlement que les Français considéraient comme trop modéré et même dangereux[80]. Les Américains étaient partagés. Parmi les membres de leur délégation, certains adhéraient à l'antigermanisme de Wilson[81]. John Foster Dulles soulignait « l'énormité du crime commis par l'Allemagne ». Le colonel House, plus rusé, contribua à persuader Wilson de « mettre au rebut » ses « points ». Roberts H. Lord, conseiller principal de Wilson sur la Pologne, était après Clemenceau le plus fort partisan d'une « grande » Pologne[82]. Mais Lansing reconnut que la plus grande bêtise commise fut de ne pas permettre aux Allemands de négocier, et il considéra que Wilson avait trahi ses principes à la fois sur le fond et sur la forme[83]. Ses critiques furent la raison principale de son renvoi brusquement décidé par Wilson début 1920[84].

Parmi les plus jeunes Américains, beaucoup exprimaient de « sérieuses critiques ». William Bullit écrivit une lettre féroce à Wilson : « Je suis désolé que vous n'ayez su mener notre combat à son terme et que vous ayez eu si peu de foi en des millions d'hommes, semblables à moi, dans chaque pays, et qui avaient foi en vous. Notre gouvernement vient de consentir à ce que les nations les plus meurtries de ce monde soient livrées à de nouvelles oppressions, sujétions et démembrements — à un nouveau siècle de guerre[85]. » Samuel Elliot Morrison, Christian Herter et Adolf Berle partageaient cette opinion. Walter Lippmann écrivit : « A mon avis, ce traité est non seulement de mauvaise foi et antilibéral, mais surtout imprudent au plus haut point[86]. »

Beaucoup de ces jeunes hommes devaient être influents par la suite. Ils furent éclipsés par un critique encore plus véhément qui faisait partie de la délégation britannique et qui était en mesure de porter sur-le-champ un coup fatal au traité. John Maynard Keynes était professeur à Cambridge; un homme intelligent, fonctionnaire de guerre et représentant du Trésor à la Conférence. La sécurité militaire, les frontières et les déplacements de populations ne l'intéressaient guère, ce en quoi il sous-estimait leur importance intrinsèque et émotionnelle. D'autre part, il jouissait d'une compréhension étonnante des aspects économiques de la stabilité européenne — dont la majorité des autres délégués ignoraient tout. De son point de vue, une paix durable dépendait de la rapidité avec laquelle le « règlement » permettrait au commerce et à l'industrie de ressusciter et à l'emploi d'augmenter. A cet égard, le traité devait être dynamique, et non pas orienté sur les rétributions[87]. En 1916, dans un mémorandum adressé au Trésor, il démontra que l'indemnité que l'Allemagne avait imposée à la France en 1871, avait été dommageable aux deux pays, en étant largement responsable de la grande récession économique des années 70 qui avait affecté le monde entier[88]. A son avis, il ne devrait pas y avoir de demande de réparations ou bien le montant maximum réclamé par l'Allemagne ne devait pas excéder 2000 millions de livres. « Si l'Allemagne doit devenir une vache à lait — argumentait-il dans un article préparatoire à la conférence — il vaudrait mieux ne pas la ruiner[89]. » En ce qui concernait les dettes contractées par les alliés pour la conduite de la guerre, qui les « étranglaient » et qu'ils rembourseraient, supposaient-ils, avec l'argent qu'ils tireraient de l'Allemagne, Keynes pensait que la Grande-Bretagne ferait preuve de bon sens en ne réclamant pas ses créances. Une telle générosité encouragerait les Américains à faire de même à son endroit ; alors que la Grande-Bretagne serait payée en papier monnaie par les pays continentaux, elle devrait régler les Etats-Unis en espèces sonnantes et trébuchantes. Un moratoire général ne pourrait être qu'à son bénéfice[90].

Ajouté à la limitation des réparations et des dettes de guerre, Keynes souhaitait que Wilson use de son pouvoir et des ressources des Etats-Unis pour lancer un vaste programme de crédit afin de revitaliser l'industrie européenne — projet qui, en 1947-48 allait prendre la forme du plan Marshall. Keynes appelait cela « un grand projet pour la réhabilitation de l'Europe[91] ». Il vendit cette proposition à son patron, le chancelier de l'Échiquier, Austen Chamberlain ; et en avril 1919, rédigea deux lettres que Lloyd George envoya à Wilson. Dans la première, il soulignait : « le mécanisme économique de l'Europe est enrayé » et sa proposition allait le remettre en marche. Dans la seconde, il déclarait que « plus un pays est abattu, plus il est près du bolchevisme et plus on peut présumer qu'il a besoin d'une assistance — dont la moins adéquate est l'entreprise privée[92] ». D'après Keynes, l'Amérique jouissait d'une conjoncture unique dans les affaires mondiales, et Wilson ferait mieux d'éviter de dicter les « frontières » de l'après guerre et la forme de la SDN, mais plutôt se servir des réserves alimentaires de l'Amérique et de son pouvoir économique pour aider le redressement de l'Europe à long terme. Une Europe prospère serait plus encline à oublier les souvenirs amers d'un passé récent et à reconsidérer de manière plus appropriée les « aménagements » des frontières sujets à tant de controverses.

Le point de vue de Keynes était sage et juste et sa vision du rôle de l'Amérique exacte. Certains historiens américains contemporains sont les premiers à le reconnaître [93]. Mais Wilson, obsédé par la SDN et peu soucieux de la renaissance économique de l'Europe, écarta les « suppliques » de Lloyd George et le Trésor US fut horrifié par les idées de Keynes. « Il fut interdit à ses représentants, se plaignit Keynes, de discuter de ce problème avec nous, même en privé. » Il ne pouvait être question d'annuler les dettes de guerre [94]. Le dégoût de Keynes envers les Américains éclata ainsi : « L'occasion leur était offerte de concevoir le monde sous un aspect plus large et plus humain, mais ils la refusèrent sans hésiter », écrivit-il à un ami. Wilson était « le plus grand imposteur du monde [95] ». Une lecture attentive du traité l'horrifia davantage quand il entrevit ce qu'avait d'inquiétant le cumul de ses dispositions ; et plus particulièrement les clauses de réparation. « Ce foutu traité », comme il le surnomma, était la formule idéale d'un désastre économique et d'une guerre future. Le 26 mai 1919, il se retira de la délégation anglaise. « Comment pouvez-vous attendre de moi, écrivait-il à Chamberlain, que j'assiste plus longtemps à cette farce tragique qui cherche à poser les fondations, comme l'a dit un Français, "*d'une guerre juste et durable*" ? » Il dit à Lloyd George : « Je m'esquive loin de cette scène de cauchemar [96]. »

Le départ de Keynes était parfaitement compréhensible, car son esprit et son éloquence n'avaient pu éviter un règlement de « fait accompli ». Mais ses occupations ultérieures rendirent infiniment plus sérieuses les erreurs de jugement qu'il avait si justement diagnostiquées. Keynes appartenait à deux mondes. Il aimait le monde de la finance et de la politique où ses dons lui assuraient le succès chaque fois que l'envie lui en prenait. Mais il était aussi un universitaire, un esthète, un homosexuel et un membre des « Apôtres » — société secrète de Cambridge — et du « Groupe de Bloomsbury », son complément et son rejeton. La plupart de ses amis étaient pacifistes : Lytton Strachey, chef clandestin du groupe de Bloomsbury, son frère James, David Garnett, Clive Bell, Adrian Stephen, Gérald Shove, Harry Norton et Duncan Grant [97]. Au début de la conscription, certains d'entre eux préférèrent à l'enrôlement, être traînés devant les tribunaux en tant qu'objecteurs de conscience. Lytton Strachey fut le héros d'un procès qui eut un vaste retentissement. Les amis de Keynes désapprouvèrent son affectation au Trésor, considérant cela comme une activité de guerre, même non belligérante. En février 1916, un matin il trouva sur son assiette un mot insidieux de Strachey — l'équivalent pacifiste d'une plume blanche : « Cher Maynard, que fais-tu encore au Trésor ? Bien à toi, Lytton. » Quand Duncan Grant, avec lequel il avait une liaison, fut convoqué devant le tribunal d'Ipswich, Keynes assura sa défense, et déploya son porte-documents au chiffre royal afin d'intimider les membres du tribunal, menu fretin de province. Il avait honte de ses occupations devant ses amis. En décembre 1917, il écrivit à Grant : « Je travaille pour un gouvernement que je méprise; à des fins que je juge criminelles[98]. »

Soumis à une tension intérieure croissante, Keynes poursuivit ses activités au Trésor par un sens patriotique résiduel. Quand la guerre, qu'il avait haïe, culmina en une paix qu'il jugea indigne, il retourna à Cambridge en pleine dépression nerveuse. A peine remis, il entreprit d'écrire une critique étincelante et mordante des procédés de la Conférence. C'était un mélange de vérités, de demi-vérités, d'idées fausses et d'aperçus brillants, égayé d'esquisses sarcastiques des principaux acteurs du drame. Publié avant la fin de l'année sous le titre *Les Conséquences économiques de la paix*, ce texte causa une vive sensation au plan mondial. Cet ouvrage représente une nouvelle illustration classique de la loi des conséquences imprévisibles. Le but avoué de Keynes en l'écrivant était d'alerter le monde des effets qui résulteraient de l'imposition d'une paix carthaginoise à l'Allemagne. Son motif secret était de se réhabiliter aux yeux de ses amis en s'attaquant à l'*establishment* politique qu'ils l'avaient blâmé de servir. Il mena à bien ces deux objectifs. Son livre fut l'un des plus destructeurs du siècle, contribuant indirectement et de plusieurs façons à la guerre future que Keynes lui-même était si anxieux de prévenir. Quand cette guerre éclata, un jeune historien français, Etienne Mantoux, pointa un doigt accusateur vers la philippique de Keynes; par ce tract : *La Paix carthaginoise ou les conséquences économiques de Monsieur Keynes* qui parut à Londres en 1946, un an après que Mantoux avait péri au combat, et l'année même où Keynes mourut du cancer.

Le retentissement du livre de Keynes en Allemagne et en Grande-Bretagne eut des effets cumulés, comme nous le verrons plus tard. En Amérique, sa répercussion fut immédiate. Comme nous l'avons déjà précisé, la SDN n'était pas une idée de Wilson — mais une idée britannique, ou plutôt une idée enfantée par deux gentlemen excentriques, dont l'impact, bien intentionné mais funeste pour les affaires mondiales, permet d'avancer que la croyance religieuse est mauvaise conseillère en politique. Walter Phillimore qui, à 72 ans, dirigeait la « commission » du *Foreign Office* et dont le rapport du 20 mars 1918 en proposa l'idée, était un juriste international, auteur de *Trois siècles de traités de paix* paru en 1917. C'était également un célèbre juriste en matière ecclésiastique, une figure à la Trollope, à la position prééminente à la Church Assembly, un expert en légitimité, en rituel, en vêtements et en fournitures ecclésiastiques et maire du verdoyant Kensigton. Comme juge, il avait été très critiqué pour son excessive sévérité pour les cas de délits sexuels, contrairement à d'autres affaires. Il serait difficile de concevoir un individu aussi peu fait pour élaborer des règles prenant en compte la *Realpolitik* mondiale, sans connaître l'existence de son allié politique lord Robert Cecil, membre tory du parlement et sous-secrétaire d'État au *Foreign Office*. Cecil réagissait contre le scepticisme politique et le cynisme de son père — le Premier ministre lord Salisbury, qui avait traité avec Bismarck — en abordant les affaires étrangères avec une forte dose de religiosité. C'était un avocat-né dont sa mère disait qu'« il était un redresseur de torts constamment sur la brèche ». Il avait essayé d'organiser une opposition au bizutage à l'université d'Eton. En tant que ministre responsable du blocus, il détesta devoir forcer les Allemands à se rendre en les affamant, et il s'empara de l'idée de la SDN avec enthousiasme. En effet, en août 1918, il écrivit à sa femme : « Sans l'espoir que la SDN n'allait établir un meilleur système international, j'aurais été pacifiste[99]. » Il est important de comprendre que les deux hommes à qui incomba la responsabilité de la mise en forme de la SDN, étaient des quasi-pacifistes qui voyaient en elle non pas un moyen de résister à l'agression par une force collective, mais un substitut d'une telle force, dont l'influence principale serait son « autorité morale ».

Dès sa phase initiale, l'idée déplut aux experts anglais, militaires et politiques ; le colonel Maurice Hankey — secrétaire d'État et coordinateur militaire le plus expérimenté — nota dans son rapport : « Le projet de tout organisme de ce type nous paraît dangereux car il créerait une sensation de sécurité totalement fictive... son seul résultat serait l'échec et plus l'échéance de cet échec serait reculée, plus il serait certain que le pays aurait été profondément endormi. Cela contribuerait à mettre entre les mains d'idéalistes bien-pensants une arme puissante pour déprécier les dépenses en armement ; et le résultat serait — en temps voulu — une prise au dépourvu désavantageuse pour ce pays. » Eyre Crowe nota cyniquement qu'une « entente autour d'une telle organisation » serait semblable à n'importe quel traité : « Qui pourrait assurer qu'elle serait respectée ? » La seule réponse, bien sûr, c'était la force. Mais Phillimore n'avait pas consulté les services de l'armée, et quand l'Amirauté eut vent de ce projet, elle fit observer que pour être efficace, la flotte de guerre devait être augmentée et non diminuée[100]. Tous ces avertissements — lancés au moment même de la conception de la SDN — devaient être tristement confirmés par son histoire.

Malheureusement, dès que le président Wilson, fatigué par les négociations proprement dites du traité de Versailles — et des bouffées d'amoralisme insufflées par la Realpolitik — s'empara de la SDN et en fit le réceptacle de sa propre ferveur religieuse, tous ces doutes furent balayés. C'est un mythe tenace que celui des puissances européennes anxieuses de faire de la SDN le moyen d'inclure les États-Unis dans un processus de soutien de la paix ; point de vue que Wilson aurait partagé et qui aurait été frustré par l'isolationnisme républicain. Ce n'est pas le cas. Clemenceau et Foch désiraient une alliance mutuelle de sécurité qui, la dernière année de la guerre, avait finalement abouti à un état-major des alliés, suite à des délais infinis et pénibles. En bref, ils désiraient quelque chose de ce style, qui n'apparut qu'en 1948-1949, sous la forme de l'OTAN — Organisation du traité de l'Atlantique Nord. Ils reconnaissaient qu'un système universel auquel participeraient toutes les puissances, y compris l'Allemagne, et qui garantirait leurs frontières sans tenir compte de leurs mérites, était une absurdité. Ils étaient mieux informés de l'opinion du Congrès que Wilson lui-même et savaient qu'il y avait peu de chance qu'il ratifiât une telle « monstruosité ». Leurs buts se limitaient à impliquer l'Amérique par étapes, comme la France l'avait précédemment fait avec la Grande-Bretagne. Ce qu'ils désiraient que l'Amérique accepte en premier lieu, c'était, plus que sa participation à une hypothétique SDN, la garantie du traité de Versailles [101].

Objectif qui coïncidait approximativement avec celui du sénateur Cabot Lodge, républicain chef du Sénat. Il partageait aussi bien le scepticisme des experts britanniques que français. Loin d'être un isolationniste, il était pro-européen et croyait à un « pacte » de sécurité mutuelle. Mais il pensait qu'en pratique les grandes puissances refuseraient l'obligation d'entrer en guerre pour faire respecter les décisions de la SDN, puisque les nations évitaient la guerre tant que leurs intérêts vitaux n'étaient pas menacés. Comment les frontières pourraient-elles être garanties indéfiniment par quoi que ce soit et qui que ce soit ? Elles reflétaient des forces réelles et changeantes. Les États-Unis entreraient-ils en guerre pour protéger les frontières britanniques aux Indes, ou celles du Japon à Shantoung ? Evidemment, non. Tout arrangement passé entre l'Amérique et la France ou la Grande-Bretagne se devait d'être basé sur la garantie mutuelle de leurs intérêts vitaux. Il n'aurait de sens qu'ainsi. En septembre 1919, Lodge et ses supporters, que l'on appelait les *strong reservationnists*, avaient clairement défini leur position : ils ratifieraient le traité, sauf sur le point précis de la SDN ; ils accepteraient même que les États-Unis soient membres de la SDN, sous réserve que le Sénat ait un droit de regard sur les crises nécessitant le recours aux forces armées américaines [102].

Ce fut à ce moment que le manque de caractère et de jugement de Wilson, et bien sûr sa santé mentale touchèrent à leur paroxysme. En novembre 1918, il avait perdu le premier tour des élections et en conséquence le contrôle du Congrès et du Sénat lui échappait. De bonnes raisons pour ne pas aller lui-même à Paris, mais d'y envoyer à sa place une délégation républicaine et démocrate — ou bien, s'il y allait, d'emmener Lodge et d'autres républicains avec lui. Néanmoins, il choisit d'y aller seul. En entraînant l'Amérique dans la guerre, il avait dit dans son discours du 2 avril devant le Congrès : « Le monde démocratique doit être protégé. » Sa célèbre *Histoire du peuple américain* présentait la démocratie comme une force presque religieuse, *vox populi vox dei*. Le vieux monde, expliquait-il alors au Congrès, souffrait d'un « rejet capricieux » de la démocratie, de « sa pureté et de son pouvoir spirituel ». C'est là que l'Amérique entrait en jeu : « C'est la destinée évidente des États-Unis que de conduire la tentative de faire prévaloir cet esprit[103]. » Dans cette tâche, la SDN était l'instrument et lui-même l'agent — une incarnation de la volonté générale.

Comment Wilson, l'ultra-démocrate, en vint à se considérer lui-même comme le légataire de la volonté générale de Rousseau, un concept bientôt exploité en Europe par une nouvelle génération de dictateurs ? Peut-être était-ce dû à sa condition physique ? En avril 1919, à Paris, il eut sa première attaque. Le fait resta secret. En effet, sa santé déclinante semble avoir renforcé sa croyance dans le bien-fondé de sa « quête » et sa détermination à ne pas se laisser influencer par les critiques des républicains. En septembre 1919, il alla plaider la cause de la SDN, non plus devant le Congrès mais devant le pays tout entier, couvrant en trois semaines 8000 milles par train. Il en fut quitte pour une seconde attaque, dans le train, le 25 septembre[104]. A nouveau, on étouffa l'affaire. Le 10 octobre, troisième attaque, cette fois généralisée, qui paralysa tout son côté gauche. Quelques mois plus tard, son médecin, l'amiral Gary Grayson, admit : « Il est malade en permanence, son esprit s'affaiblit progressivement — il n'y a pas de guérison possible[105]. » Mais Grayson se refusa à admettre l'incompétence du président. Thomas Marshall, le vice-président, un homme définitivement peu sûr de lui et passé à la postérité pour cette remarque : « Ce dont ce pays a besoin, c'est d'un bon cigare à 5 *cents* », insista peu sur ce point. Joseph Tumultry, secrétaire particulier du président, conspira avec Wilson et sa femme Edith; cette dernière, durant dix-sept mois, fit office de président.

Durant ce bizarre épisode de l'histoire américaine — alors que circulaient des rumeurs prétendant que Wilson en était au stade tertiaire de la syphilis, prisonnier délirant d'une pièce munie de barreaux; Mrs Wilson, dont la scolarité avait duré deux ans, rédigeait, de sa grosse écriture enfantine, les ordres aux ministres du cabinet : « Le Président a dit que... »; les renvoyait ou les nommait en imitant la signature de son mari, au bas des projets de loi. C'est elle, autant que Wilson, qui fut responsable du renvoi du secrétaire d'État Lansing — « Je le hais ! » devait-elle déclarer — et de son remplacement par un juriste d'une inexpérience totale, Bainbridge Colby, dépassé par les événements. Par moments, Wilson retrouvait une certaine concentration durant 5 à 10 minutes, et il réussit même à ruser et à tromper son principal critique au Congrès, le sénateur Albert Fall, qui s'était « plaint » en ces termes : « Nous sommes gouvernés par un jupon. Le président, c'est Mrs Wilson. » Convoqué à la Maison-Blanche, Fall se trouva face à un Wilson à la longue barbe blanche, apparemment alerte. L'entrevue ne dura que deux minutes. Fall déclara : « M. le Président, nous avons tous prié pour vous. » Wilson aboya : « En quels termes, Sénateur ? » — ce qui fut interprété comme une preuve d'esprit toujours aussi mordant[106].

C'est ainsi que l'Amérique, à un moment crucial de son histoire, était gouvernée — comme devait l'être l'Allemagne en 1932-33 — par un titan mentalement et physiquement diminué, au seuil de l'éternité. Si Wilson avait été déclaré incompétent, il est certain qu'un traité amendé aurait été discuté au Sénat. Dans ces circonstances, Wilson, avec un entêtement de vieillard débile insista pour que le traité fût accepté tel quel ou rejeté. « Soit nous nous joindrons à la SDN sans crainte — lit-on dans le dernier message à ce sujet — en acceptant le rôle de chef qui est à présent le nôtre... soit nous nous retirerons le plus courtoisement possible du grand concert des nations qui vient de sauver le monde [107]. »

Dans cette querelle domestique à l'équilibre précaire, où les chances se retournaient déjà contre Wilson, le livre de Keynes surgit avec un à-propos dévastateur, pour confirmer les préjugés des « irréconciliables » et renforcer les doutes des « réservationnistes » ; en effet, il fit l'effet d'un mauvais présage pour les partisans de Wilson. Le traité, qui fut présenté devant le Sénat en mars, requérait pour être ratifié une majorité des deux tiers. La proposition de Wilson subit une défaite complète par 38 voix pour et 53 voix contre. Il y avait une chance pour que le texte amendé par Cabot Lodge soit adopté et devienne ainsi le fondement d'une politique extérieure solide pour les trois administrations républicaines qui devaient suivre. Mais d'un élan destructeur, Wilson, depuis son lit, exigea de ses partisans, par une série de lettres presque illisibles, de voter contre le texte de Lodge ; qui obtint 49 voix pour et 35 voix contre, 23 étant celles des démocrates agissant sur les ordres de Wilson. Ainsi tua-t-il son « propre enfant » et, en agissant de la sorte, relâcha les liens entre l'Europe et les républicains même les mieux disposés. Dégoûté, Lodge qualifia la SDN d'« aussi morte que le fantôme de Marley » ; « Aussi morte qu'Hector », renchérit le sénateur James Reed. Et Warren Harding, candidat républicain à la présidence, ajouta, « en ricanant » sur le passé des démocrates : « Aussi morte que l'esclavage. » Quand les démocrates essuyèrent leur écrasante défaite d'automne 1920, l'on considéra ce verdict comme un rejet de la politique européenne de Wilson en son entier. Eugène Debs écrivit du fond du pénitencier d'Atlanta où Wilson l'avait fait enfermer : « Aucun autre personnage public de l'histoire américaine ne se retira jamais avec un discrédit aussi total, blâmé aussi caustiquement, répudié d'aussi sanglante manière que Woodrow Wilson [108]. »

La France et la Grande-Bretagne se retrouvèrent ainsi avec un projet de SDN ne correspondant pas à ce qu'elles désiraient, et l'homme qui l'avait établi venait d'être désavoué par son propre pays. Elles héritaient du pire des mondes possibles. La participation américaine à une SDN, basée sur les propositions qu'avait avancées Lodge aurait infléchi cette dernière dans un sens beaucoup plus réaliste. Dans le cas particulier de l'Allemagne, cela aurait représenté un avantage douteux. Lodge et les républicains internationalistes estimaient que le traité de Versailles était injuste, surtout pour l'Allemagne, et devrait être révisé tôt ou tard. En fait, le covenant de la SDN parait spécialement à cette éventualité. L'article 19, souvent « négligé » et finalement totalement oblitéré, permettait de temps en temps à la SDN de conseiller la révision des « traités qui étaient devenus inapplicables » ou dont « l'application pouvait mettre la paix mondiale en danger [109] ». La présence américaine à la SDN aurait assuré, par un processus légal international, l'obtention par l'Allemagne dans les années 20 des ajustements qu'elle revendiqua par la force et qu'elle obtint par la lâcheté dans les années 30.

La décision de Wilson de recourir à une solution de droit international pour les problèmes de l'Europe d'après-guerre, plutôt qu'à une solution économique, puis l'effondrement complet de sa politique, laissèrent au continent européen un héritage effrayant d'inflation, d'endettement, et de réclamations financières conflictuelles. Le XIXe siècle avait été une période de stabilité des prix en dépit de l'énorme expansion industrielle dans tous les pays développés. Les prix de détail avaient réellement baissé pendant de nombreuses années — alors qu'une croissance de la productivité marchait de pair avec l'accroissement de la demande. En 1908, l'inflation avait repris de plus belle, et la guerre ne fit qu'accélérer ce processus. Quand la paix fut signée, les prix de gros, par rapport à un indice de 100 en 1913, étaient à un indice de 212 aux États-Unis, 242 en Grande-Bretagne, 357 en France et 364 en Italie. L'année suivante, en 1920, ils atteignaient deux fois et demie la moyenne d'avant-guerre aux États-Unis, trois fois en Grande-Bretagne, cinq fois en France et six fois en Italie : en Allemagne, l'indice était de 1965, soit 20 fois ou presque [110]. Le monde civilisé n'avait plus été confronté à une telle crise inflationniste depuis le XVIe siècle et d'une ampleur aussi décourageante depuis le IIIe siècle ap. J.-C. [111].

Les États-Unis mis à part, le monde était endetté. Là gisait le problème. En 1923, les intérêts compris, la dette envers les États-Unis s'élevait à 11 milliards de dollars. A elle seule, la Grande-Bretagne devait 4,66 milliards de dollars aux États-Unis. A son tour, la Grande-Bretagne devait recevoir 6,5 milliards de dollars ; ses principaux débiteurs étant la France, l'Italie et la Russie. La Russie était alors hors jeu, et la seule chance qu'il restait à la France et à l'Italie de rembourser la Grande-Bretagne et les États-Unis était de faire payer l'Allemagne. Pourquoi les États-Unis insistèrent-ils pour essayer de recouvrer ces dettes contractées entre États ? Le président Coolidge répondit laconiquement : « Ils l'avaient bien emprunté cet argent, n'est-ce pas ? » Aucune explication plus élaborée ne fut jamais avancée. Dans un essai, *Les Dettes interalliées* publié en 1924, Bernard Baruch, le gros bonnet du Bureau des industries de guerre et conseiller économique auprès de la délégation américaine de la paix, argua que « les États-Unis avaient refusé de prendre en considération l'annulation des dettes, ayant le sentiment que s'ils le faisaient, d'autres raisons mises à part, le coût principal de cette guerre comme des futures leur incomberait et les mettrait dans la position de subventionner toutes les guerres, en ayant déjà subventionné une[112] ». Il est évident que Baruch ne croyait pas à cette argumentation grotesque. En vérité, sur le plan économique, insister sur les dettes de guerre n'avait pas de sens, mais faisait partie du prix politique à payer pour l'effondrement du wilsonisme — qui ne laissait qu'un gouffre derrière lui. A la conférence de Washington de 1923, la Grande-Bretagne accepta avec beaucoup d'acrimonie de payer annuellement 24 millions de livres aux États-Unis pendant dix ans pour ensuite leur payer 40 millions de livres par an. A l'époque où les dettes furent effectivement annulées, après la grande crise, la Grande-Bretagne avait remboursé aux États-Unis à peine plus qu'elle n'avait reçu des alliés financièrement plus faibles et eux, à leur tour, avaient reçu environ mille millions de livres de l'Allemagne[113]. Mais la plus grande partie de cette somme avait en fait été empruntée aux États-Unis et la récession emporta le tout. Ainsi, le processus était circulaire et aucun État, encore moins un individu, n'y gagnait quoi que ce soit.

Mais dans ce laps de temps, le chœur des réclamations et des contre-réclamations avait détruit le reste de l'esprit allié du temps de guerre. Et de vouloir que l'Allemagne équilibre les livres de compte de tous détruisit simplement sa monnaie. L'indemnité que l'Allemagne avait levée en France en 1871 équivalait à 4000 milliards de marks-or. C'était la somme que la commission des réparations demanda à l'Allemagne de régler à la Belgique pour les seuls dommages de guerre. La dette atteignit ainsi 132000 milliards de marks-or, dont la France à elle seule devait récupérer 52 %. Au 1er mai 1921, l'Allemagne devait payer un acompte de 20000 milliards de marks-or. Ce qu'elle paya réellement est sujet à contestation, puisque les « versements » furent effectués pour la plupart en nature et non pas en espèces. L'Allemagne affirma avoir payé 45000 milliards de marks-or. John Foster Dulles, membre américain de la Commission des réparations, évalua le remboursement de 20 à 25 milliards de marks-or[114]. Le 26 décembre 1922, après diverses réductions et suspensions, l'Allemagne fut déclarée en rupture de paiement d'après les paragraphes 17 et 18 de l'annexe II du traité de Versailles, qui préconisaient des représailles sans les spécifier. Le 11 juin 1923, malgré les protestations de la Grande-Bretagne, les troupes françaises et belges traversèrent le Rhin et occupèrent la Ruhr. Les Allemands y cessèrent toute activité. La France imposa sur la région la loi martiale et coupa toute communication par poste, télégraphe et téléphone. L'indice des prix au détail — 1913 : 100 — grimpa à 16170 millions. Pour l'Allemagne comme pour la France les conséquences politiques furent douloureuses à l'extrême.

Le traité de Versailles fut-il donc un échec complet ? Beaucoup d'intellectuels le pensèrent à l'époque; beaucoup d'autres en jugent ainsi depuis. Mais les intellectuels du moment furent — par suite du violent nationalisme ethnique — à l'origine de ce qui dicta à la fois le règlement de Versailles et causa sa non-application. Tous les mouvements nationalistes européens — il y en avait des douzaines en 1919 —

avaient été créés, menés et aiguillonnés par des universitaires et des écrivains qui avaient souligné les différences linguistiques et culturelles entre les peuples au détriment des liens traditionnels et des intérêts économiques qui les poussaient à vivre ensemble. En 1919, tous les intellectuels européens de la jeune génération, pour ne pas parler de leurs aînés, souscrivirent à la proposition qui faisait du droit à l'autodétermination nationale, un principe moral fondamental. Il y eut peu d'exceptions, par exemple Karl Popper [115]. Pour ces derniers, l'autodétermination était un principe d'affaiblissement puisque « libérer » les peuples et les minorités créait simplement davantage de minorités. Mais en règle générale, l'autodétermination était indiscutable en Europe, comme dans les années 50 et 60 elle ne serait pas discutée en Afrique.

Il est évident qu'en 1919 il ne pouvait être question de sauvegarder les anciens ajustements en Europe centrale et orientale. Les nationalistes les avaient mis en pièces. Avec 70 ans de recul il est loisible de considérer les dernières années de l'Autriche-Hongrie comme le parfait exercice de la plurinationalité. Mais en réalité, elles furent empoisonnées par une animosité raciale grandissante. Chaque réforme créait plus de problèmes qu'elle n'en résolvait. La Hongrie acquit le statut d'État autonome, au sein de l'empire en 1867, et opprima sur-le-champ ses propres minorités, principalement les Slovaques et les Roumains avec une bonne foi plus féroce que celle avec laquelle l'Autriche l'avait opprimée elle-même. Le système électoral était mis en doute et les chemins de fer, le système bancaire et les principes de libre-échange commercial sauvagement brisés pour l'obtention d'avantages ethniques dès qu'une réforme quelconque permettait une telle revendication. Les Tchèques et les autres groupes slaves suivirent l'exemple hongrois. Aucun groupe ethnique ne se comporta logiquement. Ce que les Allemands réclamaient et que les Tchèques leur refusaient en Bohême, les Allemands à leur tour le refusaient aux Italiens et aux Slovènes du Sud dans le Tyrol méridional et en Styrie. Tous les différents parlements et diètes à Budapest, Prague, Graz et Innsbruck devinrent les arènes de désaccords ethniques sans merci. En Galicie, la minorité ruthène combattait les Polonais majoritaires. En Dalmatie, la minorité italienne combattait les Slaves du Sud majoritaires. Le résultat était l'impossibilité de former un gouvernement parlementaire effectif. Entre 1900 et 1918, les douze gouvernements centraux durent être composés presque entièrement de fonctionnaires. Chaque gouvernement local, dont les minorités étaient exclues, protégeait ses industries propres chaque fois qu'il y était autorisé par la loi et, dans le cas contraire, organisait le boycottage des produits fabriqués par les autres groupes ethniques. Il n'y avait pas de norme dans le vieil empire.

Mais du moins subsistait un certain respect de la loi. Dans la Russie impériale, il y avait occasionnellement des pogroms et d'autres instances de violent conflit racial. Mais jusqu'en 1914, les deux empires germaniques furent exceptionnellement respectueux des lois ; ils se plaignaient même que leurs populations fussent trop dociles. La guerre changea tout cela. Il y a du vrai dans l'observation de l'historien Fritz Stern que la grande guerre inaugura une période de violence sans précédent et une guerre de trente ans — 1919 signifiant la continuation de la guerre par d'autres moyens [116]. En un sens, bien sûr, les calamités de cette époque furent plus mondiales que continentales. En 1918-1919, le virus de la grippe qui tua plus de 40 millions d'individus en Europe, en Asie et en Amérique ne se limita pas aux zones de guerre qui furent touchées très durement [117]. Des explosions de violence d'un nouveau genre, immédiatement après la fin du conflit conventionnel, apparurent presque partout. Du 27 juillet au 1er août à Chicago, les États-Unis furent confrontés à leurs premières grandes émeutes raciales : bilan 36 morts et 536 blessés. D'autres émeutes suivirent : à Tulsa, Oklahoma, le 30 mai 1921, 50 Blancs et 200 Noirs furent assassinés [118]. Au Canada, le 17 juin 1919, les leaders de la grève générale de Winnipeg furent accusés, et par la suite condamnés, de comploter pour détruire l'autorité constitutionnelle et établir par la force un soviet [119]. En Grande-Bretagne, le 31 janvier 1919, une pseudo-révolution éclata à Glasgow, et entre 1919 et fin 1921, la possibilité d'une guerre civile — ou conflit de classe — fut envisagée si l'on en croit les comptes rendus alarmistes des réunions du cabinet que Thomas Jones transcrivit textuellement. Ainsi, le 4 avril 1921, le cabinet discuta du rapatriement de 4 bataillons qui, en Silésie, maintenaient les communautés allemande et polonaise séparées, afin de « protéger Londres ». Le Lord Chancelier observa stoïquement : « Nous devons décider sans délai autour de quoi rassembler les forces loyalistes. De toute manière, nous ne serons pas tués sans combattre [120]. »

Cependant, ce fut en Europe centrale et orientale que la violence, et l'antagonisme ethnique qui la provoqua, furent les plus aigus, répandus et durables. Dans les années 1919-1922, environ une vingtaine de conflits mineurs y eurent lieu. On en parle peu dans les manuels d'histoire malgré les terribles cicatrices qu'ils laissèrent; qui, dans certains cas, étaient encore des plaies ouvertes dans les années 60 et qui contribuèrent directement à l'instabilité chronique de l'Europe d'entre deux guerres. A vouloir incarner les principes d'autodétermination, le traité de Versailles augmenta le nombre et l'intensité des revendications des minorités — la plupart étant allemandes ou hongroises. Les nouveaux régimes nationalistes estimèrent qu'ils pouvaient se permettre d'être moins tolérants que les vieux empires. Et, puisque les changements endommageaient l'infrastructure économique — particulièrement en Silésie, en Pologne méridionale, en Autriche, Hongrie et Yougoslavie du Nord — chacun s'appauvrissait d'autant plus.

Chaque pays était empêtré soit dans une réclamation anxieuse ou un problème intérieur insurmontable. L'Allemagne, avec une Prusse divisée et la perte de la Silésie, criait vengeance. L'Autriche — dont l'homogénéité avait été équitablement respectée — avait récupéré le

Burgenland allemand en Hongrie, mais avait été cependant dépouillée de ses anciennes possessions et abandonnée avec un tiers de sa population mourant de faim à Vienne. De plus, par les termes du traité, il lui était interdit de s'unir à l'Allemagne — ce qui rendait l'Anschluss beaucoup plus attirant qu'il ne l'était réellement. La population de la Hongrie passa de 20 millions à 8 millions d'individus, son économie industrielle fit naufrage et 3 millions de Hongrois furent livrés aux Tchèques et aux Roumains[121].

Parmi les bénéficiaires du traité de Versailles, la Pologne fut la plus âpre au gain et la plus belliqueuse. En 1921, après trois ans de lutte, sa superficie était deux fois plus étendue que la Conférence de la Paix ne l'avait laissé espérer. Elle attaqua l'Ukraine, lui extorqua la Galicie de l'Est et sa capitale Lwow, mais échoua à s'emparer de Teschen que les Tchèques conservèrent. Ce fut l'une des raisons qui expliquèrent le manque de sympathie de la Pologne envers les Tchèques en 1938, et l'aide fournie au Russes en 1968 pour les envahir, quoique dans les deux cas ce fut dans ses intérêts à long terme de préserver l'indépendance tchèque. Elle fit respecter par la force ses « droits » vis-à-vis de l'Allemagne, à la fois en Silésie et dans la Baltique. Elle envahit la Lituanie fraîchement libérée, occupa Vilno et l'incorpora après un « plébiscite ». Elle mena une guerre de grande envergure contre la Russie et persuada les puissances occidentales d'entériner ses nouvelles frontières en 1923. En s'étendant par la force, la Pologne joua habilement avec les craintes britanniques envers le bolchevisme et le désir de la France de posséder un puissant allié à l'est — à présent que sa vieille alliance avec le tsarisme avait pris fin. Mais, évidemment, quand le besoin s'en fit sentir, la Grande-Bretagne et la France furent impuissantes à venir en aide à la Pologne ; et dans ce processus, comme elle avait offensé irrémédiablement tous ses voisins, ces derniers se précipiteraient sur elle à la moindre occasion.

En attendant, la Pologne avait hérité du problème majeur des minorités de l'Europe, mis à part la Russie. Un tiers de sa population globale — 27 millions d'habitants — était composé de minorités : les Ukrainiens de l'ouest ou Ruthènes, les Biélorusses, les Allemands et les Lituaniens. Toutes étaient dans des régions circonscrites. A cela s'ajoutaient trois millions de juifs qui cherchaient à se rapprocher des Allemands et des Ukrainiens et qui formaient un groupe d'une trentaine de députés au Parlement tout en étant majoritaires dans les villes orientales avec un monopole de fait du commerce. A Versailles, la Pologne fut contrainte de signer un traité spécial qui garantissait les droits de ces minorités. Mais elle ne le respecta guère au cours des années 20, et encore moins dans les années trente, quand sa politique envers les minorités se détériora sous la dictature militaire. Traitant un tiers de sa population comme étrangère, la Pologne maintenait un énorme effectif policier ainsi qu'une armée nombreuse et mal équipée pour la défense de ses vastes frontières. Il y avait une certaine justesse dans la remarque qu'un noble polonais fit à l'ambassadeur allemand en 1918 : « Pour la libération de la Pologne, je donnerais la moitié de mes biens. Mais avec l'autre moitié, j'émigrerais [122]. »

La Tchécoslovaquie était une création encore artificielle, n'étant en fait qu'un rassemblement de minorités, sous le contrôle des Tchèques. Le recensement de 1921 faisait état de 8760000 Tchécoslovaques, de 3123448 Allemands, 747000 Magyars et 461000 Ruthènes. Mais les Allemands déclarèrent que ce recensement avait été délibérément faussé et que la majorité était beaucoup plus limitée en nombre. En tout cas, même les Slovaques se sentaient persécutés par les Tchèques ; une des caractéristiques de ce « pays » était que la nouvelle capitale slovaque, Bratislava, était surtout peuplée d'Allemands et de Magyars [123]. Dans les années 20, les Tchèques à l'opposé des Polonais firent de sérieux efforts pour pratiquer une politique juste à l'égard des minorités. Mais la grande crise frappa plus durement les Allemands que les Tchèques — par accident ou à dessein — et après cela, leurs relations s'envenimèrent sans espoir.

La Yougoslavie à l'image de la Tchécoslovaquie était un empire miniature dirigé par les Serbes avec une brutalité plus grande. Dans certaines régions, la lutte se poursuivait depuis 1912 et ses frontières ne furent pas établies — façon de parler — avant 1926. Les Serbes orthodoxes dirigeaient l'armée et l'administration, les Croates et les Slovènes, catholiques qui possédaient des normes politiques et culturelles plus développées, estimaient de leur devoir « d'européaniser les Balkans » — c'est-à-dire les Serbes — de crainte qu'ils ne soient eux-mêmes « balkanisés ». R.W. Seton-Watson, qui avait contribué à la création du pays, fut bientôt sans illusion sur la façon qu'avaient les Serbes de le diriger : « La situation en Yougoslavie, écrivit-il en 1921, me met au désespoir... Je n'ai aucune confiance dans la nouvelle constitution et son centralisme absurde. » Les bureaucrates serbes, se plaignit-il, étaient pires que les Hongrois et l'oppression serbe pire que l'oppression allemande. « Je me sens porté, écrivit-il en 1928, à laisser les Serbes et les Croates cuire dans leur jus ! A mon avis, ils sont fous et ne voient pas plus loin que le bout de leur nez [124]. » En effet, des députés avaient échangé des coups de pistolet en plein Parlement, ce qui entraîna la mort du chef du parti paysan croate, Stepan Radic ; et ce qui assurait la cohésion du pays, ce n'était pas tant la politique serbe que la haine larvée de ses voisins italiens, hongrois, roumains, bulgares et albanais, qui, tous, avaient des comptes à régler [125].

L'Europe centrale et orientale se préparait alors à la moisson sinistre de nationalismes irréconciliables, semée tout au long du XIXe siècle. Ou, pour varier la métaphore, Versailles souleva le couvercle d'un récipient où bouillonnait un poison dont la puanteur envahit l'Europe, jusqu'à ce que Hitler puis Staline ne le rabattissent avec force. Sans aucun doute, quand la chose arriva, des personnes âgées regrettèrent le bon vieux temps des empires dynastiques. En 1919, l'idée d'un monarque de droit divin régnant sur un assemblage disparate de peuples en Europe paraissait absurde. Mais si l'impérialisme au cœur de l'Europe était anachronique, combien de temps semblerait-il défendable à l'extérieur ? L'autodétermination n'allait pas rester un principe continental; mais s'étendre, si ce n'était déjà fait, au monde entier. Le blâme adressé par Eyre Crowe à Harold Nicolson, lors de la Conférence de Paris, faisait écho à un point soulevé par Maurice Hankey à l'égard de lord Robert Cecil, quand ce dernier travaillait à l'embryon du projet de la SDN. Hankey le pria de ne pas insister sur l'élargissement du principe de l'autodétermination. « Je lui fis remarquer, nota-t-il dans son journal, que cela conduirait nécessairement à rendre Gibraltar à l'Espagne, Malte à elle-même, Chypre à la Grèce, l'Égypte aux Egyptiens, Aden à l'Arabie ou à la Somalie, l'Inde au chaos, Hong Kong à la Chine, l'Afrique du Sud aux Kaffirs, les Indes occidentales aux Noirs, etc. Et qu'adviendrait-il donc de l'empire britannique ? [126] »

En fait, à l'époque où Hankey écrivait, le principe était déjà concédé. Au plus fort de la guerre, les alliés, désespérés, signèrent des chèques postdatés non seulement aux Arabes, aux juifs, aux Roumains, Italiens, Japonais, Slaves, mais aussi à leurs propres populations sujettes. Au gré des pertes, les effectifs coloniaux venaient combler les vides. Ce furent les bataillons franco-marocains qui sauvèrent la cathédrale de Reims. Ils les surnommèrent malicieusement *la force noire*; et ils y répondaient à plus d'un titre. Pour leur part, les Anglais levèrent durant la guerre 1 440 437 soldats aux Indes; 877 068 étaient des combattants; 621 224 officiers et hommes de troupe servirent outre-mer [127]. L'Inde semblait mériter une récompense; la plus économique étant une réforme politique.

La réglementation anglaise aux Indes avait été couronnée par la proclamation en 1876 de Victoria impératrice par Disraeli. La courroie de transmission du commandement était autocratique : elle allait de l'officier de district au commissaire de province, du gouverneur au gouverneur général et jusqu'au vice-roi. Ce principe avait été conservé par les réformes de Morley-Minto d'avant-guerre, car lord Morley, quoique progressiste et libéral, ne croyait pas au fonctionnement de la démocratie aux Indes. Mais son sous-secrétaire Edwin Montagu pensait différemment. Montagu était un juif dont la manière d'aborder l'Orient était tout affective. Il souffrait du vice corrosif des civilisés que nous rencontrerons tout au long du XXe siècle sous de nombreuses formes : la culpabilité. Son grand-père avait été orfèvre, son père avait gagné des millions par des opérations de change — étant banquier — et lui se payait le luxe d'être philanthrope. Montagu hérita de tout cela et du sentiment qu'il avait une dette à l'égard de la société. C'était un individu extrêmement émotif; sa manière d'aborder les affaires publiques était qualifiée de « féminine ». En repoussant, en 1916, le secrétariat aux Affaires irlandaises, il écrivit : « Je frémis d'horreur à l'idée d'infliger un châtiment. » A sa mort, un de ses amis écrivit au *Times* : « Il n'était jamais las d'être chagriné pour les autres [128]. »

Lloyd George devait penser à autre chose le jour où, en juin 1917, il confia les Indes à Montagu. Le soin de Montagu fut de mettre l'Inde sur le chemin de l'indépendance. Il précisa sur-le-champ par écrit les intentions de la Grande-Bretagne pour l'après-guerre. Son projet fut examiné par le cabinet le 14 août, à l'un des moments les plus noirs de la guerre. Il y avait à l'ordre du jour la désintégration rapide de tout le front russe et les premiers raids aériens vraiment sérieux sur la Grande-Bretagne ; et l'esprit des membres du cabinet était obsédé par les pertes terrifiantes de l'offensive Passchendaele, dont s'achevait la seconde semaine inutilement sanglante. Elgar écrivait les dernières mesures du concerto pour violoncelle, sa dernière grande œuvre, qui exprime mieux que les mots la tristesse inapaisable de ces journées. Montagu en profita pour présenter son projet de réforme politique où l'on pouvait lire cette phrase irrévocable : « Il s'agit de développer graduellement des institutions libres aux Indes, en vue d'un gouvernement autonome à venir [129]. » Mais lord Curzon dressa l'oreille. Ancien vice-roi, il était l'archétype de l'impérialiste de l'âge d'or ; on se souvient de sa déclaration : « Tant que nous dirigerons l'Inde, nous serons la plus grande puissance du monde. Si nous la perdons, nous tomberons au niveau d'une puissance de troisième ordre [130]. » Il précisa aux hommes qui l'entouraient que l'expression « gouvernement autonome à venir » pouvait sous-entendre un délai de 500 ans mais qu'aux yeux d'Indiens impatients, elle pouvait signifier le temps d'une génération. Confiant en son habileté rédactionnelle, il insista pour modifier l'énoncé comme suit : « Il s'agit de développer graduellement des institutions "autonomes" en vue d'un établissement progressif d'un gouvernement indien responsable, faisant partie intégrante de l'empire britannique. » Cette altération ne faisait en fait aucune différence : Montagu sous-entendait gouvernement autonome et cela fut ainsi compris aux Indes.

En effet, en novembre et décembre de cette année-là, alors que Lénine prenait le pouvoir en Russie, Montagu se rendit aux Indes pour y consulter "l'opinion indienne". Dans son rapport subséquent, il écrivit : « Si nous parlons d'« opinion indienne » il faut comprendre que nous nous référons généralement à la majorité de ceux qui ont exprimé ou sont capables d'exprimer une opinion sur le sujet que nous traitons [131]. » En d'autres termes, il ne s'intéressa qu'à la « nation politique », à des Jinnah, Gandhi ou Mrs Besant, qu'il appela « les vrais géants du monde politique indien », ceux qui partageaient son mode de discours politique. Tout comme Lénine ne fit pas l'effort de consulter les paysans russes au nom desquels il mit une grande nation sens dessus dessous, Montagu ne tint pas compte des 400 millions d'Indiens, « la vraie nation », sauf comme sujets de son expérience philanthropique. Son action, écrivit-il, en « dérangeant délibérément » ce qu'il appelait le « contentement placide et pathétique des masses », contribuerait « au bien suprême de l'Inde [132] ». Il fit adopter son rapport le 24 mai et le 7 juin 1918 alors que l'attention des ministres était tournée vers les efforts frénétiques pour arrêter la percée allemande en France, presque à l'exclusion de tout autre problème. Ainsi, il fut publié — 1918 —, décrété — 1919 — et exécuté — 1921. En créant des législatures provinciales, dont les membres étaient élus parmi la « nation politique » qui les élisait, Montagu lâchait un cheval fou au travers de l'ancien commandement autocratique. Par la suite, il n'y eut aucun moyen de faire machine arrière.

Cependant, on ne doit pas supposer que dès 1919 la désintégration progressive de l'empire britannique était inévitable et donc prévisible. La fatalité historique n'existe pas [133]. Ce sera l'un des thèmes majeurs de ce volume. En 1919, l'empire britannique apparaissait au regard du monde non seulement comme le plus étendu mais comme le plus inamovible. La Grande-Bretagne était à tout point de vue une superpuissance. Avec ses 61 cuirassés, elle possédait la première flotte du monde ; cela représentait une force navale supérieure à celles de la France et de l'Amérique réunies et deux fois plus importante que les flottes japonaise et italienne. Quant à la flotte allemande, elle était au fond de Scapa Flow. La flotte britannique comprenait en outre 466 torpilleurs et 120 croiseurs [134]. Sa force aérienne était de même la première au monde. Et son armée occupait le troisième rang mondial, ce qui était singulier en regard de son histoire.

La guerre avait procuré à l'empire britannique des gains incommensurables, en théorie du moins. Et ce n'était pas accidentel. En décembre 1916, la dissolution du fragile gouvernement Asquith et la formation de la coalition de Lloyd George porta au pouvoir les « impérialistes de Balliol College » : lord Curzon et surtout lord Milner et les membres du « kindergarten » qu'il avait réuni en Afrique du Sud. Le Cabinet de Guerre impérial forma promptement un groupe dirigé par Curzon, dont le secrétaire était Leo Amery — du « kindergarten » — et appelé Comité des « Desiderata Territoriaux » dont la fonction était d'établir le partage des dépouilles entre l'Angleterre et les autres membres de l'empire. Au moment même où Montagu s'apprêtait à brader l'Inde, ce groupe révéla sa puissance et assura la réussite de la plupart de ses objectifs. Le général Smuts d'Afrique du Sud se réserva le sud-ouest de l'Afrique. William Massey de Nouvelle-Zélande, une grosse partie du Pacifique pour les dominions des antipodes. La Grande-Bretagne reçut pour sa part de Tanganyika, la Palestine, et surtout la Jordanie et l'Irak avec les champs pétrolifères de Kirkuk et Mossoul, ce qui en fit la puissance dominante au Moyen-Orient. Il est vrai que, Wilson insista sur ce point : ces « gains » ne furent pas des colonies mais des mandats de la SDN. En pratique, la différence était minime.

Le butin de la Grande-Bretagne — qui entraîna l'extension extrême de l'empire : le quart de la surface du globe — devait la consolider à la fois économiquement et stratégiquement. Smuts, le plus imaginatif des impérialistes de l'âge d'or, joua un rôle prépondérant dans la création de la SDN et du Commonwealth britannique moderne. Il considérait la première tout comme le second, non pas comme le véhicule de l'autodétermination, mais comme le moyen qui permettrait à la race blanche de poursuivre sa mission civilisatrice à travers le monde. Pour lui, l'acquisition du sud-ouest de l'Afrique et du Tanganyika n'était pas arbitraire, mais l'étape d'un processus qui se terminerait par l'achat ou l'absorption du Mozambique portugais — ce qui réaliserait alors d'après ses propres termes le British African Dominion. Cet énorme conglomérat territorial, s'étendant de Windhoek à Nairobi, correctement ajusté aux visées stratégiques renfermerait de fait la richesse minière de l'Afrique — exception faite du Congo — et les trois quarts environ de ses meilleures terres cultivables, et inclurait toutes les régions susceptibles de colonisation blanche. La création de ce vaste dominion le long de la côte est de l'Afrique s'intégrait à un plan géopolitique de plus grande envergure — dont la clef de voûte était l'établissement de l'hégémonie anglaise au Moyen-Orient, en vue de transformer l'océan Indien en « lac d'Angleterre ». Cette chaîne de bases aériennes et navales solidaires les unes des autres de Suez à Perth, de Simonstown à Singapour, de Monbasa à Aden et de Bahrein à Trincomalee et à Rangoon, avec l'accès assuré aux réserves pétrolières illimitées du golfe Persique, la réserve humaine inépuisable de l'Inde résoudraient enfin le problème de la sécurité qui avait obsédé Chatham et son fils, Castlereagh et Canning, Palmerson et Salisbusry. Tel était le prix inestimable que la guerre avait accordé à la Grande-Bretagne et à son empire.

Mais la Grande-Bretagne avait-elle encore le désir de faire fonctionner efficacement et de façon impitoyable une structure aussi élaborée, en conservant la conviction nécessaire à sa cohésion ? Qui représentait le mieux son époque, Smuts, Milner — ou bien Montagu ? Comme on l'a si justement observé : « Une fois que l'empire britannique régna sur le monde, le soleil ne se coucha plus sur ses problèmes[135]. » Dès que surgiraient les troubles, non plus sous la forme d'espions isolés mais de bataillons, seraient-ils affrontés avec force d'âme ? 1919, qui en Europe marqua le début d'une nouvelle guerre de trente ans par le passage du conflit des grandes puissances à une violence plus régionale, vit le déclenchement de ce que certains historiens appellent aujourd'hui « la crise générale de l'Asie »; cette période de soulèvement fondamental ressemble à ce que l'Europe connut dans la première moitié du XVIIe siècle.

En février 1919, alors qu'à Paris les hommes d'État tranchaient dans le vif des frontières, la politique de Montagu tendant à « secouer délibérément » le « contentement pathétique » des masses indiennes commença à produire ses fruits véreux : la première *satyagraha* — manifestation de résistance passive — du Mahatma Gandhi entraîna des troubles eux bien actifs. Le 10 mars, un soulèvement contre la présence britannique eut lieu en Egypte. Le 9 avril, la première émeute sérieuse éclata au Pendjab. Le 3 mai, des insurgés afghans attaquèrent l'Inde anglaise. Le jour suivant à Pékin, les étudiants organisèrent des manifestations contre le Japon et ses alliés occidentaux qui venaient de lui adjuger Shantoung. Au cours du même mois Kemal Ataturk en Anatolie et Reza Pahlevi en Perse, démontrèrent qu'une partie importante du Moyen-Orient se dressait avec force contre l'Occident. En juillet, ce fut en Irak qu'eut lieu un soulèvement contre les Britanniques. Tous ces événements n'étaient pas liés, mais témoignaient de la montée des nationalismes, s'attaquaient aux intérêts britanniques et testaient à leur manière la force et la volonté de la Grande-Bretagne à les protéger. Alors que le pays se livrait à un rapide désarmement, sir Henry Wilson, chef de l'état-major général de l'empire, confiait à son journal intime : « ...nous ne sommes plus suffisamment forts sur aucun théâtre d'opérations, ni en Irlande, ni en Grande-Bretagne, ni sur le Rhin, ni à Constantinople, ni à Batoun, ni en Egypte et en Palestine, ni en Mésopotamie et en Perse, ni aux Indes [136]. »

L'Inde : c'était là le hic ! En 1919, le contingent britannique était de 77000 hommes pour le sous-continent entier et Lloyd George lui-même trouvait ce chiffre « alarmant ». La situation intérieure de l'Angleterre nécessitait du renfort pour tenir les bassins miniers [137]. Aux Indes, les officiers avaient appris depuis toujours à penser rapidement et agir vite, compte tenu des maigres effectifs dont ils disposaient. Hésiter face à une foule conduirait à un massacre généralisé. Même en cas de bavure, ils étaient couverts [138]. Comme on pouvait le prévoir, les réformes de Montagu et la campagne de Gandhi incitèrent tout un chacun, et non pas « la nation politique » seule, à réclamer ses droits. La population indienne était très variée et ses droits étaient limités. Les musulmans, les hindous et les sikhs fondamentalistes se confondirent dans l'agitation. La fusillade d'Amritsar au Pendjab du 9 avril 1919 en est un épisode. A Amritsar, il y avait une centaine de *constables* non armés et 75 réservistes en armes. L'ordre pouvait être maintenu. Mais la police fut utilisée de manière pusillanime — signe des temps, une partie de ses effectifs était inemployée. Résultat, la foule ne fut pas maîtrisée. Deux banques furent attaquées, leurs directeurs et un de leurs assistants, battus à mort, un électricien et un chef de gare assassinés, et une institutrice missionnaire laissée pour morte. Le général Dyer, qui commandait la compagnie la plus proche, fut envoyé sur le terrain ; trois jours plus tard, il fit ouvrir le feu sur la foule qui s'entassait à Jalianwala Bagh. Le même jour, il avait fait proclamer dans toute la ville à grand renfort de tambours que le feu serait ouvert sur tout rassemblement. Au cours du même mois, trente-six autres ordres de tirer à vue furent donnés dans la province. A Amritsar, la fusillade dura dix minutes car l'ordre de cesser le feu ne put être entendu dans le vacarme. Chose courante, même de nos jours. Le 20 septembre 1981, à Amritsar justement, la police du gouvernement indien ouvrit le feu pendant 20 minutes sur un groupe de sikhs, brandissant leurs sabres [139]. L'erreur commise par Dyer — qui avait l'habitude des combats frontaliers — fut de laisser ses cinquante hommes charger leurs fusils tout en leur donnant une réserve de munitions. 1650 salves furent tirées et 379 personnes furent tuées. Dyer aggrava son erreur en ordonnant que six hommes soient fouettés et que tous les indigènes qui passaient sur les lieux où la missionnaire avait été attaquée, le fassent en rampant sur le sol [140].

Certains firent l'éloge de Dyer : les sikhs, pour lesquels Amritsar est la ville sacrée et qui craignaient le saccage du temple par la foule, en firent un sikh d'honneur. Les autorités anglo-indiennes le renvoyèrent aux frontières — la troisième guerre afghane devait éclater le mois suivant — en se jurant secrètement de ne plus jamais l'employer dans ce genre d'affaires. C'était la manière habituelle de procéder dans un cas de ce type. Les nationalistes indiens menèrent grand tapage et Montagu ordonna l'ouverture d'une enquête qui fut conduite par lord Hunter, juge britannique. Première erreur. Quand Dyer répondit aux questions de la commission d'enquête à Lahore, il fut hué et couvert d'injures en hindi. Le juge ne put contrôler ce qu'il ne comprenait pas et Dyer répondit n'importe quoi. Hunter condamna sa conduite et Dyer fut limogé. Seconde erreur. Cela provoqua la fureur de l'armée et de la communauté britannique qui pensèrent que Dyer n'avait pas été jugé correctement, sans représentation légale. Les nationalistes indiens, eux, considérèrent que le châtiment était trop doux pour ce qu'ils affirmaient être un massacre. Le *Morning Post*, journal de droite, ouvrit une souscription en faveur de Dyer qui rapporta 26000 livres. Les nationalistes répliquèrent par une souscription de leur cru. Ils achetèrent le Jalianwala Bagh pour le transformer en lieu de pèlerinage, symbole de la haine raciale.

Sir Edward Carson, chef des conservateurs d'Ulster, présenta une motion de censure contre Montagu — qui justifia la condamnation de Dyer par un discours hystérique : « Allez-vous conserver le pouvoir en Inde par le terrorisme, l'humiliation raciale, la subordination et des crimes atroces ou bien le ferez-vous reposer sur la bienveillance, et la bienveillance grandissante du peuple de l'Empire indien ? » Le secrétaire de Lloyd George lui rapporta que Montagu, lors d'interruptions bruyantes, « devenait dans son ton et dans ses gestes plus "juif" que nature » et que « de nombreux Tories, hors d'eux-mêmes, étaient prêts à l'agresser physiquement ». Winston Churchill épargna au gouvernement une défaite certaine par un brillant discours qu'il regretta amèrement par la suite. Il commenta en ces termes le recours à la force de Dyer : « C'est un épisode qui m'apparaît sans précédent et sans parallèle dans l'histoire moderne de l'empire britannique... Un événement monstrueux. » « La terreur, dit-il faisant allusion aux atrocités commises par les Allemands, n'est pas un remède qui entre dans la pharmacopée britannique... nous devons démontrer, d'une façon ou d'une autre, que ce n'est pas une manière anglaise de procéder. » Il se servit habilement de la phrase de Macaulay : « Le plus terrifiant de tous les spectacles c'est la force dépourvue de merci de la civilisation [141]. » Mais si tout cela était vrai, pourquoi Dyer ne risquait-il pas sa tête ? Voilà ce que pensait la « nation politique » indienne. Cet épisode, qui aurait pu sombrer rapidement dans l'oubli, contribua, par la publicité que le gouvernement anglais lui procura, à marquer un grand tournant dans les relations anglo-indiennes.

Jawaharlal Nehru, ancien étudiant d'Harrow âgé de trente ans, qui travaillait pour Gandhi en tant qu'agitateur chez les paysans, voyagea dans le wagon-lit voisin de celui de Dyer quand ce dernier alla témoigner à la commission d'enquête Hunter. Il surprit Dyer confiant à d'autres officiers britanniques qu'il avait été tenté de réduire Amritsar « en cendres » mais « que la pitié l'avait fait changer d'avis ». Au matin, Dyer « descendit en gare de Delhi en robe de chambre et pyjama à rayures roses ». Ce que Nehru ne put oublier, écrivit-il, fut la réponse des officiers anglais : « Le sang-froid avec lequel ils approuvèrent un tel acte me choqua profondément. Cela me parut absolument indécent, immoral; pour employer le style des public-schools, ce fut le comble du "mauvais goût". Je compris alors la brutalité de l'impérialisme et son immoralité; et combien il avait corrodé l'âme des classes supérieures anglaises [142]. » Quant à l'enquête et au débat des Communes, les libéraux britanniques auraient pu économiser leur souffle. Leur seule réussite fut d'aider à transformer Dyer et Amritsar en d'indélébiles symboles d'exécration autour desquels les nationalistes pourraient se rallier.

Cet épisode marqua également un tournant dans la sécurité intérieure de l'Inde. « A partir de là, comme l'a noté un historien de l'Inde britannique, le principal objectif du gouvernement ne fut plus de faire respecter l'ordre [143]. » Les services officiels de sécurité anglais comme indiens hésitaient à présent à agir lors de rassemblements pouvant dégénérer en émeutes. En 1921, quand les musulmans « Moplahs » se soulevèrent contre les hindous de la région de Madras, le gouvernement provincial hésita à proclamer la loi martiale, au souvenir d'Amritsar. Ce qui aboutit au meurtre de 500 personnes; et il fallut une année et d'énormes renforts de troupes pour rétablir l'ordre; année durant laquelle 80000 personnes avaient été arrêtées et enfermées dans des cages spéciales, 6000 condamnées à la déportation, 400 à la prison à vie, et 175 exécutées. Les forces de sécurité étaient fréquemment attaquées. Le 4 février 1922, dans les Provinces unies, la foule encercla un poste de police; les 22 hommes de la garnison n'osèrent pas ouvrir le feu : ils furent étripés et brûlés vifs. A partir de là, la violence antigouvernementale, sectaire et largement raciale, devint un trait permanent de la vie indienne [144]. Là aussi, dans cette très grande colonie docile, le moule du XIXe siècle avait été brisé.

Après le choc sismique de la Grande Guerre et la paix si insatisfaisante, les perturbations qui se succédèrent en Europe et dans le monde entier n'étaient en un sens que trop prévisibles. L'ordre ancien était mort. Il était évident qu'il ne pourrait être pleinement restauré, à supposer qu'il puisse l'être. Un ordre nouveau allait bientôt le remplacer. Mais serait-ce un « ordre » au sens où le monde l'entendait avant 1914 ? Comme nous l'avons vu, il existait des courants de pensée perturbateurs qui suggéraient l'image d'un monde à la dérive ayant rompu les amarres traditionnelles de ses lois et de sa moralité. Le fait nouveau résidait dans l'hésitation du pouvoir légitimement établi à redresser la barre du vaisseau terrestre par les moyens habituels ou d'autres. Cela constituait une invite, involontaire et informulée, mais néanmoins implicite, à d'autres autorités de prendre sa suite. Des trois grands systèmes, dus à l'imagination et au savoir allemands, qui offrirent au XIXe siècle une explication du comportement humain et dont hérita le monde d'après 1918, nous n'avons jusqu'ici mentionné que les deux premiers. Marx décrivait un monde dont la dynamique était l'intérêt économique. Pour Freud, la force principale était la pulsion sexuelle. Pour l'un et l'autre, la religion qui animait les hommes et les foules était imaginaire et l'avait toujours été. Friedrich Nietzsche, le troisième larron, était également un athée. Pour lui, Dieu n'était pas une invention, mais un accident; et son affaiblissement était un événement historique important qui aurait des conséquences dramatiques. En 1886, il écrivit : « L'événement le plus important des temps modernes, — à savoir "Dieu est mort", et la croyance au Dieu chrétien n'est plus soutenable — commence à jeter ses premières ombres sur l'Europe[145]. » Parmi les populations civilisées, le déclin, puis à terme l'effondrement du sentiment religieux allaient laisser un vide énorme. L'histoire des temps modernes raconte comment, en grande partie, ce vide fut comblé. Nietzsche perçut fort justement que l'élément le plus probable allait être « la volonté de puissance », qui offrait une explication du comportement humain beaucoup plus plausible que celles avancées par Marx ou Freud. En remplacement de la croyance religieuse, il existerait une idéologie laïque. Ceux-là mêmes qui, autrefois, avaient grossi les rangs d'un clergé tout-puissant, deviendraient des politiciens totalitaires. Alors, la volonté de puissance engendrerait un nouveau type de messie, qu'aucune sanction religieuse ne freinerait et dont l'appétit à vouloir contrôler l'humanité serait à jamais inassouvi. Ainsi l'ordre ancien touchait à sa fin dans un monde sans guide, allant à la dérive dans un univers en proie à la relativité. C'était une sommation lancée à de futurs hommes d'État gangsters : ils ne furent pas longs à y répondre.

II

Les premières utopies totalitaires

Le 8 avril 1917, Lénine quitta Zurich pour la Russie. Certains de ses compagnons d'exil l'escortaient jusqu'à la gare et étaient en pleine controverse. Le retour de Lénine devait s'effectuer par l'Allemagne en réponse à l'invitation du général Ludendorff qui lui garantissait un voyage sans histoire contre la promesse de n'entrer en relation avec aucun syndicaliste allemand qui croiserait sa route. La guerre engendre les révolutions ; et engendrer les révolutions est une très vieille méthode de faire la guerre. Les Allemands l'appelèrent *Revolutionierungspolitik*[1]. Si les Alliés pouvaient inciter les Polonais, les Tchèques, les Croates, les Arabes et les juifs à s'unir contre les Empires centraux et leurs partenaires, alors les Allemands pourraient à leur tour faire de même vis-à-vis des Irlandais et des Russes. Si les Allemands utilisèrent Lénine, comme le soulignera plus tard Churchill, « comme un bacille de la typhoïde », ils n'attachaient aucune espèce d'importance à sa personne, l'entassant parmi une trentaine d'autres exilés et mécontents. Ses compagnons estimaient que Lénine se compromettrait en acceptant la proposition de l'Allemagne, et tentèrent de l'en dissuader. Il se détourna sans leur accorder la moindre explication, et sauta dans le train. Lénine était un homme petit et violent, âgé de 46 ans et presque chauve, mais selon le fils de sa logeuse zurichoise : « qui portait un cou de taureau ». En montant dans le train, il repéra un camarade qu'il suspectait : « Soudain, nous vîmes Lénine le saisir par le collet et le projeter sur le quai[2]. »

A Stockholm, le camarade Karl Radek lui acheta une paire de chaussures, mais Lénine refusa les autres vêtements en remarquant aigrement : « Je ne vais pas en Russie pour ouvrir un commerce. » A son arrivée sur la terre russe, à Beloostrov, à l'aube du 16 avril, il fut accueilli par sa sœur Maria et par Kamenev et Staline, qui était rédacteur en chef du journal bolchevique *La Pravda*. Il ignora complètement sa sœur et Staline qu'il ne connaissait pas, et ne salua même pas son ancien camarade Kamenev qu'il n'avait pas revu depuis cinq ans. Au lieu de cela, il lui cria : « Que signifie ce que tu as écrit dans *La Pravda* ! Nous avons lu plusieurs de tes articles et nous t'avons carrément insulté. » Tard, cette nuit-là, il débarqua gare de Finlande à Petrograd. On lui offrit un bouquet de roses et on le conduisit au bureau du tsar. De ce moment, il entama une série de discours dont l'un fut donné, roses aux bras, du haut d'une voiture blindée. Il finit au lever du jour, et alla se coucher, précisa sa femme Kroupskaïa, sans plus pouvoir parler[3].

L'impitoyable manque de générosité avec lequel Lénine revint en Russie préparer sa révolution était caractéristique de cet homme à l'esprit étroit. Vladimir Ilitch Oulianov, fils d'un inspecteur d'école primaire, naquit en 1870 à Simbirsk, sur les bords de la Volga. Lorsqu'il eut 16 ans, Alexandre, son frère aîné, fut arrêté pour avoir voulu attenter à la vie du tsar avec une bombe qu'il avait fabriquée lui-même. La réaction supposée de Lénine à la mort de son frère : « Nous n'y arriverons plus par ce chemin » est probablement apocryphe puisqu'en fait il ne devint marxiste — ce qui signifiait renier le terrorisme — que plus tard, après son renvoi de l'université de Kazan pour « activités révolutionnaires ». Sa sœur Anna déclara que l'exécution de son frère l'avait « endurci[4] ». Bien sûr, la politique l'obsédait alors — et pour longtemps — mais son approche était plus cérébrale qu'émotionnelle. Ses contemporains parlent de son « associabilité », de sa « réserve excessive » et de son « attitude distante ». A 22 ans, il dissuada certains de ses amis de faire une collecte en faveur des victimes d'une famine sous prétexte que la faim « remplit une fonction progressiste » et « oblige les paysans à réfléchir sur les principes fondamentaux de la société capitaliste[5] ». En un an ou deux, il s'était procuré une malette à double-fond pour importer des livres séditieux ; mais ce tour de passe-passe lui valut trois ans de déportation en Sibérie. Il passa les quelques jours qui précédèrent son départ pour l'exil dans une bibliothèque de Moscou, à la recherche de données et de statistiques qui confirmeraient ses théories. En Sibérie, il épousa Kroupskaïa, également déportée pour subversion.

Les hommes qui mènent à bien les révolutions politiques semblent appartenir à deux catégories : les religieux et les romantiques. Lénine — il adopta ce pseudonyme en 1901 — appartenait à la première catégorie. Ses parents étaient tous deux chrétiens. Pour lui, la religion était importante dans le sens où il la détestait. Contrairement à Marx qui, lui, la méprisait et la considérait comme marginale, elle représentait pour Lénine un ennemi puissant et omniprésent. Il précisa dans beaucoup de ses écrits — et sa lettre à Gorki du 13 janvier 1913 en est un exemple frappant — qu'il avait une aversion intense et personnelle pour tout ce qui était religieux : « Rien n'est plus abominable que la religion. » Dès le début, l'État qu'il créa élabora une gigantesque infrastructure de propagande universitaire contre la religion, qui dure encore à ce jour[6]. Contrairement à Staline — qui détestait les prêtres parce qu'ils étaient corrompus — Lénine ne nourrissait aucun ressentiment à l'égard de ces derniers puisqu'ils étaient facilement domptables. Les hommes qu'il craignait et haïssait — et plus tard persécuta — furent les vertueux. Les prêtres les plus purs étaient les plus dangereux. Un prêtre dévot est beaucoup plus influent qu'un prêtre égotiste et immoral. La partie du clergé qui avait le plus besoin de « nettoyage » n'était pas celle qui se consacrait à la sauvegarde de l'exploitation, mais celle qui exprimait sa solidarité au prolétariat et aux paysans. C'était comme si Lénine reconnaissait chez l'homme proche de Dieu le même zèle et le même esprit qui l'animaient, lui, et qu'il espérait l'en déposséder pour l'embrigader à sa propre cause[7]. Aucun homme ne symbolisa davantage que lui le remplacement du sentiment religieux par la volonté de puissance. Plus jeune, il aurait sûrement été un meneur religieux. Son extraordinaire passion pour la force, aurait pu le faire figurer parmi la légion de Mahomet. Il était peut-être plus proche d'un Jean Calvin, par sa croyance à une structure organisée, son pouvoir d'en créer une et de la dominer complètement, son puritanisme, son extrême droiture et par-dessus tout, son intolérance.

Kroupskaïa attesta de son ascétisme, et nous dit comment il abandonna toutes les activités qui le passionnaient : le patinage, la lecture du latin, les échecs et même la musique pour se consacrer uniquement à une vocation politique[8]. Un camarade remarqua : « Il est le seul d'entre nous qui vive la révolution 24 heures sur 24. » Lénine déclara à Gorki qu'il refusait d'écouter trop souvent de la musique parce qu'« elle vous fait dire des choses idiotes et jolies, flatteuses pour ceux qui ont pu créer une telle beauté, alors qu'ils vivaient en enfer. A présent, il n'est plus question de flatter quiconque sans risquer de se faire mordre...[9] » Nous pouvons supposer que les raisons qui sous-tendèrent les actions de Lénine naquirent d'un humanisme bouillonnant comparable à l'adoration que les saints vouent à Dieu, car il n'était pas doté des tares habituelles qui sont le lot de l'ambition politique : sans vanité, sans autosatisfaction, sans penchant ostentatoire pour l'exercice de l'autorité. Mais son humanisme demeurait une passion très abstraite. Il embrassait l'humanité en général, mais Lénine ne semble avoir eu que peu d'amour — voire même d'intérêt — pour le genre humain en particulier. Il considérait les individus avec lesquels il travaillait — ses camarades — non comme individus, mais comme réceptacles de ses idées. Il ne les jugeait que sur cette base et sur aucune autre. Aussi, il n'y avait pas de hiérarchie dans ses relations amicales ; aucune relation amicale en fait, mais plutôt des alliances idéologiques. Il jugeait les hommes non sur leurs qualités morales, mais sur leur opinion, ou du moins sur le degré avec lequel ils acceptaient les siennes. Il n'était pas rancunier. Un homme comme Trotski, qu'il combattit violemment au cours des années précédant la Grande Guerre et avec qui il échangea les pires insultes, fut accueilli à bras ouverts, avec une douce amabilité, une fois qu'il eut accepté le point de vue de Lénine. De la même façon, aucun de ses collègues, même le plus proche, ne pouvait investir le moindre capital dans le cœur de Lénine.

Lénine fut le prototype d'une nouvelle race d'hommes : les organisateurs professionnels de régimes totalitaires. Cela ne semble pas être une idée qui lui soit venue, car dès sa plus tendre enfance il pensait qu'il n'était fait pour aucune autre activité humaine. Tel un anachorète, il tourna le dos au monde ordinaire. Il rejeta avec mépris la suggestion de sa mère qui voulait faire de lui un fermier. Il travailla quelques semaines comme avocat, mais détesta cela. Ensuite, il n'eut d'autre travail ou occupation que la politique — son activité de journaliste faisait partie intégrante de son activité politique. Et sa politique était solitaire et non populaire. Lénine s'entourait de paperasses officielles et de travaux sur l'Histoire et l'économie. Il ne faisait aucun effort pour s'informer directement des opinions et des conditions de vie de la masse. L'idée d'aller faire du porte à porte électoral était un anathème : « non scientifique ». Jamais il ne visita une usine ni ne franchit le seuil d'une ferme. La manière dont les biens s'acquéraient ne présentait à ses yeux aucun intérêt. Jamais il n'alla dans les quartiers ouvriers des villes où il séjourna. Il passa sa vie entière parmi les membres de sa propre sous-classe, l'intelligentsia bourgeoise qu'il percevait comme un clergé unique et privilégié, investi d'un savoir particulier et choisi par l'Histoire pour y jouer un rôle décisif. Le socialisme, écrivait-il citant Karl Kautsky, était le produit d'une « profonde connaissance scientifique... Le véhicule de cette science n'est pas le prolétariat, mais l'intelligentsia bourgeoise : le socialisme actuel est né dans l'esprit des individus de cette classe[10] ».

Des individus ou *d'un* individu ? En fait, c'était plutôt cela. Une vingtaine d'années avant sa révolution, Lénine créa sa propre faction comprenant les sociaux-démocrates, les bolcheviks — ou majoritaires — séparés des mencheviks — ou minoritaires — et en prit la tête. Ce processus, la volonté de puissance en action, est particulièrement souligné par les plus critiques de ses partisans. Plekhanov, le véritable père du marxisme russe, grâce à qui l'*Iskra* — le journal de Lénine — prit de l'importance, l'accusa de « développer une mentalité faite de sectarisme et d'exclusivité ». Il « confondait la dictature du prolétariat et la dictature sur le prolétariat » et cherchait à créer « sinon une monarchie absolue dans le style prérévolutionnaire, du moins un bonapartisme[11] ». Vera Zasoulitch, bien avant que Lénine ne fondât l'*Iskra*, dit qu'il avait transformé ce qui était une famille unie en une dictature personnelle. La conception qu'avait Lénine du parti, écrivait-elle, était celle d'un Louis XIV : *l'État c'est moi* ![12] La même année, en 1904, Trotski compara Lénine à Robespierre et le traita de dictateur terroriste qui essayait de transformer la direction du parti en un comité de salut public. Les méthodes de Lénine, écrivit-il dans son pamphlet *Notre tâche politique*, étaient « une pâle caricature de la tragique intransigeance des Jacobins... le parti était remplacé par l'appareil du parti ;

l'appareil du parti par le comité central; et finalement, le comité central par un dictateur [13]. Six ans plus tard, en 1910, madame Krijanovskaïa écrivait: « Il est celui qui agit contre le parti entier. Il ruine le parti [14]. » En 1914, Charles Rappaport, tandis qu'il félicitait Lénine pour son « incomparable organisation » ajouta : « Mais à l'entendre, il n'y a que lui qui serait socialiste. Il entre en guerre avec quiconque diffère de ses opinions. Au lieu de combattre ses adversaires du parti social-démocrate par des méthodes socialistes, c'est-à-dire à l'aide d'arguments, Lénine employait uniquement des méthodes chirurgicales, celles de la "saignée". Aucun parti n'est viable sous le régime de ce tsar social-démocrate, qui se considère comme un super-marxiste, mais qui n'est en réalité qu'un aventurier de premier ordre. » Son verdict : « Le triomphe de Lénine représenterait le plus grand danger pour la révolution russe... il l'étoufferait [15] ». Deux ans plus tard, à la veille de la révolution, Viacheslav Menzhinski le décrivit comme un « jésuite de la politique... ce fils illégitime de l'absolutisme russe... le successeur naturel du trône de la Russie [16] ».

L'évidente unanimité de ces critiques qui pendant vingt ans assaillirent Lénine et venaient d'hommes et de femmes solidaires de ses buts, témoigne de manière indéniable de son caractère terrifiant. Il dédaigna ces attaques qui, semble-t-il, ne le firent jamais hésiter ni reconsidérer ses positions, ne serait-ce qu'une seconde. Il n'y avait pas de faille dans son système de défense. Autoritaire ? Evidemment : « Les classes sont menées par les partis, et les partis menés par des hommes qu'on appelle les chefs... C'est le B-A Ba. La volonté d'une classe s'accomplit parfois par le biais d'un dictateur [17]. » Le problème était que l'élu, l'homme choisi par l'Histoire pour avoir la connaissance au moment opportun, devait comprendre et donc être capable d'interpréter les textes sacrés. Lénine insistait toujours sur le fait que le marxisme se confondait avec la vérité objective. « En partant de la philosophie marxiste, écrivit-il, semblable à un bloc d'acier, il nous est impossible d'en supprimer la moindre prémisse ou la moindre partie essentielle sans nous éloigner de la vérité objective [18]. » Il déclara à Valentinov : « L'orthodoxie marxiste ne nécessite de modification d'aucune sorte, que ce soit du point de vue philosophique, du point de vue de sa théorie politique et économique, ou de sa théorie du sens de l'Histoire [19]. » Croyant cela, et pensant en être l'interprète désigné — un peu comme Calvin interpréta les Ecritures dans son *Institution de la religion chrétienne* — Lénine fut contraint de considérer l'hérésie avec une plus grande férocité que celle qu'il affichait envers les païens. A titre d'exemple, l'étonnante virulence des insultes qu'il jetait constamment à la face de ses détracteurs à l'intérieur même du parti, leur attribuant les mobiles les plus vils, et essayant de détruire leurs convictions intimes, même lorsque des points mineurs de la doctrine étaient en jeu. Le langage même qu'employait Lénine — digne de la jungle et des cours de fermes — et son refus brutal de faire le moindre effort de compréhension humaine, rappellent l'*odieuse théologie* qui empoisonna les chrétiens qui, au VIe et VIIe siècle contestèrent la Trinité et ceux qui, au XVIe siècle, contestèrent l'Eucharistie. Et bien sûr, une fois que ces haines verbales furent menées loin, il n'était pas exclu que le sang ne coulât à flot. Ainsi que l'observa Erasme à propos des luthériens et des papistes : « La longue guerre du verbe et de l'écrit finira en pugilat. » Cette prévision se réalisa un siècle durant. Lénine n'était pas le moins du monde effrayé par une telle perspective. Tout comme les théologiens belliqueux pensaient qu'ils utilisaient des voies qui, aussi triviales qu'elles puissent paraître au non-initié, détermineraient en fait si d'innombrables millions d'âmes se consumeraient ou non en Enfer pour l'éternité, de même Lénine savait que la grande mutation de l'humanité était proche, par laquelle la destinée future du genre humain serait historiquement décidée, et dont lui, Lénine serait le prophète. Cela valait bien un peu de sang — voire beaucoup.

Toutefois, il est curieux que Lénine, malgré son orthodoxie proclamée, ait été lui-même très loin d'être un marxiste orthodoxe. Même sur des points essentiels, il n'était pas du tout marxiste. Il utilisait souvent la méthodologie marxiste et il exploitait la dialectique pour justifier les conclusions auxquelles il n'avait abouti que par intuition. Il méconnaissait totalement le cœur même de l'idéologie marxiste, le déterminisme historique de la révolution. Lénine n'avait pas l'âme d'un déterministe mais plutôt celle d'un volontariste : il croyait au rôle décisif de la volonté humaine — la sienne. Mais pour un homme qui prétendait posséder des connaissances scientifiques particulières dans la manière dont s'agençaient les lois historiques, il semble avoir été particulièrement surpris par le cours des événements. L'explosion de la révolution avortée de 1905 en Russie le stupéfia. Le début de la Première Guerre mondiale lui fit l'effet d'un coup de tonnerre dans un ciel sans nuages ; d'autres ressentirent cet effet, mais eux ne prétendaient pas avoir d'accointances particulières avec l'Histoire. Il fut encore plus secoué par l'échec total du mouvement international socialiste d'union contre la guerre. La chute du tsar le stupéfia. L'offre du gouvernement allemand de le rapatrier en Russie l'ébranla. A son retour, il prédit qu'il serait arrêté sur-le-champ, mais au lieu de cela, saisit les roses qu'on lui tendait. Il fut encore plus agréablement surpris par le succès de sa propre révolution. Mais le soulèvement international qu'il prédisait avec assurance ne se matérialisa jamais. Jusqu'à sa mort, tout comme les premiers chrétiens qui à chaque instant espéraient le Messie, lui, espérait l'Apocalypse. Ce qui fit de Lénine le plus grand acteur jamais vu sur la scène de l'Histoire ne fut pas sa compréhension des processus historiques, mais la vitesse et l'énergie avec lesquelles il saisissait les chances inespérées qui lui étaient offertes. En résumé, il fut ce qu'il accusait ses adversaires d'être : un opportuniste.

Il fut aussi un révolutionnaire jusqu'au bout des ongles, mais d'un style très *vieille-France*. Il ne croyait pas aux révolutions engendrées par les forces inexorables de l'Histoire — bien qu'elles dussent être présentes — mais plutôt par des groupes restreints d'hommes fortement disciplinés, sous les ordres d'un chef décisionnaire. Il était, de ce point de vue, plus proche des Jacobins de la Révolution française de 1789, ou encore de ses représentants plus récents tels que Georges Sorel, que des marxistes instinctifs pour la plupart allemands, et qui considéraient le triomphe du prolétariat comme processus d'évolution darwinien. Lénine régla son compte à ce genre de charabia : « Mes amis, la théorie est grise, mais vert est l'éternel arbre de vie. » Ou encore : « La pratique est cent fois plus importante que la théorie [20]. » Si Marx tout entier transparaît dans ses écrits, écrivait Trotski, « Lénine tout entier transparaît dans l'action révolutionnaire. Ses travaux scientifiques servent uniquement de tremplin à son action révolutionnaire [21] ». Lénine était un activiste — ou plutôt un hyper-activiste — et c'est cela qui rendait sa personnalité aussi violente. Il n'était pas, comme Sorel, un syndicaliste. Mais ces deux hommes partageaient le même goût des solutions violentes, comme l'admit ultérieurement Sorel lorsqu'il définit la violence révolutionnaire comme « une doctrine intellectuelle, la volonté de puissance de personnalités qui connaissent leurs buts, l'implacable résolution d'atteindre les ultimes objectifs du marxisme par la voie du syndicalisme. Lénine nous a fourni un exemple frappant de cette détermination psychologique [22] ». Lénine était obsédé par la force au point de saliver à son évocation. « Les révolutions sont des jours de fête pour les classes opprimées. » « Une classe opprimée qui ne tente pas d'acquérir la connaissance des armes, de s'exercer au maniement des armes, de posséder des armes, une classe opprimée de cette espèce ne mérite que l'oppression, les mauvais traitements, et doit être considérée comme une esclave. » Ses écrits abondent en métaphores militaires : états de siège, anneaux de fer, tôles d'acier, marches, camps, barricades, forts, offensives, gardes mobiles, guérillas, pelotons d'exécution ; et en verbes d'actions violentes : flamber, sauter, enflammer, stimuler, tirer, secouer, enlever, attaquer, repousser, contraindre, assainir, exterminer.

En vérité, Lénine était trop intolérant pour être un marxiste orthodoxe. Il redoutait la prédiction qu'Engels avait formulée en ces termes : « La chose la pire qui puisse arriver au chef d'un parti extrémiste est d'être obligé de renverser un gouvernement à un moment où la classe qu'il représente n'est pas encore prête pour cette domination... Il est obligé de représenter non pas son parti ou sa classe, mais la classe dont la maturité est suffisante pour dominer [23]. » La Russie était une nation semi-industrialisée, où la bourgeoisie était faible et le prolétariat peu important, et où les conditions objectives pour une révolution n'étaient pas encore réunies. Ce fut ce dilemme qui conduisit Lénine à l'hérésie. Si la « conscience du prolétariat » n'avait pas encore été créée, n'était-ce pas le devoir des intellectuels marxistes — comme lui — d'accélérer le processus ? En 1902, dans *Que faire ?*, il utilisa pour la première fois le terme de « combattants d'avant-garde », pour expliquer le nouveau rôle qui incombait à une élite de révolutionnaires professionnels[24]. Il établit une distinction nouvelle entre une révolution créée par une « organisation de travailleurs » mature dans des pays capitalistes avancés tels que l'Allemagne ou la Grande-Bretagne, et une « organisation de révolutionnaires » adaptée aux conditions de la Russie. La première était professionnelle, répandue, publique : en bref, un parti prolétarien de masse. La seconde était quelque peu différente : « Une organisation de révolutionnaires doit comprendre des individus dont le métier est d'abord et surtout l'activité révolutionnaire... Cette organisation ne doit pas nécessairement être très répandue, mais aussi secrète que possible. » Ainsi, il dut renoncer au « principe démocratique » qui nécessitait une action au grand jour et une « élection pour chaque poste ». En travaillant à l'intérieur d'une structure autocratique comme la Russie, c'était impossible : « Le premier principe d'organisation de notre mouvement doit être le secret le plus absolu, le nombre restreint de ses membres, et la formation de révolutionnaires professionnels. Une fois que ces qualités sont présentes, quelque chose de plus que la démocratie est garanti : une confiance fraternelle et totale entre les révolutionnaires. » Mais dans le même texte, il remarque impitoyablement que les révolutionnaires savent « par expérience, que pour se débarrasser d'un membre inefficace, une organisation d'authentiques révolutionnaires ne recule devant rien[25] ». Puisque des camarades pouvaient, s'il le fallait, s'entre-tuer — un point que Dostoievski avait soulevé dans *Les Possédés* — cette « confiance fraternelle » n'était-elle pas une illusion ? A vrai dire, ne fut-ce pas démenti par les événements lorsque Lénine rejoignit l'organisation, et plus encore lorsqu'il la dirigea[26] ?

Rosa Luxemburg, la plus douée parmi les marxistes allemands les plus orthodoxes, appréciait l'hérésie de Lénine à sa juste valeur : si sérieuse qu'elle pourrait détruire tout le propos et l'idéalisme du marxisme. Elle l'attribuait aux défauts de caractère de Lénine — sur un plan individuel et national : « L'égo russe, écrasé et pulvérisé par l'absolutisme, écrivit-elle, réapparaît sous la forme d'un « égo révolutionnaire » qui s'érige et se proclame à nouveau le formidable organisateur de l'Histoire ». Lénine, affirmait-elle, demandait en fait le pouvoir absolu pour le chef du parti, et cela aurait « dangereusement intensifié le conservatisme naturellement lié à n'importe quel chef ». Une fois accordés, ces pouvoirs ne pourraient plus être abandonnés[27]. Lorsque Lénine insistait sur le fait que la « conscience » devait être apportée au prolétariat par des éléments d'avant-garde, il était en totale contradiction avec l'ensemble des bases « scientifiques » de la doctrine marxiste. Rosa Luxemburg dénonçait la conception de Lénine comme élitiste et non marxiste, et prétendait qu'elle amènerait inévitablement un « ultra-centralisme militaire[28] ».

Le léninisme n'était pas seulement une hérésie ; c'est exactement la même hérésie qui engendra le fascisme. L'Italie était également un pays semi-industrialisé, où les marxistes cherchaient les moyens d'accélérer le processus révolutionnaire. Les marxistes italiens étaient, eux aussi, attirés par les concepts de Sorel sur la violence révolutionnaire. En 1903, un an après que Lénine avait utilisé pour la première fois le terme de « combattants d'avant-garde », Roberto Michaels, dans son introduction à la traduction italienne *Saggi di critica del marxismo* de Sorel, encouragea la création d'une « élite révolutionnaire » pour pousser en avant le règne du socialisme prolétarien. Une telle élite, surenchérit son confrère Angelo Olivetti, était indispensable à un pays semi-industrialisé[29]. Ces idées furent reprises par un troisième marxiste italien : Benito Mussolini. De treize ans le cadet de Lénine, il venait d'apparaître sur la scène de la politique. Son père, maréchal-ferrant et petit propriétaire foncier, était un socialiste-anarchiste ; sa mère, était enseignante. Son éducation fut largement nourrie de philosophie politique, surtout Nietzsche — la « volonté de puissance » n'avait plus de secret pour lui — qui était beaucoup plus lu que Lénine. Mais sa formation politique était essentiellement marxiste. « Marx, écrivit-il, était le père et le guide », il fut « le magnifique philosophe de la violence de la classe ouvrière[30] ». Mais comme Lénine, il préconisait la constitution de « minorités d'avant-garde » qui pourraient « provoquer l'attachement, la foi et la volonté des masses indécises ». Ces élites devaient se composer d'individus spécialement entraînés et particulièrement dévoués. Une telle organisation révolutionnaire devait s'intéresser à la psychologie des classes et aux techniques de mobilisation de masse, et par le recours au mythe et l'invocation symbolique, faire surgir la conscience du prolétariat[31]. Toujours comme Lénine, Mussolini pensait que la violence serait nécessaire : « Plutôt que de tromper le prolétariat en lui faisant croire à la possibilité de juguler tous les risques de "bains de sang", nous souhaitons le préparer et l'accoutumer à l'idée de la guerre, pour le jour du "bain de sang" du siècle, lorsque les deux classes ennemies vont se heurter pour la dernière fois[32]. » Une fois de plus, nous assistons à une interminable répétition des termes activistes qui alimentent l'imagerie militariste.

Durant les années d'avant 1914, Lénine, de son exil de Suisse, approuvait les progrès de Mussolini avec quelque envie. Mussolini transforma la province de Forli en un îlot du socialisme — le premier d'une longue série en Italie — en soutenant le *braccianti* des ouvriers journaliers contre les propriétaires fonciers[33]. Il devint l'un des journalistes socialistes des plus influents et des plus lus en Europe. En 1912, alors âgé de 29 ans — mais toujours d'apparence juvénile — svelte, sévère, des yeux sombres, immenses et lumineux, il prit la tête du Parti socialiste italien au Congrès de Reggio Emilia, en insistant sur le fait que le socialisme devait être marxiste, consciencieux, international et sans compromis. Selon le compte rendu du Congrès paru dans *La Pravda* du 15 juillet 1912, Lénine exulta : « Le parti du prolétariat socialiste italien est sur la bonne voie. » Il approuva Mussolini lorsque celui-ci empêcha les socialistes de participer au gouvernement « réformiste et bourgeois » de Giolitti, préfigurant ainsi la naissance du Parti communiste italien[34]. Il soutint fermement la prophétie formulée par Mussolini à la veille de la guerre : « En permettant ce choc énorme entre les nations, la bourgeoisie abat sa dernière carte et projette sur la scène mondiale ce que Karl Marx appelait la sixième grande puissance : la révolution socialiste[35]. »

Comme les hérétiques marxistes, et les révolutionnaires activistes et violents, Lénine et Mussolini avaient six traits de caractère en commun. Tous deux étaient franchement opposés aux parlements de type bourgeois et à toute sorte de « réformisme ». Tous deux considéraient le parti comme une organisation fortement centralisée, strictement hiérarchisée et férocement disciplinée afin de favoriser les objectifs socialistes. Tous deux voulaient d'une direction assurée par des révolutionnaires professionnels. Aucun d'eux ne faisait confiance à la capacité du prolétariat à s'organiser lui-même. Tous deux pensaient que la conscience révolutionnaire pourrait être insufflée aux masses de l'extérieur, par une élite auto-désignée de révolutionnaires. Finalement, ils croyaient tous deux que dans la bataille naissant entre les classes, la violence organisée serait l'ultime arbitre[36].

La Grande Guerre vit la scission entre le léninisme et le protofacisme de Mussolini. Ce ne fut pas une divergence de réflexion ou de situation, mais essentiellement de personnalité. Mussolini possédait l'humanité, qui incluait la vanité et le désir d'être aimé, dont visiblement Lénine était dépourvu. Il était exceptionnellement intuitif et à l'écoute de l'opinion des masses. Lorsque la guerre survint et que les armées se mirent en marche, il sentit le vent du nationalisme et s'en emplit les poumons. C'était enivrant, et vivement, il changea de direction. Lénine, quant à lui, était insensible à de telles effluves. Son isolement du peuple, son indifférence à son égard, faisaient de lui une masse d'intégrité et de consistance. En un sens, c'était une faiblesse : il ne sut jamais ce que les gens étaient sur le point de faire; et c'est pourquoi il fut continuellement surpris par les événements aussi bien avant qu'après son accession au pouvoir. Mais c'était aussi sa force. Son absolue confiance en lui et sa volonté impérieuse ne furent jamais, à aucun moment, ébranlées par le calcul prévisionnel du comportement du peuple. De plus, il recherchait le pouvoir dans un pays où le peuple ne comptait habituellement pour rien; n'était qu'un peu de boue sous les pieds de leur maître.

Aussi, lorsque Lénine revint à Petrograd, il était totalement insensible à la guerre. Il avait toujours prétendu que la guerre était une aventure bourgeoise. La défaite du tsar était « le moindre mal ». L'armée était minée par la propagande, les hommes encouragés à « retourner leurs armes contre leurs officiers » et le moindre désastre exploité pour « hâter la destruction... de la classe capitaliste ». Il faudrait mener « un combat impitoyable contre le chauvinisme et le patriotisme de la bourgeoisie de tout pays, sans exception[37] ». Lénine était atterré par l'échec de tous les socialistes qui voulaient écraser la guerre, et comme celle-ci se prolongeait, il perdit l'espoir de l'âge d'or qui aurait dû si vite arriver. En janvier 1917, il doutait de « vivre assez longtemps pour assister aux batailles décisives de la révolution à venir[38] ». Aussi, lorsque le tsar, six semaines plus tard, dut plier bagages, Lénine fut, comme d'habitude, très surpris. A son grand plaisir, le nouveau régime parlementaire choisit de continuer la guerre, tout en libérant les prisonniers politiques, permettant ainsi à ses propres hommes de le subvertir. Les bolcheviks renverseraient le nouveau gouvernement et s'empareraient du pouvoir en s'opposant à la guerre. La *Pravda* reparut le 5 mars. Kamenev et Staline revinrent de Sibérie pour sa reparution. Alors, à la consternation de Lénine, ces deux idiots modifièrent rapidement la teneur du journal et l'utilisèrent pour soutenir la guerre ! C'est pourquoi, la seconde fois que Lénine revit Kamenev, le 3 avril, il lui fit passer un sale quart d'heure. La ligne de la *Pravda* revira très vite de bord. Lénine prit le temps d'écrire une série de « thèses » qui expliquaient pourquoi la guerre devait être combattue et achevée. Plus tard, Staline retourna sa veste en avouant « une position complètement erronée que je partageais avec d'autres camarades du parti et à laquelle je renonçai complètement en adhérant aux thèses de Lénine[39] ». La plupart des bolcheviks firent de même. Ils étaient dominés par la conviction de Lénine. La guerre n'avait aucune importance. Elle avait atteint son but : détruire l'autocratie. Ils devaient maintenant se servir de la lassitude de la guerre pour déloger les parlementaires. Peu leur importait de connaître les pertes territoriales de la Russie, pourvu que subsistât un noyau où installer le bolchevisme. Alors, ils pourraient y attendre les événements avec confiance. Une victoire allemande était à exclure ; leurs camarades allemands seraient bientôt au pouvoir — ainsi que ceux de France et de Grande-Bretagne — et le jour de la révolution socialiste mondiale poindrait alors à l'horizon[40].

En élaborant ce fantasme continental, Lénine avait, porté par la chance, atteint la première ligne de la politique qui le mènerait au pouvoir. Il n'avait pas de véritables assises de puissance en Russie ; il n'avait jamais tenté d'en élaborer. Il était exclusivement voué à la création d'une petite organisation d'intellectuels et « sous-intellectuels » têtes-brûlées, qu'il pourrait complètement dominer. Il n'avait aucun partisan parmi les paysans. Il n'y eut qu'un groupe bolchevique qui bénéficia d'un appui paysan. Il avait quelques adhérents parmi les ouvriers non spécialisés. Les ouvriers spécialisés — en particulier ceux qui étaient syndiqués — étaient, dans les limites de leur appartenance politique, affiliés aux mencheviks[41]. Ce n'était pas surprenant. L'intransigeance de Lénine avait drainé les socialistes les plus capables vers le camp des mencheviks. Cela lui convenait : il ne serait que plus facile d'entraîner les autres à sa suite et sans besoin d'arguments lorsque viendrait le moment d'intervenir. Ainsi que l'un d'eux l'écrivit : « Avant l'arrivée de Lénine, tous les camarades erraient dans la nuit[42]. » Un autre bolchevik défendait ses idées personnelles : Trotski. Au mois de mai, de retour d'Amérique, il arriva à Petrograd. Très vite, il réalisa que Lénine était le seul homme de décision et d'action parmi eux, et il devint son principal lieutenant. Partant de là, ces deux hommes pourraient peut-être diriger 20 000 hommes dans une nation qui en comptait plus de 160 millions.

La révolution russe, aussi bien dans sa phase de « février » que dans celle d'« octobre » a été faite par les paysans, qui étaient passés d'un nombre de 56 millions en 1867 à 103,2 millions vers 1913[43]. La Russie d'avant-guerre comptait moins de 3,5 millions d'ouvriers d'usine et mineurs, et le prolétariat — même dans le sens le plus large du terme — ne dénombrait que 15 millions d'individus. La majorité des 25 millions d'habitants des grandes villes était une partie des familles paysannes qui travaillaient en ville mais étaient établies dans les villages. Cette liaison permettait de transmettre les idées radicales aux paysans. Mais, par définition, elles étaient déjà présentes et l'avaient toujours été. Le collectivisme paysan était traditionnel en Russie et fondé sur le principe des communes — *obshchina* — et des coopératives d'artisans — *artel*. Il avait la bénédiction de l'Église orthodoxe. L'enrichissement à titre privé allait à l'encontre de l'intérêt général, et était considéré comme un péché. Le paysan cupide — le *koulak* — était un mauvais paysan. Les *koulaks* n'étaient pas une classe ; ce fut une invention ultérieure des bolcheviks. La plupart des paysans nourrissaient un respect infini pour la hiérarchie et pour l'esprit d'égalité, qui resurgissait en temps de crise, lorsque les notions de liberté — *volya* — amenaient les paysans à s'emparer et confisquer les biens. Mais les paysans ne manifestèrent jamais le moindre désir de « nationalisation » ou de « socialisation » ; ils ignoraient jusqu'aux mots de ce genre de concepts. La plupart voulaient des parcelles de terrains indépendantes ; c'était naturel. Dès 1861, les mesures prises pour faire des paysans des propriétaires avaient aiguisé leur appétit ; d'où l'agitation rurale de 1905. A partir de 1906, P.A. Stolypine, habile ministre du tsar, accéléra le processus, en partie pour calmer les paysans, en partie pour renforcer l'approvisionnement des villes en nourriture, aidant ainsi à l'industrialisation rapide de la Russie. Il aida également les paysans à « sortir » des communes. Jusqu'en 1915, environ 2 millions de paysans eurent droit à des parcelles de terrain individuelles, et 1,7 million autres après la débâcle volontaire des communes. En conséquence, dans la décennie d'avant-guerre, la productivité agricole de la Russie augmenta rapidement ; les paysans devinrent plus cultivés, et pour la première fois, investirent dans la technologie[44].

La guerre porta un coup dévastateur à ce développement, qui fut peut-être le plus prometteur de l'Histoire de la Russie et qui permettait d'espérer une paysannerie relativement prospère et satisfaite, comme en France ou en Europe centrale, tout en fournissant suffisamment de nourriture pour l'industrialisation des villes. La guerre mobilisa des millions de paysans, tout en demandant à ceux qui restaient beaucoup plus de nourriture pour approvisionner les effectifs grandissants des armées et des usines de guerre de plus en plus nombreuses. Il y eut beaucoup d'achats massifs forcés, mais la hausse des prix était rapide. Aussi, la tension entre les villes et les zones rurales prit de l'ampleur, les unes accusant les autres de leur propre misère. Plus tard, les bolcheviks purent tirer profit de cette haine. Durant la guerre, les efforts gouvernementaux pour extorquer les denrées aux villages furent plus brutaux. Aussi, les révoltes paysannes augmentèrent : 557 soulèvements furent enregistrés jusqu'en décembre 1916. Mais la pénurie de nourriture augmentait elle aussi ; de même les prix. Par conséquent, le nombre des grèves ouvrières vit une augmentation sans précédent en 1916, malgré le fait que beaucoup de zones industrielles étaient sous la loi martiale ou de « sécurité renforcée ». Les grèves culminèrent fin février 1917, et auraient pu être enrayées, mais les paysans étaient hors d'eux et prêts à tout. Pratiquement tous les soldats étaient des paysans, et lorsque la garnison de Petrograd reçut l'ordre de contraindre les ouvriers, ils se mutinèrent. Environ un tiers — soit 66 000 hommes — défièrent leurs officiers. Comme ils étaient armés, le régime s'effondra. Ainsi, la première étape de la révolution fut l'œuvre des paysans.

La destruction de l'autocratie provoqua inévitablement celle de la noblesse rurale. Les paysans sans terres commencèrent à s'emparer et à se partager les grandes propriétés. Cela aurait pu ne poser aucun problème. Le gouvernement provisoire était tenu — dès qu'il serait opérationnel — d'échafauder un plan de réforme agraire. Mais dans l'intervalle, il était censé poursuivre la guerre. La guerre, qui empirait. L'offensive en Galicie échoua ; Lvov était tombée en juillet. Un changement ministériel eut lieu, et Kerenski devint Premier ministre. Il était favorable à la poursuite de la guerre, et pour cela, il devait obtenir les productions des paysans. C'est alors que la politique pacifiste de Lénine, purement intuitive, trouva sa justification. Lénine ne connaissait rien aux paysans, il n'avait aucune idée de ce qui se passait dans les campagnes. Mais, en s'opposant à la guerre, il s'opposait à une politique qui de toute façon allait à sa perte, et il unissait ses groupes aux forces paysannes populaires des villages, et ce qui était plus important, de l'armée. En conséquence, les bolcheviks, qui pour la première fois eurent une influence en zone rurale, comptaient fin 1917 environ 2 400 ouvriers agricoles dispersés dans 203 centres. Dans l'intervalle, la tentative de renforcer la politique de guerre causa la perte du gouvernement provisoire. Le 25 mars, fut promulguée une loi qui obligeait les paysans à céder la totalité de leur récolte, sauf une partie réservée aux semailles, au fourrage et à leur subsistance. Avant la guerre, 75 % des céréales étaient réparties sur le marché intérieur et 40 % vouées à l'exportation. A présent, avec ces révoltes paysannes, Kerenski n'avait aucune chance de collecter suffisamment de récoltes pour prolonger la guerre. Pour la première fois dans l'histoire de la Russie moderne, la plus grande partie des récoltes resta stockée dans les fermes. Kerenski en récupéra moins du sixième[45]. On tenta de réquisitionner davantage de récolte, ce qui eut pour effet de pousser les paysans vers des révoltes ouvertes et dans les zones rurales, l'autorité du gouvernement provisoire battit sérieusement de l'aile. Au même moment, l'impossibilité d'approvisionner les villes en céréales engendra dès septembre une rapide hausse des prix dans le domaine alimentaire : plus de pain, des mutineries dans l'armée et la marine, des grèves dans les usines. Début octobre, le gouvernement de Kerenski avait déjà reçu un bon coup de pied dans l'estomac[46].

Pour Lénine, le moment était venu de s'emparer du pouvoir à l'aide de ses « élites d'avant-garde », précisément entraînées à cet effet. Evidemment, il n'avait pas mandat pour détruire le gouvernement parlementaire. Il n'avait mandat pour rien; pas le moindre mandat marxiste imaginaire. Il n'était pas un meneur de paysans; il n'était pas davantage un meneur de prolétaires. De toute façon, le prolétariat était minuscule. Et il ne voulait pas du léninisme. Parmi la centaine de pétitions soumises aux autorités centrales par les ouvriers de l'industrie en mars 1917, quelques-unes seulement mentionnaient le socialisme. Environ 51 % exigeaient une baisse des heures de travail, 18 % une augmentation des salaires, 15 % de meilleures conditions de travail et 12 % le droit à des « assemblées ouvrières ». Il n'y avait pas de soutien massif pour une « révolution du prolétariat »; en fait, pas le moindre soutien pour tout ce qui évoquait de près ou de loin les propositions léninistes[47]. De ce jour, ce fut la seule occasion où les ouvriers russes purent dire ce qu'ils voulaient véritablement; et ce qu'ils voulaient, c'était améliorer leur sort, et non bouleverser le monde. Par « assemblées ouvrières », ils entendaient « soviets ». Les premiers soviets étaient apparus presque spontanément en 1905. Leur existence dérouta tout d'abord Lénine : selon les textes marxistes, ils n'auraient jamais dû exister. Quoi qu'il en soit, ils refirent leur apparition lors de la « révolution de février », et lorsqu'en avril 1917, Lénine revint en Russie, il considéra qu'ils pouvaient constituer une forme intermédiaire du gouvernement parlementaire qu'il détestait. Il pensait — et les événements lui donnèrent raison — que quelques-uns au moins de ces soviets d'ouvriers pourraient être pénétrés et manipulés par ses hommes. Aussi ses « thèses d'avril » ne prêchaient pas pour une « république parlementaire... mais une république de soviets composés de députés représentant les travailleurs, les paysans pauvres, les paysans , à travers le pays, allant d'en bas jusqu'en haut »[48]. En bon opportuniste, il commença à considérer les soviets comme la version moderne de la Commune de Paris de 1870 : ils pourraient être sous la coupe d'un groupe prêt à tout — comme le sien — et devenir ainsi les instruments de la « dictature du prolétariat ». Aussi, lors de la rencontre des bolcheviks en avril, il exigea d'eux d'exprimer la demande que « les prolétaires des villes et de la campagne devaient œuvrer au transfert rapide de tout pouvoir des mains de l'Etat à celles des soviets[49] ». Lorsque Trotski, qui avait travaillé dans un soviet en 1905, arriva au mois de mai, il fut chargé de prendre en charge le plus important des soviets urbains : celui de Petrograd.

Début juin 1917, le premier congrès de tous les soviets réunit 822 délégués. Absurdement, les villes étaient surreprésentées. Les révolutionnaires sociaux-démocrates, qui défendaient les paysans, avaient 285 délégués. Les mencheviks, qui représentaient les organisations ouvrières, comptaient 248 délégués. Quelques groupes d'ordre mineur totalisaient 150 délégués ; et 45 délégués ne répondaient à aucune appartenance. Les bolcheviks avaient 105 délégués[50]. Le 3 juillet, les anarchistes tentèrent un coup de force en ordonnant des manifestations de rue contre la guerre. Mais ils furent dispersés par les troupes gouvernementales ; la *Pravda* fut interdite, et quelques bolcheviks, dont Kamenev et Trotski, emprisonnés. Lénine fut autorisé à s'expatrier en Finlande : il n'apparaissait pas encore comme un ennemi dangereux[51]. Le changement décisif survint durant l'été et au début de l'automne. Les premières lignes du front commençaient à céder. En août, Kerenski tint une « conférence d'état » de tout un parti à Moscou, soutenu par 2 000 délégués. Cela ne donna rien. A la fin du même mois, un général tsariste — Kornilov — organisa une révolte militaire qui finit en fiasco. Tous ces événements jouaient en faveur de Lénine, particulièrement le dernier, qui lui permit d'entretenir une atmosphère de crainte grâce à laquelle il put persuader le peuple qu'il était indispensable de se révolter s'il voulait préserver la nouvelle république. Mais par-dessus tout, ce fut l'échec de Kerenski à vouloir extorquer les vivres aux paysans qui sapa l'ordre légal. Les troupes se débandaient et affluaient vers les villes où elles ne trouvèrent pas même du pain. Là, elles s'unirent ou formèrent des soviets, et élurent très vite des porte-parole bolcheviques qui promettaient la fin immédiate de la guerre et la distribution de toutes les terres aux paysans. Début septembre, les bolcheviks étaient majoritaires aux deux plus importants soviets : ceux de Petrograd et de Moscou, et le 14 septembre, Lénine toujours en exil se sentit suffisamment fort pour lancer ce slogan : « Le pouvoir aux soviets[52] ! » Trotski, qui sortait à peine de prison, devint immédiatement président du soviet de Petrograd, le foyer de la révolution à venir.

Trotski fut lui aussi un élément actif de la révolution. Mais Lénine en fut le cerveau, celui qui prit toutes les décisions clés et qui fournit l'indispensable « volonté de puissance ». Sans lui, la révolution bolchevique, et encore moins la création de l'État communiste aurait été impossibles. Le 9 octobre, il revint clandestinement à Petrograd, et le lendemain lors du comité central, il emporta par 10 voix contre 2, le vote en faveur d'une insurrection armée. Un bureau politique ou « Politburo » — le premier dont il fut question — fut créé pour conduire l'insurrection. Les préparatifs militaires furent faits par un « comité révolutionnaire militaire » formé par Trotski, à partir du soviet de Petrograd. L'insurrection était prévue pour tirer parti du second congrès des soviets de toutes les Russies, qui devait avoir lieu le 25 octobre. Le soir prévu, Lénine forma un gouvernement embryonnaire, et au matin, Trotski et ses hommes entrèrent en action et s'emparèrent des points névralgiques de la ville. Certains membres du gouvernement provisoire furent arrêtés ; d'autres s'enfuirent. Il y eut peu de sang versé. L'après-midi même, les bolcheviks persuadaient le congrès des soviets d'entériner le transfert du pouvoir. Le jour suivant, furent adoptés plusieurs décrets : l'un établissant la paix, l'autre abolissant la propriété foncière et un troisième approuvant la constitution d'un conseil de commissaires du peuple — ou *sovnarkom* — le premier gouvernement d'ouvriers et de paysans [53]. Mais comme Staline le fit prudemment remarquer un peu plus tard, ce fut le comité militaire révolutionnaire qui prit le pouvoir, et le congrès des soviets se contenta de le *recevoir* des mains du soviet de Petrograd [54]. Le but de cette distinction était de préserver l'idée de révolution prolétaire marxiste. Il n'y avait certainement rien de légal dans la manière dont Lénine accéda au pouvoir. Mais ce n'était pas non plus un soulèvement révolutionnaire. C'était un *coup d'État* à l'ancienne, ou comme les Allemands l'appelèrent : un *putsch*. Rien à voir avec le marxisme.

Pour l'heure, Lénine faisait une utilisation maximale de cette légitimité usurpée que les soviets avaient conférée à son régime. Les deux mois suivants, il opéra prudemment à deux niveaux, qui curieusement correspondaient à la perception marxiste du monde. Le premier niveau, celui de l'aménagement constitutionnel et de la légalité traditionnelle, satisfaisait les apparences, le public et le monde extérieur. Le second niveau concernait les structures profondes et réelles du pouvoir : la police, l'armée, les communications, la défense. C'était le niveau essentiel. Au niveau des apparences, Lénine décrivait son gouvernement comme « provisoire » jusqu'à ce que l'assemblée constituante, que le gouvernement de Kerenski avait prévu d'élire le 12 novembre, se soit réunie. Les élections eurent lieu ; les bolcheviks furent le groupe largement majoritaire. Ce furent les premières et dernières véritables élections parlementaires qui se tinrent en Russie. Comme prévu, il résulta une majorité écrasante pour les paysans socialistes-révolutionnaires : 410 voix sur 707. Les bolcheviks obtinrent 175 sièges et les mencheviks seulement 16 ; les bourgeois cadets eurent 17 sièges et les « groupes nationaux » réunirent les membres restants. Lénine fixa la date de la première réunion de l'assemblée au 5 janvier 1918. Pour sauvegarder les apparences, il invita trois membres de la gauche socialiste-révolutionnaire à rejoindre son *sovnarkom*. Cela présentait l'avantage supplémentaire de diviser les socialistes-révolutionnaires et d'assurer à Lénine la majorité au congrès des soviets, qu'il appela à se réunir trois jours après la réunion de l'assemblée. Son intention était de l'utiliser comme un instrument au service de sa légitimité. Sans doute rassurée par ces manœuvres constitutionnelles, la grande ville de Petrograd vaquait à ses occupations et ses plaisirs. Même le jour où Kerenski fut renversé, toutes les boutiques restèrent ouvertes, les tramways circulaient, les cinémas étaient bondés. L'armée du Salut, tolérée pour la première fois par la république, chantait aux coins des rues. Karsavina dansait au Marrinsky. Chaliapine donnait des récitals. Les salles de lecture publique étaient combles. La haute société se réunissait chez Contant. Les jeux étaient des plus extravagants [55].

Pendant ce temps-là, en profondeur, le travail de Lénine avançait très vite. Il est significatif de constater — alors qu'il avait d'autres chats à fouetter — que Lénine donna la priorité au contrôle de la presse. En septembre, à l'aube du *putsch*, il appela publiquement à une « liberté beaucoup plus démocratique » et « incomparablement plus complète » de la presse. En fait, sous la république, la presse était aussi libre qu'au Royaume-Uni ou en France. Deux jours après sa prise de pouvoir, Lénine, par décret, supprima cette liberté de la presse. Selon « certaines mesures temporaires et exceptionnelles », tout organe de presse qui « appellerait à la résistance ouverte ou à l'insubordination au gouvernement des travailleurs et des paysans » ou qui « sèmerait la sédition par une déformation diffamatoire des faits » serait interdit et son rédacteur en chef passé en jugement. Le jour suivant, le gouvernement interdisait la parution de dix journaux à Petrograd. La semaine suivante, dix autres subissaient le même sort [56]. La *Pravda*, le journal du parti bolchevique, devint le principal support de l'information, et *Izvestia*, le journal des soviets, tomba sous la coupe du *sovnarkom*.

Parallèlement, avec une grande rapidité sinon une grande confusion, l'appareil du pouvoir fut bientôt occupé par les activistes bolcheviques. Leur méthode était corporatiste. Chaque organisation, de l'usine aux transports en commun, organisait des élections de style soviet. C'était le moyen le plus simple de s'assurer que les délégués élus seraient largement sympathisants du régime. Plus tard, Boris Pasternak, aller brosser un joli portrait de ce processus :

> Dans tous les secteurs, il y avait de nouvelles élections : pour l'immobilier, le commerce, l'industrie, et les services municipaux. Des commissaires étaient désignés pour chacun de ces postes : des hommes en gilet de cuir noir, aux pouvoirs illimités et à la volonté de fer, forts de moyens d'intimidation et de revolvers, qui se rasaient peu et dormaient encore moins. Ils connaissaient l'avarice de la bourgeoisie, les petits possesseurs d'action gouvernementales au rabais, et ils leur parlaient sans la moindre pitié, un sourire machiavélique aux lèvres, comme à ces voleurs qu'on prend la main dans le sac. Ces hommes réorganisèrent tout selon le plan, et les unes après les autres, les sociétés et entreprises devinrent bolcheviques [57].

Cette mise en place engendra rapidement une infrastructure de loi-décret. 10 novembre : abolition des titres nobiliaires qui dataient de

Pierre le Grand. 22 novembre : autorisation des perquisitions; confiscation des manteaux de fourrure. 11 décembre : les écoles passent des mains de l'Eglise à celles de l'Etat. 14 décembre : nationalisation de toutes les banques; toutes les industries sous « contrôle ouvrier ». 16 décembre : suppression des grades militaires. 21 décembre : nouveau code pénal à l'usage des « tribunaux révolutionnaires ». 24 décembre : nationalisation immédiate de toutes les usines. 29 décembre : blocage des paiements des intérêts et dividendes; limitation des retraits bancaires. Ainsi que le romancier Ilya Ehrenbourg l'écrivit plus tard : « Chaque matin, les habitants étudiaient soigneusement les nouveaux décrets, encore humides et froissés aux murs; ils cherchaient à démêler ce qui était permis de ce qui ne l'était pas[58]. »

Mais même à ce stade, certaines actions clés de la consolidation du pouvoir ne transparaissaient pas dans les lois-décrets publiques. Au premier stade de son appropriation, Lénine dépendait totalement des bandes armées organisées par Trotski dans tout le soviet de Petrograd. Elles étaient composées en partie par de jeunes bandits très motivés politiquement — les « hommes en gilet de cuir noir » — et en partie, par des déserteurs, souvent des Cosaques. Un témoin décrivit la scène suivante qui se déroula dans les bureaux de l'institut de Smolny, d'où au tout début, les bolcheviks opéraient : « Le bureau était bourré de pardessus du Caucase, de toques de fourrure, de manteaux en feutre, galons, dagues, moustaches noires et lustrées, regards étonnés, et odeur d'écurie. Telle était l'élite, le haut du panier des "officiers indigènes", en tout environ 500 hommes. Casquette en main, ils professaient leur fidélité à la révolution[59] ». Ces hommes excellaient à intimider une république défaillante. Mais pour imposer le nouvel ordre, quelque chose de plus sophistiqué et de plus impitoyable était nécessaire. Lénine avait besoin d'une police politique.

Persuadé que la violence était un élément essentiel de la révolution, Lénine n'hésitait jamais à faire appel à la terreur. Il recueillit l'héritage d'une double tradition pour justifier ce recours. De la Révolution française, il pouvait citer Robespierre : « Lors d'une révolution, les attributs d'un gouvernement populaire sont d'abord et en même temps *la vertu et la terreur*. Sans la terreur, la vertu est désastreuse; et sans la vertu, la terreur est fatale. La terreur n'est rien sans la justice, rapide, sévère, inflexible; elle est ainsi l'émanation de la vertu[60]. » Ecartant l'histoire désastreuse de la Terreur, Marx avait donné son appui personnel à ce programme. Il n'y avait, écrivit-il « qu'un moyen d'*écourter*, de simplifier et de localiser l'agonie sanglante de l'ancienne société et les contractions sanglantes de la naissance de la nouvelle; un seul moyen : la terreur révolutionnaire[61]. » Il est vrai que Marx avait dit beaucoup de choses selon le moment. Les marxistes orthodoxes allemands ne pensaient pas que la terreur fût indispensable. Un an après la prise de pouvoir par Lénine, Rosa Luxemburg, dans son programme de décembre 1918 pour un parti communiste allemand, affirmait : « Le propos de la révolution du prolétariat n'est pas la terreur ; elle déteste et abomine l'idée de meurtre[62]. » Aussi, l'une des raisons pour lesquelles elle s'opposa aux « élites d'avant-garde » de Lénine, qui tentaient d'accélérer le processus de la révolution du prolétariat, fut précisément qu'elle pensait qu'elles pousseraient Lénine à utiliser la terreur — à laquelle les textes marxistes faisaient allusion — comme raccourci à l'encontre des éléments de soutien de l'autocratic tsariste, contre le barbarisme russe généralisé et au mépris de la vie.

En fait, la véritable tragédie de la révolution léniniste — ou plutôt l'une de ses nombreuses tragédies — fut de ressusciter un mode gouvernemental dont la sauvagerie était alors agonisante. Au cours des 80 années précédant 1917, le nombre des exécutions dans l'empire Russe était d'une moyenne de 17 par an, et la majorité de ces exécutions avaient eu lieu dans la première partie de cette période[63]. La période de guerre, sous les dernières années du tsarisme, fut en quelque sorte plus libérale que cette même période en Angleterre ou en France. La République abolit la peine de mort, même si Kerenski la rétablit sur le front en septembre 1917. La plupart des camarades de Lénine y étaient opposés. La plupart des premiers meurtres bolcheviques furent l'œuvre de marins qui assassinèrent deux anciens ministres le 7 janvier 1918, et organisèrent le mois suivant à Sébastopol, un massacre de trois jours, ou ce furent des massacres aveugles à l'intérieur du pays[64].

Il est difficile de ne pas penser que la décision d'utiliser la terreur et la force d'une police oppressive ne fut prise très tôt par Lénine et entérinée par son chef militaire Trotski. Et cela fut — ce que craignait Rosa Luxemburg — une part inévitable de son approche idéologique de la prise et du maintien du pouvoir, et du type d'État centralisé qu'il entendait créer. Et ceci en retour, était partie intégrante du caractère de Lénine : cette volonté extraordinaire de puissance. Dès 1901, Lénine avait averti : « En premier lieu, nous n'avons jamais renoncé à la terreur et ne pourrons pas y renoncer[65]. » Ou encore : « Nous demandons à un homme, où vous placez-vous par rapport à l'idée de révolution ? Etes-vous pour ou contre ? S'il est contre, nous le plaçons contre un mur. » Peu après sa prise de pouvoir, il demanda : « Est-il impossible de trouver parmi nous un Fouquier-Tinville qui dompterait la violence des contre-révolutionnaires[66] ? » Le nombre de fois où Lénine, chef du gouvernement, utilisa des expressions du style : « Tuez-les ! » « Peloton d'exécution », « dos au mur », évoque son appétit grandissant pour les méthodes extrêmes.

Il y avait également une supercherie révélatrice, ou plutôt une évidente duplicité dans la façon dont Lénine comptait organiser le pouvoir afin de l'utiliser pour la terreur contre-révolutionnaire. La première force armée bolchevique, déjà évoquée, était le comité militaire révolutionnaire du soviet de Petrograd. Trotski n'avait eu aucun scrupule à utiliser la force, même après la réussite de la révolution : « Nous n'entrerons pas dans le royaume du socialisme gantés de blanc sur un parquet vernis » disait-il[67]. Dès après les 25-26 octobre 1917, ce comité devint un sous-comité du Comité central exécutif, et assura les emplois de sécurité comme la lutte contre « les actions contre-révolutionnaires » définies comme « le sabotage, le recel de vivres, le pillage délibéré des cargaisons, etc » Cette constitution fut rendue publique le 12 novembre 1917 par un décret du *Sovnarkom*[68]. Comme il était chargé d'interroger les suspects, il créa une section spéciale placée sous la responsabilité de Felix Dzerjinski, un Polonais fanatique, qui fut chargé de la sécurité à Smolny. Le 7 décembre 1917, lorsque le comité militaire fut finalement dissous par un nouveau décret du *Sovnarkom*, la section de Dzerjinski survécut sous la forme d'une « commission extraordinaire de toutes les Russies » — la Tchéka — dont la mission était de combattre « la contre-révolution et le sabotage ». Le décret qui entérina l'existence de la Tchéka ne fut divulgué que dix années plus tard — la *Pravda* du 18 décembre 1927 —. Ainsi, cette organisation de sécurité fut dès le commencement et jusqu'à la fin de son activité une police secrète dans le vrai sens du terme : sa véritable existence ne fut jamais officiellement connue[69].

Dès le début, il est hors de doute que la Tchéka allait être utilisée de façon impitoyable et à une grande échelle. Une semaine avant la naissance clandestine de la Tchéka, Trotski fut interrogé à propos du nombre grandissant des arrestations et des perquisitions. Il le justifia devant le congrès des délégués paysans de toutes les Russies, en précisant que « vouloir renoncer à toutes les répressions en pleine guerre civile signifiait renoncer à la guerre civile[70] ». Le comité de la Tchéka se composait de huit membres sous Dzerjinski, mais d'autres fanatiques vinrent rapidement gonfler les effectifs, les corps d'agents et les officiers supérieurs. La plupart d'entre eux étaient polonais ou lettoniens, comme le sinistre Latsis ou « Peters » frère de Peter le peintre, l'homme du siège de Sidney Street* qui avait perpétré une série de meurtres à Houndsditch, et Kedrov, un sadique qui plus tard finit fou. La vitesse à laquelle cette organisation s'élargit fut terrifiante. Elle recruta des membres le plus rapidement possible entre le mois de décembre 1917 et janvier 1918, et l'une de ses premières actions fut d'envisager de créer un service de renseignements national en demandant aux soviets locaux « toute information concernant les organisations ou les individus dont les activités agiraient directement contre la révolution et l'autorité populaire ». Ce décret suggérait que les soviets locaux devaient eux-mêmes créer des comités de sécurité en liaison avec des agents professionnels, et dès le début, la Tchéka fut épaulée par une horde grandissante d'amateurs et d'indicateurs occasionnels. Ces groupes permanents

* « Peter le peintre », anarchiste qui mourut assiégé par la police dans son repaire londonien de Sidney Street. En Grande-Bretagne le siège de Sidney Street est resté un épisode célèbre de l'époque des attentats anarchistes. (N.d.T.)

augmentaient constamment. La police secrète du tsar, l'Okhrana, dénombrait 1 500 agents qui faisait d'elle la plus grande organisation de ce genre dans l'ancien monde. Par contraste, en l'espace de trois ans, la Tchéka avait atteint un effectif de 250 000 agents permanents[71]. L'échelle de ses activités était proportionnelle à cet effectif. Alors que les derniers tsars n'avaient ordonné que 17 exécutions environ par an pour toute sorte de crimes, la Tchéka, entre 1918 et 1919, en ordonna environ 1 000 par mois et uniquement pour raisons politiques[72].

Ce chiffre n'est qu'une sous-estimation — pour une raison qui touchait au cœur même de l'iniquité du système créé par Lénine. Dès que la Tchéka entra en action, un décret édicta une nouvelle sorte de « tribunal révolutionnaire » qui jugerait tous « les organisateurs de soulèvements contre l'autorité du gouvernement des paysans et des ouvriers; ceux qui s'y opposeraient par leurs activités ou en lui désobéissant; ou tous ceux qui encourageraient les autres à s'y opposer; ainsi que les fonctionnaires coupables de recel ou de sabotage ». Le tribunal pouvait avoir recours à six peines variables selon « les circonstances de chacun des cas et la voix de la conscience révolutionnaire[73] ». Ce décret marqua la fin du code de loi du nouvel État de Lénine qui datait seulement de trois semaines. Il s'aligna sur le système de la Tchéka. Sous les tsars, l'Okhrana avait le pouvoir de procéder à des arrestations, mais elle était tenue de remettre les prisonniers au pouvoir judiciaire afin qu'ils passent devant une Cour publique, tout comme n'importe qui; et les châtiments étaient distribués par les autorités civiles ordinaires. Sous le système de Lénine, les tribunaux spéciaux étaient sous contrôle de la Tchéka — qui les rencontrait en secret — et qui influait sur leurs verdicts. Une fois qu'un individu tombait dans les filets de la Tchéka, sa seule sauvegarde était « la voix de sa conscience révolutionnaire ». Bien que la Tchéka arrêtât, jugeât, condamnât ses victimes, il n'existait aucun document fiable sur le nombre exact de celles-ci. Durant les premiers mois de sa formation, la Tchéka testait ses premiers camps de concentration et de travail. Ces camps furent conséquents à un décret du *Sovnarkom* qui ordonnait que les « bourgeois, hommes et femmes » devaient être rassemblés et envoyés à Petrograd creuser des tranchées pour la défense[74]. Ils vivaient dans les camps, sous surveillance permanente, et une fois que la Tchéka obtint le contrôle du programme de travail obligatoire, les camps commencèrent à proliférer aux abords des villes, puis plus avant dans le pays — l'embryon de ce qui allait devenir le gigantesque « archipel du goulag ». Fin 1917, alors que Lénine était au pouvoir depuis 9 ou 10 semaines seulement, il serait juste de préciser que la Tchéka était déjà un « Etat dans l'Etat », bien que pour certains activistes, elle se confondait déjà avec lui.

Il est indéniable que les origines et l'ampleur prise par la Tchéka s'ajustèrent à la volonté de Lénine. Les preuves dont nous disposons vont dans ce sens[75]. Ce fut Lénine qui ébaucha les décrets les plus importants et Dzerjinski pour lui, ne fut qu'une marionnette. De la même façon, ce fut Lénine qui transmit à la Tchéka un esprit de terreur et qui, à partir de janvier 1918, la pressait constamment de passer outre les doutes et les sentiments d'humanité de certains bolcheviks, dont parmi eux plusieurs membres du *Sovnarkom*. Place Loubianka, les locaux d'une importante compagnie d'assurance furent réquisitionnés pour y construire une « prison interne » à l'intention des suspects politiques ; et à partir de là, la Tchéka devint un département indépendant de l'Etat, en liaison directe avec Lénine. Il fut clair sur ses intentions. En janvier 1918, trois mois avant le début de la guerre civile, il conseilla « d'abattre sans autre forme de procès une personne sur dix prise en flagrant délit d'inactivité ». Une semaine plus tard, il exhorta publiquement la Tchéka en ces termes : « Tant que nous n'appliquerons pas la terreur — abattre sur-le-champ — aux spéculateurs, nous n'arriverons à rien. » Quelques semaines plus tard, il exigeait « l'arrestation et l'*exécution* des soudoyeurs et des escrocs, etc. » Chaque transgression des lois-décrets devait être suivie « du châtiment le plus sévère [76] ». Le 22 février, il entérina une proclamation de la Tchéka qui ordonnait aux soviets locaux de « découvrir, arrêter, et exécuter immédiatement toutes les catégories d'ennemis et de spéculateurs, etc. [77] ». Il compléta ce décret général par des instructions personnelles. Ainsi, en août 1918, il télégraphia au soviet de Nijni-Novgorod : « Vous ne devez négliger aucun effort, devenir une troïka de dictateurs... installez *immédiatement une terreur généralisée, tuez ou déportez* ces centaines de prostituées qui saoulent nos anciens officiers, etc. Pas une seconde à perdre [78]. » D'autres suivirent son exemple. Le mois suivant, le journal de l'année proclamait : « Sans merci, sans faire de quartiers, nous tuerons nos ennemis par centaines ; par milliers, qu'ils se noient dans leur propre sang... que le sang des bourgeois coule à flots [79]. » Les exhortations de Lénine portèrent leurs fruits. Au cours du premier semestre 1918, la Tchéka n'exécuta — selon les sources officielles — que 22 prisonniers. Dans la seconde moitié de l'année, le nombre des exécutions s'éleva à 6 000, et au cours de l'année 1919 à environ 10 000. W.H. Chamberlain, le premier historien de la révolution, et qui en fut le témoin direct, calcula que fin 1920, la Tchéka avait ordonné plus de 50 000 exécutions capitales [80].

Mais l'élément le plus dérangeant, et du point de vue historique le plus caractéristique de la terreur exercée par Lénine n'était pas tant le nombre des victimes mais plutôt le principe selon lequel elles étaient sélectionnées. En quelques mois d'exercice du pouvoir, Lénine avait abandonné la notion de culpabilité individuelle et avec elle l'ensemble de l'éthique judéo-chrétienne de responsabilité personnelle. Il cessa de s'intéresser à ce qu'un homme *faisait* ou *avait fait* — ou encore moins *pourquoi* il l'avait fait — et encouragea tout d'abord puis ordonna à son appareil répressif de traquer et détruire les individus — non pas pour leurs crimes réels ou imaginaires — mais selon des généralisations, des on-dit, des rumeurs. Tout d'abord venaient les groupes condamnés : « prostituées », « tire au flanc », « accapareurs », « spéculateurs », « receleurs », tous ceux qui s'apparentaient vaguement à l'idée de crime. Venant très vite après, les groupes professionnels. Le décret de janvier 1918 promulgué par Lénine appelait toutes les instances d'État à « purger le territoire russe de tous ses insectes nuisibles ». Ce n'était pas un acte juridique, mais une invitation au meurtre généralisé. Plusieurs années plus tard, Alexandre Soljenitsyne, énuméra quelques-uns des groupes qui se virent condamnés à subir le sort des « insectes nuisibles ». Ils comprenaient les « anciens membres du Zemstro, ceux affiliés au mouvement Cooper, les propriétaires immobiliers, les enseignants des écoles supérieures, le concile et les chœurs, les prêtres, les moines et les nonnes, les pacifistes tolstoïens, les fonctionnaires des syndicats ouvriers » ; tous très vite nomenclaturés comme « individus du passé[81] ». Les lois-décrets relatives aux groupes condamnés s'élargirent assez rapidement à toutes les classes, et l'idée de meurtre collectif plutôt qu'individuel fut reprise avec enthousiasme par les experts de la Tchéka. Directement après Dzerjinski, la figure la plus influente de la Tchéka fut le féroce lettonien M.Y. Latsis. Il vint à point nommé pour donner à la terreur léniniste sa définition véritable :

> La Commission extraordinaire n'est ni une commission d'enquête ni un tribunal. C'est un organe de combat, dont l'action se situe sur le front intérieur de la guerre civile. Il ne juge pas l'ennemi : il le frappe... Nous ne combattons pas des individus. Nous exterminons la bourgeoisie en tant que classe. Nous ne recherchons ni dépositions ni témoignages qui révéleraient certains faits ou propos contre le pouvoir des Soviets. La première question que nous posons à un individu — à quelle classe appartiens-tu, quelles sont tes origines, ton éducation, tes études ou ta profession ? Ses réponses décident de son sort. Telle est l'essence de la Terreur Rouge[82].

Dès l'instant où Lénine abandonna l'idée de culpabilité individuelle et commença à « exterminer » — un mot qu'il employait souvent — des classes entières simplement en fonction de la profession ou de la naissance, ce principe exterminateur pouvait ne plus connaître de limite. Des catégories entières d'individus ne pouvaient-elles pas être classées comme « ennemies » et condamnées à l'incarcération ou au massacre simplement en regard de la couleur de la peau, la race ou même la nationalité ? Sur le plan de la morale, il n'y avait aucune différence essentielle entre combattre une classe et combattre une race ; entre détruire une classe et détruire une race. Ainsi naquit la forme moderne du génocide.

Tandis que s'organisait la Tchéka, Lénine s'employait à mettre fin à l'héritage démocratique de la république. L'Assemblée constituante fut élue le 12 novembre 1917. Le 1er décembre, Lénine définissait clairement son attitude vis-à-vis de l'assemblée : « On nous demande de reconnaître l'Assemblée constituante comme elle était conçue à l'origine. Non merci. Elle fut conçue contre le peuple et nous avons eu recours à l'insurrection pour être sûrs qu'elle ne serait pas utilisée contre le peuple[83]. » Dans ses « Thèses sur l'Assemblée constituante », parues anonymement dans la *Pravda* du 13 décembre, il opposait un parlement qui « dans une république bourgeoise... est la plus haute forme du principe démocratique », à un soviet qui « est une forme supérieure du principe démocratique ». Aussi « toute tentative... de considérer... l'Assemblée constituante d'un point de vue formel et juridique, à l'intérieur de la structure bourgeoise de la démocratie est une trahison envers le prolétariat. A moins que l'Assemblée fasse « la déclaration non conditionnelle d'allégeance du pouvoir des soviets », elle devrait faire face à une crise qui ne serait « résolue que par des moyens révolutionnaires[84] ». Ce n'était pas tant un argument, mais plutôt l'énoncé brutal que le régime de Lénine n'accepterait aucun contrôle de type démocratique par un parlement. Quatre jours plus tard, pour souligner ce point, il fit arrêter le chef de l'aile droite des révolutionnaires socialistes, Avksientiev, ainsi que ses principaux partisans, accusés « d'organisation de complot contre-révolutionnaire[85] ».

Quand l'assemblée se réunit le 5 janvier 1918, Lénine avait déjà mis sur pied l'essentiel d'un régime répressif — quoique à petite échelle : la Tchéka ne comptait alors que 120 membres à plein temps — et se trouvait donc en mesure de traiter le parlement avec le mépris, qu'à son avis, il méritait. Il n'apparut pas, tout en étant l'auteur de la moindre ligne du scénario. Le bâtiment était sous la « garde » des marins de la Flotte de la Baltique, le plus extrémiste des groupes armés dont Lénine avait la disposition. La veille, *Izvestia* avait averti les députés que « le pouvoir de la république russe appartenait aux soviets et à leurs institutions » et que s'ils cherchaient « à usurper l'une ou l'autre fonction du pouvoir d'État », ils seraient traités en contre-révolutionnaires, et « écrasés par tous les moyens dont disposait le pouvoir des soviets, y compris le recours à la force armée[86] ». A peine les députés étaient-ils réunis que l'acolyte de Lénine, Sverdlov, poussa simplement hors de la tribune leur membre le plus âgé — qui, d'après la tradition devait ouvrir la séance — et prit sa place. Un long débat suivit, couronné par un vote qui eut lieu à minuit en défaveur des bolcheviks et de leurs alliés, par 237 voix contre 138. Ces derniers se retirèrent alors, suivis une heure plus tard par leurs partenaires, les révolutionnaires-socialistes de gauche. Le 6 janvier, à cinq heures du matin, obéissant à des instructions directes de Lénine, le marin responsable de la garde demanda à l'assemblée que la réunion s'achève, « car la garde était fatiguée ». Elle fut ajournée pour douze heures, mais ne se réunit plus jamais, car plus tard dans la même journée, après un discours de Lénine, le Comité exécutif central la dissolvait en bonne et due forme, et plaçait une garde devant ses portes chargée de renvoyer les députés chez eux. Une manifestation pacifique en faveur du parlement fut dispersée et plusieurs de ses participants furent abattus[87]. Ce fut ainsi, brièvement et brutalement, que Lénine détruisit la démocratie parlementaire en Russie. Trois jours plus tard, dans le même bâtiment et sous la présidence de Sverdlov, les soviets se réunirent pour ratifier les décisions du régime.

A la fin de janvier 1918, après douze semaines de pouvoir, Lénine avait établi sa dictature si solidement que, mis à part une intervention extérieure, rien n'aurait pu la détruire. Bien sûr, à cette époque, les Allemands étaient en mesure de le moucher sans difficulté. Sur tous les fronts, leur avance était rapide et rencontrait peu de résistance. Le 3 mars, Lénine signa les termes imposés de la paix, ayant repoussé les objections de Trotski et de ses autres collègues qui désiraient poursuivre une ligne « ni paix ni guerre » jusqu'à ce que les travailleurs allemands fissent la révolution. Par la suite, durant le reste de la guerre, les Allemands eurent intérêt à ce que Lénine restât en place. Comme leur ministre des Affaires étrangères, l'amiral Paul von Hintze, le déclara en juillet 1918 : « Les bolcheviks sont la meilleure arme pour conserver la Russie en état de chaos, permettant ainsi à l'Allemagne d'arracher autant de provinces de l'ancien empire russe qu'elle le désire et de diriger le reste par le biais de l'économie[88]. »

Pour des raisons similaires, tout en étant opposées, les Alliés étaient anxieux de la défaite de Lénine et du retour de la Russie dans la guerre. Mais Lénine eut raison de traiter avec l'Allemagne, dont la menace était immédiate et proche; alors que les Alliés étaient loin et divisés quant à leurs objectifs. Dès le 14 décembre 1917, le Cabinet de Guerre britannique décida de subventionner les anti-bolcheviks « pour conserver en Russie du sud-est une résistance active aux Empires centraux ». A cette fin, le 26 décembre, la France et la Grande-Bretagne divisèrent la Russie en deux zones d'influence : celle du sud incombant à la France et celle du nord à la Grande-Bretagne[89]. En mars 1918, les premières troupes britanniques furent expédiées à Arkhangelsk et à Mourmansk, sous le prétexte de protéger des entrepôts de guerre britanniques. Après l'armistice, les Alliés poursuivirent leur intervention car Lénine avait signé une paix séparée avec l'ennemi ; et Winston Churchill espéra un temps persuader le Conseil des Dix à Paris de déclarer formellement la guerre au régime bolchevique[90]. Fin 1918, 180 000 hommes des troupes alliées se trouvaient sur le territoire russe — anglais, français, américains, japonais, italiens, grecs, ainsi que des contingents serbes et tchèques — à cela s'ajoutaient 300 000 hommes des diverses forces russes anti-bolcheviques, financées par les Alliés, soutenues par leurs armes et leurs conseillers techniques. On peut se demander : étant donné le léger et presque inexistant support populaire dont bénéficiait Lénine en Russie, comment son régime s'arrangea-t-il pour survivre ?

A première vue, il était pratiquement anéanti à la fin de l'été et au début de l'automne 1919. Il n'existait absolument rien d'inévitable dans sa résistance. Un certain nombre de facteurs tout à fait différents jouèrent en sa faveur. D'abord, à une exception près, aucun homme d'État allié ne comprit l'énorme signification de l'établissement de ce nouveau type de dictature totalitaire; et l'effet à long terme de son implantation au cœur de la plus grande puissance terrienne mondiale. Celui qui fit exception fut Winston Churchill. Avec son sens développé de l'Histoire, il comprit qu'un tournant fatal avait été pris. Ce qui paraît lui avoir fait prendre conscience de cette vérité, ce fut non seulement le meurtre de tous les membres de la famille royale le 16 juillet 1918, sans autre forme de procès, mais aussi l'audace de Lénine qui, le 31 août, fit entrer ses hommes dans l'ambassade britannique pour assassiner l'attaché naval, le capitaine Crombie. Aux yeux de Churchill, une nouvelle sorte de barbarie s'était manifestée, indifférente aux lois et aux règles de coutumes, de diplomatie et d'honneur qui avaient eu cours jusqu'alors entre pays civilisés. Il déclara au cabinet qu'il fallait capturer Lénine et Trotski et les pendre « pour que justice soit faite, sans tenir compte du facteur temps, et leur faire sentir que ce châtiment allait devenir l'un des objectifs principaux de la politique britannique[91] ». Il dit à ses électeurs de Dundee, le 26 novembre 1918, que les bolcheviks réduisaient la Russie « à un état de barbarie animale » et qu'ils se maintenaient au pouvoir par des « boucheries massives et sanglantes ; des meurtres perpétrés dans une large mesure par des supplices chinois et des engins blindés... la civilisation est totalement anéantie dans des zones gigantesques, tandis que les bolcheviks gambadent et sautillent tel un troupeau de babouins féroces parmi les ruines des villages et les cadavres de leurs victimes ». « De toutes les tyrannies de l'Histoire, remarquait-il le 11 avril 1919, la tyrannie bolchevique est la pire, la plus destructrice, la plus dégradante. » Les atrocités de Lénine furent « plus affreuses, sans comparaison d'échelle et de nombre, que celles dont le Kaiser porte la responsabilité ». En privé, ses remarques à ses collègues avaient la même véhémence. Ainsi, à Lloyd George : « Autant légaliser la sodomie que reconnaître les bolcheviks. » A.H.A.L. Fisher : « Après la conquête des Huns — les tigres de ce monde — je ne m'exposerai pas à être battu par des babouins. » Une fois que le régime se serait consolidé, il deviendrait beaucoup plus expansionniste que la Russie tsariste et, comme il en avertit le maréchal Wilson : « fortement militariste[92] ». Churchill ne varia guère de point de vue : ce devait être le principal objectif des grandes puissances démocratiques et pacifiques que d'écraser, tant qu'elles le pouvaient encore, cette sorte nouvelle de menace.

Mais Churchill lui-même était confus sur les moyens à employer. Il prenait mal les allusions dont ses collègues nourrissaient la presse à propos de son plan général visant à supprimer le bolchevisme dans le monde. Il écrivit à Llyod George, le 21 février 1919 : « Je n'ai pas de politique russe. Je ne connais pas de politique russe. Je suis allé à sa recherche à Paris ! Je déplore l'absence d'une politique russe ». Il admit que l'Ouest n'avait pas à renverser Lénine : « La Russie doit être sauvée par elle-même[93]. » A divers degrés, tous les autres chefs occidentaux étaient tièdes sur le sujet. Le 14 février 1919, Wilson se prononça pour le retrait : « Nos troupes ne faisaient rien de bon en Russie. Elles ignoraient pour qui et pour quoi elles se battaient. » Les Français étaient beaucoup plus intéressés par la transformation de la Pologne, leur nouvel allié, en un grand État. Lloyd George comptait se ménager l'opinion publique de son pays : « La meilleure façon d'étendre le bolchevisme, c'est de tenter de le supprimer. Envoyer nos soldats tirer sur les bolcheviks reviendrait à créer un bolchevisme ici même. » Sir David Shackleton, responsable en chef du ministère du Travail, avertit le cabinet en juin 1919 que l'intervention britannique était la cause principale des troubles dans l'industrie. Le ministère de la Guerre fit état de « propos révolutionnaires dans la Brigade des Gardes » et le général Ironside, qui commandait à Arkhangelsk, de mutineries persistantes au sein de ses troupes[94].

Rien de cela n'aurait eu d'importance si Llyod George en particulier, n'avait considéré Lénine comme l'incarnation suprême du mal. Mais ce n'était pas le cas. Le léninisme s'inclinait devant le principe d'autodétermination, prêt à renoncer ou ayant déjà renoncé aux petits pays des franges limitrophes : la Finlande, les États Baltes, la Pologne, éventuellement les républiques d'Ukraine, la Crimée et la Géorgie. Le maréchal Foch, proposa d'unir ces nouveaux États démocratiques en un *cordon sanitaire* qui isolerait le bolchevisme de l'Europe civilisée. A l'encontre de Churchill, la majorité de l'opinion occidentale jugeait les bolcheviks non expansionnistes, prêts à s'accommoder d'une Russie faible et internationaliste. Pour cette dernière, c'étaient les commandants antibolcheviques, comme l'amiral Kolchak et le général Demkine, qui représentaient l'impérialisme tsariste et la vieille imagerie effrayante de « l'Ours » ou du « rouleau compresseur », ainsi de suite. Cette opinion ne manquait pas du tout de fondement. Kolchak persista à refuser aux Alliés l'assurance qu'ils réclamaient, à savoir de confirmer l'indépendance de la Finlande et des États baltes sitôt qu'il aurait réussi à renverser Lénine. Il ne voulut pas même promettre la tenue d'élections démocratiques en Russie même. Demkine se montra fortement antipolonais et farouchement opposé à la liberté pour l'Ukraine, le Caucase et d'autres petites nations. Il apparaissait désireux de rétablir l'empire tsariste dans toute sa plénitude et ce qui était pire, dans toute sa férocité traditionnelle. Ce qui ternit l'image des Russes blancs à l'Ouest plus que tout autre fait — et en particulier aux yeux de Churchill — fut l'identification des bolcheviks et des juifs par Demkine dont les troupes commirent des atrocités antisémites : durant la seule année 1919, plus de 100000 juifs semblent avoir été massacrés en Russie méridionale, lors des pogroms de paysans[95].

Les commandants antibolcheviques ne se concilièrent jamais ni les Alliées ni les nationalités opprimées. En conséquence, quand Demkine prit Kiev le 31 août 1919 et marcha sur Moscou, les forces alliées évacuaient déjà le Nord, ce qui permit aux troupes de Lénine de se porter massivement vers le sud. Le 16 octobre 1919, les troupes du général Youdenitch n'étaient de nouveau qu'à 25 milles de Petrograd et celles de Demkine étaient près de Tula, à l'ouest de Moscou : mais en une semaine, ses cosaques désertèrent et il y eut des soulèvements en Ukraine ainsi qu'une rébellion générale dans le Caucase. A partir de ce moment-là, commença un raz de marée de Russes blancs, et à la fin de l'année, leur cause était entendue.

Le seul véritable atout de Lénine était sa volonté de signer des chèques postdatés aux nationalistes comme aux paysans — et surtout à ces derniers. Tout le monde ignorait alors que ces chèques ne seraient jamais honorés. Les chefs des Blancs sentirent qu'ils ne pourraient jamais égaler ces promesses. Le général sir Henry Rawlinson, dernier commandant britannique sur les lieux, attribua la victoire à la force de caractère et à la détermination des chefs bolcheviques : « Ils savent ce qu'ils veulent et s'emploient vaillamment à l'obtenir[96]. » Les cadres bolcheviques étaient quelques milliers seulement, mais Lénine les avait dotés de sa volonté de puissance et d'une vision claire de la lutte à mener. Ils n'avaient pas encore commencé à s'entre-tuer. Ils étaient absolument impitoyables — beaucoup plus que leurs adversaires. Ils fusillaient les commandants défaillants, les déserteurs, les pusillanimes, les saboteurs, quiconque discutait ou occasionnait des troubles. Une telle férocité, il est triste de le rappeler, a presque toujours été payante chez les grands-russiens; et bien sûr ce furent les grands-russiens qui fournirent le gros des partisans de Lénine. Les éléments vraiment intransigeants, les minorités raciales et nationales se retrouvèrent dans les rangs des Blancs, qui leur refusèrent la moindre concession. Cette conjonction fut fatale.

Cependant, Lénine comptait des appuis secrets à l'étranger. Les liens d'intérêt qui s'étaient noués entre son régime et la force armée allemande en novembre 1917 paraissaient avoir été maintenus, même sous une forme parfois ténue, bien après l'armistice. L'assistance militaire allemande aux bolcheviks est souvent évoquée par des officiers britanniques, conseillers de Demkine ou d'autres commandants de l'armée blanche[97]. Cette aide prenait la forme immédiate d'officiers de *Freikorps,* de munitions puis en temps utile, d'expertise industrielle pour la construction de nouvelles usines d'armements. Ce dernier point était vital pour les Allemands qui devaient démanteler leur industrie d'armement de guerre d'après les termes du traité de Versailles. En initiant les bolcheviks à la technologie guerrière et en développant de nouvelles armes en Russie, les Allemands entretenaient des compétences qui, le moment venu, pourraient encore une fois être exploitées ouvertement dans leur pays. Ainsi se noua une alliance étrange et clandestine, qui affleura parfois, comme lors de la Conférence de Rapallo en 1922, mais qui la plupart du temps resta soigneusement dissimulée : rapports actifs entre généraux, experts en armement, et ultérieurement entre polices secrètes, qui devaient se poursuivre sous une forme ou une autre jusqu'au 22 juin 1941. Par une de ces ironies de l'Histoire, les spécialistes allemands enseignaient aux communistes soviétiques comment fabriquer des chars de qualité, arme dont ils se serviraient pour écraser l'Allemagne entre 1943 et 1945. Une ironie plus profonde résidait dans le fait que cette union était un mariage entre ennemis de classe : que pouvait-il y avoir de plus éloigné d'un général prussien qu'un bolchevik ? Pourtant, dans la crise finale de l'après-guerre, les deux groupes se considéraient, et c'était certainement l'avis général, comme des hors-la-loi. Leur accord relevait de l'esprit de fraternisation des gangsters ; ce n'était que le premier exemple d'une série du même genre que l'Europe devait expérimenter les vingt années suivantes.

Le premier des chèques postdatés que Lénine n'honora point fut celui signé aux nationalités. La méthodologie fut celle de Lénine mais celui qui l'appliqua fut un ancien séminariste, Joseph Djougatchvili dit Staline, qu'il nomma commissaire du peuple aux nationalités (*Narkomnats*). Tout au long de sa carrière, Lénine fit preuve d'un génie brillant et sinistre, en chargeant les mots et les expressions de significations particulières qui servaient ses buts politiques — un talent — qui sous différentes formes allait devenir familier au XXᵉ siècle. Tout comme Lénine, un parlement qui échappait à son contrôle devenait le symbole de la « démocratie bourgeoise », tandis qu'un soviet — qu'il contrôlait — devenait celui de « la démocratie prolétarienne », de même l'autodétermination se colorait-elle de distinctions de classe. La Finlande, les États baltes et la Pologne qui étaient perdus pour la Russie étaient taxés, en conséquence, de « républiques bourgeoises » ; mais pourraient, dans un futur plus opportun, à savoir le moment où la puissance soviétique serait plus forte, être transformées en « républiques prolétariennes ». Elles entretiendraient alors des rapports plus étroits avec l'Union soviétique. L'Ukraine, dont les ressources en céréales étaient primordiales pour la survie du régime, ne fut pas autorisée à opter pour « une autodétermination bourgeoise » et en 1921-1922, après des luttes pénibles, fut obligée d'accepter « l'autodétermination prolétarienne », c'est-à-dire, à faire partie de l'Union soviétique[98].

Staline appliqua cette technique dans le Caucase et en Asie chaque fois que le pouvoir militaire bolchevique le lui permit. Si l'autodétermination levait la tête, elle était stigmatisée du terme « bourgeois » et piétinée. De tels mouvements de dissidence, d'après les propres termes de Staline, n'étaient que des tentatives pour « déguiser du costume national la lutte menée contre les masses laborieuses ». L'autodétermination était un droit « non de la bourgeoisie, mais des masses laborieuses » dont on devait uniquement se servir comme instrument « dans la lutte pour le socialisme[99] ». Une véritable — c'est-à-dire prolétarienne — autodétermination ne pouvait se manifester tant que des soviets ou d'autres institutions vraiment prolétariennes n'avaient pas été établies. C'est alors seulement que chaque nationalité pourrait exercer ce droit. A l'aide du Narkomnats, Staline créa un système qui consistait à implanter au cœur de chaque nationalité des fonctionnaires, dont la loyauté au Parti était plus forte que leurs attaches locales; méthode que Pestkovski, son délégué, devait plus tard décrire comme « corroborant la vieille tradition de la russification [100] ». Quand, à la suite de la défaite de Denikine, fut formé le nouveau conseil des Nationalités — il fut le simple porte-parole de la politique du Narkomnats et servit de guide aux soviets locaux et aux corps représentatifs pour renoncer au « droit de séparation » en faveur du « droit de réunion », nouvel exemple de tour de passe-passe verbal [101].

A la fin de 1920 — année cruciale — l'ensemble des nationalités qui ne s'étaient pas préservées à temps, se retrouva renfermé à l'intérieur de l'État soviétique. L'Ukraine les rejoignit dès que l'Armée Rouge y établit finalement son contrôle. Le concept clé était celui « d'une union volontaire » de Lénine : le parti local fournissait le contingent nécessaire de « volition », aux ordres de l'état-major du Parti à Moscou. Grâce au principe de « centralisme démocratique » à l'intérieur du parti, Lénine et Staline, par la suite, purent rebâtir l'empire tsariste; et Staline put même l'agrandir. La prétendue Union des républiques socialistes soviétiques fournit une structure extérieure de propagande tout en ayant été et en demeurant un masque pour l'impérialisme grand-russien. Pour la constitution de l'URSS, le premier Congrès Fédéral des Soviets, du 10 janvier 1923, nomma une commission de 25 membres dont 3 pour la Transcaucasie, 3 pour les Républiques de Biélorussie, 5 pour l'Ukraine et 5 pour les Républiques autonomes. Mais comme chaque membre était un fonctionnaire du Parti, exécutant les ordres stricts de la hiérarchie, cette constitution fut établie en fait au sommet — et par Staline en personne. Ce n'était une constitution fédérale qu'en apparence; elle ne faisait que donner une forme légale extérieure à une autocratie fortement centralisée où le pouvoir réel était aux mains d'une petite minorité [102].

Les étapes de la création de cette autocratie par Lénine valent la peine d'être détaillées car elles servent de modèle essentiel —et sinistre — à de nombreux autres régimes, depuis soixante ans. Son objectif était quadruple. Premièrement, détruire toute opposition extérieure au Parti; deuxièmement, placer le pouvoir, y compris celui du gouvernement, dans les mains du Parti; troisièmement, détruire complètement toute opposition à l'intérieur du Parti; quatrièmement, concentrer tout le pouvoir du Parti en sa personne et celles de ses associés, choisis par lui. A l'exemple de l'établissement de la constitution et de la création de l'URSS, ces quatre objectifs furent poursuivis simultanément — quoique certains d'entre eux furent atteints plus rapidement que d'autres.

L'élimination de l'opposition extérieure au Parti posa peu de problèmes, après l'organisation de la Tchéka par Lénine. La constitution en 1918, rédigée par Staline sur les instructions de Lénine, concrétisait la « dictature du prolétariat », que Lénine décrivit, à l'occasion, comme « une forme spéciale de gourdin, rien de plus [103] ». Elle ne comprenait aucune garantie constitutionnelle pour l'individu contre l'État. Le pouvoir de l'État était illimité et indivisible — les pouvoirs législatif et exécutif n'étaient pas séparés et le pouvoir judiciaire n'était pas indépendant — et absolu. Lénine méprisait la séparation de l'individu et de l'État comme hérésie d'une société de classes. Dans une société qui les abolissait, l'individu se *confondait* avec l'État ; donc, à moins que l'individu ne soit ennemi de l'État, comment pouvaient-ils se trouver en conflit ? Il n'existait pas d'égalité des droits ni de vote individuel. En fait, le vote pour le Congrès des soviets de toutes les Russies relevait du trucage électoral : les soviets des villes avaient un représentant pour 25000 votants tandis que ceux des campagnes — où les bolcheviks étaient moins puissants — avaient un député pour 125000 habitants. De toute façon, des catégories entières de personnes et aussi bien d'innombrables individus n'avaient pas du tout accès au vote —ni à de nombreux autres « privilèges » civils. La constitution inscrivait parmi « ses principes généraux », cette observation laconique : « Dans l'intérêt général de la classe ouvrière, l'État refuse à l'individu ou à un groupe les privilèges qu'ils pourraient utiliser au détriment de la révolution socialiste [104]. »

Bien que les bolcheviks aient contrôlé tous les « organes représentatifs » dès le début de 1918, une opposition politique persista quelque temps, malgré les milliers d'exécutions qui intervinrent pendant la guerre civile. En mai 1920, les membres d'une délégation du Parti travailliste anglais, lors d'une visite à Moscou, furent autorisés, d'après Bertrand Russell, « à rencontrer en toute liberté des membres des partis d'opposition [105] ». Six mois plus tard, le VIIIe Congrès des Soviets fut le dernier à admettre des délégués se présentant comme mencheviks ou révolutionnaires-socialistes, et même ces derniers avaient perdu depuis longtemps tout droit de vote. Martov, dernier social-démocrate d'envergure, avait déjà quitté la Russie et dénoncé le bolchevisme au Congrès de Halle des socialistes indépendants d'Allemagne.

Le dernier véritable défi lancé au régime de l'extérieur du Parti, fut la mutinerie de la marine de Cronstadt, le 28 février 1921, qui débuta à bord du cuirassé *Petropavlovsk*. Les marins avaient toujours été des révolutionnaires exaltés, croyant réellement à la liberté et à l'égalité et supposant naïvement ces convictions partagées par Lénine. Auraient-ils suivi l'avis des quelques ex-officiers impériaux restés dans la Marine, qu'ils auraient établi une tête de pont sur la terre ferme — Petrograd se trouvait à 17 milles de là — propagé la révolte dans la capitale en exigeant la satisfaction de leurs revendications par la force. Cela aurait pu entraîner la fin du régime car, au début de 1921, le bolchevisme était largement impopulaire comme le montraient les doléances des matelots qui en fait allaient jusqu'à une mise en accusation totale du régime.

Ils réclamaient que les soviets soient élus à bulletin secret et non à « main levée » lors de « réunions de masse » et que les candidats de l'opposition puissent mener campagne librement. Ils dénonçaient comme non représentatifs tous les soviets existants. Ils demandaient la liberté de la presse et de la parole pour « les ouvriers, les paysans, les partis anarchistes et socialistes de gauche », des syndicats libres, la liberté de réunion, la formation de syndicats paysans, la mise en liberté de « tous les prisonniers politiques socialistes » ou de quiconque ayant été emprisonné, se trouvant « en relation avec les mouvements paysans et ouvriers », la mise en place d'une commission d'examen de tous les cas de détention — prison et camp de concentration, l'abolition des « départements politiques » dans l'armée, la marine et les transports publics, car « aucun parti ne peut jouir d'un privilège de la propagande de ses idées ni recevoir de l'argent de l'État dans ce but », et enfin le droit pour les paysans d'en « faire à leur tête avec leurs terres ». Ce à quoi ils objectaient, en résumé, c'était à tout ce que Lénine avait effectivement accompli depuis son accession au pouvoir. Ils furent naïfs — pour ne pas dire plus — de penser qu'une seule de ces demandes serait accordée sans coup de fusil, du vivant de Lénine.

L'échec des marins à propager leur révolte sur le continent permit au régime d'organiser la riposte. Leur forteresse fut prise d'assaut, le 18 mars, par Toukhatchevski, à la tête des jeunes cadets de l'Armée, recrutés dans les écoles militaires qu'un corps de bolcheviks désespérés enrôlés au Xe Congrès du Parti, avait conduit sous la menace des armes, à travers les glaces. L'interprétation du Parti était que la mutinerie avait été organisée de l'étranger par la Garde Blanche et conduite par des ex-officiers tsaristes. Aucun procès ne se tint publiquement mais Lénine publia une liste de treize « meneurs », triés à cette intention et qui comprenait un ancien prêtre, cinq ex-officiers et sept paysans. Après l'écrasement de la mutinerie, il y eut des centaines, peut-être des milliers, d'exécutions dont on ne connaîtra sans doute jamais le détail, cet épisode ayant été enseveli par l'historiographie officielle soviétique sous une colossale pyramide de mensonges [106].

Après la répression de la mutinerie, Lénine fut déterminé à ne plus tolérer quelque forme d'activité politique que ce soit, en dehors de celle du Parti. Tous ceux, dit-il, qui n'appartenaient pas au Parti n'étaient « rien d'autre que des mencheviks et des socialistes révolutionnaires déguisés en modernes sans parti à la Cronstadt ». De tels individus, ajoutait-il, « soit nous les emprisonnerons soigneusement, soit nous les enverrons à Berlin auprès de Martov jouir librement des agréments de la démocratie [107] ». Après cette déclaration, en mai 1921, la Tchéka s'employa à briser ce qui pouvait subsister de l'activité social-démocrate ; cet été-là marqua la disparition de toute opposition politique ouverte à Lénine. Il avait donné aux non-communistes le choix auquel ils sont toujours conviés soixante ans plus tard : le silence de l'acquiescement, la prison ou l'exil.

A la même époque, débuta le processus par lequel l'appartenance au Parti devint essentielle pour l'obtention de toute position éminente au sein de l'État ou de l'un de ses organes, proliférant à l'infini. « En tant que parti au pouvoir, écrivit Lénine en 1921, nous ne pouvions qu'identifier les dirigeants du Soviet avec ceux du Parti — ils sont et resteront les mêmes [108]. » Et Kamenev renchérit : « Nous administrons la Russie et elle ne peut être administrée que par les communistes. » Les membres du Parti reçurent des instructions pour s'emparer du « réseau de l'administration d'État — chemins de fer, approvisionnement, police, armée, tribunaux — » des syndicats, du contrôle des usines et des ateliers, même des bains publics, des soupes populaires et autres organismes sociaux, des écoles et des commissions de logement. Dans chaque sphère, ils devaient constituer « des groupes fractionnaires organisés » et « voter d'un commun accord [109] ». L'appartenance au Parti communiste était à présent essentielle à la réussite ; le Parti avait grossi en conséquence : ses effectifs étaient passés de 23600 en 1917 à 585000 au début de 1921. C'est de là que datent les premiers efforts de tri systématique des membres du Parti — un comité central de vérification fut créé en octobre de la même année — les expulsions des moins zélés, des moins soumis, ou de ceux dénués de relations et la transformation de la carte du Parti en un précieux privilège qu'il fallait mériter [110].

Ainsi naquit ce qui est peut-être la caractéristique la plus importante — voire la seule — de l'État totalitaire communiste : la hiérarchie des organes du Parti en ville, district, région et république correspondant, à chaque niveau de l'autorité, à des organismes d'État. « L'avant-gardisme » de la révolution s'était transformé alors en « avant-gardisme » d'autorité perpétuelle — le Parti devenant et restant ce que Lénine appela « la force directrice et première » de la société soviétique. Nulle part le contrôle du Parti n'était plus marqué qu'au sein du gouvernement central et du Sovnarkom lui-même qui, en théorie, relevait des soviets. S. Lieberman, l'un des experts au service de Lénine, témoigna qu'en 1921-1922, les deux départements clés du gouvernement, le Conseil des commissaires du peuple et le Conseil du travail et de la défense, n'étaient déjà que les paravents des décisions prises à l'intérieur du Parti [111]. Lydia Bach qui, à l'époque étudia ce processus, écrivit en 1923 que le Sovnarkom » ayant cessé d'être un organisme à la volonté autonome, se borne à enregistrer automatiquement les décisions prises par ailleurs et d'y apposer son sceau [112] ».

Lénine avait ainsi remplacé une classe dirigeante par une autre, le Parti. Cette « classe nouvelle » , que le dissident yougoslave communiste Milovan Djilas dénonça dans les années 50, existait déjà en 1921-1922. Mais si « l'élite d'avant-garde » forte alors d'un demi-million d'hommes, et finalement de 15 millions d'hommes, jouissait de privilèges et même d'une autorité administrative, elle ne partageait pas le pouvoir véritable. C'était le droit exclusif d'une avant-garde interne, d'une élite secrète. L'un des traits les plus déprimants du régime léniniste, comme l'avait craint Rosa Luxemburg, était qu'il reproduisait presque consciemment les aspects les pires du tsarisme. Les tsars, eux aussi, s'étaient essayé périodiquement à un « gouvernement responsable », un système de cabinet proche du Sovnarkom. Pierre le Grand avait eu son « sénat », Alexandre Ier son « comité des ministres » en 1802, Alexandre II son « conseil des ministres » en 1857, et en 1905 existait une autre institution de ce genre [113]. Dans chaque cas, la combinaison de l'autocratie et de la bureaucratie minait ce système, car le tsar traitait en privé avec les ministres au lieu de permettre au cabinet de fonctionner. Le fumet du droit divin montait à la tête du tsar, comme à présent celui de l'Histoire combiné à celui de la Dictature du Prolétariat, à la tête de Lénine [114]. Au moment critique, il ne voulut pas plus d'un « gouvernement responsable » que de contraintes légales, constitutionnelles ou démocratiques à ses décisions.

Cela impliquait l'écrasement de toute opposition au sein même du Parti, troisième étape de l'édification de l'autocratie de Lénine. Pour rendre justice à ce dernier, il n'avait jamais caché sa croyance en un parti centralisé où les vraies décisions seraient prises par un nombre restreint d'individus. Il l'avait écrit noir sur blanc dans une lettre adressée aux ouvriers du Parti, datée de septembre 1902 [115]. Sa notion de « centralisme démocratique » était bien connue, bien que sa définition n'ait été officiellement communiquée qu'en 1934, dix ans après sa mort : « *1er point* : application du principe électoral à tous les organes dirigeants du Parti, du premier au dernier. *2e point* : contrôle périodique des organes du Parti par leurs organisations respectives. *3e point* : application de la stricte discipline du Parti et subordination de la minorité à la majorité : *4e point* : caractère absolument indiscutable des décisions prises par les instances supérieures du Parti sur les autres instances du Parti et sur n'importe lequel de ses membres [116]. » La remarque la plus évidente devant cette énumération est que le troisième point et surtout le quatrième annulent les deux premiers. Ce que fit Lénine. Le Congrès du Parti, souverain en théorie, et malgré des réunions annuelles entre 1917 et 1924, ne tint plus aucun rôle prépondérant après sa ratification en mars 1918, du traité de Brest-Litovsk. Il devint de pure forme, tout comme le Congrès des Soviets. Toute leur autorité fut reprise par le Comité Central.

Lénine profita de l'onde de terreur que la mutinerie de Cronstdat propagea dans le parti pour mettre fin à toute notion rampante de démocratie en son sein. Au dixième congrès du parti — qui se tint lorsque la mutinerie n'était pas encore écrasée — il dit aux délégués, le 9 mars 1921, que le moment était venu de transformer le parti en un bloc monolithique : « Camarades, nous n'avons à l'heure actuelle nul besoin d'opposition. Il n'est plus temps de discuter, sauf avec des fusils ! Finissons-en avec toute opposition, camarades ! C'est le moment d'en terminer avec l'opposition, nous en avons eu tout notre saoul ! Il fallait en finir avec ce « luxe de discussions et de disputes », mieux valait en « découdre à coup de fusil » qu'à coup de thèses d'opposition[117] ».

Influencés par ce discours et songeant peut-être qu'en cas de réussite de la mutinerie, ils seraient tous pendus dans une quinzaine, les camarades, après mûre réflexion, votèrent une série de résolutions qui accordèrent à Lénine tout ce qu'il désirait ; ainsi qu'une clause secrète, le « Point Sept » qui confiait au Comité central « les pleins pouvoirs... pour appliquer toute mesure de sanction, y compris l'exclusion du Parti chaque fois qu'un manque de discipline ou un retour à la tolérance de toute activité fractionnelle seraient constatés. L'exclusion pourrait même être appliquée aux membres du Comité central par un vote des deux tiers, sans qu'il soit tenu d'en informer le Congrès — ce qui montre son abdication. De plus, « l'activité fractionnelle » fut un crime déclaré « d'activité contre-révolutionnaire » ; ainsi les forces répressives nouvellement mises en place et qui jusque-là s'étaient consacrées aux ennemis du Parti, pouvaient à présent être utilisées contre les membres du Parti qui seraient jugés et condamnés secrètement. Certains des assistants virent lucidement les dangers de telles dispositions. Karl Radek, qui avait emboîté le pas à Lénine, déclara au Congrès : « En votant cette résolution, je sens qu'on pourra la retourner contre nous ; et cependant je l'approuve... Que le Comité central, dans une passe dangereuse, prenne les mesures les plus sévères contre les meilleurs camarades du Parti, s'il le juge nécessaire... Courons même le risque que le Comité central se trompe ! Cela est moins dangereux que l'indécision actuelle[118]. » Il savait que cela revenait à signer l'arrêt de mort de la démocratie dans le Parti. Ce qu'il ignorait — et beaucoup d'autres avec lui ce jour-là — c'est que cet arrêt de mort qu'il signait était aussi le sien.

Cela n'était pas douteux, car à cette époque, certaines hautes instances du Parti n'avaient pas encore compris qu'au sein même du Comité central, le pouvoir était passé aux mains des factions et de la bureaucratie. Lénine avait délibérément créé la bureaucratie du Parti. Simplement, il ne se méfiait pas de la vieille bureaucratie impériale ; il la détestait royalement, parce qu'il se sentait obligé d'y avoir recours. Il désirait son propre corps de fonctionnaires, tout comme les tsars — sinistre parallèle — avaient développé une « Chancellerie personnelle » pour contourner le système de cabinet et de gouvernement responsable[119]. Le 9 avril 1919, dans le but de contrer les « maux » de la vieille bureaucratie, Lénine promulgua un décret établissant un Commissariat du peuple pour le contrôle de l'État, dont la mission était de surveiller attentivement les fonctionnaires et de les remplacer, quand le besoin s'en ferait sentir, par des individus plus fiables. Il nomma Staline au poste de commissaire de ce service — ce qui fut sa première affectation d'importance, en toute indépendance.

Ce que Lénine appréciait sans doute chez Staline était la capacité phénoménale de ce dernier à accomplir les corvées bureaucratiques. Un homme comme Trotski était assez efficace dans l'action violente ou la polémique verbale ou écrite. Mais il manquait de volonté pour s'atteler jour après jour, mois après mois, au dur labeur que requérait la direction du Parti ou de la machine étatique. Staline, par contre, possédait un appétit insatiable de ce genre d'activité ; et puisqu'il semblait ne posséder aucune idée personnelle mais avoir adopté celles de Lénine, à peine les lui eût-on expliquées, ce dernier empila force charges et tâches bureaucratiques sur les épaules de cette bête de somme patiente et dévouée. Lors du huitième congrès, au printemps 1919, trois nouvelles organisations de grande importance virent le jour. A savoir, un secrétariat du Comité central composé de six membres, un Bureau d'organisation ou Orgburo qui dirigeait le Parti au jour le jour, et un Bureau politique ou Politburo, composé de cinq membres qui « prendraient les décisions sur les questions d'extrême urgence ». Pour éviter les frictions entre ces trois organes, leurs membres pouvaient cumuler leur fonction. Ainsi Staline fut à la fois membre du Politburo et de l'Orgburo.

Tenant une multiplicité de postes, — il était membre de plusieurs autres comités d'importance — et exerçant pleinement sa capacité de travail, Staline, au cours des années 1919-1921 et suivant les instructions de Lénine qui lui accordait tout son appui, se mit à manœuvrer les hommes comme des pions à l'intérieur du labyrinthe hiérarchique du Parti, et des organismes gouvernementaux soviétiques. Il répondait à la volonté de Lénine qui le chargeait de s'assurer que la machine serait plus homogène, plus disciplinée et plus docile. Il acquit de la sorte une immense connaissance des personnalités, dans la Russie entière comme dans son centre, et gagna également ses propres partisans en étant connu comme le plus grand pourvoyeur de postes. Pendant toute cette période, il fut l'instrument de Lénine, le parfait bureaucrate ; il avait trouvé le maître idéal, doté d'une volonté de fer et d'un sens du commandement parfaitement clair.

Il est significatif que l'œuvre de Staline au tréfonds du Parti commença d'apparaître lors du dixième Congrès du Parti, en 1921, où Lénine obtint qu'il abdiqua de tout pouvoir. Cette procédure, qui accordait effectivement au Comité central le droit de condamner à mort tout membre du Parti — y compris ceux siégeant au Parti — sous-entendait que Lénine possédât la majorité de deux tiers au Comité central. Staline y veilla. Parmi les nouveaux élus au Comité central, plusieurs étaient déjà de ses hommes-liges : Komarov, Mikhailov, Yaroslavsky, Ordjonikidze, Vorohilov, Frounze, Molotov, Petrovski, Tuntal et parmi les représentants : Kirov, Kouibychev, Chubar et Gusev. Ils formaient la légion docile que Staline avait recrutée pour le compte de Lénine. Il était aussi extrêmement actif dans la « Nouvelle Chancellerie personnelle » ou secrétariat du Parti qui se développa aussi vite que la Tchéka et pour les mêmes raisons. En mai 1919, il comptait trente membres ; chiffre qui passa à 150 quand eut lieu le neuvième Congrès du Parti en mars 1920 ; et l'année suivante, lorsque Lénine assassina la démocratie au sein du parti, il avait atteint les 602 membres, sans compter les 140 gardes et messagers[120]. Finalement, lors du onzième Congrès du Parti, Lénine octroya à Staline la propriété formelle de ce petit empire privé qu'il avait bâti avec tant d'amour, en le faisant secrétaire général du Parti, avec pour assistants ses acolytes Molotov et Kouibychev. Cette décision fut prise secrètement et annoncée par un petit entrefilet dans la *Pravda* du 4 avril 1922. L'un des bolchevik, Preobrajenski, protesta contre la concentration de tant de pouvoirs dans la main de Staline. Etait-il pensable, demanda-t-il, « qu'un seul homme puisse répondre du travail effectué dans deux commissariats, ainsi qu'au Politburo, à l'Orgburo, et dans une douzaine de comités du Parti[121] ? ». Il semble que cette protestation soit restée sans écho.

Deux mois plus tard, Lénine eut une première attaque. Mais son œuvre était pratiquement achevée. Il avait construit systématiquement, et dans tous ses détails, l'appareil le plus soigneusement conçu d'une tyrannie d'État, comme jamais encore le monde n'en avait connue. Dans l'ancien monde, les autocraties personnelles — à l'exception de quelques périodes très brèves — avaient été limitées, ou du moins définies autour d'autres formes de la société : l'Église, l'aristocratie, la bourgeoisie urbaine, d'anciennes chartes, les cours, les assemblées. Existait aussi la notion d'une force extérieure régulatrice — celle d'une Divinité ou d'une Loi naturelle ou l'absolu d'un système moral. La nouvelle utopie totalitaire de Lénine n'avait pas de tels garde-fous ou inhibitions. L'Église, l'aristocratie, la bourgeoisie avaient été balayées. Tout ce qui demeurait était en possession ou sous le contrôle de l'État. Tous les droits, quels qu'ils soient, étaient dévolus à l'État. Et au cœur de cet État, énorme et s'amplifiant sans cesse, chaque parcelle de pouvoir était aux mains d'un groupe d'hommes restreint — et finalement, d'un seul homme. Il existait, en effet, une structure prétentieuse et élaborée de représentation. En 1922, cela ne signifiait absolument rien. Vous pouviez fouiller en vain ses corridors résonnants pour y trouver le moindre écho de vie démocratique. Comment aurait-il pu en être autrement ? Lénine haïssait la démocratie dans son essence même; il utilisait simplement ses aspects formels pour légitimer la violence et l'oppression. En 1917, année où il s'empara du pouvoir, sa définition d'un État démocratique était la suivante : « Organisation d'un usage systématique de la violence exercée par une classe sur une autre, par une partie de la population sur l'autre[122]. » *Qui-A qui* ? était son critère suprême. Qui faisait quoi à qui ? Qui opprimait, ou exploitait ou tuait ? Comment aurait-il été possible à un homme, dont le système de pensée était tel, d'envisager un ensemble de dispositions politiques autre que le despotisme régnant par la violence, avec à sa tête, un autocrate ?

Au dernier congrès du Parti auquel assista Lénine, son imagerie fut plus que jamais militariste : fusils, mitrailleuses, et pelotons d'exécution. « Il est indispensable, déclara-t-il, de châtier strictement, sévèrement et impitoyablement le moindre manquement à la discipline. » Ou encore : « Les tribunaux révolutionnaires doivent fusiller[123]. »

Indispensable, et non désirable; *doivent*, et non pas peuvent. A cette époque, c'est lui en personne qui rédigea le paragraphe qui, jusqu'à nos jours fonde la base despotique du code criminel soviétique :

> Toute propagande, agitation, participation, organisation ou coopération à des organisations... ayant pour activité une aide si minime soit-elle, à cette fraction de la bourgeoisie internationale qui ne reconnaît pas le droit au système communiste de prendre la place du capitalisme et qui tente de le renverser par la force, soit par une intervention directe, soit par blocus, soit par l'espionnage, soit en soudoyant la presse ou par tout autre moyen — est passible de mort ou d'emprisonnement [124].

Qu'était-ce d'autre, cet article dont l'acceptation était aussi générale que possible, qu'une invite à la terreur illimitée ? C'était bien sûr son propos, comme il l'expliqua dans une lettre au commissaire de la Justice, Koursky, le 17 mai 1922, la veille de son attaque cérébrale : « Cet article sur la terreur doit être formulé de la manière la plus générale possible, car seuls le sentiment de justice révolutionnaire et de conscience révolutionnaire peuvent déterminer les conditions de sa mise en application [125]. » Dans ce texte, Lénine incluait son mépris de toujours pour tout système moral. Exactement semblable à Adolf Hitler, qui devait quelques années plus tard justifier ses actes par ce qu'il appela « la loi suprême du parti », Lénine posa la « conscience révolutionnaire » comme seul guide moral de la vaste machinerie de cruauté et de massacre qu'il avait engendrée.

Peut-être Lénine pouvait-il croire à l'existence d'une « conscience révolutionnaire »; il pensait sans doute en avoir une. Jusqu'à la fin de 1918, il intervint occasionnellement pour sauver la vie d'une de ses connaissances personnelles. Mais par ailleurs, dans ses discours comme dans ses écrits, dans ses faits et gestes, dans ses déclarations publiques comme dans sa correspondance privée, il ne fit qu'inciter ses subordonnés à plus de sauvagerie — en particulier dans les derniers jours de sa vie. Sans aucun doute, Lénine fut corrompu par le pouvoir absolu qu'il se forgea, tout comme ses coéquipiers. Le processus même d'une révolution par la violence, suivi de celui d'une autoprotection, détruisirent, avec la conscience, tout autre élément d'idéalisme. Ce que, dix ans plus tôt, Joseph Conrad, le triste et sage vieux Polonais, avait exprimé dans son roman sur la révolution, *Sous les yeux d'occident* — 1911 :

> Au cours d'une vraie révolution, ce ne sont pas les meilleurs qui passent au premier plan. Une révolution violente est d'abord l'œuvre de fanatiques à l'esprit étroit et d'hypocrites tyrans. Puis vient le tour des intellectuels prétentieux et ratés du moment. Voilà quels sont les chefs et les meneurs. Vous remarquerez que j'ai laissé les simples voyous de côté. Les natures scrupuleuses et justes, nobles, humaines et dévouées, généreuses et intelligentes peuvent être à l'origine d'un tel mouvement, mais bientôt il leur échappe. Ils ne sont pas les meneurs d'une révolution, mais

ses victimes : victimes du dégoût, du désenchantement — souvent aussi du remords. Espérances grossièrement trahies, idéaux caricaturés — à cela se réduit le succès d'une révolution.

Seule la curieuse myopie de Lénine à propos de la masse — qui prenait sa source dans son manque d'intérêt pour les individus — l'empêcha de réaliser que la guerre civile avait détruit jusqu'aux derniers vestiges d'une « conscience révolutionnaire », eût-elle jamais existé. Il avait déjà été à cette époque rongé par le cancer symptomatique du pouvoir. Ce qu'avait décrit un livre qu'il avait sûrement dû lire autrefois, *Souvenirs de la maison des morts* de Dostoïevski :

> Qui a connu l'expérience du pouvoir, de la capacité d'humilier sans limite un autre être humain... perd automatiquement le contrôle de ses propres sensations. La tyrannie est une habitude, elle a sa propre existence, elle se transforme finalement en maladie. Cette habitude peut tuer et endurcir le meilleur des hommes, qui devient alors une bête féroce. Le pouvoir et le sang intoxiquent... l'homme et le citoyen meurent pour toujours dans le tyran ; retrouver sa dignité d'homme, se repentir, se régénérer, devient presque impossible.

Il est certain que Lénine n'exprima jamais le moindre regret de son œuvre, bien que lors des deux dernières années de sa vie, il ne fut plus qu'un malade coléreux, frustré et finalement impuissant. On a prétendu que vers la fin, il s'aperçut de la monstruosité de Staline et qu'il chercha désespérément à le contrecarrer en renforçant l'influence de Trotski. On aimerait croire à un Lénine victime de son propre despotisme. Mais les faits ne sont pas si clairs. Il existe cependant un élément sinistre qui va dans ce sens. Dans son processus de déshumanisation, Lénine avait insisté au début de son administration, pour que quelques organes du Parti soient habilités à statuer sur l'état de santé de ses membres âgés, et sur avis médical, à leur donner l'ordre de se retirer, d'être hospitalisés ou mis au repos. Au milieu de l'année 1921, Lénine se mit à éprouver de sévères maux de tête. Le 4 juin, l'Orgburo lui ordonna de se retirer ; il passa outre. En juillet, il prit un mois de congé et par la suite travailla moins. En août, de nouveaux ordres lui parvinrent du Politburo. Il reprit une activité normale le 13 septembre pendant presque trois mois. Mais début décembre, son état de santé empira et il passa beaucoup plus de temps dans sa résidence de Gorki, aux environs de Moscou. Début 1922, on lui intima l'ordre de réduire ses activités et ses visites à Moscou étaient supposées être permises par le secrétariat du Parti. Il marqua de son empreinte le Xe Congrès du Parti, tout en ne présidant qu'un nombre restreint de comités. Il venait à peine de quitter Moscou pour une nouvelle période de repos, quand le 25 mai 1922, il eut une première attaque. Il fut alors complètement écarté du pouvoir pendant des mois et quand il fit sa réapparition le 2 octobre, le secrétariat au nom du Comité central, le contraint à un régime strict en l'empêchant d'avoir accès aux documents. Staline, sans aucun doute, fut l'agent le plus actif de ces restrictions médicales et le 18 décembre, il se nommait lui-même superviseur de la santé de Lénine [126].

Cela marqua la rupture entre Lénine et Staline. Staline découvrit que, contrairement aux ordres du Parti , Lénine avait continué à travailler en secret, dictant en particulier des lettres à sa femme. Il injuria Kroupskaïa au téléphone, et la menaça d'une enquête de la commission Centrale de Contrôle [127]. Le 24 décembre, Lénine dicta le texte que l'on considère comme son « testament ». Il y passait en revue six dirigeants soviétiques. Staline, disait-il, avait trop de pouvoir pour s'en servir avec prudence. Trotski était décrit comme « trop préoccupé par le côté purement administratif des affaires » — « administratif » était un euphémisme de Lénine pour la force et la terreur. Dans la soirée du 30 décembre, Lénine dicta des notes supplémentaires, montrant une hostilité grandissante à l'égard de Staline, dont il attaquait la commission de Contrôle. Le 4 janvier 1923, il fit ajouter un post-scriptum à son « testament » : « Staline est trop grossier... ce qui est intolérable chez un secrétaire général. Je propose donc à nos camarades de trouver un moyen pour l'empêcher d'accéder à cette fonction [128]. » Dans la soirée du 5 mars, Lénine écrivit à Staline en lui reprochant d'avoir injurié sa femme au téléphone et en lui demandant de présenter ses excuses ou bien de « rompre leurs relations ». Quatre jours plus tard survint une seconde attaque très sévère cette fois, qui laissa Lénine paralysé et sans possibilité de s'exprimer. Une attaque finale le terrassa en janvier 1924, mais alors, il avait cessé depuis longtemps d'avoir la moindre influence.

Lénine légua ainsi à son successeur tous les éléments d'un despotisme personnel en parfait état de marche. Qu'était entre-temps devenue l'Utopie ? En 1919, le journaliste américain Lincoln Steffens accompagna une mission spéciale en Russie pour juger ce qui s'y passait. A son retour, Bernard Baruch demanda à Steffens à quoi ressemblait la Russie de Lénine et ce dernier répondit : « Je suis allé dans le futur — et ça marche ! [129] » Voilà quel fut l'un des premiers commentaires d'un Occidental libéral sur cette nouvelle forme de totalitarisme et il servit de modèle à beaucoup de réactions à venir. Qu'avait bien pu voir Steffens ? L'objectif premier de la révolution des « avant-gardes d'élite » de Lénine était d'accélérer l'industrialisation du pays et du même coup la victoire du prolétariat. Dès que Lénine prit le pouvoir, c'est l'inverse qui se passa. Avant la guerre, la production industrielle de la Russie croissait rapidement : 62 % d'augmentation entre 1900 et 1913 [130]. Jusqu'à la fin de 1916, elle continua de toute façon à connaître une certaine expansion. Mais après le refus des paysans de livrer leur récolte de 1917 — ce qui fit le jeu de Lénine — qui entraîna la disette dans les villes, les ouvriers de l'industrie dont beaucoup étaient d'anciens paysans, se mirent à refluer vers leurs villages. La révolution de Lénine transforma ce flot en ruée générale. Dès le début de l'hiver 1917-1918, la population de Petrograd chuta de 2,4 millions d'habitants à 1,5 million en 1920. Petrograd n'était plus qu'une ville fantôme, ayant perdu 71,5 % de sa population. Moscou perdit 44,5 % de ses habitants. L'année même où Steffens « voyagea dans le futur », la force de travail dans l'industrie était tombée à 76 % du total de 1917 et la perte était beaucoup plus importante chez les ouvriers qualifiés. La production de minerai de fer et de fonte n'atteignait respectivement qu'1,6 et 2,4 % du chiffre global de 1913 ; et la production totale des biens manufacturés, en 1920, ne s'élevait pas au-dessus de 12,9 % de la production d'avant-guerre [131]. En 1922, l'année de la première attaque de Lénine, les membres du régime à l'esprit le plus indépendant, parlaient de désindustrialisation de la Russie. Maxime Gorki confia à un visiteur français :

> Jusqu'ici les ouvriers étaient les maîtres, mais ils ne sont plus qu'une petite minorité !... les paysans sont légion... le prolétariat urbain a décliné régulièrement depuis quatre ans... cette immense marée paysanne finira par engloutir tout... Le paysan deviendra le maître de la Russie puisqu'il représente le nombre. Et ce sera terrible pour notre futur [132].

Que s'était-il passé ? En vérité, si Lénine avait parfaitement compris comment créer le despotisme, il n'avait aucune vision pratique de l'utopie. Marx ne donnait aucun indice. Il se bornait à décrire l'économie capitaliste ; il ne disait rien de l'économie socialiste. Elle serait organisée, remarquait-il vaguement, par la « société ». Sa seule certitude, c'était « qu'une fois que les éléments de production seraient aux mains de l'Etat, à savoir le prolétariat devenu classe dirigeante, alors les forces productives atteindraient leur apogée et les sources de la richesse couleraient en abondance [133] ». Lénine n'avait aucune idée sur le sujet. Il déduisit de Marx que « l'Etat » devait conduire l'économie industrielle. Tout comme « l'élite d'avant-garde » avait dû agir à la place du prolétariat dans l'avènement forcé de la révolution dans une économie industrielle sous-développée, de même elle aurait à le représenter en dirigeant « tous les éléments de production ». Et puisque Lénine croyait en un centralisme extrême dans le domaine politique, d'où sa création d'une machinerie d'État pour servir précisément ce but, l'industrie devait être sous le contrôle centralisé du Parti — c'est-à-dire de lui-même et de ses associés immédiats. Cette grossière ligne de pensée sous-tend ses « Thèses d'avril » et ses deux autres textes de la période de guerre : *Les bolcheviks garderont-ils le pouvoir d'État* ? et *L'Etat et la Révolution*. De même, cela le poussa à créer, en décembre 1917, la *vesenkha* ou Conseil suprême de l'économie nationale et, pendant les semaines qui suivirent, des ministères séparés pour contrôler les principales industries et composés uniquement de bureaucrates.

Ainsi, presque à l'aveuglette, la Russie soviétique fut dotée d'une économie centralisée et « planifiée » qui est toujours la sienne et qu'elle a exportée sur un tiers de la planète. Lénine, à son habitude, conçut le tout en termes de contrôle, non de production. Il pensa, à la condition que le système de contrôle fonctionne bien, avec le Politburo prenant les décisions clés, que les résultats afflueraient inévitablement. Il ignorait complètement le processus par lequel la richesse s'acquiert. Ce qu'il appréciait était les chiffres : il eut toute sa vie un appétit insatiable pour les livres de compte. On soupçonne parfois qu'à l'intérieur de Lénine existait un teneur de livres de génie, prêt à bombarder le monde de statistiques. Dans toutes ses remarques en matière d'économie, l'expression qui revient le plus fréquemment sous sa plume est « contrôle et comptabilité stricte ». Pour lui, les statistiques étaient preuve de succès. Les nouveaux ministères et les nouvelles usines, propriétés d'État, fournirent d'énormes quantités de statistiques. L'exhibition de statistiques devint — et est restée jusqu'à nos jours — l'une des caractéristiques les plus impressionnantes de l'industrie soviétique. Mais le déploiement des biens de consommation était une autre affaire.

La forme de l'économie soviétique fut également déterminée par un autre facteur accidentel, qui fournit à Lénine une vision pratique : la machine productive de guerre de l'Allemagne. Il faut se rappeler que durant les douze premiers mois de formation de l'État léniniste, la Russie fut d'abord un partenaire de négociations, puis la marionnette économique de l'Allemagne. En 1917, comme nous l'avons vu, l'Allemagne s'était inspirée du modèle capitaliste d'État de la Russie d'avant 14 pour l'accommoder à sa gestion, confiée alors aux militaires, sous l'appellation « socialisme de guerre ». Cela paraissait impressionnant, ça l'était même de plusieurs façons et Lénine fut certainement impressionné. A partir de là, il modela ses idées en matière industrielle sur l'Allemagne. Son premier grand chef de l'Industrie, Larine — un ancien menchevik — était également un farouche partisan des méthodes allemandes qui, bien sûr, cadraient parfaitement avec la notion de contrôle centralisé de Lénine. Il se mit à embaucher des experts allemands : autre exemple des relations privilégiées qui se développèrent entre les éléments antidémocratiques des deux pays. Aux objections de certains bolcheviks, Lénine répliqua par le pamphlet : *Sur l'infantilisme de « gauche » et l'esprit petit-bourgeois* :

> Oui, l'Allemagne est pleine d'enseignement ! L'Histoire avance par zigzags et chemins tortueux. Il se trouve que l'Allemagne actuelle, en même temps qu'un impérialisme bestial, incarne les principes de discipline, d'organisation, de solide coordination dans le travail et cela sur la base du machinisme le plus moderne, sous le contrôle le plus strict. C'est cela, précisément, qui nous fait défaut [134].

« Le capitalisme d'État » allemand, ajoutait-il, était une « étape » vers le socialisme. L'Histoire avait joué un « tour étrange » en donnant naissance à « deux moitiés de socialisme, côte à côte, comme deux poussins dans un seul œuf » : la révolution politique en Russie et l'organisation économique en Allemagne. Le socialisme avait besoin des deux.

Donc, la Russie nouvelle devait étudier « le capitalisme d'État » des Allemands et « l'adopter avec *toute la vigueur nécessaire*, sans négliger de hâter le processus par des *méthodes dictatoriales*, tout comme Pierre le Grand accéléra l'occidentalisation de la Russie barbare sans reculer devant l'utilisation d'armes barbares pour combattre la barbarie [135] ».

Si bien que l'on pourrait avancer que l'homme qui inspira réellement la planification de l'économie soviétique, ce fut Ludendorff. Son « socialisme de guerre » ne recula certes pas devant la barbarie, comme l'emploi de travailleurs forcés. En janvier 1918, Ludendorff brisa une grève de 400 000 ouvriers à Berlin, en envoyant 10 000 d'entre eux sur le front comme « bataillons de travailleurs ». Plusieurs de ses méthodes furent reprises ultérieurement par les nazis, qui les intensifièrent. Ce serait difficile d'imaginer pire modèle pour un Etat ouvrier. C'était pourtant là les caractéristiques du « socialisme de guerre » allemand que Lénine appréciait le plus. Ce que possédaient les Allemands et qu'il désirait, c'était une force active docile. Il fit l'impossible pour l'obtenir. La première illusion qu'il dissipa fut que les soviets d'ouvriers, après s'être emparés des usines, ne les dirigeraient pas. Son porte-parole syndical, Lozovski, donna l'avertissement suivant : « Dans chaque entreprise, les ouvriers ne devraient pas avoir l'impression qu'elle leur appartient [136]. » Aucune crainte de ce genre à avoir avec Lénine au poste de contrôle ! « Ceux qui perturberont la discipline seront fusillés », affirmait-il [137]. En janvier 1918, le régime bolchévique avait pris en main les syndicats et les avait ramenés dans le sein du gouvernement — sans grande difficulté, vu leur faiblesse. Le seul à opposer une résistance fut celui des cheminots — qui en fin de compte fut écrasé en 1920-21. Les dirigeants des autres syndicats obtinrent des emplois, des postes, des salaires et devinrent de zélés fonctionnaires d'État. Comme le remarqua Zinoviev, les syndicats étaient devenus « des organismes du pouvoir socialiste » et « de l'État socialiste », et pour les ouvriers « participer aux syndicats fera partie de leur devoir envers l'Etat ». Ainsi, un syndicalisme unique fut universellement institué et en compensation les dirigeants syndicaux — qui bientôt durent être des membres du Parti et soumis à sa discipline — travaillaient étroitement avec les bureaucrates des ministères et les directeurs d'usine pour « augmenter la productivité socialiste ». En bref, les syndicats devinrent corporatifs au pire sens du terme, la « corporation » en question étant l'Etat. Dans ce système, leur tâche principale était « la discipline du travail » et leur action se réduisait à être celle d'une police industrielle [138].

Un tel système policier devenait nécessaire avec l'application par Lénine du « service universel du travail » analogue à la conscription militaire [139]. Le VIIe Congrès du Parti réclama « les mesures les plus énergiques, les plus décisives, sans restrictions, les plus draconiennes, pour augmenter la discipline des ouvriers ». A partir d'avril 1918, les syndicats se mirent à l'œuvre et édictèrent des « règles » qui « fixaient les normes de productivité ». Les ouvriers qui se rebellaient étaient exclus du syndicat, perdant à la fois leur travail et leurs rations alimentaires, suivant le slogan de Lénine : « Qui ne travaille pas, ne mange pas [140]. » Les grèves devinrent illégales. « Aucune grève ne peut avoir lieu en Russie soviétique », disait le chef de la confédération des syndicats, Tomski, en janvier 1919, « mettons le point sur ce "i [141]". » Les allocations allouées aux grévistes furent confisquées et servirent à financer des grèves dans « les pays bourgeois ». En juin 1919, « des livres de travail » firent leur apparition dans les grandes métropoles, à l'image de ces passeports de travail que divers gouvernements coloniaux imposaient aux indigènes. A peu près à la même époque, les premiers camps de travail virent le jour ; les « travailleurs indisciplinés, les « hooligans » et autres oisifs ou mécontents pouvaient y être dirigés par la Tchéka, les tribunaux révolutionnaires ou par le *Narkomtrud*, organisme responsable de la mobilisation générale du travail. A partir de janvier 1920, n'importe qui pouvait être appelé à des *corvées* obligatoires : construction de routes, bâtiment, charroi, etc. Comme le déclara un porte-parole du Narkomtrud : « Nous fournissions la main-d'œuvre suivant les exigences du plan, par conséquent, sans tenir compte des particularités individuelles ni des qualifications ni des desirata des travailleurs quant à leur affectation à telle ou telle tâche [142]. » Les tchékas de province dirigeaient les camps de travail dont l'administration relevait d'une section spéciale du commissariat du Peuple aux Affaires intérieures, le NKVD. D'autres camps, au régime plus sévère et aux travaux plus « durs et déplaisants » — par exemple, ceux en Arctique — étaient censément réservés aux contre-révolutionnaires, mais furent bientôt pleins de travailleurs ordinaires [143].

L'achèvement de la guerre civile ne mit pas fin au travail forcé. Comme toutes les institutions « d'urgence » de Lénine, elle devint permanente. En effet, la Troisième Armée dans l'Oural se trouva promptement transformée en « Première Armée Révolutionnaire du Travail » par un décret du 15 janvier 1920, et la plupart de ses « soldats » ne revirent jamais leur foyer. Trotski se réjouissait de ce qu'il appelait « la militarisation de la classe ouvrière ». Radek dénonça « le préjugé bourgeois » de « liberté du travail ». Le IXe Congrès du Parti en 1920 ordonna que les ouvriers abandonnant leur travail soient stigmatisés comme « déserteurs du travail » et « emprisonnés dans des camps de concentration [144] ». Cette nouvelle contre-société fut baptisée par des flots de *novlangue* * léniniste : « Nous connaissons l'esclavage, dit Trotski en s'adressant au IIIe Congrès des Syndicats, nous connaissons le servage, le travail obligatoire et réglementé des corporations du Moyen Age, nous avons connu la main-d'œuvre salariée que la bourgeoisie disait "libre". Nous nous dirigeons à présent vers une force de travail réglementée par la société, basée sur un plan économique néces-

* Allusion au roman de George Orwell *1984* (N.d.T.)

saire à la nation entière. Voilà les fondements du socialisme. » Le travail obligatoire en régime capitaliste, écrivit Boukharine, était tout à fait l'opposé du travail obligatoire sous la dictature du prolétariat. Le premier représentait « l'esclavage de la classe ouvrière », le second « l'organisation par elle-même de la classe ouvrière [145] ». Par la suite, ces deux hommes furent assassinés par les mêmes fictions verbales.

En fait, comme nous l'avons vu, la classe ouvrière s'organisait d'elle-même, en retournant dans les villages avec une rapidité alarmante. Lénine, comme les tsars et Kerenski avant lui, dut d'une manière ou d'une autre extorquer les vivres aux paysans. Comment y parvenir — par la loi du marché ou celle de la baïonnette ? Il essaya d'abord la baïonnette. En 1917, il avait poussé les paysans à s'emparer des terres. En 1918, il tenta de les récupérer en les étatisant. Sa loi pour « la socialisation de la terre » du 19 février 1918 précisait que son objectif était « le développement de la collectivisation de l'agriculture » au « détriment des exploitations individuelles » pour mettre en place « une économie socialiste [146] ». Mais en pratique, comme un fonctionnaire du Narkomzen le nota, au ministère de l'Agriculture d'État, « les paysans s'emparèrent tout simplement des terres » ; ils s'approprièrent 86 % des terres confisquées et 14 % furent réservées aux nouvelles communes et fermes d'État. Aussi, en automne 1918, après la moisson, Lénine envoya des détachements armés d'ouvriers d'usines dans les campagnes afin de réquisitionner tout le ravitaillement qu'ils pourraient et soutenir les « comités de paysans pauvres » à imposer leurs lois sur « les koulaks ou paysans riches » qui avaient « amassé d'énormes sommes d'argent [147] ». Par la suite, Lénine devait les regrouper en 25 compagnies « d'ouvriers et de paysans pauvres » qui obtenaient une part des vivres qu'ils réussissaient à subtiliser. Mais, comme le fit observer le commissaire à l'Agriculture, Tsourioupa, dès qu'ils atteignaient la campagne, « ils se débandaient et s'enivraient ». Plus tard, Lénine inventa une nouvelle catégorie celle des « paysans moyens » qu'il tenta de dresser contre les koulaks. Comme ces différentes classes de paysans n'étaient qu'une de ses inventions et ne correspondaient à rien de réel dans les villages, cette tactique échoua elle aussi.

Au printemps 1921, au moment de la révolte des marins de Cronstadt, la politique économique de Lénine dans tous les domaines se présentait comme un échec manifeste. L'industrie ne produisait pratiquement plus rien. Les villes n'étaient pas ravitaillées. Du propre aveu de Lénine, « des centaines de milliers de soldats en débandade » étaient devenus des bandits [148]. On ne trouvait en quantité plus que suffisante que le rouble en papier-monnaie ; on en imprimait sans cesse et il était tombé à un peu plus d'un pour cent de sa valeur en novembre 1917. Certains bolcheviks essayaient de faire de nécessité vertu et prétendaient que l'inflation était délibérée pour briser l'ancien régime monétaire. Quelqu'un compara les presses à billets de l'Etat à « cette mitrailleuse du commissariat aux Finances qui boute le feu au cul du système bourgeois ». Zinoviev déclara aux sociaux-démocrates allemands : « Nous tendons vers une *abolition complète de l'argent.* » En un sens, c'était la vérité : le papier-monnaie n'a jamais retrouvé son ancienne signification en Union soviétique. Et le prix à payer, c'est les ruptures de stock permanentes dans les magasins.

En tout cas, les paysans ne firent aucun cas du rouble de papier de Lénine et en 1921, ce dernier s'avoua vaincu. Il était clair que s'il ne pouvait ravitailler les villes, son régime allait s'effondrer. Peut-être à court de véritables idées économiques, il ne fut jamais en reste sur le plan verbal. C'est ainsi qu'il lança le slogan : « Nouvelle Politique Economique » — la NEP, qui fut en fait, une reddition devant les paysans et un retour à un système de marché basé sur le troc. Les escouades calamiteuses furent supprimées et les paysans furent autorisés à une marge de manœuvre plus large pour leur subsistance. On permit à de petites usines et à des ateliers d'échapper au contrôle d'État pour fournir aux paysans les biens de consommation qu'ils échangeraient contre leurs récoltes. Malheureusement, la capitulation bolchevique vint trop tard pour affecter les semailles de 1921 ; un été de sécheresse provoqua la famine qui fut la première de l'histoire de la Russie à avoir été en grande partie créée par la politique gouvernementale. Cette famine toucha, selon Kalinine, environ 27 millions de personnes dont plus de trois millions allaient mourir au cours de l'hiver 1921-22. Au désespoir, le gouvernement se tourna vers l'Administration du secours américain, organisée sous la houlette d'Herbert Hoover. Pour la première fois, la Russie, qui jusque-là avait été l'un des plus grands exportateurs de biens de subsistance du monde, devait s'adresser à l'agriculture capitaliste américaine pour se sauver des désastreuses conséquences de son expérience collectiviste. Soixante ans plus tard, le même schéma continue à se reproduire. Les paysans avaient mis fin au tsarisme et ouvert la voie au léninisme. Ce dernier, contrairement à ses promesses, ne les en récompensa pas. Ils exigeaient leur dû. On le leur paye encore aujourd'hui [149].

Ainsi s'acheva, dans une déconfiture totale, la première expérience majeure d'organisation sociale systématique, terme aujourd'hui à la mode. Lénine, quant à lui, parla de « défaite et de retraite, avant un nouvel assaut [150] ». Mais il mourut peu de temps après, et le « nouvel assaut » contre les paysans échut au monstre bureaucratique qu'il laissa derrière lui. Lénine croyait à la planification car elle était scientifique. Mais il ne savait pas comment la déclencher. Il eut l'idée de recourir à un tour de magie, ainsi fut lancé le programme « d'électrification ». Fasciné, comme il le fut toujours, par la « minutie » germanique, il éprouva une grande admiration pour *Der Zukunftsstaat* de Karl Ballod, qui parut en 1919. Il y puisa l'inspiration de son slogan : « Le communisme est le pouvoir des soviets et l'électrification de tout le pays. » L'électricité était la clef de tous les problèmes ! C'était le dernier cri de la science moderne ! [151] Elle transformerait l'agriculture russe arriérée. Il valait mieux opter pour l'électrification universelle que concevoir un plan général dont la complication se réduirait à des « propos oisifs », une « pédanterie ennuyeuse » et à une « ignorance suffisante[152] ». Il s'intéressa peu au Gosplan de 1921, nouveau mécanisme de planification, tant qu'il ne donna pas la priorité à l'électrification. Alors, au cours de ses dernières semaines d'activité, il fut saisi d'enthousiasme à la perspective de la construction d'immenses centrales électriques ! Ainsi fut inauguré un culte curieux qui s'est perpétué en Union soviétique jusqu'à nos jours et qui a fait de l'ingénieur électricien la figure la plus estimée de la société — après le concepteur d'armes. L'héritage de Lénine se résuma à un État policier à la structure solide régnant sur une économie en ruine. Quant à lui, il gagna l'éternité en rêvant à l'électricité.

Dans les pays industriels avancés, les soulèvements marxistes que Lénine avait espéré avec confiance ne s'étaient pas produits. Comment l'auraient-ils pu ? La révolution de Lénine n'avait été rendue possible que par un mouvement de la masse paysanne, non cohérent, sans direction et pragmatique ; ce que ce dernier ne comprit pas et ne se donna jamais la peine d'analyser. Ses camarades, les révolutionnaires marxistes de l'Europe industrielle n'eurent pas cette chance. De plus, en novembre 1918, quand l'occasion d'un changement révolutionnaire survint en Europe centrale, les expériences lamentables de la technique sociale léniniste — effondrement économique, famine, guerre civile, et terreur massive — constituaient déjà un avertissement terrible, surtout pour les socialistes les plus modérés. Les extrémistes, bien sûr, s'y essayèrent et brûlèrent dans les foyers qu'ils avaient allumés. Le 4 novembre 1918, des soldats et des marins allemands s'emparèrent de Kiel où ils formèrent des conseils d'ouvriers. Trois jours plus tard, Kurt Eisner, le socialiste de gauche mena le soulèvement de la garnison de Munich et renversa le gouvernement bavarois. Mais les sociaux-démocrates qui accédèrent au pouvoir après la chute du Kaiser, ne firent pas les erreurs de Kerenski. Gustave Noske, leur expert militaire, se tourna vers l'armée qui fournit un *Freikorps* d'ex-officiers et de gradés. Le refus des léninistes d'obtenir le pouvoir par des moyens parlementaires donna des armes contre eux. Le 6 janvier 1919, les léninistes de Berlin — qui se nommèrent eux-mêmes spartakistes — s'emparèrent de la ville. Noske marcha sur Berlin à la tête de 2 000 hommes. Trois jours après l'avoir reprise, Rosa Luxemburg et son ami Karl Liebknecht furent assassinés par les ex-officiers chargés de les conduire en prison. Eisner, à son tour, fut exécuté le 21 février. Ses partisans ne remportèrent que trois sièges aux élections bavaroises. Et quand, en dépit de ce résultat, ils instituèrent une république communiste le 7 avril, elle ne dura qu'un mois et fut détruite par le *Freikorps* sans la moindre difficulté. Le même scénario se reproduisit à Halle, Hambourg, Brême, Leipzig, en Thuringe et à Brunswick. Les communistes ne purent remporter les élections ni pratiquer la violence avec succès[153].

Le vent du changement soufflait dans une direction plutôt différente. Dans la seconde moitié de l'année 1919, de nouveaux types d'« élites d'avant-garde » firent leur apparition en Europe. Ils étaient également socialistes. Marx, souvent, faisait partie de leur Panthéon. Mais ils en appelaient à une entité plus large qu'un « prolétariat abstrait » qui, mystérieusement, ne répondait pas à l'appel — du moins comme une force électorale ou de combat — et leur dynamique collective n'était pas tant celle d'une classe que celle d'une nation et même d'une race. Ils avaient aussi un grief immédiat et puissant en commun : l'insatisfaction du traité de Versailles. En Autriche, l'un des grands perdants, on les appelait *Heimwehren*. En Hongrie, le pays le plus perdant de tous, le tempérament national n'avait pas été amélioré par une république communiste putative, établie en mars 1919, par le disciple de Lénine, Béla Kun. En août, elle s'acheva dans le feu et dans le sang, et l'esprit de son successeur se confondait de plus en plus avec le dirigeant antisémite, Julius Gömbös, qui se disait national-socialiste et faisait passionnément appel à la revanche, à la justice et à une purge des « éléments étrangers [153] ». En Turquie, qui avait perdu son empire d'Arabie et qui était en train de perdre également son littoral occidental, Mustafa Kemal Pacha, qui allait devenir « Ataturk », s'appuyait également sur un socialisme national et prouvait déjà qu'un règlement de paix établi à Paris ne pouvait se faire respecter sur les lieux. L'Italie, elle aussi, quoique ayant fort gagné dans l'affaire avait encore un grief à formuler contre le traité de Versailles : elle n'avait pas obtenu la côte dalmate. Le 11 septembre, Gabriele D'Annunzio, poète et héros de la guerre, à la tête d'une troupe composée de déserteurs de l'armée de bric et de broc, envahit le port de Fiume. C'était un coup de bluff impudent : pourtant, la Grande-Bretagne et la France, gardiennes du règlement de paix, reculèrent — ce qui constitua un présage inquiétant. D'Annunzio, lui aussi, était nationaliste.

A Milan, Mussolini sentit le vent tourner avec plaisir, comme cinq ans plus tôt il avait apprécié l'excitation du temps de guerre. La venue de la guerre et sa détermination à y faire participer l'Italie l'avaient séparé du parti socialiste officiel et l'avait transformé en nationaliste, pas seulement dans la tradition romantique de gauche de Mazzini, mais encore dans celle impérialiste de l'ancienne Rome. Il reprit utilement le symbole des *faisceaux* dont la Révolution française avait fait un emblème radical — tout comme Lénine avait repris celui de la faucille et du marteau aux anciens sociaux-démocrates. Il détesta Lénine pour avoir retiré la Russie de la guerre et compromettre ainsi les gains promis à l'Italie. Il poussa le Japon à envahir la Russie par son slogan : *Avanti, il Mikado* ! En 1919, l'échec économique de Lénine le détourna d'une expropriation totale de l'industrie. Il préféra alors se servir du capitalisme en l'exploitant plutôt que le détruire. Néanmoins, sa révolution fut radicale, basée sur « l'avant-garde d'élite » du marxisme et du syndicalisme d'avant 14; cet élément resta le plus important de sa politique jusqu'à sa mort. Nombre d'autres jeunes Italiens, anciens socialistes, partagèrent son radicalisme tout en renonçant à l'internationalisme [154]. L'internationalisme n'avait fonctionné ni en 1914, où il n'avait pu empêcher la guerre, ni en 1917, où il n'avait pu déclencher la révolution mondiale à l'appel de Lénine. Mais le désir d'instaurer une nouvelle utopie économique persistait.

Le 23 mars 1919, Mussolini et ses amis syndicalistes fondèrent un nouveau parti. Leur programme comportait la mainmise partielle sur le capital financier, le contrôle du reste de l'économie au moyen de conseils corporatistes, la confiscation des propriétés du clergé, une réforme agraire, l'abolition de la monarchie et du sénat. En établissant cette liste, Mussolini cita fréquemment Kurt Eisner comme modèle [155]. Les brigades de combat du bavarois Eisner, qui elles-mêmes imitaient « les hommes en gilets de cuir » de Lénine, inspirèrent à leur tour les *Fasci di Combattimento* de Mussolini [156]. En effet, il ne s'était pas dépouillé de l'attachement à l'activisme violent qu'il partageait avec Lénine. Paraphrasant Marx, il s'engageait à « faire l'Histoire, pas à la subir ». Son autre citation favorite était : *Vivre, ce n'est pas calculer, c'est agir* [157]. Son style ressemblait à celui de Lénine, riche en images militaires et en verbes forts et violents. A l'exemple de Lénine, il était impatient d'accélérer le cours de l'Histoire — *velocizzare l'Italia*, selon les termes de Marinetti et des Futuristes. Il bouillonnait d'impatience, en consultant rageusement sa montre et jetant un regard noir à ceux qui le retardaient.

Cependant, Mussolini changeait. En même temps que ses cheveux, il avait perdu son apparence efflanquée de crève-la-faim. Un énorme kyste avait poussé sur son crâne chauve et un grain de beauté singulièrement ovale sur son menton volontaire et charnu. Ses dents étaient couleur de vieil ivoire et largement écartées, signe de chance en Italie [158]. Il était d'une belle prestance, vigoureux — on peut chiffrer ses exploits sexuels à 169 maîtresses [159]. Très vaniteux, ambitieux, il voulait le pouvoir et le voulait immédiatement. Le succès de D'Annunzio le persuada que le radicalisme — et même le nationalisme radical — n'était pas suffisant. Pour que le fascisme réussisse, il devait se draper de poésie, de drame et de mystère. Les marxistes italiens avaient toujours déploré que Marx lui-même ait eu une compréhension incomplète des êtres humains, qu'il ait négligé la puissance du mythe, et surtout du mythe national. Maintenant que Freud avait démontré — et scientifiquement — le pouvoir des forces cachées et obscures qui meuvent les individus, l'heure n'était-elle pas venue de vérifier leur impact sur la masse ? D'Annunzio vantait : « l'énergie terrible, le sens du pouvoir, l'instinct de la lutte et de la domination, l'abondance des forces productives à faire fructifier, toutes les vertus de l'homme dionysiaque, le vainqueur, le destructeur, le créateur [160] ». L'Italie n'était pas à court de mythes poétiques : le mythe nationaliste incarné par Garibaldi et Mazzini, à la puissance intacte, le mythe de la Realpolitik de

Machiavel — l'un des auteurs favoris de Mussolini — et le mythe fondateur de l'empire romain, attendant d'être tiré de son long sommeil et réactivé par de nouvelles légions. Les coiffant tous, le nouveau mythe futuriste inspira à Mussolini la vision d'une Italie socialiste voisine de la Russie électrifiée de Lénine, « dans laquelle la vie deviendra plus intense et frénétique, dirigée et rythmée par la machine ». Mussolini réunit toutes ces substances volatiles dans sa puissante idéologie fasciste, colorée d'une touche vivifiante de violence : « Pas de vie sans effusion de sang », d'après ses propres termes [161].

Oui, mais le sang de qui ? Mussolini avait une personnalité complexe et ambivalente à maints égards. A la différence de Lénine, il faisait rarement le mal de son propre chef ; on devait presque toujours l'y inciter, jusqu'à ce que son sens moral fût atrophié par de longues années de pouvoir et de flatteries. Il n'était pas capable de s'engager délibérément dans une démonstration de violence gratuite. En 1919-20, il désespérait de ne pas trouver de bonnes raisons à son combat. Le fascisme lui apparut dans un moment de désespoir comme « le refuge de tous les hérétiques, l'église de toutes les hérésies [162] ». Le recours à la violence des socialistes lui offrit l'occasion qu'il espérait. Leur mentor était Antonio Gramsci, jeune marxiste de santé fragile qui s'inscrivait dans la même tradition intellectuelle que Mussolini : Marx, Sorel, le syndicalisme, la répudiation du déterminisme historique, l'insistance axée sur le volontarisme, la nécessité de forcer l'Histoire à avancer par la lutte, la violence et le mythe, et bien sûr, le pragmatisme de Machiavel [163]. Mais si Gramsci possédait une originalité dont Mussolini était dépourvu, en retour il n'avait ni l'aplomb, ni la confiance en soi de ce dernier. Il était issu d'une famille sarde d'une extrême pauvreté. Son père avait été emprisonné, et Gramsci, qui souffrait déjà du mal de Pott, travaillait dix heures par jour dès l'âge de onze ans. Il fut stupéfié quand sa future femme tomba amoureuse de lui — il lui écrivit d'étonnantes lettres d'amour. Il lui fut impossible de se projeter dans le rôle de leader et contrairement à Mussolini, il tira de sa lecture du « Prince » de Machiavel l'idée non d'un pouvoir personnel, mais d'un pouvoir collectif : « Le Prince moderne, le Prince mythique ne peut être une personne réelle, un individu concret : il ne peut être incarné que par une organisation ». Gramsci donc, fit corps avec le syndicalisme, alors que Mussolini optait pour le roman et le drame, et il encouragea la prise de contrôle des usines. En 1920, les socialistes mirent ses conseils en pratique et très vite, le drapeau rouge flotta un peu partout dans le pays. Mais il n'y avait aucune tentative réelle de prise de pouvoir. En effet, les socialistes étaient divisés sur la tactique à adopter : il y eut une scission en janvier 1921 avec la formation du parti communiste italien. Malgré le peu d'envergure de cette action, la classe moyenne fut terrifiée. Comme Errico Malatesta en avertit les éléments modérés : « Si nous n'allons pas jusqu'au bout, nous paierons en larmes de sang la peur que nous provoquons dans la bourgeoisie [164]. » La violence fut limitée mais suffisante pour fournir à Mussolini l'excuse d'y recourir à son tour. Comme en Allemagne, les socialistes firent une erreur catastrophique en s'autorisant la violence [165]. Comme s'en vantait Mussolini, le léopard fasciste pouvait aisément avoir raison du « troupeau paresseux » de la masse socialiste [166].

Les « brigades d'action » fascistes étaient formées d'anciens combattants mais recrutaient en permanence des étudiants et des jeunes en fin de scolarité. Les fascistes obéissaient à une discipline plus systématique que les socialistes et se servaient du téléphone comme moyen de coordination. Les autorités locales et les *carabinieri* leur offraient souvent un soutien actif en fouillant une *casa del popolo* à la recherche d'armes, puis donnaient le feu vert aux brigades qui l'incendiaient. Les socialistes stigmatisaient le fascisme comme parti de classe et sa terreur comme *jacquerie borghese*. Ce qui était inexact : il y avait des milliers de fascistes dans la classe ouvrière, en particulier dans une région comme celle de Trieste où un élément ethnique entrait en ligne de compte — les socialistes étant en majorité slovènes. C'est dans ces zones limitrophes que le fascisme obtint au début une adhésion massive, avant de gagner graduellement l'intérieur de l'Italie : Bologne, la vallée du Pô puis l'arrière-pays vénitien. Mussolini, sensibilisé depuis toujours au peuple, saisit très vite que l'Italie était une collection de villes tout à fait différentes qu'il convenait de séduire chacune à sa façon. Au fur et à mesure de sa progression, le poids de la classe moyenne devint prépondérant. Le fascisme commença à exercer un attrait puissant sur la jeunesse dorée. L'une des recrues les plus importantes et les plus dangereuses fut Italo Balbo qui, à peine âgé de 25 ans rallia à Mussolini sa ville natale, Ferrare, avant de devenir chef de la milice fasciste. Il était de loin le plus impitoyable et le plus efficace des *condottieri* [167]. En 1921, à l'exemple d'un Borgia, il manœuvra au centre de l'Italie, laissant derrière lui cadavres et ruines fumantes des sièges des syndicats. Balbo fut le premier à convaincre l'Italie *bien-pensante* et terrorisée que le fascisme pouvait être une force irrésistible.

Balbo alla jusqu'à terrifier Mussolini lui-même, qui détesta toujours la violence à grande échelle, en particulier la violence pour la violence — comme le démontrent ses écrits et ses discours [168]. Mais l'expansion du fascisme qui le porta avec 35 autres députés au parlement en mai 1921, le mit en minorité, ainsi que d'autres anciens socialistes. La même année, lors du Congrès fasciste de Rome, il fut forcé au compromis. Devenant *Duce*, il céda sur la violence et 1922 fut l'année de la terreur fasciste. En effet, les autorités fermèrent les yeux tandis que l'armée du parti entreprenait la conquête du territoire. Dans chaque ville, les mairies étaient dévastées, les instances socialistes empêchées de fonctionner par la force et les préfets — qui avaient recours à la police pour résister aux pratiques illégales des fascistes — étaient démis de leurs fonctions. Les parlementaires échouèrent à vouloir former un gouvernement fort sous Gioletti, ce qui aurait stoppé Mussolini car le Duce ne se serait pas attaqué à l'Etat, par la faute du Vatican qui s'opposa à la coalition des partis sous l'influence de l'Eglise et des socialistes modérés. Le nouveau parti communiste, comme ce fut le cas postérieurement en Allemagne, espérait l'instauration d'un régime fasciste qui précipiterait, dans son esprit, une révolution marxiste[169]. Quand, en juillet 1922, Balbo s'empara de Ravenne, les socialistes appelèrent à une grève générale, qui fut un échec désastreux.

L'Italie était un pays mal gouverné et pas très heureux, d'une extrême pauvreté, et dont le taux de natalité était le plus élevé d'Europe, souffrant, après l'Allemagne de la plus forte inflation. Le *risorgimento* s'était soldé par une déception, après avoir fait miroiter la terre promise. La guerre, malgré ses victoires, avait davantage contribué à diviser qu'à réunir le pays. Le régime parlementaire souffrait gravement de la corruption. La monarchie n'était pas populaire. Depuis 1871, l'Etat était à couteaux tirés avec l'Eglise, qui le condamnait dans chaque sermon dominical. Les services publics étaient en déconfiture. Il y avait une véritable hantise d'une terreur rouge : les journaux catholiques ne cessaient de rapporter les exactions de Lénine et de décrire la famine en Russie. Mussolini n'était pas identifié à la violence ; bien au contraire, on voyait en lui le seul homme qui pouvait y mettre fin. Il était devenu un extraordinaire orateur. Il avait appris de D'Annunzio l'art de mener un dialogue avec la foule, quasi opératique : « A Chi l'Italia ? A noi ! » Mais il n'était pas qu'un simple démagogue. Ses discours abordaient de vastes réflexions philosophiques appréciées des Italiens. Des libéraux comme Benedetto Croce assistaient à ses meetings. Au début de l'automne 1922, son audience égalait celle d'un homme d'Etat. Il avait des contacts secrets avec le palais, le Vatican, l'armée, la police, et les milieux des affaires. Tous désiraient connaître ses intentions. Il leur répondit, à Udine, dans le dernier des grands discours qu'il avait tenu à travers le pays : « Notre programme est simple : nous désirons le gouvernement de l'Italie[170]. » Il gouvernerait l'Italie comme elle ne l'avait jamais été depuis l'empire romain : avec fermeté, justice, honnêteté, et par-dessus tout, efficacité.

Le 16 octobre 1922, Mussolini décida de brusquer les événements, par crainte que Gioletti, son seul adversaire redoutable, ne lui vole son rôle s'il attendait davantage. Il organisa une marche sur Rome pour la fin du mois, qui comprenait quatre divisions totalisant 40 000 chemises noires. Plusieurs commandants de l'armée et de la police acceptèrent de ne pas ouvrir le feu ; son journal, *Il Popolo d'Italia*, étala en manchette : *I grigioverdi fraternizzano con le Camicie nere* ! Toute sa vie, Mussolini s'ingénia à osciller lourdement entre la grandeur et la force. Quand son armée mal équipée, mal vêtue et mal nourrie fit halte aux portes de Rome, le spectacle qu'elle offrait était tout sauf impressionnant. Malgré sa faiblesse, le gouvernement pouvait compter sur une garnison de 28 000 hommes, il décréta donc l'état d'urgence. Rome bourdonnait de fausses rumeurs. Le petit roi Victor Emmanuel, calfeutré dans son palais du Quirinal, fut informé que 6 000 soldats indisciplinés s'opposaient à 100 000 fascistes déterminés. Pris de panique, il refusa de signer le décret dont il fallut déchirer les affiches déjà apposées sur les murs. Le gouvernement se découragea.

Mussolini, malgré son caractère impatient, joua habilement la partie. Quand l'aide de camp du roi, le général Cittadini, lui téléphona à Milan pour lui offrir un pouvoir partiel dans un nouveau cabinet ministériel, il se contenta de lui raccrocher au nez. Le lendemain, le 29 octobre, il consentit aimablement à former son propre gouvernement, à condition que la proposition téléphonique soit confirmée par télégramme. La dépêche arriva en bonne et due forme et le soir même, il fila sur Rome par l'express de nuit qu'il prit en gare de Milan, en tenue d'apparat et arborant une chemise noire. Il se trouva que lady Sybil Graham, épouse de l'ambassadeur britannique, était dans le train. Elle vit Mussolini, entouré d'officiels, consulter sa montre avec impatience, et dire violemment au chef de gare : « Je veux que le train parte à l'heure exacte. A partir d'aujourd'hui tout doit fonctionner parfaitement [171]. » Ainsi naquirent un régime et une légende.

Au cours des dix dernières années de sa vie, Mussolini devint une figure de plus en plus tragique et en même temps, de plus en plus grotesque. Il est difficile de concevoir que de la fin de 1922 à la moitié des années 30, Mussolini soit apparu comme une pièce essentielle sur l'échiquier européen. Une fois au pouvoir, il ne commit aucune des erreurs grossières de Lénine. Il ne créa pas de police secrète et n'abolit pas le parlement. La presse ne fut pas bâillonnée et les chefs de l'opposition restèrent en liberté. Il y eut bien quelques meurtres, mais moins qu'avant le coup d'État. Le grand conseil fasciste devint un organisme d'Etat et les Chemises Noires furent légalisées — ce qui rendit les élections de 1924 menaçantes car elles accordèrent une large majorité au parti fasciste. Cependant Mussolini s'imaginait plutôt comme chef de la nation que comme chef de parti. Il disait diriger le pays autant par son consentement que par la force [172]. Il semble avoir possédé plus que la volonté du pouvoir : la volonté du devoir. Il désirait rester en place et devenir respectable; il avait envie d'être aimé.

En 1924, le meurtre de Giacomo Matteotti, le député de l'opposition le plus farouche, mit un terme à ces illusions. On attribua à Mussolini les responsabilité de cet assassinat [173]. D'autres députés avaient été tués auparavant, et il est curieux que ce crime-là ait provoqué une telle indignation en Italie, et une telle levée de boucliers à l'étranger. Cette affaire causa un grand tort à Mussolini. Ce fut un passage du Rubicon qui brisa les liens subsistant entre les socialistes et les libéraux et jeta Mussolini dans les bras des extrémistes. En un mélange caractéristique d'arrogance et de désespoir fataliste, il annonça le début de l'ère fasciste dans son trop fameux discours du 3 janvier 1925. Les journaux de l'opposition furent interdits et les leaders placés *in confino* sur une île. Selon les dires de Mussolini, l'opposition à une nation monolithique était superflue — il fournissait celle qui était nécessaire en son for intérieur et s'y ajoutait celle des forces objectives — une acrobatie verbale que Lénine même aurait pu envier [174]. Il fut l'auteur d'une formule totalitaire citée, admirée, décortiquée à profusion : « Tout dans l'Etat, rien en dehors ni contre l'Etat. » Toute une série de « lois fascistes » fut établie, certaines constitutionnelles, certaines punitives, certaines positives ; les dernières furent les Leggi di Reforma Sociale qui prétendaient donner le jour à un Etat corporatif.

Il y eut toujours un aspect nébuleux dans le fascisme italien. Les institutions, tels la Charte du travail, le Conseil national des corporations, la Chambre des Corporations et des Faisceaux, ne semblaient jamais trouver de réels points d'appui en Italie. Mussolini se vantait lorsqu'il affirma : « Nous contrôlons les forces politiques et morales ainsi que les forces économiques. Nous sommes donc au centre de l'Etat fasciste corporatif [175]. » Mais l'Etat était construit de paroles et non de faits. Après tout, si la définition totalitaire de Mussolini représentait la réalité, comment fit-il pour s'entendre avec l'Eglise, qui certainement était « en dehors de l'Etat », et de signer un concordat avec le Vatican, ce à quoi aucun de ses prédécesseurs parlementaires n'avait pu réussir ? Sa définition du fascisme avait été la suivante : « Une démocratie organisée, concentrée, autoritaire et basée sur la nation [176]. » Oui, mais à *quoi* donc servait cette autorité ? On perçoit que Mussolini fut fasciste à contrecœur, parce qu'en profondeur, il était resté marxiste, même s'il était hérétique ; pour lui, « la révolution » était dépourvue de sens si elle ne s'accompagnait pas d'expropriations à grande échelle, ce que ne désiraient pas ses partisans ni ses collègues. Ainsi, l'utopie fut-elle portée à disparaître sous le despotisme pur et simple. Même en 1943, peu avant la débâcle, le jeune militant Vito Panunzio, déclara dans un article de *Critica Fascista* que le régime pouvait encore vaincre s'il déclenchait enfin « la révolution fasciste [177] ». A cette époque, Mussolini détenait un pouvoir apparemment dictatorial depuis plus de vingt ans.

Si Mussolini ne pratiquait pas le fascisme et ne pouvait même pas le définir avec précision, il n'en mystifiait pas moins ses adversaires, et surtout les marxistes. Les libéraux anglo-saxons sophistiqués pouvaient l'écarter en tant que dictature d'un charlatan, moins sanglante que celle de Lénine et beaucoup moins dangereuse pour la propriété privée. Pour les marxistes, c'était un problème beaucoup plus sérieux. Au milieu des années 20, des mouvements fascistes eurent lieu partout en Europe. Leur point commun était un anticommunisme très virulent et très actif. Ils combattaient la révolution avec des moyens révolutionnaires et les communistes dans les rues avec leurs propres armes. Dès 1923, le régime paysan d'Aleksandr Stamboliski, en Bulgarie, qui avait mis en pratique un « communisme agrarien », fut supplanté par un *putsch* fasciste. Le Komintern, la nouvelle instance internationale qu'avait créée le gouvernement soviétique pour étendre et coordonner les activités communistes, en appela aux « travailleurs du monde entier » pour qu'ils protestent contre « la clique fasciste des Bulgares » qui venait de remporter la victoire; le fascisme fut ainsi pour la première fois reconnu comme un phénomène international. Mais qu'était-il exactement ? Marx n'en disait rien de spécifique. Il était apparu trop tard pour que Lénine pût l'inclure dans sa théorie de la marche historique. Il était impensable qu'il fût reconnu pour ce qu'il était réellement : une hérésie marxiste. En fait, une variante de l'hérésie léniniste. Au contraire, il fallait qu'il cadrât avec l'historiographie marxiste-léniniste et donc décrit non comme un présage du futur, mais comme la flambée haineuse de la bourgeoisie expirante. Après de nombreuses élucubrations, une définition officielle du fascisme fut donnée par la Russie en 1933 : le fascisme était « la dictature terroriste non dissimulée des éléments les plus réactionnaires, chauvinistes et impérialistes du capitalisme [178] ». Ce non-sens manifeste fut rendu nécessaire par l'échec du marxisme « scientifique » à prévoir ce que fut l'évolution politique la plus frappante de l'entre-deux-guerres.

Pendant ce temps, l'Italie de Mussolini, comme la Russie de Lénine, était devenue une réalité que le monde était invité à étudier empiriquement, comme un modèle à suivre ou à éviter. L'historien des temps modernes est sans cesse confronté à l'interaction rapidement grandissante des événements politiques par-delà de vastes distances. Comme si le développement de la radio, le réseau téléphonique international, la circulation massive de la presse, les voyages facilités, produisaient une nouvelle conception du holisme social et politique, correspondant à de nouvelles perceptions scientifiques de l'univers et de la matière. Suivant le principe de Mach, formulé pour la première fois au tournant du siècle, puis reformulé comme partie de la cosmologie d'Einstein, non seulement l'univers en son entier influence les événements terrestres et locaux, mais à leur tour, ces événements répercutent leur influence, même limitée sur l'univers entier. La mécanique quantique, qui se développa dans les années 20, indiqua que le même principe s'appliquait sur le plan des quantités infinitésimales. Il n'y avait pas d'unités indépendantes prospérant à l'écart du reste de l'univers [179]. Aucun État ne pouvait plus appliquer la politique du « splendide isolement », comme les Etats-Unis eux-mêmes l'avaient admis implicitement en 1917. Nombreux furent ceux qui firent bon accueil à cette évolution et virent dans la SDN une réponse à ce qu'ils estimèrent être un nouvel état de fait bienvenu dans le monde. Mais les implications d'un holisme politique à l'échelle du globe étaient effrayantes et en même temps exaltantes. L'exemple épidémique convient parfaitement : la peste noire, au milieu du XIVe siècle avait mis plus de 50 ans à s'étendre et n'atteignit jamais certaines zones. En 1918, le virus de la grippe avait touché le monde entier en quelques semaines. Pareillement, celui du totalitarisme, de la force et de la terreur, pouvait révéler son ubiquité et sa rapidité. Il s'était fermement implanté en Russie. L'Italie, à son tour, en était atteinte.

Si Lincoln Steffens put détecter le futur en marche, même dans le Moscou de Lénine, que n'était-on en mesure de discerner dans cette Rome totalitaire ? Mussolini ne put ou ne voulut évoquer une nouvelle civilisation fasciste par ses formules verbales et brumeuses. Mais ce qu'il aimait accomplir, ce qu'il se sentait capable d'accomplir, c'étaient les réalisations de grande envergure. Il s'attaqua à la malaria, le grand fléau qui affaiblissait l'Italie du Centre et du Sud [180]. L'assèchement des marais Pontins fut à la fois une réalisation importante sur le plan pratique et un symbole de l'énergie fasciste. Mussolini encouragea Balbo, pilote émérite, à construire une importante industrie aéronautique, qui remporta plusieurs prix internationaux. Un autre patron fasciste, le financier vénitien, Giuseppe Volpi, créa à Mughera et à Mestre une ceinture industrielle spectaculaire, sur la terre ferme. En tant que ministre des Finances, il réévalua la lire qui devint une monnaie relativement forte [181]. Les services ferroviaires, postaux et téléphoniques furent améliorés de façon marquante. Les grèves étaient inexistantes. La corruption se poursuivait, allait peut-être en augmentant, mais de façon moins flagrante. En Sicile, la mafia ne fut pas détruite, mais son activité devint clandestine. Par-dessus tout, la violence déserta la rue. Certains de ces résultats étaient factices, d'autres furent pernicieux à long terme. Mais, pris dans leur ensemble, ils faisaient impression sur les étrangers, sur les touristes et aussi sur de nombreux Italiens. Aucune utopie ne voyait le jour en Italie, mais le contraste avec la Russie affamée et terrorisée était frappant. Pour ceux qui, au nord des Alpes, rejetaient de la même façon le bolchevisme de l'Est et le libéralisme de l'Ouest, la renaissance italienne semblait offrir une troisième voie.

III

En attendant Hitler

Le 10 novembre 1918, l'aumônier luthérien de l'hôpital militaire de Pasewalk, en Poméranie, réunit ses malades pour leur annoncer la chute de la maison des Hohenzollern : l'Allemagne était désormais une république. La nouvelle retentit comme un coup de tonnerre aux oreilles des soldats blessés. Parmi eux, un jeune sous-officier de vingt-neuf ans : Adolf Hitler. Il avait combattu pendant toute la guerre sur le front occidental, et s'était par deux fois distingué au feu ; il avait reçu au début de l'année le ruban très envié de la Croix de Fer de première classe. Un mois auparavant, le 13 octobre, il avait momentanément perdu la vue à la suite d'une attaque britannique au gaz moutarde devant Ypres. Dans l'incapacité de lire la presse, les rumeurs de la défaite et de la révolution lui étaient apparues comme une « affaire locale » montée par une « poignée de jeunes juifs » restés éloignés du front et qui « avaient fait la guerre dans un hôpital pour vérolés ». Larmes aux yeux, le vieil aumônier déclarait maintenant que le Kaiser était en fuite, la guerre perdue, et le Reich entièrement livré à la merci de ses ennemis. « La nouvelle de la défaite, écrirait plus tard Hitler, fut la plus terrible certitude de mon existence. Un voile noir tomba sur mes yeux. Titubant et chancelant, je regagnai mon dortoir à tâtons, je me jetai sur ma couchette et enfouis ma tête sous ma couverture et mon oreiller. Je n'avais plus jamais pleuré depuis la mort de ma mère... Mais ce jour-là, je ne pus m'en empêcher [1]. »

Pour la plupart des Allemands, et particulièrement pour les soldats, la défaite fut un coup terrible. Personne, à l'Ouest, ne le comprit vraiment. Les Allemands savaient que leurs armées battaient en retraite sur le front occidental. Mais en bon ordre : l'armée était intacte. D'ailleurs, l'Ouest ne constituait pas la préoccupation et l'ambition majeures de l'Allemagne. Si elle s'était engagée dans la guerre c'était essentiellement parce que l'augmentation du potentiel industriel et militaire russe l'inquiétait. Elle craignait d'être submergée par ce voisin gigantesque et arrogant, tyrannique et barbare, qu'elle avait à ses portes.

Au milieu de l'année 1918, malgré ses échecs sur le front occidental, l'Allemagne avait réussi à exorciser le cauchemar qui la hantait : la Russie tsariste avait été vaincue et anéantie. Les nouveaux maîtres du pays avaient dû signer une paix aux conditions draconiennes. Le traité de Brest-Litovsk donnait à l'Allemagne la sécurité dont elle avait toujours eu besoin. Il ôtait à la Russie 70 % de ses capacités de production de fer et d'acier et 40 % de son infrastructure industrielle. Il permettait au Reich de mettre la main sur tout ce qui, en Russie d'Europe, avait pour lui une quelconque valeur; comme le déclara avec jubilation un membre du gouvernement allemand : « C'est à l'Est que nous récolterons les fruits de notre effort de guerre[2]. » En vérité, le traité de Brest-Litovsk promettait plus encore : il rendait à nouveau possible la création d'un grand empire économique allemand en Europe orientale, la colonisation des grandes plaines, l'objectif poursuivi depuis le Moyen Age par la civilisation expansionniste germanique. « L'Est » avait toujours davantage fasciné l'Allemand moyen que la tardive aventure coloniale de son pays en Afrique ou la volonté du Kaiser d'assurer la suprématie commerciale et maritime du pays. C'était la Grande Russie tsariste qui avait freiné le mouvement naturel, « l'expansion naturelle » de l'Allemagne vers l'est. Or, ce monstrueux despotisme était enfin anéanti et la chevauchée des chevaliers teutoniques pouvait reprendre.

Kiev tomba le 1er mars 1918. Occupant l'Ukraine, Ludendorff forma une « république de grands propriétaires terriens », contrôlée par l'Allemagne, et posa les fondations d'une colonie-satellite du Reich. Le Kaiser devint duc de Courlande; la Lituanie et l'Estonie devaient revenir aux petites minorités allemandes et se solidariser avec l'économie impériale. En avril, des troupes débarquèrent en Finlande, autre satellite en puissance. Le 7 mai, la Roumanie fut, à son tour, soumise au diktat et son potentiel économique largement exploité. Ayant des visées en Crimée, Ludendorff y envoya des troupes; en septembre, elles atteignaient les champs de pétrole de Bakou. Il s'agissait de la première étape vers la Transcaucasie et la conquête d'une position stratégique aux marches de l'Asie centrale. L'effondrement des Habsbourgs et la défaite de la Turquie excitèrent eux aussi l'appétit impérialiste des géopoliticiens allemands en Europe centrale et au Moyen-Orient. Au début de l'automne 1918, il leur semblait que la guerre, loin d'être perdue, était, pour l'essentiel, gagnée et même irrésistiblement gagnée. En fait, l'œuvre de colonisation entreprise par l'Allemagne pouvait faire d'elle une troisième superpuissance sur le plan militaire et économique aux côtés des Etats-Unis et de l'Empire britannique.

Certaines illusions résistèrent au choc écrasant de la défaite. Mis à part que Wilson et le colonel House avaient déjà secrètement accepté l'interprétation franco-britannique des « Quatorze points », l'optimisme que les Allemands entretinrent sur le compte de ces deux hommes était sans aucun fondement. Dans une ville du sud de l'Allemagne, un calicot ainsi rédigé, accueillit les soldats démobilisés : « Bienvenue, braves soldats, vous avez accompli votre tâche, Dieu et Wilson la poursuivront[3]. » La vérité n'éclata qu'en mai 1919 lorsque furent publiés les termes du traité. En fait, Versailles ne fut pas vraiment pour l'Allemagne une « paix carthaginoise », comme Keynes le pensa à tort. L'Autriche et la Hongrie furent bien plus éprouvées. Bien au contraire, ce traité permit au Reich vaincu de préserver l'essentiel de l'œuvre accomplie par Bismark. Eût-elle choisi la paix, que l'Allemagne serait nécessairement devenue, deux décennies plus tard, la première puissance économique d'Europe centrale et orientale.

Mais c'est dans l'optique des formidables acquis du Reich, peu auparavant, que les pertes qu'il subit prennent leurs vraies dimensions. L'idée que la Russie tsariste lui eût imposé des conditions bien plus draconiennes (très semblables, sans aucun doute, à celles de 1945) n'a pas semblé l'effleurer. Puisque c'était les Allemands seuls qui avaient anéanti la Russie tsariste, pourquoi étaient-ils contraints, à l'Est, de livrer à la domination des Slaves barbares les communautés germaniques du couloir polonais de Prusse orientale, et surtout de la Silésie, riche en charbon, en fer, et dotée d'une industrie puissante ? Ils en éprouvaient une vive exaspération d'autant que leur amour-propre était en jeu : selon eux, il était contre nature que les Germains vivent sous la botte slave. Le plébiscite de Silésie lui-même, importante concession accordée par Lloyd George, ne fit qu'attiser leur fureur ; en effet, le gouvernement n'avait jamais expliqué au peuple allemand que le traité de Versailles autorisait une division des provinces, conforme aux résultats des élections locales. Si le plébiscite du 21 mars 1921 donna une majorité de 60 % aux Allemands, la Société des Nations concéda néanmoins 40 % de ce territoire, à dominante polonaise, au gouvernement de Varsovie. Or, cette région était industriellement la plus riche, et les Allemands se crurent à nouveau floués. Cette fois-ci, leur colère se tourna contre la S.D.N.[4].

Les Allemands, dans un certain sens, avaient été bernés pendant des années, surtout par leurs propres gouvernements qui ne leur avaient jamais avoué les desseins de leur politique étrangère et leurs méthodes. En fait, la lumière ne commença à se faire qu'en 1961, lorsque le grand historien allemand Fritz Fischer publia *Griff nach der Weltmacht*, ouvrage dans lequel il retrace l'histoire de l'expansion diplomatique et militaire, déterminée et constante de l'Allemagne[5]. Une longue et âpre controverse s'engagea outre-Rhin qui culmina lors de la réunion de l'Association historique allemande, en 1964[6], à Berlin. Au cours du débat, la responsabilité de l'Allemagne dans le déclenchement des hostilités fut clairement établie, et, le temps aidant, admise par la plupart de ceux qui l'avaient niée jusque-là. Rappelons brièvement les faits.

Dans la seconde moitié du XIXe siècle, l'Allemagne devint une grande puissance industrielle. Cette mutation engendra un vaste prolétariat industriel moins docile que la paysannerie et avec lequel les castes dirigeantes, terriennes et militaires, ne désiraient aucunement partager le pouvoir. Bismark trouva une double solution à ce problème. D'abord, dans les années 1880, en étendant au premier État-providence du monde les services de Sécurité sociale traditionnels de la monarchie prussienne[7]. Ensuite, et afin de préserver à tout prix l'unité intérieure, — une fois ses guerres expansionnistes achevées — en créant la psychose d'un « encerclement » imaginaire par des puissances étrangères, enfermant ainsi la nation dans une mentalité d'état de siège parfaitement homogène.

Si Bismark s'y retrouvait dans ce cauchemar artificiel, on ne saurait en dire autant de ses successeurs. Victimes de la peur et d'un irrationalisme croissant, ceux-ci finirent par y croire. Vers 1911 au plus tard, la caste dirigeante s'était forgée un nouveau nationalisme ethnique : le but était de consolider la position des classes dirigeantes par le biais d'une politique étrangère victorieuse ; on espérait évidemment qu'une guerre résoudrait les tensions sociales grandissantes. En entraînant les masses dans le grand conflit, toute cette fraction de la nation, qui s'était jusqu'alors tenue à l'écart, s'intégrerait dans l'État monarchique[8]. L'objectif de la guerre de 1914 était donc bel et bien de créer un nouvel ordre européen dans lequel l'Allemagne aurait un rôle dominant. Secrétaire de Bethmann Hollweg, Riezler définit en ces termes l'union économique européenne envisagée : « Le masque européen, faux-semblant de notre désir de domination[9]. » Bethmann Hollweg savait que la Grande-Bretagne ne tolérerait jamais que l'Allemagne domine l'Europe. Il fallait donc l'écraser (ainsi que la France et la Russie) ; seul moyen pour l'Allemagne d'accéder au rang de superpuissance mondiale. Comme le dit Riezler, exprimant la pensée de Bethmann : « L'erreur tragique de l'Angleterre fut de nous contraindre à rassembler toutes nos forces, à exploiter toutes nos potentialités, de nous impliquer dans des problèmes de portée internationale, de susciter en nous, à notre corps défendant, le désir de dominer le monde[10]. » Cette dernière expression caractérise à merveille la volonté allemande d'esquiver la responsabilité morale de ses agressions.

Si militaires et civils se partagent la responsabilité en la matière, les généraux et amiraux du Reich portent celle d'une défaite accablante. L'Allemagne cessa, quoi qu'il en soit, d'être un empire gouverné par des civils, le 9 janvier 1917, lorsque Bethmann Hollweg accepta d'engager le pays dans une guerre sous-marine totale, qu'il avait refusée pendant trois ans. Dès lors, les amiraux et Ludendorff tenaient entre leurs mains l'essentiel du pouvoir. Ce fut leur guerre. Ils firent de la surenchère, préparant ainsi, le morcellement, la faillite, la mortification et l'humiliation de leur pays à l'heure de l'inéluctable défaite. Comme le dit Riezler : « Nous serons pratiquement contraints d'accepter le Diktat. L'esclavage pour cent ans. Le rêve mondial évanoui à jamais. La fin de toute "hybris". La dispersion des Germains dans le monde entier. Un destin identique à celui des Juifs[11]. » Il est dommage que Keynes n'ait pas eu connaissance des noires pensées de cet homme qui se trouvait au cœur même du pouvoir de décision allemand. Il aurait réalisé que ce que l'on appelle la « paix carthaginoise » était en fait beaucoup plus généreuse que ne s'y attendaient secrètement les dirigeants. Mais il est évident que l'écrasante majorité du peuple était plus ignorante encore que Keynes. On avait appris, à ce peuple, et il le croyait, que l'expansionnisme russe et la suprématie commerciale britannique avaient été les motivations essentielles de la guerre. Il ne s'était agi pour eux que d'une guerre défensive, de survie. Et tout le drame vient de ce que, à l'heure de l'effondrement de 1918, nul ne saisit l'occasion d'éclairer le peuple. Même parmi les socialistes, les seuls à admettre la responsabilité de leur pays dans le déclenchement de la guerre furent Kurt Eisner, assassiné en 1919, Karl Kautsky, chargé de classer les notes diplomatiques de l'avant-guerre, et Edouard David, qui eut accès aux archives quand il devint sous-secrétaire aux Affaires étrangères, à la chute de la monarchie [12]. Mais aucun document véritablement révélateur ne fut publié. Les Allemands sont les meilleurs historiens du monde ; mais, en l'occurrence, ils trahirent leur mission et se nourrirent d'illusions. Autre fait d'importance : les maîtres d'œuvre de la tragédie mentirent ou maquillèrent les faits. Il eut été possible à Bethmann Hollweg de révéler la vérité sur les origines de la guerre et le rôle des militaires dans la défaite. Il n'en fit rien, en dépit des attaques qu'il subit. Tirpitz et Ludendorff ne le ménagèrent pas dans leurs Mémoires. Bethmann lui-même, désireux de ne pas aggraver les divisions internes déjà profondes de l'Allemagne, se montra très réservé [13].

Non seulement la vérité ne fut pas dite : elle fut délibérément occultée par le mythe du « coup de poignard dans le dos » que le défaitisme et la couardise des civils auraient donné à la machine de guerre allemande. A y bien réfléchir, on s'étonne que ce mythe ait pu se forger. Aucune force, dans l'Allemagne wilhelminienne, n'était de taille à défier la puissance militaire, ni, *a fortiori* de la poignarder. L'Allemagne était à bien des égards la société la plus militarisée du monde. La nouvelle industrie elle-même était enrégimentée selon un mode militaire. Les villes-usines poussaient autour des cités-casernes des rois-soldats Hohenzollern. Les milieux d'affaires et même les militants de base des syndicats et des mouvements sociaux-démocrates, si allergiques à toute forme de discipline, étaient astreints à un entraînement militaire obligatoire. On voyait des uniformes partout. Le Kaiser qualifiait dédaigneusement ses ministres, politiciens et diplomates, de « civils stupides ». Afin de rehausser leur prestige, les membres du gouvernement portaient des uniformes militaires. Bismark s'affublait d'un accoutrement de général de cavalerie. Quant à Bethmann Hollweg, il fit sa première apparition de chancelier, au Reichstag, dans une tenue de major. Le Kaiser lui-même s'asseyait à son bureau, non pas sur une chaise mais sur une selle de cheval [14]. L'idée de civils torpillant cette structure militaire énorme et toute-puissante, et ce, en pleine tourmente, est absurde.

En fait, ce fut l'inverse. C'est Ludendorff qui, réalisant soudain que les jeux étaient faits, voulut préserver l'intégrité de son armée pendant qu'il en était encore temps et insista pour qu'un armistice fût signé. Et c'est son successeur, le général Wilhelm Groener, qui déchut le Kaiser de son autorité sur les forces allemandes. L'armée rentrait chez elle en bon ordre, « mais pas sur le commandement de Votre Majesté, parce qu'elle ne fait plus corps derrière Votre Majesté[15] ». C'est enfin l'armée, principal artisan de la guerre, qui éluda toutes ses responsabilités en restituant l'autorité au pouvoir civil. Celui-ci eut la charge infamante de demander l'armistice et de signer la paix, tandis que les généraux se disculpaient en créant le mythe du « coup de poignard dans le dos ».

C'est ainsi que par un curieux phénomène de myopie nationale et d'auto-intoxication, les Allemands exonérèrent ceux qui avaient entraîné leur pays dans le chaos. Abandonnant le principe des tribunaux pour crimes de guerre, les Alliés omirent même d'extrader des officiers allemands connus pour avoir enfreint les conventions de La Haye. Ces hommes furent relâchés et comparurent devant les tribunaux d'outre-Rhin qui les condamnèrent à des peines ridiculement faibles. Ils ne les purgèrent d'ailleurs même pas et rentrèrent chez eux en héros.

En revanche, socialistes et centristes furent tenus pour responsables. Les premiers avaient été, avant la guerre, le parti majoritaire au Reichstag, mais ils n'avaient jamais joué aucun rôle significatif. Le Parlement, quant à lui, n'avait qu'un droit de regard très restreint sur les finances du pays : et c'était là d'ailleurs, l'une des principales faiblesses de la « démocratie » allemande au début du siècle. C'est ainsi que les socialistes n'avaient pu freiner les visées impérialistes du gouvernement, sinon par le vote. Ils furent d'ailleurs les seuls à s'opposer aux annexions en Russie, au début de 1918. A la fin de la guerre, ils accédèrent enfin au pouvoir, mais pas pour longtemps, au titre de simples administrateurs légaux de la liquidation d'un empire, des péchés duquel on les chargeait. Quand les centristes accédèrent à leur tour au gouvernement, peu après, ils furent, eux aussi, salis par la défaite, la reddition, et accusés d'être « les hommes des Alliés ».

Plus ou moins profondément, en effet, Versailles stigmatisa tous les hommes politiques de la nouvelle république, la notion même de république, et, jusqu'à l'idée même d'une démocratie parlementaire. Les Allemands avaient pour la première fois la possibilité de se gouverner eux-mêmes. Hommes et femmes de plus de vingt ans se virent accorder le droit de vote. Les élections de tous les corps constitués se firent donc désormais à bulletin égal, secret, direct, et à la représentation proportionnelle. La censure fut abolie et le droit de réunion garanti. Les syndicats furent reconnus par les employeurs et la journée de huit heures devint obligatoire[16]. Lors des premières élections de janvier 1919, les trois quarts des 80 % de votants se prononcèrent en faveur d'une république.

Elaborée sous la direction de l'éminent sociologue Max Weber, la nouvelle constitution de Weimar rendait pour la première fois le parlement souverainement compétent en matière financière. Théoriquement, elle reprenait, dans ce qu'elle avait de meilleur, la constitution américaine. Une seule faiblesse de taille : élu pour sept ans, le président de la République n'était pas le chef du gouvernement ; cette charge incombait au chancelier, homme de parti responsable devant le Parlement. En dehors des sessions parlementaires, et en vertu de l'article 48, le président était doté des pleins pouvoirs. Dès 1923, et par la suite, cet article fut invoqué et perverti chaque fois que le Parlement se trouvait paralysé. Et il l'était souvent : la représentation proportionnelle ne permettait pas, en effet le bon fonctionnement d'un système bipartite à majorités absolues. Beaucoup d'Allemands avaient grandi dans l'idée que leur pays faisait un tout organique et métaphysique et le spectacle d'un parlement divisé et paralysé les étonnait. L'argument selon lequel celui-ci était un forum où d'innocents et d'inévitables conflits d'intérêt trouvaient une solution pacifique, leur paraissait curieux et irrecevable. En fait, il ne voyait dans le Reichstag qu'un simple théâtre pour le « jeu des partis », cependant que le président et l'article 48 incarnaient l'Allemagne profonde, authentique, éternelle, organique et honorable. Ce clivage constitutionnel se révéla, à l'évidence, avec le premier président socialiste lui-même : Friedrich Ebert. Celui-ci préféra user de son pouvoir plutôt que de forcer les parlementaires à prendre l'habitude de régler leurs différends. Les choses ne firent qu'empirer avec l'arrivée au pouvoir du maréchal Hindenburg.

Bien que Ludendorff eût été le vrai grand maître d'œuvre de la guerre, Hindenburg était demeuré le chef suprême en titre et le héros national.

En 1916, une gigantesque statue de bois à son effigie avait été érigée. Elle symbolisait la détermination à vaincre du peuple allemand. L'achat « d'un bon de guerre » donnait le droit d'y enfoncer un clou. Environ 100 000 clous furent plantés dans le colosse. Au lendemain de la guerre, on en fit du bois de chauffage, comme pour symboliser, cette fois, le retrait des militaires au profit des civils. Ceux-ci, tout comme la république de Weimar et surtout le parlement, furent rendus responsables du traité, de toutes les hontes et les misères de l'après-guerre. Quand Hindenburg, le titan de bois, revint aux affaires en tant que président, il ne personnifiait pas seulement, face à la dissension des partis, l'unité allemande et l'héroïsme du temps de guerre, mais aussi l'antirépublicanisme latent tapi au cœur de la Constitution. Les prérogatives présidentielles furent utilisées pour nommer et démettre les chanceliers, dissoudre le Reichstag, autant de choses qui, dans les dernières années, conduisirent à la suspension virtuelle du régime parlementaire. Hitler aggrava le processus en se fondant sur l'article 48, pour jeter les bases de sa dictature avant même la disparition du parlement en avril 1933.

Le clivage interne de la constitution n'aurait pas eu l'impact que l'on sait, s'il n'avait reflété une division plus profonde de la société et des esprits. J'appelle ceci la division « Est-Ouest » : il s'agit d'un des thèmes centraux des temps modernes dans la mesure où la destinée de l'Allemagne a influencé notre époque. La caractéristique majeure du régime allemand d'avant-guerre, celui des princes, des généraux, et des propriétaires terriens, légitimés par les juristes et l'autorité morale des pasteurs luthériens fut l'antilibéralisme. Les classes dirigeantes haïssaient avec passion l'Occident pour son idéologie libérale, son matérialisme grossier et le manque de spiritualité que ces idées engendraient (selon eux). Elles voulaient préserver l'Allemagne de toutes les souillures de « l'Ouest » : motivation qui déclencha, pour partie, la résurgence de l'idéologie conquérante du Moyen Age et la colonisation de l'Est. Ainsi l'Allemagne se taillait un empire continental qui la rendait indépendante du système mondial anglo-saxon. Ces « partisans de l'Est » établissaient une distinction fondamentale entre la « civilisation » qu'ils estimaient sans racines, cosmopolite, et immorale, antigermanique, occidentale, matérialiste et racialement impure, et la « culture », qui était pure, nationale, germanique, spiritualiste et authentique[17]. Sa civilisation attirait l'Allemagne vers l'Ouest; sa culture, vers l'Est. La véritable Allemagne ne participait d'aucune civilisation internationale, mais d'une « race-culture » nationale propre. Quand elle cédait à l'attraction de « l'Ouest », le résultat était désastreux, quand elle se tournait vers l'Est, elle accomplissait son destin.

En fait, les « Orientaux » avaient présidé de bout en bout aux destinées de l'Allemagne, ils avaient créé une psychose de la guerre, l'avaient déclenchée, pour finalement la perdre. Cependant, dans l'esprit de la plupart des Allemands, le mythe du « coup de poignard dans le dos » infirmait cette analyse des faits en attribuant l'effondrement au défaitisme et à la trahison des « Occidentaux » qui avaient signé l'armistice, accepté une paix désastreuse, proclamé la République et intronisé « le règne des partis ». Ainsi rendus responsables des épreuves de l'après-guerre, les « Occidentaux » étaient considérés comme des suppôts ou agents stipendiés des politiciens « Occidentaux » de Paris ou de Londres, et de la haute finance de Wall Street ou de la City. Le Parlement de Weimar était leur « cheval de Troie ». L'authentique culture germanique possédait cependant son bastion au cœur même de la République, en la personne du président Hingenburg, « homme de l'Est » par excellence, et dans les pouvoirs discrétionnaires de l'article 48. Au bon moment, il serait toujours possible d'étendre cette tête de pont. Pour l'heure, toutefois, les Occidentaux triomphaient. Weimar était une république « à l'occidentale ». Elle préférait la civilisation à la culture : celle-ci était dans l'opposition, celle-là au pouvoir. Il n'est pas inintéressant de constater que la civilisation allemande connut dans les années 1920 un épanouissement sans précédent : l'Allemagne devint, pendant une brève période, le foyer mondial des idées et des arts. Préparant ce triomphe depuis longtemps, elle était, — et de loin — la nation la mieux éduquée du monde. Dès la fin du XVIIIe siècle, elle dépassait le seuil des 50 % de taux d'alphabétisation. Au siècle suivant, elle avait progressivement institué un système d'enseignement supérieur inégalé. Les universités de Munich, Berlin, Hambourg, Göttingen, Marbourg, Fribourg, Heidelberg et Francfort étaient mondialement connues et réputées. L'intelligentsia libérale allemande avait abandonné, dès les années 1860, la vie publique et officielle, laissant le champ libre à Bismark et à ses successeurs. Mais elle ne s'était pas exilée ; au contraire, elle s'était développée et lorsqu'elle refit surface avant la Grande Guerre et prit les rênes en main en 1918, elle se distingua par son activité polycentrique.

Avec ses quatre millions d'habitants, Berlin était la première ville du pays. A la différence de Paris cependant, elle ne drainait pas à elle toutes les forces vives, intellectuelles et artistiques de la nation. Si elle possédait l'Alexanderplatz et le Kurfürstendamm, il existait quantité d'autres pôles culturels : le Bruehl à Dresde, le Jungfernsteg à Hambourg, le Schweidnitzterstrasse à Breslau ou la Kaiserstrasse à Francfort. Le centre de recherche architecturale, le célèbre Bauhaus, se tenait à Weimar ; il fut ensuite transféré à Dessau. L'Institut Warbourg le premier en matière d'enseignement artistique, avait son siège à Hambourg. Dresde abritait la plus belle galerie d'art du monde et le premier opéra d'Europe, dirigé par Fritz Busch, qui vit la création de deux opéras de Richard Strauss. Munich possédait maints théâtres et une galerie d'art d'égale importance. Elle pouvait également se flatter d'être la patrie de « *Simplicissimus* », chef de file des revues satiriques, et de Thomas Mann, le plus célèbre des romanciers. Le « *Frankfurter Zeitung* » avait la réputation d'être le meilleur journal d'Allemagne et Francfort était incontestablement en tête des activités de théâtre et d'opéra (tout comme Munich); d'autres villes, telles Nuremberg, Darmstadt, Leipzig et Düsseldorf virent la création de quelques-unes des pièces de théâtre majeures des années 20[18].

Le principal titre de gloire de Berlin était son théâtre, sans conteste le plus fécond de l'époque et le plus fortement politisé. Sa prééminence en ce domaine remontait à l'avant-guerre, au temps où Max Reinhardt prit la direction du Deutsche Theater ; mais, en 1918, le républicanisme submergea tout. Certains dramaturges étaient des révolutionnaires militants tels Friedrich Wolf et Ernst Toller, qui travaillèrent pour le « Théâtre Prolétaire » d'Erwin Piscator, dont George Grosz réalisa le décor. Bertolt Brecht, — dont la pièce *Les Tambours dans la nuit* fut montée pour la première fois, en 1922, alors qu'il n'avait que vingt-quatre ans, — écrivait des allégories politiques. Attiré par la violence politique du communisme autant que par le gangstérisme américain, comme son ami Arnolt Bronnen l'était par le fascisme, il conçut son propre « uniforme » — le premier accoutrement des militants de gauche : casquette de cuir, lunettes cerclées d'acier, manteau de cuir. Quand *l'Opéra de quat'sous*, écrit en collaboration avec le compositeur

Kurt Weill, fut monté en 1918, il battit tous les records avec plus de 4000 représentations à travers l'Europe en une seule année[19]. Mais la plupart des pièces à succès berlinoises étaient l'œuvre d'auteurs libéraux, plus connus pour leur « audace », leur pessimisme, et surtout leur « non-conformisme », que pour leur engagement politique : des hommes comme Georg Kaiser, Carl Sternheim, Arthur Schnitzler, Walter Hasenclever, Ferdinand Bruckner et Ferenc Molnar[20]. Parfois, la « droite culturelle » tentait une intervention ponctuelle; elle essaya de perturber la première de « *Der Fröhliche Weinberg* » de Carl Zuckmayer (également auteur du script de « *l'Ange Bleu* »). Mais c'était en fait le théâtre dans son ensemble, contre lequel s'insurgeaient les conservateurs, car Berlin ne monta jamais de pièces « de droite » ou nationalistes. Après avoir assisté à un spectacle de Gerhart Hauptmann, un préfet de police résuma parfaitement les sentiments de la « culture » allemande : « Toute cette tendance devrait être liquidée[21]. »

Berlin était aussi la capitale mondiale de l'opéra et du cinéma. Metteurs en scène, imprésarios, chefs d'orchestre et producteurs de grande classe y foisonnaient; des hommes comme : Reinhardt, Léopold Jessner, Max Ophuls, Victor Barnowsky, Otto Klemperer, Bruno Walter, Léo Blech, Joseph von Sternberg (*l'Ange Bleu*), Ernst Lubitsch, Billy Wilder (*Emile et les Détectives*), Fritz Lang (*Métropolis*). Berlin était sans rivale dans l'art de concevoir et de fabriquer des décors et des costumes, des effets lumineux spéciaux ou de mettre en scène des orchestres et des chœurs, avec un souci minutieux du détail. Alban Berg, le plus doué des élèves d'Arnold Schoenberg, y écrivit *Wozzeck*, créé à l'Opéra de Berlin en 1925, et pour lequel le chef d'orchestre Erich Kleiber n'exigea pas moins de 130 répétitions[22]. En 1929, au Festival de Musique de Berlin, Richard Strauss, Bruno Walter, Furtwängler, George Szell, Klemperer, Toscanini, Gigli, Casals, Cortot et Thibaud brillèrent d'un éclat particulier[23]. Forte de tous ces talents, cette virtuosité, et cette compétence, l'Allemagne prit la tête de l'industrie mondiale du cinéma, produisant à elle seule plus de films dans les années 1920 que l'Europe entière (646 pour la seule année 1922)[24].

Plus remarquable encore fut son succès dans le domaine des arts plastiques. En 1918, devenu directeur de l'École des Arts et Manufactures de Weimar, Walter Gropius, commença à mettre en application sa théorie de la *Gesamtkunstwerk*, ou « œuvre d'art globale ». D'abord employé par Wagner, le terme, qui se référait ici à une analogie avec les cathédrales médiévales, désignait l'utilisation intégrée et concomitante de la peinture, de l'architecture, du mobilier, du travail du verre et du métal, de la sculpture, de la joaillerie et des textiles. Bien qu'inspiré par un retour au gothique, tout le travail du « Bauhaus » était cependant axé sur l'utilisation rationnelle des matériaux et des techniques de construction les plus récents. Comme l'a déclaré Lothar Schreyer, un des maîtres de la célèbre institution : « Nous avions le sentiment que nous étions littéralement en train de bâtir un monde nouveau. » Le Bauhaus attira tout un florilège de talents et reçut, entre autres, la visite de Klee, Kandinsky, Mies van der Rohe, Oscar Schlemmer, Hannes Meyer, Bartok, Hindemith, Stravinski [25].

L'institutionnalisation du modernisme, si nouvelle à Weimar, fit aussi la force de la république. Celle-ci fut moins hostile à l'esthétique contemporaine, quelle que fût la discipline artistique concernée, que toute autre société ou système politique. Les grands musées allemands acquirent des tableaux et des sculptures modernes au même moment et les opéras encouragèrent la musique atonale. Otto Dix fut nommé professeur d'histoire de l'art à Berlin, Klee à Düsseldorf, Kokoschka à Dresde. L'œuvre accomplit par les théoriciens et historiens de l'Art, contribua à faire accepter le modernisme. Carl Einstein, W. R. Worringer et Max Dvorak, entre autres, intégrèrent l'art abstrait et l'expressionnisme dans le contexte de la tradition artistique européenne. Berlin devança Paris dans le domaine des expositions de peinture moderne. La galerie d'Herwath Walden et de sa femme Else Lasker-Schüler, également éditeur de la revue *Der Sturm*, était plus dynamique que n'importe laquelle de ses homologues de la Rive Gauche, exposant Léger, Chagall, Klee, Kurt Schwitters, Moholy-Nagy et Campendonck. Le « Neue Sachlichkeit », ou « Nouveau Réalisme » qui succéda à l'expressionnisme décadent en 1923, suscita plus d'intérêt que les mouvements artistiques parisiens [26].

L'Allemagne de Weimar acquit une inconstestable primauté dans le secteur de la culture moderne au grand dam des tenants de la « culture de l'Est » qui parlaient à son sujet de « bolchevisme culturel ». Pendant toute la guerre, la presse ultra-patriotique avait prédit que la défaite verrait le triomphe de l'art, de la littérature et de la philosophie décadents de l'Occident, comme si Lloyd George et Clemenceau n'avaient eu de cesse d'arriver à Berlin pour faire ingurgiter le cubisme au peuple allemand. On y était ! Sous Weimar, modernisme et traditionalisme s'affrontaient pour établir leur suprématie sur l'Europe et sur le monde. Tout ce qui était nouveau y bénéficiait du soutien des institutions, du moins certaines d'entre elles, ainsi que de la protection de la loi : la censure, bien qu'encore stricte, était sans doute la moins répressive d'Europe. Alors que des films comme *l'Ange Bleu* ne pouvaient être projetés à Paris, les spectacles proposés par les théâtres et les cabarets berlinois étaient dix fois plus osés que dans la plupart des autres capitales. Pièces, romans et peintures abordaient des thèmes tels que l'homosexualité, le sado-masochisme, le transvestisme et l'inceste. Sans oublier que ce fut en Allemagne que les œuvres de Freud furent les plus profondément assimilées par l'intelligentsia et influencèrent le plus largement l'expression artistique.

Cette intelligentsia de gauche trop longtemps étouffée par le conformisme de l'Armée, de l'Église protestante, de la Cour et de l'Académie, défiait de propos délibéré les penseurs de la droite allemande. A présent, par un curieux retour de balancier, les anciens marginaux tenaient, à Weimar, le haut du pavé. Dans les colonnes du *Weltbühne*, le plus chic et le plus en vue des nouveaux journaux, on exaltait la liberté sexuelle et le pacifisme tout en dénigrant et en ridiculisant l'Armée, l'État, l'Université, l'Église et, par-dessus tout, la bourgeoisie d'affaires. Pamphlétaire souvent comparé à Heine, Kurt Tucholsky s'y fit connaître par une plume caustique qui piquait au vif les « Orientaux », mieux et plus que n'importe quel autre écrivain. Il était le George Grosz (un féroce caricaturiste) des mots. « Il n'est pas un secret de l'Armée allemande que je ne sois prêt à livrer à une puissance étrangère », écrivait-il[27]. Magnifiquement doué, il cherchait à blesser, attiser la colère et la haine. Il y réussit.

La guerre de tranchée culturelle ne faisait aucune référence à une quelconque Convention de Genève ; elle était sans merci dans ses attaques, ses haines, et ses cruautés : elle visait à réveiller l'atavisme des « partisans de la culture ». La façon dont ceux-ci abordèrent l'inconscient collectif de leurs compatriotes relève de la paranoïa. En partie l'œuvre de Bismarck, cette paranoïa était devenue bien avant 1914, instinctive et habituelle : le Reich, disait-on, était l'objet d'une conspiration mondiale, politique, économique, militaire et culturelle. Le désastre de la guerre, loin d'avoir exorcisé les fantasmes, semblait les avoir exacerbés. Et voilà que la fière Allemagne, douloureuse et sans appuis, enlisée dans la défaite, était devenue la proie d'une racaille cosmopolite qui avait réussi à mobiliser toutes les formes d'expression artistique et qui, dans un secret de conspiration, remplaçait systématiquement la « culture allemande » par une civilisation maudite. Ces griefs prirent un tour de plus en plus passionnel tout au long des années 1920. Le livre de Friedrich Hussong, *Kurfürstendamm*, publié quelques semaines après l'arrivée des nazis au pouvoir, les résume de façon saisissante :

> Un miracle a eu lieu. Ils ne sont plus là... Ils se proclamaient les représentants de l'esprit et de la culture allemands, le présent et l'avenir de la nation. Ils symbolisaient l'Allemagne aux yeux du monde, ils parlaient en son nom... Tout le reste n'était qu'erreur, bassesse, regrettable kitsch, odieux philistinisme... Ils s'asseyaient toujours au premier rang. Ils adoubaient les chevaliers de l'esprit et de l'européanisme. Ce qu'ils n'autorisaient pas n'existait pas... Ils se « faisaient » eux-mêmes, et faisaient les autres. Quiconque les servait était assuré de réussir. Il apparaissait sur leurs scènes, écrivait dans leurs revues, se faisait connaître dans le monde entier ; sa camelote était toujours recommandée, fromages ou relativité, poudre ou « Zeittheater », vrais médicaments ou droits de l'homme, démocratie ou bolchevisme, propagande pour ou contre l'avortement, musique nègre pourrie ou spectacle de nus. Bref, aucune dictature n'était plus impudente que celle de l'intelligentsia démocratique et des « littérateurs de la civilisation[28] ».

Evidemment, l'idée, largement répandue, que la culture de Weimar était inspirée et contrôlée par les juifs, sous-tendait et entretenait la paranoïa. Le régime tout entier n'était-il pas une « république juive » ? Cette doxologie ne reposait sur rien de précis, sinon sur des théories contradictoires qui faisaient des juifs, à la fois les maîtres du bolchevisme et du capitalisme international. Ceux-ci avaient été, il est vrai, le fer de lance des premiers mouvements communistes. Mais, en Russie, ils ne cessèrent de perdre du terrain dès l'arrivée des bolcheviks au pouvoir : en 1925, le régime était déjà antisémite. En Allemagne également, bien que maîtres d'œuvre du Parti communiste (K.D.P.) les juifs en furent vite expulsés dès qu'il s'organisa en parti de masse. Aux élections de 1932, sur les 500 candidats communistes, il n'y avait pas un Juif [29]. Ils n'étaient pas non plus nombreux à l'autre bout de l'échelle, dans la finance et l'industrie allemandes. On était pourtant persuadé du contraire, à cause des relations mystérieuses entre Bismarck et son conseiller financier juif, Gerson von Bleichröder, qui avait poussé les Rothschild et d'autres banquiers à financer les efforts de guerre allemands [30]. Mais en 1920, les juifs n'avaient plus grand-chose à voir avec les finances publiques. Les hommes d'affaires juifs se tenaient à l'écart de la politique. Les porte-parole de la haute bourgeoisie, Alfred Hugenberg, et le Parti populaire nationaliste allemand, étaient antisémites. Les juifs avaient été très actifs lors de la fondation de la République de Weimar. Mais après 1920, un des seuls juifs à occuper encore un poste important était Walter Rathenau, qui sera d'ailleurs assassiné deux ans plus tard.

Dans le domaine culturel, en revanche, la situation était tout autre. Rien n'est plus irritant qu'un totalitarisme culturel, fût-il réel ou imaginaire. Il fut facile d'assimiler les juifs et la culture de Weimar. Tucholsky, entre tous honni, était juif. D'autres critiques importants et créateurs d'opinions l'étaient également. Ainsi, Maximilian Harden, Théodore Wolff, Théodore Lessing, Ernst Eloch et Felix Salten. De même que tous les grands metteurs en scène de cinéma et à peu près la moitié des dramaturges à succès, dont Sternheim et Schnitzler. Ils dominaient le monde du spectacle et, plus encore, la critique théâtrale, ce qui heurtait particulièrement les « Orientaux ». Il y avait aussi parmi les juifs des artistes très prisés et très brillants : Elisabeth Bergner, Erna Sack, Peter Lorre, Richard Tauber, Conrad Veidt et Fritz Kortner. Plusieurs grands journaux, comme le *Frankfurter Zeitung*, le *Berliner Tageblatt* et le *Vossische Zeitung* leur appartenaient. Ils dirigeaient aussi les galeries d'art les plus influentes. Ils étaient particulièrement puissants dans l'édition ; avec les grands magasins des villes, ce fut sans doute dans ce secteur qu'ils détinrent un monopole presque absolu.

Les maisons d'édition les plus célèbres — celles de Malik Verlag, Kurt Wolff, des Cassirers, de Georg Bondi, Erich Reiss et S. Fischer — étaient dirigées par des juifs ou leur appartenaient. Nombre de romanciers de premier plan étaient juifs : Hermann Broch, Alfred Döblin, Franz Werfel, Arnold Zweig, Vicki Baum, Lion Feuchtwanger, Bruno Frank, Alfred Neumann et Ernst Weiss ; c'était aussi le cas de Kafka que les Orientaux détestaient particulièrement, alors que l'intelligentsia le rangeait aux côtés de Proust et de Joyce. Dans chaque discipline artistique, que ce soit l'architecture, la sculpture, la peinture ou la musique, où un changement brusque s'était opéré à la grande répugnance des goûts conservateurs, les juifs avaient pris une part active dans cette évolution sans en être pour autant les instigateurs. A la seule exception peut-être de la musique où Schoenberg fut accusé « d'assassiner » la tradition germanique ; et même en ce domaine, son disciple Alban Berg, à l'innovation plus heureuse, était aryen et catholique. Cependant, on peut affirmer sans risque que la vie culturelle de la République de Weimar aurait été tout à fait différente et infiniment appauvrie sans son élément juif, et cela constituait une preuve suffisante pour étayer et rendre plausible la théorie d'une conspiration culturelle juive[31].

Ce fut la raison majeure de la percée spectaculaire de l'antisémitisme dans l'Allemagne de Weimar. Jusqu'à l'instauration de la République, l'antisémitisme n'était pas un mal qui semblait particulier à l'Allemagne. La Russie était la terre des pogroms et Paris, la capitale de l'intelligentsia antisémite. L'antisémitisme semble avoir fait son apparition en Allemagne entre 1870 et 1880 ; à cette époque, un type de philosophie sociale déterministe utilisa le concept de sélection naturelle de Darwin pour en dégager des « lois » qui expliquaient les changements gigantesques créés par l'industrialisation, l'extension des mégalopoles, et l'aliénation de masses prolétariennes déracinées. Pour expliquer l'origine du mal, le christianisme s'était contenté d'un seul objet d'aversion : Satan. Mais les croyances modernes et laïques exigeaient des démons à visage humain de toute sorte. Pour être vraisemblable, l'ennemi devait être l'ensemble d'une classe ou d'une race.

Parmi ces théories haineuses, celle de Marx, qui inventa « la bourgeoisie » fut la plus complète ; et elle a continué à servir de fondement à tout mouvement révolutionnaire paranoïde, qu'il soit nationaliste et fasciste ou communiste et internationaliste. L'antisémitisme moderne est en théorie un dérivé du marxisme, choisissant d'inclure — pour des raisons de commodité nationale, politique ou économique — une frange particulière de la bourgeoisie comme cible de ses attaques. Evidemment, il s'agissait beaucoup plus d'un choix émotionnel que d'une pure analyse de classe, ce qui fit déclarer à Lénine : « L'antisémitisme est le socialisme des imbéciles. » Mais sur un plan rationnel, cela revenait sensiblement au même. Lénine déclarait, en effet, que c'était la bourgeoisie dans son ensemble — et non pas uniquement les juifs — qui était responsable des maux de l'humanité. Et il est significatif que tous les régimes marxistes, basés sur une explication paranoïaque du comportement humain, s'orientent tôt ou tard vers l'antisémitisme. En bref, l'antisémitisme moderne fait partie intégrante du déplorable courant qui déporte la responsabilité individuelle vers la notion de culpabilité collective — la résurgence sous une forme actualisée, de l'un des instincts les plus primitifs, les plus barbares, voire bestiaux. Il est très curieux de constater, qu'à l'apparition de cette nouvelle forme d'antisémitisme en Allemagne, Nietzsche fut l'un de ses détracteurs, lui qui était toujours à l'affût de substituts pseudo-rationnels et laïques au sentiment religieux véritable. Il dénonça « les antisémites, ces derniers-nés de la spéculation idéaliste... qui cherchent à réveiller les tendances grégaires de la nation par les pires trucs de propagande, travestis en attitude morale[32]. »

Mais si l'antisémitisme moderne n'était en aucune façon un phénomène spécifiquement germanique, il existait des forces puissantes qui allaient favoriser son développement dans ce contexte. La nation allemande moderne, était, en un sens, une création du militarisme prussien. D'autre part, elle était l'expression nationale du mouvement romantique, qui avait insisté sur la notion de *Volk*, sa mythologie et son inscription naturelle dans le paysage allemand, en particulier dans ses forêts sombres et mystérieuses. La tendance *Volk* du romantisme allemand date de l'époque napoléonienne : dès 1817, on brûla les ouvrages « indésirables » et « étrangers », qui corrompaient la « culture *Volk* ». En effet, c'est dans cette tendance *Volk* que Marx puisa le concept d'« aliénation » du capitalisme industriel. Une nation — *Volk* — avait une âme qui naissait de son habitat naturel. Pour citer l'article d'Otto Gemlin — auteur de romans historiques — paru dans *Die Tat*, organe de la tendance *Volk* du mouvement romantique : « Chaque peuple et chaque race tend à faire sien le paysage qui l'environne[33]. » Si l'environnement est détruit ou si le peuple — *Volk* — lui devient étranger, l'âme de ce peuple meurt. Les juifs n'étaient pas un peuple au sens *Volk* du terme ; ils avaient perdu leur âme parce qu'ils étaient « déracinés ». Ce contraste fut ingénument cultivé par Wilhelm Heinrich Riehl — professeur d'histoire ancienne — dans une série de volumes, parus entre 1850 et 1860, intitulée : *Land und Leute — Peuples et Territoires*[34]. La base véritable du peuple — *Volk* — était les paysans. Bien sûr, ils pouvaient être des ouvriers, mais avant tout des « artisans », regroupés en corporations locales. D'autre part, le prolétariat était une création juive. Parce qu'ils n'avaient pas d'environnement propre, les juifs venaient détruire celui des autres, provoquant le déracinement de millions d'individus et leur entassement dans des villes géantes, qui représentèrent leur nouvel environnement. « La dominance de la grande ville, écrivait Riehl, équivaudra à celle du prolétariat. » De plus, chaque grande ville serait le maillon d'une chaîne mondiale où « le monde bourgeois » et « le monde prolétarien » conspireraient pour détruire tout ce qui avait une âme, tout ce qui était « naturel », en particulier la contrée germanique et ses paysans[35].

Le mouvement *Volk* engendra une flopée de romans « paysans » antisémites, parmi lesquels le plus célèbre fut *Der Wehrwolf — Le Loup - Garou* — de Herman Löns, paru en 1910, qui décrivait, pendant la guerre de Trente Ans, une révolte de paysans qui se retournaient contre leurs oppresseurs venus des villes, comme des loups · « Quel est le sens de la civilisation ? Ce n'est qu'une fine couche de vernis sous laquelle court la nature, attendant la moindre fêlure pour éclater au grand jour. » « Les villes sont le tombeau du germanisme. » « Berlin est le domaine des juifs. » Pour la paysannerie, les juifs faisaient fonction d'usuriers, de marchands de bestiaux et d'intermédiaires ; les premières organisations politiques antisémites firent leur apparition avec les partis paysans et le *Bund der Landwirte* ou syndicat des fermiers. Hitler dévora ces « romans paysans », notamment ceux de Dieter Eckhart, traducteur de *Peer Gynt* en langue allemande, et ceux de Wilhelm von Polenz qui, lui aussi, rendait les juifs responsables de la cruauté et de l'aliénation de la société industrielle moderne.

L'antisémitisme allemand était en fait un large mouvement de « retour à la terre ». Il y eut des écoles du peuple — *Volk* — qui mettaient surtout l'accent sur la vie au grand air. « Des théâtres de montagne », nichés dans des amphithéâtres naturels, furent construits dans le Harz ou ailleurs, et on y représentait des « cérémonies populaires » et d'autres spectacles ; une activité que les nazis développèrent à grande échelle et avec un autre panache. Les premiers mouvements de jeunesse, en particulier celui des *Wandervögel* qui remporta un beau succès arpentant la contrée en grattant la guitare, prirent une coloration antisémite quand ils envahirent lycées et universités. Le mouvement « cité-jardin » fut mené, en Allemagne, par un violent antisémite, Theodor Fritsch ; il publia *Le Catéchisme antisémite*, qui connut quarante éditions entre 1887 et 1936 ; et les nazis se référaient à lui comme *Der Altermeister*, le maître - penseur. Il n'y eut pas jusqu'au mouvement naturiste qui n'acquit, sous l'impulsion des symboles aryens et nordiques, un parfum d'antisémitisme [36]. En effet, il y avait dans les années vingt, en Allemagne, deux types distincts de nudisme : le nudisme « juif » que symbolisait la danseuse noire Joséphine Baker et qui était hétérosexuel, commercial, cosmopolite, érotique et immoral ; et le nudisme antisémite qui était allemand, *völkisch*, nordique, asexué — parfois homosexuel —, pur et vertueux [37].

Il est impossible en effet de faire la liste des ingrédients variés qui, à partir des années 1880-1890, s'incorporèrent au brouet empoisonné de l'antisémitisme germanique. A la différence du marxisme, qui était par essence un mouvement presque religieux, l'antisémitisme fut en Allemagne un phénomène culturel et artistique, une forme de romantisme. Ce fut Eugen Diederichs, éditeur du *Die Tat* à partir de 1912, qui créa l'expression « nouveau romantisme » en réponse à l'expressionnisme juif. Il publia *Der Wehrwolf* et c'est dans sa maison d'Iéna, entouré d'intellectuels du Mouvement de la Jeunesse, vêtu d'un pantalon à rayures de zèbre et coiffé d'un turban, qu'il décréta : « La démocratie est une civilisation mais l'aristocratie égale la culture. » Il inventa de transformer Nietzsche en héros antisémite et effectua avec audace d'autres larcins littéraires. *De la Germanie* de Tacite devint par ses soins un texte intrinsèquement *Völkisch* ; les œuvres de Darwin furent trafiquées pour justifier « scientifiquement » des « lois » racistes, tout comme Marx les avait pillées pour ses « lois » de classe. Il y avait également pléthore d'authentiques mentors, tel Paul de Lagarde qui prêchait une religion germaniste, dépouillée du christianisme qu'il accusait saint Paul « le Rabbi » d'avoir judaïsé. Julius Langbehn, quant à lui, prétendait que les juifs assimilés étaient « la peste et le choléra » qui empoisonnaient la création artistique du *Volk* : ils devaient être exterminés ou réduits en esclavage comme les autres races « inférieures [38] ». Houston Stewart Chamberlain et Eugen Dühring soulignèrent tous deux la nécessité de la « barbarie », ou élément gothique d'autodéfense contre la décadence juive, et l'importance de la « pureté » et de l'idéalisme du panthéon nordique. Chamberlain, à qui Hitler devait rendre visite sur son lit de mort pour lui baiser les mains en 1927, soutenait que Dieu croissait avec la race allemande tandis que le Diable était du côté de la race juive; c'étaient les deux pôles du Bien et du Mal. Les Teutons avaient hérité des idéaux aristocratiques de la Grèce et de l'amour de la justice des Romains auxquels ils ajoutèrent leur propre sens de l'héroïsme et leur force d'âme. Ainsi leur incombait de combattre la seule autre race dont la pureté et la volonté de puissance étaient égales aux leurs. Le juif n'était donc pas une grossière figure de comédie mais un ennemi mortel et implacable : les Allemands se devaient d'arracher aux juifs tout le pouvoir de la technologie et de l'industrie modernes, pour les détruire totalement [39]. Certains théoriciens racistes allemands étaient marxistes, comme Ludwig Woltmann; il transformait la lutte des classes en lutte internationale des races en préconisant le réveil des masses par une propagande éloquente qui mobiliserait les Allemands et les pousserait aux conquêtes nécessaires à leur survie et à la prolifération de leur race : « La race germanique a été choisie pour dominer le monde. »

En bref, dans les années vingt, tout chef de parti politique qui désirait faire de l'antisémitisme un agent de sa « volonté de puissance » pouvait organiser sa campagne en puisant dans l'énorme réserve de slogans, d'idées et d'inventions fantaisistes qui s'étaient accumulés depuis plus d'un demi-siècle. Le traité de Versailles donna un nouvel essor à cette controverse, en amenant en Allemagne un flot important de Juifs qui fuyaient, terrorisés, la Russie, la Pologne et les territoires allemands restitués. Cela devint ainsi un « problème » urgent, nécessitant des « solutions », qui foisonnaient par ailleurs. On proposa une double imposition des juifs, l'isolement ou l'*apartheid*, le retour à l'ancien ghetto, des lois spéciales dont la transgression serait punie par la pendaison, l'interdiction des mariages interraciaux entre juifs et aryens germaniques. En 1918, l'un des best-sellers fut *Die Sünde wider das Blut — Péchés contre le Sang* — d'Arthur Dinter, qui décrivait comment de riches juifs faisaient violence à la pureté raciale d'une aryenne. Les appels à l'extermination des juifs devinrent fréquents et populaires et des pamphlets antisémites circulèrent à des millions d'exemplaires. Il y eut de nombreux incidents violents mais, en 1919, quand la police bavaroise demanda conseil pour faire face à l'antisémitisme, Berlin répliqua que cette situation était sans remède puisque « elle prenait sa source dans la différence de race qui sépare la tribu israëlite de notre peuple - *Volk*[40] ».

Les juifs essayèrent de combattre ce poison par tous les moyens. Certains élevèrent leurs enfants pour en faire des artisans ou des fermiers. Ils s'enrôlèrent dans l'armée. Ils tentèrent de se sur-assimiler. Le poète juif, Ernst Lissauer, écrivit le célèbre hymne « Haïssez l'Angleterre ». Ou bien, à l'autre extrême, ils s'essayèrent au sionisme, créèrent des associations militantes juives, des ligues estudiantines, des clubs d'escrime. Mais chaque tentative soulevait plus de difficultés qu'elle n'en résolvait — car l'antisémitisme était protéen, comme une hydre aux cent têtes et imperméable à la logique de l'évidence. D'après Jakob Wassermann : « Il est vain de chercher l'obscurité. Ils disent : le lâche, il va se cacher en rampant, sous l'impulsion de sa mauvaise conscience. Il est vain d'aller parmi eux et de leur tendre la main. Ils disent : pourquoi prend-il de telles libertés, se pousse-t-il tellement en avant ? C'est bien digne d'un juif ! Il est vain de tenir ses engagements à leur endroit comme compagnons d'armes ou bien comme concitoyens. Ils disent : il est comme Protée, multiforme. Il est vain de les aider à secouer les chaînes de leur esclavage. Ils disent : il y trouve sans doute son profit. Il est vain de chercher à neutraliser le poison[41]. » Pour Mortitz Goldstein, il était inutile d'exposer l'absence « évidente » de fondement de l'antisémitisme : « Qu'y gagnerait-on ? D'apprendre que leur haine est véritable. Quand toutes les calomnies auront été réfutées, toutes les distorsions rectifiées, toutes les idées fausses à notre sujet rejetées, l'antipathie subsistera de manière irréfutable[42]. »

La défaite allemande de 1918 était faite pour déclencher la chasse aux boucs émissaires, à la trahison étrangère au sein du Peuple - *Volk*. Même sans preuve collatérale, les juifs, qui incarnaient la « civilisation occidentalisée » furent automatiquement distribués dans ce rôle. Les preuves d'ailleurs existaient ! L'influence des juifs dans l'immédiat après-guerre présageait un assaut futur de la culture martyrisée et fraîchement diminuée du Peuple - *Volk*. D'ailleurs la République de Weimar n'apportait-elle pas le témoignage quotidien — au parlement, sur les scènes de théâtre, dans les cinémas, les librairies, les magazines et les journaux, les galeries d'art, partout où l'Allemand moyen se tournait, éberlué — qu'une conspiration cosmopolite, corruptrice et douée d'ubiquité menaçait de s'emparer du Reich ? Quel doute pouvait-il subsister qu'une crise, réclamant des solutions radicales, allait éclater ?

Ce fut alors que la notion de résolution violente du conflit entre civilisation et culture s'empara réellement de l'esprit de certains Allemands. Une fois encore, l'action fatale de Lénine, qui inaugura le cycle de violence politique en 1917, apporta sa funeste contribution. L'antisémitisme s'était présenté jusque-là comme une réaction de défense.

En se proposant d'avoir recours à la violence, même à grande échelle, il put alors justifier cette réaction de défense. Car il existait une croyance largement répandue, non seulement en Allemagne mais à travers l'Europe centrale et occidentale, que le bolchevisme était inspiré et dirigé par les juifs, que ces derniers contrôlaient les partis communistes, et provoquaient des soulèvements révolutionnaires rouges. Trotski, le plus féroce des bolcheviks, qui commanda effectivement le *putsch* de Petrograd, était juif sans conteste, comme quelques autres dirigeants russes. Les juifs avaient joué un rôle éminent dans le soulèvement spartakiste de Berlin, dans le gouvernement des soviets de Munich et dans les autres tentatives de soulèvement de certaines villes d'Allemagne. L'imagination s'engouffra là où les faits étaient difficiles à établir — par exemple, le vrai nom de Lénine aurait été Issachar Zederblum et la révolution hongroise aurait été dirigée non par Béla Kun, mais par le juif Cohn. La Terreur Rouge de Lénine fut un cadeau inestimable aux extrémistes antisémites puisque, entre autres, la plupart de ses nombreuses victimes furent des paysans et que le membre le plus connu de la Tchéka pour sa férocité était Latsis, juif letton. Munich devint alors la capitale de l'antisémitisme germanique, après avoir enduré la terreur judéo-bolchevique de Kurt Eisner et sa bande. Le *Münchener Beobachter*, qui devint postérieurement le *Völkische Beobachter* des nazis, se spécialisa dans le récit des atrocités des Rouges, comme la crucifixion de prêtres par Kuhn ou Cohn, son emploi d'une « guillotine ambulante » etc. De nombreux faits divers rapportés de Russie étaient, bien sûr, tout à fait authentiques. Ils formaient un socle solide sur lequel pouvait s'édifier un monument d'imagination enflammée. Hitler devait bientôt se servir avec une grande efficacité de la crainte d'une Terreur Rouge, soulignant maintes et maintes fois que les communistes avaient déjà massacré trente millions de personnes. Qu'il ait rajouté un zéro à ce nombre n'enlevait rien à sa terrible réalité. Il présentait le militantisme national-socialiste comme une réponse et une attaque préventives. Il était « prêt à opposer au terrorisme total des marxistes un terrorisme dix fois plus important[43] » Et sous ce « terrorisme » accru, les juifs seraient traqués, non comme des victimes innocentes mais en tant que terroristes effectifs ou potentiels.

La vérole de l'antisémitisme qui, à l'époque de Weimar, allait atteindre son stade tertiaire, n'était pas l'unique faiblesse du corps politique allemand. L'État allemand était un colosse à cervelle d'oiseau. Les Orientaux, suivant en cela l'exemple de Bismarck, greffèrent sur l'organisation militaire prussienne un État-providence qui garantissait légalement aux travailleurs une assistance sociale en cas de maladie. Allant à l'encontre du libéralisme occidental où les ressources personnelles sont assurées par de hauts salaires, ce système imposait l'alternative paternaliste d'une sécurité obligatoire et universelle. L'État devenait à la fois une bonne d'enfants et un sergent-major; il jetait une ombre envahissante sur la vie des gens du commun qui devenaient ainsi dépendants et dociles. Les industriels allemands approuvèrent fortement ce concept d'État-tuteur, veillant avec sollicitude et bienfaisance sur la vie des citoyens[44]. Cette philosophie était d'essence platonicienne et son résultat fut le corporatisme. Les sociaux-démocrates ne firent rien pour arrêter ce courant totalitaire, lors de leur bref passage au pouvoir en 1918 ; tout au contraire, ils le renforcèrent. La République de Weimar ouvrit les portes mais n'encouragea pas le citoyen à s'aventurer hors de la pénombre gardée de l'État.

Qui avait la charge de cet appareil puissant et ramifié, à présent que les Orientaux étaient dans l'opposition ? Personne, pouvait-on répondre. Les bureaucrates étaient entraînés à suivre la ligne prussienne ; ils en appliquaient les règles et, dans le doute, attendaient les ordres. Les architectes de la République de Weimar ne firent aucune tentative pour changer ce modèle et encourager les fonctionnaires à développer un sens d'autonomie morale. Ils craignaient probablement que les officiels du nouveau régime pussent être tentés de désobéir à leurs nouveaux maîtres parlementaires. En tout cas, on les exhortait à considérer l'obéissance comme vertu suprême. En 1919, dans une conférence célèbre, Max Weber insista sur ce point : « L'honneur du fonctionnaire tient à sa capacité à exécuter consciencieusement les ordres de l'autorité supérieure. » Seul le politicien avait le droit et le devoir d'exercer sa responsabilité personnelle[45]. Il aurait été difficile de concevoir pire avis à donner aux hauts fonctionnaires allemands ; ils le suivirent naturellement jusqu'à la triste fin de 1945.

L'abdication morale des bureaucrates aurait pu être de moindre importance si les politiciens avaient appliqué l'autre volet du conseil de Weber. Mais les parlementaires manquèrent de la confiance en eux et de la vigueur nécessaires pour que la conduite des affaires de la République de Weimar soit couronnée de succès. Quand ils étaient saisis de doute, ils recouraient constamment à l'article 48 — qui interdisait les réunions antirépublicaines — dont le premier usage remontait à août 1921. C'était comme s'ils étaient tout le temps conscients que le gros de la nation était réservé au sujet de la République, considérant ses élites comme les laquais des Alliés, *Erfüllungpolitiker*, des hommes qui s'étaient engagés à exécuter un traité haï. Ils donnaient souvent eux-mêmes l'impression de partager ces doutes. Dès le début, les socialistes montrèrent l'exemple. Ayant obtenu le pouvoir en 1918 pour la première fois, ils ne firent aucun essai réel pour changer les structures de base d'un pays extraordinairement autoritaire. Les chefs du SPD étaient des hommes intègres et laborieux : Ebert, un sellier ; Noske, un vannier ; Wels, un tapissier ; Severing, un serrurier ; Scheidemann, un imprimeur. Dépourvu d'imagination et d'envergure, ils étaient raillés par l'intelligentsia de gauche et méprisés par les universitaires. Ils renoncèrent trop aisément à leur emprise, dès que le centre droit eut retrouvé de l'énergie. La volonté de puissance leur faisait défaut.

De plus, ils furent déséquilibrés dès le départ par la décision de l'extrême gauche de suivre l'exemple de Lénine, en optant pour la violence antiparlementaire, durant l'hiver 1918-19. Nous voici une nouvelle fois témoins d'un afflux de conséquences désastreuses quand une politique de force remplace, par suite de l'impatience des individus, une politique de concertation. Le *putsch* de gauche entraîna les sociaux-démocrates à commettre une erreur fatale. Craignant d'utiliser les unités de l'armée régulière, qui auraient pu se mutiner, Gustav Noske demanda à l'ancien Haut-Commandement de lui fournir des corps-francs — *Freikorps* — d'officiers démobilisés. Ils furent, on s'en doute, créés promptement. Les ministres du SPD légitimèrent de la sorte un mouvement qui se répandait déjà à l'Est, où les communautés de colons allemands combattaient les Polonais ; ce mouvement, dès l'origine, avait été farouchement anti-Weimar. Bientôt on ne compta pas moins de soixante-huit de ces corps-francs, appelés parfois *Bunds* ou *Ordens*, aux buts politiques et sociaux bourgeonnants, avec un goût prononcé pour le combat de rue. L'un d'entre eux, le *Bund Wehrwolf*, combattit les Français et les socialistes dans la Ruhr. Un autre, le *Jungdeutscher Orden*, comptait 130000 membres en 1925[46]. Ce fut d'une organisation semblable — *Orden* — dirigée par Karl Harrer, que les nazis émergèrent : Hitler les transforma en un parti de masse, dont les S.A. ou chemises brunes rappelaient les origines de *Freikorps*[47].

Presque inévitablement, les soulèvements avortés de la gauche, qui menèrent à la légalisation des *Freikorps* tout en permettant à la droite de reprendre confiance, provoquèrent à leur tour un *putsch* de l'armée. Il eut lieu en mars 1920, sous la direction de Wolfgang Kapp, vieil ami de Tirpitz et co-fondateur avec lui, en 1917, du Parti patriotique. La moitié de l'armée soutint Kapp mais les politiciens de droite et les fonctionnaires refusèrent de se joindre à lui, et après avoir tenu quatre jours, il s'enfuit en Suède. Malheureusement, l'extrême gauche avait opté une nouvelle fois pour la violence, au lieu de soutenir les institutions républicaines. Elle leva dans la Ruhr une « Armée Rouge » de 50000 ouvriers ; ce fut l'unique fois dans toute l'histoire de la République de Weimar que les marxistes purent jeter dans la bataille une force armée d'envergure. L'émergence d'une telle force fournit au commandement militaire l'occasion inespérée de recouvrir sa réputation de gardien de la loi et de l'ordre. En avril, l'armée marcha sur la Ruhr et la reprit aux marxistes, après de terribles exactions des deux côtés. En conséquence, le contrôle de l'armée passa des mains de Walter Reinhardt, général républicain de confiance, entre celles du général Hans von Seeckt, un *Junker* réactionnaire, qui était décidé à mettre fin au traité de Versailles. Il se mit immédiatement à renforcer la « filière russe », tournant les clauses de limitation d'armement du traité par la construction, en secret, de manufactures d'armes en Russie, processus que la signature du traité de Rapallo en 1922 accéléra. Il purgea également l'armée de ses éléments républicains, cassant les gradés et les simples soldats qui s'étaient opposés au *putsch* de Kapp pour « refus d'obéissance[48] ». Il fit de l'armée — qui était un instrument politiquement neutre — la matrice d'un nouvel État antirépublicain, qui mettrait en œuvre l'ancien programme des Orientaux. C'est ainsi que l'armée échappa au contrôle de la République de Weimar et passa dans l'opposition. Quand le président Ebert demanda en 1923 à Seeckt de quel côté se trouvait l'armée, ce dernier répondit : « La *Reichwehr* est derrière moi[49]. »

La renaissance de la droite se refléta bientôt en politique. Lors des élections de juin 1920, les sociaux-démocrates s'effondrèrent et l'ancienne coalition de Weimar perdit le pouvoir; par la suite, ceux qui avaient créé la République ne la contrôlèrent plus. Plus sérieuse encore était l'érosion de l'application de la loi. L'institution judiciaire — qui n'avait jamais apprécié la République — décida d'y faire opposition. Les instigateurs du *putsch* de Kapp ne furent pas cités à comparaître. Qui plus est, les événements du printemps 1920 accrurent de façon aiguë la tendance des juges — déjà observable l'année précédente — à traiter la violence politique, qui était devenue endémique, sur une base politique sélective. Leur raisonnement était le suivant : puisque la gauche avait été à l'origine de la violence, une riposte violente de la droite était destinée, en un sens, à protéger l'ordre public, donc justifiée. Grâce à la terreur léniniste, ce point de vue se trouvait si largement partagé dans le pays que les jurés inclinaient à se ranger derrière les juges. C'était la même argumentation qui permettait de présenter l'antisémitisme comme « défensif ». Bien sûr cela faisait le jeu des brutalités droitières des *Freikorps*, *Bunds* et *Ordens*, et aidait à faire glisser la société allemande d'un exceptionnel respect des lois à une violence tout aussi exceptionnelle. En 1922, un examen de statistiques relevées sur une période de quatre ans — 1919/1922 — montre que 354 meurtres furent commis par la droite contre 22 par la gauche. Les responsables de chacun des crimes de la gauche passèrent en jugement; dix d'entre eux furent exécutés, vingt-huit autres obtinrent des peines de quinze années de détention en moyenne. 326 crimes perpétrés par la droite ne furent jamais résolus; cinquante meurtriers passèrent aux aveux dont plus de la moitié furent acquittés en dépit de leur confession; vingt-quatre autres furent condamnés à des peines ne dépassant pas quatre mois[50].

Bref, la droite pouvait avoir recours à la violence pratiquement en toute impunité. Les juges et les jurys avaient le sentiment de participer à une guerre que se livraient la culture allemande et une civilisation étrangère : il était juste d'admettre la violence comme réponse légitime à cette agression culturelle. C'est ainsi que le grand journaliste libéral, Maximilian Harden, juif de surcroît, fut battu et laissé pour mort par deux voyous en 1922, et que ses assassins en puissance se virent prononcer un verdict de pure forme. L'argumentation de la défense fut que Harden avait provoqué cette attaque par « ses articles antipatriotiques » et les jurés accordèrent les « circonstances atténuantes ». Pourquoi donc ces jurés, issus de la classe moyenne allemande, tendaient-ils à se ranger plutôt du côté des Orientaux ? L'enseignement qu'ils recevaient à l'école, lui-même reflet de la coloration politique des Universités, était l'une des principales raisons de cet état de fait. La tragédie de l'Allemagne moderne peut servir de leçon quant aux dangers résultant d'une politisation du corps enseignant par « l'engagement » revendiqué des professeurs. Qu'il s'agisse d'un parti pris de droite ou de gauche, les effets en sont de toute façon catastrophiques car les puits de la vérité sont empoisonnés. Les universités et l'écrasante majorité du corps professoral se trouvaient du côté de la *Kultur*. Les juristes et les professeurs de langue et de littérature étaient d'un nationalisme bruyant. Les pires étaient les historiens. Heinrich von Treitschke avait célébré le rendez-vous de l'Allemagne avec son destin et averti les Juifs de ne pas entraver l'essor de cette « jeune nation ». Son *Histoire d'Allemagne au XIXe siècle*, dont l'influence fut énorme comme classique de l'époque de l'empereur Guillaume, connut une nouvelle édition à gros tirage en 1920. Les historiens d'alors comme Erick Marcks, Georg von Below et Dietrich Schäfer célébraient encore les réalisations de Bismarck — des congés dans les universités commémoraient les anniversaires de Sedan et de la fondation de l'Empire — et les leçons qu'ils tiraient de la Grande Guerre tournaient autour du manque d'intransigeance de l'Allemagne et ajoutaient une caution « académique » au mythe du « coup-de-poignard-dans-le-dos ». Dans son ensemble, la communauté académique servait de chambre d'écho à la mythologie nationaliste. Au lieu d'encourager le scepticisme et l'autocritique, les professeurs en appelaient à un « renouveau spirituel » et à des panacées de pacotille[51].

Par pure malchance, l'ouvrage, à la plus large audience et le plus influent des années 20, fut *Le Déclin de l'Occident* d'Oswald Spengler, instituteur pédant et insensé. Il conçut son livre en 1911, en guise d'avertissement à l'optimisme peu justifié de l'Allemagne. Il l'écrivit pendant la guerre, anticipant une victoire allemande. En fait, le premier volume parut en 1918 et la défaite lui donna une étonnante pertinence et une actualité qui en firent un best-seller. L'essence de cet ouvrage était d'un darwinisme social. Il définissait huit cultures historiques en argumentant que les « lois de la morphologie » leur étaient applicables. La plus récente, la culture occidentale, montrait déjà les symptômes du déclin : la démocratie, la ploutocratie et la technologie indiquaient que la « civilisation » prenait le pas sur la « culture ». Ce livre paraissait expliquer la défaite de l'Allemagne et se faisait le héraut d'une époque de guerre cruelle, qui verrait l'ascension de nouveaux Césars et le remplacement des démocrates et des humanistes par de nouvelles élites de héros, froids comme l'acier, qui ne prendraient pas en considération leurs intérêts privés mais ceux de la communauté[52]. Cet ouvrage fut suivi en 1920 par un essai qui fit sensation, *Prussianisme et Socialisme*, qui en appelait à un national-socialisme, sans classes, où la nation entière travaillerait de concert et sous l'égide d'un dictateur. C'était exactement le genre d'argument que Mussolini commençait à avancer en Italie.

L'analyse de Spengler allait être nettement complétée par l'œuvre de deux autres Orientaux d'envergure. Carl Schmitt, chef de file officiel des philosophes allemands, se répandit pendant ces années-là, en un flot de livres et d'articles : il ne cessait de clamer que l'ordre ne pourrait être rétabli qu'en accordant la préférence aux exigences de l'État sur la quête d'une « liberté » illusoire. Le Reich ne serait pas en sécurité tant que la République de Weimar ne serait pas remodelée en État autoritaire selon le principe incarné par l'article 48[53]. Ce point fut resitué dans une perspective historique par Arthur Moeller van den Bruck, historien des cultures, dans un ouvrage brillant, publié en 1923. Les Allemands, prétendait-il, étaient les premiers créateurs de l'Europe; leur premier Reich, l'empire médiéval, lui avait donné forme. L'œuvre de Bismarck, leur seconde création, était artificielle parce qu'elle avait admis la corruption du libéralisme : ce qui, bien sûr, expliquait son effondrement lors de sa mise à l'épreuve. Weimar n'était qu'un interlude dans le chaos. Une nouvelle occasion s'offrait aux Allemands : en purgeant la société du libéralisme et du capitalisme, ils seraient en mesure de construire, pour la troisième et dernière fois, un État qui incarnerait toutes les valeurs germaniques et durerait mille ans. Ce remarquable exercice historique fut baptisé par son auteur : *Le Troisième Reich*[54].

Eperonnés par leurs enseignants, les étudiants allemands, qui étaient environ 100000 sous Weimar, saluèrent avec enthousiasme ces diverses philosophies des Orientaux. L'idée reçue que les étudiants sont — intrinsèquement — dépositaires de l'idéalisme humaniste ne survivrait pas à l'examen de la période de Weimar. Avec les démobilisés, ils allèrent grossir les rangs des extrémistes violents, en particulier de droite. Au cours des années 20, la politique estudiantine fut dominée par le mouvement de droite, le *Hochschulring*, jusqu'à ce que les nazis prennent la relève[55]. Les extrémistes de droite procédaient de la sorte : ils convertissaient une demi-douzaine d'étudiants sur le campus, les transformaient en activistes à plein temps, en les payant pour leur peine. Ces activistes pouvaient alors entraîner la masse des étudiants derrière eux. Les nazis réussirent à s'implanter beaucoup mieux sur les campus qu'auprès de la population, prise dans son ensemble; et leurs victoires électorales furent toujours précédées de progrès chez les étudiants, qui se révélèrent d'excellents prosélytes. Pour ces derniers, le nazisme était un mouvement radical, dont ils appréciaient l'égalitarisme et l'antisémitisme. Les étudiants, en effet, étaient d'un antisémitisme beaucoup plus développé que celui de la bourgeoisie ou de la classe ouvrière. Avant 1914, la plupart des associations d'étudiants avaient déjà exclu les juifs; en 1919, les confréries souscrivirent à la « Résolution Eisenach », qui déclarait indépassable l'objection raciale contre les juifs, ne pouvant être levée par leur conversion. L'année suivante, les étudiants juifs furent privés de « l'honneur » de se battre en duel. En 1922, les autorités de l'université de Berlin annulèrent une cérémonie à la mémoire de Walter Rathenau plutôt que de courir le risque d'une violente manifestation étudiante. Cette politique d'apaisement de la violence étudiante devint monnaie courante dans les années 20; recteurs et universités capitulaient devant les réclamations les plus excessives des meneurs étudiants pour éviter des troubles. Vers 1929, presque toutes les universités étaient passées dans le camp des Orientaux.

Contre ce déploiement d'envergure des forces sociales, sur qui les Occidentaux pouvaient-ils compter ? Peu d'individus étaient prêts à mourir pour la République de Weimar ou simplement à parler en sa faveur. Les libéraux, comme l'exprima l'un d'eux, « avaient épousé la République sans être amoureux ». Pour eux, elle remplissait seulement le vide causé par la disparition de la monarchie, en attendant la venue d'une meilleure instance. Max Weber lui-même, peu avant sa mort en 1920, admit qu'il aurait préféré une démocratie dirigée par un homme fort, choisi par plébiscite, à une démocratie parlementaire dont la faiblesse et la corruption seraient inévitables, supposait-il. Comme le libéral Hans Nawiasky, professeur de droit à Munich, le déclara : la République était un enfant né dans le chagrin et dont la naissance ne rendit personne fier[56]. Elle ne put jamais dans l'esprit de la population être détachée des circonstances tragiques et détestables de son origine.

La gauche avait tout à perdre d'un échec de Weimar; et, en effet beaucoup à gagner, de son bon fonctionnement — mais l'extrême gauche ne put jamais être amenée à prendre ce fait en considération. Les plaies de 1919 ne cicatrisèrent pas — les éléments léninistes haïssaient les sociaux-démocrates qu'ils surnommèrent, à partir de 1923, « sociaux-fascistes », avec un acharnement sans égal. Non seulement, ils échouèrent à reconnaître que le fascisme était un nouveau phénomène extrêmement dangereux, mais refusèrent de faire une distinction entre les conservateurs de la classe moyenne — prêts à agir dans le cadre de la légalité — et les politiques sauvages qui se trouvaient hors-la-loi. La portée de l'antisémitisme échappa toujours aux marxistes. Là encore, leurs esprits avaient été engourdis par le système narcotique de Marx. Ce dernier avait adopté une bonne partie de la mythologie antisémite, en repoussant le judaïsme comme le symbole de l'âge du crédit capitaliste. Avec l'avènement de la révolution, il était destiné à disparaître : il n'y aurait plus personne de semblable à un « juif[57] ». Face à un raisonnement aussi absurde, les marxistes Juifs — Trotski, Rosa Luxemburg, Paul Axelrod, Otto Bauer, Julius Martov — se sentirent obligés de rejeter l'autodétermination pour les juifs, alors qu'ils la préconisaient pour toute autre communauté[58]. Il y avait une perversité cruelle dans ce déni grossier. Comme l'exprima l'historien juif, Simon Dubnow : « Comme un juif doit se haïr lui-même pour reconnaître à chaque nationalité le droit à l'autodétermination, tout en doutant que ce droit puisse être étendu à son propre peuple, dont "l'autodétermination" a commencé, il y a 3000 ans[59]. » Considérant qu'il n'existait pas de problème juif, les marxistes jugèrent donc que l'antisémitisme ne faisait pas problème. Ils inaugurèrent ainsi la plus vaste crise idéologique de l'histoire de l'Europe, en refusant de faire fonctionner leurs cellules grises. Ce fut un cas de désarmement intellectuel sur une base unilatérale.

Cependant, la destruction de la République pouvait être évitée. Et elle n'aurait certainement pas eu lieu, si la droite radicale n'avait pas produit un homme politique de génie. Au cœur de la tragédie historique du monde moderne gît le fait que les républiques russe et allemande eurent tour à tour des adversaires d'une envergure tout à fait exceptionnelle : Lénine et Hitler, incarnations d'une volonté de puissance unique à ce jour. Il est évident que le surgissement d'une telle figure ne surprit pas les *exaltés* de la droite allemande. Tous les disciples de Nietzsche jugeaient nécessaire et inévitable l'émergence d'un *Führer*, semblable au Messie. On l'imaginait sous les traits du Chevalier de la célèbre gravure de Dürer, *le Chevalier, la Mort et le Diable*. Wilhelm Stapel, dans *L'Homme d'État chrétien*, le présentait à la fois comme un guerrier, un prêtre et un souverain, doté de qualités charismatiques[60].

La réalité fut tout autre. Hitler était un homme totalement irréligieux, qui ne s'embarrassait ni d'honneur ni de morale, mais croyait au déterminisme biologique, tout comme, de son côté, Lénine croyait au déterminisme historique. Il pensait que la race, et non pas les classes, représentait le vrai principe révolutionnaire du XXe siècle, comme le nationalisme avait représenté celui du XIXe. Ses origines étaient semblables à celles de Lénine. Son père était lui aussi un petit fonctionnaire, employé des douanes autrichien à la frontière bavaroise. Hitler, comme Lénine, fut le produit d'une époque où la politique devint une obsession croissante. Il n'essaya jamais sérieusement de gagner sa vie par d'autres moyens que l'action politique ; et, comme Lénine, se sentait dans son élément dans un univers où la poursuite du pouvoir par la conspiration, la force et l'agitation était le principal objet et la satisfaction majeure de l'existence. Et, toujours comme Lénine, dans cette vision du monde aride et sombre, il fut un maître. Il possédait le même égoïsme intellectuel ; n'ayant aucun doute sur lui-même, il était impitoyable dans ses relations personnelles ; il préférait opposer la force à la discussion et combinait surtout la fidélité absolue à un but lointain avec l'opportunisme le plus adroit. Les deux hommes partageaient même un certain puritanisme : Hitler, à l'exemple de Lénine — et à l'opposé de Mussolini — était personnellement peu vaniteux et n'offrait pas de prise aux aspects les plus clinquants du pouvoir.

Toutefois, sur un point essentiel, ils différaient complètement ; Lénine était un révolutionnaire de type religieux, Hitler, par contre, de type romantique. En effet, c'était un artiste. Les intellectuels libéraux furent horrifiés quand, en 1939, Thomas Mann, dans un brillant essai intitulé *Frère Hitler*, le compara à l'archétype de l'artiste romantique — comme le décrivit, par exemple, Henri Murger dans *Scènes de la vie de bohème* — et posa la question : « Ne devons-nous pas, même contre notre gré, reconnaître dans ce phénomène, un aspect du caractère de l'artiste ?[61] » Cette comparaison est pourtant lumineuse et recevable. Elle éclaire beaucoup de perspectives de l'hitlérisme qui demeureraient, sans cela, dans l'obscurité. Hitler fut un peintre sans talent et sans succès. Son génie était ailleurs. Mais ses réactions étaient habituellement celles d'un artiste, dans ses choix comme dans ses dégoûts. Visitant les lieux de travail de son père, il se sentit rempli de « haine et de répugnance » : c'était « une cage gouvernementale » où « des vieillards s'entassaient les uns sur les autres, comme des singes[62] ». Il comprit qu'il était investi d'une mission à remplir, en assistant pour la première fois à une représentation de l'un des succès du jeune Wagner : *Rienzi*, où un roturier devient tribun du peuple dans la Rome du XIVe siècle et que la haine des nobles fait périr dans l'incendie du Capitole ; « c'est à cet instant-là que tout a commencé[63] », confia-t-il plus tard. Il semble avoir conçu la « solution finale » appliquée aux Juifs dans le décor fantastique du château gothique autrichien de Werfenstein ; c'est là qu'un moine défroqué, Jörg Lanz von Liebenfels, mettait sur pied un programme systématique de reproduction et d'extermination raciales, « en vue d'extirper l'animalité de l'homme et de propager une nouvelle race d'une humanité supérieure », et prônait une guerre raciale « à la pointe du fer sacrificateur ». Significativement, Lanz reconnaissait à la fois Lénine et Hitler comme ses disciples, voyant une analogie entre l'extermination des classes « jetées dans les poubelles de l'histoire » et l'élimination des races par des programmes génétiques, deux formes de darwinisme social[64]. Hitler s'intéressait aussi beaucoup aux différences de classe, qu'il exploita à son avantage avec sagacité. Mais le concept de classe ne se trouva pas au cœur de son rêve politique car il n'avait pas d'impact visuel. Celui de race en avait un.

Hitler semble avoir toujours abordé la politique par le biais d'images très visuelles. Semblable en cela à Lénine, et plus encore à Staline, il fut un exceptionnel praticien du vice le plus radical du siècle : la mécanique sociale — c'est-à-dire la propension à considérer les êtres humains comme des rouages purs et simples. Dans le cas de Hitler, une dimension artistique s'ajoutait à ces projets diaboliques. Tirant des plans pour un empire universel qui irradierait autour de Berlin, ce furent d'abord les édifices d'État colossaux de la capitale qui lui vinrent à l'esprit et qu'il conçut dans le moindre détail[65]. Lorsque, au cours de la guerre, Hitler donna ses directives pour la transformation politique, démographique et économique des dix millions de milles carrés d'une Europe s'étendant jusqu'à l'Oural, il décrivit de manière élaborée les jardins babyloniens qui devaient orner les cités de la race des seigneurs[66]. Il est très caractéristique qu'il ait placé un architecte à la tête de la production de guerre. En effet, il aurait dû lui-même être architecte. Quand il exprima le désir de voir le monde « transformé de fond en comble et dans tous ses aspects », il pensait en termes concrets et visuels, simple extension du souhait qu'il formula toute sa vie de reconstruire Linz, sa ville « natale ». Il ne réussit en fait qu'à la doter d'un nouveau pont : mais jusqu'aux derniers jours du Bunker, il étudia des plans pour transformer la ville. Il envisageait régulièrement de se retirer « après la guerre », pour, sa mission première accomplie, redessiner le plan des villes et superviser les projets d'édifices publics.

Cette approche artistique de Hitler explique absolument son succès. Le fanatisme, de type religieux, de Lénine n'aurait jamais fonctionné en Allemagne, la nation la plus cultivée du monde. Conquérir les Allemands sur le plan intellectuel était très difficile. Mais leur sensibilité sentimentale formait une cible facile à atteindre. La force de Hitler résidait dans le fait de partager avec beaucoup d'autres de ses compatriotes la dévotion pour des images nationales, à la fois anciennes et récentes : forêts brumeuses engendrant de blonds titans ; villages riants à l'ombre de châteaux ancestraux ; cités-jardins surgissant du ghetto des taudis ; chevauchée des Walkyries, Walhalla en flammes, aubes renaissantes où se dresseraient pour les siècles futurs des structures étincelantes et millénaires sur les ruines fumantes du passé. C'est ce genre d'images pieuses que Hitler révérait à l'instar de l'Allemand moyen — et qu'un siècle environ de propagande nationaliste avait implantées dans les esprits.

L'on peut affirmer sans erreur que ces atouts culturels furent la source de la fascination qu'exerça Hitler. Le rejet populaire de la culture de la République de Weimar était un énorme réservoir d'énergie politique dont Hitler ouvrit les vannes avec délectation. Que Lénine ait abandonné la musique pour la politique lui aurait paru incompréhensible. En Allemagne, la musique, surtout la musique d'opéra, et la politique ne faisaient qu'un. Hitler personnifie cette vérité qui veut que les dons d'architecte et d'homme de théâtre soient proches parents. Son intuition d'artiste romantique lui fit redécouvrir une évidence aussi vieille que la cité — *polis* — et qui remonte certainement à l'époque pharaonique : à savoir que l'apparence du chef charismatique, qu'il soit monarque de la Renaissance ou politicien démocratique moderne, est au moins aussi importante que le contenu de sa politique. L'une des raisons de l'admiration de Hitler pour Wagner était que l'œuvre de ce dernier lui avait beaucoup appris : *Parsifal*, en particulier, devint le modèle de sa politique spectaculaire. La leçon qu'il tira de son expérience sur le Front occidental fut que les guerres pouvaient être gagnées ou perdues par la propagande — ce qui inspira le fameux chapitre six de *Mein Kampf*. L'objectif de toute propagande, écrivit-il, était « d'empiéter sur le libre arbitre de l'individu[67] ». Ceci pouvait être accompli par la « magie mystérieuse » de Bayreuth « le crépuscule artificiel des Eglises catholiques gothiques », et il mit à contribution ces deux effets-là, tout en pillant ceux de Max Reinhardt, du cinéma de Fritz Lang ou d'autres créateurs de la République de Weimar, qu'il méprisait par ailleurs. La scénographie de ses discours fut conçue et exécutée avec un talent et un professionnalisme enviables ; on veillait fanatiquement au moindre détail. Hitler fut le premier à apprécier les pouvoirs diaboliquement magiques des haut-parleurs et des projecteurs. Il semble avoir été l'inventeur du *Son et Lumière* et s'en servit avec des effets foudroyants lors de ses cérémonies de masses nocturnes. Il importa de l'Italie de Mussolini, en les améliorant, les accoutrements et les insignes politiques ; si bien que les uniformes hitlériens demeurent la référence obligée en matière de somptuosité totalitaire. Le stalinisme et le maoïsme imitèrent les mises en scène de Hitler, dépassèrent leur échelle sans égaler leur style.

Vedette de ces drames opératiques, Hitler répétait avec un professionnalisme sans défaut. Le mythe de l'« orateur fou » était infondé. Hitler eut toujours un total contrôle de lui-même. Cependant, il découvrit l'utilité de ce cliché, en recevant des personnalités étrangères : par exemple, Neville Chamberlain, qui fut énormément soulagé, en rencontrant Hitler, de le découvrir capable de s'exprimer d'une manière sensée et raisonnable. Tous ses écarts « de folie » étaient soigneusement calculés. Il déclara en août 1920 que son but était d'employer « un raisonnement à froid » pour « fouetter et animer... son instinct[68] ». Il vérifiait toujours l'acoustique des lieux où il devait discourir. Il connaissait le texte de ses allocutions par cœur, ayant une excellente mémoire — et des notes très fournies à sa disposition. Il s'entraînait en face d'un miroir et se fit prendre en photo par le photographe du parti en pleine action pour pouvoir étudier les tirages. L'esprit vacille devant les possibilités que lui aurait offertes la télévision. Il est étrange qu'il n'ait pas encouragé son développement : Berlin-Witzleben avait effectué une retransmission télévisée dès le 8 mars 1929. Hitler usait d'une gestuelle oratoire, alors peu usitée en Allemagne, qu'il avait empruntée à Ferdl Weiss, un comédien habitué à se produire devant le public des brasseries munichoises. Par calcul, il différait son entrée, mais sans exagération. A ses débuts, il dialoguait avec les perturbateurs en ayant recours à un humour mordant[69]. Plus tard, il tendit vers l'image de prophète inspiré et réduisit sévèrement le contenu spécifiquement politique de ses discours. Elisabeth, la sœur de Nietzsche, à laquelle il rendit visite à Weimar, confia qu'il l'avait frappée davantage comme un guide spirituel que comme un chef politique[70]. Son style était pourtant celui d'un revivaliste plus que celui d'un théologien : le journaliste américain, H.R. Knickerbocker le compara à « Billy Sunday[71] ». Un observateur écrivit à l'époque : « Hitler ne fait jamais de discours vraiment politiques, mais plutôt philosophiques[72]. » En fait, au lieu de souligner son programme et de faire des promesses, il exigeait un engagement. Pour lui, la politique était la mobilisation des volontés. L'auditeur soumettait sa volonté au chef qui la lui restituait avec une force accrue. Selon ses propres termes : « La volonté, le désir ainsi que la puissance de milliers d'individus sont accumulés en chacun d'entre eux. Celui qui se rend, hésitant et doutant, à une telle manifestation, la quitte avec une force intérieure renouvelée : il est devenu un maillon de la communauté. »

Nous touchons ici un point important. Hitler, comme Lénine, n'avait que du mépris pour la démocratie parlementaire ou tout autre aspect du libéralisme. Mais alors que Lénine soutenait qu'une élite, un seul individu même représentaient la volonté du prolétariat en vertu de son savoir — *gnosis* —, Hitler ne s'opposait pas à ce que la voix démocratique s'exprimât sous une forme moins métaphysique. En un sens, il croyait à une participation démocratique et la mit en pratique un temps. Jusqu'à un certain point, Hitler, en effet, n'avait pas d'autre alternative dans sa quête du pouvoir que la voie démocratique. Dans un rare moment de franchise, Lénine avoua que seul un pays comme la Russie aurait été susceptible d'être capturé avec autant de facilité. L'Allemagne présentait un cas de figure différent. On ne pouvait la violer, il fallait la séduire.

Hitler mit un certain temps à le comprendre. Son éducation politique vaut d'être étudiée en détail. C'est dans la Vienne d'avant 1914 qu'il adhéra au socialisme et à l'antisémitisme. L'exemple du socialisme lui fut donné par Karl Lueger, célèbre maire socialiste-chrétien, qui imita en l'améliorant la politique sociale de Bismarck par l'établissement d'un mini État-providence : en quinze ans, il dota Vienne de superbes moyens de transport, d'un système d'éducation et de sécurité sociale, de zones vertes et créa un million d'emplois. L'essentiel de la politique intérieure de Hitler jusqu'en 1939 s'y trouve esquissé : user du paternalisme pour convaincre les masses de renoncer à leur liberté au profit de leur sécurité. Lueger était aussi antisémite; mais c'est un autre politicien viennois, le pangermaniste, Georg von Schönerer, qui fit placer à Hitler « la solution du problème juif » au cœur de sa politique : Schönerer réclamait des lois discriminatoires pour les Juifs et ses partisans ornaient leur chaîne de montre de l'insigne d'un Juif pendu.

Le troisième élément, qui transforma Hitler en Oriental archétypal, fut fourni par la guerre. Ludendorff croyait fermement à l'éducation politique des troupes. Il les endoctrina en leur faisant miroiter une vaste expansion vers l'est, ce que sembla confirmer le traité de Brest-Litovsk. Hitler se fit l'interprète passionné de cette vision, qu'il développa et adapta pour y inclure la « solution finale » du « problème juif ». Elle demeura l'élément le plus important de tout son programme d'action, l'axe autour duquel tout le reste tournait. La politisation de l'armée, idée chère à Ludendorff, fut adoptée avec enthousiasme par Lénine, nommant des commissaires politiques dans chaque bataillon. A son tour, l'armée allemande reprit cette idée après l'écrasement des insurrections rouges de début 1919. Le département politique du commandement du district de Munich fit de Hitler l'un de ses premiers

« officiers d'instruction politique » quand le Soviet fut mis à bas. Ernst Roehm était l'un de ses collègues. Les deux hommes tirèrent parti de la peur des Rouges pour faire de Munich la capitale de l'extrémisme allemand.

En septembre 1919, Hitler prit la tête d'un petit groupe prolétarien appelé « Parti des travailleurs allemands » ; en avril 1920, quand il quitta l'armée pour entamer sa carrière politique à part entière, il l'avait transformé en noyau d'un parti de masse et lui avait donné un programme de politique étrangère — abrogation du traité de Versailles, Grande Allemagne, expansion orientale, exclusion des Juifs de la citoyenneté — ; d'autre part, il avait réorganisé ses buts économiques en un programme radical en 25 points : confiscation des profits de guerre, suppression des revenus injustifiés, nationalisation des trusts et partage des profits de l'industrie, expropriation des terres pour cause de nécessité nationale sans compensation. Il ajouta « national-socialiste » à l'intitulé du Parti. Bien que Hitler ait utilisé, parfois, les termes nationalisme et socialisme comme s'ils étaient interchangeables, l'élément radical et socialiste resta toujours au premier plan de son programme. Il ne fut jamais un politicien conservateur ou bourgeois ni un partisan ou un défenseur du capitalisme. Le Parti nazi ne fut pas non plus celui où prédomina la classe moyenne défavorisée. Les historiens modernes ont discuté âprement la portée de son impact sur la classe ouvrière[73]. Il semble qu'en réalité les activistes nazis aient été recrutés parmi les mécontents de toute origine à l'exception des paysans et des fermiers. En 1923, sur un total de 4 800 membres, 34,5 pour cent étaient d'origine ouvrière, 31 pour cent originaires de la classe moyenne défavorisée, 6,2 pour cent de petits fonctionnaires, 11,1 pour cent d'employés et 13,6 pour cent de petits patrons et de commerçants[74].

La politique de Hitler en créant un parti d'élite d'avant-garde reposant sur la masse se modelait, bien évidemment, sur l'expérience de Lénine. En effet, à d'importants égards, il resta léniniste jusqu'à la fin, en particulier par sa conviction qu'un parti discipliné et très centralisé avec à sa tête un chef autocratique, était le seul instrument susceptible de mener à bien une révolution de fond. Une fois au pouvoir, il mit en œuvre la prise en main par son parti de tous les rouages de la société, systématiquement comme le fit Lénine. A l'origine, il avait imaginé prendre le pouvoir comme Lénine en 1917, par un *putsch* paramilitaire. Il fut encouragé dans sa résolution par le succès de la Marche sur Rome de Mussolini à l'automne 1922. Un an plus tard, il jugea que le moment était venu d'agir de même en Allemagne.

En 1923, la monnaie allemande, chancelant depuis longtemps au bord du gouffre, finit par y tomber. En 1913, le mark valait 2 dollars 38 cents ; en 1918, sa valeur était tombée à sept cents et mi-1922, un cent valait cent marks. Les autorités financières allemandes attribuaient cette baisse aux clauses de réparations du traité de Versailles — qui, en fait, n'en étaient pas directement responsables. Les finances publiques allemandes n'étaient pas saines depuis l'époque de Bismarck ; ce dernier empruntait pour conduire ses guerres et liquidait ensuite ses dettes par le butin conquis. Cette technique avait été reprise entre 1914 et 1918, mais la défaite l'avait mise en défaut. L'Allemagne se retrouva sur un amoncellement de dettes publiques sous forme de bons du gouvernement et avec, en circulation, un montant prodigieux de papier-monnaie. L'inflation commença bien avant qu'il ait été question de réparations et elle avait atteint son plus haut niveau en 1921 quand les premiers paiements arrivèrent à échéance. Cette crise était due entièrement à la témérité avec laquelle le ministre des Finances, avec l'aval de la Reichbank, permit au crédit et à l'effectif monétaire de s'étendre. Personne dans les milieux d'affaires ne se souciait du « mark de la République ». Tout le monde spéculait à son détriment pour se couvrir et plaçait son capital à l'étranger — quant aux industriels, ils investissaient en capital fixe, empruntant en papier-monnaie, aussi vite qu'ils le pouvaient. Quand Keynes fut invité à donner son avis en automne 1922, il proposa un remède drastique — que la génération suivante appellerait « monétarisme » : le gouvernement, dit-il, devait équilibrer le budget à tout prix et freiner ses effectifs monétaires. Cet excellent conseil ne fut pas suivi et les presses à billets accélérèrent la cadence [75].

L'effondrement final de la monnaie intervint en janvier 1923 avec l'occupation de la Ruhr par la France ; la population cessa le travail et le gouvernement allemand accepta la responsabilité financière de continuer à payer les salaires. Durant l'été 1923, A.P. Andrew, un membre du Congrès américain en visite en Allemagne rapporta qu'il obtint 4 000 millions de marks contre sept dollars ; au restaurant, un repas de deux personnes coûtait 1 500 millions de marks — quant au pourboire, il s'élevait à 400 millions. Le 30 novembre, l'émission journalière atteignit 4 000 quintillions. Les banques prélevaient un intérêt de 35 pour cent par jour sur les prêts alors qu'elles ne payaient que 18 pour cent d'intérêt par an à leurs déposants. Il en résultait, par exemple, qu'une paysanne déposant le prix de sa vache s'apercevait en venant le retirer six mois plus tard qu'elle ne pouvait plus s'offrir qu'un hareng. Les petits épargnants et les possesseurs de bons du gouvernement perdirent tout leur avoir. Les grands gagnants, mis à part le gouvernement lui-même, furent les propriétaires terriens qui purgèrent leurs hypothèques et les industriels qui remboursèrent leurs dettes en papier-monnaie sans valeur et devinrent absolus possesseurs de leur capital fixe. Ce fut l'un des plus grands et des plus âpres transferts de richesses de l'histoire. Les responsabilités étaient claires : les bénéficiaires de la fraude étaient aisément identifiables. Cependant, et c'est une indication déprimante de la stupidité publique en matière économique, les Allemands — surtout ceux qui étaient les plus gros perdants —, loin de « développer cette conscience du prolétariat » prédite par Marx dans des conditions similaires, se retournèrent contre le traité de Versailles et les « spéculateurs juifs ».

Une telle agitation eut naturellement des répercussions politiques. Le 13 août, Gustav Stresemann, le seul politicien de Weimar à être populaire, forma une « Grande Coalition » englobant les sociaux-démocrates et la droite traditionnelle. Elle ne dura que cent jours. L'état d'urgence fut déclaré et le pouvoir remis entre les mains du ministre de la Défense. On parla d'une « Marche sur Berlin ». Mais ce furent les communistes, comme la plupart du temps, qui déclenchèrent le cycle de la violence par une insurrection en Saxe. Hitler, de son côté, jugea qu'il était temps de s'emparer de la Bavière. Le 8 novembre, ses hommes encerclèrent la brasserie où se réunissaient les autorités locales, les capturèrent et proclamèrent un nouveau gouvernement dictatorial, avec Hitler à sa tête et Ludendorff comme chef de l'armée; ils marchèrent ensuite sur Munich avec trois mille hommes. Mais la police ouvrit le feu, dispersa les effectifs et Hitler fut arrêté et condamné en temps opportun à cinq années de captivité dans la prison-forteresse de Landsberg[76].

Cependant, les autorités n'avaient aucune intention de lui laisser faire son temps. Hitler bénéficia du traitement de faveur pour les « criminels » orientaux. « Le Prisonnier de Landsberg » était un pensionnaire populaire et choyé. Au lieu de l'uniforme de prisonnier, il portait des *Lederhosen*, culotte de peau des paysans bavarois, et un chapeau tyrolien. Il recevait six heures par jour un flot continu de visiteurs, admiratrices et politiciens serviles confondus. Pour son trente-cinquième anniversaire, fleurs et cadeaux jonchaient plusieurs pièces de la forteresse; et sa cellule, au dire d'un témoin oculaire, « ressemblait en permanence à une boutique de *delikatessen*[77] ». Les mois qu'il y coula lui permirent d'écrire *Mein Kampf*, en le tapant « avec deux doigts sur une vieille machine à écrire », selon le témoignage ultérieur de Ilse, la femme de Hess[78].

Durant le séjour de Hitler à Landsberg, un grand changement survint en Allemagne. A court terme, les événements jouèrent en sa défaveur. Le Dr Hjalmar Schacht, nouveau président de la Reichbank, stabilisa la monnaie en créant un nouveau Reichmark, indexé sur l'or et négociable à l'étranger, ce qui stoppa l'émission des billets et réduisit les fortes dépenses gouvernementales; il accomplit, en fait, ce que Keynes avait préconisé dix-huit mois plus tôt. L'économie allemande, et même l'économie mondiale, gagna des eaux plus calmes. Les cinq années qui suivirent furent marquées par une expansion économique régulière et par conséquent, la stabilité politique fut plus grande. Ce furent les meilleures années de la République de Weimar. Hitler, depuis Landsberg, comprit qu'il ne prendrait pas le pouvoir à la manière de Lénine. Il devait devenir un homme politique populaire. *Mein Kampf* reconnaissait cet état de choses et indiquait exactement le chemin qu'il allait suivre. Mais il sentait également que l'année 1923 avait marqué un tournant qui favoriserait à long terme ses efforts. Pour les millions d'individus qui en avaient été les victimes, l'héritage de la Grande Inflation serait une haine inextinguible et ardente envers la République de Weimar et ses dirigeants, « l'establishment occidentalisant », le traité de Versailles et ceux qui lui avaient été associés. La classe moyenne allemande avait changé d'axe. A l'avenir, la cause occidentale serait condamnée ; la « culture » prévaudrait sur la « civilisation ». Hitler nota cette réorientation sismique dans le remarquable chapitre quatre de *Mein Kampf* où il décrit la « guerre pour l'espace vital », menée contre la Russie. « Nous mettons fin à ce mouvement éternel de l'Allemagne vers le Sud et l'Ouest, écrivit-il, et nous tournons nos regards vers les terres de l'Est. Enfin nous abandonnons la politique commerciale et coloniale de l'avant-guerre et envisageons la politique territoriale du futur [79]. »

Au moment même où Hitler écrivait ses lignes, un jeune écrivain anglais, à l'étrange intuition, en arrivait à la même conclusion. Le 19 février 1924, D.H. Lawrence dans sa *Lettre d'Allemagne* [80], s'exprimait ainsi : « La vie en Allemagne paraît refluer et perdre tout contact avec l'Europe occidentale au profit des déserts de l'Est. » Lors de sa dernière visite en 1921, l'Allemagne « était encore ouverte sur l'Europe. Alors, elle semblait toujours chercher à se réunir... à se réconcilier avec l'Europe occidentale. A présent, c'est fini... le rôle positif de notre civilisation a échoué. Les influences qui jouent, jouent invisiblement en faveur des Tartares... faisant retour à la fascination destructrice de l'Orient qui engendra Attila. » Et il poursuivait ainsi :

> « ... la nuit, on sent d'étranges choses se mouvoir dans l'obscurité... Il y a une sensation de danger... un sentiment étrange, *hérissant* d'inquiétude, de danger... l'espoir-de-la-production-dans-la-paix est brisé. L'ancien courant, les anciennes attaches sont rompus. Et un courant encore plus ancien l'a remplacé. C'est le retour à la polarité barbare de la Tartarie et l'éloignement du pôle civilisé de l'Europe Chrétienne. Cela, me semble-t-il, s'est déjà produit. Et c'est un changement d'une importance beaucoup plus profonde que tout autre *événement*. Il va engendrer la prochaine phase des événements.

Déterminé à exploiter cette polarité nouvelle, Hitler, dans son rôle de politicien populiste, en possession d'une imagination créatrice indubitable, consacra ses dernières semaines de prison à concevoir un spectaculaire réseau routier, les futures *autobahnen*, et une voiture du peuple — *la Volkswagen* — pour permettre à la nation de l'utiliser [81]. Il fut relâché le 20 décembre 1924 et, sevré de Wagner, alla droit chez le pianiste Ernst Hanfstaengel et lui ordonna : « Jouez-moi le *Liebestod* ». Le matin suivant, il s'acheta une Mercedes pour 26 000 marks et, jusqu'à ce qu'il devienne chancelier, mit son point d'honneur à dépasser toute voiture se trouvant sur sa route [82].

IV

Légitimité et décadence

Tandis que le vent d'est soufflait à nouveau sur l'Allemagne, l'alliance franco-anglaise tirait à sa fin. Le 22 septembre 1922, il y eut une scène effroyable à Paris à l'Hôtel Matignon entre Raymond Poincaré, le Premier ministre français et lord Curzon, le secrétaire d'Etat aux Affaires étrangères britanniques. Trois jours auparavant, la France avait retiré ses troupes de Chanak, abandonnant le minuscule contingent britannique exposé à la violence des nationalistes d'Atatürk, ce qui rendait son humiliation inévitable. Curzon s'était rendu à Paris pour protester.

Les deux hommes se haïssaient. Poincaré était le porte-parole des *rentiers* français, un avocat à la Forsyte, au ton tranchant; prudent et économe, il aimait citer le conseil de Guizot aux Français : « *Enrichissez-vous* ! » On l'appelait *l'Avocat de France*; il avait hérité du nationalisme de Thiers, dont il rédigeait la biographie. Il se targuait d'être incorruptible et écrivait lui-même ses lettres à la main — quand il utilisait un coursier du ministère pour une affaire privée, il le payait de sa poche[1]. Curzon écrivait lui aussi ses lettres, par milliers, restant à sa table fort avant dans la nuit, veillant par suite d'une blessure dorsale datant de son enfance. Il avait également un penchant à la parcimonie, épluchant les comptes domestiques de lady Curzon, mettant ses serviteurs mal à l'aise car il ne dédaignait pas, à l'occasion, de montrer à une femme de chambre comment épousseter le mobilier ou à un valet de pied comment servir le thé. Mais Poincaré fit resurgir chez lui son mépris aristocratique pour la vulgarité de la classe moyenne et le laisser-aller émotionnel des Français. Durant la discussion, Poincaré « perdit tout son sang-froid et hurla pendant un quart d'heure, en vociférant des paroles inconsidérées ». Lord Hardinge, l'ambassadeur d'Angleterre, dut aider Curzon, sous le choc, à gagner une autre pièce où ce dernier s'affala sur un canapé écarlate, tremblant violemment de tous ses membres. « Charley, dit-il, je ne peux plus supporter cet horrible petit homme. Je ne peux plus le supporter. Je ne peux plus. » Et lord Curzon éclata en sanglots[2].

Le motif sous-jacent du différend franco-britannique résidait en une estimation contraire d'un possible renouveau militaire de l'Allemagne. La plupart des hommes d'Etat britanniques jugeaient leurs homologues français paranoïaques, dès que l'on abordait le sujet de l'Allemagne. Sir Austen Chamberlain surprit ce propos d'Edouard Herriot : « Je vous affirme que je prévois avec terreur qu'elle nous refera la guerre dans dix ans [3]. » Le point de vue français était partagé par les membres britanniques de la Commission de contrôle inter-alliée, dont la tâche était de superviser les articles 168-169 du traité de Versailles, régissant le désarmement de l'Allemagne. Le général de brigade J.H. Morgan confiait en privé que, de toutes les nations d'Europe, l'Allemagne était celle qui avait le mieux conservé ses principales caractéristiques d'avant-guerre, son militarisme en particulier [4]. La France soutenait qu'à chaque vérification d'un communiqué du ministère de la Guerre de la République de Weimar, ses allégations se révélaient erronées. Mais les rapports de la Commission de contrôle qui consignaient les violations éhontées des dispositions du traité ne furent jamais rendus publics; et dans certains cas, furent même délibérément étouffés pour aider la cause du désarmement général et réduire les dépenses militaires. Lord d'Abernon, ambassadeur d'Angleterre en Allemagne, était passionnément progermanique; sa nature magnanime de membre de la ligue anti-alcoolique en faisait le premier des « *Apaiseurs* »; il croyait au moindre mot du livre de Keynes et jugeait impossible que l'Allemagne pût dissimuler toute infraction au traité de Versailles [5]. Dans ses rapports, il ne soufflait mot des holdings que les firmes allemandes établissaient, pour la fabrication d'armes, en Turquie, en Finlande, à Rotterdam, à Barcelone, à Bilbao et à Cadix; ni des arrangements passés par Krupp avec la Suède pour y développer la production de tanks et de canons [6].

Le ressentiment de la France devant l'indifférence de l'Angleterre aux risques d'un renouveau germanique fut ravivé par la signature, le 16 avril 1922, du traité de Rapallo entre l'Allemagne et la Russie. L'un des objectifs secrets de cet accord, comme la France le soupçonnait, était d'aménager en Russie des manufactures d'armes conjointes ainsi que de permettre l'entraînement de pilotes et d'équipages de tanks allemands. Ce traité était également de mauvais augure pour la Pologne, allié de la France à l'Est; menace qui devait se concrétiser finalement en août 1939 par le pacte germano-soviétique. Rapallo renforça la détermination de Poincaré d'obtenir de l'Allemagne des réparations, par la force si nécessaire; et ce fut peu de temps après la rupture avec l'Angleterre, au sujet de Chanak, qu'il envoya les troupes françaises occuper la Ruhr, le 11 janvier 1923. Certaines de ces troupes provenaient des colonies françaises d'Afrique; Poincaré se vantait d'ailleurs que la France « était un pays, non de quarante millions d'habitants, mais de cent millions ». Le réseau ferroviaire français en Afrique, tel qu'il était, avait pour fin première le transport rapide de troupes fraîches sur le théâtre des opérations en Europe. Que les Allemands aient une particulière aversion des Noirs et des Arabes sous l'uniforme français représentait, pour la France, une raison supplémentaire de les leur imposer. Cette ligne politique dure eut des résultats à court terme : en effet, le 26 septembre 1923, le gouvernement allemand capitula devant les exigences de Poincaré. Le violent petit avocat, qui fut au pouvoir — avec une seule interruption — jusqu'en 1929, domina la politique européenne occidentale tout au long des années 20 ; il personnifia aux yeux de beaucoup — y compris certains Anglais et Américains — une agressivité française qui menaçait plus gravement la stabilité européenne et mondiale qu'un renouveau hypothétique de l'Allemagne.

En fait, ce qu'engendra la politique de Poincaré fut la rancœur gigantesque de l'Allemagne; elle attendait pour se manifester l'affaiblissement de la puissance française et le raffermissement des forces mêmes, déterminées à la renaissance militaire de l'Allemagne. L'image d'une France dressée sur ses ergots, tel un coq de combat, résumant le rôle dominant qu'elle joua en Europe de Louis XIV à Napoléon Ier, était une pure illusion. Le traité de Versailles n'avait pas brisé l'Allemagne de Bismarck. Elle restait fatalement la seule superpuissance d'Europe, puisque la Russie avait cessé de l'être — même si cela devait se révéler temporaire. Tôt ou tard, la supériorité germanique, par le nombre, sa puissance industrielle, son sens de l'organisation et le sentiment national, était appelée à se manifester à nouveau. Le seul problème était de savoir si ce serait de façon hostile ou amicale.

En comparaison, la faiblesse de la France était patente. D'une importance égale à celle de l'Allemagne, elle s'estimait plus faible qu'elle ne l'était réellement. Ce sentiment d'impuissance, déjà prononcé dans les années 20 — les éclats de voix de Poincaré étaient une tentative pour le dissimuler — devint obsessionnel au cours des années 30. Au XVIIe siècle, la population française était pratiquement le double de celle de tout autre pays d'Europe. Assez significativement, elle n'était talonnée dans ce domaine que par la Pologne[7]. La France prenait conscience avec mélancolie du déclin de son nouvel allié de l'Est, dont elle espérait ressusciter la grandeur pour compenser sa propre décadence. Il était resté gravé dans le cœur des Français que, jusqu'à 1800 et à l'exception de la Russie, ils avaient été la nation la plus peuplée d'Europe. Depuis lors, leur démographie avait subi un relatif déclin, que reflétaient les dizaines de tracts alarmistes qui avaient fait leur apparition dès 1840. Ils furent dépassés en nombre par les Autrichiens en 1860, par les Allemands en 1870, les Anglais en 1900 et les Italiens en 1933, ce qui repoussa la France au cinquième rang d'Europe. Entre 1800, où elle atteignait 28 millions, et 1940, la population française augmenta simplement de cinquante pour cent, tandis que, dans le même temps, celle d'Allemagne quadrupla et celle de Grande-Bretagne tripla[8].

La Grande Guerre, que l'Allemagne — dans l'optique française —

avait imposée à la France pour détuire totalement sa suprématie en Europe, avait accru tragiquement sa faiblesse démographique. 1 400 000 hommes furent tués — 17,6 pour cent du contingent de l'armée et 10,5 pour cent de la population masculine adulte. Malgré le retour de l'Alsace-Lorraine, la population française était tombée de 39,6 à 39,1 millions d'individus, alors que celle de la Grande-Bretagne, par exemple, avait augmenté de 2,5 millions, pendant les années de guerre. Environ 1,1 million de Français étaient des mutilés de guerre, infirmes à vie. L'armée allemande avait tué 673 000 paysans et en avait blessé sérieusement un demi-million; elle avait occupé dix départements peuplés de 6,5 millions d'habitants — dont le quart était devenu des réfugiés — avait détruit les bâtiments des fermes, massacré le bétail et récupéré le matériel, lors de sa retraite; les Français connurent le travail forcé dans les usines du « socialisme de guerre » de Ludendorff, où le taux de mortalité atteignit presque dix pour cent, comme à l'époque nazie pendant la Seconde Guerre mondiale. La France ressassait ces chiffres terribles, rendus plus terribles encore, semblait-il, par sa propagande cocardière [9].

Les Français, qui avaient sérieusement souffert de la guerre, furent bien dédommagés par la suite; mais le financement de ces indemnités, malgré les efforts de Poincaré, produisit une inflation progressive qui, tout en étant moins spectaculaire que dans l'Allemagne de 1923, eut des effets plus durables et plus corrosifs sur le moral de la nation. Entre 1912 et 1948, les prix de gros, en France, furent multipliés par 105; quant à celui de l'or, c'est par 174 qu'il fut multiplié. Par rapport au dollar, le franc de 1939 n'atteignait que le dix-septième de sa valeur de 1913 [10]. Pour les touristes ou les expatriés anglais et américains, la France de l'entre-deux-guerres représenta un paradis du pouvoir d'achat; mais, pour les Français, la conjoncture était dure et l'érosion continue de leurs rentes et de leurs économies leur offrait une raison supplémentaire d'avoir moins d'enfants. Entre 1906 et 1931, le nombre des familles françaises de trois enfants ou plus chuta violemment; et durant les années 30, les familles à enfant unique devinrent monnaie courante. En 1936, le pourcentage — 147 pour 1 000 — de gens âgés de plus de soixante ans était beaucoup plus élevé en France que dans n'importe quel autre pays : il était de 129 pour 1 000 en Grande-Bretagne, de 119 pour 1 000 en Allemagne, 91 pour 1 000 aux Etats-Unis et de 74 pour 1 000 au Japon [11].

La France avait espéré se raffermir en récupérant l'Alsace et la Lorraine avec sa vaste ceinture industrielle. Mais l'économie de ces deux provinces avait été intégrée à celle de la Ruhr et donc sérieusement endommagée par l'amputation. En Alsace, région fortement catholique, la France s'aliéna le clergé en s'attaquant à l'allemand, langue de l'instruction religieuse. Elle s'apprêtait à commettre la même erreur que l'Allemagne et à se comporter en colonisateur. En fait, la France avait moins à offrir, sur le plan de la sécurité sociale, que l'Allemagne [12].

Elle présentait un marché restreint pour l'industrie, quoique protégé. Un contrôle strict des loyers, imposé en 1914 et jamais levé, grevait le secteur immobilier français. Le parc des logements — 9,5 millions — d'avant-guerre n'était encore que de 9,75 millions en 1939, dont le tiers était déclaré impropre à l'habitat. L'agriculture était terriblement rétrograde. Dans les années 30, il y avait encore trois millions de chevaux dans les fermes, comme en 1850. A l'image de l'Italie, la France était un pays semi-industrialisé qui ne préserva pas totalement son indice d'évolution d'avant-guerre dans les années 20, et encore moins dans les années 30, où la production industrielle ne regagna jamais son niveau de 1929. Entre 1890 et 1904, la France fut le fabricant d'automobiles le plus important du monde. Dans les années 20, elle fabriquait davantage de voitures que l'Italie ou l'Allemagne, mais elle échoua à produire une automobile bon marché à grande échelle. 68 pour cent des voitures vendues en France, au milieu des années 30, étaient d'occasion ; et il existait encore 1 352 000 charrettes tirées par des chevaux dans les rues, exactement comme en 1891 [13].

Le fond du problème, c'était la faiblesse des investissements. Là aussi, l'inflation était à blâmer. L'État était un pauvre substitut de l'investissement privé. Dès avant 14, il était déjà l'employeur numéro un ; et la guerre ne fit que donner un nouvel élan au secteur étatisé. Etienne Clementel, ministre du Commerce entre 1915 et 1919, désirait un plan national et une union économique de l'europe occidentale ; parmi ses protégés, on trouvait Jean Monnet et d'autres futurs « eurocrates ». Mais à l'époque, ces idées n'aboutirent à rien. L'État se portait acquéreur de parts dans les chemins de fer, la marine marchande, l'électricité, le pétrole et le gaz pour préserver l'emploi et assurer la bonne marche de ces secteurs ; mais peu de fonds étaient débloqués pour les investissements [14]. Les industriels français, bourrés d'idées, se trouvaient frustrés par l'absence de grandes perspectives et passaient le plus clair de leur temps à s'entre-déchirer : ainsi, Ernest Mercier, à la tête des industries du pétrole et de l'électricité, mena une guerre sans merci à François de Wendel, le plus grand patron de la sidérurgie [15]. Pour les hommes intelligents des échelons inférieurs, l'absence de perspectives était encore pire ; pour les femmes, elles étaient inexistantes. Entre les deux guerres, les salaires des ingénieurs baissèrent d'un tiers en France. Les études supérieures, sur le plan technique en particulier, étaient tragiquement inadaptées, empoisonnées par des querelles sectaires et le manque de moyens. La plupart des fonds étaient consacrés aux célèbres, mais désuètes, *Grandes Ecoles* de Paris : Herriot disait de l'Ecole Polytechnique, qui formait les technocrates, « c'est la seule faculté théologique à ne pas avoir été abolie ». Un *Centre national de la recherche scientifique* fut créé, avec un budget de fonctionnement réduit. Le bâtiment de la nouvelle faculté de médecine de Paris fut commandé en 1920 et terminé seulement vers 1950 — la France n'eut d'ailleurs pas de ministère de la Santé jusqu'en 1922 — en 1939, son personnel ne comptait que deux médecins. Une statistique frappante résume le tout : en 1927, la France consacrait plus d'argent à nourrir les chevaux de sa cavalerie qu'à l'éducation supérieure [16].

En outre, à sa façon, la France était aussi divisée que l'Allemagne. Il n'existait pas de conflit entre la civilisation et la culture, bien au contraire. Les Français tombaient d'accord sur la civilisation : elle leur appartenait. A Versailles, ils furent très récalcitrants à accepter que l'anglais soit une langue officielle de remplacement. A leurs yeux, la France était à la fois l'origine, la demeure et la gardienne de la civilisation — un mot qu'ils avaient forgé en 1776. Ils enviaient, méprisaient et détestaient les Anglo-Saxons. François Mauriac, l'un des meilleurs jeunes romanciers d'alors, écrivit en 1937 : « Je ne comprends pas, je n'aime pas les Anglais, sauf quand ils sont morts. » Parmi les ouvrages à succès de cette période, on peut signaler *Faut-il réduire l'Angleterre en esclavage ?* — 1935 — de Henri Béraud et *Le Cancer américain* de Robert Aron et André Dandieu en 1931. Assez bizarrement, les Allemands étaient mieux tolérés. Dans les années 30, les jeunes romanciers comme Malraux et Camus lisaient Nietzsche et les jeunes philosophes comme Sartre étaient attirés par Heidegger. Mais le modèle officiel de la France était Descartes, dont la méthodologie dominait les classes de philosophie : caractéristique la plus frappante du système éducatif français [17]; ce qui était destiné à former des dirigeants d'une grande intelligence, ne produisait en fait que des intellectuels : ce n'était pas la même chose. Quant aux intellectuels, leurs opinions divergeaient, même sur le rôle qu'ils devaient tenir. Emile Chartier dit Alain, le professeur de philosophie le plus influent, prônait « l'engagement ». Dans *La Trahison des Clercs* — 1927 — traité fort lu à l'époque, Julien Benda était tenant du détachement [18]. Les intellectuels français, il faut l'avouer, pouvaient difficilement rester au-dessus de la mêlée : ils se haïssaient trop pour cela. Dans *Le Manifeste communiste*, Marx avait avancé que « les intellectuels » étaient une section de la bourgeoisie qui s'identifiait aux intérêts de la classe ouvrière. Cette analyse parut se confirmer au début de l'affaire Dreyfus — cet officier juif, faussement accusé de trahison — avec l'application de la nouvelle expression en vogue — *intelligentsia* — à la gauche anticléricale. Mais la bataille autour de Dreyfus vit naître une nouvelle catégorie d'intellectuels de droite : ils signèrent avec répugnance un cessez-le-feu en 1914 mais réapparurent en 1918, écumants de rage, pour aider la droite politique à remporter sa première victoire, depuis une génération, aux élections générales. Mis à part en 1924-25, 1930-31 et 1936-38, la droite et le centre conservèrent la majorité à la Chambre des députés — et donc au Sénat; et les intellectuels de droite menèrent le jeu dans les salons et sur les boulevards.

S'il y avait, en France, un consensus sur la civilisation, la culture, par contre, engendrait des conflits; devait-elle être laïque ou religieuse, positiviste ou métaphysique ? La lutte était âpre et destructrice, divisant sauvagement le système de l'éducation nationale, les milieux d'affaires, les administrations locales et la société tout entière. Les francs-maçons, bras militant de la laïcité, virent passer leurs effectifs de 40 000 en 1928 à 60 000 en 1936 [19]. Leurs dernières recrues étaient les instituteurs du primaire, méprisés et sous-payés, pro-républicains, pacifistes et anticléricaux — s'opposant au curé de chaque village. Ils se servaient, surtout en histoire, de manuels différents de ceux utilisés par les « écoles libres » catholiques. Mais les catholiques gagnaient dans l'enseignement. Dans l'entre-deux-guerres, le nombre des établissements laïques du secondaire passa de 561 à 552 ; celui des écoles catholiques fit plus que doubler : de 632 en 1920 à 1420 en 1936. Les associations d'anciens élèves de ces collègues catholiques étaient remarquablement bien organisées ; leur militantisme les poussait à renverser le verdict des années Dreyfus [20]. La disparité de l'enseignement produisait deux espèces distinctes de Français, aux héros — et aux méchants — historiques différents, au vocabulaire et aux préceptes politiques fondamentalement différents ; ce qui donnait donc deux images de la France radicalement opposées.

Il y avait en France, en fait, deux types rivaux de nationalisme. Les laïques, républicains, qui rejetaient la tutelle de Dieu et du roi, avaient forgé, au XVIIIe siècle, la notion de patrie pour signifier leur allégeance primordiale au pays. Quand le Dr Johnson déclarait en son temps que « le patriotisme est le dernier refuge des canailles », il dénonçait une sorte de démagogie subversive. Pendant la Révolution, le patriotisme français acquit une coloration jacobine et ce type de nationalisme progressiste fut perpétué par Gambetta et Clemenceau. Il pouvait être tout autant chauviniste et impitoyable qu'un autre — plus, peut-être, puisqu'il admettait comme loi suprême l'intérêt de la République, passant pour incarner la vertu ; mais il avait tendance à s'évaporer dans le défaitisme ou le pacifisme, à peine pensait-on que la France était contrôlée par des hommes qui ne servaient pas les objectifs de la patrie. En particulier, il considérait l'armée régulière — royaliste en partie et catholique en majorité — avec suspicion et même hostilité.

A l'opposé de la France « patriotique », il y avait la France « nationaliste ». C'était l'équivalent français de la division de l'Allemagne entre Orientaux et Occidentaux. Ce serait une erreur de décrire la France nationaliste de l'entre-deux-guerres comme fasciste — même si certains de ses membres devinrent des fascistes de la pire espèce — car sa tradition était beaucoup plus ancienne. Elle remontait aux émigrés de l'époque révolutionnaire, réaction culturelle au siècle des Lumières de Voltaire, Rousseau et Diderot ; elle prit une consistance intellectuelle avec les écrits de Joseph de Maistre, dont le chef-d'œuvre, *Les Soirées de Saint-Pétersbourg*, fut publié en 1821. Il y offrait un mélange d'irrationalisme, de romantisme et une pointe de jansénisme quant au péché originel. La raison humaine est « une lueur tremblotante », trop faible pour discipliner une race turbulente : « Ce que notre malheureux siècle surnomme superstition, fanatisme, intolérance et caetera, était l'ingrédient nécessaire à la grandeur de la France. » « L'homme est trop méchant pour être libre. » « C'est un monstrueux centaure... le résultat de quelque faute mystérieuse, de quelque abominable croisement génétique[21]. » A ce genre d'affirmations, de Maistre ajoutait la notion primordiale d'une vaste conspiration qui, sous couvert de « libérer l'homme », déchaînerait le démon en lui.

Au cours des deux décennies qui précédèrent l'affaire Dreyfus à la fin des années 1890, la théorie de la conspiration devint le cheval de bataille des antisémites français : certains, comme Edouard Drumont dans *La France juive* — 1886 —, exagéraient grossièrement le pouvoir, l'influence et par-dessus tout le nombre des juifs vivant en France. En réalité, à l'époque où Drumont écrivait, il y avait environ 35 000 Juifs en France. Mais ce nombre augmentait : ils étaient plus de 100 000 en 1920. D'autres « étrangers » arrivaient en foule. La France, sous la IIIe République, et particulièrement entre les deux guerres, était le pays du monde où il faisait le meilleur vivre ; et à plusieurs points de vue, il était le plus tolérant pour les étrangers, à condition qu'ils ne soient pas fauteurs de troubles[22]. Entre 1889 et 1940, environ 2 300 000 personnes reçurent la citoyenneté française ; en 1931, on comptait en sus 2 613 000 résidents étrangers, chiffre qui augmentait rapidement avec les réfugiés fuyant Hitler, Staline, Mussolini et la guerre d'Espagne[23]. Les Français n'étaient pas racistes à la façon des Allemands, puisqu'un certain cosmopolitisme était le corollaire de leur appropriation de la civilisation. Mais ils étaient extraordinairement sensibles à de bizarres théories raciales, qu'ils produisaient en abondance. Ainsi en 1915, le docteur Edgar Bérillon « découvrit » que les Allemands possédaient des intestins plus longs de trois mètres que ceux des autres humains, ce qui les exposait à la *polychesia* et au *bromidrosis*, à savoir à la défécation excessive et aux odeurs corporelles[24]. Si Paris était la capitale de la logique cartésienne, c'était aussi la capitale de l'astrologie, de la médecine parallèle et de la religiosité pseudo-scientifique. Il y avait — il y a toujours — une forte culture antirationaliste en France.

Ce qui explique le succès de l'*Action française*, le journal des nationalistes ultras. Tout commença en 1899 avec un petit groupe d'intellectuels qui se réunissaient au Café de Flore, sur le boulevard Saint-Germain, lieu qui fut « libéré » en 1944 par les existentialistes ; le journal prospéra grâce aux talents de Charles Maurras qui répandit l'idée d'une conspiration multiple : « Quatre états confédérés — Juifs, Protestants, Francs-Maçons, Métèques ». Cela différait de peu de la position officielle du Vatican, pendant l'affaire Dreyfus, qui substitutait simplement « athées » à « métèques ». En réalité, bien que Maurras et *l'Action française* fussent athées, plusieurs de leurs points de vue étaient fortement approuvés par l'Eglise catholique. Pie X, le dernier des grands papes réactionnaires, dit à la mère de Maurras : « Je bénis son œuvre » ; et tout en ayant signé un décret du Saint-Office condamnant ses livres, il refusa de le faire appliquer — ces ouvrages étaient *damnabiles, non damnandus*[25]. La condamnation du Vatican intervint finalement le 20 décembre 1926 : Pie XI avait alors l'expérience du fascisme au pouvoir. Mais existait une foule de groupes voisins, auxquels les catholiques respectueux pouvaient s'affilier ; et le mouvement nationaliste ne perdit jamais sa respectabilité parmi les classes moyennes et supérieures. *L'Action française*, éditée par Léon Daudet, était lue par un vaste public pour ses textes brillants : Proust, bien que juif, la recevait, la jugeant « une cure par son élévation d'esprit[26] ». De nombreux écrivains éminents étaient proches du mouvement nationaliste ; par exemple, l'historien populaire, Jacques Bainville, dont *L'Histoire de France* se vendit à plus de 300 000 exemplaires en 1924 et dont le *Napoléon* — 1931 — et *La Troisième République* furent aussi des best-sellers.

En effet, la faiblesse du nationalisme français venait de son excès d'intellectualisme. Il lui manquait un chef avec une volonté de puissance. Fin 1933, alors que le fascisme triomphait presque partout en Europe, le scandale Stavisky, en révélant la corruption de la IIIe République, tomba à point nommé pour les extrémistes qui tenaient là la justification d'un coup d'État. Une sorte d'État proto-fasciste aurait certainement vu le jour, le 6 février 1934, si Maurras avait donné son accord : mais âgé alors de soixante-six ans, sourd et sédentaire comme tout bon tisseur de phrases, il passa ce jour critique à rédiger un éditorial. Les dons mêmes, par lesquels il attisait les passions de la France cultivée, ce qui le rendait si dangereux, l'empêchèrent de mener le combat à bonne fin. Il n'y eut ainsi aucun point central autour duquel pût se rassembler un mouvement fasciste unifié. Par contre, proliféraient des groupes à l'idéologie sensiblement différente, tolérant la violence à des degrés variables. Ils étaient comme l'image inversée du « régime des partis », si méprisé à la Chambre des Députés. Des factions royalistes comme *Les Camelots du Roi* coudoyaient *Les Jeunes Patriotes* bonapartistes, *Les Etudiants d'Action française* athées, de « purs » groupements fascistes comme *Le Parti populaire français, Le Faisceau* et *les Phalanges universitaires* ainsi que les mouvements beaucoup plus traditionnels comme *Les Croix de Feu*. Des aventuriers de type nazi — beaucoup devaient prospérer sous le régime de Vichy — pêchaient en eau trouble dans ce panier de crabes. Il fallut une catastrophe extérieure pour les amener au pouvoir.

Cependant, Maurras et ses amis peuvent être tenus sans aucun doute pour responsables de cette catastrophe. La troisième République comptait plus de partisans que la République de Weimar. Maurras montra qu'elle avait également une armée d'ennemis. Sa citation préférée était due à Anatole France, académicien collet-monté et prix Nobel : « La République n'est pas destructible, elle est la destruction. Elle est la dispersion, elle est la discontinuité, elle est la diversité, elle est le mal[27]. » La République, écrivit-il, était une femme à qui manquait « le principe mâle de l'initiative et de l'action. » « Il n'y a qu'une seule façon d'améliorer la démocratie : la détruire. » « La démocratie, c'est le mal, la démocratie, c'est la mort. » « La démocratie, c'est l'oubli. » Son credo était le suivant : « Les peuples gouvernés par des hommes d'action et des chefs militaires défont ceux qui sont gouvernés par des avocats et des professeurs. » Si le républicanisme était la mort, comment pouvait-on envisager de mourir pour lui ? Le traité de Versailles était l'œuvre de « la combinaison de la finance anglo-saxonne et de la finance judéo-germanique. » La théorie de la conspiration pouvait être reformulée de la sorte : anarchistes, Allemands, Juifs ; « Les Barbares des profondeurs, les Barbares de l'Est, notre *Demos*, flanqué de ses deux amis, l'Allemand et le Juif[28]. » Quoique jaloux de leur conception personnelle des intérêts français, les ultra-nationalistes n'entendaient ainsi ni préserver l'Europe du traité de Versailles ni freiner l'agression fasciste. Le journal intime de Bainville montre qu'il accueillit avec bienveillance les succès fascistes en Italie et en Allemagne[29]. Maurras salua l'invasion de l'Ethiopie par Mussolini comme le combat de la civilisation contre la barbarie[30]. « Que pouvez-vous faire pour la Pologne ? », demanda-t-il à ses lecteurs, cri auquel fit écho Marcel Déat par son dévastateur : « Mourir pour Dantzig ? »

Dans la France d'alors, les deux courants nationalistes, le jacobin et l'antirépublicain, émettaient des réserves quant aux sacrifices qu'ils étaient prêts à consentir. L'alternative ne se posait pas en termes de bien ou de mal, de gauche ou de droite mais plus simplement : mon pays contre le leur. Cette division intérieure de la France était apparente dès le début des années 20 et engendra une irrésolution qui affecta bientôt sa politique. La conception défensive de la France d'après-guerre se basait sur une suprématie militaire absolue sur la rive ouest du Rhin et sur l'alliance avec les États nouvellement créés, ce qui avait pour but de contenir l'Allemagne sur tous les fronts. La Pologne, la Tchécoslovaquie, la Roumanie et la Yougoslavie avaient passé des accords militaires alambiqués avec la France qui allaient jusqu'à des livraisons d'armes et à l'entraînement de techniciens. L'occupation de la Ruhr, décidée par Poincaré en 1923, montra en action l'aspect occidental de cette politique de défense. Mais elle porta un tel préjudice aux intérêts français en Angleterre et aux Etats-Unis que de nombreux politiciens français jugèrent que c'était une erreur à ne pas répéter ; et en 1924, la solution américaine, apportée par le plan Dawes, au problème inextricable des réparations retirait presque toute excuse à un recours ultérieur à la force. L'Allemagne demanda alors que la frontière franco-allemande fût garantie ; l'Angleterre appuya sa requête. La France répliqua qu'en ce cas, la Grande-Bretagne devait aussi accepter de garantir les frontières de l'Allemagne, à l'Est, avec les alliés de la France, la Pologne et la Tchécoslovaquie. Mais sir Austen Chamberlain, secrétaire des Affaires étrangères britanniques, refusa : il écrivit à sir Eyre Crowe, chef du Foreign Office, le 16 février 1925, que la Grande-Bretagne ne pouvait garantir le corridor polonais, pour lequel

« aucun gouvernement britannique ne voudrait ni ne pourrait risquer la vie d'un seul grenadier [31] ». Pas question de « mourir pour Dantzig », là non plus !

De là, le traité de Locarno — 1925 —, tout en déniant effectivement le droit à la France de contenir l'Allemagne par la force, échoua à garantir son système d'alliances défensives. Tout ce qu'il établit fut de démilitariser la Rhénanie et de donner à la France et à la Grande-Bretagne le droit d'intervenir par la force, si l'Allemagne cherchait à y restaurer une pleine souveraineté. Ce n'était que du bluff. Chamberlain eut beau se vanter lors de la Conférence impériale de 1926 : « La défense véritable de notre pays... n'est plus désormais sur la Manche... mais sur le Rhin », les chefs d'état-major britanniques précisaient en privé qu'ils ne possédaient pas les moyens militaires pour appuyer les garanties offertes [32]. Deux ans plus tard, le chef de l'Etat-Major général impérial fournit un mémorandum soulignant que les forces armées allemandes, y compris les réservistes, s'élevaient à 2 millions d'individus au lieu des 100 000 que leur autorisait le traité de Versailles [33]. Le ministère de la Guerre française faisait la même estimation. En 1928, Poincaré avait abandonné le projet « audacieux » de frontière stratégique sur le Rhin et était revenu à une politique purement défensive : des experts travaillaient déjà aux plans de la Ligne Maginot.

Qu'en était-il alors de ce « pays de 100 millions d'habitants », de cette vision impériale de Poincaré que H.G. Wells décrivit comme « le développement d'une France noire [34] » ? Pouvait-on faire appel à l'empire pour redresser le fragile équilibre de la France en Europe ? Maurice Barrès, l'écrivain qui aida à établir la coalition des partis de droite qui triompha aux élections de 1919, écrivit : « On est presque tenté de remercier les Allemands d'avoir ouvert les yeux du monde entier sur la question coloniale. » Le parlement de 1919 fut surnommé « la Chambre bleu horizon », en raison de la couleur des uniformes de l'armée et de ses aspirations impérialistes. Albert Sarraut, le ministre des Colonies, présenta en avril 1921 un plan grandiose pour faire de la France d'outre-mer le soutien économique de la mère-patrie [35]. Mais pour réaliser cette vision, il y avait un — deux éventuellement — préalables. Le premier — et le plus important — c'était l'argent des investissements. La France avait espéré l'obtenir, si l'on en croit l'accord secret Sykes-Picot, par ses prises de guerre : en particulier, une « Grande Syrie » qui incluait les champs pétrolifères de Mossoul. Mais dans l'embrouillamini qui fit suite à la guerre, la Grande-Bretagne et ses protégés, les Arabes Hachémites, les lui refusèrent. La France dut se contenter du Liban : elle était, par tradition, la protectrice de la communauté chrétienne maronite; elle obtint aussi la Syrie occidentale, dépourvue de gisements pétroliers mais bien lotie en féroces nationalistes arabes. Elle aurait mieux fait de s'en tenir au Liban. En Syrie, son mandat se solda par un échec total, provoquant une rébellion à grande échelle, matée à grands frais militaires, culminant en 1925 par le bombardement de

Damas par l'artillerie lourde sous les ordres du haut-commissaire français[36]. Le partage du Moyen-Orient demeura une pomme de discorde entre la France et son principal allié, la Grande-Bretagne, qui dégénéra, en 1940, en lutte ouverte. La France, dans cette zone, ne fit jamais un sou de bénéfice.

Résultat, pas de capitaux pour le plan Sarraut. Les colonies françaises d'Afrique noire avaient été acquises après 1870, plus pour le prestige que pour des raisons économiques, pour occuper l'armée et peindre la carte en tricolore. Une loi de 1900 disait que chaque colonie devait subvenir à ses propres dépenses. Des fédérations furent organisées en Afrique occidentale — 1904 — et en Afrique équatoriale — 1910 — mais les populations réunies de ces deux vastes zones étaient inférieures en nombre à celle du Nigeria britannique. Pour que ces créations aient un sens sur le plan économique, tout le monde en tombait d'accord, elles devaient être reliées aux territoires français d'Afrique du Nord. En 1923, le Quai d'Orsay, les ministères de la Guerre et des Colonies décidèrent que la construction d'une ligne de chemin de fer transsaharienne était absolument « indispensable ». Manquaient les fonds. Un simple relevé technique ne fut pas effectué avant 1928. Et cette voie ferrée ne fut jamais construite. En fait, les capitaux affluaient dans les territoires de la France d'outre-mer ; les investissements y quadruplèrent entre 1914 et 1940 ; la part de l'empire colonial dans les investissements généraux français passa de 9 à 45 pour cent ; mais leur quasi-totalité était réservée aux colonies d'Afrique du Nord, l'Algérie se taillant la part du lion. En 1937, le commerce extérieur des régions franco-arabes dépassait 15 milliards de francs, quatre fois celui de l'Afrique occidentale et équatoriale[37].

Le second préalable consistait en une délégation de pouvoir qui aurait permis aux cent millions d'habitants de cet « empire » de jouir des mêmes droits. Il y avait peu de chance qu'il en allât ainsi. En 1919, pendant les pourparlers du traité de Paris, Ho Chi Minh présenta, au nom des Annamites d'Indochine, un programme en huit points : il ne réclamait pas l'autodétermination mais l'obtention des droits civiques dont jouissaient les Français de métropole et les colons. Il n'aboutit à rien. L'Indochine avait l'un des pires systèmes de travaux forcés du monde et la population indigène subissait une taxation oppressive qui recourait même à la *Gabelle*, le vieil impôt sur le sel. Comme le formula Ho Chi Minh, la France n'avait pas apporté le progrès en Indochine mais la féodalité, symbolisée par la *gabelle* : « Impôts, travail forcé, exploitation, dit-il en 1924, voilà le résumé de votre civilisation[38]. » Le nombre — 5 000 — des fonctionnaires en Indochine était le même qu'en Inde britannique, pour une population quinze fois moins importante ; et ils travaillaient en étroite collaboration avec les colons planteurs français. Aucune de ces deux catégories ne tolérerait la moindre réforme ou délégation de pouvoir. Quand, en 1927, Alexandre Varenne, gouverneur-général progressiste, tenta de mettre fin à la *corvée*, fonctionnaires et colons se liguèrent pour le faire rappeler en France. En 1930, en Indochine seulement, il y eut environ 700 exécutions sommaires. Si Gandhi s'y était essayé à sa résistance passive, « il serait monté immédiatement au ciel », écrivit Ho Chi Minh[39].

En Afrique du Nord, la situation n'était pas meilleure et même pire à certains égards. En théorie, l'Algérie était gouvernée comme la métropole ; mais, en réalité, il existait des collèges électoraux séparés pour les Français et les Arabes. Ceci ruina les réformes d'après-guerre — 1919 — de Clemenceau et donc toutes celles qui suivirent. Les colons français élisaient des députés au Parlement de Paris et cela leur donnait un poids que n'eurent jamais ceux de l'Empire britannique. En 1936, sous le Front Populaire, les députés coloniaux tuèrent dans l'œuf un projet de loi qui aurait accordé la citoyenneté pleine et entière à 20 000 musulmans. Le maréchal Lyautey, le plus grand gouverneur général du Maroc, décrivait les colons en ces termes : « aussi mauvais que les boches, pénétrés de la même croyance en des races inférieures dont le destin est d'être exploitées[40] ». Au Maroc, il fit de son mieux pour les tenir à l'écart — avec difficulté. Un fermier français du Maroc jouissait du même niveau de vie que son homologue du Middle West. Tous les Européens avaient des revenus plus élevés d'un tiers qu'en France et huit fois supérieurs à ceux des musulmans. De plus, le despotisme bienveillant de Lyautey, qui avait pour dessein de protéger les musulmans de la corruption française, exposait ces derniers à une corruption indigène pire. Il gouvernait par l'intermédiaire des caïds : forcés d'acheter leur charge d'inspecteur des impôts et de juges, ils s'endettaient et se trouvaient contraints de pressurer leurs sujets pour payer les intérêts. Cette situation dégénéra rapidement après la mort de Lyautey en 1934. Le plus puissant de ces caïds, le célèbre El Glaoui, pacha de Marrakech, régnait sur un empire de monts et de désert, fondé sur le monopole et le racket, contrôlant par exemple les 27 000 prostituées qui pourvoyaient aux plaisirs de tout le Sahara occidental[41]. Sur le front primordial de l'éducation, peu de progrès furent notables. Le nombre des fonctionnaires français était excédentaire : quinze mille individus — trois fois plus que dans l'administration indienne — désireux de transmettre, par voie héréditaire si possible, leurs emplois. En conséquence, il n'y avait encore en 1940 que trois pour cent de Marocains scolarisés et en 1958, seulement 1 500 personnes avaient accès au secondaire. En 1952, on comptait 25 médecins marocains, dont quatorze étaient issus de la communauté juive.

Cela ne signifiait pas que la France eut des préjugés quant à la couleur de la peau. Paris fit toujours bon accueil aux indigènes « évolués ». En 1919, les antiques « Quatre Communes » d'Afrique occidentale envoyèrent à la Chambre un député noir, Blaise Diagne. Deux ans plus tard, *Batouala* de René Maran — qui épousait le point de vue de l'homme noir sur le colonialisme — remporta le Prix Goncourt. Cependant le livre fut interdit dans tous les territoires français d'Afrique. L'élite noire écrivait un français superbe; mais une fois à Paris, elle avait tendance à s'y installer. Dans les années 30, Léopold Senghor, futur président du Sénégal, se sentait tellement à l'aise dans les cercles catholiques de droite qu'il en devînt monarchiste[42]. Il semblait n'avoir aucun avenir en Afrique. En 1936, 2 000 Noirs seulement avaient la citoyenneté française. Mis à part les vétérans de guerre et les employés du gouvernement, la grande majorité des Noirs ressortissait à l'*indigénat* : justice sommaire, amendes collectives et par-dessus tout travail obligatoire. Houphouët Boigny, futur président de Côte-d'Ivoire, décrivit les convois de travailleurs forcés comme des files de « squelettes couverts de plaies ». Le gouverneur de l'Afrique équatoriale française, Antonelli, reconnut en 1926 que la construction du chemin de fer reliant le Congo à l'océan « occasionnerait 10 000 morts » ; en réalité, ce chiffre fut dépassé[43]. Les Noirs d'Afrique votaient en s'éclipsant et en se réfugiant dans les colonies britanniques voisines pour échapper aux rafles.

Certains Français, rompus aux affaires coloniales, décelèrent des signes précurseurs. Dès 1920, Lyautey lança l'avertissement suivant : « Le temps est venu de changer radicalement de politique à l'égard des indigènes et de faire participer les musulmans aux affaires publiques[44]. » Sarraut en personne soutint que la « guerre civile » européenne de 14-18 avait affaibli le pouvoir blanc. « Dans l'esprit des autres races, écrivit-il en 1931, la guerre a porté un coup terrible à la crédibilité d'une civilisation dont les Européens vantaient avec orgueil la supériorité ; et au nom de laquelle, ils s'entre-tuèrent sauvagement pendant quatre ans. » Il ajoutait, songeant au Japon : « Pendant longtemps, ce fut un lieu commun d'opposer la grandeur de l'Europe à la décadence de l'Asie. Cette opposition semble à présent devoir se renverser[45]. » Cependant rien ne fut effectivement entrepris pour élargir la base de la réglementation française en vigueur. Quand le gouvernement du Front populaire de Léon Blum présenta son projet de réforme, accordant à 25 000 Algériens la citoyenneté, le porte-parole des Algériens modérés, Ferhat Abbas, exulta : « La France, c'est moi ! » Maurice Viollette, gouverneur général, libéral, d'Algérie, en appuyant par la suite, comme député, cette réforme, avertit la Chambre : « Quand les musulmans protestent, vous vous indignez. Quand ils vous approuvent, vous vous méfiez. Quand ils se tiennent cois, vous tremblez. Messieurs, ces hommes n'ont aucune nation politique. Ils ne réclament même pas leur nation religieuse. Tout ce qu'ils demandent c'est de faire partie de la vôtre. Prenez garde, en le leur refusant, qu'il n'en créent une bientôt par eux-mêmes[46]. » Mais ce projet de réforme fut repoussé.

En vérité, le colonialisme comportait beaucoup trop de contradictions insolubles pour être une source de pouvoir. Parfois il était considéré, en partie à juste titre, comme le reflet de la politique européenne. Ainsi, dans les années 30, Sarraut, terrifié par la montée de la subversion communiste en Afrique, proposa un front européen unifié, incluant les Italiens et même les Allemands, qui auraient récupéré à cette occasion leurs colonies. Mais avec les menaces de guerre, la France considéra, une fois de plus, son empire colonial comme un moyen de combattre ses ennemis européens et ressuscita sa devise : « Forte de 110 millions d'hommes, la France peut tenir tête à l'Allemagne ! » En septembre 1939, l'ancien secrétaire de Clemenceau, Georges Mandel, ancien anticolonialiste et ministre des Colonies en exercice, se flatta de pouvoir lever une armée de 2 millions d'Arabes et de Noirs. A la longue, ces deux lignes de pensée s'excluaient mutuellement. Si l'Europe se servait des populations indigènes pour mener à bien ses luttes intestines, elle ne pouvait continuer à soutenir la supériorité raciale des « continentaux ».

Mais ce n'était là qu'un exemple des confusions qui — de son apparition à nos jours — se sont rattachées à la question de l'impérialisme et des empires coloniaux. Quels desseins poursuivaient-ils ? *Cui Bono* ? A qui le bénéfice et à qui les souffrances ? Pour employer la phrase de Lénine : Qui faisait quoi, à qui ? Il n'y eut jamais d'entente sur ce point. Lord Shelburne, l'homme d'Etat du XVIIIe qui réfléchit le plus profondément à la question, prescrivit comme ligne de conduite : « L'Angleterre, quand c'est possible, préfère commercer sans dominer mais accepte de commercer et de dominer, quand c'est nécessaire[47]. » Les économistes classiques — Adam Smith, Bentham et Ricardo — considéraient les colonies comme une mauvaise excuse pour l'exercice d'un monopole et donc contraires à l'intérêt économique général[48]. En 1849, Edward Gibbon Wakefield dans *View of the Art of Colonization*, soutenait l'avis que l'objet du colonialisme était de procurer un espace vital supplémentaire à une Europe surpeuplée. C'était également le point de vue de Cecil Rhodes, le plus grand colonisateur de tous les temps, pour qui, sans la colonisation, les sans-emploi détruiraient l'ordre social : « L'Empire... est une question de pure survie ; si vous désirez éviter une guerre civile, il faut devenir impérialistes[49]. » D'autre part, les protectionnistes, comme Joe Chamberlain, argumentaient que les colonies existaient pour offrir des marchés sûrs aux exportations, un retour au mercantilisme préindustriel.

Ce fut Robert Torrens dans *The Colonization of South Australia*, en 1835, qui le premier avança l'idée que les colonies devaient d'abord être considérées comme un endroit où investir son capital. Le concept de capital en surplus fut repris par John Stuart Mill : « Dans l'état actuel du monde, la colonisation est l'une des meilleures affaires dans laquelle engager le capital d'un pays ancien et prospère[50]. » Opinion partagée par les colonisateurs français pragmatiques, tel Jules Ferry, et leurs théoriciens comme Paul Leroy-Beaulieu ; quoique l'ouvrage de ce dernier, *De la colonisation*, paru en 1874, distinguât plusieurs catégories : colonie de peuplement, colonie d'exploitation et colonies mixtes. Le théoricien allemand, Gustav Schmoller, soutenait qu'une émigration européenne à grande échelle était inévitable et cette colonisation, contrastant avec celle d'outre-Atlantique, était de loin préférable car elle n'impliquait pas de fuite de capitaux, hors du contrôle de la mère patrie. Tous les textes de ces théoriciens envisageaient ce processus comme délibéré et systématique, et par-dessus tout rationnel. La plupart d'entre eux le jugeaient bienfaisant et bénéfique pour tous ceux qu'il concernait, y compris les populations indigènes. En effet, lord Lugard, créateur de l'Afrique occidentale anglaise, pensait que l'Europe n'avait pas simplement un intérêt mais un mandat moral à ce que ses ressources financières fussent accessibles au monde entier.

Cependant, en 1902, l'argument d'exportation de capital fut converti en théorie de conspiration par J.A. Hobson, un intellectuel d'Hampstead, instituteur traditionnel et journaliste au *Manchester Guardian*. Les idées d'Hobson devaient avoir une grande répercussion au XXe siècle. En 1889, il avait élaboré une théorie de sous-consommation : comme l'industrie avait une productivité trop élevée, les riches ne pouvaient tout consommer et les pauvres n'en avaient pas les moyens ; et donc le capital devait s'exporter. Keynes reconnut plus tard que la théorie d'Hobson eut une influence décisive sur sa *General Theory of Employment, Interest and Money* de 1936, et que les solutions qu'il préconisait — taxation proportionnelle, assistance sociale généralisée, nationalisation — furent adoptées par les sociaux-démocrates d'Europe occidentale. Mais Hobson était aussi un antisémite : vers 1890, il fut tant irrité par l'imbroglio africain, l'obtention forcée des concessions chinoises et les événements qui provoquèrent la guerre des Boers, qu'il publia un livre vengeur *L'Impérialisme* — 1902 — dans lequel la colonisation était présentée comme l'activité perverse, concertée et délibérée, de la finance et du capital, le plus souvent juifs. L'impérialisme était une conséquence directe de la sous-consommation et de la nécessité d'exporter le capital pour s'assurer de plus gros profits. Dans les deux chapitres cruciaux de l'ouvrage, « Les parasites » et « Le pivot économique de l'impérialisme », il livrait sa théorie de la conspiration en termes fortement émotionnels et sur un ton moraliste, à savoir que les seuls à tirer bénéfice des empires coloniaux étaient les « financiers capitalistes » : les indigènes tout comme les puissances colonisatrices pâtissaient de ce fait ; à l'exemple de la guerre des Boers, qui n'était qu'un complot pour s'emparer des mines d'or du Rand, la pratique impérialiste et son corollaire, la compétitivité, n'engendrerait jamais que la guerre[51].

L'acception actuelle d'impérialisme n'entra dans le vocabulaire socio-économique que vers 1900. L'ouvrage d'Hobson, qui le définissait comme « l'utilisation de la machinerie d'un gouvernement par des intérêts privés, principalement capitalistes, pour s'assurer des gains économiques à l'extérieur du pays[52] », exerça immédiatement un attrait immense sur les marxistes et autres déterministes, en raison de ce concept de conspiration diabolique[53]. Les économistes autrichiens, Otto Bauer et Rudolf Hilferding, décrétèrent en 1910 que l'impérialisme menait inévitablement à la guerre. En 1916, Lénine coiffa cet édifice branlant par son *Impérialisme, stade suprême du capitalisme* qui adaptait nettement ce concept à la structure de base de la théorie marxiste. Jusque-là, la question des empires coloniaux n'avait été abordée que de façon empirique. On jugeait les colonies selon leurs mérites. Les puissances coloniales étaient soit bienveillantes soit exploiteuses ou bien encore les deux. La colonisation était jugée un processus comportant des avantages et des inconvénients pour toutes les parties concernées et à la complication et l'instabilité patentes. Réduit soudain à des slogans, simplifié sur le plan économique et moral, ce processus fut certifié, partout et toujours, un mal intrinsèque. L'évolution, par laquelle cette théorie grossière et invraisemblable devint, pendant le demi-siècle qui suivit le traité de Versailles, la sagesse des nations du monde entier ou presque, représente l'un des aspects cruciaux des temps modernes, venant juste après, en importance, l'extension de la violence politique.

La réalité historique et économique d'alors ne s'ajustait à aucune de ces théories, à celle de Lénine-Hobson moins qu'à toute autre. Si les empires coloniaux devaient leur création à une sous-consommation et à une sur-épargne, s'ils représentaient le stade final du capitalisme, comment les empires de l'Antiquité s'expliquaient-ils ? Joseph Schumpeter, dont le *Zur Soziologie des Imperialismus* — Impérialisme et Classes sociales — fut publié en Allemagne en 1919, était plus proche de la vérité quand il affirmait que l'impérialisme moderne était « atavique ». Le capitalisme prospérait habituellement, soulignait-il, en temps de paix et de libre-échange plutôt qu'en temps de guerre et de protectionnisme. Les colonies représentaient souvent « une disposition sans objet... à une expansion territoriale sans frontières ». Elles semblaient devoir leur acquisition à un certain stade critique de développement national et social, reflétant les intérêts réels ou imaginaires de la classe dirigeante[54]. Mais ce raisonnement était lui aussi trop spécieux. En fait, comme nous allons le voir, l'essor du Japon s'approchait au plus près du modèle de développement délibérément voulu par un establishment tout-puissant. Mais l'exemple japonais n'était presque jamais pris en considération par les théoriciens européens. D'autre part, l'expansion japonaise était souvent dictée sur le terrain par l'autorité des chefs militaires qui désobéissaient, en les outrepassant, aux ordres du groupe dirigeant. Le modèle français était sensiblement le même. L'Algérie fut conquise à la suite d'une insubordination de l'armée et l'Indochine par l'outrecuidance de commandants de la marine; ce fut également la marine qui impliqua la France en Afrique occidentale[55]. En un sens, on pouvait considérer l'empire colonial français comme le gigantesque défouloir des officiers de l'armée, destiné à leur fournir de l'occupation; l'action qui en découlait avait peu à voir avec ce que les instances du pouvoir décidaient ou désiraient. Ainsi le cabinet ministériel ne fut jamais consulté à propos de Fachoda, du protectorat du Maroc ou de la crise de 1911. Jules Ferry était probablement très près de la vérité quand il décrivit la confusion coloniale comme « une immense course d'obstacles dans l'inconnu [56] ». On a prétendu que Bismarck encouragea la France en ce sens, pour lui faire oublier l'annexion de l'Alsace-Lorraine. Si cela est exact, il se trompa lourdement. L'armée mise à part, peu de Français se souciaient de l'Afrique noire. Comme l'exprima Déroulède : « J'ai perdu deux sœurs — et vous m'offrez vingt chambrières [57]. »

On pouvait relever d'autres anomalies dans les théories de Lénine et d'Hobson. Pourquoi, en Amérique latine, la phase d'investissement capitaliste suivit-elle, au lieu de le précéder ou de l'accompagner, le colonialisme espagnol ? Pourquoi, dans cette zone si vaste, les capitalistes étaient-ils ligués avec les libérateurs ? D'autre part, certains de ces pays colonisés ou « exploités » étaient eux-mêmes des poussières d'empire. La Chine était la création d'une série de dynasties impériales, sans le soutien de la « finance capitaliste ». L'Inde était le produit de l'impérialisme moghol ; la Turquie était une extension de l'Anatolie ottomane. L'Egypte était une ancienne puissance impériale qui, après sa sécession avec la Turquie, cherchait à se réunir au Soudan. Au sud du Sahara, existait une demi-douzaine d'empires indigènes, dirigés par des groupes ou des mouvements tels que les Ashanti, Fulani, Bornu, Al-Haji Umar, Futa Toro. L'Ethiopie était un empire en compétition avec les puissances européennes dans la Corne de l'Afrique, avant d'être soumise à l'une d'entre elles en 1935. La Birmanie était un empire à sa façon. La Perse, à l'image de la Chine, était un empire survivant de l'Antiquité. Le colonialisme lui-même créa des empires de ce type exceptionnel. Le Congo — Zaïre actuel — fut mis sur pied par la Conférence de Berlin de 1884-1885 et survécut à la décolonisation, sans pour autant bénéficier d'un seul des facteurs créateurs d'empire, selon la théorie. De même l'Indonésie naquit du rassemblement de dizaines de territoires hétérogènes par l'esprit d'ordre méticuleux de la Hollande. La théorie de la conspiration ne jetait aucune lumière sur un seul de ces cas d'espèce [58].

Cependant, ce qui est décisif c'est que le noyau même de cette théorie était erroné, à savoir la nécessité des colonies pour assurer au capital des zones largement bénéficiaires. Une étude attentive des faits démontre clairement l'absurdité d'un « capital financier », recherchant désespérément des colonies pour y investir ses énormes excédents. Le « capital en surplus » n'exista jamais. Les capitaux d'investissement furent toujours difficiles à lever, particulièrement dans le cadre colonial. Les tropiques ne rapportèrent pas de gros dividendes, sauf à la toute fin de l'ère coloniale. Il y eut peu d'exemples de grandes réussites. En Afrique occidentale, les frères Lever firent d'énormes investissements dans les communications, les services sociaux et des plantations qui, en 1950, employaient 40000 Africains : la Compagnie possedait 350000 hectares dont 60000 étaient effectivement cultivés[59]. En Malaisie, que ses ressources en caoutchouc et en étain rendirent la plus riche colonie de l'entre-deux-guerres, il y eut aussi de gros investissements, à l'occasion, de beaux profits et quelques échecs retentissants. Capital ne rimait pas avec capitale. Les financiers britanniques plaçaient aussi bien leur argent dans des Etats indépendants d'Amérique latine que dans les colonies de la Couronne. Ils le perdaient souvent bel et bien. L'Argentine, territoire « en développement » qui attirait en priorité les capitaux britanniques, donna une terrible leçon aux investisseurs lors de sa crise financière de 1890-1891. Sur l'ensemble du XIXe siècle, les investisseurs britanniques en Argentine accusèrent une perte sèche[60]. L'Allemagne et l'Italie, colonisateurs les plus acharnés, renâclaient à engloutir des capitaux dans leurs possessions. La Hollande préférait l'Insulinde et la France la Russie à ses « vingt chambrières ». La Grande-Bretagne, à leur exemple, favorisait Java et Sumatra contrairement à ses innombrables territoires d'Afrique[61]. La théorie de la conspiration requiert l'existence d'un nombre restreint d'individus très intelligents, coordonnant leurs efforts à partir d'appréciations extrêmement rationnelles. Par contre, le nombre des investisseurs, à ne considérer que la France et l'Angleterre, était très élevé et leur comportement se caractérisait par l'émotivité, l'inconsistance, la mauvaise information et les préjugés. La Cité de Londres était incapable de planifier quoi que ce fût, à plus forte raison une conspiration au plan mondial; elle suivait simplement ce qu'elle imaginait — souvent, à tort — être ses intérêts à court terme, au jour le jour[62]. Tout au long de la période coloniale, la principale caractéristique des investisseurs européens fut l'ignorance, basée sur la paresse.

Si la politique des investisseurs n'était ni à la concertation ni, encore moins, à la conspiration, celle des administrateurs coloniaux n'était pas beaucoup plus claire. Au XIXe siècle, dans l'esprit des réformes éducatives de Macaulay aux Indes, on pensait communément que la réglementation coloniale avait pour but de former des imitations d'Européens. Entre les deux guerres, cette façon de voir disparut dans la confusion la plus totale. La politique du « double mandat », préconisée par lord Lugard au cours des années 20, et dont les buts étaient proches de ceux de Lyautey au Maroc, visait à préserver des modèles administratifs indigènes et à rendre leurs intérêts souverains. La tâche des Britanniques, écrivit Lugard, était de « promouvoir en Afrique les progrès commerciaux et industriels sans accorder trop d'attention à nos gains matériels[63] ». Cet élément gagna graduellement du terrain, tout en coexistant avec d'autres objectifs : stratégie militaire, émigration, défense des intérêts des colons, prestige national, politique économique nationale — tarifs douaniers compris; ces objectifs variaient suivant la nature de la colonie et du système colonial en vigueur, étaient souvent incompatibles avec les intérêts indigènes et même entre eux. Il n'existait aucune colonie typique. Juridiquement, de nombreux territoires n'étaient pas du tout des colonies mais des protectorats, des mandats, des territoires sous tutelle, des fédérations de royaumes ou de principautés ou bien des Etats pratiquement indépendants comme l'Egypte et le golfe Persique — Perse incluse. Il y avait des dizaines de prototypes. Certaines colonies, en particulier en Afrique occidentale, bénéficiaient d'une législation double ou multiple, représentant les couches archéologiques successives de la pénétration occidentale. Dans ces circonstances, poursuivre une politique coloniale cohérente aux buts précis et à long terme était impossible. Aucun empire colonial n'y parvint.

D'où l'impossibilité de tirer un bilan du colonialisme entre les deux guerres ou à toute autre période. En général, la politique suivie consistait à assurer une infrastructure de base — défense extérieure, sécurité intérieure, principales voies d'accès et santé publique — et d'abandonner le reste à l'initiative privée. On recherchait l'efficacité, l'impartialité, l'intégrité et le non-interventionnisme. Parfois les gouvernements colonisateurs étaient contraints de diriger l'économie, comme le fit l'Italie en Somalie et en Libye, avec un manque de succès manifeste[64]. Ils devaient souvent entretenir un secteur public plus conséquent qu'en métropole. La Grande-Bretagne, par exemple, encourageait la modernisation et l'extension de l'agriculture, dirigeait les services de santé publique dans toutes les colonies de la Couronne et exploitait un réseau ferroviaire étatisé dans chaque territoire africain au sud du Sahara — sauf en Rhodésie et au Nyassaland. Tout cela implique davantage une raréfaction qu'un surplus de capital. Les gouvernements agissaient ainsi par sens du devoir, sans le désirer vraiment ; et cela rallongeait leur colonne débit.

Si les gouvernements coloniaux mettaient peu en œuvre pour encourager l'industrie, ils ne faisaient rien non plus pour la restreindre délibérément. En règle générale, l'investissement n'était pas aiguillonné par l'insuffisance de main-d'œuvre qualifiée et le manque de débouchés sur les marchés locaux. Là où les conditions furent réunies, comme au Congo belge, l'industrie fit son apparition entre les deux guerres : notons que les capitaux provenaient en majorité, non de Belgique, mais de sources étrangères ou de filiales aux mains d'étrangers — ce qui porte un nouveau coup à la théorie de la conspiration. Dakar, en Afrique occidentale française, connut une croissance similaire, exactement pour les mêmes raisons. L'idée que le colonialisme, en tant que tel, empêchait l'industrie locale de se développer, se heurte au simple fait que les partisans du libre-échange comme l'Angleterre, la Belgique et la Hollande poursuivaient une politique diamétralement opposée à celle des pays protectionnistes comme la France, l'Espagne, l'Italie, le Portugal et les États-Unis.

A partir de 1923, et surtout après 1932, l'Angleterre viola sa propre réglementation de libre-échange pour favoriser l'industrie indienne. Ce fut lord Curzon, vice-roi des Indes, qui persuada J.N. Tata, le magnat parsi du coton, de créer une industrie sidérurgique, que la Grande-Bretagne protégea par les tarifs douaniers. Vers 1945, la production s'élevait chaque année à 1,15 million de tonnes et les producteurs indiens détenaient en fait le monopole du marché. Pareillement, pour l'industrie du coton et du jute, dont les conditions étaient attrayantes, les Indiens pouvaient apporter le capital eux-mêmes — et ne s'en privaient pas — la Grande-Bretagne leur assurant sa protection. Au moment de son indépendance, l'Inde possédait un vaste secteur industriel; les firmes indiennes dirigeaient les banques à 83 %, l'import-export à 60 % et fournissaient les biens de consommation à 60 %[65]. Mais il est très douteux que la création d'industries locales, à l'abri de barrières douanières, présente un avantage pour la population globale d'une colonie. A tout prendre, les habitants des empires régis par le libre-échange jouissaient d'un niveau de vie plus élevé, comme on pouvait s'y attendre. Après leur indépendance, l'Inde et le Pakistan maintinrent une politique ultra-protectionniste avec des taux atteignant respectivement 313 et 271 %; et c'est l'une des raisons pour laquelle leur niveau de vie s'est élevé si lentement, en comparaison des économies de marché de l'Asie du Sud-Est[66].

En somme, les puissances coloniales servaient mieux les intérêts des autochtones quand elles permettaient à l'économie marchande de prévaloir sur une politique restrictive, même bien intentionnée. Cela signifiait habituellement passer d'une agriculture de subsistance à une production à grande échelle de culture commerciale pour l'exportation. Cette prétendue « distorsion » des économies coloniales, pour servir les desseins de la mère patrie ou des marchés mondiaux, forme la base de l'accusation qui veut que ces territoires fussent purement et simplement « exploités ». On avance que les colonies furent appauvries, que leurs économies « naturelles » furent détruites et qu'elles entrèrent dans une phase de « sous-développement[67] ». Malheureusement, la preuve statistique qui confirmerait ou infirmerait cette théorie n'existe tout bonnement pas. *Travels in the Interior Districts of Africa* — 1799 — de Mungo Park ne donne pas l'impression d'une Arcadie rurale, où l'on avait renoncé à la poursuite des richesses, au contraire. Les chefs de tribu étaient à la fois des impérialistes à leur manière et des accapareurs exceptionnels. Ils optaient pour une culture commerciale dès qu'ils trouvaient un marché. Il n'existait pas d'autre alternative quand la croissance de la population faisait de l'agriculture de subsistance une impasse.

Croire que l'industrialisation — opposée à la production des matières premières — est la seule façon d'accéder à un niveau de vie élevé, est démenti par l'expérience d'anciennes colonies comme l'Australie, la Nouvelle-Zélande, la plus grande partie du Canada et le Middle West aux États-Unis que les exportations de viande, de laine, de blé, de produits laitiers et de minerais ont rendu les pays les plus prospères du monde. Il est peut-être significatif que, durant la période post-coloniale, aucun des nouveaux Etats indépendants, pourvus d'économies de plantation, n'aient essayé de les remplacer par d'autres formes d'exploitation agricole. Au contraire, tous ont visé en fait à améliorer le potentiel bénéficiaire de leurs exportations afin de financer, ordinairement, leur développement industriel — ce que la plupart des gouvernements cherchaient à faire dans la dernière phase de l'ère coloniale. En matière d'agriculture tropicale à grande échelle, les profits étaient rarement élevés et obtenus avec difficulté. Si l'on analyse les prix d'exportation du café, du cacao, de l'arachide, du coton, de l'huile de palme, du riz, de la gomme arabique, du kapok et des grains dans les territoires d'Afrique occidentale française, dans la dernière année de la domination coloniale — 1953 — l'on s'aperçoit que les profits étaient restreints et largement déterminés par les moyens de transport[68]. L'argument, suivant lequel les économies avancées organisaient une détérioration progressive du marché pour faire baisser les prix de base, ne cadre pas avec les statistiques et n'est simplement qu'un autre aspect de la théorie de la conspiration.

Les pires côtés du colonialisme d'entre-deux-guerres étaient le travail obligatoire et la répartition des terres sur une base raciale. L'origine en était la suivante : la productivité du sol africain et le développement de l'agriculture de subsistance dépendaient simplement de la mise en place de tâches appropriées et d'horaires de travail à l'européenne. L'Afrique précoloniale avait répondu à ces problèmes par l'esclavage. Les puissances coloniales les plus progressistes, comme la Grande-Bretagne, et dans une moindre mesure la France, étaient résolues à l'abolir. Les Anglais préférèrent pousser les Africains au travail par l'impôt; ils introduisirent également les contrats de travail. A la tête d'un empire colonial planétaire où les individus, comme les marchandises, étaient libres de circuler, il leur fut aisé de convaincre les Indiens d'aller travailler en Birmanie, en Malaisie, dans le Pacifique, à Ceylan, en Afrique centrale, orientale et du Sud et jusqu'en Amérique centrale et du Sud; quant aux Chinois, ils étaient dirigés vers l'Asie du Sud-Est, le Pacifique, l'Afrique du Sud et l'Australie. Ils occasionnèrent aussi des déplacements de populations importants dans le continent africain, à l'exemple des Hollandais qui, en Indonésie, avaient poussé les Javanais à aller travailler dans d'autres îles[69]. Ce qui en résulta fut la création d'un grand nombre de problèmes de cohabitation raciale — et même en Indonésie, d'un impérialisme javanais — insolubles, encore à ce jour. Les Hollandais adoptèrent en sus le prétendu « système de culture », qui contraignait les autochtones à produire en exigeant des paiements en nature — l'Etat étant le principal représentant et propriétaire de plantations[70]. Ce système fut choisi par Léopold II, fondateur du Congo belge, où il devint la base de l'économie. Les Belges firent de plus pression sur les chefs de tribu pour qu'ils fournissent des « volontaires » qui signaient des contrats à longue durée. La France et le Portugal n'eurent recours qu'aux *corvées* non payées comme substitut des impositions. Les pires exemples d'oppression eurent lieu dans les colonies portugaises d'Afrique et au Congo. Ils avaient pris fin en grande partie vers 1914, à la suite de révélations dues à des journalistes et à des membres du corps consulaire britanniques. Mais le travail forcé persista, sous certaines formes, jusqu'à la fin des années 40[71]. A petite échelle, cependant. En effet, jusqu'à une date relativement récente, la grande majorité des Africains resta tout à fait en dehors d'une économie de rémunération. Jusqu'en 1950, sur les 170 millions d'Africains vivant au sud du Sahara, 8 millions seulement étaient salariés à un moment quelconque de l'année[72]. Quand les salaires étaient élevés, les Africains travaillaient volontiers : les mines d'or du Rand ne manquèrent jamais de main-d'œuvre depuis le début de leur exploitation. Ailleurs, c'était pratiquement toujours la même histoire : peu de profits, peu d'investissements, productivité faible, salaires faibles. Aucun individu, blanc ou noir, ayant réellement travaillé en Afrique, n'a jamais souscrit à ce « capital en surplus » fantaisiste — dont l'existence n'était attestée qu'à Hampstead et dans les cafés de la rive gauche.

Les puissances coloniales commirent leur plus grosse erreur — aux conséquences aussi bien politiques et morales qu'économiques — en refusant de permettre à l'économie de marché de jouer sur la question des terres. Elles se conformèrent là aux procédures appliquées, au XVIIe siècle, dans les colonies anglaises d'Amérique dans un premier temps, puis reprises pour développer le Middle West et l'Ouest américains, en détruisant la population indienne; méthode affinée, sur un plan purement racial, en Afrique du Sud. Cela impliquait une technique faisant fi du respect de l'individu qui est au cœur de l'éthique judéo-chrétienne. Vers 1931, en Afrique du Sud, 1,8 million d'Européens se partageaient des « réserves » de 440 000 milles carrés de superficie, tandis que 6 millions d'Africains étaient répartis sur à peine 34 000 milles carrés. En Rhodésie du Sud, l'Acte de Répartition des Terres de 1930 accorda aux Européens, déjà en possession de 30 millions d'acres, le droit d'acquérir 34 millions d'acres supplémentaires, propriété de la Couronne, alors que les Africains, dont les réserves couvraient 21 millions d'acres, n'eurent accès qu'à 7 millions d'acres de plus. En Rhodésie du Nord, les Blancs possédaient déjà l'exclusivité de 9 millions d'acres. Au Kenya, cette altération délibérée du libre accès à la propriété du sol fut particulièrement scandaleuse; en 1923, le duc du Devonshire, secrétaire aux Colonies, dans la déclaration qui portait son nom, avait précisé : « Le Kenya étant primitivement un territoire africain... les intérêts des indigènes africains doivent être prioritaires. » En dépit de cela, dans un exercice volontaire d'organisation sociale, les « White Highlands » furent vidés de leurs habitants Kikuyus et livrés à des fermiers blancs. Dans les années 30, au Kenya, 53 000 milles carrés étaient des réserves de populations africaines, 16 700 appartenaient à des Européens et 99 000 à la Couronne qui pouvait les répartir à son gré, selon des critères politiques arbitraires. Ce système était indéfendable. La ségrégation raciale, c'était l'unique raison avancée, aurait été essentielle au bon fonctionnement des exploitations agricoles. L'argument était irrecevable, comme l'a démontré la suite des événements au Kenya, et contredisait les principes généraux de libre-échange sur lesquels était bâti l'empire colonial britannique.

En imposant, en effet, la répartition des terres suivant l'appartenance raciale, les colons répondaient grossièrement à ce qui était pour eux une réalité écrasante : l'inégalité dans le développement des sociétés humaines, problème fondamental qui exista de façon marquée, dès l'âge du fer. Ces premiers empires capitalistes européens, que l'on peut limiter à la période 1870-1945, constituèrent une série de tentatives désordonnées, convulsives et souvent contradictoires, pour résoudre le problème posé par la coexistence de sociétés développées et arriérées dans un monde qui retrécissait, où leurs contacts devenaient inévitables par suite de l'accroissement général de la population — et de ses espérances.

Ce système, si on peut l'appeler ainsi, fut lent à s'organiser : la France n'eut pas de ministère des Colonies avant 1894, l'Allemagne avant 1906, l'Italie avant 1907, la Belgique avant 1910 et le Portugal avant 1911[73]. Son « âge classique » d'entre-deux-guerres était déjà crépusculaire en quelque sorte. Son existence fut trop brève pour que les résultats obtenus fussent conséquents aux options choisies. Développer des ressources humaines et naturelles est affaire de temps, de labeur et souvent d'effusion de sang, comme l'histoire nous l'enseigne. Des hommes tels que Rhodes, Ferry, Lugard, Lyautey et Sarraut partageaient un optimisme injustifié quant à l'accélération du processus, qu'ils jugeaient relativement indolore. Les mêmes illusions furent le lot de leurs successeurs, les dirigeants des Etats indépendants comme Sukarno, Nasser, Nkrumah, Nehru et des dizaines d'autres, comme nous le verrons. La plupart des pays pauvres sont restés dans la même position par rapport aux pays riches, dans les années 1980, qu'ils l'étaient en 1870, au début de la grande époque du colonialisme.

Cela nous conduit à un point très important. Le colonialisme était un phénomène à grand impact visuel. On y trouvait en abondance drapeaux, uniformes exotiques, cérémonies magnifiques, Durbars, canons dans le couchant, expositions coloniales à l'Olympia et au Grand Palais, timbres-poste et par-dessus tout des cartes géographiques en couleurs. C'était par essence une entité cartographique, que l'on percevait très clairement et très fortement sur les pages d'un atlas. En se basant sur les cartes, le colonialisme paraissait avoir changé la face du monde. Sur les lieux mêmes, il semblait un phénomène beaucoup plus factice qui changea peu de chose. Il s'installa et disparut avec la même facilité. Peu d'individus donnèrent leur vie pour l'établir comme pour le mettre à bas. Il accéléra et freina à la fois — de façon marginale, cependant — l'émergence d'un système économique planétaire qui serait né à peu près aussi rapidement sans l'annexion par les Européens d'un seul hectare d'Afrique ou d'Asie. Le terme « colonialisme » recouvrit une telle variété et multiplicité d'arrangements qu'on peut douter de sa spécificité à décrire quoi que ce soit.

Le colonialisme était plus important pour ce qu'il n'était pas que pour ce qu'il était. Il engendra des illusions grandioses et des griefs injustifiés. Les illusions eurent un impact majeur sur les événements jusqu'en 1945; les griefs, depuis. Si l'empire colonial français parut transformer une France déclinante et épuisée en un Samson vigoureux de 100 millions d'individus, le Commonwealth sembla faire de la Grande-Bretagne une superpuissance — une idée, par exemple, qui accompagna Hitler dans le Bunker. C'est une fois encore l'aspect visuel de la chose qui détermina de telles perceptions. Dans les années 20, au Maroc, les grands axes militaires, les édifices publics et les quartiers européens, dont Lyautey avait passé commande, prenaient forme : formidables, durables, d'une magnificence austère; on peut encore le vérifier. Simultanément s'achevait à Delhi la construction du quartier gouvernemental de sir Edwin Lutyens, la plus belle des conceptions d'architecture monumentale du XXe siècle. Il est révélateur que ces réalisations, conçues à la Belle Epoque, n'aient été concrétisées qu'après la première guerre civile européene, qui mina les empires dont elles furent l'ornement. L'architecture est à la fois le plus concret et le plus emblématique des arts. Les édifices publics ont leur langage : souvent, ils parlent faux. Les dômes et les coupoles splendides de Lutyens tenaient un double discours : à la majorité des Britanniques, à la majorité des étrangers et surtout à la majorité des Indiens, ils annonçaient une certaine pérennité; mais aux experts militaires et économiques, ils chuchotaient des doutes croissants.

L'un des problèmes résidait dans le système monétaire de l'empire. A partir de 1912, la Grande-Bretagne divisa son empire en zones monétaires régionales que contrôlait un British Currency Board — Bureau britannique monétaire — suivant le Colonial Sterling Exchange Standard — cours standard de la livre sterling coloniale; les colonies durent, à partir de 1920, garantir à 100 % — en lingots ou en bons du Trésor — en Grande-Bretagne leur circulation fiduciaire. Cela entraîna les nombreuses protestations des milieux nationalistes, en Inde surtout. C'était, en fait, un système de bon sens qui assura à une large part du Commonwealth le très réel avantage de la stabilité monétaire : il fonctionna parfaitement bien jusqu'en 1939; après cette date, les exigences financières dues à la guerre et la chute rapide de la Grande-Bretagne dans une insolvabilité complète rendirent oppressif l'ensemble du système[74]. On peut en dégager une morale vitale. La Grande-Bretagne put se montrer équitable envers ses colonies sujettes tant qu'elle fut, comparativemement, une nation florissante. Une puissance riche pouvait diriger un empire colonial prospère et bien organisé. Pour les nations pauvres, comme l'Espagne et le Portugal, renoncer à l'exploitation était un luxe qu'elles ne pouvaient pas se permettre. Il en résultait — ce que nombre d'hommes d'Etat britanniques avaient souligné tout au long du XIXe siècle — que les colonies étaient une source d'affaiblissement. Elles étaient un luxe, maintenu pour le prestige et payé en détournant des ressources réelles. Le concept de superpuissance coloniale était largement frauduleux. En tant que colosse militaire et économique, l'empire britannique était un monument de stuc doré.

D'où un curieux sens, à la fois d'extravagance et d'insensibilité mais aussi de fragilité et d'instabilité que l'empire d'entre-deux-guerres faisait naître chez l'observateur. Malcolm Muggeridge, résidant à Simla au début des années 20, nota que seuls le vice-roi et deux autres fonctionnaires avaient une automobile à leur disposition; et d'autre part, que les routes étaient si escarpées que les coolies, conducteurs de rickshaws, mouraient jeunes de crises cardiaques. Alors que sous ses yeux, l'un de ces derniers transportait un gros client, il entendit un spectateur s'exclamer : « Voyez cet homme en tirer un autre après lui. Et on prétend qu'il y a un Dieu[75] ! » En 1930, au Kenya, Evelyn Waugh rencontra « une charmante Américaine surnommée Kiki » à qui un riche colon britannique de Lake Naivasha dans les White Highlands « avait fait présent pour Noël de 2 à 3 milles de rives du lac[76] ». Cependant, Leo Amery, le plus ambitieux des secrétaires d'État aux Colonies de l'entre-deux-guerres, vit son plan d'ouverture d'une section consacrée aux Dominions contrecarré par le Trésor, qui refusa de dépenser huit cents livres annuelles supplémentaires de salaires[77]. Quand lord Reading devint vice-roi en 1921, les manœuvres politiques qui entourèrent sa nomination firent clairement apparaître, qu'aux yeux du gouvernement britannique, la nécessité de conserver sir Gordon Hewart, bon orateur de débats, comme procureur général au banc ministériel, était beaucoup plus importante que de savoir qui gouvernerait l'Inde[78]. Trois ans plus tard, J.L. Garvin, le grand éditeur impérialiste de *l'Observer* écrivait : « Il me paraît tout à fait possible que dans les cinq années à venir nous perdions l'Inde — alors Adieu à l'empire britannique[79]. » La même pensée élégiaque vint à l'esprit d'un jeune officier de police, en Birmanie, quand on l'incita — exactement à la même époque — à tuer un éléphant pour impressionner les « indigènes » : « Ce fut à ce moment, écrivit George Orwell, que je saisis pour la première fois le vide et la futilité de la domination de l'homme blanc en Orient. J'étais là, homme blanc au fusil, face à la foule indigène désarmée — ayant apparemment le rôle principal de la pièce. Mais, en réalité, je n'étais qu'un pantin absurde agité çà et là par la volonté de ces faces de carême, derrière moi[80]. »

Diriger un empire était principalement une simple affaire de détermination. Des années plus tard, en 1962, sir Roy Welensky, Premier ministre de la Fédération rhodésienne, devait déclarer : « La Grande-Bretagne a perdu la volonté de gouverner en Afrique. » Elle ne l'avait pas encore tout a fait perdue dans les années 20 et 30 mais elle s'était érodée. La Grande Guerre avait ébranlé la confiance en soi de la classe dirigeante britannique. Le Royaume-Uni n'avait pas connu d'énormes pertes : 702410 morts. C'était un chiffre comparable à celui de l'Italie qui, dans les années 20, regorgeait de vitalité. Mais, évidemment, la population de l'Italie s'accroissait à grande vitesse. De plus, selon une croyance fort répandue, les effectifs d'Oxford et de Cambridge et des public schools avaient été lourdement touchés. 37452 officiers avaient été tués sur le Front de l'Ouest et 2438 avaient été tués, blessés ou portés disparus le premier jour — 1er juillet 1916 — de la bataille de la Somme [81]. De ces chiffres naquit le mythe de la « génération perdue » et du massacre des paladins qui, tels Raymond Asquith, Julian Grenfell et Rupert Brooke — nombre d'entre eux étant en réalité des désaxés ou des ratés — furent présentés comme irremplaçables [82]. Ce mythe fut une création partiellement littéraire. Les poètes de la période de guerre furent nombreux et de très grande qualité : Wilfred Owen, Edmund Blunden, Siegfried Sassoon, Herbert Read, Robert Graves, Isaac Rosenberg, Maurice Baring, Richard Aldington, Robert Nichols, Wilfred Gibson et beaucoup d'autres; à la fin de la guerre, ils devinrent obsédés par la mort, la futilité et le gâchis [83]. Leurs poèmes hantèrent le début des années 20; un peu plus tard vinrent les œuvres en prose : la pièce de R.C. Sherriff *Journey's End* — La Fin du Voyage —, *Undertones of War* de Blunden, *Memoirs of a Fox-Hunting Man* — Mémoires d'un Chasseur de Renard — de Sassoon, parurent tous en 1928; *Death of a Hero* — Mort d'un Héros — d'Aldington, l'année suivante. C'était une littérature, sans la qualifier pour autant de défaitiste, peu portée sur l'héroïsme et qui soulignait le coût de la défense de la grandeur nationale.

En outre, dans l'esprit de la classe supérieure, les pertes en vie humaines — qu'elle exagérait — étaient directement liées à la crise de l'ancien système agricole de la gentry traditionnelle, qui avait subi de graves revers depuis l'arrivée sur le marché, vers 1870, des céréales d'outre-Atlantique et se trouvait alors aux abois. La législation d'avant-guerre avait été établie pour protéger les fermiers contre les propriétaires. Llyod George, qui haïssait l'aristocratie terrienne, couronna ce système par son Agriculture Act de 1920, qui introduisit le bail ferme; et par un décret postérieur de 1923, il mit fin aux baux restrictifs et légalisa « la liberté des récoltes ». Le résultat fut le démembrement de milliers de petites et de grandes propriétés. « L'Angleterre change de mains », écrivit le *Times* du 19 mai 1920. « A partir de 1910, affirma H.J. Massingham, une législation vindicative, démagogique et purement urbaine a estropié tout propriétaire, qu'il soit bon, mauvais ou indifférent, responsable ou irresponsable [84]. » En février 1922, le *Quarterly Circular* de l'Association centrale des propriétaires terriens estimait que chaque année, 700000 acres de terres cultivables changeaient de mains. L'année précédente, une seule entreprise de ventes aux enchères avait eu à sa disposition une superficie de terrain égale à celle d'un comté anglais moyen. C.F.G. Masterman, ancien ministre du cabinet libéral, dans un ouvrage qui fut très lu à sa parution en 1923, se plaignait de la sorte : « Dans les inutiles massacres des Gardes sur la Somme et de la Brigade des Fusiliers à Hooge Wood, la moitié des grandes familles d'Angleterre, héritières de grandes propriétés de fortunes, périrent sans un cri... Ce qui se met en place, c'est le changement le plus important qui soit jamais intervenu dans l'histoire du territoire anglais, depuis les jours de la conquête normande[85]. » Le prix de la terre continua de baisser, la dette agricole augmenta et des millions d'acres ne furent plus exploités. Strube, le caricaturiste du *Daily Express*, croqua un va-nu-pieds affamé et efflanqué, portant l'étiquette « Acres en friche ». J. Robertson Scott, éditeur du *Countryman*, dépeignit de façon frappante la désolation rurale dans une série d'articles qui parurent dans *La Nation* de Massingham et qui devint un best-seller sinistre sous le titre ironique de *England's Green and Pleasant Land* — en 1925. Dans le Norfolk, en 1932, l'écrivain-fermier Henry Williamson remarquait : « Une ferme d'un mille carré, pourvue d'une demeure de style élizabéthain passable et d'une dizaine de cottages, se vendit mille livres[86]. » Il est inutile d'exagérer l'effet de ce déclin inguérissable et omniprésent qui affectait le cœur même de l'ancien système de gestion de l'Angleterre.

La preuve du déclin industriel était également omniprésente. Après une brève reprise, qui suivit la guerre, la faiblesse fondamentale des industries traditionnelles d'exportation — charbon, coton et textiles, construction navale, engineering — se marquait par un chômage chronique élevé : elles souffraient d'équipements vétustes, de vieilles querelles, de méthodes de travail dépassées et tout cela se combinait pour donner un taux de productivité bas. Cet état de fait fut, en grande partie, attribué à la décision de Winston Churchill, alors chancelier de l'Echiquier, de faire réadopter l'étalon-or par la Grande-Bretagne, en 1925. Keynes se déclara violemment contre, taxant cette décision de « forme contemporaine du mercantilisme ». « Nous nous enchaînons à l'or », déclara-t-il; Churchill lui répliqua : « Nous nous enchaînons à la réalité », ce qui était la vérité, à la réalité de l'économie industrielle désuète de la Grande-Bretagne[87]. Les effets de cette décision s'équilibrèrent sur les échanges extérieurs : prix plus élevés à l'exportation et plus bas à l'importation de produits alimentaires et de matières premières. Comme le disait Churchill, il s'agissait avant tout d'une décision politique destinée à rendre à la Grande-Bretagne son prestige financier d'avant-guerre. Elle fut nécessairement déflationniste et entraîna par là un effet imprévu, favorable au gouvernement, en facilitant la mise en échec de la grève générale : cette arme suprême des soréliens, dont on parlait depuis 1902, et qui eut finalement lieu en mai 1926. Il y en avait déjà eu des répétitions générales en 1920 et en 1922, dont le parti tory avait davantage tiré profit que les dirigeants des syndicats. Quand elle devint inévitable, Stanley Baldwin manœuvra habilement les dirigeants syndicaux des transports, des chemins de fer et de l'industrie minière pour que le conflit survienne à la fin plutôt qu'au début de l'hiver. La grève s'effondra piteusement en une semaine. « Ce fut comme si une bête féroce, dont on vantait depuis longtemps la sauvagerie, s'était montrée une heure durant, avait flairé le danger et était retournée se tapir dans son repaire[88]. » Ni revenir à l'étalon-or ni briser la grève générale n'eurent d'effet sur les chiffres du chômage qui restèrent préoccupants, avant la fin même de l'essor des années 20. De 1921 à 1929, en pourcentage de la force active, ils représentèrent successivement : 17 % ; 14,3 % ; 11,7 % ; 10,3 % ; 11,3 % ; 12,5 % ; 9,7 % ; 10,8 % ; 10,4 %[89].

Pour les ouvriers, le problème de « génération perdue » ne se posait pas. Leurs rangs n'étaient pas décimés. Ils étaient plutôt en surnombre. Cependant leur triste condition, en radicalisant le clergé anglican, aida à accroître la désagrégation de la volonté de la classe dirigeante. L'Église d'Angleterre avait mal vécu la guerre, embouchant avec incertitude la trompette patriotique. Le clergé catholique avait mis en évidence l'amateurisme des anglicans dans les tranchées et les usines d'armement[90]. Elle avait perdu du terrain lors d'une période cruciale, ce qui la mettait mal à l'aise. Au cours des années 20, ses représentants les plus zélés développèrent un nouvel évangélisme, basé sur la paix et la « compassion ». Cela en mena certains très loin à gauche. Conrad Noel, pasteur de la célèbre église du XIVe siècle de Thaxted dans l'Essex, refusa de déployer l'Union Jack, en soulignant qu'il « était l'emblème de l'empire britannique et de la cruelle exploitation qu'il représentait ». Il hissa à la place le drapeau rouge, pour lequel il eut recours à l'autorité biblique : « Il a engendré les nations d'un seul et même sang. » Chaque dimanche, des bandes d'étudiants de droite de Cambridge venaient pour le lacérer et se heurtaient aux « Lansbury Lambs », un groupe radical d'ex-policiers, qui avaient été révoqués pour s'être mis en grève en 1919[91]. Cette bataille des drapeaux bouleversa l'establishment tout en lui offrant une nouvelle forme, choquante, de divertissement.

Encore plus révélateur de cette tendance, William Temple, évêque de Manchester à partir de 1920, puis archevêque d'York et de Canterbury, fut de loin le membre le plus influent du clergé dans la Grande-Bretagne de l'entre-deux-guerres. Il fut le premier à opter pour une politique progressiste comme substitut du dogme évangélique ; il fit ainsi partie du mouvement gigantesque qui, comme l'avait prévu Nietzsche, transformait le sentiment religieux en utopie laïque. Temple était une personnalité joviale, avec une silhouette à la Oliver Hardy et un penchant aussi bien pour les friandises que pour le martyre social. En 1918, il entra au Labour Party et le fit savoir. Dans les années 20, il créa la C.O.P.E.C. ou Conference On Christian Politics, Economics and Citizenship, prototype de nombreuses associations du même gabarit depuis lors. Au cours d'une réunion, à Birmingham, en 1924, il claironna : « Face au sentiment grandissant que les menées machiavéliques de l'État conduisent à la banqueroute, il y a une urgence croissante à prendre en considération les paroles du Christ : Je suis la Voie, la Vérité et la Vie [92]. » Ses interventions effectives en politique sociale restèrent sans effet. Ainsi, la grève générale le surprit-elle en train de soigner sa goutte et son obésité à Aix-les-Bains. De retour en Grande-Bretagne, suant et soufflant, il fit intervenir des ecclésiastiques qui persuadèrent les dirigeants des mineurs qu'ils étaient soutenus par toute la chrétienté, ce qui eut pour effet de prolonger la grève dans les mines de charbon de juillet à décembre 1926 ; à la fin, les mineurs et leurs familles, devenus indigents, mouraient de faim [93]. Nullement échaudé, Temple poursuivit sa lutte pour la cause progressiste. Pour George Bernard Shaw, un évêque socialiste, en chair et en os, s'exclamait-il allègrement, était « la concrétisation d'une impossibilité ». En fait, Temple en annonçait beaucoup d'autres ; et ce fut un signe des temps que ses opinions aidèrent, au lieu de l'entraver, son accession majestueuse au trône de Saint-Augustin.

La philosophie de Temple enchâssait la croyance, si caractéristique du XXe siècle, que la morale chrétienne se reflétait dans la recherche de « solutions » économiques laïques. Le concept chrétien de culpabilité, incarné par des dignitaires anglicans bien nourris, renforça puissamment le sentiment d'obligation morale que les classes possédantes et les nations aisées commençaient à entretenir à l'égard des déshérités — de l'intérieur comme de l'extérieur. L'économie n'était plus une question de création de richesse mais de devoir et de simple justice. Temple compta naturellement d'ardents partisans chez les agnostiques du spectre progressiste. Keynes lui écrivit une lettre remarquable qui repoussait, avec chaleur, l'idée que l'économie était une science moralement neutre : « ...l'économie, qu'il est plus approprié d'appeler politique économique, est un aspect de l'éthique [94]. » C'était là ce que le prélat désirait ouïr et ce que le membre du King's College était soucieux d'enseigner.

Ainsi Keynes se faisait-il le porte-parole de l'anti-establishment insidieux qui, dans les années 20, quittait les sphères privées de Cambridge et de Bloomsbury, pour renverser graduellement mais décisivement la manière d'agir de la classe dirigeante. Jusque-là, les axiomes de politique intérieure anglaise et ceux de l'impérialisme avaient reflété le climat moral de Balliol College, à Oxford, qui avait à sa tête le principal Benjamin Jowett. Le ton en était juridique : le rôle de la Grande-Bretagne dans le monde consistait à dispenser une justice civilisée et, si nécessité s'en faisait sentir, de la faire respecter le plus fermement possible. Lord Curzon résumait à la perfection cet état d'esprit : délicat, spirituel, courtois, d'une culture immense mais intraitable quant à la défense des intérêts britanniques qui représentaient pour lui la moralité même. « Le gouvernement britannique, écrivit-il dans un compte rendu adressé au cabinet en 1923, ne manque jamais à sa parole, n'est jamais déloyal envers ses collègues et ses alliés, ne se conduit jamais de façon méprisable ou clandestine... c'est là la base véritable de l'autorité morale que l'empire britannique a longtemps déployée[95]. » Quand il en était besoin, évidemment, cette autorité morale devait être renforcée par des tanks, des avions et des navires de guerre, qui opéraient depuis la flopée de bases que la Grande-Bretagne conservait dans le monde entier.

Mais à Cambridge, s'était développée une tradition assez différente. Alors qu'Oxford envoyait ses meilleurs éléments au Parlement, où ils devenaient ministres et acteurs de la scène politique, Cambridge favorisait l'éclosion de groupes privés qui agissaient par l'influence et la suggestion. En 1820, s'était formée une Société littéraire, composée de douze membres connus sous le nom des Apôtres, qui propagea les premières hétérodoxies de Wordsworth et Coleridge. L'existence même de cette société ne fut jamais reconnue : ses recrues, choisies collectivement et élues secrètement, étaient de haut niveau ; professeurs et critiques étaient préférés aux grands créateurs : le seul talent d'envergure, Alfred Tennyson, s'en détacha rapidement en 1830[96]. La conception du monde des Apôtres reposait sur le manque de confiance en soi, la retraite, la non-violence, l'agnosticisme, la critique acerbe des prétentions et des projets grandioses, l'humanitarisme et, par-dessus tout, le souci des devoirs de l'individu avant ceux de la collectivité. Ils cultivaient l'introspection et révéraient l'amitié ; homosexuels en théorie, sinon en pratique. Tennyson saisit bien leur humeur dans son poème : « The Lotus Eaters » — « Les Mangeurs de Lotus ».

En 1902, les Apôtres élurent parmi eux un jeune étudiant de Trinity College, nommé Lytton Strachey. Son père était général de l'armée des Indes depuis trente ans, tout à fait dans la lignée de Curzon ; mais il devait sa formation intellectuelle et morale à sa mère, une robuste agnostique appartenant au Mouvement progressiste féminin, ainsi qu'à une institutrice française, républicaine et libre penseuse, appelée Marie Silvestre[97]. Deux ans avant d'être élu par les Apôtres, il avait formé avec Leonard Woolf et Clive Bell, une « Société de Minuit » — « Midnight Society » — qui devint par la suite le « Groupe de Bloomsbury ». Ces deux sociétés, l'une secrète et informelle, l'autre admettant même quelques femmes en son sein, allaient graviter, pendant les trente années suivantes, autour de la personnalité de Strachey. A l'origine, cependant, il ne fut pas le philosophe attitré de ce cercle ; ce rôle incomba à G.E. Moore, professeur à Trinity College et l'un des Apôtres, dont l'œuvre majeure, *Principia Ethica,* fut publiée à l'automne même de l'élection de Strachey. Ses deux derniers chapitres, « L'Éthique et sa relation au comportement » et « L'Idéal », impliquaient une attaque frontale de la doctrine judéo-chrétienne de responsabilité personnelle devant un code moral absolu et du principe de devoir collectif : ils y substituaient une forme d'irresponsabilité hédoniste, basée sur les rapports personnels. Il écrivait par exemple : « Les choses les plus précieuses que nous connaissions ou puissions imaginer sont, de loin, certains états de conscience que l'on peut décrire grossièrement comme les plaisirs découlant des échanges humains ou attachés à la jouissance d'objets personnels. Quiconque s'est posé la question n'a, probablement, jamais douté que les rapports affectifs et l'appréciation de la Beauté dans l'Art et dans la Nature sont en eux-mêmes un bien[98]. »

Strachey qui était, quant à lui, plus un propagandiste de génie qu'un créateur, s'empara de cet opuscule discret avec le même enthousiasme que Lénine montra pour l'*Impérialisme* d'Hobson, publié l'année précédente. Il lui offrait l'argumentation qu'il recherchait pour son prêche. Il écrivit à Keynes, autre Apôtre, à propos de « l'urgence à communiquer au monde les théories de Moore ». Son livre ne véhiculait pas l'odieuse théologie victorienne du devoir, mais l'amitié; et il s'agissait, comme Strachey le confia à Keynes, auquel il disputait déjà l'affection de beaux jeunes gens, d'une amitié d'un type très particulier : « Nous ne pouvons nous contenter de dire la vérité — il faut que nous disions toute la vérité, et cette vérité-là, c'est le Diable... c'est une folie que nous rêvions de faire comprendre à des douairières le bien-fondé des sentiments, tout en avançant, dans le même temps, que les plus délectables sont homosexuels... nous sommes en avance de cent ans[99]. » L'amitié jouissait non seulement du privilège de dominer la morale conventionnelle, mais elle était supérieure, éthiquement, à toute loyauté au sens large. Ce point devait être souligné par un autre Apôtre, E.M. Forster : « Si j'avais à choisir entre trahir mon *pays* et trahir mon *ami*, j'espère que j'aurais le cran de trahir mon pays[100]. »

La doctrine de Moore, si ouvertement non politique, presque quiétiste, était en pratique une excellente formule de prise de pouvoir intellectuelle. Elle prodiguait une justification éthique, non seulement à une société d'admirateurs réciproques — ce qu'avaient été les Apôtres par le passé — mais encore à la formation d'une franc-maçonnerie, au programme plus positif, d'une sorte de mafia. Le système des Apôtres donna accès aux meilleurs « cerveaux » que pouvait produire Cambridge, comme par exemple, Bertrand Russell, Roger Fry et Ludwig Wittgenstein. Un réseau créé par les liens d'amitié ou du mariage établit des centres conviviaux et métropolitains : 21, Fitzroy Square, 38, Brunswick Square, 10, Great Ormond Street, 3, Gower Street, 46, Gordon Square, 52, Tavistock Square — aussi bien que les accueillants Trinity et King's Colleges ou des relais de campagne comme le Garsington de lady Ottoline Morrell, célébré dans *Jaune de Chrome*. Les Apôtres — ou leurs parents — occupaient des positions stratégiques : l'oncle de Strachey contrôlait le *Spectator*, Leonard Woolf les pages littéraires de la *Nation*, Desmond MacCarthy — et Raymond Mortimer, après lui — celles du *New Statesman*[101]. A cela s'ajoutait l'appui amical de plusieurs maisons d'édition.

Strachey n'était pas pour rien le fils d'un général. Il avait le génie de l'élitisme narcissique et dirigeait cette coterie d'une main de fer dans un gant de velours. Il s'empara d'un principe cher aux Apôtres, celui du pouvoir de groupe : la capacité non pas d'exclure simplement mais d'être vu en train d'exclure. Il perfectionna l'art d'inaccessibilité et de rejet : un mandarin de Bloomsbury pouvait être foudroyé d'un regard ou d'une intonation. A l'intérieur de ce cercle magique, l'exclusivité devint une sorte d'équipement de survie mutuel. Strachey et Woolf appelait ce système « La Méthode [102] ».

En outre, Strachey n'eut pas à attendre « cent ans » pour que vienne son heure de gloire. La guerre lui fournit l'occasion de faire connaître sa philosophie anti-establishement, sous la forme du refus du service national. Il s'y prit avec une subtilité caractéristique ; avec d'autres membres de Bloomsbury, il appartenait à la No-Conscription Fellowship et au National Council Against Conscription — Associations contre la Conscription. Il ne prit pas une part active à leur campagne, ce qui aurait pu se révéler dangereux sur le plan légal, ce qu'il abandonna à des âmes mieux trempées, comme Russell [103]. Par contre, en mars 1916, il fit sensation devant le tribunal de l'hôtel de ville d'Hampstead : requinqué par un régime vitaminé et quelques exercices de gymnastique suédoise, il comparut, flanqué de ses trois sœurs, en adoration devant lui. « Dites-moi, M. Strachey, lui demanda le Président, que feriez-vous si un soldat allemand tentait de violer votre sœur devant vous ? » « Il faudrait d'abord qu'il me passe sur le corps. » La plaisanterie fut fort appréciée et la voix haut perchée de Strachey fut imitée à la ronde ; personne n'avait sidéré une salle d'audience de la sorte depuis le procès d'Oscar Wilde. En fin de compte, Strachey ne s'obstina pas dans ses principes pacifistes et obtint son exemption, grâce à des « liasses de certificats médicaux » qui faisaient l'inventaire de ses « symptômes cliniques [104] ». Il consacra les années de guerre à l'écriture de quatre essais biographiques intitulés *Eminents Victoriens* qui, en tournant en ridicule, avec mépris, Thomas Arnold, Florence Nightingale, le cardinal Manning et le général Gordon, représentaient une condamnation totale des principes et des vertus au nom desquels mouraient précisément les combattants des tranchées. Il termina cet ouvrage en décembre 1917, au moment où la calamiteuse bataille de Passchendaele s'achevait dans un bain de sang et de boue. Publié l'année suivante, il remporta un succès immédiat et son influence fut durable. Peu de livres tombèrent, historiquement, plus à pic.

Cyril Connolly devait qualifier, par la suite, *Eminents Victoriens*, de « premier livre des années 20... il comportait une teinte de dérision que l'ensemble de cette génération, lasse de la guerre, souhaitait trouver... il fit l'effet à la jeunesse d'après-guerre d'une lumière au bout du tunnel ». Les esprits les plus pénétrants de la vieille garde virent instantanément de quoi il retournait : « pervers jusqu'à la moelle », écrivit Rudyard Kipling dans une lettre personnelle [105]. Pour cette même raison, son avis ne fut pas partagé par le reste des lecteurs. Même parmi les membres les plus pointilleux de l'establishment, l'accueil fut souvent d'une indulgence exagérée. H.H. Asquith, ancienne gloire de Balliol College sous Jowett, biberonneur vermeil et dodu, évincé du poste de Premier ministre par Lloyd George par suite de son manque d'énergie, fit bénéficier l'ouvrage, selon les propres termes de Strachey, « d'un très noble et sérieux coup de pouce », dans son cours d'études romanes. La parution de ce livre concorda avec l'ultime offensive de Ludendorff qui mit en pièces la Ve Armée britannique ; il connut de nombreuses rééditions, bien après que les Allemands eurent entamé leur retraite finale, et se révéla beaucoup plus destructeur pour les anciennes valeurs britanniques que toutes les légions ennemies. Il fut l'instrument par lequel Strachey put « communiquer au monde les théories de Moore », tout en devenant l'écrivain le plus influent des années 20. Le biographe de Keynes, Roy Harrod écrivit plus tard : « La vénération, dont il était l'objet de la part de ses jeunes admirateurs, approchait celle qu'on porte à un saint [106]. » Strachey devint le maître à penser de son époque et le cercle de Bloomsbury, sa cour — car, comme on l'a justement observé « leur détachement des choses de ce monde dissimulait en fait leur totale adhésion aux courants de la mode [107] ».

Cependant le pouvoir du groupe de Bloomsbury ne s'exerçait pas, en règle générale, sur les affaires publiques. Keynes rapporta qu'aux yeux de Strachey la politique n'était qu'un « substitut parfaitement adéquat du bridge ». Keynes lui-même ne brigua jamais un poste gouvernemental. Ils restaient en coulisse et par leurs publications cherchaient à créer un climat intellectuel plutôt qu'à donner forme à une politique spécifique. *Les Conséquences économiques de la paix* de Keynes ressassait le message d'*Eminents Victoriens*, tout en utilisant brillamment les nouvelles techniques littéraires de Strachey. En 1924, E.M. Forster publia *A Passage to India — La Route des Indes* —, une attaque extraordinairement insidieuse du principe du Raj, bouleversant clairement la croyance à la supériorité et à la maturité britanniques qui formait la justification première de l'empire des Indes. Deux ans plus tard, le mentor « apostolique » de Forster, Goldsworthy Lowes Dickinson, inventeur de l'expression « Société des Nations », fondateur de l'union de la SDN, publia *L'Anarchie Internationale 1904-1914*; ce compte rendu, grotesquement fourvoyé, des origines de la Grande Guerre vint renforcer superbement la morale politique de la brochure de Keynes [108]. En politique étrangère, les vues de Bloomsbury étaient les suivantes : jusqu'en 1918, l'Allemagne et l'Angleterre avaient été moralement sur le même plan ; depuis lors, la Grande-Bretagne avait perdu tout avantage moral, par suite d'une paix inique, d'un impérialisme persistant et d'une politique d'armement qui, à elle seule, avait été l'une des causes directes du conflit. Une grande partie de l'opinion éclairée britannique adopta progressivement cette vérité du moment.

Bloomsbury représentait aussi, beaucoup plus profondément, un aspect national qui devenait prédominant. Semblable en cela aux rangs décimés de l'ancienne gentry, aux acres laissés en friche, aux files de chômeurs, le groupe de Bloomsbury manquait d'un principe moteur. Il est curieux de constater que Strachey apparaît souvent sur les photographies affalé dans une chaise-longue, indolent et comateux. Frank Swinnerton rapporta, qu'à leur première rencontre, « il fléchissait en station debout et s'affaissait en s'asseyant. Il semblait totalement dépourvu de vitalité [109] ». « Il traînait, de pièce en pièce, ses longues pattes de faucheux, écrivit Wyndham Lewis, comme une cigogne droguée. » Strachey lui-même déclara à son frère : « Nous sommes d'une trop grande faiblesse physique pour être utiles à quoi que ce soit [110]. » Il y eut peu de mariages dans le groupe de Bloomsbury ; et même ceux qui ne s'adonnaient pas à cette « sodomie supérieure », telle qu'elle était qualifiée, montrèrent peu d'empressement à procréer. Le groupe se sentit outragé lorsque Keynes, pour des raisons restées obscures, épousa la bondissante ballerine russe, Lydia Lopokova.

Ce qui est peut-être encore plus frappant, c'est la productivité réduite du groupe de Bloomsbury, bizarrement parallèle à celle de l'industrie à bout de souffle du pays. Strachey écrivit simplement sept ouvrages, dont deux étaient formés de recueils d'articles. La grande œuvre fort attendue de MacCarthy ne vit jamais le jour : des volumes de morceaux choisis mais pas d'ouvrage original. Il en fut de même pour Raymond Mortimer. Forster, surnommé *La Taupe*, fut un autre écrivain parcimonieux : cinq romans seulement. *Maurice*, fiction homosexuelle, connut une publication posthume. Il fut fait membre de King's College en 1946 et n'écrivit plus rien par la suite, menant une existence de taupe, durant un quart de siècle, resurgissant pour recevoir des titres honorifiques. Le philosophe J.E. McTaggart, autre membre du groupe, ne pouvait travailler que deux à trois heures par jour, passant le reste du temps à dévorer des romans de quatre sous au rythme de trente environ par semaine. « Il avait une étrange démarche, se déplaçant comme un crabe, dos au mur [111]. » Lowes Dickinson, coiffé d'une toque de mandarin chinois, offrait également une silhouette léthargique et étiolée. Virginia Woolf écrivit à son sujet : « Quel faible sifflement d'air tiède Goldie émet-il entre ses dents [112] ! » Les coiffant tous, Moore lui-même devint virtuellement stérile après avoir livré ses *Principia*. Les œuvres qui suivirent consistèrent en une version populaire de cet ouvrage, un recueil d'essais et un volume de notes de lecture — puis le silence pendant quarante ans. « Je crains, écrivit-il à L. Woolf, de n'avoir rien à dire qui vaille la peine d'être dit ; ou si ce n'est pas le cas, je ne sais pas l'exprimer [113]. » Il termina un article « apostolique » par cette maxime caractéristique du groupe de Bloomsbury : « Parmi les bonnes habitudes que nous sommes tenus de prendre, nous ne devrions pas négliger, c'est certain, l'habitude de l'indécision [114]. »

Significativement, de tous les Apôtres de cette génération, à Cambridge, la seule figure à avoir été d'une exubérance totalement vivante, est Bertrand Russell, qui ne fit jamais vraiment partie du groupe de Bloomsbury. Bien qu'il partageât son pacifisme, son athéisme, son anti-impérialisme et son progressisme général, il méprisait sa torpeur moite; le groupe le rejeta à son tour. A son avis, Strachey avait perverti les *Principia* de Moore pour parer d'excuses son homosexualité. En tout état de cause, il jugeait cet essai de qualité inférieure. « Vous ne m'aimez pas, n'est-ce pas Moore ? », lui demanda-t-il. « Non », répondit Moore, après un consciencieux temps de réflexion [115]. On sait que Russell, à l'inverse de Strachey, mena, pendant la Grande Guerre, une lutte effective pour le pacifisme qui lui valut la prison. Il lut *Eminents Victoriens* lors de son emprisonnement à Brixton, avec des éclats de rire tels « qu'ils attirèrent jusqu'à ma cellule l'officier de garde qui me fit observer que la prison était un lieu de pénitence ». Mais après mûre réflexion, il conclut que le livre était superficiel, « imprégné de la sentimentalité douillette d'un pensionnat de jeunes filles [116] ». Marié à quatre reprises, coureur de jupons insatiable, auteur de cinquante-six ouvrages, couvrant l'éventail de sujets le plus large qu'un auteur eût jamais tenté, Russell était d'une autre trempe que le groupe de Bloomsbury, dont il ne partageait pas les faiblesses pour le totalitarisme. Le soir de l'armistice, ceux de Bloomsbury rallièrent leurs forces à l'étoile montante des Stiwell et à ce que Wyndham Lewis appela « le bolchevisme doré ». Ils célébrèrent non pas tant la victoire des Alliés que la sagesse de Lénine, signant une paix séparée pour « créer et façonner, selon les termes d'Osbert Sitwell, une nouvelle divinité ». On vit Strachey danser en chair et en os à l'Adelphi, « en se trémoussant avec l'élégance amorphe d'un individu au sortir d'une crise de catalepsie », comme le dépeignit avec une férocité bougonne, D.H. Lawrence [117]. Russell ne tomba pas dans le panneau, se rendit en Russie en 1920 où il rencontra Lénine et jugea le régime comme « une bureaucratie, proche de la tyrannie, reposant sur un système d'espionnage plus élaboré et plus terrible que celui du tsar, menée par une aristocratie aussi insolente qu'insensible [118] ». L'année suivante, il était en Chine, d'où il écrivit à un ami au spectacle du chaos administratif et politique total qui y régnait : « Imaginez Lytton Strachey à la tête de l'empire britannique et vous aurez un aperçu de la façon dont la Chine a été gouvernée depuis 2 000 ans [119]. »

Assez bizarrement, ce furent les activités de Russell et ses observations, supposées subversives, que le Foreign Office trouva alarmantes. Aucune autorité ne pensa à s'intéresser aux Apôtres qui produisaient pourtant déjà des extrémistes comme Nathaniel Wedd, mentor d'E.M. Forster, membre de King's College, que Lionel Trilling décrivit comme « un personnage cynique et agressif, un vrai Méphistophélès, blasphémateur et arborant des cravates rouges [120] ». Pendant les années 30, les Apôtres devaient fournir au moins quatre espions à la solde des Russes : Guy Burgess, Anthony Blunt, Leo Long et Michael Whitney Straight. Dans le cas de Russell, ce fut à l'époque, son esprit de contradiction publiquement exprimé — digne d'Oxford par sa franchise — qui fascina Whitehall. Même ses conversations à bord furent enregistrées et il fut question un moment d'avoir recours au War Powers Order-In-Council pour le faire arrêter depuis Shangaï[121].

Ces symptômes paranoïaques du Foreign Office reflétaient un souci tout à fait authentique de la part de ceux qui connaissaient les faits et pensaient sérieusement à la sécurité future de la Grande-Bretagne. Il fallait défendre l'énorme territoire de l'empire avec des moyens de défense réduits. Ce fut l'une des raisons de la haine du Foreign Office pour la SDN et ses engagements universels. Les secrétaires Tory successifs du Foreign Office refusèrent à Robert Cecil, délégué auprès de la SDN, un bureau ; et quand le gouvernement travailliste le lui concéda en 1924, certains fonctionnaires l'empêchèrent de prendre connaissance de dépêches importantes[122]. Les doyens des politiciens britanniques avaient le sentiment inquiet que conserver l'intégrité de l'empire relevait, au fond, du bluff et nécessitait d'habiles tours de passe-passe. Ils croyaient qu'ils y parviendraient — ils n'étaient pas encore défaitistes — et ressentaient donc vivement toute tentative de « sabotage » issue de « notre camp ». D'où leur rancœur à l'endroit d'individus tels que Russell et Cecil, nés dans des familles de gouvernants : le premier était petit-fils, le second, fils, du Premier ministre : ils auraient donc dû agir en conséquence[123].

Ce qui chagrinait particulièrement les planificateurs britanniques c'était le déclin rapide et absolu de la force de la Royal Navy qui, à la fin de 1918, avait une position d'une puissance irrésistible. L'Angleterre avait toujours lésiné pour son armée de terre. Mais depuis l'époque de la reine Anne, elle avait entretenu la plus grande flotte du monde, quel qu'en fût le coût, comme la condition préalable à la préservation de son empire. Tout au long du XIXᵉ siècle ou presque, elle avait mis l'accent sur ce qu'on appelait « Niveau des deux puissances » : c'est-à-dire que la force navale du pays devait être égale ou supérieure à la somme de celles de deux autres puissances, quelles qu'elles fussent. Cela s'était révélé finalement au-dessus de ses moyens et elle avait tenté d'y remédier par des arrangements diplomatiques. Et à partir de 1902, elle avait fini par abandonner son « splendide isolement » en signant un traité d'alliance avec le Japon, dont l'objectif premier était de lui permettre de concentrer une plus grande partie de sa force navale dans les eaux européennes. La marine japonaise avait été largement créée avec l'aide et les conseils de la Grande-Bretagne. Pour cette dernière, dont les possessions et les intérêts en Asie étaient immenses et ses moyens limités pour les protéger, l'alliance avec le Japon était primordiale. Pendant la guerre, l'importante flotte japonaise avait escorté les forces australiennes et néo-zélandaises jusqu'au théâtre des opérations ; et le Premier ministre australien, W.M. Hughes, avait déclaré : « Si le Japon avait choisi de se ranger aux côtés de l'Allemagne, nous aurions été très certainement battus[124]. »

Cependant, l'entrée des États-Unis dans la guerre introduisit une effrayante complication. L'Amérique et le Japon s'examinaient avec une hostilité croissante. La Californie édicta des lois raciales visant l'immigration japonaise : depuis les années 1906-1908, l'immigration massive avait été stoppée. Le Japon se tourna vers la Chine et chercha à la transformer en protectorat. Les États-Unis tentèrent aussi de s'y opposer, se considérant comme les vrais protecteurs de la Chine. A Versailles, Wilson exaspéra le Japon en se refusant à condamner le racisme dans le covenant de la SDN [125]. Par la suite, l'Amérique tendit à donner au Pacifique la priorité dans sa politique navale. Au final, elle en vint à poser à la Grande-Bretagne la question directe : Qui préférez-vous comme alliés, nous ou les Japonais ?

Pour la Grande-Bretagne, le dilemme était intense : l'Amérique était un allié incertain et même, strictement parlant, elle n'en était pas un du tout. Bien sûr existaient des liens consanguins. Mais autour de 1900, la proportion d'Américains blancs de souche anglo-saxonne était tombée à un tiers : les Américains d'origine germanique — 18 400 000 sur 67 millions d'habitants — étaient presque aussi nombreux [126]. La décision américaine de se doter d'une flotte importante semblait viser la Grande-Bretagne au premier chef. Jusqu'en 1931, en fait, les États-Unis eurent un plan d'attaque de l'empire britannique : « Navy Basic Plan Red — Plan Mondial 22 — daté du 15 février 1931 [127]. » D'autre part, existait tout un réseau d'institutions des deux côtés de l'Atlantique qui liaient les deux pays et une identité de points de vue et d'intérêts qui constituait le point fondamental de leurs politiques étrangères.

Le traité anglo-japonais devait être renouvelé en 1922. Les États-Unis désiraient qu'il fût mis au rancart. Le cabinet britannique était divisé. Curzon jugeait que le Japon était « une puissance agressive et agitée... à la mentalité voisine de celle de l'Allemagne, rien moins qu'altruiste ». Pour Llyod George, les Japonais étaient « dépourvus de conscience ». Pourtant, il était clair pour les deux hommes, comme pour le Foreign Office et les chefs d'état-major, que l'accord devait être renouvelé. C'était également l'avis des Pays-Bas et de la France, inquiets pour leurs colonies. A la Conférence du Commonwealth de 1921, les Australiens et les Néo-Zélandais se déclarèrent fortement pour le renouvellement de l'alliance. En bref, toutes les puissances impliquées dans la région — à l'exception de l'Amérique — ainsi que les puissances impliquées dans le dispositif de politique militaire et étrangère de la Grande-Bretagne, étaient convaincues que l'alliance anglo-japonaise était un facteur stabilisateur et « apprivoiseur » qu'il fallait conserver [128].

Mais le maréchal Smuts d'Afrique du Sud s'y opposait pour des raisons racistes ; tout comme Mackenzie King au Canada, un libéral qui était tributaire de l'électorat antibritannique du Québec et conseillé par O.D. Skelton, chef anglophobe du ministère des Affaires extérieures [129]. Cela suffit à faire pencher la balance, sembla-t-il. Au lieu de reconduire le traité, on adopta la proposition américaine de réunir une conférence à Washington pour limiter les forces navales. L'indignation de Hughes, représentant l'Australie, éclata : « Vous proposez de substituer à l'alliance anglo-japonaise et à la formidable puissance de la Marine britannique, la conférence de Washington ? » Ce fut pire encore. Pendant la conférence, qui eut lieu en 1922, les Américains proposèrent un « congé » maritime, une mise hors-service massive par la limitation du tonnage à 35 000 tonnes pour les vaisseaux de ligne : ce qui mettait fin aux super-vaisseaux britanniques ; la proposition s'accompagnait d'un ordre de grandeur pour les bâtiments de ligne de 5 pour les Etats-Unis et la Grande-Bretagne contre 3 pour le Japon. A l'audition de ces clauses, l'amiral Beatty, premier lord de l'Amirauté, selon un témoin oculaire, se projeta hors de son siège « comme un bouledogue, endormi au soleil sur le seuil d'une maison, et atteint à l'estomac par un coup de pied d'un marchand ambulant [130] ». Ces propositions déplurent aussi, fortement, aux Japonais qu'ils considérèrent comme une coalition anglo-saxonne à leur endroit. Et pourtant ce projet aboutit. Les pressions pour le désarmement à tout prix et la crainte, liée à ce fait, d'aliéner encore plus l'Amérique à l'Europe furent les plus fortes. A son tour, le Japon demanda — et obtint — des concessions qui aggravèrent la situation, en insistant pour que la Grande-Bretagne et les Etats-Unis n'établissent pas de base navale importante au nord de Singapour et à l'ouest de Hawaii. Ce qui avait pour effet de rendre impossible à la flotte américaine de se porter rapidement au secours des possessions britanniques, françaises ou hollandaises, en cas d'attaque. Mais fait capital, si le Japon se sentait en droit de demander de telles concessions, c'est qu'il avait glissé, en ce qui concernait la Grande-Bretagne, du statut d'allié actif à celui d'ennemi potentiel.

Cela ne fut pas compris à l'époque — en particulier, par Winston Churchill ; en effet, quoique prêt à toute éventualité en Inde, il méconnut toujours les périls pouvant naître d'Extrême-Orient. Ministre de la Guerre, en août 1919, il s'était employé à rédiger la « Ten Year Rule », selon laquelle la politique de défense était conduite par la présomption qu'il n'y aurait pas de guerre d'envergure avant au moins dix ans. Ce fut la ligne de conduite qui fut suivie, pendant les années 20 ; elle ne fut délaissée qu'en 1932. En tant que Chancelier de l'Echiquier, il fit pression pour brider les dépenses maritimes, en particulier en cherchant à étendre les dispositions restrictives, passées avec les Etats-Unis et le Japon, au nombre de croiseurs, supports nécessaires, sur les mers, à la survie de l'Empire : « Nous ne pouvons nous permettre d'entretenir un nombre ridicule de petits croiseurs, confia-t-il à Tom Jones, sous-secrétaire de cabinet, qui ne nous seraient de toute façon d'aucune utilité [131]. » En fait, à la conférence navale de 1927, l'Amirauté résista à ces attaques. En 1930, cependant, avec le retour au pouvoir des travaillistes, il obtint gain de cause — non seulement pour les croiseurs, mais également pour les contre-torpilleurs et les sous-marins. Au début des années 30, la Grande-Bretagne se retrouvait avec une puissance navale amoindrie, jamais vue, relativement, depuis le règne sombre de Charles II. Elle n'était plus en mesure de veiller sur son Empire. L'Inde ne la renforçait pas mais l'affaiblissait, mobilisant une armée régulière de 60 000 hommes, ce qui réduisait ses effectifs déjà réduits. Les dominions, malgré leur richesse, faisaient montre d'une parcimonie supérieure à celle de la Grande-Bretagne, sous l'intendance sévère de Churchill. Leurs forces armées étaient minuscules et désespérément mal équipées. Le « Livre Blanc de la Défense » de 1925-26 montra, qu'alors que la Grande-Bretagne dépensait annuellement 51 shillings per capita pour son armée, l'Australie en dépensait à peine la moitié, la Nouvelle-Zélande 12 shillings 11 pence et le Canada 5 shillings 10 pence à peine. Au début des années 30, ces trois puissances « possédantes » — qui avaient tant à défendre contre les regards avides de populations hâves — avaient mené à bonne fin un programme de désarmement total et unilatéral. La force navale de l'Australie se résumait à trois croiseurs et trois contre-torpilleurs ; et sa force aérienne à soixante-dix avions ; quant à la Nouvelle-Zélande, elle possédait deux croiseurs et pratiquement pas de force aérienne. Le Canada se trouvait à la tête de quatre contre-torpilleurs et d'une armée de 3 600 hommes, ainsi que d'un seul avion militaire — que lui avait prêté la R.A.F. [132]. La Grande-Bretagne n'avait été guère plus prévoyante en ce qui concernait l'Extrême-Orient. La construction d'une base navale moderne à Singapour avait été reportée de cinq ans sur les instances de Churchill.

L'Histoire nous enseigne jusqu'à quel point, vraiment stupéfiant, des hommes intelligents, bien informés et résolus, par simple esprit d'économie ou poussés par passion altruiste vers le désarmement, veulent s'illusionner sur les réalités. Le 15 décembre 1924, Churchill écrivit une lettre remarquable au Premier ministre, passant en revue toutes les menaces éventuelles que faisait courir le Japon. Sur des pages et des pages, à l'aide de statistiques et d'arguments rhétoriques, il s'employait à convaincre Baldwin, pacifique et optimiste déjà par nature, de l'impossibilité absolue d'une guerre avec le Japon. « Je ne crois pas qu'il y ait la moindre éventualité d'un tel conflit de notre vivant. Les Japonais sont nos alliés. Le Pacifique est soumis à l'accord de Washington... Le Japon se trouve aux antipodes. Il ne peut en aucun cas menacer notre sécurité et ne possède aucune raison de se heurter à nos intérêts. L'invasion de l'Australie ? Je suis certain que cela ne se produira jamais, aussi loin que nous et nos enfants puissions regarder... un conflit avec le Japon ne peut être sérieusement envisagé par aucun gouvernement raisonnable [133]. »

V

Théocratie diabolique et divin chaos

Tandis que Winston Churchill affirmait au comateux Baldwin qu'aucune menace n'émanait du Japon, le taux de croissance économique de ce pays était le plus rapide au monde, sa population augmentait d'un million d'individus par an, et son souverain était un empereur-dieu doublé d'un malade mental. C'est sous le règne du vieil empereur Meiji que le Japon avait fait son entrée dans le monde moderne. Par prudence, cet empereur choisissait ses femmes pour leur santé autant que pour leur beauté, et chaque soir voyait tomber un mouchoir de soie aux pieds de celle qui cette nuit-là devrait partager sa couche. Néanmoins, la plupart des enfants ainsi conçus se révélèrent maladifs, mais jamais aucun médecin ne fut autorisé à approcher ces « créatures divines ». L'héritier, Yoshi-Hito, empereur fantoche jusqu'en 1926, était franchement déséquilibré. Bien que son règne fût surnommé ère Taisho ou « de la grande rectitude », ce souverain oscillait entre des crises de fureur — au cours desquelles il pouvait cravacher n'importe qui alentour — et des terreurs indicibles où il redoutait d'être assassiné. Il arborait une moustache à l'air féroce, impeccablement cirée, à l'image de son idole le Kaiser Guillaume II, mais tombait de cheval à la parade, et lorsqu'il inspectait ses troupes, tantôt frappait ses soldats, tantôt les embrassait. Lors de sa dernière apparition devant la diète, il enroula le texte de son discours en forme de longue-vue, et à la manière du hibou, dévisagea ses déférents parlementaires. A la suite de cet incident, il fut « soulagé » de ses responsabilités, et remplacé par son fils Hiro-Hito dont le règne fut surnommé Showa ou de « La paix lumineuse ». C'était un être timide, passionné de biologie marine qui, comme tous les hommes importants de sa famille redoutait d'être assassiné. Il avait épousé une vigoureuse serveuse de maison de thé qui l'avait protégé des implacables samouraï en le dissimulant dans la fosse d'aisances et en s'accroupissant par-dessus. Mais ils ont tout de même fini par l'avoir[1] ! »

Tout universitaire occidental qui étudie l'histoire du Japon moderne en conclut obligatoirement que ce pays fut la victime du sacro-saint principe selon lequel, événements politiques et dispositions morales influent sur le monde entier. Le relativisme importé d'Occident, qui infecta véritablement le Japon, induisit une déplorable hypertrophie de son sentiment d'infériorité, le projetant ainsi au cœur même de la tragédie du XXe siècle. A l'aube du monde moderne, le Japon était un pays très isolé, plus proche de la société de l'ancien empire d'Egypte que de celle de l'Europe d'après la Renaissance. L'empereur, ou *tenno*, était censé être *ara-hito-gami* : « Un être humain qui règne sur un pays et un peuple, et qui en même temps est un dieu[2]. » Le règne du premier tenno débuta en 660 av. J.-C., simultanément à la 25e dynastie égyptienne. Cette lignée se prolongea, quelquefois par le truchement de l'adoption, pendant 2 500 ans. Ainsi, la plus ancienne dynastie du monde, figée dans l'ombre opaque de la prison qu'elle-même s'était bâtie, se perpétuait en d'étranges et archaïques traditions. Au XVIe siècle, François-Xavier, « l'apôtre des Indes », avait jugé que les Japonais feraient d'excellents chrétiens en vertu de leur ténacité et de leur courage. Mais les dissensions entre les missionnaires poussèrent le Japon à rejeter le christianisme. Dans le deuxième quart du XVIIe siècle, il se coupa du monde européen. Il ne parvint pas à assimiler les notions de morale et de responsabilité individuelle typiques de la tradition judéo-chrétienne, et conserva les fondements de cette morale collective si caractéristique du monde antique. Vers 1850, l'Ouest pénétra cette société si repliée sur elle-même. Dix ans plus tard, une large part de la classe dominante, qui craignait une colonisation ou bien le sort de la Chine, prit la tête d'une révolution. En adoptant les pratiques occidentales qu'il considérait indispensables à son indépendance et à sa survie, le Japon entendait devenir une nation puissante et « moderne ». La restauration dite « Meiji », du 3 janvier 1868, abolit le *shogunat* et restitua à l'empereur ses réels pouvoirs. Elle fut organisée dans le but délibéré de faire du Japon un *fukoku-kyohei*, « un pays prospère, une armée forte ».

Il est important de comprendre que cette décision du Japon de s'engager dans le monde moderne contenait dès le début une part de menace, et était dictée autant par la xénophobie que par l'admiration. Depuis toujours, les Japonais étaient des adeptes de l'appropriation par imitation, mais à un niveau purement utilitaire, lequel d'un point de vue culturel, était superficiel. Le Japon s'était inspiré de la Chine, sa voisine novatrice, pour : le cérémonial, la musique, les classiques de Confucius, les maximes taoïstes, les grandes lignes de la théoric bouddhiste, les mystères tantriques, la peinture Song, la versification et le calendrier. De l'Occident, il s'appropria : la technologie, la médecine, les pratiques administratives et commerciales, et une mentalité à la mesure de ces nouvelles techniques. Mais les fondements sociaux et éthiques de la civilisation chinoise furent largement rejetés, et si par ailleurs, le Japon affichait une avidité toute pragmatique à ingurgiter la pensée occidentale, il n'accordait que peu d'intérêt à ses buts : les idéaux de l'Antiquité ou l'humanisme de la Renaissance n'exercèrent que peu d'influence sur lui[3].

Le Japon était surtout attiré par les innovations et non par le modèle antique, et depuis toujours s'était signalé par son esprit moderne : « moderne dès la préhistoire[4] ». Il s'était entiché de gadgets et de babioles, de l'utile et du tape-à-l'œil, un peu comme une femme du monde épouse une mode passagère. Mais l'essence de sa culture demeura intacte. Les créations artistiques les plus spécifiques du Japon ne se réfèrent en rien à l'art chinois, et les apports occidentaux du milieu du XIXe siècle modifièrent très peu le code social du Japon[5].

Pourtant, ce long isolement n'impliquait pas pour autant sa sérénité ; tout au contraire. Le Japon n'avait ni la passivité de la Chine, ni son fatalisme destructeur. Deux pays différents, deux mentalités opposées. Il a souvent été établi que les Chinois vivent dans la dimension de l'espace, et les Japonais dans celle du temps. La Chine, qui s'était développée dans la grande plaine du nord où s'enracinait sa civilisation, se contentait d'assister, impassible, à sa lente évolution. La vie y était considérée en termes de cycles répétitifs, comme dans la plupart des civilisations orientales. Le Japon, quant à lui, ensemble d'îles arachnéennes à l'image de la Grèce antique, était comparable à l'Occident par sa volonté de développement linéaire, qui le faisait passer d'un point à un autre avec une rapidité organisée. Il avait, du temps et de son urgence, une approche unique dans les cultures non occidentales, en accord avec le dynamisme social qui lui était imparti[6]. Son climat, lui aussi, était agité : aussi changeant et imprévisible que celui de l'Angleterre, mais de loin plus violent. Les îles, qui s'étalent du sub-tropique au subarctique, sont le jouet des moussons orientales et des cyclones venant de l'ouest qui les traversent simultanément. Ainsi que l'a décrit le savant allemand Kurt Singer : « Sans répit, cet archipel est ébranlé de secousses sismiques, dévasté par les tempêtes, battu par les pluies, encerclé de nuages et de brumes... Ce n'est pas l'espace qui régit ce type d'existence, mais le temps, la durée, le changement naturel, la continuité du mouvement. » Certains Japonais pensent que ces extrêmes fluctuations climatiques expliquent la violence des variations du comportement national[7].

Ces spécificités nationales, ajoutées au fait que l'industrialisation fut imposée par la classe dominante, aident à comprendre les progrès spectaculaires réalisés par le Japon. Ce mouvement ne résulta pas d'une réaction spontanée aux pressions du marché, mais d'un extraordinaire consensus national qu'aucune voix dissonante ne semble avoir troublé. Il s'apparentait davantage au capitalisme d'État de la Russie d'avant 1914, qu'au capitalisme libéral de l'Occident — mais sans les luttes de classes qui déchirèrent la Russie tsariste. Au-dessous du tenno et de sa cour, les *gumbatsu* — ou chefs militaires — et le *zaibatsu* — ou hommes d'affaires — travaillaient en étroite collaboration selon les principes du programme « pays prospère, armée forte ». En l'espace de deux générations, de gigantesques groupes industriels firent leur apparition : Mitsui, Mitsubishi, Yasuda, Sumitomo, tous étroitement liés au gouvernement Meiji et aux forces armées par le biais de subventions et de contrats. En privant le Japon des livraisons de l'Europe, la guerre de 14-18 lui ouvrit de nouveaux marchés et accéléra son évolution vers une autonomie et une maturité industrielles. Le tonnage du frêt maritime passa d'un million et demi à trois millions de tonnes. L'index de la production industrielle, d'une moyenne de 160 entre 1915 et 1919 atteignit 313 de 1925 à 1929, et celui du commerce extérieur — 100 en 1913 — fut de 126 en 1919 et 199 en 1929 ; celui des exportations passa de 127 à 205 durant l'année 1920. En 1930, le Japon était déjà une grande puissance industrielle et sa population se composait de 64 millions d'habitants ; elle avait très exactement doublé depuis 1868, année de la restauration Meiji[8].

Si l'on compare l'expansion révolutionnaire du Japon avec celle, par exemple, de la Turquie — également imposée par la classe dirigeante à partir de 1908 — il est facile de comprendre quels sont les atouts d'un royaume insulaire : des frontières naturelles, une population homogène, une structure religieuse et linguistique, et le plus important de tous : une tradition forte et ancienne d'unité nationale contre l'extérieur. Ce que la Turquie n'avait pas[9]. Le Japon jouissait aussi d'un avantage économique important — qui a toujours été négligé : un secteur secondaire hautement développé, des centaines de milliers d'artisans spécialisés et une tradition séculaire du travail d'atelier.

Pourtant le Japon trahissait quelques faiblesses majeures qui reflétaient son archaïsme. Jusqu'en 1945, aucune législation n'y fut clairement définie. Il existait des maximes, un code de conduite, une conception de la justice exprimée par idéogrammes — exactement comme dans l'Egypte ancienne — mais il n'existait pas de véritable code pénal, de statuts légaux, de code de droit commun. Les rapports entre l'autorité et ses sujets sont demeurés obscurs, même sur des points importants. Le prince Ito qui rédiga la constitution Meiji, publia une étude sur sa signification. Mais ce texte fut sujet à de nombreuses controverses, et ne reçut pas les faveurs des milieux officiels. La loi n'était pas souveraine. Comment aurait-elle pu l'être au sein d'une théocratie ? Le Japon d'alors était-il une théocratie ? Ito estimait qu'il ne l'était plus. D'autres affichaient une opinion contraire. On abandonna ce problème — et beaucoup d'autres — à leur ambiguïté, jusqu'en 1946, année où l'empereur annonça publiquement qu'il n'était pas un dieu. Il demeurait quelque chose de trouble et de boiteux dans la législation en vigueur au Japon. L'honneur, par exemple, primait la hiérarchie. Parfois, il était possible de transgresser la loi — telle qu'elle était conçue — et de désobéir à un supérieur. Comme il était impossible de se référer à un précédent, on jugeait sur pièce. Un consensus se créait, et la collectivité tranchait. Ainsi, quelques minorités activistes, particulièrement dans les forces armées, pouvaient défier leurs supérieurs, quelquefois même l'empereur, et bénéficier du soutien de l'opinion publique [10].

A défaut de frontières précises entre le vrai et le faux, l'ordre et le désordre, le légal et l'illégal, le Japon était particulièrement vulnérable au relativisme né en Occident après la fin de la Première Guerre mondiale. Mais sa fragilité venait de plus loin. Lorsqu'en 1868, il se tourna vers l'Europe pour s'engager dans une voie plus pragmatique, le Japon recherchait certaines règles de comportement international et certains principes de technologie. Que trouva-t-il ? La *Realpolitik* de Bismarck. Puis vinrent la ruée vers l'Afrique, la course aux armements, la férocité de la machine de guerre de Ludendorff et le culte du pouvoir par la violence dont le point culminant fut le triomphal putsch de Lénine.

Les Japonais remarquèrent que les Européens justifiaient toujours leur comportement, aussi violent fût-il, en se référant à quelque système de valeurs. Aussi, afin de se fortifier dans ce monde en conflit, ils rebâtirent leur propre idéologie selon certains principes européens. En fait, cela équivalut à proclamer une religion d'Etat et une morale dominante connues sous les noms de *shinto* et de *bushido*. Jusque-là, en matière de religion, les Japonais s'étaient montrés syncrétiques : ils s'étaient inspirés des diverses composantes de cultes d'importation — bouddhisme, taoïsme, confucianisme, et même christianisme — les avaient utilisées pour leur propre compte, mais sans considérer leur logique intrinsèque. C'est sous le règne de Jimmu Tenno — 585-87 ap. J.-C. — que le shinto fut, pour la première fois, signalé dans l'histoire du Japon. Il entendait la divinité dans son sens païen, renouant ainsi avec les traditions anciennes des dieux et déesses solaires, ces cultes primitifs et ancestraux fondés sur l'idée de « maîtres divins ». Le shinto était beaucoup moins élaboré que le bouddhisme et que les autres religions impériales de l'Orient. Il était seulement l'un des nombreux éléments de la culture religieuse du Japon. Mais il était totalement et spécifiquement japonais, et par cela même en mesure de répondre aux aspirations nationales. En conséquence, la révolution Meiji prit la décision de revenir à une religion d'Etat. En 1875, elle fut officiellement codifiée et distinguée du bouddhisme. En 1900, les temples shinto furent placés sous la tutelle du ministère de l'Intérieur. Un culte envers l'empereur fut institué, surtout dans les forces armées, et à partir des années 20 un code officiel de morale, *kokumin dotoku*, fut enseigné dans les écoles. Chaque victoire militaire japonaise ou chaque avancée des troupes impériales — la défaite de la Russie en 1904-1905 en est un exemple — voyait s'élaborer et se fortifier cette religion d'Etat. Il est d'ailleurs significatif de constater que ce processus culmina en 1941, lorsque le Japon entra en guerre : des cérémonies privées et publiques s'organisèrent dans tout le pays. Ainsi, le culte primitif, obsolète et minoritaire qu'était le shinto entra au service d'un État moderne et totalitaire ; et par une ironie particulièrement odieuse, la religion qui devait servir de garde-fou aux continuelles atrocités de l'Histoire, les sanctifia.

Les choses n'en restèrent pas là. Le shinto, qui devait être le moteur de l'expansion nationale, fut délibérément étayé par une version militarisée du vieux code de chevalerie, le *bushido*. Au début du siècle, le Dr Inazo Nitobe, professeur samouraï, définit le bushido en ces termes : « Etre satisfait de sa position dans la vie, accepter l'irréversible statut de sa naissance et se cultiver dans les limites de sa position sociale, être loyal envers le chef de famille, vénérer ses ancêtres, s'entraîner aux arts martiaux en disciplinant sa pensée et son corps [11]. » Jusqu'au XXe siècle, le bushido était pratiquement inconnu ; certains doutaient même de son existence. Le professeur Hall Chamberlain dans son essai publié en 1912 *L'Invention d'une nouvelle religion*, écrivait : « Le bushido considéré comme code ou institution n'a jamais existé. Les témoignages le concernant ont été fabriqués de toutes pièces, principalement à l'intention des étrangers. ... Il y a seulement dix ans, le bushido était encore inconnu [12]. » Probablement composé de pratiques religieuses réservées à une élite, il fut popularisé dans les années 20 comme code de l'honneur militaire. Il s'identifia à un nationalisme extrême et devint la justification des pratiques les plus aberrantes : l'homicide à l'échelle individuelle, puis la tyrannie et le massacre généralisés. Les « chevaliers bushido » furent les fondateurs les plus militants du shintoïsme totalitaire, équivalent oriental des « élites d'avant-garde » de Lénine et de Mussolini — les chemises noires et les chemises brunes — ou encore des membres de la Tchéka en Europe. Selon Nitobe, ils incarnaient la « force morale dirigeante du pays... l'intégralité de l'instinct moral des Japonais [13] ». Voilà bien une approche apparemment teintée de moralisme, mais en fait totalement relative, et qui évoque dangereusement ce que Lénine appelait « la conscience révolutionnaire » et Hitler « la morale supérieure du parti ».

Cette nouvelle métaphysique du militarisme et de la violence, considérée comme entité organisée, n'avait jamais eu aucun précédent dans l'histoire du Japon. Elle était censée s'accompagner de la multiplication des institutions politiques de mode occidental. En 1876, la caste des samouraï fut dissoute et dut renoncer à ses subsides et au port du sabre. L'année suivante la dernière révolte féodale fut enrayée. A partir de 1870, les partis politiques et la presse bâtis sur le modèle occidental firent leur apparition ; en 1884, fut instaurée une noblesse de type britannique qui comprenait barons, vicomtes et marquis, et l'année suivante, le gouvernement fut restructuré en ministères. En 1890, pour la première diète, 400 000 personnes seulement sur 40 millions avaient le droit de vote. En 1918, grâce à la sélection selon « l'impôt des trois yen », le nombre des votants atteignit 3 millions et demi sur 60. En 1925 fut institué le suffrage universel qui accorda le droit de vote à tout homme âgé de 25 ans au moins ; ce qui élargit le nombre des votants à 13 millions.

Mais les institutions totalitaires évoluèrent *pari passu* avec la démocratie. En 1875, une loi fut édictée qui limitait sévèrement la liberté de la presse ; et en 1880, tous les partis politiques étaient sous le contrôle de la police. La constitution de 1889 fut résolument restrictive dans le but, écrivait son auteur le prince Ito, « d'arriver à une organisation solide et une efficacité maximale de l'activité administrative [14] ». Le pouvoir de la diète était modéré par une puissante chambre des Lords, et celui du cabinet ministériel par la création du Genro, un groupe composé d'anciens Premiers ministres et de plusieurs hommes d'Etat, conseillers directs de l'empereur. Mais le plus important de tout, fut en 1911 la promulgation d'une loi dont le projet datait de 1894, qui édicta que les ministres de l'Armée et de la Marine devaient être choisis parmi les officiers d'active et élus par leurs états-majors respectifs. Cela signifiait non seulement que ces deux armées échappaient à tout contrôle politique — les chefs de chaque état-major pouvant contacter directement l'empereur — mais aussi que chaque service pouvait jouer de son veto contre un cabinet civil en refusant d'élire son ministre. Cette prérogative fut fréquemment utilisée, ou du moins toujours en arrière-plan. Le gouvernement était seulement responsable des affaires civiles, tandis que les militaires réglaient les leurs ; ce qui, à partir des années 20, pesa de plus en plus lourdement sur la politique extérieure. Comme l'armée et la marine échappaient à tout contrôle civil, et que les officiers en campagne n'estimaient pas déshonorant de désobéir à leurs supérieurs purement nominaux de Tokyo, le Japon frôla souvent l'anarchie militaire.

Mais le Japon ne sut développer que très lentement l'idée de conscience civique qui, en Europe, résultait de la vie urbaine et de la conception bourgeoise du droit. La ville elle-même était un produit d'importation : très longtemps, Tokyo se présenta sous la forme d'un gigantesque amas de villages, les réflexes et les inclinations de ses habitants s'apparentant davantage à un environnement rural qu'urbain. Bien que le féodalisme ait disparu au moment de la révolution Meiji, il subsistait néanmoins sous une forme abâtardie. Chacun, du plus puissant au plus démuni, ne se sentait sécurisé que s'il appartenait à un clan, ou *batsu*. Pour les Japonais, il a toujours été fréquent d'appliquer leurs comportements familiaux à des situations extérieures. Chaque nouvelle activité — tendance picturale, sport de combat, art floral — était surnommée *habatsu*, « groupe permanent ». A partir de 1868, cette expression fut appliquée aux entreprises industrielles, puis en 1890, étendue au domaine politique. L'expression japonaise *oyabun-kobun*, qui désigne les relations parents-enfants ou employeur-employé, devint le ciment de ce féodalisme abâtardi où un individu pouvait échanger ses services et sa loyauté contre une part de butin. Les Japonais n'établirent jamais une distinction précise entre la cellule familiale et le groupe social, d'autant plus volontiers que la continuité du nom par adoption était considérée plus importante que celle par filiation [15]. Ozaki Yukio fut parmi tous les politiciens japonais celui qui demeura le plus longuement en place : il participa aux premières élections nationales de 1890, et siégeait encore à la diète après la Seconde Guerre mondiale. En 1918, il écrivit qu'au Japon « les partis politiques qui devraient être créés et dissous au nom d'un idéal politique pur, naissent en réalité de sentiments et d'opportunités personnelles, les relations entre le chef et les membres d'un parti étant semblables à celles qui liaient le seigneur féodal à ses vassaux [16] ». De grands partis de gauche, sur la base d'intérêts économiques universels, auraient pu modifier cet état de choses; mais en 1925 — année du suffrage universel — la loi pour la préservation de la paix donna pleins pouvoirs à la police pour combattre la subversion marxiste et en enrayer le développement. Avant 1945, aucun parti de gauche n'avait jamais totalisé plus de 500 000 voix.

En conséquence, les partis politiques japonais s'apparentèrent davantage à des mafias légales qui n'inspiraient que peu de respect, et n'offraient aucune alternative morale face aux institutions traditionnelles infléchies vers le totalitarisme. Les élections très coûteuses — un siège valait 25 000 dollars pendant l'entre-deux-guerres — et les salaires dérisoires, rendaient la corruption omniprésente. Elle s'étendait du trafic des titres de noblesse aux spéculations mobilières dans le nouveau quartier « chaud » d'Osaka. Les deux principaux partis politiques Seiyukai et Kenseikai étaient respectivement — et illégalement — financés par la compagnie ferrovière de Mandchourie et par Mitsubishi. Trois des dirigeants politiques les plus influents se livrèrent à une corruption manifeste [17]. La fascination exercée par les hommes politiques était beaucoup moins grande que celle exercée par les militaires bushido. Ils se battaient fréquemment : des bagarres inopportunes au sein de la diète, organisées avec la complicité de voyous à leur solde. Un témoin britannique les décrivit en 1928 en ces termes : « Des gentlemen congestionnés qui, extérieurement, arboraient d'élégantes redingotes, mais qui, intérieurement, étaient échauffés par de trop nombreuses rasades de saké, hurlaient et gesticulaient. Et le plus souvent, les débats se concluaient par une ruée générale vers la tribune; et l'orateur du moment se retrouvait au beau milieu d'une bagarre générale [18]. »

Cette forme abâtardie du féodalisme florissait également hors des murs de la diète, sous la forme de sociétés secrètes qui constituaient le pendant de l'activité politique : non démocratiques, inconstitutionnelles, ayant recours à l'action directe, et préférant la force des armes à celle des arguments. Dès que les samouraïs eurent perdu leurs privilèges, ils durent trouver du travail, se regroupèrent et louèrent leurs services au plus offrant. En 1881, un de leurs groupes constitua la Genyosha, première des sociétés secrètes qui très tôt s'immisça dans les affaires politiques en fournissant des hommes de main utilisés pour truquer les élections à la diète, ou pour assassiner les candidats de l'opposition. En 1901, Mitsuru Toyama, membre de la Genyosha, fonda le célèbre groupe du Dragon Noir — Kokuryukai — qui servit de modèle à de nombreuses sectes fanatiques et hypernationalistes. Pourtant, cette forme d'organisation politique en coteries ne se répandit qu'après la Première Guerre mondiale, période de violence politique généralisée.

Que le Japon s'inspirât de l'Allemagne de Weimar et de l'Italie de Mussolini n'est pas certain. A l'exemple de fascistes européens, il se servit d'une violence à la Lénine pour excuser la sienne. Mais le point le plus inquiétant était l'interférence de ces sociétés secrètes avec le pouvoir constitutionnel et — plus inquiétant encore — avec le pouvoir militaire. Ainsi la Dai Nihon Kokusuikai — Société du sentiment national japonais — qui réutilisait les principes issus des formes totalitaires du shinto et du bushido, fut fondée en 1919 et comptait parmi ses membres trois futurs Premiers ministres et plusieurs généraux. Ce qui était plutôt honorable comparativement à d'autres sociétés dont les membres n'étaient que de vulgaires voyous. Certaines rejoignaient le syndicalisme révolutionnaire d'Italie ; d'autres le nazisme naissant en Allemagne. Le Yuzonska, créé en 1919 par Kita Ikki, proposait un plan national socialiste de nationalisation de l'industrie et de suppression des grandes propriétés privées, qui devrait faire du Japon le « meneur de l'Asie ». Son expansion se ferait aux dépens de la Grande-Bretagne — « La Milliardaire » — et de la Russie — « Le Grand Propriétaire foncier » — le Japon devenant alors le symbole des « nations prolétariennes ». Il existait d'autres sociétés radicales, dont les nationalistes agraires, qui avaient pour objectif de détruire totalement l'industrie ; ou encore Inoue Nissho et son groupe, le Ketsumedian, qui se vouaient à l'assassinat des industriels et des financiers [19].

En fait, le meurtre était une pratique commune à toutes ces sociétés qui, pour le moins, affichaient à son endroit une incroyable tolérance. On pourrait dire que le meurtre était, sous une autre forme, le prolongement de la révolte féodale disparue en 1870. Les samouraïs ne pouvaient plus imposer leurs volontés, mais se réservaient le droit de faire valoir leurs objections politiques, non par voie de scrutin — si indigne de leur caste — mais au sabre et à l'épée, puis à partir des années 20, à la mitraillette Thomson. Les samouraïs avaient toujours agi par l'entremise de gangsters dont ils louaient les services pour terroriser leurs paysans. Dorénavant, leurs nouveaux gangs — les *kais* — se louaient aux *Gumbatsu* ou aux *Zaibatsu* qui pouvaient ainsi dicter leurs volontés aux ministres. A partir de 1894, les *kais* collaborèrent avec le Kempei-Tai, les services spéciaux de sécurité du Japon, et en devinrent beaucoup plus gênants. Ces services, qui dépendaient directement de l'état-major impérial et non du gouvernement, pouvaient procéder à des incarcérations de plusieurs mois sans preuves ni mandat d'arrêt ; et pouvaient impunément employer la torture pour extorquer des aveux à leurs prisonniers. Fréquemment, des individus étaient arrêtés par le Kempei-Tai, à la suite de dénonciations secrètes faites par les *kais* [20]

Au sein de la société japonaise, les *kais* jouaient réellement un rôle protéiforme. Ils assuraient la sécurité de l'Etat tout en protégeant certains rackets comme, par exemple, celui dont furent victimes les nouvelles industries cinématographiques. Et les sanglants affrontements de leurs gangs, à l'arme blanche, figuraient une version orientale de certains événements tel le récent massacre de la Saint-Valentin à Chicago[21]. Mitsuru Toyama, le plus célèbre des chefs de gang — fondateur du Dragon Noir — joua un rôle ambigu dans la société japonaise. Né en 1855, il affectait les manières d'un gentleman et d'un chevalier bushido. Selon Hugh Byas, le correspondant du *New York Times*, il évoquait « l'un des Cheeryble Brothers, respirait la bienveillance, et fidèle à sa foi, il mettait un point d'honneur à ne pas faire de mal à une mouche ». Mais tuer des hommes politiques était une autre affaire. Il n'organisait pas lui-même les assassinats, mais protégeait les meurtriers en les cachant à son domicile, où la police n'osait pas les poursuivre. Tel fut le cas de Rash Behari Bose, recherché par les autorités britanniques pour sa tentative d'assassinat contre lord Hardinge, vice-roi des Indes, en 1912. Lorsque Mitsuru Toyama se décida à mourir à l'âge de quatre-vingt-dix ans, perclus d'années et de corruptions, le *Tokyo Times* tira un supplément en son honneur[22]. Voilà bien cette tolérance typiquement japonaise qui place l'un de ses malfaiteurs les plus notoires au rang de figure nationale. Même les victimes contribuaient à perpétuer cet état de fait. Ainsi, Ozaki Yukio, l'homme politique le plus libéral de son temps et qui, constamment était menacé de mort, écrivit pourtant dans l'un de ses poèmes ces vers pour le moins défaitistes : « Gloire à ceux qui, peut-être, attenteront à ma vie / si leur ambition est de mourir pour leur patrie[23]. »

L'assassinat politique n'était ni sévèrement ni systématiquement puni par la loi, quelquefois même laissé à l'impunité la plus totale. Et fait plus remarquable encore, il n'éveillait pas la réprobation morale de la société. En conséquence, il devint de plus en plus courant. Parmi les membres du premier gouvernement Meiji, l'un fut assassiné, un autre contraint au *hara-kiri* ; et le prince Ito fut assassiné malgré le zèle désespéré de sa si serviable épouse. Entre 1912 et 1926, trois des Premiers ministres du Taisho Tenno : le comte Okuma, le vicomte Takahashi et M. Hara furent assassinés. Et sous le règne d'Hirohito, entre 1926 et 1945, trois autres encore : M. Hamaguchi, M. Inukai et l'amiral Saito, plus une douzaine d'autres ministres[24]. Quelques hommes politiques demeuraient stoïques face à ces « risques du métier » ; mais la peur d'être assassiné dissuada de nombreux ministres de voter pour de nouvelles réformes. Lorsqu'en 1920, l'écrivain David Jones demanda au Premier ministre Hara les raisons pour lesquelles il n'abrogeait pas la loi qui punissait de six mois d'incarcération toute incitation à la grève, Hara répondit : « Pour le moment, je ne tiens pas à faire le hara-kiri. » L'année suivante, Hara fut poignardé dans la gare de Shimbashi à Tokyo, et son seul crime fut, simple civil, d'avoir dû assurer l'intérim de l'amiral Kato — ministre de la Marine — alors que celui-ci assistait à la

Conférence de Washington [25]. L'empereur lui-même n'était pas à l'abri des accusations, comme celle par exemple de manquer de patriotisme. Un attentat contre Hirohito eut lieu en 1923, et la peur de ses officiers dissuada cet homme plutôt timoré d'accorder aux Premiers ministres civils le soutien qu'ils étaient en droit d'espérer sous la constitution.

Après 1924-1925, cette situation se détériora, lorsque certaines réformes militaires firent surgir un nouveau type d'officiers, issus d'un milieu de fonctionnaires, de commerçants et de petits propriétaires fonciers. Ces hommes, qui n'avaient que peu de respect pour l'autorité traditionnelle — ou même pour leurs supérieurs — étaient imprégnés de la pensée léniniste et fasciste, et surtout des préceptes plus totalitaires de la nouvelle version du bushido. Ils menaçaient de mort Hirohito, et dans le même temps envisageaient sa « restauration » au pouvoir : en fait, ils voulaient une dictature militaire sous couvert de régime impérial. Leur mot clé était *kokutai* ou « politique nationale » ; et tout homme politique coupable de la moindre traîtrise envers le *kokutai* était un homme mort [26]. La plupart des membres du *kokutai* venaient des zones rurales, où durant les années 20 le niveau de vie s'était effondré, obligeant les jeunes filles à travailler uniquement pour leur subsistance — aucun salaire n'était versé — tandis que leurs frères dans l'armée brûlaient d'un zèle et d'une haine qui jouissaient d'un vaste soutien populaire [27].

En de telles circonstances, le gouvernement civil s'affaissa peu à peu, et les élections perdirent toute signification. En 1927 et 1928, les Premiers ministres furent successivement démis de leurs fonctions par les forces armées. En 1930, le Premier ministre Hamaguchi Yuko, ayant obtenu un mandat pour diminuer les effectifs de l'armée, fut abattu sur-le-champ. Son successeur subit le même sort. Le Premier ministre suivant, Inukai Ki, qui lui aussi tenta d'affronter l'armée, fut assassiné au mois de mai 1932 par un groupe d'officiers de l'armée de terre et de la marine. En fait, ils avaient projeté de tuer par la même occasion Charlie Chaplin de passage à Tokyo, et qui devait rencontrer le Premier ministre autour d'une tasse de thé. L'organisateur du complot déclara à la justice : « Chaplin est un personnage célèbre aux Etats-Unis : le chouchou des capitalistes. Nous pensions que l'abattre aurait provoqué une guerre avec les Etats-Unis. » Pour le procès, l'avocat de ces meurtriers bâtit sa plaidoirie sur le fait que le meurtre était un moyen d'autodéfense pour ces gens dont l'honneur et l'avenir étaient alors en jeu. Il présenta au juge plus de cent mille lettres, la plupart écrites avec du sang, et qui sollicitaient sa clémence. A Niigata, neuf jeunes hommes, qui voulaient prouver leur sincérité, se tranchèrent l'auriculaire et expédièrent au ministre des Armées leurs cinq doigts marinant dans un bocal d'alcool [28]. L'issue du procès, et celle de ceux qui s'ensuivirent, fut des plus clémentes, évoquant des procès similaires et fantoches, comme ceux par exemple des meurtriers d'extrême droite dans l'Allemagne de Weimar [29].

La chute du gouvernement constitutionnel japonais ne peut être considérée comme une affaire de politique intérieure, puisqu'elle a été organisée dans des buts liés à la politique étrangère. Le Japon estimait que son expansion territoriale était une étape indispensable à son accès au monde moderne. Les autres puissances industrielles n'avaient-elles pas un empire ? Et cet empire était aussi nécessaire que des acieries ou des cuirassés. Dans le cas du Japon, intervenaient des raisons plus impératives : la pauvreté du pays, son manque presque total de ressources naturelles, la croissance rapide de sa population. En 1894-1895, le Japon porta un coup à la Chine en s'emparant de la Corée, de Formose — Taiwan — et de Port-Arthur — qu'il dut lui restituer grâce à l'intervention tripartite de la Russie, l'Allemagne et la France. Par réaction, le Japon doubla les effectifs de ses armées, et travailla à son autosuffisance en matière d'armement. Ce but fut atteint en 1904. Immédiatement, il lança un ultimatum à la Russie, reprit Port-Arthur, et sortit vainqueur de la sanglante bataille navale de Tsushima en mai 1905, s'octroyant ainsi la suprématie commerciale en Mandchourie, et recevant par traité la partie méridionale de l'île Sakhaline dite Karafuto. En 1914, le Japon se joignit au conflit dans l'unique perspective de s'emparer des ports et des possessions allemandes en Chine. L'année suivante, il présentait une série de revendications au gouvernement chinois — « Les vingt et une demandes » — qui devaient faire du Japon la force coloniale et commerciale la plus puissante de la région. Son hégémonie fut entérinée par le traité de Versailles, qui lui subordonna Shantou et tout un archipel d'îles du Pacifique, sous mandat.

Le Japon se trouvait maintenant face à un dilemme. Il était décidé à se développer, mais sous quel drapeau ? A la base, la révolution Meiji fut un mouvement anticolonialiste destiné à sauvegarder l'unité japonaise. En annexant la Corée, son intention première avait été de la couper de l'Europe pour se placer à la tête d'une puissance commerciale, politique et militaire : « La Société d'Extrême-Orient » qui œuvrerait à la modernisation de l'Extrême-Orient tout en le préservant de la pénétration occidentale. Le Japon serait ainsi devenu la première grande puissance anticolonialiste, rôle tenu par la Russie après 1945, et par ce procédé se serait attaché — comme la Russie — tout un ensemble de pays alliés et satellites. Mais pour cela, la collaboration de la Chine était indispensable. Celle-ci, malheureusement, n'avait jamais manifesté le moindre désir de collaboration, considérant le Japon comme une puissance secondaire et un vulgaire et sanguinaire pillard ; mais devant rester très prudente à son égard en raison de la proximité géographique des deux pays. Quoi qu'il en soit, le Japon ne perdit pas espoir. Pour preuves : sa requête auprès de la Ligue pour une clause en faveur de l'égalité des races ; et la pieuse insistance avec laquelle il affirmait que toutes ses activités sur le territoire chinois ne se faisaient que dans l'intérêt même de la Chine. Durant la Seconde Guerre mondiale, le Japon établit sur les territoires qu'il occupait des gouvernements de pacotille, tous liés à la sphère de coprospérité extrême-orientale. Tout cela n'était pas totalement mensonger, sans devenir néanmoins des choses tangibles, aussi longtemps que le Japon dut se battre et conquérir la Chine pour faire d'elle sa « partenaire[30] ».

Cette éventualité exclue, le Japon deviendrait-il une puissance colonialiste au même titre que les autres ? C'était en tout cas le but du ministère des Affaires étrangères, celui d'Hirohito et de sa cour, et celui des libéraux. Mais cela impliquait d'avoir un allié, et par-dessus tout la Grande-Bretagne, la plus grande et la plus respectée des puissances en place. L'équilibre mondial inquiétait la Grande-Bretagne, et elle était prête à fournir au Japon des moyens suffisants pour sauvegarder sa stabilité intérieure. En contrepartie, pour conserver le soutien de la Grande-Bretagne, le Japon devait préserver sa cohérence intérieure en faisant respecter sa constitution et sa jurisprudence, dont l'Angleterre lui avait fourni les modèles.

C'est pourquoi la destruction de l'alliance anglo-japonaise en 1921 et 1922 par les États-Unis et le Canada fut si fatale à la paix en Extrême-Orient. L'éventualité que la perte de cette alliance fût compensée par les traités de Washington — le traité des Quatre sur le Pacifique en 1921, et les traités des Neuf sur la Chine en février 1922 — cosignés par la Belgique, l'Italie, les Pays-Bas et le Portugal, et garantissant l'intégrité territoriale de la Chine — était une vue de l'esprit. Ces derniers traités ne comportaient aucune clause véritablement contraignante, clauses que le précédent n'évoquait même pas. En conséquence, le Japon se retrouvait à jouer le rôle d'assaillant potentiel, et fut chassé du cercle béni des nations respectables et prospères. L'influence britannique sur le Japon disparut au profit de l'ascendant américain sur la Chine, qui pour le Japon incarnait désormais l'ennemi à abattre[31]. Sur le plan de la politique intérieure, le Japon dut déplacer le pouvoir du ministère des Affaires étrangères — que ses amis étrangers avaient laissé tomber — aux militaires, où quelques jeunes officiers fanatiques étaient farouchement décidés à continuer seuls, initiative qui de toute façon était implicite dans la relecture totalitaire du shinto.

D'autres raisons, beaucoup plus prosaïques, entraînèrent le Japon sur la pente du désespoir national. Le Japon ne pouvait subvenir à ses propres besoins. En 1868, pour une population de 32 millions d'habitants dont la consommation individuelle moyenne était de 4 boisseaux de riz, les terres cultivables équivalaient à 6 millions d'acres dont le rendement était, par acre, de 20 boisseaux. Vers 1940, grâce à une bonne stratégie et des efforts soutenus, le rendement par acre atteignit 40 boisseaux ; et en rognant chaque pouce de terre en friche, les rizières s'étendirent jusqu'à 8 millions d'acres. Mais parallèlement, la consommation annuelle moyenne de riz passait à 5 boisseaux 3/4 par personne — en fait relativement peu — et la population à 73 millions d'individus. Chaque année voyait le Japon déficitaire de 65 millions de boisseaux de riz. Dès les années 20, la productivité agricole s'était effondrée sans qu'aucun indice n'autorisât l'optimisme pour le futur. Aussi, entre le tout début de la guerre de 1914-18 et la fin des années 20, les importations de riz triplèrent de volume[32]. Leur financement devait être assuré par l'importance des exportations de textiles réalisées par le Japon, qui déjà sur ce terrain devait faire face à une compétition acharnée et à la concurrence des prix.

Pour le Japon, l'émigration n'était pas vraiment une solution envisageable. Dès 1894, une loi limita l'immigration japonaise sur le territoire américain; première population à être si contrôlée. Vers 1920, 100 000 Japonais s'étaient installés aux États-Unis — essentiellement en Californie — et 100 000 à Hawaii. Quatre ans plus tard, l'Amérique en proie au « péril jaune » retirait aux Japonais le droit d'obtenir la nationalité américaine, et leur refusait désormais la possibilité d'entrer dans le pays. L'Australie, elle aussi, adopta un certain nombre de mesures qui visaient particulièrement le Japon. L'attitude des gouvernements américain et australien — reflet écrasant du sentiment général — engendra le ressentiment, en particulier dans les milieux commerciaux japonais, qui en Asie, possédaient un statut européen. Au cours des années 20, certains hommes politiques parmi les plus « respectables » commencèrent à penser qu'une issue pacifique à ces différends n'était pas envisageable. Dans son livre *Lettres aux jeunes gens*, Hashimoto Kingoro écrivit :

> « ... Trois portes de sortie seulement s'ouvrent au Japon s'il veut pallier l'excès de sa population : l'émigration, l'essor commercial et l'agrandissement de son territoire. La première, l'émigration, nous est fermée par les comportements antijaponais des politiques étrangères. La deuxième porte va bientôt l'être à cause des tarifs douaniers et de l'abrogation des traités commerciaux. Que doit faire le Japon quand deux de ces trois portes de sortie lui ont été claquées au nez[33] ? »

Ces mêmes idées furent reprises, sur un ton beaucoup plus vigoureux, par la propagande propagée par les *kais* et par l'armée. Elles devinrent le leitmotiv de Sadao Ariki qui, vers 1926, était à la tête d'un groupe de jeunes officiers partisans du *kodo*, « La voie impériale », version militante et expansionniste du shinto. Pourquoi, demandait-il, le Japon qui devait nourrir plus de 60 millions de bouches devrait-il se contenter de 142 270 milles carrés de terres — pour la plupart en friche — alors que des pays comme l'Australie ou le Canada qui avaient tous deux une population de 6 millions et demi d'habitants possédaient respectivement 3 millions et 3 millions et demi de milles carrés de terres ? L'empire colonial de la France équivalait à 3 millions 800 milles carrés, et la Grande-Bretagne — sans les dominions de l'Inde — possédait 2 millions 200 milles carrés; la Belgique 900 milles, et le Portugal 800 milles. L'Amérique, précisait-il, adjoignait à son gigantesque territoire 700 milles carrés de colonies[34]. Où était la justice naturelle dans ces inégalités ? Ce n'était pas que les Japonais fussent insatiables :

ils vivaient chichement de pêche et de riz. Leur talent d'économe qui s'étendait à tous les domaines frôlait l'ingéniosité. Vers le milieu des années 20, ils étaient presque à bout de ressources, et dix ans plus tard, ils l'atteignaient. L'atavisme patriotique des gangs militaires, leur attitude fanfaronne et meurtrière, étaient sous-tendus par un sentiment national d'injustice également partagé par tout Japonais. Mais à la différence des Allemands, des millions de Japonais étaient affamés.

On peut noter l'ironie que le Japon, dans un premier temps, n'ait pas cherché à rééquilibrer la justice en s'en prenant aux riches puissances occidentales dont les mesures racistes ajoutaient l'insulte à l'iniquité, mais en imposant une autre forme d'oppression contre la Chine, celle que lord Curzon surnommait « la grande masse inerte, impuissante et désespérée ». Mais là encore, l'Europe avait donné l'exemple. Elle allégua toute sorte de raisons pour asservir la Chine à la dictature de nouveaux traités, et occuper ses ports fluviaux ; mais son argument véritable était en fait sa supériorité militaire. Quelquefois, elle mettait les points sur les i. En 1900, le message du Kaiser ordonnant aux troupes allemandes de libérer les quartiers des légations à Pékin était ainsi libellé : « Pas de quartier. Pas de prisonniers. Faites en sorte que pendant mille ans, aucun Chinois n'ose regarder un Allemand de travers[35]. » Les autres puissances, si elles évitaient ce genre de rhétorique, adoptaient un comportement similaire. Si la loi de la jungle était celle qu'adoptaient les autres pays envers la Chine, pourquoi le Japon serait-il le seul à ne pas la suivre ? Le Japon ne pouvait se résoudre à admettre que la fin de la Grande Guerre marque la fin de l'ère coloniale. Pour lui, elle ne faisait que commencer. La Chine était la destinée logique du Japon. Hirozo Mori, le financier le plus important du Japon, écrivit : « Le destin du peuple japonais est de s'étendre à travers le continent, telle est la volonté de Dieu, et pas plus le monde que nous-mêmes, Japonais, ne pouvons la modifier ou l'enrayer[36]. »

Un autre motif, toutefois, poussait le Japon à attaquer la Chine : son impulsivité et son dynamisme ataviques. « Les Japonais sont particulièrement sensibles, écrivait Kurt Singer, aux émanations de la décadence, même si elles sont discrètes ; et leur promptitude à attaquer tout ennemi dont le cœur trahit un manque de détermination, leur vivacité, si la chance est de leur côté, à attaquer là où ils flairent la décomposition, en font les dignes successeurs des Huns, des Avars, des Mongols et autres "fléaux de Dieu"[37] ». Ce réflexe de squale à s'acharner sur les blessés avait été pleinement prouvé par leur assaut contre la Russie tsariste, qui en 1941, marqua le début de leur gigantesque pari pour leur hégémonie sur l'Asie et le Pacifique. Mais alors, en 1920, cet instinct les attirait vers la Chine, où la gangrène sociale et nationale exhalait une odeur sans équivoque.

L'état de la Chine résultait de la croyance optimiste, commune aux intellectuels de gauche, que les révolutions résolvent plus de problèmes qu'elles n'en soulèvent. Au XIXe siècle, les grandes puissances avaient tenté de pénétrer en Chine et de la moderniser — ou de la piller, comme le pensaient certains Chinois. Elles avaient imposé les « traités inégaux » et la dynastie mandchoue n'eut d'autre alternative que de les accepter. Le mode de gouvernement impérial, vieux de trois millénaires, pouvait être envisagé sous deux aspects. D'une part, il représentait un principe d'unité, difficilement remplaçable par de petits foyers d'unités, dans cet immense pays où le peuple s'exprimait en divers dialectes — bien que le service civil impérial ait transmis un système national de communication par idéogrammes. D'autre part, il incarnait un principe de faiblesse qui autorisa la pénétration étrangère. Incapable de céder à la moindre réforme ou modernisation, il rendit possible ce que les classes dirigeantes du Japon avaient su empêcher. Puisque la Chine ne pouvait organiser une révolution par « le haut », elle la laissa s'organiser par « le bas ».

Tel était le point de vue des intellectuels radicaux, dont le chef était Sun Yat-sen. Il avait suivi ses études en Occident, et comme Lénine, passé la majeure partie de sa vie en exil. En 1896, à Londres, il avait été kidnappé par des membres de la légation impériale chinoise. Ils avaient projeté de le faire passer pour fou, de le rapatrier par paquebot spécial, et une fois à Pékin, de le torturer jusqu'à ce que mort s'ensuive — traitement réservé aux conspirateurs qui agissent contre le Trône du Dragon. Mais de sa cellule, au dernier étage de la légation au coin de Portland place et de Weymouth street, il jeta des messages enroulés autour de demi-couronnes. L'un d'eux fut ramassé par un concierge qui le confia à la police ; peu de temps après lord Salisbury, Premier ministre britannique, obtint la libération de Sun Yat-sen[38]. Par la suite, celui-ci retourna en Chine. Au moment où Lénine imposait sa théorie d'« élites d'avant-garde » — justifiant les efforts de la classe moyenne des intellectuels qui poussait un prolétariat largement inexistant à la révolution — et où les mentors de Mussolini expérimentaient leur « syndicalisme révolutionnaire », Sun Yat-sen fondait une société secrète : la Hsing Chung Hui, qui s'inspirait de modèles européens et dont l'objectif — comme celui de Lénine — était d'abattre l'autocratie impériale par la force. Elle tirait parti de la famine et de l'insuffisance des récoltes, assassinait des fonctionnaires provinciaux, à l'occasion s'emparait de villes, et en 1904 et 1906 s'engagea dans des révoltes plus générales. La chance vint en 1908, année de la mort de l'impératrice douairière Ts'eu-Hi qui laissait le trône à un empereur de deux ans : Pu-Yi. Une assemblée nationale fut convoquée. Il y avait là l'occasion d'instaurer une monarchie constitutionnelle qui aurait introduit un principe démocratique tout en maintenant le principe monarchique unificateur, mais privé de ses prérogatives. Mais Sun Yat-sen ne voulut rien savoir. Le 29 décembre 1911, il forma une république à Nankin, dont il s'élut président, et six semaines plus tard, la dynastie mandchoue — dernière des dynasties de l'Empire céleste — abdiquait.

Le principe de la légitimité fut détruit, laissant un vide qui ne pouvait être comblé que par la force. Telle fut la constatation d'un jeune paysan : Mao Tsö-Tong. En 1910, il était âgé de 17 ans, et de son village du Ho-nan apprit la mort de l'impératrice deux ans après qu'elle avait eu lieu. A la révolution, il trancha sa natte et rejoignit l'armée, découvrant ainsi qu'en Chine l'armée était indispensable pour arriver à ses fins : une réflexion qu'il n'oublia jamais [39]. Sun Yat-sen, plus distrait, n'aboutit que plus tardivement à cette même conclusion, et céda alors les rênes de la présidence au commandant des troupes impériales, le général Yuan Che-k'ai — qui aurait certainement aimé devenir lui-même empereur et fonder une nouvelle dynastie, comme l'avaient voulu beaucoup de puissants Chinois par le passé. Mais il mourut en 1916, la tradition monarchique se perdit et la Chine appareilla vers ce que Charles de Gaulle appela plus tardivement *les délices de l'anarchie.*

Le renversement de la monarchie avait eu pour objectif de restituer ses possessions à la Chine selon ses frontières de 1840, d'unifier le pays et de dominer les envahisseurs. Il arriva tout le contraire. En Mongolie extérieure, le khoutouktou d'Ourga déclara l'indépendance, et en 1912 conclut un traité secret avec la Russie — alliance toujours en vigueur. Vers 1916, cinq autres provinces choisirent l'autonomie. Le Japon envahit la Mandchourie, le nord de la Chine, et de nombreux secteurs côtiers. Les autres grandes puissances assirent leur « sphère d'influence » lors de réunions d'où la Chine était exclue. La seule source de revenus assurée pour la république chinoise provenait des anciens droits sur la marine impériale établis par l'Irlandais sir Robert Hart et aux mains des Européens — surtout du Royaume-Uni — qui contrôlaient les côtes et les fleuves navigables, les bouées, les phares, les cartes maritimes et les droits de douane. Le reste du système de taxation fut englouti dans le marasme de la corruption. Comme il n'y avait pas d'argent, il ne pouvait pas y avoir d'armée centralisée.

La chute de la monarchie porta un coup fatal à l'ancienne petite bourgeoisie terrienne. La loi lui ôta ses privilèges, mais elle s'unit pour fonder un système issu du féodalisme — comme au Japon — pour, de fait, les restaurer. Jusqu'ici, ses groupes et ses factions avaient agi selon l'étiquette de la cour. Sans la cour, il n'y avait plus de règles. La cosmologie traditionnelle allait de pair avec le trône ; de même la religion, puisque le confucianisme gravitait autour de la monarchie. Le taoïsme, culte privé, ne pouvait s'imposer comme croyance nationale. Certains de ses membres se tournèrent vers le bouddhisme, d'autres vers le christianisme. Mais dans chaque région, la plus grande partie de la bourgeoisie se greffa sur la première autorité militaire venue, devenant ainsi non seulement sa protégée, mais sa cliente. Confrontée à cet état de dissolution, si pittoresquement décrit par Hobbes, elle choisit comme Léviathan les seigneurs de la guerre. Hélas, le monstre était à plusieurs têtes : vers 1920, quatre principaux seigneurs de la guerre disposaient d'un réel pouvoir, mais ils étaient flanqués d'une flopée d'autres, de moindre envergure. S'ouvrit alors pour la Chine une période terrible s'apparentant à la guerre de Trente Ans en Europe[40].

Sun Yat-sen, l'apprenti sorcier, s'était réélu président, puis en 1921 nommé généralissime. Un général sans armée et sans un sou pour s'en offrir une. Il publia quelques ouvrages : *San-min chu-i* — Les trois principes du peuple — et *Chien-kuo fang-lueh* — Plans pour l'édifice du royaume. Tout était si facile sur papier. D'abord viendrait la phase de lutte contre l'ancien système ; puis celle de l'éducation politique ; et enfin celle du gouvernement véritablement démocratique. Il rebaptisa son parti révolutionnaire le Kouo-min-tang ou Parti nationaliste. Le Kouo-min-tang était fondé sur trois principes : indépendance nationale, gouvernement démocratique, économie socialiste. En bon maître d'école, Sun Yat-sen avait l'habitude de dessiner au tableau un grand cercle à l'intérieur duquel il dessinait des plus petits qui symbolisaient le conservatisme, le libéralisme, le socialisme et le communisme. Le Kouo-min-tang aurait pris le meilleur de chaque discipline dont il aurait fait une combinaison. La réalité différait quelque peu. Sun Yat-sen admettait : « Les pays bien organisés comptent leurs bulletins de vote ; les pays mal organisés comptent leurs morts. » A son garde du corps le plus intime — un célèbre juif canadien surnommé Cohen « les deux pétards » — il avoua la modestie de ses ambitions politiques : « Je veux une Chine où, la nuit, le couvre-feu ne soit plus indispensable[41]. »

Dans les circonstances actuelles, son propos était trop ambitieux. Le couvre-feu restait essentiel, et les gardes du corps indispensables. Replié à Canton, Sun Yat-sen engagea 600 hommes pour le protéger sans, le plus souvent, pouvoir les payer. Ils se révoltèrent et pillèrent le Trésor, histoire de voir ce qu'ils pouvaient récupérer. Quand Sun Yat-sen, accompagné d'autres militaires et de chefs civils, se déplaçait, c'était en grosses Packard américaines avec, installés sur les marchepieds, de puissants malabars armés jusqu'aux dents, le doigt sur la gâchette. Sun Yat-sen était quelquefois obligé de se cacher sous des déguisements bizarres. Un jour, il se réfugia à Hong-Kong à bord d'une petite canonnière britannique. Son souhait le plus ardent était de placer la Chine sous la protection britannique — indispensable à son indépendance — mais lord Curzon s'y opposa. Sun Yat-sen se tourna alors vers l'Amérique et pressa Jacob Gould Schurman — l'ambassadeur américain à Canton — de favoriser le soutien américain en échange du droit pour l'Amérique d'occuper les carrefours ferroviaires et les capitales de province ; l'autorité sur l'armée, la police, les services sanitaires, les digues ; et le droit de nommer les experts administratifs. Mais cette proposition fut par deux fois repoussée d'abord en 1923 puis en 1925[42].

Déçu, Sun Yat-sen se tourna en 1923, vers le gouvernement soviétique. Un parti communiste chinois avait été formé en 1920-21, mais la co-adhésion au parti communiste et au Kouo-min-tang était tolérée.

Le régime soviétique encourageait d'ailleurs cette alliance, obligeant le parti communiste à déclarer lors de son IIIe Congrès : « Le Kouo-min-tang se doit d'être le moteur de la révolution nationale, et doit assumer son rôle de chef[43]. » Aussi Moscou — c'est-à-dire Staline — accueillit-il favorablement la requête de Sun Yat-sen, et en octobre 1923 dépêcha un certain Mikhaïl Borodine — également connu sous les noms de Berg et Grisenberg — afin de réorganiser le Kouo-min-tang selon les grandes lignes léninistes de centralisme démocratique. Il était accompagné d'un chef militaire « Galen » ou encore le « général Blucher » qui devait organiser l'armée. Ils étaient flanqués de plusieurs conseillers : l'embryon d'une nouvelle forme d'impérialisme soviétique. Galen vendait à Sun Yat-sen des armes soviétiques 65 dollars pièce payées cash; et la somme globale était réinvestie par l'intermédiaire de Borodine dans les caisses du parti communiste. Galen fonda une école militaire à Whampoa, placée sous la responsabilité de l'ambitieux beau-frère de Sun Yat-sen, un ancien facturier appelé Tchang Kaï-chek; ils avaient tous deux épousé les filles d'un financier de gauche, T.V. Soong.

Le dispositif fonctionnait tant bien que mal. L'école forma 500 officiers supérieurs avec lesquels Tchang Kaï-chek constitua l'élite de la première armée du Kouo-min-tang. Puis, il décida de devenir lui-même un seigneur de la guerre. Le talon d'Achille de l'armée chinoise était la discipline. Quelquefois certains généraux, voire des armées entières, se débandaient. En 1925, Tchang Kaï-chek, promu chef de l'état-major du généralissime Sun Yat-sen, édicta ses premiers ordres : « Si une compagnie sous mes ordres passe à l'attaque puis bat en retraite sans mot d'ordre, son commandant sera fusillé. Cette règle est également valable pour tous les bataillons, régiments, divisions et corps d'armée. Dans le cas d'une retraite générale, si le commandant du corps d'armée s'est fait tuer, tous les commandants divisionnaires seront fusillés. » Et ainsi de suite jusqu'au grade le plus petit. Cela fut confirmé par de retentissants procès en cours martiale et des exécutions en masse[44].

En 1924, Sun Yat-sen présida le premier congrès du Kouo-min-tang qui fut perçu comme un parti populaire construit autour des grandes lignes d'un parti communiste. Il comptait environ 600 000 membres. Mais Sun Yat-sen mourut en mars 1925, en déplorant la direction qu'empruntaient les militants du parti communiste et en regrettant que ni l'Angleterre ni l'Amérique ne l'aient aidé à sauver la Chine du communisme. Le dirigeant militaire du Kouo-min-tang, Tchang Kaï-chek, fut amené à lui succéder — ce qu'il fit. Survint alors un de ces tournants historiques qui, rétrospectivement paraissent évidents, mais qui sur le moment sont compliqués et confus. Comment réussir la révolution maintenant que Sun Yat-sen était mort ? Seule la région de Canton était sous le contrôle du Kouo-min-tang. Les communistes étaient divisés. Certains estimaient que la révolution devait naître de la base frêle du prolétariat chinois, concentrée à Shanghaï et sa région. D'autres, menés par Li Ta-chao, bibliothécaire à l'université de Pékin qui devint le bras droit de Mao Tsö-tong, pensaient que la révolution devait venir de la paysannerie, qui représentait la masse la plus considérable de la population. L'orthodoxie communiste repoussa cette idée. Comme le fit remarquer Ch'en Tu-hsui, cofondateur du parti chinois : « Environ la moitié de nos paysans sont des propriétaires fonciers petits bourgeois qui défendent l'idée de propriété privée. Comment peuvent-ils accepter le communisme[45] ? » Staline approuva. Les paysans russes avaient déjoué les plans de Lénine, et il ne les avait toujours pas mis au pas. Il considéra que le parti communiste chinois n'avait pas d'autre alternative que de revenir au Kouo-min-tang et de jouer la carte du nationalisme.

Dans cet immense chaos qu'était la Chine régnaient les opportunistes — Tchang Kaï-chek en tête. A l'école de Whampoa, dont l'objectif était de former des officiers supérieurs, il collabora avec un jeune communiste Chou En-lai, dirigeant du département politique. En fait, aucune différence n'existait entre la méthode d'endoctrinement du Kouo-min-tang et celle du parti communiste. Mieux : à ce moment-là, il s'en fallut de peu que le Kouo-min-tang ne devienne le parti du communisme national que Mao Tsö-tong tenait à développer. Ce fut Tchang Kaï-chek, et non les communistes, qui comprit le premier que la haine des étrangers et de l'impérialisme combinée à celle de l'oppression militaire mobiliserait toute la force paysanne. Mao Tsö-tong, qui faisait partie du bureau du Kouo-min-tang de Shanghaï, trouva cette idée intéressante et prit la tête d'un institut d'éducation pour les paysans, très orienté vers l'entraînement militaire — 128 heures de cours sur un total de 380. A cette époque ses objectifs étaient similaires à ceux de Tchang Kaï-chek. En quelque sorte, il se sentait plus proche du Kouo-min-tang et de son nationalisme exacerbé, que du parti communiste et de son dogmatisme urbain. Son appartenance au Kouo-min-tang fut plus longue que celle d'autres communistes éminents, et c'est pourquoi lorsqu'il fut au pouvoir vers la fin des années 40, il dut « gommer » de ses biographies officielles une année de sa vie : 1925-26[46]. En février 1926, Mao Tsö-tong rédigea un article qui fut le début de l'évangile maoïste et qui évoque singulièrement une déclaration faite par Tchang Kaï-chek la même année à Changsha : « C'est uniquement la chute de l'impérialisme qui libérera la Chine... Si nous voulons que notre révolution réussisse, unissons nos forces à celles de la Russie et renversons l'impérialisme... La révolution de la Chine fait partie de la révolution mondiale[47]. »

L'éventualité d'une fusion entre le Kouo-min-tang et le parti communiste en un parti communiste national dirigé par Tchang Kaïchek et Mao Tsö-tong fut contrecarrée par les événements. En 1925-26, Tchang Kaï-chek ne contrôlait qu'une partie du sud de la Chine. Le centre et le nord du pays étaient entre les mains de seigneurs de la guerre.

Le maréchal Sun Tchouang-fang contrôlait Shanghaï et dirigeait cinq provinces depuis Nankin. Au nord du Yang-tseu-kiang, le maréchal Wou Pei-fou dirigeait Han-K'Eou. La province de Chan-si était entre les mains du général Yen Hsi-shan, et le maréchal Tchang Tso-lin occupait Chen-yang et dirigeait trois provinces de la Mandchourie. Le maréchal Tchang Tsoung-tchang était le seigneur de la guerre à Chang-tong, et Chou You-pou aux alentours de Pékin et de T'Ten-Sin.

Cette situation fut bouleversée, lorsque, au début du printemps 1926, le maréchal Feu You-hsiang, le meilleur commandant du Kouo-min-tang, leva une armée de 300 000 hommes — connue sous le nom de Kouo-min-tchoun ou armée nationaliste — en une marche de 7 000 milles pour encercler le sud de la Mongolie, puis obliquer à l'est par Tch'Eng-Tou et Ho-Nan pour pouvoir attaquer Pékin par le sud. Cet extraordinaire exploit tant militaire que physique — et qui dix années plus tard servit de modèle à la longue marche de Mao Tsö-tong — permit à Tchang Kaï-chek de conquérir le nord de la Chine en 1926-27[48]. Par la suite, quatre des principaux seigneurs de la guerre reconnurent l'autorité de Tchang Kaï-chek; apparut alors pour la Chine la possibilité de s'unifier sous une république par des moyens pacifiques. La campagne du nord avait coûté beaucoup de vies à la paysannerie. N'était-il pas préférable dès maintenant de s'efforcer à régler cette réorganisation par un compromis idéologique, plutôt que de compter sur l'efficacité de l'inévitable carnage d'une révolution d'usure ? S'il en était ainsi, et plutôt que d'expulser les « capitalistes étrangers », Tchang Kaï-chek devait rechercher leur soutien; et être le beau-frère d'un directeur de banque était un sérieux avantage. Mais ce calcul impliquait la rupture avec les éléments communistes du Kouo-min-tang, et ainsi prouver publiquement qu'un État ouvrier n'était pas près de voir le jour. Aussi, en avril 1927, lorsqu'il prit Shanghaï, Tchang Kaï-chek se retourna contre les syndicats ouvriers qui s'étaient soulevés en sa faveur, et ordonna à ses troupes de les exécuter. A Shanghaï, les milieux commerciaux applaudirent et les banques débloquèrent des fonds pour payer l'armée du Kouo-min-tang.

Staline était décidé à inverser sa politique. Récemment, il avait évincé Trotski, et fidèle à ses habitudes, adopté la politique de ses adversaires une fois vaincus. Le parti communiste chinois reçut l'ordre de rompre avec le Kouo-min-tang et de prendre le pouvoir par la force. Ce fut la seule fois où Staline appliqua la ligne révolutionnaire trotskiste, et ce fut un désastre[49]. Les ouvriers communistes se soulevèrent à Canton, mais la population ne les soutint pas. Dans les combats qui suivirent, beaucoup de citadins furent massacrés et un dixième de la ville livré aux flammes. Le 14 décembre 1927, le Kouo-min-tang attaquait en nombre : les communistes se défilèrent, et furent pourchassés dans les rues par les Cantonnais eux-mêmes. Presque tout le personnel du consulat soviétique fut assassiné. Borodine, écœuré, revint à Moscou et déclara à Staline : « La prochaine fois que les Chinois crieront "Vive la révolution mondiale!", envoyez-leur la Guépéou ». Staline resta coi; mais en son temps, Borodine fut condamné à mort[50].

Tchang Kaï-chek et Mao Tsö-Tong étaient à la croisée de leurs routes. Tchang Kaï-chek devint le seigneur de la guerre suprême; et le Kouo-min-tang restructuré devint un parti de seigneurs de la guerre composé — en 1929 — de 172 796 officiers et soldats des différentes armées, de 201 321 civils et de 47 906 « Chinois d'outre-mer » qui fournissaient la plupart des fonds, mais aussi les pires gangsters. Mais si ce nouveau parti gagnait du terrain dans le milieu des affaires et des intérêts étrangers, il en perdait auprès des paysans. La veuve de Sun Yat-sen quitta le Kouo-min-tang, s'exila en Europe et accusa le successeur de son mari « d'avoir fait du Kouo-min-tang l'instrument des riches pour s'enrichir davantage et sucer le sang de millions de Chinois affamés... Ces militaires et ces fonctionnaires qu'il y a quelques années je connaissais pauvres, ils paradent aujourd'hui en superbes limousines, et ils achètent pour leur nouvelle concubine, les hôtels particuliers des concessions étrangères ». Tchang Kaï-chek donnait l'exemple. En juillet 1929, le correspondant du *New York Times* nota que Tchang Kaï-chek avait payé une note d'hôtel à Pékin d'un montant de 17 000 dollars qui concernait un séjour qu'il aurait effectué lui, sa femme et ses gardes du corps, pendant quinze jours; et de plus, il aurait « claqué » 1 500 dollars en pourboires et 1 000 dollars en pots-de-vin à la police locale[51].

La morale que Mao Tsö-Tong avait dégagée du changement politique de Tchang Kaï-chek ne se posait pas en termes d'idéologie, mais de pragmatisme. En Chine, avoir la moindre influence politique impliquait avoir une armée. Mao, à son tour, devait devenir seigneur de la guerre; et il était l'homme idéal pour cela. En 1927, âgé de trente-quatre ans, Mao était un homme grand et bien bâti, fils d'un paysan cruel et dominateur qui, en bon fermier marchand de grains, s'était battu, avait travaillé sa vie durant pour faire fortune — bref, un authentique koulak. Un ancien camarade d'école de Mao le décrivit comme « arrogant, brutal et entêté[52] ». Il n'avait pas le profil classique d'un révolutionnaire à la Lénine mais un romantisme ardent et passionné teinté d'un penchant pour le drame grossier et violent; une espèce d'artiste coulé dans le même moule qu'un Hitler, aussi intolérant que lui. Comme Hitler, il fut d'abord et surtout un nationaliste qui crut à la spécificité d'une culture nationale. Selon le philosophe Yen Fou, Mao partit de l'idée que le « culturalisme », prolongement de la « voie chinoise », était le moyen de mobiliser le peuple en une force irrésistible[53]. Il s'inspira de la théorie marxiste-léniniste, mais sa croyance profonde se rapprochait davantage des axiomes que lui enseigna son professeur de morale à Pékin Yang Tchang-chi, dont la fille devint la première femme de Mao : « Chaque pays a ses propres valeurs nationales tout comme chaque être a sa propre personnalité... Un pays, à l'image du corps humain, est un ensemble organique et non une machine qu'on pourrait démonter et remonter à sa guise. Si l'on démonte un pays, il meurt[54]. »

Le principe déterminant de la pensée maoïste était une forme de patriotisme radical. Il ne fut pas obligé de passer de l'internationalisme au nationalisme que Mussolini mit en pratique en 1914 : Mao était nationaliste *ab initio*, tout comme Atatürk. Et cette idée de culture nationale ne jaillissait pas du tout d'un sentiment d'oppression mais plutôt de la conscience d'une supériorité outragée. Comment la Chine, mère de la culture, pouvait-elle être traitée par ses nouveaux riches comme une enfant capricieuse — métaphore très souvent utilisée par la presse occidentale dans les années 20. *La Revue d'Extrême-Orient*, par exemple, commentait en 1923 la tentative d'imposer le monopole anglo-américain du tabac en ces termes : « La solution du problème réside évidemment dans une action concertée, pour indiquer clairement à ces jeunes politiciens que la tricherie n'a jamais rien apporté de bon à un pays, et que tôt ou tard les grandes puissances lassées de ces farces et blagues enfantines viendront rétablir l'ordre dans la maisonnée et fesser les enfants[55]. » En 1924, Mao demanda à un ami chinois récemment arrivé d'Europe d'aller voir les fameuses inscriptions à Shanghaï Park : « Interdit aux chiens et aux Chinois ». Il interrompit une partie de football — contre l'université de Yale — par ce slogan explicite : « Lorsque l'un de nos maîtres étrangers pète, quelle odeur divine ! Les Chinois savent-ils haïr seulement les Japonais, demandait-il, ne sauraient-ils pas haïr les Anglais[56] ? »

Mao n'était pas découragé par la difficulté de refaire de la Chine, cette bête de somme prostrée et impuissante, le formidable dragon qu'elle fut. Cet homme puissant et sûr de lui, avec ses oreilles décollées, son visage pâle — ce « grand Chinois typique » selon un Birman ; « comme un éléphant de mer » ainsi que le décrivit un Thaï, était un incurable optimiste qui sondait les mystères de la Chine à la recherche de présages favorables. Sun Yat-sen avait jugé la position de la Chine pire que celle d'une colonie ordinaire : « Nous sommes sans cesse écrasés par la force économique des grandes puissances à un degré plus fort qu'une colonie à part entière. La Chine n'est pas la colonie d'une nation, mais de toutes ; et nous ne sommes pas l'esclave d'un pays, mais de tous. Je pense que nous devrions nous appeler une hypercolonie. » Point de vue que Staline partageait également[57]. Mais pour Mao Tsö-tong, la multiplicité des exploiteurs de la Chine était un avantage, car il considérait qu'une puissance pouvait toujours être dressée contre une autre ; il ne croyait pas à la théorie léniniste du colonialisme. Il soutenait que « la division parmi les forces impérialistes provoque la division entre les groupes dirigeants de la Chine », par conséquent, « il ne pouvait y avoir de force gouvernementale unifiée[58] ».

Mais, sans une armée, tous ces beaux discours ne restaient que théoriques. Mao adhérait à la première idée de Tchang Kaï-chek selon laquelle la clé du succès de la révolution était de soulever les paysans. Mais les paysans étaient aussi démunis que la Chine, jusqu'au jour où ils pourraient s'armer, s'entraîner, pour devenir eux-mêmes des armes, comme l'avait fait Genghis khan. N'était-il pas le héros légitime d'une culture chinoise ressuscitée ? C'est une des caractéristiques du romantisme nationaliste de Mao — si proche de celui de Hitler — que d'emprunter des exemples au passé, et particulièrement ceux qui confirmaient ses propres convictions sur la force et la puissance physiques [59]. Son tout premier article disait : « Notre pays manque de force. L'esprit militaire n'a pas été stimulé... Si nos corps ne sont pas forts, nous serons effrayés dès que nous apercevrons les soldats ennemis, et alors comment pourrons-nous atteindre notre but et nous faire respecter ? » « Le principal objectif de l'éducation physique, ajouta-t-il, doit être l'"héroïsme militaire". » Les vertus martiales étaient absolument essentielles pour son national-socialisme [60].

En septembre 1927, suite à la scission d'avec le Kouo-min-tang, la direction communiste donna l'ordre à Mao d'organiser une insurrection militaire parmi les paysans du Ho-nan. Pour Mao, c'était la chance de devenir un seigneur de la guerre, puis très vite, une force indépendante dans l'échiquier politique de la Chine. La révolte échoua, mais Mao réussit à préserver une troupe armée qui se réfugia dans les montagnes de Chinghanshan, aux frontières du Ho-nan et du Kiang-si. Ils étaient peu nombreux, mais c'était suffisant. De ce moment, Mao ne se sépara jamais de ses troupes. Son appel était brutal mais efficace ; encourageant les paysans à s'emparer spontanément des terres, ce qui — Mao l'ignorait sans doute — avait éliminé Kerenski et permis à Lénine de réussir son *putsch*. Ses lois pour la répression des tyrans locaux et des mauvais bourgeois, ainsi que son projet de résolution du problème foncier, condamnaient les traditionnels ennemis de la gent paysanne — « les tyrans locaux et les mauvais bourgeois, les fonctionnaires corrompus, les militaristes et tous les éléments contre-révolutionnaires des villages ». Il classa sous le terme « contre-révolutionnaires au même degré » tous les groupes qui s'opposaient à son armée de paysans : « Tous les paysans de droite, petits, moyens ou grands propriétaires fonciers » catalogués comme « ceux qui possédaient plus de 30 *mou* » soit 4 acres et demie. En fait, il se dressait contre tous les éléments stables de la société rurale, en formant un groupe armé de guerriers qui n'était autre que le pendant de ceux dirigés par « les mauvais bourgeois, les seigneurs de la guerre et les tyrans locaux ».

En faisant appel au patriotisme des paysans, Mao réussit là où Tchang Kaï-chek avait échoué ; comme le prouvèrent plus tard les archives militaires [61] — bien qu'au tout début, il ne put recruter que 1 000 malheureux paysans. Il gonfla ses effectifs grâce à 600 bandits recrutés parmi la racaille d'une société en proie à la guerre civile, que Mao appelait ses cinq « groupes déclassés » : les déserteurs, les bandits, les voleurs, les mendiants et les prostituées [62]. Comme pour les autres seigneurs de la guerre, l'effectif de son armée oscillait entre 3 000 et 20 000 soldats. Et la cruauté de Mao envers ses ennemis égalait celle des autres seigneurs de la guerre. En décembre 1930, il fit passer par les armes 5 000 de ses officiers et de ses hommes qui appartenaient à la Ligue antibolchevique, une organisation clandestine du Kouo-min-tang à l'intérieur des forces communistes. Cinq mois plus tôt, la femme de Mao et la plus jeune de ses sœurs avaient été exécutées par le Kouo-min-tang ; et il y avait beaucoup d'autres morts à venger. Tchang Kaï-chek avait fait tuer 10 000 communistes en 1927-28. Mao n'hésitait jamais à prendre l'initiative de la violence. Fin 1930, il avait déjà créé sa propre police secrète — ainsi que sa purge le révéla — et lorsqu'il les jugeait nécessaires, ses interventions étaient d'une cruauté impitoyable. La comparaison établie entre la troupe sauvage et dévastatrice de Mao et la « horde » de Genghis khan était justifiée ; et aux yeux des paysans dont il traversait les terres, Mao apparaissait comme n'importe quel autre seigneur de la guerre[63].

A la fin des années 20, la Chine était sous le joug d'armées rivales, motivées par divergence d'idéologies ou simple rapacité — pour leurs victimes, quelle importance ? Après l'offensive du Nord menée par Tchang Kaï-chek et en 1928 l'assemblée des seigneurs de la guerre à Pékin, l'un des dirigeants du Kouo-min-tang, le maréchal Li Tsoung-jen déclara : « Quelque chose de nouveau est arrivé à la Chine immuable... la naissance du patriotisme et de l'esprit populaire. » Au bout de quelques mois, ces mots s'étaient révélés bien illusoires, et les seigneurs de la guerre ainsi que la république de Nankin furent renversés pour chacun d'entre eux. Tous les partis désertèrent le gouvernement et l'égide du Kouo-min-tang ; aucun d'entre eux n'accorda le moindre intérêt aux souhaits de chacun. Le revenu du gouvernement baissa au profit de celui des seigneurs de la guerre. Comme la destruction des villes et des villages augmentait, la plupart des victimes devinrent des bandits au service des seigneurs de la guerre, importants ou non, pour arriver à survivre. S'adjoignèrent à la demi-douzaine de seigneurs de la guerre importants beaucoup de petits généraux qui contrôlaient une province et une douzaine de comtés, et dont les armées comptaient de 20 000 à 100 000 hommes. Mao était parmi les plus faibles d'entre eux. Le 30 juin 1928, au cours de la conférence économique nationale, T.V. Soong, beau-frère de Tchang Kaï-chek et actuel ministre des Finances, déclara qu'en 1911 sous la monarchie, la Chine possédait une armée de 400 000 hommes plus ou moins sous un contrôle unique, et en 1928, elle possédait 84 armées, 18 divisions et 21 brigades indépendantes, représentant environ 2 millions d'hommes. Le revenu national global qui était de 450 millions de dollars passa à 300 millions de dollars lorsque la Chine eut honoré ses dettes. Le budget militaire s'élevait chaque année à 360 millions de dollars et si les troupes étaient payées régulièrement à 642 millions de dollars — aussi le banditisme était inévitable. Toutefois, la proposition faite lors d'une conférence sur le désarmement qui se tint au mois de janvier suivant, pour réduire l'effectif des troupes à 715 000 hommes, fut un échec complet. T.V. Soong affirma que, pour l'année précédente, le budget militaire représentait deux fois le montant total de toutes les autres dépenses gouvernementales[64].

En fait, l'infortuné peuple chinois ne pouvait, la plupart du temps, faire la différence entre les troupes des bandits et celles du gouvernement. Le nombre des victimes dû à l'imprudence ou la famine était incalculable. La province d'Hou-Pei perdit 4 millions d'individus entre 1925 et 1930, et ce, bien qu'elle ne fut guère touchée par la famine ou l'émigration. La province du Ho-Nan fut la plus touchée durant l'année 1929-30 ; elle comptait, outre sa population de 25 millions d'habitants, 400 000 brigands, pour la plupart soldats sans solde. Au cours de l'hiver 1929-30, la ville de Iyang, autrefois prospère, fut sous le joug consécutif de 72 armées de bandits. Un ministère officiel nommé sur place précisa que pour le district de Miench'ih uniquement, 1 000 villes et villages avaient été pillés, et 10 000 rançonnés : « Lorsqu'ils kidnappent un individu contre rançon, ils commencent par transpercer ses jambes avec du fil de fer, le ligotent, et le suspendent comme un poisson à une ficelle. Lorsqu'ils amènent les captifs à leur tanière, ils les interrogent et les tailladent à la faux pour qu'ils révèlent la cachette de leur butin. Le premier qui hésite à parler est, à titre d'exemple, coupé en deux à la taille. » Le rapport précisait que certaines familles vendaient leurs enfants et certains hommes leur femme. Quelquefois, les femmes étaient louées pour deux ou trois ans, et les enfants nés durant cette période étaient la propriété de celui qui avait payé la location. « Dans beaucoup de cas, 8 à 10 maisons seulement tenaient encore debout dans des villes qui, l'année précédente, en comptaient 400 ou 450[65]. »

En désespoir de cause, les paysans bâtirent des tourelles de pierre garnies de meurtrières et de créneaux qui servaient de point de surveillance et de refuge pour les hommes et le bétail un peu comme les tours de guet qui au XVe siècle bordaient l'Angleterre. Mais même les villes fortifiées furent assiégées et dévastées. Choctow, à 30 milles seulement de Pékin, subit un siège de 80 jours et ses 100 000 habitants moururent de faim ; les mères étranglaient leurs nouveau-nés, et les jeunes filles étaient vendues pour 5 malheureux dollars chinois et expédiées à travers toute l'Asie pour la prostitution. Liyang, au cœur du secteur contrôlé par la république de Nankin, fut saccagée par 3 000 bandits qui dérobèrent pour 3 millions de dollars et incendièrent pour plus de 10 millions de dollars. Six villes importantes autour de Shanghaï furent mises à sac et détruites. A Nigkang, le président du tribunal fut ligoté des pieds à la tête, et mourut ébouillanté. Des coutumes anciennes et étranges furent réactualisées : à nouveau, les « cages de pénitence » en bambou se dressèrent dans les airs, suspendues aux murs des villes, et les condamnés devaient rester sur la pointe des pieds, la tête dépassant du toit par un trou. A Fou-Chouen, dans la province de Chang-Tong, un seigneur de la guerre vaincu et replié là avec 4 500 hommes avait capturé 1 000 otages. Au cours d'un siège de 13 jours par les unités du Kouo-min-tang, plus de 400 femmes et enfants furent ligotés contre des poteaux aux murs de la ville, tandis que les défenseurs tiraient derrière eux.

En 1929-30, Mao et d'autres seigneurs de la guerre communistes qui dirigeaient cinq provinces de 30 millions d'habitants, ne se livrèrent ni au viol ni au rançonnement et interdirent le jeu, la prostitution et la culture du pavot. Mais d'un autre côté, ils maltraitèrent et assassinèrent des membres de la classe moyenne, détruisirent des documents officiels, des titres de propriété, brûlèrent églises, temples et autres lieux de culte et massacrèrent prêtres et missionnaires. Une ville pouvait successivement tomber entre les mains du parti communiste, d'un chef de bande, d'un seigneur de la guerre et d'une force gouvernementale ; chacun, tour à tour, réclamant son dû. La province de Sseu-Tch'ouan se plaignit par pétition du général envoyé par le gouvernement en le comparant au « chef d'une horde de loups et de tigres » et en déplorant qu'il ait « semé la désolation sur le district entier » et que « de l'est à l'ouest, sur des dizaines de lieues ne résonnent plus ni l'aboiement du chien ni le chant du coq. Le peuple implore que s'éteignent le soleil et la lune afin qu'« il puisse s'éteindre avec eux ». A Tch'eng-Tou, capitale de la province, les marchands se lamentaient : « Il ne nous reste rien, que la peau sur les os[66]. »

En vingt ans, la poursuite d'une réforme radicale par la force avait entraîné la mort de millions d'innocents et réduit à la misère et à l'anarchie une grande partie de la Chine ; tout comme l'Allemagne lors de ses guerres de religion ou la France lors de la guerre de Cent Ans. A la poursuite bien intentionnée de son rêve d'utopie moderne, Sun Yan-sen avait engendré un cauchemar médiéval. Malheureusement, tout le monde croyait en une réforme radicale, aussi bien Tchang Kaï-chek que Mao Tsö-tong et de nombreux seigneurs de la guerre indépendants. Le maréchal Feng surnommé le « général chrétien » et le général Yen Hsi-shan dit « le gouverneur modèle » — tous ces honorables gentlemen — prétendaient qu'ils travaillaient et tuaient pour le bien de la Chine et du peuple chinois. La tragédie de la guerre intestine chinoise illustre le principe suivant : quand la légitimité cède à la force, et la morale absolue au relativisme, l'obscurité s'étend sur le monde, et les anges ne se distinguent plus des démons.

D'ailleurs, les Chinois n'étaient pas les seuls partisans d'une réforme radicale. Comme nous l'avons déjà noté, la Chine gangrénée éveillait les instincts prédateurs du Japon — qui lui aussi était favorable à une réforme radicale. Comme les journalistes étrangers s'accordaient à le reconnaître, en trente ans d'occupation japonaise, la Corée avait réalisé plus de progrès qu'en 3 000 ans d'occupation chinoise[67]. Port-Arthur, les ports de Shantou, et les autres régions occupées par les Japonais étaient des havres de paix et de prospérité. De jeunes officiers de cette force d'occupation, connue sous le nom d'armée de Kwantung, assistaient avec horreur et dégoût à l'épreuve interminable de la Chine. Début 1928, deux d'entre eux, le lieutenant colonel Kanji Ishihara et le colonel Seishiro Itagaki, décidèrent de convaincre leur gouvernement à intervenir. Comme argument, ils invoquaient que si l'anarchie actuelle pouvait bénéficier aux capitalistes japonais et aux seigneurs de la guerre chinoise, elle ne présentait aucun intérêt pour le peuple chinois qui aspirait à l'ordre, et pour le peuple japonais qui aspirait à l'espace. « Du point de vue du prolétariat, écrivait Itagaki, qui estime nécessaire de revendiquer une juste répartition de la richesse nationale, aucune solution satisfaisante ne peut être trouvée à l'intérieur des frontières naturelles du Japon, trop pauvre pour assurer la subsistance à toute sa population. » Raisonnement similaire à celui tenu par les Soviétiques qui exploitaient leur empire d'Asie au nom de la Grande-Russie. La Mandchourie serait libérée de ses seigneurs de la guerre féodaux et de ses bourgeois capitalistes et deviendrait une colonie prolétaire du Japon. Cette mutation s'effectuerait non par le biais d'un *putsch* révolutionnaire, mais par celui de l'armée de Kwantung [68]. Le 4 juin 1928, ces deux colonels accomplirent le premier pas de l'occupation nippone, en assassinant le maréchal Tchang Tso-lin, principal seigneur de la guerre en Mandchourie ; ils dynamitèrent son train privé, faisant de son repos nocturne un sommeil éternel. Cet attentat marqua le début de ce qui allait devenir une grande guerre internationale dans l'Est. Assez curieusement, les Etats-Unis qui s'étaient érigés protecteurs de la Chine et censeurs du Japon, se désintéressèrent de cet épisode. Commentaire du *Philadelphia Record* : « Le peuple américain se moque comme de sa première chemise de savoir qui contrôle le nord de la Chine [69]. » L'Amérique était occupée à fabriquer son propre mélodrame.

VI

La dernière Arcadie

L'indifférence proclamée par l'Amérique aux événements de Chine du Nord était un bluff, un leurre parfaitement mis au point. Ce pays, qui dénombrait 106 « groupes ethniques » — véritable microcosme du monde — ne pouvait véritablement demeurer insensible à des événements d'envergure, où qu'ils aient lieu[1]. La politique américaine hostile au Japon naissait en grande partie de l'attitude ambivalente avec laquelle elle considérait anxieusement sa minorité japonaise : l'un des aspects du vaste débat national sur la nature et les buts de la société américaine. Qu'était-ce qu'un Américain ? Pourquoi l'Amérique ? Beaucoup d'Américains — la plupart d'entre eux peut-être — considéraient mélancoliquement leur pays comme la dernière Arcadie, dernier refuge d'innocence et d'utopie contre la folie sans mesure, la méchanceté et la corruption qu'on rencontrait au-delà de leurs rivages battus par les flots océaniques. Mais comment protéger cette Arcadie ? Cela exigeait une politique étrangère à l'échelle du globe. Et comment créer le véritable Arcadien ? Cela exigeait une politique raciale. Les deux étaient inextricablement liées.

En Amérique, la notion de mélange des races remontait au temps d'Hector Crèvecœur et de Thomas Jefferson. Elle fut illustrée de manière spectaculaire par *The Melting-Pot*, pièce d'Israel Zangwill, qui fut le grand succès de 1908, à New York. Dès ses débuts, la nouvelle industrie cinématographique résuma ces tendances multiraciales comme en témoignent les premières épopées de D.W. Griffith : *Naissance d'une nation* en 1915 et *Intolérance* en 1916. Mais selon quels critères cette fusion aurait-elle lieu ? Pendant la Grande Guerre, l'immigration sans restriction apparaissait déjà comme une cause perdue. En 1915, un pasteur itinérant de Georgie, William Simmons, fonda le Ku Klux Klan pour contrôler les groupes minoritaires qu'il identifiait à une non-conformité morale et politique. Les vues du Ku Klux Klan furent grandement soutenues, l'année suivante, par la publication de *The Passing of the Great Race* de Madison Grant qui adaptait au contexte américain la théorie européenne de « race des seigneurs ». Ce best-seller à prétention scientifique soutenait que l'Amérique, par une immigration non restrictive avait presque réussi à « détruire le privilège de la naissance ; c'est-à-dire les avantages moraux et intellectuels qu'apporte la venue au monde d'un homme de bonne souche ». Les conséquences du « melting-pot » étaient visibles à Mexico, affirmait-il, où « l'absorption du sang des conquistadors espagnols par la population indienne » avait engendré une race dégénérée « qui, actuellement, faisait tout pour démontrer son incapacité à se gouverner ». Les vertus des « races supérieures » furent « supérieurement instables » et disparurent aisément « dès qu'elles se mélangèrent à des caractères généraux ou primitifs ». Ainsi, « le croisement d'un homme blanc et d'un nègre donne un nègre » et « le croisement de l'une des trois races européennes et d'un juif donne un juif[2] ».

Cette crainte de « dégénérescence » fut récupérée par Hiram Wesley Evans, dentiste à Dallas, l'un des chefs les plus actifs du Ku Klux Klan, afin de l'édifier en un mouvement pour la suprématie de la culture anglo-saxonne, qui un temps regroupa soi-disant quatre millions de membres dans l'Est et le Midwest. Evans, qui se présentait comme « l'Américain moyen par excellence », affirma que le KKK parlait au nom « de la masse considérable d'Américains issus des pionniers... de la race dite nordique qui, malgré ses défauts, avait doté le monde de la plus grande part de la civilisation moderne[3] ». Les campagnes électorales s'accommodaient parfaitement de cette hiérarchie raciale aux variations significatives selon les bureaux de vote. Ainsi, le sénateur Henry Cabot Lodge, partisan en privé de la suprématie anglo-saxonne, utilisa toujours le terme prudent de « personnes parlant anglais », lors de ses campagnes. Will Hays, organisateur de la campagne de Warren Harding, décrivit la lignée du candidat comme « appartenant au sang pionnier le plus pur : anglo-saxon, allemand, irlando-écossais et hollandais[4] ».

L'entrée de l'Amérique dans la Grande Guerre donna une énorme impulsion à la xénophobie patriotique : elle devint une justification à diverses formes de racisme, sous prétexte de non-conformité. Wilson avait craint et prédit cette réaction émotionnelle — beaucoup plus violente et destructrice que ne le fut le maccarthysme après la Seconde Guerre mondiale — mais il parapha néanmoins l'Espionnage Act en 1917 et le Sedition Act en 1918. Ce dernier interdisait d'exprimer toute opinion qui, sans prendre garde aux conséquences possibles, fût « déloyale, blasphématoire, ignoble et injurieuse » envers le gouvernement américain, le drapeau ou l'uniforme ; ainsi des Américains furent poursuivis pour avoir critiqué la Croix-Rouge, le YMCA et même le budget[5]. Deux juges à la Cour suprême, Justice Louis Brandeis et Olivier Wendell Holmes, essayèrent de résister à cette vague d'intolérance. Dans *Schenk contre les Etats-Unis*, en 1919, Holmes écrivit que la restriction de la liberté de parole était légale seulement lorsque les mots étaient de nature à créer « un danger évident et réel » ; et, différant en cela de *Abrams contre les Etats-Unis*, qui prenait le parti de la condamnation pour sédition, il argua que « le meilleur test de vérité réside dans le pouvoir de la pensée à se faire accepter malgré la compétition du marché », une paraphrase d'une idée de Milton dans *Areopagitica*[6]. Mais ces voix s'élevaient en solitaire. Des organisations patriotiques comme la Ligue de sécurité nationale et la Fédération civile nationale poursuivirent leurs activités en temps de paix. En 1919, le mot d'ordre était « américanisation ».

À partir de l'automne 1919, avec Wilson frappé de maladie, le gouvernement des Etats-Unis fut pratiquement inexistant et ne put donc empêcher l'effondrement du bref « boom » d'après-guerre ni contrôler le déchaînement xénophobe qui lui fut consécutif. L'homme qui en prit la tête fut le procureur général, Mitchell Palmer. Il s'était rendu totalement impopulaire, pendant les années de guerre, comme contrôleur de la propriété étrangère et il faillit être tué au printemps 1919 par l'explosion d'une bombe, posée par un anarchiste devant sa porte. Dès lors, il mena un combat national contre « les étrangers d'origine, subversifs et agitateurs ». Le 4 novembre 1919, il présenta au Congrès un rapport intitulé « Comment le département de la Justice démasqua plus de 60 000 agitateurs trotskistes organisés, aux Etats-Unis... Informations confidentielles grâce auxquelles le gouvernement est en train de balayer ces ordures étrangères hors du pays ». Il décrivait Trotski semblable à « l'un de ces étrangers inqualifiables... de l'extraction la plus basse que connaît New York... capable de dormir dans le lit du tsar, alors qu'en Russie des milliers d'individus sont sans nourriture et sans abri ». « Les langues de vipère de la Révolution, écrivit-il, léchaient l'autel des églises, bondissaient dans le clocher des écoles, rampaient jusque dans le recoin sacré des intérieurs américains » et « cherchaient à remplacer les lois sacrées du mariage par celles du libertinage[7] ». Le jour de l'an 1920, en une série de raids organisés, les agents du département de la Justice rassemblèrent plus de 6 000 étrangers dont la plupart furent expulsés. Au cours de la « Panique Rouge » qui suivit, cinq membres de l'Assemblée d'État de New York en furent exclus sous le soupçon de sympathies socialistes et un membre du Congrès fut mis à la porte de la Chambre des Représentants par deux fois ; et les deux anarchistes italiens, Nicola Sacco et Bartolomeo Vanzetti, qui s'étaient soustraits aux obligations militaires, furent reconnus coupables du meurtre d'un caissier du Massachusetts, lors d'un procès tristement célèbre qui traîna jusqu'en 1927.

Une conséquence plus durable fut la loi du quota de 1921 qui limitait l'immigration annuelle à trois pour cent du nombre recensé en 1910 de chaque nationalité. Ce dispositif pour geler l'équilibre racial, autant que faire se pouvait, fut grandement renforcé par le décret Johnson-Reed de 1924 qui porta le quota à deux pour cent de chaque nationalité résidant aux Etats-Unis en 1890. Ces mesures excluaient tout à fait l'immigration japonaise, sans concerner toutefois les Canadiens et les Mexicains, et baissaient non seulement le quota précédent mais favorisaient délibérément l'Europe du Nord et de l'Ouest au détriment de l'Europe de l'Est et du Sud. En se basant sur une analyse raciale de la population américaine dans les années 20, la législation mit fin, par un tour de vis supplémentaire en 1929, aux immigrations massives aux Etats-Unis. L'Arcadie était comble. On releva le pont-levis, après avoir déterminé le dosage de sa population et avoir décidé de le perpétuer tel quel.

Nombreux furent ceux qui critiquèrent cette nouvelle xénophobie. Le 23 juillet 1920, Walter Lippmann écrivit à son ancien supérieur, Newton Baker, ministre de la Guerre : « Il est d'ores et déjà incroyable qu'une administration, qui affichait les idéaux les plus amples de notre histoire, ait pu mettre autant en péril les libertés fondamentales américaines depuis un siècle... On a institué un règne de terreur qui rend impossible toute pensée légitime, qui décontenance toute modération et sous lequel la panique supplante la raison[8]. » H.L. Mencken, journaliste de Baltimore d'origine allemande, qui fut peut-être le membre le plus influent de sa profession dans les années 20, décrivit Palmer, dans le *Baltimore Evening Sun* du 13 septembre 1920, comme « l'exemple vivant de la plus éminente cruauté, malhonnêteté et injustice ». Quinze jours plus tard, il accusa le département de la Justice d'entretenir « un système d'espionnage sans aucun précédent dans l'histoire américaine et rarement égalé dans celle de la Russie, de l'Autriche et de l'Italie. Sa routine quotidienne consiste à pourchasser des hommes et des femmes en violant cyniquement leurs droits constitutionnels, à envahir le sanctuaire du domicile personnel, à fabriquer des preuves contre les innocents, à inonder le territoire d'agents provocateurs, à dresser le voisin contre son voisin, à remplir la presse de mensonges incendiaires et à encourager les pires trouillardises de misérables, malveillants et sournois[9] ». Horace Kellen, sociologue de la nouvelle école de recherche sociale, soutint que « l'américanisation » était simplement une recrudescence de « l'ignorantisme » anticatholique des années 1850, sorte de fondamentalisme protestant, dont le décret de 1924, « la chasse aux sorcières de Palmer, le procureur général Quaker, l'antisémitisme virulent, calqué sur celui du tsar, du baptiste Ford, le constructeur d'automobiles, les mascarades massives et menaçantes du Ku Klux Klan, les marmonnements racistes de Mr. Madesan Grant » étaient des manifestations; ressortissait au même phénomène le patriotisme ordinaire innocemment exprimé dans les romans de Mrs. Gertrude Atherton et du *Saturday Evening Post*[10].

Il y avait là matière à réflexion : la civilisation américaine, s'il fallait la définir, était issue du protestantisme et la xénophobie de Palmer n'était qu'une expression extrêmement déformée de tout ce qui faisait la valeur de son éthique. À partir de là, les intellectuels des Etats-Unis — surnommés « grosses têtes — *highbrows* » par le critique Van Wyck Brooks en 1915 — furent confrontés au dilemme suivant : en s'attaquant à cette déformation, ils couraient le risque d'endommager la réalité de « l'américanisme », né avec la démocratie de Jefferson ; et si cela disparaissait, la culture américaine se confondrait avec celle importée d'Europe. Tandis que Palmer menait la chasse aux étrangers, les « grosses têtes » de la côte Est lisaient *L'Éducation* d'Henry Adams, autobiographie posthume de l'archétype du mandarin bostonien, que la Société historique du Massachussetts publia en octobre 1918. Dès sa parution au printemps 1920, ce fut le plus populaire des ouvrages de non-fiction aux Etats-Unis : il exprimait parfaitement l'humeur désillusionnée des gens cultivés. C'était l'équivalent américain d'*Eminents Victoriens* de Strachey ; Adams rejetait le concept de culture nationale, surtout si elle devait être imposée par la répression brutale, au profit de ce qu'il appelait « multiversité », tout en soulignant avec pessimisme que, dans l'Amérique à venir, les individus les plus cultivés seraient réduits à l'impuissance.

En réalité, les « grosses têtes » de la côte Est ne restèrent pas inactives. Au cours des soixante années qui suivirent, les intellectuels devaient exercer une influence sur la politique américaine (et mondiale) sans aucune mesure avec leur nombre et leur valeur intrinsèque. Leur attitude face à l'Amérique resta ambivalente. Au printemps 1917, Van Wyck Brooks écrivit dans *Seven Arts*, revue qu'il avait aidé à fonder, le texte « Vers une culture nationale », dans lequel il avançait que l'Amérique s'était contentée jusque-là d'emprunter le « meilleur » des autres cultures : il était temps pour elle de s'en créer une propre, à partir d'une expérience élémentaire de l'existence qui seule produisait une culture authentique. L'Amérique, par l'expérience de ses propres drames, à travers ce que Brooks appelait « la culture de l'industrialisme » cesserait d'être « une nation aveugle, égoïste et brouillonne ; nous deviendrons un peuple lumineux, demeurant dans la lumière et la distribuant [11] ». Il souscrivait aux vues de son ami Randolph Bourne : la théorie du « melting-pot » dans son ensemble était discutable puisqu'elle transformait les immigrants en des caricatures d'Anglo-Saxons ; il soutenait par ailleurs que l'Amérique ne devait pas adopter un nationalisme étroit à l'européenne mais « l'idéal plus aventureux » du cosmopolitisme, afin de devenir « la première nation internationale [12] ». Mais qu'était-ce à dire ? D.H. Lawrence observa avec justesse que l'Amérique n'était pas — pas encore — « une patrie en termes de sang ». Jung le dit d'une autre manière en affirmant que les Américains « sur le plan inconscient, n'étaient pas encore chez eux ». En s'établissant délibérément à Westport, Connecticut, en compagnie d'autres intellectuels des années 20 qu'il définit clairement comme des individus « plus occupés de l'état de leur pensée que de l'état de leur fortune », pour y trouver ce cosmopolitisme américain, Brooks ressentait néanmoins un fort attrait pour la culture du Vieux Continent ; il avoua, dans son autobiographie, avoir éprouvé « un mal du pays fréquent et aigu envers la scène européenne ». Seule « une longue immersion dans la vie américaine, écrivit-il, devait me guérir complètement de ce terrible sentiment d'expatriation persistant ; mais cette ambivalence caractérisa ma vision au cours des années 20[13] ». En mai 1919, apprenant que l'un de ses amis, Waldo Frank, caressait le projet de s'établir dans le Middle West, il lui écrivit : « Notre choix de vivre comme écrivains nous vient ou plutôt nous reste de nos liens avec l'Europe. Ne croyez pas ceux qui vous parlent de l'Ouest, Waldo ; n'oubliez pas que c'est nous, habitants de New York et de Nouvelle-Angleterre, qui possédons le monopole de l'oxygène sur tout le continent américain[14]. »

C'était là une prétention arrogante qui devait trouver un écho — quoique rarement avoué avec autant de franchise — tout au long des décennies du XXe siècle. Mais qu'était donc l'Amérique, sans le Middle West ? Un territoire s'étirant le long des côtes comme tant d'États hispaniques du littoral d'Amérique du Sud. Dans les années 20, la bête noire des « grosses têtes » de la côte Est fut William Jennings Bryan, démocrate de l'Illinois, qui avait fustigé le pouvoir de l'argent — « Vous ne crucifierez pas l'humanité sur une croix d'or » —, s'était opposé à l'impérialisme, avait démissionné en 1915 du poste de secrétaire d'État en signe de protestation contre la tendance va-t-en guerre et qui, sur ses vieux jours, mena un combat désespéré et d'arrière-garde contre la théorie de l'évolution de Darwin, lors du procès Scopes de 1925. Les objectifs de Bryan étaient fondamentalement démocratiques et progressistes : il était partisan du suffrage des femmes, d'un impôt sur le revenu et d'une banque de réserve fédérale, de l'élection publique au Sénat, de la publication des contributions aux campagnes électorales, de la libération des Philippines et de la représentation des travailleurs au Cabinet. Néanmoins ses valeurs étaient populaires ou, pour utiliser le nouveau terme en vigueur, « populistes » ; et il prônait l'anti-intellectualisme. Le journal intime de sa femme témoigne de l'amertume ressentie par le couple devant la dénaturation ou le passage sous silence de ses idées par la « presse de l'Est[15] ». Au procès Scopes, il ne chercha pas à interdire l'enseignement de l'évolution mais à empêcher les écoles d'État de saper la croyance religieuse : l'évolution, argumenta-t-il, devait être enseignée comme une théorie et non comme une réalité ; les parents et les contribuables devaient avoir leur mot à dire sur le contenu de l'enseignement et les professeurs devaient respecter la loi du pays. Il se figurait résister à la dictature agressive d'une élite scolaire qui revendiquait le monopole du savoir véritable[16].

Le philosophe John Dewey, tout en s'opposant à la croisade anti-évolutive de Bryan, avertit l'intelligentsia de la côte Est que les forces qu'elle incarnait « ne présenteraient pas un réel danger si elles n'étaient sous-tendues par des revendications justes et nécessaires ». Il redoutait la faille, qu'il voyait s'ouvrir, entre l'opinion cultivée de la côte Est et ce qu'une génération ultérieure appellerait « l'Amérique moyenne » ou « la majorité silencieuse ». La querelle de l'évolution n'était qu'un exemple d'habitudes de pensée antagonistes. Dans un article remarquable, « La frontière intellectuelle américaine », publié en 1922, il prévint les lecteurs de *The New Republic* qu'on ne pouvait se débarrasser de Bryan sous le prétexte d'obscurantisme : « C'est une figure typiquement démocratique — sans contredit possible. » C'était sûrement un médiocre mais « par nature, la démocratie prime la médiocrité ». En outre, c'était le porte-parole de certains des meilleurs et des plus essentiels éléments de la société américaine :

> ... les classes qui fréquentent les églises et dont l'existence est gouvernée par les Évangiles. Ces couches de population constituent le pilier de la philanthropie sociale, de l'action politique réformiste, du pacifisme et de l'instruction publique. Elles incarnent et expriment un esprit de bienveillance et de bonne volonté envers les classes économiquement défavorisées et les nations qui tendent à une forme de gouvernement républicain. Peuplant en majorité le Middle West, cela explique que la région de la prairie ait été un centre actif de philanthropie sociale et de progressisme politique... croyant à l'éducation et à de meilleures conditions de vie pour leurs enfants, ces classes ont été les plus sensibles aux appels pour une plus juste répartition des chances... Ainsi, elles ont approuvé l'abolition de l'esclavage par Lincoln et la dénonciation par Roosevelt des « mauvaises » corporations et des cumuls de richesse... elles ont représenté le juste milieu, à tous les sens du terme, en étant au centre de chaque mouvement [17].

Dans la mesure où existait une authentique culture américaine, elle s'enracinait là. Le cosmopolitisme de la côte Est courait ainsi le danger de devenir une contre-culture et de jeter l'Amérique dans le conflit entre « culture » et « civilisation », qui déchirait l'Allemagne de Weimar, tout en ouvrant les portes au totalitarisme. En effet, ce conflit latent fut envenimé et exprimé par l'établissement de la Prohibition. Bryan avait reçu une lourde coupe d'argent en récompense des prodigieux efforts qu'il avait déployés pour faire ratifier le 18e amendement — celui de Prohibition nationale — de la Constitution, ce qui légalisait le décret Volstead, mettant l'Amérique au « régime sec ». Le décret devint effectif au cours du mois de janvier 1920, au moment même où Mitchell Palmer s'en prit aux anarchistes étrangers, et cette circonstance fut relevée. La Prohibition — et ses implications répressives — fit partie de la tentative d'« américaniser » l'Amérique : les réformateurs proclamaient à qui voulait l'entendre qu'elle était dirigée principalement contre « les abus de boisson notoires » des « travailleurs immigrants [18] ». À l'image du nouveau système de quota mis en place, c'était un essai pour protéger l'Arcadie et préserver la pureté des mœurs des Arcadiens. La fondation de l'Amérique avait été celle d'une société utopique peuplée par ce que Lincoln avait appelé — mi-sérieusement, mi-sarcastiquement — « un peuple presque élu » ; le 18e amendement représentait un dernier effort généreux du millénarisme.

Mais si ses intentions furent acceptées de bon cœur, sa mise en application le fut moins. C'était là un autre témoignage de l'ambivalence de la société américaine. En ratifiant le 18e amendement, l'Amérique voulait la fin sans se donner les moyens : le décret Volstead était un compromis inefficace — car, s'il avait procuré le moyen absolu de se faire respecter, il n'aurait jamais obtenu force de loi. Le bureau de la Prohibition était rattaché au Trésor; les tentatives pour le transférer auprès du département de la Justice furent mises en échec. Les présidents successifs refusèrent de prendre les mesures appropriées, nécessaires à son bon fonctionnement [19]. En outre, l'utopisme inhérent à la Prohibition, bien que solidement enraciné dans la société américaine, allait à l'encontre d'un autre principe actif, aussi fortement enraciné, celui de la liberté d'entreprise sans restrictions. L'Amérique était la société la moins totalitaire du monde; elle ne possédait effectivement aucun appareil pour mettre en échec les forces marchandes dès qu'apparaissait un besoin à combler.

Donc, les gangs de l'alcool et leurs commanditaires purent toujours avoir à leur disposition des ressources physiques et financières supérieures à celles de la loi. En effet, leur organisation, dans l'ensemble, était bien meilleure. La Prohibition illustra la loi des conséquences involontaires. Au lieu de pousser les minorités étrangères vers la conformité anglo-saxonne, elle leur permit de se consolider. À New York, les « bootleggers » étaient pour moitié juifs; un quart était composé d'Italiens et les deux huitièmes restant de Polonais et d'Irlandais [20]. À Chicago, ils étaient pour moitié italiens et pour moitié irlandais. Les Italiens étaient, en particulier, efficaces dans la distribution de l'alcool, méthodique et peu onéreuse. Ils tiraient ce sens de l'organisation, non seulement des sociétés secrètes siciliennes, sardes ou napolitaines, mais des « élites d'avant-garde » du syndicalisme révolutionnaire. La Prohibition offrit des occasions incomparables de subvertir la société : entre autres, à Chicago, sous le règne de « Big Bill » Thompson, le maire corrompu. John Torrio, bootlegger à grande échelle de Chicago, entre 1920 et 1924 — et qui se retira en Italie en 1925, avec une fortune de 30 millions de dollars — pratiquait le contrôle intégral : tous les fonctionnaires étaient achetés à des niveaux divers et les élections truquées [21]. Il pouvait fournir de la bière d'une qualité supérieure à un prix aussi bas que 50 dollars le baril; sa réussite fut due au remplacement de la violence par la diplomatie — en garantissant par des accords passés entre gangs un partage équitable du territoire [22]. Son lieutenant Al Capone, qui lui succéda, n'usa pas de la même politique, à son détriment. De leur côté, les Irlandais avaient tendance à penser à court terme et recouraient aux solutions violentes. Quand cela se produisait, la guerre des gangs se déclenchait, provoquant l'indignation publique et forçant les autorités à intervenir.

Cependant, en règle générale, les opérations des bootleggers étaient approuvées du public, du moins dans les villes. La plupart des citadins — et des hommes — partageaient le point de vue de Mencken : la Prohibition était l'œuvre des « bouseux ignorants des États *à vaches* qui n'admettaient pas d'avoir à ingurgiter de l'alcool de maïs tandis que les malins des villes buvaient du bon vin et du bon whisky ». « Sur le plan philosophique, elle n'était rien d'autre que l'envie des culs-terreux pour les citadins qui se la coulaient plus douce ici-bas[23] » Faire respecter la Prohibition dans les villes se révélait impossible, même en épurant les municipalités. Le général des *marines*, Smedley Butler, à qui on confia la charge de la police de Philadelphie en 1924, sous une nouvelle administration « propre », fut contraint de renoncer après moins de deux ans : il travaillait, dit-il, « en pure perte ». Les politiciens des deux bords aidaient peu les autorités. Les participants à la convention démocrate de San Francisco , en 1920, burent joyeusement du whisky de première classe, offert par la mairie ; quant aux républicains, ils apprécièrent fort peu, lors de leur convention de Cleveland en 1924, que les agents de la Prohibition « aient mis la ville en coupe réglée, selon Mencken, avec la plus grande brutalité ». La plupart du temps, et un peu partout, la loi était généralement bafouée. « Même dans les districts les plus reculés du pays, affirma Mencken, il n'existe absolument aucun endroit où un homme qui désire boire de l'alcool ne puisse s'en procurer[24]. »

La même impossibilité à faire respecter la loi apparut en Norvège, où l'alcool et les spiritueux avaient été interdits par un référendum approuvé à plus de 50 %, en octobre 1919. La Norvège eut le bon sens d'abandonner cette loi par un référendum ultérieur en 1926[25]. En Amérique, la Prohibition dura deux fois plus longtemps et ses conséquences furent beaucoup plus graves. Le journaliste Walter Ligget, probablement le plus grand expert en la matière, témoigna devant la commission judiciaire de la Chambre en février 1930 : « Par toute une série de faits et d'exemples précis, je peux fournir la preuve qu'il se consomme des quantités d'alcool beaucoup plus considérables qu'avant la Prohibition ...et qu'on les boit dans des endroits bien plus douteux. » À Washington DC, il y avait, avant la Prohibition, 300 établissements sous licence: ils furent remplacés par 700 « speakeasies » que 4 000 bootleggers ravitaillaient. Les registres de police montraient que le nombre d'arrestations pour état d'ébriété avait triplé en dix ans. Au Massachusetts, au lieu de 1 000 établissements sous licence, on comptait 4 000 speakeasies, auxquels il fallait rajouter les 4 000 de Boston : « À l'heure actuelle, quinze mille personnes au moins ne font rien d'autre que fournir illégalement de l'alcool à la ville de Boston. » Le Kansas avait été le premier État à être mis au « régime sec » ; il y avait de cela plus d'un demi-siècle. Et cependant, « il n'existe pas de ville au Kansas où un parfait étranger ne puisse trouver une boisson alcoolisée — de très bonne qualité, qui plus est — quinze minutes après son arrivée ». Tout cela fut rendu possible par une corruption généralisée, à tous les niveaux. Ainsi à Detroit, on dénombrait 20 000 speakeasies. Ligget poursuivait :

> À Detroit, en novembre dernier, je fus mis au courant d'une fête insensée, donnée dans un relais routier; c'était une fête vraiment démente où l'alcool était fourni par l'un des principaux joueurs de Detroit — Denny Murphy, pour ne pas le nommer — et participaient à cette orgie bien arrosée... le gouverneur du Michigan, le chef de la police de Detroit, le chef de la police de l'État, des politiciens, des membres de divers clubs, des joueurs, des criminels, des bootleggers, fraternisant tous dans un esprit de parfaite égalité sous l'égide du dieu Bacchus — et j'ajouterai qu'il y avait quatre juges d'État du Michigan à cette party arrosée à laquelle se mêlèrent, plus tard, des danseuses nues... une telle hypocrisie se rencontre aujourd'hui sur toute l'étendue du territoire[26].

Comme Ligget le fit remarquer, tourner la Prohibition engendra d'énormes profits qui furent réinvestis dans d'autres formes de pratique criminelle, comme la prostitution, et surtout le jeu, qui, pour la première fois, s'organisèrent systématiquement avec toutes les apparences de la légalité. Des études plus récentes confirment ce point de vue : la Prohibition provoqua un changement qualitatif et permanent, comme la suite l'a prouvé, de l'échelle et de la sophistication du crime organisé aux Etats-Unis. Convoyer de la bière à grande échelle requérait un pouvoir d'organisation qui allait bientôt servir ailleurs. Au début des années 20, pour la première fois, des syndicats du jeu utilisèrent le téléphone pour prendre des paris dans tout le pays. Meyer Lansky et Benjamin Siegel adaptèrent le système du « bootlegging » pour mettre sur pied d'énormes empires du jeu sur le plan national. La Prohibition permit « le décollage » du grand banditisme aux Etats-Unis; et ce mouvement ne fut pas enrayé par la ratification, en décembre 1933, du 21ᵉ amendement qui mit fin à la Prohibition. Au cours des années 30, cette organisation du crime s'affina; et ce fut, par exemple, à partir de 1944, que Las Vegas, bourgade du désert, se transforma en capitale mondiale du jeu. La Prohibition, loin « d'américaniser » les minorités, contribua à renforcer leurs particularités à travers des modèles criminels spécifiques : ce fut le cas des Italiens, des juifs, des Irlandais et surtout des Noirs, chez qui, dès le début des années 20, les Antillais introduisirent « les jeux à numéro » et autres cercles de jeux, formant de puissantes citadelles du crime dans les ghettos noirs de New York, Chicago, Philadelphie et Detroit[27]. Des rapports, datant de 1970, dus à l'administration pour aider à l'application de la loi du département de la Justice, indiquent qu'avec l'établissement de la Prohibition en 1920, ont commencé à prospérer, chez les immigrants, les « familles » criminelles les plus notoires, qui se sont perpétuées jusqu'à nos jours[28].

En vérité, la Prohibition fut une tentative maladroite et hésitante d'organisation sociale systématique, destinée à produire l'homogénéisation par la loi d'une communauté mélangée. Elle n'atteignit évidemment pas les sommets de cruauté de la tentative similaire de Lénine en Russie ni de sa pâle imitation par Mussolini en Italie; mais, à sa manière, elle porta le même tort à la morale sociale et à la cohésion culturelle de la communauté. Le tragique, ce fut sa complète non-nécessité. Le système de la libre entreprise était à lui seul un facteur suffisant d'homogénéisation, rassemblant ou séparant les groupes ethniques et raciaux, sans se soucier de la couleur de la peau ou de la nationalité d'origine. La façon, par exemple, dont l'énorme immigration polonaise et allemande s'était fondue dans la structure anglo-saxonne, était stupéfiante : les lois du marché y avaient veillé. Mitchell Palmer faisait erreur en jugeant que les étrangers étaient en majorité porteurs de vues politiques radicales. Bien au contraire : ils fuyaient des systèmes autoritaires, ayant opté pour le plus libre de tous. Par leur fuite, ils avaient voté en faveur de l'économie de la libre entreprise.

En effet, au moment même où Palmer s'attendait à des manifestations révolutionnaires, le radicalisme américain — celui à tendances collectivistes, en particulier — entrait dans une période de déclin certain. Il n'avait jamais été très accentué. Marx avait été incapable d'expliquer pourquoi l'Amérique qui, à la fin de sa vie, était devenue la plus puissante et la plus originale des économies capitalistes, ne montrait aucun signe annonciateur d'une révolution prolétarienne que, selon lui, le capitalisme mature rendait inévitable. Engels chercha à tourner la difficulté en soutenant que le socialisme était faible en Amérique « simplement parce que le pays est d'essence purement bourgeoise, dépourvu de passé féodal et fier par conséquent de son organisation purement bourgeoise ». En 1908, Lénine pensait qu'aux Etats-Unis, « modèle et idéal de notre civilisation bourgeoise », le socialisme se heurtait « au système démocratique le plus solidement implanté, ce qui confronte le prolétariat à des tâches purement socialistes ». Antonio Gramsci blâmait « l'américanisme », qu'il définissait comme « un pur rationalisme, privé des valeurs de classe héritées du féodalisme ». En 1906, H.G. Wells dans *Le Futur de l'Amérique* attribua l'absence d'un puissant parti socialiste à celle, symétrique, d'un puissant parti conservateur : « D'un point de vue britannique, tous les Américains sont des libéraux d'un type ou d'un autre [29]. »

Jusqu'en 1920, il y eut matière à croire, cependant, qu'une gauche américaine pourrait éventuellement réussir à jouer un rôle significatif en politique. Avant 1914, le parti socialiste comptait environ 125 000 membres, y compris les chefs syndicaux des mineurs, des ouvriers de brasseries, des charpentiers et des métallurgistes. Il compta parmi ses élus plus de mille fonctionnaires publics, les maires de villes importantes et deux membres du Congrès; en 1912, son candidat Eugène Debs obtint 6 % des voix. Mais, par la suite, il connut un déclin continu. Le parti des travailleurs remporta certains succès dans quelques villes, dans les années 20 et au début des années 30. Mais les partis socialistes traditionnels s'enlisèrent. L'échec du parti socialiste lui-même fut attribué à son incapacité à décider s'il était un parti politique de masse, un groupe de pression, une secte révolutionnaire ou simplement une force pédagogique, tout en essayant d'être les quatre à la fois[30]. Il connut son score le plus élevé en 1932 avec les 2 % qu'obtint Norman Thomas, lors de l'élection présidentielle. Le parti communiste échoua pareillement à devenir une nouvelle expression du radicalisme américain, demeurant une simple annexe de la politique soviétique[31]. Son score le plus remarquable fut les 1 150 000 voix qu'il aida à réunir, en 1948, en faveur du candidat progressiste, Henry Wallace. Pendant les trente années qui suivirent, le déclin s'accentua. Aux élections de 1976, par exemple, les socialistes et les cinq autres partis radicaux présentèrent des candidats : aucun ne réunit plus de 100 000 voix sur un total de 80 millions de votants; leurs voix additionnées représentaient moins de 0,25 % des suffrages exprimés. Au début des années 80, les Etats-Unis étaient la seule nation industrielle démocratique où aucun socialiste indépendant — ou membre représentant d'un parti travailliste — n'occupait de poste électif.

Cela fut préfiguré par la vie politique des années 20. Tandis qu'en Grande-Bretagne, en Autriche, en France, en Allemagne, en Espagne et dans les pays scandinaves, les partis sociaux-démocrates devenaient les principaux partis d'opposition, participaient aux gouvernements ou même en formaient, aux Etats-Unis, cette décennie fut républicaine. Le parti républicain étant avant tout le parti de Lincoln, celui qui avait émancipé les esclaves et gagné la guerre civile. Les Noirs, qui se répandirent dans les villes du Nord au cours de la Première Guerre mondiale et par la suite, votaient toujours en masse pour les républicains. Le parti républicain avait été également celui de Theodore Roosevelt et du capitalisme progressiste; tout en étant, en même temps, celui du conservatisme social et de l'économie de libre entreprise. Dans les années 20, son autorité était écrasante. Entre 1920 et 1932, les républicains eurent le contrôle permanent — sauf en 1930-1932 — de la Maison-Blanche et du Sénat[32]. En 1920, Warren Harding obtint 60,2 % des voix : la plus grosse majorité enregistrée jusque-là — 16 152 000, contre 9 147 000 — il venait en tête dans tous les États, à l'exception de ceux du Sud. Les républicains remportèrent la Maison-Blanche — par 303 à 131 — et dix sièges au Sénat, ce qui leur donna une majorité de 22[33]. En 1924, Calvin Coolidge l'emporta sur son rival démocrate, John W. Davis, par 15 725 000 votes contre 8 386 000 à peine. En 1928, Herbert Hoover l'emporta sur Al Smith par 21 391 000 voix contre 15 016 000, ce qui lui donna une victoire écrasante au collège électoral de 444 à 87; il l'emporta partout sauf dans deux États du Nord et cinq du « Sud irréductible ». Les socialistes réunirent moins de 300 000 voix et les communistes moins de 50 000[34].

Ces succès à répétition reflétaient ce que Coolidge appela « un état de contentement rarement atteint auparavant »; c'était l'union d'un peuple démocratique et de son gouvernement, l'approbation du système économique que le parti au pouvoir appuyait et résumait, cas rarissime dans l'histoire qui mérite examen. Pour qu'il soit effectif, il est nécessaire de dépasser l'historiographie conventionnelle de cette période, en particulier en ce qui concerne ses deux figures clés, Harding et Coolidge.

Harding fut élu le jour de ses cinquante-cinq ans ; ce qu'il célébra à sa manière, en faisant un parcours de golf. Il ne croyait pas que la politique fût très importante ni qu'elle dût susciter l'intérêt des individus en colorant excessivement leur vie quotidienne. En bref, il était exactement à l'opposé de Lénine, Mussolini, Hitler et des politiciens professionnels sociaux-démocrates d'Europe. Harding était originaire de l'Ohio, fief politique des républicains, qui avait donné au pays, depuis 1865, six présidents sur dix. D'extraction pauvre, il avait créé un journal local à succès, le *Marion Star*, était devenu directeur de banque, d'une compagnie téléphonique, d'une entreprise de construction et d'une société immobilière. Il personnifiait la respectabilité des petites villes américaines : bel homme, toujours aimable et jovial, mais empreint de dignité. Il allait parfois répondre, en personne, à la porte de la Maison-Blanche et faisait, chaque dimanche, une promenade à cheval. Il dit à une foule qui l'acclamait à Boston en mai 1920 : « La tâche présente de l'Amérique n'est pas d'agir héroïquement mais de panser ses plaies, sans orviétan, par une vie normale ; le pays n'a pas besoin d'une révolution mais d'une restauration, non pas de chirurgie mais de sérénité [35]. » L'Amérique comme Arcadie représentait une réalité pour lui ; de toute façon, il entendait la préserver. Pour favoriser son élection, il ficha l'ancien mât du drapeau du président McKinley sur sa pelouse et mena une campagne du « haut de son porche ». De nombreuses célébrités firent le pèlerinage de Marion pour écouter ses discours : entre autres, Al Jolson, Ethel Barrymore, Lilian Gish et Pearl White, ainsi que 600 000 personnes, dont des milliers de Noirs — d'où la rumeur lancée par les démocrates que Harding avait du sang noir. Tout le monde aimait Harding. Ce qui le desservait le plus c'était sa femme Flossie, à l'allure pincée, surnommée « la duchesse », dont Harding disait lui-même, hors de sa présence, « Mrs. Harding aimerait être le tambour-major de chaque régiment qui passe [36] ».

Harding pensait que la société américaine, sans égale, était une création volontariste à laquelle seul le gouvernement pouvait porter tort. S'il pouvait implanter un Rotary Club dans la moindre bourgade, disait-il, il « aurait l'assurance que notre idéal de liberté serait sauf et que notre civilisation progresserait ». C'était un avis généralement partagé. Il n'existe au monde qu'une seule civilisation de premier ordre, écrivait-on dans le *Ladies'Home Journal*, c'est celle des Etats-Unis, la nôtre. » C'était également l'opinion de la plupart des intellectuels, si l'on se réfère à leurs écrits de l'époque et non à leurs raisonnements ultérieurs, dans les années 30. Au cours du mois où Harding signa le décret d'immigration de 1921, Scott Fitzgerald écrivit de Londres à Edmund Wilson :

> Maudit soit le continent européen. Son simple intérêt est celui d'un magasin d'antiquités. Rome n'est guère éloignée de Tyr et de Babylone. Le cou-

> rant négroïde rampe vers le Nord pour souiller la race nordique. Les Italiens ont déjà une âme de Moricauds. Il faut lever haut la barre de l'immigration et ne permettre qu'aux Scandinaves, Teutons, Anglo-Saxons et Celtes d'entrer. La France me rend malade, avec sa prétention idiote à être la seule chose à sauver au monde... Je crois enfin au fardeau de l'homme blanc. Nous sommes supérieurs au Français actuel comme lui-même l'est au Noir. Et même sur le plan artistique ! Il n'y a plus d'art en Italie... c'est fini pour eux. Vous avez cru plaisanter en avançant que New York était la capitale de la Culture, mais dans vingt-cinq ans, elle sera semblable au Londres d'aujourd'hui. La Culture va de pair avec l'argent... Nous serons les Romains des générations futures, comme les Anglais le sont à l'heure actuelle [37].

Harding pensait que cette supériorité culturelle serait inévitable si le gouvernement permettait aux rouages de la libre entreprise de fonctionner. Au lieu de choisir parmi ses vieux copains d'enfance, comme on le prétendit plus tard, il forma son cabinet de personnalités fortes : Charles Evans Hughes, comme secrétaire d'État, Andrew Mellon au Trésor, Hoover au Commerce. Il se précipita avec sa liste droit au Sénat et choisit, pour l'Intérieur, Albert Fall, sénateur du Nouveau-Mexique : ce dernier arborait une moustache en guidon de vélo, une cape noire flottante et un Stetson à large bord — la normalité incarnée ! — et sa popularité était telle que sa nomination fut approuvée par une acclamation immédiate. Ce fut la seule et unique fois dans l'histoire américaine qu'on accorda à un membre du Cabinet un tel vote de confiance [38]. La liste des membres du Cabinet était une coupe transversale de la réussite à l'américaine : un constructeur automobile, deux banquiers, un directeur d'hôtel, un éditeur de journal agricole, un juriste international, un propriétaire de ranch, un ingénieur et seulement deux politiciens professionnels.

Harding hérita d'une présidence fantôme et de l'une des récessions les plus dures de l'histoire des Etats-Unis. En juillet 1921, la crise avait pris fin et l'économie connaissait un nouvel essor. Harding s'était contenté de réduire les dépenses gouvernementales ; ce fut la dernière fois qu'une puissance industrielle de premier plan soigna une crise par la méthode classique du « laisser-faire », les salaires retombant à leur vrai niveau. Benjamin Anderson de la Chase Manhattan Bank devait qualifier plus tard ce moment de « dernier retour naturel au plein emploi [39] ». Les réductions des dépenses furent importantes. En effet, on peut décrire Harding comme le seul président des Etats-Unis à avoir réellement et massivement réduit les dépenses du gouvernement : il épargna jusqu'à plus de 40 % des dépenses de l'ère de paix wilsonienne [40]. Et la procédure ne fut pas violente : elle découla d'un plan réfléchi, incluant par un décret de 1921 la création d'un bureau du Budget pour que les autorisations fussent accordées après un contrôle central et un examen systématique. Le premier directeur de ce bureau, Charles Dawes, déclara en 1922, qu'avant Harding, « chacun n'en faisait foutrement qu'à sa tête » ; d'après lui, les membres du Cabinet étaient « des comanches » et le Congrès, « un repaire de trouillards ». Puis vint Harding « brandissant sa hache et prévenant quiconque ne serait pas coopérant qu'il aurait la tête tranchée » ; le résultat fut « tout bénef' pour le contribuable[41] ».

Le régime de Harding fut aimablement libéral. La veille de Noël 1921, contre les avis de son Cabinet et de sa femme, il insista pour remettre en liberté le leader socialiste, Eugene Debs, que Wilson avait fait emprisonner : « Je veux qu'il partage le repas de Noël avec sa femme. » Le même jour, il fit libérer 23 autres prisonniers politiques ; il commua les peines capitales contre les « wobblies » — les travailleurs industriels du monde — et, bien avant la fin de son mandat, il avait vidé les prisons de tout opposant politique[42]. Il accorda toute confiance à la presse, appelant les journalistes par leur prénom. Lors de ses déplacements, il aimait s'entourer d'une large « famille » itinérante, dont plusieurs membres étaient invités sous l'inspiration du moment, s'entassant dans dix automobiles du cortège présidentiel. Il chiquait, de concert avec Thomas Edison, qui remarqua : « Harding est un type bien. Quelqu'un qui chique est un type bien. » Il buvait sec aussi, invitant les gens à boire un coup dans sa chambre ; on savait qu'il faisait servir du whisky à la Maison-Blanche. Deux fois par semaine, il invitait ses intimes à « un repas d'action » — l'action étant un poker. Hoover, le secrétaire au Commerce, collet monté, était le seul à décliner l'offre de se joindre au jeu : « Cela m'irritait de voir de telles pratiques à la Maison-Blanche[43]. »

D'instinct, Hoover avait raison : un président n'est jamais trop prudent, comme chaque présidence l'a démontré depuis. Il n'y a aucune preuve que Harding fut autre chose qu'un homme généreux d'un naturel peu soupçonneux. La seule accusation de malhonnêteté portée contre lui le fut à l'occasion de la vente du *Marion Star* : elle fut rejetée par le tribunal de façon formelle et les deux acquéreurs du journal reçurent 100 000 dollars de dommages et intérêts. Harding fit cependant deux erreurs de jugement : en nommant le flamboyant sénateur Fall qui se révéla une crapule et en s'imaginant que Harry Daugherty, organisateur de sa campagne électorale dans l'Ohio — qu'il fit procureur général —, le protégerait contre les quémandeurs d'influence qui surgirent en essaims de son État d'origine. « Je sais reconnaître les escrocs, et je m'interposerai entre eux et Harding », affirma Daugherty. Cela se révéla une pure vantardise[44].

Il en résulta une série de contrecoups qui se succédèrent rapidement dès le début de 1923. En février, Harding découvrit que Charles Forbes, directeur du bureau des vétérans, avait mis en vente des fournitures médicales du gouvernement à des prix défiant toute concurrence : il le convoqua à la Maison-Blanche, le secoua « comme un prunier » en le traitant de « foutu salopard ». Forbes s'enfuit en Europe et démissionna le 15 février[45]. Le 4 mars, ce fut au tour d'Albert Fall de démissionner. On établit par la suite qu'il avait touché 400 000 dollars en contrepartie de l'octroi de baux avantageux, concernant les champs pétrolifères — d'État — d'Elk Hills en Californie et de Salt Creek — Teapot Dome —, Wyoming. Fall fit un an de prison en 1929 : toutefois ses affermages se révélèrent par la suite fructueux pour le pays puisqu'ils incluaient la construction d'oléoducs vitaux et d'installations à Pearl Harbor[46]. Cela n'était pas évident à l'époque et le départ de Fall fut un désastre pour Harding. D'autant plus que Charles Cramer, conseiller au bureau des vétérans, se suicida quelques jours plus tard.

Finalement, le 29 mai, Harding se força à rencontrer Jess Smith, acolyte de Daugherty, qui, associé à d'autres originaires de l'Ohio, s'était livré au trafic de faveurs gouvernementales, depuis la célèbre « petite maison verte du 1625, K. Street ». Le « gang de l'Ohio », comme on le surnomma bientôt, n'entretenait aucun rapport avec Harding et il ne fut même jamais également établi que Daugherty était de mèche avec eux : il fut acquitté, en 1926-1927, lors de son procès, et quoiqu'il ait refusé de paraître à la barre. Mais après que Harding eut mis, le 29 mai, Smith au pied du mur, ce dernier se tua le jour suivant : ce second suicide eut un effet déplorable sur le moral du président. Si l'on en croit William Allen White — témoignage que l'on peut mettre en doute — Harding lui aurait confié : « Mes ennemis, je m'en charge très bien. Mais White, mes foutus amis, mes nom de Dieu d'amis, me font passer des nuits blanches. » Avec du temps, Harding aurait certainement réussi à stabiliser la situation et à repousser les accusations de complicité — ce que de nombreux présidents ont fait depuis lors — car sa conscience était absolument pure, d'après l'état des recherches historiques les plus récentes. Le mois suivant, il partit pour un voyage en Alaska et sur la côte ouest et mourut, début août, d'une hémorragie cérébrale au Palace Hotel de San Francisco. Sa femme mourut à son tour en novembre 1924, après avoir détruit — comme on le crut à l'époque — tous ses papiers : ce qui permit de conclure à sa culpabilité secrète[47].

L'historiographie erronée, qui présenta l'administration Harding comme la plus corrompue de l'histoire américaine, prit forme immédiatement après ces événements : par la publication dans *The New Republic* en 1924 d'une série de violents articles, dus à la plume de son éditeur, Bruce Bliven. De là naquit le mythe du « gang de l'Ohio », dirigé par Daugherty, qui aurait recruté Harding comme couverture, dès 1912, conspiration à long terme pour livrer la nation entière à Andrew Mellon et au « big business ». Par la suite, Harding fut un gibier de choix pour les écrivains à sensation. En 1927, Nan Britton, fille d'un médecin de Marion, publia *La Fille du Président*, prétendant avoir eu une petite fille de Harding en 1919. En 1928, William Allen White reprit la théorie du complot dans *Masks in a Pageant* — « Masques de cavalcade » — puis, dix ans plus tard dans sa biographie de Coolidge, *Un Puritain à Babylone*. En 1930, un ancien agent du FBI, Gaston Means, fut l'auteur du best-seller, *L'Étrange Mort du président Harding*, dépeignant des orgies totalement imaginaires avec des girls de music-hall dans la maison verte de K. Street, où Harding tenait « la vedette ». Furent également préjudiciables en 1933 *Heures Pleines — Crowded Hours* — les mémoires de la fille de Theodore Roosevelt, Alice Roosevelt Longworth, qui décrivait le bureau de Harding à la Maison-Blanche comme un speakeasy : « L'air alourdi par la fumée du tabac, des plateaux couverts de bouteilles remplies de whisky de toute provenance, cartes et jetons de poker à portée de la main — une atmosphère générale de débraillé, veston déboutonné, pieds posés sur le bureau, près du crachoir... Harding n'était pas un méchant homme, ce n'était qu'un rustre[48]. » Pour couronner le tout, parut en 1939 un ouvrage apparemment plus documenté, dû à un journaliste du *New York Sun*, Samuel Hopkins Adams, et intitulé : *Une époque incroyable — Vie et mœurs de Warren Gamaliel Harding*, qui refondit toutes ces affabulations et ces mythes pour en faire une orthodoxie. À cette époque, l'image de Harding, souverain criminel de l'ère du Veau d'Or, était devenue la version couramment admise des événements, non seulement dans les livres à la mode comme *Only Yesterday* de Frederick Lewis Allen — en 1931 — mais également dans les manuels d'histoire officiels. En 1964, quand les papiers personnels de Harding — qui n'avaient pas été brûlés — furent livrés aux chercheurs, cette vérité mythique s'effondra — même s'il apparut que Harding, d'une timidité pathétique avec les femmes, avait eu une amitié touchante et triste pour la femme d'un directeur de magasin de Marion, avant d'être élu président. La vision babylonienne était purement fictive et, pour l'essentiel, Harding avait été un président honnête et exceptionnellement perspicace. Mais il était trop tard. En 1962, un sondage du *New York Times* auprès de soixante-quinze historiens prouva qu'il était jugé comme « un raté total » et cela, « sans la moindre réserve[49] ».

Le traitement réservé à Harding vaut qu'on s'y arrête car, conjoint au dénigrement similaire de son vice-président et successeur Calvin Coolidge, homme d'un tempérament radicalement différent, il nourrit une présentation systématiquement faussée de la politique publique de toute une période. Coolidge fut le plus résolu et le plus cohérent avec lui-même des présidents américains modernes. Si Harding aimait l'Amérique comme l'Arcadie, Coolidge était le mieux armé pour la préserver en tant que telle. Il était originaire du Vermont et de ses collines austères ; de souche puritaine de Nouvelle-Angleterre, il était né au-dessus de la boutique de son père. Aucun autre homme public n'eut, à l'époque moderne, une telle compréhension des principes fondateurs de l'Amérique : dur labeur, frugalité, liberté de conscience, indépendance par rapport au gouvernement et respect de la culture — il alla à Amherst et était d'une érudition exceptionnelle en littérature classique et étrangère, ainsi qu'en histoire. D'après Alice Longworth, il possédait un visage en lame de couteau et avait été « nourri au vinaigre » ; d'après William Allen White, c'était « un avorton à l'air distant, qui nasillait comme un canard quand il s'adressait à quelqu'un... il ne frappait personne dans le dos, ne tapotait sur aucune épaule, ne serrait aucune main[50] ». Il épousa une maîtresse d'école, appelée Grace, belle femme à la chevelure noir corbeau, qui ne suscita jamais de critique. Pendant leurs fiançailles, il traduisit *l'Enfer* de Dante en anglais ; et immédiatement après la cérémonie du mariage, il tendit à son épouse un sac contenant cinquante-deux paires de chaussettes à repriser. Il fut toujours économe de son argent. Vice-président de Harding, il occupait quatre pièces du Willard's Hotel et acceptait avec entrain le rôle de convive officiel de l'administration : « Je dois bien manger quelque part. » Il organisa la Maison-Blanche jusqu'au plus petit détail — assez semblable en cela à Curzon, mais plus efficace que lui — vérifiant et paraphant toutes les factures de la maisonnée et rôdant dans le moindre recoin des cuisines. Il déposait son salaire à la banque et en 1928, il se trouva à la tête de 250 000 dollars[51]. Il se couchait tous les soirs à dix heures, un fait célébré par Groucho Marx dans *Animal Crackers* : « C'est l'heure d'aller se coucher, Calvin ! » Mais la réputation que lui forgea Mencken : « Il dormait plus qu'aucun autre président, le jour comme la nuit. Néron jouait de la lyre, Coolidge se contentait de ronfler », était fallacieuse[52]. Aucun autre président ne fut mieux instruit des affaires importantes ni moins pris au dépourvu par les événements ou les agissements de son équipe.

Coolidge se plaisait, en fait, à tromper les observateurs en leur laissant croire qu'il était moins intelligent et actif qu'il ne l'était — un stratagème que devait imiter plus tard Dwight Eisenhower. « Un vrai marguillier de paroisse campagnarde, écrivit Harold Laski, égaré par hasard dans des affaires d'envergure[53] ». C'était exactement là l'impression que Coolidge désirait donner. En fait, peu d'hommes ont été aussi bien préparés à la présidence, en gravissant chaque barreau de l'échelle politique : conseiller de paroisse, membre du conseil municipal, maire, représentant d'État, sénateur d'État, président du sénat d'État, lieutenant-gouverneur, gouverneur et enfin vice-président. Dans chacune de ces fonctions, il insista pour que le gouvernement ne fît que le strict nécessaire. « Il ne faisait rien mais c'était ce que tout le monde voulait qu'il fît », plaisanta le comique Will Rogers[54]. Mais Coolidge tenait également, quand le gouvernement passait à l'acte, à ce qu'il le fît de manière absolument décisive. Il établit sa réputation, au plan national, en écrasant la grève de la police de Boston, en 1919 : « Personne n'a le droit de faire grève, quand la sécurité publique est en jeu, jamais, nulle part. » Il fut élu vice-président sous la devise « La loi et l'ordre » et président avec les slogans « Soyez cool avec Coolidge », « Coolidge ou le Chaos » et « La première affaire des Américains est de faire des affaires ». Il exprimait l'opinion généralement admise que la fonction du gouvernement consiste avant tout à créer un climat dans lequel l'agriculture, l'industrie et le commerce peuvent saisir les occasions que Dieu et la nature leur procurent. À l'apogée de sa campagne pour la présidence en 1924, une députation des hommes d'affaires les plus prospères des Etats-Unis, conduite par Henry Ford, Harvey Firestone et Thomas Edison, se présenta chez lui. Edison, l'inventeur le plus célèbre du monde, servant de porte-parole, s'adressa à la foule massée au-dehors : « Les Etats-Unis ont la chance de posséder un homme tel que Calvin Coolidge[55]. » Il remporta cette élection et d'autres combats haut la main et la plupart du temps de manière écrasante.

Coolidge refléta le séparatisme arcadien de l'Amérique des années 20; conduit par l'idée que l'action politique avait remplacé la ferveur religieuse — forme évidente de la valeur morale — il montra, contrastant délibérément avec l'activisme bruyant qui s'emparait de l'Europe, qu'il était encore possible de pratiquer avec succès la vertu archaïque de la *stasis*. Coolidge pensait que toute forme d'activité — celle du gouvernement en particulier — non dictée par une nécessité pressante, était susceptible d'entraîner des résultats indésirables, voire même imprévus. Son minimalisme s'étendait même à la parole. On racontait que son père, le colonel Coolidge, et lui ne communiquaient « pratiquement qu'à l'aide du ugh-ugh des Indiens[56] ». Il appréciait son surnom de « Cal le Taciturne ». « Les Coolidge ne bavassent jamais », se vantait-il. Alors président du sénat du Massachusetts, son conseil était : « Soyez bref. Surtout soyez bref. » En s'installant à la Maison-Blanche, il régla sur-le-champ le scandale du « gang de l'Ohio », en nommant une commission spéciale et en restant très discret sur le sujet. Lors de sa campagne de 1924, il confia : « Je n'ai pas le souvenir qu'un candidat à la présidence se soit nui en s'abstenant de parler[57]. » « Les choses que je tais ne me jettent jamais dans l'embarras », remarquait-il. Dans son *Autobiographie*, il écrivit que sa première règle de conduite était : « Ne rien faire que quelqu'un d'autre puisse faire à votre place. » Les neuf dixièmes des visiteurs de la Maison-Blanche, soulignait-il, « cherchent à obtenir ce qu'ils n'ont pas à posséder. Si vous faites le mort, ils se retirent dans les trois à quatre minutes qui suivent[58] ».

Coolidge eut d'excellents rapports avec la presse, comme Harding, mais pour des raisons bien différentes. Il n'avait pas d'attaché de presse et refusait de tenir en public des conférences de presse; il ne supportait pas que les journalistes lui adressent le moindre mot, même pour lui dire « Bonjour ». Par contre, si des questions écrites lui étaient soumises à l'avance par l'entremise de son impressionnant factotum, C. Bascom Slemp, il y répondait lui-même, par écrit : brièvement, sèchement, mais honnêtement et instructivement[59]. La presse appréciait de pouvoir lui faire confiance et s'amusait de ses habitudes excentriques : son valet était chargé de lui enduire les cheveux de gomina et, dans le bureau ovale, il lui arrivait de sonner son personnel, de se cacher sous son bureau, observant l'effet de sa mystification avec un curieux détachement pince-sans-rire. Les journalistes pressentaient aussi que le pouvoir ne l'avait pas du tout corrompu. Il en convoqua une trentaine, le 2 août 1927, et leur dit : « Tout le monde en ligne sur la gauche » en leur tendant à chacun un morceau de papier sur lequel il avait tapé à la machine : « Je ne me représente pas à la présidence en 1928. » Il quitta définitivement la Maison-Blanche sur une note caractéristique : « La plus grande réussite de mon administration, aboya-t-il devant la presse, a été de m'occuper de mes oignons[60]. »

Cependant, si Coolidge était avare de paroles, il ne disait rien que de clair et de lapidaire, montrant par là qu'il avait profondément réfléchi sur l'histoire et qu'il avait développé une philosophie publique sombre mais bien pesée. Personne d'autre au XXe siècle, pas même son éloquent contemporain, F.E. Smith, comte de Birkenhead, ne définit plus élégamment les limites du gouvernement et la nécessité de l'effort individuel — avec son inévitable cortège d'inégalités — pour faire progresser l'humanité vers le bonheur. « Le gouvernement ne peut dispenser du labeur », dit-il à l'adresse du sénat du Massachusetts en 1914. « Les personnes normales doivent prendre soin d'elles-mêmes. L'autogouvernement implique l'autosuffisance... En fin de compte, les droits de propriété et les droits de la personne se confondent... L'histoire nous révèle qu'aucun peuple civilisé n'a existé sans une classe très cultivée et des cumuls de richesses. Les gros profits engendrent les gros salaires. L'inspiration est toujours venue d'en haut[61]. » En matière de morale politique, insista-t-il, on doit toujours juger les intentions, non les effets : « L'économie est l'idéalisme, sous sa forme la plus pratique », fut la phrase clé de son discours inaugural de 1925. Le 19 novembre de la même année, s'adressant à la chambre de commerce de New York, il donna en termes clairs et concis, peut-être le dernier exposé classique de philosophie du laisser-faire. Le gouvernement et les affaires devaient rester indépendants et séparés. Il était très souhaitable que l'un fût dirigé depuis Washington et que les autres eussent leur siège à New York. C'était aux hommes prudents et avisés de toujours prévenir les usurpations mutuelles auxquelles des hommes avides ou inconsidérés cherchaient à se livrer. Faire des affaires c'était poursuivre un gain, avec aussi un dessein moral : « L'effort mutuel et organisé de la société pour subvenir aux besoins économiques de la civilisation. Il repose nettement sur la loi de service qui a pour principaux appuis la vérité, la foi et la justice. Au sens le plus large, c'est l'une des forces qui contribue le plus au progrès moral et spirituel de la race humaine. » C'était pourquoi le gouvernement avait la charge de promouvoir son succès en lui garantissant des conditions de compétition et une infrastructure sécurisante. Son rôle était de supprimer les privilèges où qu'ils se manifestassent mais de protéger toute possession légitime contre tout préjudice par des recours légaux : « L'élément primordial de la valeur de toute propriété, c'est de savoir si sa jouissance paisible sera défendue publiquement. » Sans cette protection publique et légale, « vos gratte-ciel ne vaudraient pas plus cher que les quais de l'ancienne Carthage ou les lotissements de l'antique Babylone. » Plus les affaires s'autoréguleraient, moins le gouvernement aurait à intervenir pour préserver la compétition; il pourrait donc se concentrer sur son double objectif : l'économie et l'amélioration de la structure nationale dans laquelle les affaires pourraient augmenter leurs profits et leurs investissements, augmenter les salaires et procurer des biens et des services de meilleure qualité et le moins cher possible[62].

Cette philosophie publique paraissait posséder un degré de concordance avec les faits réels qui était rare dans l'expérience humaine. Sous la présidence de Harding, et plus encore sous celle de Coolidge, les Etats-Unis connurent une prospérité générale qui fut unique dans leur histoire comme dans celle de toute autre société. À la fin de la décennie, au moment où cette prospérité connut une éclipse totale, elle fut jugée rétrospectivement, par les écrivains et les intellectuels en particulier, comme grossièrement matérialiste, fébrile et philistine, et en même temps superficielle, éphémère et dépourvue de toute réalisation humaine d'envergure. Les images par lesquelles elle fut jugée étaient d'essence biblique : celles d'un grotesque festin de Balthazar avant la catastrophe. « La nouvelle génération avait mûri, écrivit en 1931 Scott Fitzgerald, en découvrant que tous les dieux étaient morts, tous les combats livrés, toute confiance en l'homme ébranlée; ce dont elle était sûre, c'est que l'Amérique allait connaître la plus formidable fête de son histoire[63]. » Edmund Wilson considéra les années 20 comme un moment d'aberration de la conscience américaine pétrie de sérieux : « Le feu d'artifice des années 20 avait tout d'une fiesta bien arrosée[64]. » Dans *L'Épopée de l'Amérique*, publiée en 1931, James Truslow Adams résuma le tout ainsi : « Ayant abdiqué leur idéalisme au nom de la prospérité, les "hommes pratiques" nous firent faire banqueroute dans les deux domaines[65]. » Il y eut cependant des intellectuels pour pressentir que cette tentative de répandre la prospérité à la ronde était mal conçue et bien faite pour provoquer la destruction. Michael Rostovtzeff, qui mettait la dernière main à son histoire monumentale de l'économie dans l'Antiquité, posa la question : « Est-il possible d'étendre la culture des classes supérieures aux classes inférieures sans altérer son niveau et sans réduire ses qualités à néant ? Toute civilisation n'est-elle pas appelée à décliner dès qu'elle commence à pénétrer la masse[66] ? »

Mais réduire les années 20 à une grande fête destructrice des valeurs de la civilisation revient à justifier la distorsion systématique ou le déni des annales. La prospérité fut générale et fermement établie, sans être universelle : dans la communauté agricole, notamment, elle fut inégalement répartie; et certains secteurs industriels désuets — par exemple, l'industrie textile de Nouvelle-Angleterre — en furent largement exclus[67]. Cependant, les fruits de cette prospérité furent distribués à une échelle jamais atteinte par le passé dans une communauté de cette taille et des dizaines de millions d'individus purent acquérir les éléments d'une sécurité économique que l'histoire leur avait toujours refusés jusque-là. La croissance fut spectaculaire. En prenant

100 comme indice de base pour les années 1933-38 : l'indice passa de 58 en 1921 à 110 en 1929. Cela impliquait une augmentation du revenu national qui, en huit ans, passa de 59,4 à 87,2 milliards de dollars ; quant au revenu réel *per capita* il grimpa de 522 à 716 dollars : une abondance peu babylonienne, certes, mais une aisance modeste, auparavant impossible[68]. Cette expansion ne s'exprima pas seulement par les dépenses et le crédit. Pour la première fois, plusieurs millions de travailleurs s'assurèrent — les polices d'assurance sur la vie et industrielles dépassèrent le cap des 100 millions, dans les années 20 —épargnèrent — quatre fois plus durant la décennie — et eurent des intérêts dans l'industrie. Ainsi, une analyse des acheteurs de cinquante actions au moins, lors de l'une des plus grosses mises sur le marché de titres d'utilité publique des années 20, montre qu'ils se composaient en majorité de concierges, employés de bureau, ouvriers d'usine, commerçants, chauffeurs et conducteurs, électriciens, mécaniciens et contremaîtres[69]. Les années 20 se caractérisèrent aussi par un énorme essor à long terme de la construction : dès 1924, près de onze millions de familles possédaient leur chez-soi.

Au cœur de la flambée de la consommation, il y eut celle des transports individuels ; ce qui n'était pas un luxe dans un pays immense, où certaines des villes nouvellement bâties s'étendaient sur trente milles. Au début de 1914, 1 258 062 automobiles avaient été immatriculées aux Etats-Unis, qui en produisaient 569 054, chaque année. La production atteignit 5 621 715 véhicules en 1929, époque à laquelle le nombre des voitures immatriculées aux États-Unis totalisa 26 501 443 : ce qui représentait les 5/6 de la production mondiale et une voiture pour cinq habitants. Cela donne une idée de la domination industrielle américaine à l'échelle du globe. En 1924, les quatre principaux constructeurs européens ne fabriquaient que 11 % de la production automobile américaine. En Europe, même à la fin de la décennie, les immatriculations n'atteignaient que 20 % et la production 13 % de celles des Etats-Unis[70]. Ces chiffres signifiaient que la classe ouvrière dans son ensemble acquérait la liberté individuelle de se déplacer à moyenne ou longue distance, ce qui était réservé jusqu'alors à une partie de la classe moyenne. Pendant ce temps, alors que les transports ferroviaires accusaient une baisse du nombre des voyageurs — 1 269 millions en 1920, ils n'étaient plus que 786 millions en 1929 — la classe moyenne découvrait les transports aériens : le nombre des voyageurs de l'air passa de 49 713 en 1928 à 417 505 en 1930 — en 1940, ce chiffre grimpa à 3 185 278 et à environ 8 millions en 1945[71]. Ce qu'indiquèrent les années 20 fut l'assez grande vitesse avec laquelle la productivité industrielle pouvait transformer le luxe en nécessité et le répandre du haut en bas de l'échelle sociale.

En effet, de façon croissante, elle dissolvait les barrières de classe ou autres. Après l'industrie automobilc, ce fut la nouvelle industrie électrique qui alimenta la prospérité des années 20. Le montant des achats de postes de radio s'éleva de 10 648 000 dollars en 1920 à 411 637 000 dollars en 1929; la vente des autres produits électriques tripla au cours de la décennie et rapporta 2,4 milliards de dollars [72]. L'audience massive de la radio, indiquée par l'apparition du phénomène du « courrier des fans » en automne 1923, et la fréquentation régulière, surtout par les jeunes, des salles de cinéma — les films furent parlants à partir de 1927 — provoquèrent l'américanisation des communautés d'immigrants et un nivellement des classes par des manières identiques de parler, de s'habiller et de se comporter : ce que la politique gouvernementale de Wilson avait échoué à obtenir et ce à quoi renoncèrent sagement Harding et Coolidge. Sinclair Lewis, revisitant *Main Street* en 1924 pour *The Nation*, décrivit deux jeunes filles de la classe populaire d'une petite ville « portant des jupes bien coupées, des bas de soie, des chaussures qu'on ne pourrait s'offrir nulle part en Europe, des blouses sages, les cheveux courts sous de charmants chapeaux de paille et usant avec facilité d'expressions cyniques, bonnes à terrifier un homme timide ». L'une d'elles lui servit du hachis. « Leurs pères étaient originaires de Bohême; deux vieux durs à cuire qui parlaient anglais comme des vaches espagnoles. Et cependant, le temps d'une génération, leurs filles étaient de vraies reines [73]. »

Cette jeunesse-là s'identifiait aux stars de cinéma; les films représentaient une force de libération pour les enfants par rapport aux parents et pour les femmes vis-à-vis de leurs maris. Un jeune de dix-sept ans répondit de la sorte à une enquête sur le cinéma : « Les films sont un bienfait des dieux et, à mon avis, puissent-ils exister et demeurer longtemps sur la terre de la liberté et dans la maison de la bravoure. » Une autre confiait : « Je me suis mise à fumer après avoir vu Dolores Costello le faire au cinéma [74]. » Fumer était considéré à l'époque comme un acte libérateur, surtout pour les femmes, et une forme de progrès — sans oublier son côté hygiénique : « Fumez une Lucky au lieu de sucer un bonbon ! » La publicité ouvrait aussi les fenêtres de la liberté, en particulier pour les femmes des familles d'immigrants. Elle leur montrait les possibilités de la vie. Les années 20, aux États-Unis, virent les progrès les plus foudroyants de la condition féminine. Vers 1930, 10 546 000 femmes étaient salariées, en dehors de leur foyer : mais comme auparavant le plus grand nombre d'entre elles — 3 483 000 — étaient encore domestiques ou rattachées au personnel de service; cependant, elles étaient près de 2 000 000 employées dans les bureaux, 1 860 000 en usine et, fait encourageant, 1 226 000 dans les professions libérales [75]. Aussi significative et, culturellement parlant, plus importante encore fut la libération des femmes d'intérieur — les « Blondies » à qui les appareils ménagers, les voitures et les hauts salaires de leurs maris procuraient du temps libre pour la première fois. En 1931, Mary Ross, dans son livre *Les Nouveaux Statuts de la femme*, fit le portrait de ces « Blondies », « délivrées des contraintes économiques » :

> Elles élèvent leurs enfants — un ou deux, parfois trois ou quatre — avec un soin probablement inconnu des générations passées. Ce sont elles qui ont fondé l'important mouvement des clubs culturels...: ce sont elles qui dépensent les gros revenus de la Nation, sont le soutien de l'industrie cinématographique, achètent ou empruntent les romans, suivent les modes, font prospérer les instituts de beauté, maintiennent à un haut niveau d'activité le culte du bridge, des voyages et du médecin et développent le modèle type des familles-avec-deux-voitures. De cette soudaine explosion du loisir féminin procèdent un grand nombre de bonnes choses, notamment, et entre autres, le fondement de la philanthropie américaine[76].

L'arrivée de l'abondance dans les familles fut l'un des facteurs du déclin de la politique radicale et de sa base syndicale. Un rapport de 1929 citait un dirigeant syndical : « La Ford a fait beaucoup de mal aux syndicats, ici et partout ailleurs. Tant que les hommes auront assez d'argent pour acheter une Ford d'occasion, des pneus et de l'essence, ils iront par les routes sans se soucier des réunions syndicales[77]. » En 1915, 1921 et 1922 les syndicats perdirent 3 affaires clés en Cour suprême, et les grèves de 1919 se soldèrent pas un échec désastreux. Le nombre des affiliations à la Fédération américaine du travail tomba de 4 078 740 en 1920 à 2 532 261 en 1932[78]. « Ce capitalisme de protection sociale » facilitait les activités sportives, procurait des congés payés, des systèmes d'assurance et de pension, si bien qu'en 1927, 4 700 000 travailleurs étaient couverts par des assurances collectives et 1 400 000 étaient membres des syndicats des compagnies[79]. Le travailleur américain paraissait être à la veille d'une existence bourgeoise inimaginable jusque-là, marquée par la responsabilité individuelle et par des ressources personnelles, ce qui faisait de l'action collective une superfluité croissante.

Cela était, comme on aurait pu s'y attendre, lié à une libération culturelle qui démentait les accusations de philistinisme lancées — plus tard, en règle générale — contre l'ère Coolidge qui vit par ailleurs un important développement de l'éducation. Entre 1910 et 1930, le total des dépenses consacrées à l'éducation quadrupla, passant de 426,25 millions de dollars à 2,3 milliards de dollars. Les dépenses pour l'éducation supérieure quadruplèrent également, jusqu'à frôler le milliard de dollars par an. L'analphabétisme recula de 7,7 à 4,3 % durant cette période. Les années 20 furent celles du Club du livre du mois et de la Guilde littéraire. On se ruait sur les nouvelles parutions, tout en conservant une dévotion pour les classiques : *David Copperfield* fut le livre préféré des Américains au cours des années 20 et Shakespeare, Dickens, Tennyson et Longfellow furent élus parmi les « dix plus grands hommes de l'histoire[80] ». Ce furent les années du jazz, cependant à la fin de la décennie, on comptait 35 000 jeunes orchestres dans le pays. Ces dix années furent marquées à la fois par un mouvement de conservation historique qui restaura le Williamsburg Colonial et par les collections de peinture contemporaine, ce qui contribua à la création du musée d'Art moderne en 1929[81].

En réalité, les années 20 furent les dix années les plus heureuses de l'histoire américaine, et même beaucoup plus que la décennie également prospère des années 50 ; car dans les années 20, la cohésion nationale provoquée par une relative abondance, la soudaine poussée culturelle et l'originalité éloquente de « l'américanisme » était nouvelle et sensationnelle. En 1927, l'académicien français André Siegfried publia *Les États-Unis d'aujourd'hui*, dans lequel il soutenait que « le résultat des changements révolutionnaires occasionnés par les méthodes modernes de production... c'est que le peuple américain se met à créer maintenant sur une vaste échelle une structure sociale entièrement originale ». Ce point aurait pu provoquer une réponse grinçante d'Henry James, mort onze ans plus tôt. En 1870, il avait écrit une brève biographie de Nathaniel Hawthorne qui comportait un célèbre passage — extrêmement insultant pour les Américains — où il passait en revue « les composantes qui font la grandeur d'une civilisation et qui sont absentes de la texture de la vie américaine » et qui, prétendait-il, étaient essentielles à la richesse de la création littéraire. L'Amérique, énumérait-il, était dépourvue

> de souverain, de cour, de loyalisme, d'aristocratie, d'églises, de clergé, d'armée, de services diplomatiques, de gentilshommes campagnards, de palais, de châteaux, de manoirs, de vieilles maisons de campagne, de presbytères, de cottages à toits de chaume, de ruines rongées par le lierre ; de cathédrales, d'abbayes, d'églises romanes ; de grandes universités, de public-schools — pas d'Oxford, d'Eton, ni d'Harrow ; de littérature, de romans, de musées, de tableaux, de société politique, de sport élégant — pas d'Epsom ni d'Ascot[82] !

À la fin des années 20, l'Amérique avait atteint cette profondeur et cette complexité dont James avait déploré l'absence et y était parvenue, en outre, grâce à ce que Hawthorne en personne avait rejeté : « la prospérité banale » de la vie américaine[83]. Mais il s'agissait d'une prospérité à un niveau monumental et sans précédent, constituant en elle-même un phénomène social, et entraînant à sa suite, pour la première fois, un univers littéraire national qui lui était propre. La décennie s'ouvrit en 1918 par *L'Envers du Paradis* de Francis Scott Fitzgerald et se termina sur *L'Adieu aux armes* d'Ernest Hemingway en 1929 ; ce dernier se révéla l'écrivain de fiction d'expression anglaise le plus influent de l'entre-deux-guerres. Furent également publiés pendant cette période : *Main Street* de Sinclair Lewis en 1920, *Three Soldiers* de John Dos Passos en 1921, *An American Tragedy* de Theodore Dreiser en 1926, *Soldier's Pay* de William Faulkner en 1926, *Boston* d'Upton Sinclair en 1928 et *Look Homeward, Angel* de Thomas Wolfe en 1929. L'apparition de cette galaxie de romans, ainsi que l'œuvre de dramaturges comme Eugene O'Neill et Thornton Wilder, apportèrent la preuve, comme l'exprima Lionel Trilling, que « la vie américaine n'avait cessé de prendre du poids depuis le XIXe siècle »; ce qui produisait, au lieu de « l'observation sociale » que James demandait au roman, « une lucidité sociale intense » ; en sorte que « la définition actuelle d'un livre sérieux, c'est d'être celui qui nous présente une image de la société à prendre en considération et à condamner [84] ».

La culture américaine se mit dans les années 20 à couper le cordon ombilical qui la reliait à l'Europe et à produire des formes d'expression *sui generis* qui affectèrent non seulement le cinéma et les programmes radiophoniques — où l'apport spécifique de l'Amérique fut présent dès leur création — mais aussi les scènes de théâtre. Le développement le plus spectaculaire de la décennie fut celui du « musical » (ou comédie musicale) à New York. Le « musical » était, à coup sûr, le rejeton de l'opérette viennoise, du vaudeville à couplets français, des opéras-comiques anglais de Gilbert et Sullivan et du music-hall anglais — peut-être pourrait-on en faire remonter l'origine à *L'Opéra des gueux* de 1728 — mais les ingrédients américains du *minstrel-show*, du burlesque, du jazz, et du vaudeville le transformèrent en une forme totalement nouvelle d'art populaire. Sous sa forme d'avant 1914, il avait été servi par des compositeurs prolifiques, tels Irving Berlin et Jerome Kern. Leur œuvre parut à l'époque si secondaire et si éphémère que certaines des premières et des meilleures chansons de Kern ont disparu, faute de copies des partitions [85]. Au début des années 20, le regain de succès spectaculaire des théâtres de Broadway se combina aux nouveaux talents — George Gershwin, Richard Rogers, Howard Dietz, Cole Porter, Vincent Youmans, Oscar Hammerstein, Lorenz Hart et E.Y. Harburg — pour favoriser l'épanouissement du « musical » américain. Le 12 février 1924, la *Rhapsody in Blue* de Gershwin fut interprétée par l'orchestre de Paul Whiteman à l'Aeolian Hall. Ce fut la création-événement de la décennie. Au cours de la même saison, après l'élection de Coolidge, *Lady, be good* ! de Gershwin, le premier grand « musical » américain, fut joué à partir du 1er décembre au Liberty Theatre avec en vedette Fred Astaire et sa sœur Adèle [86]. Ce fut le sommet de cette saison de Broadway qui comprit *Lollypop* de Youmans, *Sitting Pretty* de Kern, *The Student Prince* de Rudolph Friml et Sigmund Romberg, *Music Box Revue* d'Irving Berlin, *Chocolate Dandies* de Sissie et Blake — parmi quarante autres « musicals » — ainsi que *Les Verts Pâturages* de Marc Connelly, la *Première Symphonie* d'Aaron Copland et l'arrivée de Serge Koussevitsky à la tête du Boston Symphony Orchestra. En effet, exception faite de l'Allemagne de Weimar, l'Amérique de Coolidge fut, en Occident, la première scène culturelle de son temps, le pays dont les créateurs avaient l'éventail de choix le plus large et où l'artiste expatrié était susceptible de trouver la liberté, les moyens et la sécurité nécessaires à son expression.

L'ennui avec l'expansion des années 20 ne fut ni le philistinisme ni l'immoralité sociale qu'on lui reprocha mais bien sa brièveté. Eût-elle persisté, entraînant à sa suite l'économie des pays d'Europe, moins robuste mais luttant encore, à l'époque, avec énergie, qu'une transformation politique générale aurait eu lieu : les nouvelles forces totalitaires et leur croyance ruineuse en l'organisation sociale systématique auraient été repoussées et graduellement remplacées par une coopération entre les gouvernements et les entreprises, proche de celle que Coolidge ébaucha devant les paladins du monde des affaires de New York. En 1929, les Etats-Unis étaient arrivés au premier rang de la production mondiale, à un niveau jamais encore atteint durant une période de prospérité par quelque État que ce fût : 34,4 % de la production globale contre les 10,4 % de la Grande-Bretagne, les 10,3 % de l'Allemagne, les 9,9 % de la Russie, les 5 % de la France, les 4 % du Japon, les 2,5 % de l'Italie, les 2,2 % du Canada et le 1,7 % de la Pologne. Chaque année où l'économie mondiale restait compétitive augmentait la probabilité que le continent européen tendrait vers la « structure sociale originale » de l'Amérique, selon les termes de Sigfried. Une autre décennie de prospérité à cette échelle eût-elle été garantie, notre compte rendu des temps modernes aurait été grandement différent et incommensurablement moins sombre.

Le 4 décembre 1928, Coolidge fit sa dernière déclaration publique au nouveau Congrès :

> Jamais aucun Congrès des Etats-Unis, se livrant à l'examen de l'état de l'Union, n'a été confronté à des perspectives plus riantes... Les grandes richesses issues de nos entreprises et de nos industries et préservées par notre économie, ont été réparties très largement entre nos concitoyens, et dans leur flot régulier, elles ont servi généreusement les affaires du monde. Les besoins de l'existence sont passés du stade de la nécessité à la sphère du superflu. Une production croissante est absorbée par les demandes accrues du marché intérieur et l'expansion du commerce avec l'étranger. Le pays peut considérer le présent avec satisfaction et envisager le futur avec optimisme [87].

Ce point de vue emphatique n'était pas l'autocongratulation d'un politicien couronné de succès. Et ce n'était pas non plus simplement le point de vue des milieux d'affaires, car il était partagé par les intellectuels de toute tendance. *The Rise of American Civilization*, publié en 1927, décrivait le pays « allant d'un triomphe technologique à l'autre, surmontant l'épuisement des ressources naturelles brutes et des énergies, effectuant une distribution toujours grandissante des bienfaits de la civilisation — santé, sécurité, biens matériels, savoir, loisirs et goût pour l'art... [88] » La même année, Walter Lippmann écrivit les considérations suivantes : « Les activités, plus ou moins inconscientes et improvisées des hommes d'affaires, sont, pour une fois, plus novatrices, plus audacieuses et en un sens, plus révolutionnaires que les théories des progressistes [89]. » John Dewey, en 1929, pensait que le problème n'était pas de savoir comment prolonger la prospérité — il tenait cela pour acquis — mais comment transformer la « Grande Société » en « Grande

Communauté[90] ». Même à gauche, se répandit le sentiment que peut-être les milieux d'affaires n'avaient pas tout à fait tort, après tout. En février 1929, Lincoln Steffens estimait que les systèmes américain et soviétique pouvaient se justifier : « La race humaine est tirée d'affaire d'un côté ou de l'autre et, à mon avis, dans les deux sens[91]. » En 1929, *The Nation* entama, pour trois mois, une série d'articles questionnant la permanence de la prospérité, et attirant l'attention sur les Américains qui n'en avaient pas encore profité; le premier article parut le 23 octobre, coïncidant avec la première grande crise du marché.

Peut-être que Coolidge lui-même, homme de nature suspicieuse, et peu enclin à croire aisément qu'un contentement perpétuel est susceptible d'être trouvé en ce bas monde, était plus sceptique que quiconque, et certainement moins optimiste qu'il se sentait obligé d'apparaître en public. Il est curieux qu'il ait renoncé à briguer à nouveau le poste de président en 1928, alors que tous les oracles le donnaient gagnant et qu'il n'avait que cinquante-six ans. Il confia au président de la Cour suprême, Harlan Stone. « C'est une très bonne idée de se retirer quand on vous désire encore. » Ce qui limitait sévèrement ses ambitions politiques; tout comme, à son avis, toute activité politique devait comporter de très sévères limites. Stone le prévint que des troubles économiques allaient surgir. Lui-même pensait que le marché allait s'effondrer. Sa femme Grace rapporta : « Papa dit qu'une dépression s'annonce. » Mais Coolidge présumait qu'elle serait semblable à celle de 1920, et qu'on la jugulerait par une phase similaire d'inactivité massive. Si quelque chose d'autre était requis, il n'était pas l'homme de la situation. Grace Coolidge raconta l'avoir entendu dire à un membre de son cabinet : « Je sais comment économiser de l'argent. Toute mon éducation fut faite en ce sens. Le pays est dans une situation financière saine. Peut-être le temps est-il venu pour nous d'apprendre à dépenser cet argent. Je ne me sens pas qualifié pour cela. » A son point de vue, Hoover fut le Grand Dépensier; non pas le dernier, mais le premier. Il envisageait l'accession de Hoover à la présidence sans enthousiasme : « Cet homme m'a offert depuis six ans des avis que je ne sollicitais pas, tous mauvais. » Coolidge était le dernier homme sur terre qui lui aurait rendu la pareille. Interrogé, pendant l'interrègne au début de 1929, sur une décision politique à long terme, il répliqua : « Laissons cela à l'enfant prodige. » Il quitta la scène sans un mot, tirant le rideau sur l'Arcadie.

VII

Dégringolade

Le 3 octobre 1929, sur la propriété du duc de Westminster, près de Chester, un aide-chargeur débutant prit part à sa première chasse au faisan. La veille, les organisateurs de la chasse s'étaient réunis dans la principale salle d'armes. A l'aube, le jeune homme endossa son nouvel uniforme et se présenta devant le garde-chasse en chef « à l'aspect très impressionnant, dans sa veste de velours vert, en gilet, culottes blanches et leggings de peau, et coiffé d'un Chapeau galonné d'or ». Quatre-vingts gardes portaient la livrée suivante : « Chapeau rouge à large bord et bandeau de cuir, blouse de toile blanche rugueuse à la Farmer Giles, maintenue à la taille par une large ceinture de cuir, à grosse boucle de cuivre. » Les rabatteurs, une fois réunis, furent passés en revue. Puis vinrent les étuis à « fusils » en cuir, ornés de plaques de cuivre gravées au nom et aux armes de leur propriétaire. Ce fut ensuite le tour des invités qui arrivèrent en Rolls Royce ou Daimler, pilotées par leurs chauffeurs, et enfin du duc en personne, auquel notre jeune homme devait tendre sa canne-siège. A peine « Sa Grâce » eut-elle gagné sa place, que le garde-chasse en chef souffla dans son sifflet, que les rabatteurs démarrèrent et que la chasse commença : « Tout était organisé avec ce raffinement du détail indispensable pour procurer à Sa Grâce le divertissement qu'elle espérait. » Au déjeuner, les gardes burent de l'*ale* versée de pichets en corne ; et dans l'après-midi, la ligne de chemin de fer privée du duc permit aux dames d'être de la partie, grâce au petit train « dont les wagons arboraient les couleurs des Grosvenor ». Le tableau de chasse compta près de 2000 pièces[1].

Quinze jours avant le déroulement de cette scène digne du Moyen Age ou presque, Winston Churchill, l'un des intimes du duc, et qui jusqu'au début de l'année avait été Chancelier de l'Echiquier — poste qu'il avait occupé pendant cinq ans — écrivit d'Amérique à sa femme :

« A présent ma chérie, laissez-moi vous parler de la très grande et très extraordinaire aubaine qui m'est arrivée sur le plan financier. Avant de m'embarquer, sir Harry Mc Gowan me demanda avec grand sérieux si je lui permettais, si l'occasion s'en présentait, d'acheter en mon nom des actions, sans me consulter au préalable. Je lui répondis que je pourrais toujours dénicher 2 000 ou 3 000 livres. J'entendis ce chiffre comme une limite aux investissements c'est-à-dire le prix d'achat des actions. Lui, évidemment, considéra ce chiffre comme la somme limite sur laquelle j'étais prêt à spéculer. Il opéra ainsi sur une échelle d'un montant dix fois plus élevé que celui qui m'est habituel... Ainsi nous voilà en quelques semaines à la tête d'une petite fortune... Cela me soulage de savoir que j'ai quelque chose de côté pour moi et pour vous tous...[2] »

Il est intéressant de voir que Churchill était en train de spéculer juste avant le krach. Il ne fut que l'un des 600 000 spéculateurs parmi les 1 548 707 clients qui en 1929 étaient en compte avec des firmes appartenant aux 29 marchés boursiers des États-Unis. Au summum de la vague de folie, il y eut environ un million de spéculateurs actifs ; et sur une population de 120 millions d'Américains, vingt à trente millions de familles étaient liées activement au marché[3]. Churchill, en dépit de son expérience et de ses contacts dans le monde entier, n'était pas mieux informé que le premier spéculateur venu. L'économie américaine avait stoppé sa croissance dès le mois de juin. Les effets mirent un certain temps à se faire sentir, quoique le 3 septembre, quinze jours avant que Churchill écrivît sa lettre enthousiaste, la spéculation à la hausse prit fin. Les dernières hausses n'étaient que de pauvres hoquets dans la tendance continue à la baisse. Les vapeurs de poudre de la partie de chasse du duc ne s'étaient pas encore dissipées, quand commença la chute vertigineuse. Pour la première fois, le lundi 21 octobre, les rubans des télescripteurs ne purent soutenir le rythme des annonces à la baisse. Avec la confusion, la panique s'intensifia et les spéculateurs commencèrent à comprendre qu'ils allaient peut-être y perdre leurs économies et jusqu'à leur chemise. Le jeudi 24 octobre, les actions chutèrent à la verticale pour cause de manque d'acheteurs ; les spéculateurs furent liquidés parce qu'ils ne purent assumer les demandes financières ; la foule s'agglutina dans Broad Street devant la Bourse de New York, et à la fin de la journée onze personnalités de Wall Street s'étaient suicidées. L'un des visiteurs de la galerie ce jour-là fut Churchill lui-même qui vit son trésor de rêve s'envoler en fumée. La semaine suivante, ce fut le mardi noir du 29 octobre et la première vente d'actions saines en vue d'obtenir désespérément la liquidité nécessaire[4].

Les grandes crises boursières, avec leur cortège de renversements de fortune spectaculaires et de drames humains, forment l'ossature de l'histoire économique. Mais elles ne contribuent pas à éclairer les causes et les effets des événements — bien au contraire. Elles ajoutent énormément à la mythologie, qui a une telle importance dans les explications de la crise. La nature de la prospérité des années 20 ; pourquoi elle prit fin ; la cause du krach et de la grande crise qui suivit ; et surtout la manière et les moyens par lesquels les sociétés industrielles y remédièrent : tout cela est encore matière à débats passionnés. L'explication conventionnelle et admise est à grande connotation morale : l'*ubris* suivi de la *nemesis*, et la vulgaire rapacité par une juste rétribution. Elle s'adapte facilement au déterminisme marxiste qui est, bien entendu, une forme d'analyse morale non économique. Elle peut nous fournir un conte édifiant sans nous expliquer ni les faits ni les causes. L'interprétation donnée par les disciples de Keynes, généralement acceptée au cours des années 50 et 60, ne nous convainc plus à l'heure actuelle : elle a semblé réfutée par les événements économiques de nature catastrophique dans les années 70 et début 80, qui éclairèrent la grande crise sous un aspect complètement nouveau. En effet, ces deux épisodes ne peuvent plus faire l'objet d'une étude séparée et il est vraisemblable que les historiens du futur les analyseront simultanément. Mais il est hautement improbable que l'on s'accorde un jour sur l'explication à donner à chacune de ces deux crises et encore moins aux deux réunies. L'histoire économique est trop étroitement liée à la théorie économique en vigueur et à sa pratique pour faire l'objet d'un consensus aisé. Donc, ce que nous allons présenter est un compte rendu possible qui tentera de redresser certaines erreurs de jugement.

Une des premières erreurs à dissiper est que l'Amérique ait poursuivi une politique étrangère isolationniste dans les années 20[5]. Alors que les dirigeants américains refusèrent de souscrire officiellement au règlement de paix de Versailles, encore plus à la proposition de Keynes concernant un programme d'aide au rétablissement européen parrainé par le gouvernement américain, ils acceptèrent secrètement et sans ostentation la responsabilité partielle de préserver la stabilité de l'économie mondiale. Ils furent d'accord pour partager avec la Grande-Bretagne l'établissement d'une monnaie d'échange commune dans laquelle le commerce mondial pourrait s'effectuer; un fardeau dont seule la City de Londres se chargea jusqu'en 1914. Ils s'engagèrent également à promouvoir l'expansion du commerce mondial par une diplomatie commerciale et financière officieuse[6]. Malheureusement, les moyens mis en œuvre dévièrent et devinrent malhonnêtes. A l'exception de la période allant de 1857 à 1861, l'Amérique avait toujours pratiqué des tarifs douaniers élevés : ceux-ci, sur lesquels s'était alignée l'Europe continentale, offraient la principale réfutation de ses prétentions à mener ses affaires selon les vrais principes capitalistes du « laisser-faire ». Si Harding, Coolidge et Hoover avaient agi selon les principes d'entreprise dont ils se réclamaient fièrement, ils auraient repris la politique de Wilson : celle de réduction des tarifs douaniers qui échoua en 1913. Mais en fait, ils firent le contraire. Le *Tariff Act* de 1922 de Fordnay Mac Cumber et le *Hawley Smoot Act* de 1930 encore davantage, portèrent des coups dévastateurs au commerce mondial et en fin de compte, à celui de l'Amérique[7]. Le fait est que les présidents des États-Unis et les dirigeants du Congrès manquèrent de courage politique pour s'opposer à la National Association of Manufacturors, la Fédération américaine du travail et aux pressions locales; ils auraient ainsi poursuivi, par la voie la plus directe, un internationalisme qui était le plus strictement conforme aux points de vue économiques qu'ils déclaraient être les leurs.

Au lieu de cela, ils cherchèrent à préserver la prospérité du monde par une inflation délibérée des effectifs monétaires rendue possible par la création, avant-guerre, du système de la Federal Reserve Bank, qui pouvait intervenir secrètement, sans ratification ni contrôle législatifs et sans que le public en soit informé. Cela n'impliquait pas l'impression de billets de banque : 3,68 milliards de dollars circulaient aux États-Unis au début des années 20 et 3,64 milliards à la fin du boom économique en 1929. Mais l'expansion du total des effectifs monétaires, en substitut ou en crédit, fut énorme : de 45,3 milliards de dollars au 30 juin 1921, elle dépassa 73 milliards de dollars en juillet 1929 : une augmentation de 61,8 % en huit ans[8]. La Maison-Blanche, le Trésor dirigé par Andrew Mellon, le Congrès, les banques fédérales et bien sûr, les banques privées, furent de connivence dans l'inflation du crédit. Dans son *Rapport annuel* de 1923, la Federal Reserve décrivait le processus sans détours : « Les banques de la Federal Reserve sont... la source vers laquelle se tournent les banques membres chaque fois que les demandes de la communauté financière ont dépassé leurs propres ressources. La Federal Reserve supplée aux additions requises par le crédit en cas d'expansion des affaires et met un frein en cas de récession[9]. » Cette politique d'inflation continue du crédit, forme grossière du keynésisme avant même que Keynes en ait formulé sa version sophistiquée, aurait été justifiée si les taux d'intérêt avaient pu trouver un niveau approprié : à savoir, si les petits industriels et les fermiers, en empruntant des fonds avaient payé un intérêt au taux où les épargnants étaient réellement décidés à leur accorder ces prêts. Mais à nouveau la Maison-Blanche, le Trésor, le Congrès et les banques conspirèrent pour maintenir les taux d'escompte et d'intérêt à un niveau artificiellement bas. En effet, la politique revendiquée par la Federal Reserve était non seulement « d'élargir les ressources du crédit » mais de faire en sorte que « les taux d'intérêt soient suffisamment bas pour stimuler, protéger et faire prospérer toute forme d'affaires légitimes[10] ».

Cette interférence délibérée dans la provision et le coût de l'argent, dans les années 20, fut entendue non seulement pour promouvoir son but originel — l'expansion des affaires aux États-Unis — mais encore pour suivre une politique supposée bienfaisante sur le plan international. Alors que le gouvernement réclamait le paiement de ses prêts de guerre, il encourageait les gouvernements étrangers et leurs hommes d'affaires à emprunter à New York par sa politique d'argent bon marché et par son interférence active et constante dans le marché des valeurs étrangères. Le gouvernement clarifia sa position en favorisant certains prêts plutôt que d'autres. Ainsi, la politique de prêt pour l'étranger préfigura, au niveau de l'entreprise privée, le programme d'aide à l'étranger d'après 1947. Les objectifs étaient les mêmes : maintenir à flot l'économie internationale, soutenir certains régimes et surtout promouvoir les industries d'exportation de l'Amérique. En effet, la condition d'accord de certains prêts était que leur montant soit dépensé aux États-Unis. Le boom des prêts à l'étranger commença en 1921, à la suite d'une décision du cabinet du 20 mai 1922 et d'une rencontre entre Harding, Hoover et des banquiers investisseurs américains, cinq jours plus tard; et il se termina à la fin de 1928, coïncidant ainsi avec l'expansion de l'effectif monétaire qui sous-tendait le boom. En effet, les dirigeants américains rejetèrent le choix rationnel du libre-échange d'une monnaie forte et optèrent pour la politique douce de tarifs douaniers protectionnistes et de l'inflation. Les industries nationales protégées par les taxes douanières, les industries d'exportation subventionnées par des prêts non rentables et les banquiers investisseurs qui émirent les obligations furent tous bénéficiaires. Mais la nation entière fut perdante, car la compétitivité des prix produite par des importations bon marché lui fut refusée; elle souffrit de l'inflation qui en résulta et fut la victime universelle de la suprême *dégringolade*[11].

De plus, en se trouvant mêlé aux problèmes des prêts étrangers, le gouvernement compromit en grande partie son droit moral à condamner la spéculation boursière. Hoover, qui fut secrétaire au Commerce pendant les années 20, jusqu'à son élection à la présidence, considérait Wall Street comme un vulgaire casino; tout en étant le promoteur le plus diligent du marché des obligations étrangères. Même de mauvais prêts, argumentait-il, aidaient les exportations américaines et donc assuraient l'emploi[12]. Certaines émissions de valeurs étrangères furent au moins aussi scandaleuses que les pires transactions boursières. En 1927 par exemple, Victor Schoepperle, vice-président des prêts latino-américains à la National City Company, filiale de la National City Bank, faisait le rapport suivant sur le Pérou : « Mauvais créancier; risque politique et moralité défavorable. Mauvaise situation financière intérieure; situation commerciale aussi satisfaisante que celle du Chili depuis trois ans. Ressources nationales très variées. Sur le plan économique, le Pérou ira rapidement de l'avant, dans les dix années à venir. » Cependant, la National City Bank lança un prêt de 15 millions de dollars pour le Pérou suivi très peu de temps après par un prêt de 50 millions de dollars et une émission de 25 millions de dollars. En 1933-1934, une enquête du Congrès révéla que Juan Leguia, fils du président du Pérou, avait touché 450 000 dollars de la National City et de ses associés en rapport avec le prêt. Quand son père fut renversé, le Pérou manqua à ses engagements[13]. Un exemple parmi d'autres... La base malsaine de la plupart des prêts étrangers fut l'un des principaux éléments de l'effondrement de la confiance et de l'élargissement de la récession en Europe. Et cette base malsaine fut l'effet non du « laisser-faire » gouvernemental mais du contraire : l'intervention continuelle du gouvernement.

L'interventionnisme par l'établissement artificiel d'un crédit bon marché n'était pas une invention américaine, mais britannique. Les Britanniques l'appelaient « stabilisation ». Bien que la Grande-Bretagne fût nominalement un pays du « laisser-faire » jusqu'en 1914, plus que l'Amérique en quelque sorte, puisqu'elle pratiquait le libre-échange, le cycle des affaires ne satisfaisait pas les philosophes économiques anglais, car ils croyaient qu'il pourrait être aplani par des efforts combinés et délibérés pour assurer la stabilité des prix. On ne doit pas s'imaginer que Keynes descendait d'un ciel serein non interventionniste ; il était simplement un marginal en avance sur les prophètes orthodoxes de son pays. Dès avant la guerre, sir Ralph Hawtrey, chargé des études financières du Trésor, avait soutenu que les banques centrales, en créant le crédit international, donc, l'inflation, pouvaient assurer un indice des prix stable et accomplir un progrès énorme sur le XIXe siècle et son acceptation passive du cycle des affaires — attitude immorale, à son avis. Après 1918, le point de vue de Hawtrey symbolisa la sagesse conventionnelle aux yeux des Anglo-Saxons et gagna l'Amérique via Versailles. Au cours de la récession de 1920, la stable Money League — plus tard National Monetary Association — fut fondée, attirant l'*establishment* financier américain, et à l'étranger des personnalités telles Emile Moreau, gouverneur de la Banque de France, Edouard Benes, lord Melchett, créateur d'Ici, Louis Rothschild, chef de la branche autrichienne, A.J. Balfour et des économistes britanniques comme A.C. Pigou, Otto Kahn, sir Arthur Salter et Keynes lui-même[14].

Keynes plaida la cause d'une « monnaie dirigée » et d'un niveau des prix stabilisé dans son *Etude sur la réforme monétaire* de 1923. Alors, la stabilisation n'était pas simplement acceptée, mais pratiquée. Hawtrey avait inspiré les résolutions de stabilisation de la conférence de Gênes de 1922 ; la commission financière de la SDN était pour la stabilisation, comme la Banque d'Angleterre l'était par-dessus tout. Montagu Norman, son gouverneur, et son principal conseiller international, sir Charles Addis, étaient tous deux les apôtres de ce credo. Leur premier disciple fut Benjamin Strong, gouverneur de la Federal Reserve Bank de New York qui, jusqu'à sa mort en 1928, fut tout-puissant au sein de la politique financière américaine. Hoover surnomma avec justesse Strong « une annexe mentale de l'Europe » et il fut l'agent effectif dc la politique étrangère secrète de l'Amérique, en matière économique. En effet, ce n'est pas trop de dire que, pratiquement pendant toutes les années 20, le système économique international fut supervisé de concert par Norman et Strong[15]. Ce fut Strong qui rendit possible le retour à l'étalon-or de la Grande-Bretagne en 1925, en étendant les possibilités de crédit auprès de la Federal Reserve Bank de New York et en obtenant de J.P. Morgan qu'il fasse de même. L'édition londonienne de *Banker* écrivit : « L'Angleterre n'a pas de meilleur ami. » Plus tard, des crédits similaires furent ouverts à la Belgique, la Pologne, l'Italie et à d'autres pays qui répondaient aux normes de rectitude financière édictées par Strong et Norman[16].

Bien sûr, « l'étalon-or » ne correspondait pas à la réalité. Cela était terminé depuis 1914. Un simple individu ne pouvait se rendre à la Banque d'Angleterre et échanger son billet de banque contre un souverain-or. La situation était identique dans les autres pays européens de l'étalon-or. Le terme correct était « gold bullion standard » : les banques centrales détenaient l'or en lingots mais les particuliers n'étaient pas jugés suffisamment responsables pour manier l'or par eux-mêmes — quoique les Américains, en théorie, aient pu obtenir du dollar-or jusqu'en 1933. En effet, en 1926, lorsqu'un plan fut élaboré pour doter l'Inde d'un vrai étalon-or, Strong et Norman s'unirent pour le ruiner, en prétendant que les matelas indiens allaient absorber l'or du monde entier de manière désastreuse. En résumé, le mouvement étalon-or des années 20 ne fut pas du tout un franc « laisser-faire » mais un « laisser-faire-pas-devant-les-domestiques [17] ». Ce fut un despotisme bienveillant mené en secret par une élite restreinte de puissants. Strong considérait l'expansion du crédit, dont il fut l'artisan, et la politique de l'argent peu cher comme une alternative au soutien américain de la SDN, et il était persuadé que l'opinion américaine n'y souscrirait pas, si les faits étaient rendus publics : voilà pourquoi il insistait afin que les réunions des banquiers restassent strictement privées. Une politique financière qui ne résisterait pas à l'examen du public est suspecte en elle-même ; elle est doublement suspecte si, faisant de l'or l'échelle de valeur, elle ne fait pas confiance à monsieur Tout-le-monde, juge suprême en matière de valeur, pour appliquer cette mesure par lui-même. Pourquoi les banquiers redoutaient-ils que leurs clients, hommes et femmes, se ruassent sur l'or si on leur en donnait l'occasion ? alors que cet or ne leur rapporterait aucun dividende et qu'ils pouvaient investir avec profit dans une économie saine. Quelque chose clochait sur ce point. Le banquier allemand Hjalmar Schacht lança des appels répétés pour une authentique parité avec l'or, comme seul recours pour assurer que l'expansion soit financée par l'épargne volontaire et authentique, au lieu qu'elle le soit par un crédit bancaire déterminé par une oligarchie de Jupiters de la finance [18].

Mais les partisans de la stabilité l'emportèrent sur toute la ligne. Nationalement et internationalement, ils insufflèrent constamment du crédit dans le système et chaque fois que l'économie montrait des signes de fléchissement, ils augmentaient la dose. L'occasion la plus fameuse eut lieu en juillet 1927 lorsque Strong et Norman rencontrèrent secrètement certains banquiers dans les propriétés d'Ogden Mills, le sous-secrétaire d'État au Trésor américain, et de Mrs. Ruth Pratt, héritière de la Standard Oil. Strong laissa Washington dans l'ignorance et refusa à ses collègues les plus âgés le droit d'y assister. Lui et Norman décidèrent une nouvelle flambée inflationniste malgré les protestations de Schacht et de Charles Rist, sous-gouverneur de la Banque de France. La Federal Reserve de New York réduisit son taux à 3,5 % ; et comme le confia Strong à Rist : « Je vais donner une grande rasade de whisky au marché boursier » ; ce qui déclencha la dernière vague de spéculation. Adolph Miller, membre du Conseil de la Federal Reserve, décrivit par la suite cette décision au cours de son témoignage devant le Sénat : « Ce fut l'opération la plus grande et la plus hardie qu'entreprît jamais le système de la Federal Reserve, et dont le résultat fut l'une des erreurs les plus chèrement payées par lui — ou tout autre système bancaire — depuis 75 ans [19] ».

L'objection des Allemands, influencée par les monétaristes de l'école de Vienne, L. von Mises et F.A. Hayek, était que la politique inflationniste était corrompue dans son ensemble. L'objection française tenait à ce qu'elle reflétait les visées de la politique économique étrangère de la Grande-Bretagne, avec les Américains comme complices consentants. Comme Moreau le consigna dans son journal intime :

> La Grande-Bretagne, après avoir été le premier pays d'Europe à rétablir une monnaie stable et sûre, s'est servie de cet avantage comme tremplin pour mettre l'Europe sous une véritable domination financière... Les monnaies seront divisées en deux catégories : les premières, le dollar et la livre sterling — indexés sur l'or — et les deuxièmes, indexées sur le dollar et la livre, avec une partie de leur réserve d'or aux mains de la Banque d'Angleterre et de la Federal Reserve de New York. Les monnaies nationales auront perdu leur indépendance [20].

Moreau faisait ressortir comme argument principal que la politique économique, taillée pour servir des fins politiques, ce qu'était sans aucun doute possible l'organisation anglo-américaine de la monnaie, était peu susceptible de réaliser des objectifs économiques à long terme. C'est une réalité indiscutable — qui se vérifie à la fois sur le plan national et international. Sur le plan intérieur, en Grande-Bretagne et aux États-Unis, la stabilisation reposait sur la stabilité des prix qui empêchait la chute des salaires, c'est-à-dire l'agitation sociale qui en découlerait. Sur le plan extérieur, le loyer peu élevé de l'argent et la facilité des prêts maintenaient le commerce à flot en dépit du protectionnisme américain et de la livre anglaise, artificiellement forte. Le but était d'éviter tout trouble et d'échapper à la nécessité de résoudre de douloureux dilemmes politiques.

Cette politique paraissait porter ses fruits. Dans la seconde moitié de la décennie, la politique de crédit bon marché due à Strong et Norman insuffla à l'économie mondiale de quoi raviver le commerce — qui n'était pas encore revenu à son niveau d'avant-guerre. Entre 1921 et 1925, le taux de croissance du commerce mondial, comparé à celui de la période 1911-1914, fut inférieur de 1,42 point. Entre 1926 et 1929, il regagna 6,74 points : une performance qui ne devrait pas être dépassée avant la fin des années cinquante [21]. Néanmoins, les prix demeurèrent stables : aux États-Unis, l'indice statistique des prix de gros du Bureau de la main-d'œuvre, se basant sur l'indice 100 pour 1926, signale une fluctuation de 93,4 en juin 1921 à une pointe de 104,5 en novembre

1925 et qui redescend à 95,2 en juin 1929. Ainsi le concept d'une croissance délibérément contrôlée dans le cadre de la stabilité des prix était devenu une réalité. C'est ce qu'on pouvait enfin appeler une gestion véritable de l'économie ! Keynes décrivit « la gestion réussie du dollar par la Federal Reserve de 1923 à 1928 comme un triomphe ». Le verdict de Hawtrey fut le suivant : « L'expérience américaine de stabilisation, entre 1923 et 1928, montra qu'un traitement précoce pouvait faire échouer une tendance inflationniste ou de crise... l'expérience américaine fut un progrès par rapport aux pratiques du XIXe siècle[22]. »

Cependant, l'inflation existait bel et bien, galopante. Personne ne semble avoir su évaluer la signification de la croissance phénoménale de la productivité aux États-Unis entre 1919 et 1929 : le rendement d'un travailleur dans l'industrie manufacturière augmentant de 43 %. Cela fut rendu possible par un accroissement renversant des capitaux d'investissement, atteignant en moyenne 6,4 % par an[23] ; ce développement de la productivité aurait dû se traduire par une baisse des prix. L'ampleur de son absence refléta le degré d'inflation que produisait la gestion de l'économie en vue de la stabilisation. Il est vrai que si les prix n'avaient pas été contrôlés, les salaires auraient baissé. Mais la baisse des prix aurait été plus considérable, et donc les salaires réels — c'est-à-dire le pouvoir d'achat — auraient augmenté régulièrement, *pari passu* avec la productivité. Les travailleurs auraient pu davantage profiter des biens que l'amélioration de leur rendement mettait sur le marché. Dans cette conjoncture, les familles ouvrières se démenaient pour rester à la hauteur de cette prospérité nouvelle. Elles ne purent s'offrir que des voitures ; mais en changer représentait un effort. Le boom des années 20 fut essentiellement basé sur l'automobile. L'Amérique produisait à la fin des années 20, presque autant de véhicules que dans les années cinquante : 5358000 en 1929 contre 5700000 en 1953. La forte hausse de la valeur des actions de la General Motors fut dans les années 20 la seule à être basée sur une réalité. Quiconque en 1921 avait acheté pour 25000 dollars d'actions de la General Motors, était en 1929, un heureux millionnaire. La General Motors faisait alors un profit de 200 millions de dollars par an[24]. La difficulté qui surgit dans un secteur aussi florissant que celui de l'automobile est la suivante : lorsque l'argent vient à manquer, la vie d'une voiture peut être arbitrairement prolongée de cinq à dix ans. En décembre 1927, Coolidge et Hoover annoncèrent fièrement que le salaire moyen dans le secteur de l'industrie avait atteint 4 dollars par jour, c'est-à-dire 1 200 dollars par an. Mais leurs propres bureaux estimaient dans le même temps qu'il en coûtait 2 000 dollars par an pour entretenir décemment une famille de cinq personnes. Le nombre croissant de femmes au travail était la preuve du déclin des revenus réels et plus particulièrement ceux de la classe moyenne[25]. Face à la continuation du boom et à la flambée des prix, il devenait plus difficile pour le consommateur de le faire durer. Les banquiers à leur tour devaient travailler plus dur pour regonfler l'économie : *la grande rasade de whisky* de Strong fut la dernière grande impulsion donnée au marché. L'année suivante, il était mort, et personne n'était doté de cet aventurisme monétaire et de cette autorité qui lui étaient propres.

Ce dernier effort de Strong aida peu, en fait, l'économie « réelle ». Il ne fit que nourrir la spéculation. Parmi les nouveaux crédits débloqués, très peu atteignirent le consommateur moyen. Tel qu'il était, le pouvoir d'achat dans l'économie américaine était déséquilibré. Les cinq pour cent de la population qui détenaient les revenus les plus élevés, possédaient le tiers du revenu privé global, mais n'achetaient ni Ford ni Chevrolet. En effet, la proportion des revenus provenant des intérêts, des dividendes et des rentes — opposée à celle provenant des salaires — était deux fois plus élevée qu'après 1945 [26]. *La rasade de whisky* de Strong ne bénéficia pratiquement pas aux non-salariés : la dernière phase du boom fut largement spéculative. Jusqu'en 1928, les cotations en Bourse suivaient simplement le rendement réel de l'industrie. Dès le début de 1928, l'élément d'irréalité, de fantaisie gagna en effet du terrain. Comme l'exprima Bagehot : « Nous sommes tous très crédules quand on est très heureux [27] ». Le nombre des valeurs qui s'échangèrent atteignit, après un record de 567 990 875 en 1927, 920 550 032.

Deux éléments nouveaux et de mauvaise augure firent leur apparition : l'accroissement élevé de la spéculation et une explosion des trusts de placement hâtivement formés. Traditionnellement, la valeur d'une action était estimée à dix fois son rendement annuel. Avec une spéculation élevée, les bénéfices des actions — seulement 1 ou 2 % — étaient bien moindres que l'intérêt de 8 à 12 % des emprunts qui avaient servi à les acquérir. Ce qui signifiait que les seuls profits envisageables étaient ceux qui provenaient des gains en capital. Ainsi, Radio Corporation of America — RCA — qui n'avait jamais payé un seul dividende passa de 85 à 420 points en 1928. En 1929, certaines actions se vendaient à 50 fois leur valeur de rendement. Selon un expert, le marché escomptait non seulement le futur, mais aussi « l'au-delà [28] ». L'essor du marché basé sur les gains en capital n'est qu'une forme de vente pyramidale. Les nouveaux trusts de placement qui, à la fin de 1928, apparaissaient au rythme de un par jour, étaient l'archétype de pyramides renversées. Ils possédaient ce que l'on appelait « une forte puissance de levier », par leurs investissements supposés perspicaces, et assuraient une croissance phénoménale sur la base étroite de la croissance réelle. Par exemple, la United Founders Corporation fut une compagnie bâtie sur des ressources nominales de 686 165 000 dollars, à partir d'un investissement d'origine par banqueroute de 500 dollars seulement. En 1929, la valeur sur le marché d'un autre trust de placement dépassait le milliard de dollars, son principal avoir étant une compagnie d'électricité estimée à 6 millions de dollars en 1921 [29]. Ces trusts étaient censés permettre à « l'homme de la rue » d'« avoir sa part du gâteau ». En fait, ils ajoutaient simplement une superstructure pratiquement spéculative dont « la puissance de levier » joua en sens inverse quand le marché s'effondra.

Malgré le surgissement de la spéculation et des trusts de placement, il est étonnant que les banques fédérales n'aient pas augmenté leurs taux d'intérêt et persistèrent dans « l'argent bon marché ». De nombreux banquiers avaient perdu tout sens des réalités, début 1929. En effet, eux-mêmes spéculaient souvent sur leurs propres fonds. L'un des pires exemples fut fourni par Charles Mitchell — en 1938, il fut finalement inculpé d'escroquerie — président directeur général de la National City Bank qui, le 1er janvier 1929, devint le directeur de la Federal Reserve Bank de New York. Mitchell assuma le rôle de Strong, à un niveau plus frustre, et permit au boom de se poursuivre tout au long ou presque de l'année 1929. De nombreuses pratiques qui contribuèrent au krach et dont le Congrès et la nouvelle commission de sécurité et du change établirent l'illégalité en 1930, étaient alors acceptées en 1929. La féroce chasse aux sorcières entamée en 1932 par la commission sénatoriale sur la banque et la monnaie — qui servit de prototype aux chasses aux sorcières de la fin des années 40 et du début des années 50 — révéla en fait très peu d'entorses à la loi. Mitchell fut la seule victime d'envergure et son affaire dévoila beaucoup plus les mœurs dans les milieux de la haute finance qu'une perversité intrinsèque[30]. Henry James n'aurait pas eu lieu de se plaindre. Mais les marxistes fanatiques furent déçus. « Chaque grande crise, remarqua Bagehot, révèle les spéculations excessives de nombreuses firmes que personne ne soupçonnait jusqu'alors[31]. » Le krach de 1929 mit au jour la naïveté et l'ignorance des banquiers, des hommes d'affaires, des experts de Wall Street et des professeurs d'économie. Il démontra qu'ils ne comprenaient pas le système qu'ils avaient manipulé en toute confiance. Ils avaient tenté de remplacer par une politique bien intentionnée ce que Adam Smith appelait « la main invisible » du marché et avaient provoqué un désastre. Loin de démontrer, comme Keynes et son école l'avancèrent par la suite, — à l'époque, Keynes ne réussit pas à prévoir ni le krach, ni la durée, ni l'étendue de la crise — les dangers d'une économie autorégulée, cette *dégringolade* indiquait l'opposé : les risques d'une intervention mal informée.

L'inflation du crédit se tarit à la fin de 1928. L'économie accusa un déclin conséquent, six mois plus tard. L'effondrement du marché suivit dans un délai de trois mois. Tout cela était prévisible ; c'était un signe de santé qui aurait dû être le bienvenu. C'était le modèle du « normalisme » capitaliste du XIXe siècle et du XXe jusqu'en 1920-1921. Une récession des affaires et un effondrement boursier étaient non seulement coutumiers, mais nécessaires au cycle de la croissance : ils éliminaient les parasites et les éléments nuisibles à la santé de l'économie, ainsi que J.K. Galbraith devait l'exprimer : « L'une des constantes d'une crise est de mettre à découvert ce que les experts échouent à déceler[32]. » Les bouleversements des affaires servent des causes essentielles. Ils doivent être brusques mais n'ont pas besoin d'être durables car ils sont des réajustements ; la patience est la seule chose qu'ils requièrent de la part des gouvernements, du monde des affaires et du public. La récession de 1920 ne mit qu'une année à se réajuster. Il n'y avait aucune raison pour que celle de 1929 mît davantage de temps à le faire, car l'économie américaine, comme l'avait dit Coolidge, était fondamentalement saine. Comme nous l'avons vu, l'effondrement de la Bourse commença en septembre et se transforma en panique dès octobre. Le 13 novembre, au terme de cette panique, l'indice était tombé de 452 à 224. Il n'y avait là rien de grave. En décembre 1928, il n'avait atteint que 245, après une année de hausses considérables. La panique mit simplement fin à la spéculation et conserva aux actions saines leur véritable valeur par rapport aux bénéfices. Si l'on avait permis à cette récession de se réajuster — ce qu'elle aurait fait vers la fin de 1930, par analogie avec les précédentes — la confiance serait revenue et la crise mondiale n'aurait eu aucun besoin de se produire. Au lieu de cela, l'érosion du marché continua lentement et inexorablement, cessant de refléter les réalités économiques — sa fonction véritable — et devenant par contre l'instrument du destin, elle entraîna la nation entière dans la destruction, et le monde entier dans son sillage. Au 8 juillet 1932, les valeurs industrielles du *New York Times* étaient tombées de 224, à la fin de la panique, à 58. US Steel, dont l'action se vendait à 262 avant l'effondrement du marché en 1929, était tombé à 22. La General Motors, qui était pourtant l'un des groupes industriels les mieux gérés et les plus couronnés de succès du monde, vit la valeur de son action passer de 73 à 8[33]. Au cours de cette période, toutes les perspectives mondiales avaient infiniment changé : en pire. Que s'était-il passé ? Pourquoi le redressement habituel n'avait-il pas eu lieu ?

Pour répondre, nous devons dépasser l'approche conventionnelle de Hubert Hoover et de son successeur au poste de président, Franklin Roosevelt. L'idée reçue est que Hoover, par attachement idéologique au « laisser-faire », refusa de se servir de l'argent du gouvernement pour renflouer l'économie, et prolongea ainsi, en l'approfondissant, la crise jusqu'à l'élection de Roosevelt. Ce dernier, renversant alors la politique officielle, introduisit le New Deal, une forme du keynésisme, et sortit l'Amérique du marasme. On présente Hoover comme le symbole d'un passé discrédité et bien mort ; Roosevelt comme le messager du futur, et 1932-1933 comme la charnière entre la libre économie de marché à l'ancienne et la nouvelle et bienveillante économie dirigée et de protection sociale de Keynes. Une telle version des événements s'organisa en propagande journalistique mise au point par les collègues et admirateurs de Roosevelt, puis se prolongea en un solide creuset historique construit par deux générations d'historiens libéraux et démocrates[34].

Ce mythe historique à la vie dure comportait peu de vérité. La réalité est d'une complexité beaucoup plus intéressante. Hoover est l'une des figures tragiques des temps modernes. Aucun autre que lui n'illustra mieux le jugement de Galba par Tacite, *omnium consensu capax imperii nisi imperasset* — de l'avis général, fait pour régner, s'il n'avait pas régné. Comme nous l'avons vu, la Première Guerre mondiale donna le jour à une période d'organisation sociale systématique. Certains pontifes désiraient passer outre et faire de l'organisateur un souverain. Thorstein Vablen, l'écrivain progressiste le plus influent du premier quart du XXe siècle, a avancé dans *Theory of the Leisure Class* — 1899 — et dans *The Engineer and the Price System* — 1921 — que l'organisateur, qu'il considérait comme un personnage désintéressé et bienveillant, devait remplacer l'homme d'affaires, éliminant à la fois les valeurs de la classe oisive et les motifs de profit, et diriger l'économie dans l'intérêt du consommateur[35]. En Union soviétique, pays qui avait adopté des techniques d'organisation sociale avec une compréhension plus large et sur une plus longue période que toute autre société, c'est ce qui se produisit ; les organisateurs devenant l'élément prédominant de la classe dirigeante. Situation sans grand avantage pour le consommateur.

Hoover, né en 1874, ne croyait pas seulement à une organisation sociale systématique ; il était effectivement un organisateur. Orphelin, originaire d'un milieu rural extrêmement pauvre de l'Iowa, son histoire fut un cas typique de réussite à l'américaine. Diplômé de l'université de Stanford, il en sortit ingénieur, puis entre 1900 et 1915, il amassa une petite fortune de 4 millions de dollars, grâce à l'exploitation de gisements miniers dans le monde entier[36]. Recrue de l'équipe de Wilson durant la guerre, il en devint la personnalité dominante, en absorba la philosophie de direction et de planification à poigne du gouvernement. Puis, il devint chef de la Commission de secours américaine d'après-guerre — préfiguration du futur Plan Marshall et des programmes du point quatre — et acquit de la sorte une réputation mondiale d'interventionniste bienveillant. Maxime Gorki lui écrivit : « Vous avez sauvé de la mort 3 500 000 enfants et 5 500 000 adultes[37] ». En fait, il se servit sélectivement d'une politique d'aide alimentaire afin de vaincre à la fois le régime communiste de Bela Kun en Hongrie et un éventuel retour des Habsbourg en Autriche, et soutenir les régimes en faveur auprès des puissances anglo-saxonnes[38]. Keynes le dépeignit comme « le seul homme qui émergea de l'épreuve de Paris et dont la réputation s'en trouva rehaussée... (qui) procura aux assemblées parisiennes, lorsqu'il y eut prit part, ces notions de réalité, connaissances, magnagnimité et désintéressement qui, si elles avaient été présentes dans d'autres domaines nous auraient apporté une paix généreuse[39] ». Franklin Roosevelt qui, en tant que sous-secrétaire de la Marine avait également participé à l'administration de guerre et avait partagé les vues de Hoover, écrivit à l'un de ses amis : « Il est très certainement un prodige, et j'espère que nous pourrons faire de lui un président des États-Unis. Il ne saurait y en avoir de meilleur[40]. »

Secrétaire au Commerce pendant huit années, Hoover s'était montré un corporatiste, un activiste et un interventionniste qui allait à l'encontre de l'immobilisme des administrations Harding et Coolidge. Son prédécesseur, Oscar Strauss, lui avait affirmé que seulement deux heures de travail par jour lui suffiraient « histoire de souhaiter bonne nuit aux poissons et d'éteindre la lumière le long de la côte ». En fait, ce ministère fut le seul à voir son personnel augmenter — il passa de 13 005 à 15 850 — ainsi que son budget — qui passa de 24,5 millions de dollars à 37,6[41]. Il prit ses fonctions à la toute fin de la crise et s'attela immédiatement à former des comités et des conseils du commerce, à parrainer des programmes de recherche, à encourager les dépenses, à persuader les employeurs de maintenir le niveau des salaires et le travail à temps partiel afin de favoriser l'emploi et par-dessus tout, à forcer la « coopération entre le gouvernement fédéral et les administrations d'État et municipales pour augmenter les travaux d'utilité publique[42] ». Partout, il forma des commissions et des séminaires de travail, créant ainsi une véritable ruche bourdonnante et besogneuse. Il n'existait aucun domaine de politique publique dans lequel Hoover ne soit pas intensément actif, et personnellement investi : la santé des enfants, les affaires indiennes, les carburants, l'agriculture — en tant que président, il fut son propre ministre de l'Agriculture, et le *Agricultural Marketing Act* de 1929 fut entièrement son œuvre[43]. Harding n'appréciait pas ce déploiement d'activité, mais était éberlué par l'intelligence et le prestige de Hoover : « Le type le plus malin que je connaisse[44]. » Coolidge détestait également cette hyper-activité, mais Hoover faisait déjà trop partie des meubles du gouvernement républicain pour pouvoir être mis au rebut.

De plus, le corporatisme de Hoover — l'idée que l'État, les affaires, les syndicats et autres « Big Brothers » devaient travailler main dans la main sans heurt et de manière continue dans le but de rendre la vie meilleure — était ressenti comme la sagesse du moment par les capitalistes éclairés, les républicains de gauche et les intellectuels non socialistes. Le corporatisme de style yankee fut la réponse américaine aux nouvelles formes européennes de corporatisme, et particulièrement au fascisme de Mussolini, qui fut dans les années 20 aussi important pour la droite que le serait le stalinisme des années 30[45]. Hoover en fut l'éminent impresario et idéologue. Jean Monnet, l'un de ses admirateurs, rebaptisa plus tard cette approche « dirigisme indicatif », et en fit la base du système français de planification d'après-guerre, et de la Communauté économique européenne. Pourtant, Hoover n'était pas un étatiste. Il disait qu'il était opposé à toute tentative « d'introduire subrepticement, le fascisme en Amérique, par la porte de service[46] ». Sur beaucoup de points, il était libéral. Il était partisan d'aider les pays sous-développés. Il déplora l'exclusion des Japonais dès les quotas d'immigration de 1924. Sa femme fréquentait celles de congressistes noirs. Il ne s'autorisait aucune plaisanterie antisémite, à l'opposé de

Woodrow Wilson et de sa femme ou encore de Franklin Roosevelt[47]. Pour une très large part de l'opinion américaine, Hoover incarnait le représentant américain par excellence, bien avant son accession à la Maison-Blanche.

D'où le sentiment général que Hoover, une fois président, serait un docteur miracle. Le *Philadelphia Record* le surnomma « de loin, le savant le plus éminent dans cette science moderne : la mécanique du génie politique ». Le *Boston Globe* souligna que la nation était consciente qu'elle avait à la Maison-Blanche un homme qui croyait en une « autorité dynamisante[48] ». Il était le Grand Organisateur. Hoover déclara : « Je suis inquiet de l'opinion exagérée que les gens ont conçue à mon égard. Ils ont la conviction que je suis une espèce de superman, qu'aucun problème ne dépasse ma compétence[49] ». Mais il n'était pas réellement inquiet. Il savait exactement comment agir. Il dirigeait l'administration en dictateur. Il ignorait ou brimait le Congrès. Il imposait sa loi, tel un personnage de Dickens. Il adorait dire à ses subordonnés : « Quand vous me connaîtrez mieux, vous saurez que lorsque je dis qu'une chose existe, elle existe[50]. »

Lorsque Hoover devint président, en mars 1929, le mécanisme qui allait provoquer la crise était déjà en branle. La seule mesure utile qu'il aurait pu prendre aurait été de permettre, suite à la baisse artificielle des taux d'intérêt, à ce qu'ils reviennent à leur vrai niveau — élevé vu les circonstances — ce qui aurait mis fin à l'emballement de la Bourse beaucoup plus tôt, et évité les dégâts causés par le drame de l'automne 1929. Mais telle ne fut pas sa tactique : le taux d'intérêt faible fut le fondement essentiel de sa politique gouvernementale. Lorsque l'ampleur de la crise devint évident, Andrew Mellon, le secrétaire d'État au Trésor, renia finalement sa philosophie interventionniste et revint à un strict « laisser-faire ». Il déclara à Hoover que la politique de l'administration devait œuvrer à « liquider le marché du travail, liquider les stocks, liquider les fermiers, liquider la propriété immobilière » et ainsi « purger l'économie[51] ». Ce fut le seul conseil censé que Hoover reçut durant sa présidence. En laissant la crise aller en roue libre, les affaires malsaines feraient très vite banqueroute alors que survivraient les affaires saines. Les salaires auraient retrouvé leur niveau normal, et là pour Hoover, était le hic ! Il pensait que les salaires élevés représentaient une garantie de prospérité et que le maintien des hauts salaires était l'élément politique le plus important pour juguler et vaincre les crises[52].

C'est pourquoi, dès le tout début, Hoover accepta d'orchestrer la ronde des affaires et d'y consacrer toutes les ressources du gouvernement. « Auparavant, aucun président n'avait jamais cru à la responsabilité d'un gouvernement en de telles circonstances, écrivit-il... là, nous nous sommes aventurés en terrain inconnu[53] ». Il poursuivit l'inflation du crédit ; la Federal Reserve ajoutant environ 300 millions de dollars au crédit, la dernière semaine d'octobre 1929. En novembre, Hoover tint une série de conférences face aux dirigeants de l'industrie, au cours de laquelle il leur arracha la promesse solennelle de ne pas diminuer les salaires ; et même de les augmenter dans la mesure du possible promesses tenues jusqu'en 1932. Le compte rendu de la Fédération américaine du travail loua cette politique : jamais encore les employeurs américains n'avaient été disposés à agir de concert, et cette décision marqua une « date dans l'évolution de la civilisation vers les hauts salaires[54] ». Keynes, dans un mémoire adressé à Ramsey Mac Donald — ministre britannique du Travail — loua l'exploit de Hoover concernant le maintien du niveau des salaires, et estima que l'expansion fédérale du crédit évoluait de manière « totalement satisfaisante[55] ».

Effectivement, sur tous les points essentiels, les actions de Hoover incluaient ce qui serait plus tard surnommé une politique « keynesienne ». Il diminua fortement les impôts. Ceux d'un père de famille dont le revenu équivalait à 4 000 dollars baissèrent des deux tiers[56]. Il encouragea les dépenses gouvernementales en augmentant volontairement l'important déficit du gouvernement jusqu'à 2,2 milliards de dollars en 1931, de telle sorte que la part gouvernementale du PNB passat de 16,4 % en 1930 à 21,5 % en 1931. Cette hausse des dépenses gouvernementales, de loin la plus importante de l'histoire des États-Unis en temps de paix, atteignant 1,3 milliard de dollars en 1931, fut grandement justifiée — 1 milliard de dollars — par une hausse des transferts de paiement[57]. Il est vrai que Hoover établit des subventions directes, et chaque fois qu'il était possible, il faisait transiter l'argent du gouvernement par les banques plutôt que directement aux affaires et aux particuliers. Mais qu'il ait cherché à renflouer l'économie à l'aide des caisses du gouvernement est hors de question. Le conseil de Coolidge aux délégations de fermiers mécontents : « Adressez-vous à Dieu » les avait désespérés. Le nouveau *Agricultural Marketing Act* de Hoover leur avait octroyé 500 millions de dollars début 1930. En 1931, il étendit ces mesures à l'économie en son entier par sa *Reconstruction Finance Corporation* — RFC — selon le programme des 9 points concernant l'intervention gouvernementale qu'il avait défini en décembre. Davantage de travaux d'utilité publique furent entrepris sous la présidence de Hoover que lors des trente années précédentes : le pont de la baie de San Francisco, l'aqueduc de Los Angeles et le barrage Hoover ; le projet pour une route de navigation sur le Saint-Laurent fut une bavure du Congrès et non une décision de la Maison-Blanche. En juillet 1932, le capital du RFC atteignit 3,8 milliards de dollars et le nouvel *Emergency Relief Construction Act* élargit son champ d'action : en 1932, à lui seul, il accorda des crédits en argent liquide de 2,3 milliards de dollars et de 1,6 milliard de dollars. Hélas, comme il y avait alors un accord unanime comme quoi le budget devait être rééquilibré après deux ans de déficit, le décret sur le revenu de 1932 salua la plus grande augmentation de l'impôt de l'histoire américaine en temps de paix : le taux d'imposition des hauts salaires passant de 25 à 63 %. Mesure qui était absurde compte tenu des décisions précédentes de Hoover, mais alors, celui-ci avait perdu le contrôle du Congrès, et n'était plus en mesure de poursuivre une politique fiscale cohérente.

L'interventionnisme de Hoover s'accompagnait d'une incessante rhétorique d'activiste. Il fut peut-être le précurseur de ce qui allait devenir une grande armée d'hommes d'État démocratiques qui utiliseraient des métaphores militaires dans un contexte politique et économique favorable : « La bataille pour mettre en route notre machinerie économique en cet état d'urgence prend de nouvelles formes et exige de nouvelles tactiques. Nous utilisons bien de telles forces d'urgence pour gagner la guerre, nous pouvons donc les utiliser pour lutter contre la crise... » — mai 1932. « S'il n'y a pas de retraite possible, si nous poursuivons notre attaque telle qu'elle s'est actuellement organisée, alors nous gagnerons la bataille » — août 1932. « Nous aurions pu ne rien faire. Cela aurait signifié notre ruine complète. Au lieu de cela, nous avons fait face à cette situation en proposant au secteur privé et au Congrès le programme de protection économique et de contre-attaque le plus gigantesque et comme jamais encore la République n'en avait conçu. Pour la première fois, dans l'histoire des crises économiques, les bénéfices, les profits et le coût de la vie ont été réduits avant que les salaires n'en pâtissent... Ils ont été maintenus... jusqu'à ce que les profits eussent pratiquement disparu. Ils sont maintenant les salaires les plus élevés au monde... Certains économistes réactionnaires nous incitaient à autoriser à la liquidation de poursuivre sa course jusqu'à ce qu'on atteigne le fond... Nous décidâmes de ne pas écouter ce conseil de liquidateurs jusqu'au-boutistes, et de voir l'ensemble des débiteurs des États-Unis acculés à la banqueroute et les économies de nos épargnants détruites. » — octobre 1932[58].

Hoover, l'organisateur actif, pensait en terme d'outils et d'armes. Les outils et les armes ont été faits pour servir. Il s'en est servi. Ses attaques incessantes contre les milieux boursiers qu'il jugeait parasitaires, et son exigence qu'ils soient contrôlés, contribuaient à baisser le marché des valeurs et à décourager les investisseurs privés. Sa politique d'investissements publics empêcha les liquidations nécessaires. Les affaires qu'il espérait ainsi sauver iraient soit en banqueroute après de terrifiantes agonies, soit seraient totalement écrasées dans les années trente sous un insurmontable fardeau de dettes. Hoover sapa les droits de propriété en affaiblissant les lois sur la faillite et en encourageant les États à stopper le paiement des dettes en actions, à interdire les saisies d'hypothèques ou à imposer les moratoires de dettes. Tout cela empêchait les banques de s'en tirer et de maintenir un climat de confiance. De manière tout à fait volontaire, Hoover engouffra les crédits fédéraux dans les banques et les précipita dans l'inflation, accentuant ainsi leur position plutôt précaire.

La crise finale surgit avec le contrecoup de la politique protectionniste américaine. L'abominable décret Smoot-Hawley de 1930, qui augmenta nettement les droits à l'importation, plus que tout autre acte de politique, étendit la crise aux dimensions européennes. Durant l'été 1931, l'effondrement de la banque d'Autriche la plus importante, le Crédit Anstalt, fit dégringoler une rangée de dominos européens, expulsa la Grande-Bretagne et d'autres pays de l'étalon-or et vit le début d'une série de désaveux de certaines dettes. Ce qui restait des exportations américaines vers l'Europe disparut, et sa politique de prêts à l'étranger comme substitut au libre-échange s'effondra. Les étrangers perdirent confiance dans le dollar, et puisque les États-Unis étaient toujours sur l'étalon-or, ils commencèrent à récupérer leur or, une contagion qui gagna les citoyens américains. Aux États-Unis, une année « normale » comptait environ 700 faillites bancaires. En 1931-1932, il y en eut 5096, les dépôts s'élevant à 3 milliards de dollars. Le processus culmina début 1933, lorsque le système bancaire américain en arriva à une immobilité effective lors des dernières semaines du mandat de Hoover : couronnement de l'échec monumental du président[59].

Pendant ce temps, l'interventionnisme de Hoover avait prolongé la crise une quatrième année consécutive. Les crises bancaires cumulées eurent, selon toute probabilité, l'effet déflationniste contre lequel Hoover avait si âprement lutté et qu'il avait tenté bêtement d'éviter; si bien que fin 1932, le pire de la crise était passé. Mais l'ampleur du cataclysme qui, dans l'intervalle, avait dévasté l'économie impliquait que le redressement serait lent et de faible portée. Les préjudices étaient énormes; même s'ils étaient inégalement répartis et souvent contradictoires. L'indice de production industrielle, qui avait été de 114 en août 1929, était de 54 en mars 1933. L'investissement commercial qui en 1929 avait totalisé 8,7 milliards de dollars, chuta jusqu'à 1,4 milliard de dollars en 1933. Au cours de la même période, il y eut une baisse de 77 % dans les usines qui avaient tenu le choc. Grâce à Hoover, la moyenne des salaires réels augmenta durant la crise; évidemment, les victimes de la crise furent ceux qui n'avaient pas de salaire du tout[60]. Le chômage, qui en 1929 représentait seulement 3,2 % de la force de travail, atteignit 24,9 % en 1933 et 26,7 % en 1934[61]. Un moment donné, une estimation révéla que — fermiers non compris — environ 34 millions d'hommes, de femmes et d'enfants n'avaient aucune ressource; soit 28 % de la population[62]. Les propriétaires ne pouvaient percevoir les loyers et en conséquence ne pouvaient payer leurs impôts; les revenus des villes s'effondrèrent, entraînant l'effondrement du système de secours et de services. La dette de la ville de Chicago envers ses enseignants s'élevait à 20 millions de dollars. Il y eut des endroits où les écoles fermèrent la plus grande partie de l'année. A New York, en 1932, plus de 300 000 enfants ne purent recevoir d'éducation par manque de fonds et parmi eux, beaucoup fréquentaient le département de la Santé; dont 20 % pour cause de malnutrition[63]. Vers 1933, le ministère de l'Éducation américain estima à 1 500 le nombre d'écoles supérieures qui avaient fait faillite ou avaient fermé leurs portes; et à 250 000 la baisse des inscriptions universitaires [64]. Rares étaient ceux qui achetaient des livres. A Chicago, aucune bibliothèque publique ne put acheter le moindre ouvrage nouveau pendant douze mois. Les ventes globales en librairie chutèrent de moitié, et Little Brown de Boston signala l'année 1932-1933 comme la pire depuis le début de leurs éditions en 1837 [65]. John Steinbeck se plaignit : « Quand les gens sont fauchés, la première chose dont ils se passent, ce sont les livres [66] ».

Les intellectuels se sentirent amèrement blessés de leur propre condition et de la misère qu'elle faisait rejaillir partout ailleurs. Mais chacun réagit de manière différente. Certains se contentaient de rapporter les faits. Dans l'un des meilleurs articles concernant la crise, « New York au cours du troisième hiver », James Thurber en notait les contrastes et les ironies. Sur les 86 théâtres classiques de la ville, 28 seulement avaient un spectacle à l'affiche : mais *Le deuil sied à Electre* de O'Neill faisait salle comble et même les places à 6 dollars étaient vendues. Environ 1 600 sur les 20 000 taxis avaient « jeté l'éponge »; mais ceux qui restaient étaient beaucoup plus luxueux et propres : résultat d'une compétition acharnée. Le Ritz et le Pierre avaient tous deux abaissé le prix de leurs chambres, les moins chères à 6 malheureux dollars, mais le nouveau Waldorf, aussi cher qu'auparavant, était bondé. L'Empire State Building, dernier-né du grand essor immobilier des années 20, avait seulement loué un tiers de ses locaux : « Certains étages étaient inachevés et offraient à la vue des étendues de plâtre à peine sec », mais 550 000 personnes avaient déjà payé un dollar pour monter au sommet. Les grands paquebots transatlantiques amputaient d'un tiers le prix de leurs suites; mais l'organisation de « folles croisières » pour s'adonner au jeu au-delà de la limite légale des 12 milles eut un succès retentissant — comme celle du bridge, avec Ely Culbertson vendant 400 000 ouvrages par an et ces industries brassant un chiffre d'affaires de 100 millions de dollars, ou encore les nouveaux spectacles de strip-tease où les danseuses gagnaient 475 dollars par semaine. Pardessus tout, Thurber rapporta les agissements des grands magasins qui, par accord commun, cassaient leurs prix pour maintenir les affaires. De même, il est significatif que le commerce de détail, directement sensible aux conditions du marché, fut le secteur économique le moins touché par la crise; l'industrie, piégée par l'inflexible loi de Hoover sur les hauts salaires, en fut assommée [67]. Le rapport de Thurber insistait sur le fait que, pour celui qui pouvait à l'heure actuelle faire ou gagner de l'argent, les crises étaient les meilleures des périodes.

La plupart des intellectuels virèrent nettement vers la gauche, ou plutôt en vinrent pour la première fois à la politique, présentant leur nouvelle approche du pays en une idéologie aux couleurs sans nuance. Thomas Wolfe, l'écrivain phénomène et baroque des années 30, fit une description des lavabos publics qui jouxtaient le New York's City Hall, où une étonnante proportion des deux millions de laissés-pour-compte de l'Amérique se réunissait :

> ... En quête d'un court sursis à leur désespoir, ils se rapprochaient dans un bain de repos et de moiteur générale... Cette vision était suffisamment révoltante et écœurante pour, de pitié, ôter à jamais la parole à un homme. Non loin, le camaïeu géant des lumières glaciales de Manhattan étincelait dans la splendeur cruelle de la nuit hivernale. Le Woolworth building était à 50 yards de là, et un petit peu plus bas, se dressaient les flèches et les aiguilles de Wall Street, énormes forteresses de pierre et d'acier qui protègent d'énormes banques... A quelques pâtés de maisons de cette abysse d'infortune et de misère humaine, dans la fraîcheur du clair de lune, scintillait le pinacle de la puissance qui renfermait une grande partie des richesses du monde dans d'inviolables coffres-forts[68].

Edmund Wilson, dont les articles sur la crise furent rassemblés dans *The American Jitters* — 1932 — évitait ce genre de rhétorique, mais reflétait de manière saisissante le sentiment écrasant qui allait à contre de la libre entreprise et qui perçait à travers tout le pays. Les livres n'étaient peut-être pas achetés, mais les gens lisaient davantage d'ouvrages sérieux qu'auparavant. Il reconnut finement qu'une bonne période — ou plutôt une période influente — pour les intellectuels était survenue : particulièrement pour les plus jeunes d'entre eux « qui avaient grandi dans l'ère du big business, et qui toujours avaient ressenti sa barbarie, son rejet de toutes les choses qui leur importaient ». Pour eux, « ces années ne furent pas déprimantes, mais stimulantes. On ne pouvait s'empêcher de se rejouir de l'effondrement soudain et inattendu de cette gigantesque et stupide supercherie. Cela nous insuffla un sentiment de nouvelle liberté ; et un sentiment de force nouvelle[69] ».

Il est un fait curieux que les écrivains, les moins organisés dans leur vie privée, soutinrent instinctivement la planification aux yeux du public. Au début des années trente, la planification devint la nouvelle *Weltanschauung*. En 1932, elle dominait les catalogues des libraires : Stuart Chase, qui s'était trompé de manière si embarrassante à propos du « boom continuel » en octobre 1929, publiait maintenant *Un New Deal* — titre aussi opportun que celui de Bruck : *Le Troisième Reich*. George Soule voulut connaître les programmes de travail de Hoover dans *Une société planifiée*. La planification corporatiste trouva son apothéose dans *Corporation Moderne et Propriété privée* de Adolf Berle et Gardiner Means, qui en était à son vingtième tirage comme culminait la crise, et qui prédisait que la « loi des corporations » serait la « loi constitutionnelle potentielle » pour la nouvelle économie.

Tous voulaient la planification. Charles Beard, l'historien le plus lu en Amérique, défendait « un plan quinquennal pour l'Amérique[70] ». Des hommes d'affaires, tel Gérard Swope, qui était à la tête de la General Electric, concevaient leur propre planification. Henry Harriman, président de la New England Power Company, déclara : « Nous avons quitté la période de l'individualisme extrême... La prospérité et l'emploi dans le domaine économique, seront plus efficacement maintenus par une structure intelligente d'économie planifiée. » Quant aux capitalistes qui ne seraient pas d'accord, ils seraient « traités comme n'importe quelle brebis galeuse : marqués au fer rouge et obligés de suivre le troupeau ». Charles Abbott, de l'American Institute of Steel Construction, déclara que le pays ne pouvait plus longtemps tolérer « un individualisme irresponsable, mal informé, entêté et non coopératif ». *Business Week*, sous le titre sarcastique « Croyez-vous encore aux fées flemmardes ? », demandait : « Planifier ou ne pas planifier n'est plus la question. La question véritable est : qui va s'en charger ? [71] »

Qui d'autre en toute logique et justice que le Grand Organisateur, l'Enfant Prodige ? En toute logique et justice, son heure n'avait-elle pas sonné ? Mais en Histoire, il n'y a ni logique, ni justice. Une simple histoire de chronologie. L'heure de Hoover avait *déjà* sonné. Quatre années durant, il détint le pouvoir, adepte frénétique de la planification, et pour quel résultat ? Vers 1932, ses conseillers l'encourageaient à « regagner la coulisse », car ses interventions publiques discréditaient l'idée que le gouvernement pouvait intervenir de manière efficace [72]. En 1929, il s'était de lui-même formulé cette mise en garde : « Si quelque calamité sans précédent s'abattait sur la nation, je serais sacrifié au désappointement irraisonné de ceux qui avaient trop attendu de moi. » Cette crainte — repoussée alors en toute confiance — se trouva amplement justifiée. En 1907, Theodore Roosevelt avait remarqué que « lorsque l'individu moyen perd son argent, il est simplement comme un serpent blessé et frappe de droite à gauche sur quiconque, innocent ou non [73] ». Cette maxime, elle aussi, se vérifia de manière retentissante, et Hoover en fut la victime impuissante : le lapin pétrifié par le serpent. Il avait toujours été un homme austère; et imperceptiblement, il devenait maintenant le Grand Dépressif. Henry Stimson, l'un de ses collaborateurs les plus compétents, déclara qu'il évitait la Maison-Blanche pour échapper à ce « sentiment permanent de sombre mélancolie qui imprégnait chaque chose en rapport avec cette administration ». Il ajouta : « Je ne me souviens pas seulement d'une seule plaisanterie au cours d'une des réunions de l'année passée. » Comme ses collègues du parti et du Cabinet prenaient leur distance par rapport à ce vaudou, Hoover commença à tenir une « liste d'ennemis », des déloyaux [74]. Rendant visite à cet homme assiégé, H.G. Wells le trouva « maladif, surmené et accablé [75] ».

Et comme il arrive toujours en ces circonstances, la chance pure déserte la cause perdue pour devenir la source d'un mythe à venir. En 1924, les anciens combattants se virent attribué par le Bonus Bill des bons négociables à 22 % de leur valeur d'échéance. En 1931, malgré le véto de Hoover, le Congrès releva ce taux à 50 %. Certains des combattants n'étaient pas satisfaits, et la gauche, renaissant pour la première fois depuis 1919, organisa une « Force expéditionnaire du bonus » qui regroupa 20 000 anciens combattants et qui établit un camp au centre de Washington en 1932. Mais le Congrès refusa toute autre modification, et le 28 juillet Hoover, dont la politique sur cette émission fut identique à celle de Roosevelt lorsqu'une émission similaire eut lieu en 1936, ordonna la dispersion du camp. La police se révéla inefficace, quelques effectifs furent sous les ordres du major — bientôt général — Patton, de la cavalerie américaine. Le général MacArthur, alors chef du bureau militaire, et son aide le major Eisenhower, jouèrent tous deux des rôles secondaires dans la sale opération qui suivit.

Aucun épisode de l'histoire américaine ne fut à l'origine de plus de mensonges — pour la plupart délibérés. Les communistes ne jouèrent pas un rôle prépondérant dans la mise en place du camp, mais ils organisèrent la propagande ultérieure avec une grande habileté. Il y eut des racontars à propos de charges de cavalerie, d'utilisation de tanks, de gaz toxiques ; d'un petit garçon transpercé par une baïonnette alors qu'il tentait de sauver son lapin ; et de gens brûlés vifs dans leurs tentes ou leurs abris. Tout cela était rapporté dans des ouvrages tels ceux de W.W. Walters : *Force expéditionnaire du bonus — The Whole Story of the Bonus Army* — 1933 — et de Jack Douglas : *Veteran on the March* — 1934 — ; tous deux relevant de la fiction la plus complète. Un ouvrage intitulé *Ballades de la Force expéditionnaire du bonus*, contenait des poèmes de choix tels que « Le régime Hoover c'est le gaz toxique » et « J'ai vu luire les sabres comme ils tranchaient les oreilles des vétérans ». En 1940, un tract communiste des plus typiques signé Bruce Minton et John Stuard : *The Fat Years and the Lean* concluait : « Les vétérans commencèrent à quitter la capitale. Mais le président Hoover ne les laissa pas se disperser tranquillement... Sans aucun avertissement, il ordonna à l'armée d'éjecter par la force la Force expéditionnaire du bonus hors de Washington. Les soldats chargèrent, baïonnettes en avant, ouvrant le feu sur une foule d'hommes, de femmes et d'enfants désarmés. » L'on rapporta que, tandis que le camp était la proie des flammes, Hoover et sa femme — qui tint la meilleure table de l'histoire de la Maison-Blanche — dînaient en tête à tête et en tenue de soirée devant le septième service de leur repas. Ce genre de légende était encore rapporté dans des ouvrages historiques sérieux, jusque dans les années 1970[76].

Ce qui alors importait davantage était la manière balourde avec laquelle l'Administration se chargea de l'enquête qui suivit, ce qui entraîna un désaccord public entre le procureur général et le directeur de la police de Washington qui eut lieu dans la phase ultime de la campagne électorale. Hoover, soutenant loyalement son collaborateur, passa pour un menteur et un monstre : « Il n'y avait aucun doute que le président allait être battu », écrivit l'un de ses proches[77]. Non seulement sa crédibilité fut mise en doute, mais cette affaire lui fit perdre le soutien de beaucoup d'Églises qui avaient jusqu'ici combattu « cet antiprohibitionniste de Roosevelt » ; la Prohibition étant l'autre grand enjeu — et peut-être pour la majorité des électeurs, le seul — de la campagne.

Ainsi, le cocktail du mythe et de l'alcool, son propre sentiment d'échec, propulsa l'Enfant Prodige dans l'oubli, lors de ces élections décisives. Renversant le score énorme des républicains en 1920, Roosevelt totalisa 22 833 000 voix contre 15 762 000 voix pour Hoover, avec une majorité au collège électoral de 472 voix contre 59, l'emportant partout sauf dans 6 Etats. Le nouveau paysage électoral de 1932 vit l'émergence de la « coalition des minorités » des démocrates, basée sur le Nord-Est industriel et qui allait durer environ un demi-siècle, et faire du Congrès le corps législatif d'un seul parti. Le changement politique s'était laissé pressentir par la performance remarquable d'Al Smith, le candidat démocrate aux élections présidentielles de 1928, et plus encore lors des élections au Congrès en 1930. Mais ce fut seulement en 1932 que les républicains perdirent définitivement leur image progressiste dont ils bénéficiaient depuis Lincoln, et qu'ils virent leurs ennemis s'en revêtir triomphalement, avec toutes les implications médiatiques que ce transfert impliquait, l'approbation de l'Académie, le soutien de l'intelligentsia, et non le moindre : la construction d'une orthodoxie historique.

Paradoxalement, il n'y avait en fait aucune différence réelle entre les partis sur ce qui était considéré comme le principal moyen d'extirper l'Amérique de la crise. Hoover et Roosevelt étaient tous deux des interventionnistes. Tous deux étaient dirigistes — jusqu'à un certain point. Tous deux étaient partisans de l'inflation. Il est vrai que Roosevelt était enclin à favoriser certaines aides, dont Hoover s'était toujours méfié ; d'un autre côté, il fut beaucoup plus ferme que Hoover sur la nécessité — contradictoire — d'un équilibre budgétaire strict. Le programme électoral des démocrates était purement orthodoxe. Roosevelt lui-même était considéré comme un poids plume en matière économique — et c'était vraiment un poids plume comparé à son cousin Theodore. Il était un aristocrate, fils unique d'un châtelain de Hudson River, descendant d'une branche hollandaise de XVIIe siècle et de « pure » souche anglo-saxonne ; fier possesseur de la magnifique propriété de Hyde Park à mi-chemin entre New York et la capitale de l'Etat, Albany. Jusqu'à l'âge de quatorze ans, des gouvernantes assurèrent son éducation ; puis il alla à Groton — l'Eton d'Amérique — où il acquit un léger accent anglais, et apprit le latin, le grec et l'histoire européenne. Il passa quatre ans à Harvard, sur la « Côte dorée » — dortoirs et clubs hors de prix — développant une apparence qui fut, au dire de son meilleur biographe, « un mélange de conservatisme politique, d'orthodoxie économique et d'anti-impérialisme agrémenté d'un altruisme fumeux et d'une grande ignorance » : une éducation dont il ne se remit jamais complètement[78].

Vers 1932, Roosevelt était un administrateur expérimenté, avec derrière lui plus de sept années passées au ministère de la Marine et gouverneur modérément heureux de New York, mais personne ne voyait en lui un enfant prodige. Début 1932, Lippmann le décrivit ainsi : « Une personne grandement impressionnable sans mainmise sur les affaires publiques et sans convictions profondes... l'ennemi dangereux de rien. Il est trop désireux de plaire... ce n'est pas un Croisé... ce n'est pas le tribun du peuple... ce n'est pas l'ennemi des privilèges. C'est un homme charmant qui, sans vraiment posséder les qualifications indispensables pour ce poste, aimerait beaucoup devenir président [79]. » Commentaire du *Time* : « Un gentleman vigoureux et bien intentionné, de bonne naissance et de bonne éducation. »

En aucun cas, Roosevelt ne fut le point de mire de l'intelligentsia de gauche. *Common Sense*, un de leurs journaux favoris, jugea qu'il s'agissait d'une élection de non-choix entre « le garçon rieur de Hyde Park » et « le grand organisateur maussade de Palo Alto ». Theodore Dreiser, Sherwood Anderson, Erskine Caldwell, Edmund Wilson, John dos Passos, Lincoln Steffens, Malcolm Cowley, Sidney Hook, Clifton Fadman et Upton Sinclair soutenaient William Z. Foster, le candidat communiste. Ils cosignèrent une lettre en insistant sur le fait que : « C'est le capitalisme qui détruit toute culture et le communisme qui souhaite sauver la civilisation et son héritage culturel des abysses où la crise mondiale le conduit. » D'autres intellectuels tels Rein Hold Neigbuhr, Stuart Chase, Van Wyck Brooks, Alexander Woolcott, Edna Saint-Vincent Millay et Paul Douglas votèrent pour Norman Thomas, le candidat socialiste [80]. Bien après l'installation de Roosevelt à la Maison-Blanche, certains d'entre eux persistèrent à remarquer un manque de sérieux, qu'il n'acquit jamais totalement. « Washington semble beaucoup plus intelligent et de bonne humeur que sous aucune autre administration récente, écrivit Edmund Wilson, et comme me l'a confié une dame : c'est du pur Tchekhov. Là où le gang de l'Ohio jouait au poker, les experts se réunissent et papotent. En fait, rien de tout cela n'avait de sens, car Roosevelt n'avait pas de véritable politique [81]. »

Cette remarque n'était pas sans fondement. En fait, c'était la rhétorique du discours de Hoover qui avait ouvert une brèche idéologique entre les deux hommes. Hoover n'avait jamais partagé l'admiration que Roosevelt avait à son égard; il voyait en lui un type frivole qui pouvait aisément devenir dangereux. Durant la campagne électorale, pressentant qu'il allait être vaincu, Hoover monta en épingle des divergences mineures sur les aides directes — que Roosevelt avait expérimentées à New York — et sur le programme d'intervention dans les services publics. « Chers compatriotes, rugit-il, les propositions de nos adversaires représentent un changement catégorique du mode de vie américain... un abandon radical des traditions qui depuis 150 ans ont contribué à faire de nous la plus grande nation du monde. Cette élection n'est pas simplement un changement des tenants et des aboutissants. Elle signifie la direction que prendra notre pays pour le siècle à venir. » « Cette campagne, avertissait-il, est plus qu'une opposition entre deux hommes ; plus qu'une opposition entre deux partis. C'est l'opposition entre deux philosophies gouvernementales[82]. » Roosevelt, ravi de la malveillance attribuée à un programme dont le *New York Times* trouvait qu'il ne contenait « pas le moindre remède sensationnel ou proposition dérangeante dans toute la liste des propositions » et que la *New Republic* rejetait comme « une réponse maigrelette au défi de l'époque », usa du même ton belliqueux : « Jamais encore dans l'Histoire moderne, les différences primordiales entre deux grands partis américains n'étaient apparues avec autant de netteté[83]. » Foutaise ! Cela illustre bien jusqu'où le verbe peut engendrer le mythe qui, à son tour, engendre la réalité.

Pas seulement le verbe : les personnalités aussi. Hoover, qui s'était enrichi par un travail honnête jusqu'à en assombrir son caractère, méprisa, puis en arriva à haïr le trop souriant Whig qui avait hérité de sa fortune et qui l'utilisait pour l'attaquer lui, l'homme industrieux. Il avait été exaspéré par cette remarque que Roosevelt formula en 1928 mais que Hoover n'oublia jamais : qu'il s'était « entouré de conseillers matérialistes et arrivistes[84] ». Roosevelt en pâtit à son tour. Dès le début de années 20, il fut immobilisé par la poliomyélite, et au cours du printemps 1932, lors d'une réception à la Maison-Blanche, Hoover le fit attendre pendant une demi-heure. Il se refusa à solliciter un siège, considérant l'incident comme une épreuve de force et étant persuadé — c'est fou ce que les hommes politiques peuvent devenir paranoïaques en période électorale — que le retard de Hoover était tout à fait calculé. En fait, la lutte de Roosevelt contre son invalidité était l'un des aspects de sa personnalité que Hoover admirait le plus : il est inconcevable qu'il ait pu penser en tirer un quelconque avantage[85]. Mais Roosevelt et sa femme se souvinrent haineusement de cette fameuse demi-heure.

Cette antipathie réciproque se révéla d'une grande importance historique. Roosevelt semble avoir ignoré que Hoover le considérait comme un ennemi public — ne prenant pas lui-même la politique trop au sérieux, il jugea les prophéties de ce Hoover qui jouait les Cassandre comme du verbiage partisan, à l'image de ce qu'il aurait pu dire lui-même. Il y eut alors un énorme hiatus entre les élections et la passation de pouvoir, de début novembre à mars. Les deux hommes s'accordaient à dire qu'il était urgent d'agir ; sauf sur certains détails, ils s'accordaient sur la forme que devait prendre cette action. Roosevelt conçut l'idée fantasque que Hoover devait immédiatement le nommer secrétaire d'État, de manière à ce que lui et son vice-président puissent tous deux démissionner et que lui, Roosevelt, puisse immédiatement s'installer à la Maison-Blanche. Hoover, tout aussi optimiste, pensait que Roosevelt serait amené à désavouer certaines de ses remarques et promesses électorales — celles qui aggraveraient la situation déjà mauvaise — et qu'il approuverait humblement et publiquement des mesures que le président se proposait de prendre, restaurant ainsi la confiance et assurant la continuité de la politique de Hoover. Si l'on en juge par ces grotesques malentendus, il n'est pas surprenant que leurs contacts durant le long interrègne se limitèrent à quelques épîtres des plus glaciales et à un coup de fil de pure courtoisie passé par Roosevelt le 3 mars 1933, la veille de la passation de pouvoir. Cela mit fin à cet échange arctique qui aurait réchauffé le cœur de Henry James. Lorsque Roosevelt, qui était resté au *Mayflower*, déclara que Hoover était probablement trop occupé pour daigner le rappeler, il reçut en réponse cette dernière foudre du Jupiter déchu : « M. Roosevelt, quand vous serez resté à Washington aussi longtemps que moi, vous saurez que le président des États-Unis ne téléphone à personne[86]. » Roosevelt se vengea en refusant d'accorder au président sortant, dont la vie était constamment menacée, un garde du corps des services secrets pour l'escorter jusqu'à Palo Alto[87].

L'absence publique de coopération entre les deux hommes durant ce long interrègne favorisa de manière décisive la politique de Roosevelt en dessinant une profonde distinction — bien que totalement fausse — entre les deux régimes. Roosevelt était un nouveau visage et, qui plus est, un visage optimiste. Aussi, il tira tous les crédits de la reprise, souterraine durant le dernier semestre de la présidence de Hoover, et qui devint visible au printemps et prit la forme de ce qui fut vite qualifié « le marché de Roosevelt ». Les historiens répugnent à l'admettre : le facteur chance est très important. En 1932, Hoover avait commandé une chanson antidépression à Rudy Vallee. Ce malheureux écrivit : *Brother, can you spare a dime ?* — « T'as pas cent balles ? » La chanson de la campagne de Roosevelt, qui fut en fait écrite pour le film *Chasing Rainbows* de la MGM la veille du grand krach, poussa le bon bouton : *Happy days are here again* — « Revoilà les beaux jours ». Il avait beaucoup de l'habileté intuitive de Lloyd George, un homme politique auquel il ressemblait grandement. Il pouvait inventer une phrase ou demander à d'autres de le faire pour lui, comme le montra son discours inaugural : « Laissez-moi exprimer ma conviction profonde que la seule chose que nous devons craindre est la crainte elle-même[88] ». Au terme de sa première semaine de présidence, il prouva sa maîtrise de ce nouveau media qu'était la radio, lors de l'inauguration de ses « causeries au coin du feu ». En terme de show-business politique, il n'avait pas d'égal, et il avait le chic pour transformer les problèmes en solutions. Aussi, confronté à la fermeture des banques, il déclara ces fermetures légales — en ressortant une vieille loi de 1917 — et les appela « vacances bancaires ». Mais il avait aussi le solide avantage d'un Congrès dominé par les démocrates et inhabituellement soumis. Son premier décret, *The Emergency Banking Act*, apparut en moins d'un jour, résultat d'un débat d'une quarantaine de minutes seulement, interrompu par les cris dc « Votons ! Votons ! ». Le 6 avril à minuit, un mois seulement après l'investiture de Roosevelt, la consommation d'alcool était à nouveau légale en Amérique : de quoi remonter le moral aux dépressifs !

Son programme fut adopté en un temps record par le Congrès, et le show-biz politique le baptisa « les cent jours ».

Au-delà de l'impression de mouvement furieux, que William Woodin secrétaire au Trésor appela « action rapide et saccadée », il n'y avait aucune politique économique réelle à l'intérieur du programme[89]. Raymond Moley, l'intellectuel qui aida Roosevelt à choisir les membres de son cabinet, déclara que les historiens du futur trouveraient probablement quelque principe derrière ce choix, mais que lui n'en voyait aucun[90]. Cette absence réelle de projet était évidente dans les mesures adoptées. Au cours de ses mémorables conférences de presse, Roosevelt se vantait de pouvoir improviser et se comparait à un joueur arrière qui « remettait en jeu selon comment le coup précédent avait été joué[91] ». Tandis qu'il augmentait les dépenses fédérales dans un domaine, il les diminuait dans d'autres, faisant passer les pensions d'invalidité des anciens combattants de 40 dollars à 20 dollars par mois, et faisant pression sur les États pour qu'ils diminuent les salaires des enseignants qu'il jugeait trop élevés. Dans sa première adresse au Congrès, il exigea des diminutions importantes des dépenses, et l'une de ses premières lois fut édictée pour soutenir un budget équilibré et intitulée : « Pour le maintien du crédit du gouvernement des États-Unis ». Bien loin d'être un proto-keynésien, rien ne le mettait plus hors de lui que les allusions de la presse qui qualifiait sa politique financière de malsaine[92]. L'idée selon laquelle Roosevelt fut le premier à pratiquer volontairement le déficit financier pour relancer une économie est fausse. Effectivement, Keynes associa cette idée à Roosevelt dans cette fameuse lettre au *New York Times*, fin 1933 : « Je fais particulièrement remarquer l'augmentation du pouvoir d'achat national due au fait que les dépenses gouvernementales sont financées par les emprunts[93]. » Mais cela n'avait rien à voir avec la politique effective de Roosevelt, sauf accident. Lorsque l'été suivant, les deux hommes se rencontrèrent, ils ne furent pas bons amis et il n'est pas sûr que Roosevelt ait jamais lu les textes de Keynes. « Durant tout le temps où je fus son adjoint, écrivit Moley je ne l'ai jamais vu lire un ouvrage sérieux, et je ne l'ai jamais vu être influencé par les idées de Keynes[94] ». Sous Roosevelt, la Federal Reserve Bank fut sans conteste inflationniste, mais elle l'avait déjà été la décennie précédente.

La législation de Roosevelt étendait ou se raccordait tant bien que mal à la politique de Hoover. *The Emergency Banking Act* et la loi sur les prêts à l'industrie de 1934 étaient le prolongement du RFC de Hoover. Le *Home Owner's Loan Act* s'inspirait d'un décret similaire de l'année précédente. *The Sale of Securities Act* — 1933 — et *The Banking Acts* — 1933-1935 — et le *Securities and Exhange Act* — 1934 — étaient la continuation pure et simple des tentatives de Hoover pour réformer les méthodes commerciales. Le *National Labour Relations Act* — 1935 — ou « loi Wagner », qui facilitait l'organisation des syndicats, et qui permit aux démocrates d'organiser le travail une génération durant, élargissait et renforçait le *Norris-La Guardia Act* entériné sous Hoover. Le premier décret d'ajustement agricole — 1933 — fut nuisible aux courants de relance de la politique gouvernementale, réduisit la production de denrées alimentaires et subventionna les fermiers pour les inciter à abandonner toute production. Ce qui était en contradiction formelle avec les autres mesures gouvernementales qui luttaient contre la sécheresse et les tempêtes de poussière de ces années 1934-1935 ; par exemple, le Service des érosions du sol et la loi sur l'érosion du sol — 1935 — ou encore la loi sur la conservation et la répartition du sol — 1936[95]. La politique agricole de Roosevelt, dans la mesure où il en eut jamais une, était étatique, organisée dans le but de gagner des voix en augmentant le revenu des fermiers. Mais elle augmenta également les prix des denrées alimentaires pour le consommateur et retarda ainsi le redressement général. Le *National Industrial Recovery Act* — 1933 —, qui permit la création d'un bureau corporatiste sous la direction du général Hugh Johnson, était par essence une tentative à la Hoover de « dirigisme indicatif ». Mais en s'inspirant de l'expérience que Roosevelt tira de la Grande Guerre — seule source de ses idées originales — cette loi avait un arrière-goût de contrainte, car Johnson avertit que si les hommes d'affaires refusaient de souscrire spontanément à ses règles, « ils en seraient bons pour un direct du droit dans le nez ». Voilà pourquoi Hoover le dénonça comme « totalitariste[96] ». Les intimidations de Johnson rendirent le plan antiproductif et personne n'émit le moindre regret lorsque la Cour suprême le déclara anticonstitutionnel[97].

Mais Roosevelt se démarqua réellement de Hoover, en ressortant et en élargissant un projet de Wilson datant de la Grande Guerre et dont le but était de fournir une énergie bon marché à la vallée du Tennessee. Mais il s'agissait d'un exemple isolé d'improvisation, un os à ronger pour le Sud. Interrogé sur la manière dont il expliquerait sa philosophie, Roosevelt eut cette réponse caractéristique : « Je leur dirai que ce n'est ni du lard ni du cochon, mais quoi que ce soit, ce sera diablement bon pour les gens du Tennessee[98]. » Roosevelt consacra également un énorme budget aux travaux publics : 10,5 milliards de dollars plus 2,7 milliards pour soutenir des projets qui emploieraient un jour ou l'autre 8,5 millions de personnes pour la construction de 122 000 bâtiments publics, 77 000 nouveaux ponts, 285 aéroports, 664 000 milles de route, 24 000 milles de canalisations et d'égouts pluviaux, sans compter les jardins publics, les terrains de jeu et les réservoirs[99]. Mais cela encore s'inspirait de l'ancienne politique de Hoover, mais sur une échelle plus large. Sur tous les points essentiels, le *New Deal* prolongeait le corporatisme innovateur de Hoover. Ce que Walter Lippmann, appela en 1935 : « le *New Deal* permanent ». « La politique inaugurée par le président Hoover en automne 1929 était sans précédent dans l'histoire de l'Amérique, écrivit-il. Le gouvernement de la nation travaillait à ce que l'ordre économique dans son ensemble soit prospère... les mesures prises par Roosevelt sont la continuité de celles prises par Hoover[100]. »

L'interventionnisme de Hoover et de Roosevelt fut ainsi continu. Était-il efficace ? Les historiens partisans de Roosevelt prétendent que les éléments apportés par le *New Deal* assurèrent la reprise. Les historiens partisans de Hoover ripostent que les lois de Roosevelt ne firent que retarder ce que celles édictées sous Hoover étaient en train d'apporter[101]. Vu des années 80, il semble probable que les deux hommes ont retardé une reprise naturelle provoquée par la déflation. Elle était certainement lente et faible. Raisonnablement, la seule bonne année fut 1937, où l'on vit le chômage qui représentait alors 14,3 % de la population, descendre en dessous de la barre des 8 millions d'individus ; mais à la fin de cette même année, l'économie était à nouveau en chute libre — la chute la plus rapide jamais enregistrée — et le taux de chômage regrimpa l'année suivante à 19 %. En 1937, la production dépassa brièvement le niveau atteint en 1929, mais retomba à nouveau très vite. Le réel retour à l'atmosphère du boom des années 20 survint seulement le lundi qui suivit le Labour Day — la fête du travail — de septembre 1939, quand la nouvelle d'une guerre en Europe plongea la Bourse de New York dans une confusion joyeuse qui effaça le souvenir d'octobre 1929. Deux ans plus tard, la valeur du dollar dépassa son niveau de 1929[102]. Keynes, lui-même, s'adressant aux Américains, admit que la guerre était un élément crucial pour la reprise économique : « Vos préparatifs de guerre, plutôt que d'être un sacrifice, seront un stimulant, que ni la victoire ni la défaite du *New Deal* ne pourrait vous apporter, qui augmentera la consommation individuelle et assurera un plus haut niveau de vie[103]. » Que l'interventionnisme soit ou non efficace : il a fallu neuf ans et une guerre mondiale pour le découvrir.

Le succès politique de Roosevelt était dû à quelques autres facteurs, autres que l'efficacité de ses mesures économiques — pour une grande part, du tape-à-l'œil — et que le temps transfigura en mythes. Il fit la démonstration que le rentier aristocratique et libéral — en opposition aux plébéiens autodidactes tels Harding, Coolidge et Hoover — avait le curieux talent de s'allier la loyauté, voire la sympathie, des clercs. Les directeurs de journaux s'opposaient à Roosevelt, mais leurs journalistes l'adoraient, oubliant ses éternels mensonges, passant sous silence les sommes dont il les délestait au poker — ce qui avait perdu Harding —, obéissant à ses malicieuses injonctions, de faire passer un sale quart d'heure à ses collègues de l'administration[104]. Il y avait des zones d'ombre à la Maison-Blanche de Roosevelt : ses infidélités, l'attachement passionné de son épouse envers une autre femme, la manière dénuée de scrupule avec laquelle il usait du pouvoir exécutif[105]. Sa vie durant, et longtemps après, rien de tout cela ne perça au grand jour. Encore plus important était l'attrait qu'il exerçait sur les intellectuels, une fois répandue la nouvelle qu'il avait un *brain-trust* personnel[106]. En fait, dans l'entourage de Roosevelt, seuls Harry Hopkins, un assistant social loin d'être un intellectuel, Rexford Tuqwell et Felix Frankfurter étaient radicaux et influents ; les deux derniers étaient en violent désaccord : Tuqwell étant l'exemple type du stalinien étatiste et Frankfurter étant un fonctionnaire antitrust, symbolisant en revanche le premier *New Deal* — 1933-1936 — et le second *New Deal* —1937-1938 — qui étaient complètement contradictoires [107]. Il n'y avait aucune cohérence intellectuelle au sein de l'administration de Roosevelt, mais il semblait y avoir une place où les clercs se sentiraient chez eux. Parmi les jeunes gens prometteurs qui vinrent à Washington, l'on peut citer Dean Acheson, Hubert Humphrey, Lyndon Johnson, Adlai Stevenson, William Fulbright, Abe Fortas, Henry Fowler, et, non des moindres, Alger Hiss, qui tint des conférences avec quatre autres membres du *New Deal* d'une cellule communiste, dans un studio d'enregistrement de Connecticut Avenue [108].

Les attaques contre Roosevelt eurent pour effet de renforcer son pouvoir attractif sur l'intelligentsia. Mencken en fut un exemple curieux. En 1926, le *New York Times* le décrivit comme « le citoyen le plus puissant d'Amérique ». Walter Lippmann le surnomma « la personnalité la plus puissante sur toute cette génération de gens cultivés [109] ». Sa séduction venait en grande partie de ses attaques féroces contre les présidents. Theodore Roosevelt était « braillard, grossier, suffisant, retors, tyrannique, vaniteux et parfois tout à fait puéril ». Taft était « paresseux et mou de naissance ». Wilson était « le parfait exemple de la fripouille chrétienne qui rêvait d'imposer un despotisme à la Cosaque ». Harding était une « tête de mule » ; Coolidge « insignifiant, crasseux et obtus... un bon à rien et une ordure... à peu près dénué de tout sens de l'honneur... une épouvantable petite canaille ». Hoover avait « un goût inné pour les petits manipulateurs frauduleux [110] ». Ces tirs à vue fascinaient l'intelligentsia et aidaient constamment à entacher la réputation de ces hommes. Mencken se surpassa dans ses attaques contre Roosevelt, dont les bouffées de collectivisme crapuleux le rendaient enragé. Il était « le Führer », « le Charlatan », entouré par « une foule consternante de nullités insolentes », « un gang de pédagogues à moitié éduqués, d'hommes de loi anticonstitutionnels, de visionnaires illuminés et autres magiciens désolants du même acabit » ; et son *New Deal* était un « racket politique », « une série de fabuleux miracles à la gomme », avec ses « appels constants à la haine de classe, traitant le gouvernement comme une vache à lait à 125 millions de tétines » et remarquable par « de fréquentes répudiations de promesses prétendument catégoriques * ». Ces diatribes eurent pour seule conséquence la

* Mencken lui-même fut traité à l'envi de putois, de Prussien, de lèche-cul britannique, de hyène hurlante, de parasite, de bâtard galeux, d'idiot maniéré, de créature équivoque, d'âme putride, de fléau public, de dégueulasserie littéraire, de charlatan, d'extravagant, d'hystérique vaniteux, de paria, de renégat de la littérature, de chien de cirque qui écrirait un charabia imbécile. Charles Fecher. *Mencken : A Study of his Thought*. New York, 1978, note 179.

perte de toute influence de Mencken sur les moins de trente ans.

Les intellectuels appréciaient sa paranoïa contre les riches et les conservateurs, et l'extraordinaire véhémence et fertilité d'invention avec lesquelles Roosevelt fut aggressé. Son voisin de palier à Hyde Park, Howland Spencer, l'appela « le pauvre chou frustré », « un demeuré à la grosse tête doté d'un complexe de messie et d'une âme de boy-scout ». Aux yeux du sénateur Thomas Schall du Minnesota, il était un « Louis XIV débile ». Owen Young, président de la General Electric, clama qu'il « parlait tout seul ». Le sénateur William Borah de l'Idaho, dit qu'il passait son temps à découper consciencieusement ses poupées en papier. Si l'on en croit les rumeurs — qui surgissaient sous la forme de pamphlets — il était fou, débile, drogué : lors des conférences de presse, il éclatait souvent d'un rire hystérique ; ce serait un imposteur — le véritable Roosevelt étant dans un asile d'aliénés — sous traitement, suivi d'un psychiatre personnel déguisé en valet de pied à la Maison-Blanche, et la plupart du temps en camisole de force. Des barreaux auraient soi-disant été placés aux fenêtres pour l'empêcher de se jeter dans le vide — la même rumeur avait circulé lors des derniers temps de Wilson — et en fait, les barreaux étaient là pour protéger les enfants de Roosevelt. Il souffrait soi-disant du complexe d'Œdipe, « le complexe du cordon ombilical », de troubles cardiaques, de la lèpre, de la syphilis, d'incontinence, d'impuissance, du cancer, de comas, sa polio lui « montant inexorablement à la tête ». On le surnomma Svengali, le Petit Lord Fauntleroy, un nigaud, une Juliette de la politique moderne qui « parlait d'amour du haut des balcons de la Maison-Blanche », un individu sans parole, un fasciste, un socialiste, le Grand Démoralisateur, l'Appropriateur, le Violateur, le Détourneur ; irritable, insolent, irréfléchi, impitoyable, maladroit, un sorcier, un imposteur, un blanc-bec parvenu, un autocrate futile, un homme qui encourageait l'emploi de jurons et d'argot de bas étage ; un « asservisseur de l'esprit humain [111] ». Traversant l'Atlantique à bord de l'*Europa*, à la veille des élections de 1939, Thomas Wolfe avoua qu'il votait pour le monstre et nota les effets de sa déclaration :

> ... Les dos des chemises amidonnées se replièrent comme des stores. Les cous virginaux qui une seconde auparavant étaient encore aussi immaculés et gracieux que ceux des cygnes, devinrent instantanément si distendus de rage patriotique, que tours de cou de diamant et rivières de perles se rompirent et volèrent en éclats. L'on me prévint que si je votais pour ce salaud de communiste, ce sinistre fasciste, ce comploteur et cet organisateur socialiste, j'étais invité à ne plus me considérer comme citoyen américain [112].

Malgré cet arrière-plan, Roosevelt remporta la plus grande des victoires électorales en 1936 par 27 477 000 voix contre 16 680 000, en se ralliant tout le pays sauf deux Etats — le Maine et le Vermont — et entassant une énorme majorité de démocrates au Congrès. L'attrait de Roosevelt sur les jeunes, les progressistes et les intellectuels survécut malgré l'abandon des innovations du *New Deal* de 1938 et sa chute dans les pattes des patrons de la machine démocratique de la « Big City » — New York — qui assurèrent sa réélection en 1940 et 1944.

En vérité, Roosevelt était dans le ton et l'esprit des années 30, qui avaient ruiné les vertus de l'entreprise capitaliste et avaient embrassé celles du collectivisme. Dans les années 20, les héros avaient été les hommes d'affaires, véritables titans, menés par Thomas Edison, qui avait soutenu Harding et Coolidge jusque sur leur véranda. Le krach de 1929 et ses suites fâcheuses affaiblirent la confiance en ce panthéon. Vers 1931, Felix Frankfurter écrivit à Bruce Bliven, éditeur du *New Republic* : « Je crois que rien ne soutient le système présent plus que la foi profonde dans le succès et la confiance touchante que nous accordons aux messies de la finance et des affaires... Je crois être important de saper cette croyance... Saper la confiance en leur grandeur, ce sera faire un grand pas vers le déplacement de certains points essentiels qui empêchent l'exploration de problèmes sociaux et économiques [113] ». Vers 1932, ce processus de sape fut parachevé par les révélations sur J.P. Morgan qui n'avait pas payé d'impôts depuis trois ans et sur Andrew Mellon, qui avait été initié par un expert du département du Trésor à l'art de se soustraire aux impôts.

La perte de la confiance dans les chefs des affaires coïncida avec une découverte soudaine et générale de l'existence de l'Union soviétique, et que celle-ci offrait une alternative pertinente à l'agonie de l'Amérique. *Un New Deal*, de Stuart Chase, se conclut sur cette question : « Pourquoi les Russes devraient-ils avoir tout le plaisir de refaire le monde [114] ? » Le premier Plan quinquennal soviétique avait été annoncé en 1928, mais ce fut seulement quatre ans plus tard que les écrivains américains saisirent son importance. Ce fut alors une avalanche de livres qui louaient le dirigisme de style soviétique en l'érigeant en modèle aux yeux de l'Amérique. Joseph Freeman : *Le Travailleur soviétique*, Waldo Frank : *Aube sur la Russie*, William Z. Foster : *Vers une Amérique des Soviets*, Kirby Page : *Un nouvel ordre économique*, Harry Laidler : *Dirigisme socialiste*, Sherwood Eddy : *La Russie aujourd'hui : que peut-elle nous apprendre ?*, tous ces livres publiés en 1932, soutenant le best-seller autobiographique et prosoviétique de Lincoln Steffens, paru l'année précédente, et annonçant un tract beaucoup plus influent : *La lutte à venir pour le pouvoir*, du communiste britannique John Strachey, qui fut édité en 1933 [115].

L'Amérique était — et reste encore aujourd'hui — une société millénariste où les rêves insensés peuvent facilement déchoir en de catastrophiques pertes de confiance. Au début des années 30, il y eut une nette émigration. Lorsque Amtorg, l'agence pour l'emploi soviétique, demanda 6 000 ouvriers qualifiés, plus de 100 000 Américains postulèrent. Ainsi que l'exprima le comédien Will Rogers : « Ces canailles russes ont de sacrées bonnes idées... Imaginez ça, un pays où tout le monde travaille ! » « De nos jours, tous les chemins mènent à Moscou. » Steffens et Strachey lui firent écho : « Quitter le monde capitaliste pour le territoire soviétique, c'est passer de la mort à la vie. » Nous devons maintenant sonder l'ironie macabre et inconsciente de ces observations.

VIII

Les démons

Au moment précis où l'intelligentsia américaine se tournait vers l'Europe totalitaire pour y trouver un soutien spirituel et un modèle de dirigisme économique, cette dernière appareillait en fait pour vingt ans de férocité et de désolation sans précédent — incarnation monstrueuse du relativisme moral. Le 21 décembre 1929, Staline avait fêté son cinquantième anniversaire en maître absolu d'une autocratie dont la barbarie reste sans comparaison dans l'histoire. Quelques semaines plus tôt, au moment de l'effondrement de la Bourse de New York, il avait donné des ordres pour la collectivisation forcée des terres des paysans russes : une opération qui entraîna des pertes matérielles dépassant la portée des événements de Wall Street, et qui occasionna des massacres de populations d'une ampleur dont aucune tyrannie antérieure n'avait possédé les moyens — ni exprimé le souhait — d'accomplir. Alors que John Strachey encourageait à fuir la mort capitaliste pour renaître en Union soviétique, cet horrible exploit d'organisation sociale systématique était accompli. Cinq millions de paysans étaient morts ; et le double ou presque se trouvaient en camps de travaux forcés. A cette époque, Staline avait trouvé un élève, un admirateur et un rival en la personne de Hitler, dirigeant une autocratie similaire et planifiant, à une plus grande échelle encore, des sacrifices humains à son idéologie. Et pour des Américains, cela revenait alors à échanger leur Arcadie éprouvée contre un pandémonium triomphant. Les démons étaient lâchés.

Quand Lénine mourut, en 1924, son autocratie était parfaitement établie et Staline, secrétaire général du Parti, en était déjà l'héritier. Tout ce qui lui restait à faire était d'éliminer ses rivaux potentiels à l'exercice du pouvoir en solitaire. Staline était bien équipé pour cela. Cet ex-séminariste et révolutionnaire brutal était moitié gangster, moitié bureaucrate. Il était dépourvu d'idéal et n'avait aucun principe idéologique qui lui fût propre. D'après le compositeur Chostakovitch, Staline aurait aimé être très grand avec des mains puissantes. Le peintre officiel Nalbandian répondit à son attente en le représentant, dans ses tableaux, en contre-plongée, les mains croisées sur le ventre; plusieurs autres portraitistes furent exécutés [1]. Staline ne mesurait qu'un mètre soixante; il était maigre et son visage basané était marqué de petite vérole. Une description de la police tsariste, alors qu'il avait vingt-deux ans, précisait que les deuxième et troisième orteils de son pied gauche étaient soudés; ajouté à cela un accident, dans son enfance, avait rendu son coude gauche raide, son bras plus court et sa main gauche sensiblement plus grosse que la droite. D'après Chostakovitch, il dissimulait constamment sa main droite. Boukharine, deux ans avant son assassinat, disait qu'à son avis Staline souffrait amèrement de ses infirmités et de ses incapacités intellectuelles, réelles ou supposées. « Cette souffrance est probablement ce qu'il y a de plus humain en lui »; mais elle le conduisait à prendre sa revanche sur quiconque était doué de qualités supérieures : « Il y a quelque chose de diabolique et d'inhumain dans sa compulsion à se venger de cette souffrance sur n'importe qui... C'est un petit homme haineux; non, pas un homme, mais un démon [2]. » Staline ne possédait pas la passion idéologique de Lénine pour la violence. Mais il était capable d'une violence sans limite pour mener à bien ses desseins, ou sans raison apparente. Il nourrissait parfois pendant des années des désirs de vengeance envers certains individus, avant de les mettre à exécution. Il fit son apprentissage de la violence à vaste échelle comme directeur du district militaire du Caucase Nord en 1918, quand il décida d'agir contre les « spécialistes militaires bourgeois » dont il suspectait le manque d'enthousiasme pour le meurtre. Le chef d'état-major du district, le colonel Nosovitch, fit le témoignage suivant : « Les ordres de Staline furent brefs : Qu'on les fusille !... Un grand nombre d'officiers furent arrêtés par la Tchéka et fusillés sur-le-champ sans autre forme de procès [3] ». A la même époque, Staline se plaignit aussi des trois commandants de l'Armée rouge que Trotski lui avait envoyés dans cette zone et lui en fit plus tard grief. Il fit assassiner les trois hommes entre 1937 et 1939 [4].

Cependant, dès que Lénine fut frappé d'incapacité, et tenant compte de ses critiques, Staline chercha à prendre le pouvoir en se posant comme un modéré, un homme du centre. Son problème était le suivant : ayant sous sa coupe le secrétariat, qui se développait rapidement, Staline contrôlait déjà en fait les rouages du Parti et était en train de peupler le Comité central de ses créatures. Cependant, au Politburo, quatre figures d'importance se dressaient entre lui et ses projets d'autocratie : Trotski, le bolchevik le plus célèbre et le plus féroce, qui contrôlait l'armée; Zinoviev qui dirigeait le parti de Leningrad — et pour lequel Staline nourrissait une haine particulière; Kamenev, qui contrôlait le parti de Moscou, le plus important de tous; et Boukharine, le principal théoricien. Les trois premiers penchaient vers l'aile gauche du Parti, le dernier vers l'aile droite. La façon dont Staline sema la division entre eux et s'en servit pour les détruire et s'approprier ensuite leurs idées politiques — il semble n'en avoir eu aucune en propre — est un exercice classique de prise de pouvoir politique.

De même que Lénine fut le créateur de cette nouvelle forme d'autocratie, de ses instruments et de son emploi de la terreur de masse, il importe de comprendre que ses héritiers n'étaient pas innocents, étant tous des tueurs endurcis. Même Boukharine, que Lénine jugeait « doux comme un agneau » et que l'on tient pour le précurseur du « socialisme à visage humain [5] », fut un dénonciateur acharné, « le geôlier des meilleurs des communistes », comme on l'a défini avec amertume [6]. Zinoviev et Kamenev étaient des chefs du Parti totalement dénués de scrupules. Trotski lui-même, qui, après sa chute, s'afficha comme un tenant de la démocratie dans le Parti, et qui fut déifié par son disciple et hagiographe Isaac Deutscher comme l'épitomé de la noblesse du mouvement bolchevique, ne fut jamais rien d'autre qu'un chef de gang politique raffiné [7]. Il mena à bien le putsch d'octobre 1917 et fit massacrer par la suite les opposants au régime sans la moindre retenue. Il fut le premier à prendre en otages les femmes et les enfants des officiers tsaristes, menaçant de les faire fusiller en cas de refus d'obéissance aux ordres des Soviets, astuce érigée rapidement en système. Il se montra également impitoyable avec ceux de son bord, faisant fusiller des commissaires du peuple et des commandants de l'Armée rouge qui « avaient fait preuve de lâcheté » — c'est-à-dire qui avaient battu en retraite — par la suite, ce devait être une pratique généralisée de l'ère stalinienne; les hommes du rang furent décimés [8]. Trotski choisit toujours la ligne la plus dure. Il inventa la conscription du travail et détruisit les syndicats indépendants. Il usa d'une brutalité sans nom pour réprimer le soulèvement des marins de Cronstadt et s'apprêtait à utiliser des gaz toxiques quand la révolte fut écrasée [9]. Comme Lénine, il s'identifiait à l'Histoire et soutenait qu'elle primait toute considération morale.

Trotski conserva ce relativisme moral de la plus dangereuse espèce jusqu'à son dernier jour. « Les problèmes de morale révolutionnaire, écrivit-il dans son dernier ouvrage, posthume, ne font qu'un avec les problèmes de stratégie et de tactique révolutionnaires [10] ». Il n'y avait plus de critères moraux mais de simples critères d'efficacité politique. Il prétendait qu'il était juste d'assassiner les enfants du tsar, comme il l'avait ordonné, car c'était un acte politiquement utile et les exécutants étaient des représentants du prolétariat; mais Staline ne représentait pas le prolétariat — il était devenu un « bureaucrate excessif » — et donc il était injuste qu'il fît assassiner les enfants de Trotski [11]. Les disciples de Trotski sont bien connus pour leur attachement à ce code éthique défini subjectivement et leur mépris pour toute morale objective.

Le terme « trotskiste », utilisé d'abord sous une acception injurieuse par Zinoviev, fut défini en bonne et due forme par Staline, qui établit une distinction entre « la révolution permanente » de Trotski et

« la révolution d'un seul pays » qui lui était chère. Dans les débuts ils crurent tous en fait à l'avènement d'une révolution mondiale imminente et se mirent à consolider le régime quand elle ne survint pas. Trotski désirait accélérer l'industrialisation beaucoup plus que Staline; mais tous deux furent, du début à la fin, des opportunistes. Ils étaient diplômés du même abattoir et leur querelle essentielle était de savoir lequel des deux serait le nouveau grand prêtre. Si Trotski avait eu l'avantage, il aurait été probablement plus sanguinaire que Staline. Mais il n'aurait pas tenu longtemps : l'instinct de survie lui faisait défaut.

En effet, il fut pour Staline aisé de le détruire. Les luttes internes soviétiques ont toujours eu pour objets l'ambition et la peur plutôt que la politique. Bien que Kamenev et Zinoviev fussent largement tenants de la ligne gauchiste de Trotski, Staline forma un triumvirat avec eux pour empêcher Trotski de se servir de l'Armée rouge et d'organiser un putsch à son profit. Il les utilisa pour lutter contre Trotski afin par la suite de mettre en avant leur impétuosité et leur violence et de jouer lui-même à l'apôtre de la modération. Les manœuvres décisives eurent lieu en 1923, alors que Lénine était encore dans le coma. Staline se fit les dents pendant l'été en faisant arrêter par la Guépéou un certain nombre de membres du Parti pour « indiscipline »; il persuada de même ses deux alliés gauchistes d'approuver l'arrestation de Sultan-Galiyev, première victime bolchevique d'envergure : en fait, Staline le fit assassiner six ans plus tard [12]. Et il constituait sans cesse son clan au sein des organisations locales et du Comité central.

Trotski commit toutes les erreurs qu'il lui était possible de commettre. Au cours de sa visite en 1920, Bertrand Russell avait noté finement le contraste entre la vanité d'histrion de Trotski et la retenue de Lénine. Selon un témoin oculaire des réunions du Politburo en 1923-1924, Trotski ne se préoccupait nullement de dissimuler le mépris dans lequel il tenait ses collègues, partant parfois en claquant la porte ou leur tournant ostensiblement le dos et se plongeant dans la lecture d'un roman [13]. Il méprisait les intrigues politiques et encore plus les corvées avilissantes qu'elles impliquaient. Il ne tenta jamais de se servir de l'armée, faisant passer le Parti d'abord mais sans se ménager un clan en son sein. Il dut être consterné quand, attaquant Staline pour le première fois à l'automne 1923, il découvrit comme ce dernier était bien retranché. Trotski voulait triompher sans s'abaisser, une erreur fatale pour un gangster qui ne pouvait en appeler au public du sein même de la Mafia. Il était souvent malade et absent, jamais là au moment propice. Il n'assista même pas aux funérailles officielles de Lénine, erreur capitale car ce fut la première tentative de restauration, par Staline, d'un élément de rituel dans la vie russe, dont l'absence avait été tristement ressentie depuis la destruction du trône et de l'autel [14]. Bientôt Staline raviva les controverses qui avaient opposé Lénine et Trotski. En mai 1924, lors du XIIIe Congrès du Parti, il stigmatisa Trotski en employant le qualificatif léniniste « fractionniste ». Trotski s'obstina dans ses critiques dirigées contre l'ampleur de la prise de pouvoir de Staline. Mais il ne put contester la condamnation par Lénine des oppositions internes et, semblable à un homme accusé d'hérésie par l'Inquisition, il fut désarmé par ses propres croyances. « Camarades, admit-il, aucun d'entre nous ne souhaite avoir raison ni ne peut avoir raison contre le Parti. Le Parti a toujours raison en dernier ressort... Je sais que personne ne peut avoir raison contre le Parti. L'on ne peut avoir raison qu'avec le Parti ou par son intermédiaire, puisque l'Histoire n'a pas créé d'autres voies pour la compréhension de ce qui est juste [15]. » Comme Staline contrôlait déjà le Parti, les paroles de Trotski forgèrent le piolet qui lui fendit le crâne seize ans plus tard.

A la fin de 1924, Staline, avec Kamenev et Zinoviev préposés aux basses besognes, avait créé l'hérésie du « trotskisme » en la reliant aux disputes antérieures de Trotski et de Lénine — ce dernier avait été embaumé et placé dans son mausolée, cinq mois plus tôt. En janvier 1925, Staline fut ainsi en mesure de dépouiller Trotski du contrôle de l'armée avec l'approbation pleine et entière du Parti. La ligne dure du Parti fut alors informée que la part prise par Trotski dans la Révolution était bien moindre que celle qu'il revendiquait; et son visage commença à être effacé sur les photographies trop révélatrices — premier exemple stalinien de réécriture de l'Histoire [16]. Frounze, premier remplaçant de Trotski à la tête de l'Armée rouge, se révéla maladroit; il semble que Staline le fit assassiner en octobre 1925 par le biais d'une intervention chirurgicale contre laquelle ses médecins avaient élevé des objections [17]. Son successeur, connu plus tard comme le maréchal Vorochilov, prouva son entière dévotion à Staline, en acceptant l'infiltration rapide de l'armée par la Guépéou que Staline contrôlait totalement.

Trotski fut exclu du Politburo en octobre 1926, du Parti le mois suivant, envoyé en exil en 1928, puis obligé de quitter la Russie en 1929 et finalement assassiné sur l'ordre de Staline au Mexique en 1940. Trotski une fois écarté, Staline se retourna contre ses alliés gauchistes. Au début de 1925, il déroba sous son nez à Kamenev le Parti de Moscou, en subornant Ouglanov, son délégué. En septembre, il fit intervenir Boukharine et l'aile droite dans une attaque frontale de Zinoviev et Kamenev — ce qui entraîna une défaite décisive de ces derniers lors du Congrès du Parti de décembre. Immédiatement à la suite, Molotov, l'acolyte en qui Staline avait la plus grande confiance et qui était le plus impitoyable, fut envoyé à Leningrad avec une escouade décidée de « durs » du Parti pour y démanteler l'appareil du Parti de Zinoviev et s'en emparer — employant, pour l'essentiel, les mêmes méthodes, mais à plus grande échelle, dont usait simultanément Al Capone à Chicago pour étendre son territoire [18]. Prenant peur, Zinoviev joignit ses forces à celles de Trotski, l'homme qu'il avait aidé à briser. Mais c'était trop tard : ils furent tous deux immédiatement exclus du Parti; et au XVe Congrès du Parti de décembre 1926, la protestation élevée par

Kamenev fut couverte par les vociférations des rangs serrés des staliniens, soigneusement entraînés, qui étaient à présent légion dans le Parti. Faisant consciemment écho à Lénine, Staline s'opposa ouvertement à ses anciens alliés : « C'est assez, camarades, il faut mettre fin à ce jeu... Le discours de Kamenev est le plus menteur, le plus pharisien, le plus scélérat de tous les discours qui ont été tenus par l'opposition du haut de cette tribune[19]. »

Dès que l'aile gauche fut battue et désarmée, Staline adopta la politique de cette dernière : pressurer les paysans pour accélérer l'industrialisation — il se donnait ainsi les moyens de détruire Boukharine et l'aile droite du Parti. Le conflit éclata le 10 juillet 1928 à une réunion du Comité central où Boukharine déclara que le koulak n'était pas en lui-même une menace — « nous pouvons le descendre à coups de mitrailleuse » — mais que la collectivisation forcée unirait les paysans contre le gouvernement. Staline l'interrompit par une manifestation de piété sinistre : « Voilà une rêverie effrayante mais Dieu est miséricordieux[20] ! » Dieu, peut-être ; pas le secrétaire général du Parti. Le jour suivant, un Boukharine terrorisé, parlant au nom de ses alliés, Rykov, chef nominal du gouvernement, et Tomsky, « chef syndicaliste » à tout faire, rencontra secrètement Kamenev et lui proposa de former un front uni pour stopper Staline. Il comprenait à présent, dit-il, que Staline n'était pas tant intéressé par la politique que par le pouvoir pur et simple : « *Il* nous étranglera. C'est un intrigant sans principes qui subordonne tout à son appétit de pouvoir. A tout moment, il peut changer de théorie pour éliminer ses adversaires... (C'est) Gengis khan ! » Il semble avoir cru que Yagoda, de la Guépéou, embrasserait leur cause ; mais il était mal renseigné[21]. Aucun de ces hommes nerveux ne possédait un soutien numérique dans les organes clés du Parti pour mettre en échec Staline par le vote — ni les moyens, sous la forme de troupes entraînées et armées, de le renverser par la force — ni la ruse et la résolution, deux qualités dont il avaient amplement fait la démonstration, pour le détruire par l'intrigue. En 1929, Staline leur avait réglé leur compte à tous : Rykov et Tomsky perdirent leurs postes et furent tous deux, en compagnie de Boukharine, forcés de confesser publiquement leurs erreurs — Kamenev et Zinoviev les avaient précédés dans cette voie. A présent, on pouvait les juger et les assassiner à loisir.

Staline s'était déjà mis à parfaire la dramaturgie de la terreur. Fort de ses souvenirs de monastère, il œuvra pour que les réunions du Parti offrissent un dialogue antiphonaire bien réglé entre lui et sa claque : Staline suggérant d'user de modération avec les « ennemis » du Parti et la claque insistant pour qu'il fît preuve de sévérité. Ainsi, réclamant avec répugnance l'expulsion de Trotski et de Zinoviev, Staline prétendit que pour s'être élevé auparavant contre de telles mesures, « d'honnêtes bolcheviks » l'avaient « maudit », le trouvant trop clément. Et la claque : « Oui — et nous te maudissons encore de l'avoir été[22] ! » En mai-juillet 1929, Staline mit en scène le premier de ses procès truqués : un groupe d'ingénieurs des mines du Donbass furent accusés de « sabotage ». Le script était dû à Y.G. Yevdokimov, membre de la Guépéou, créature de Staline ; avec en vedette le fils de l'un de accusés, âgé de douze ans, qui dénonça son père et réclama son exécution[23]. Le véritable chef de la Guépéou, Menjinsky, s'opposa à ce procès comme le firent certains membres du Politburo[24]. Mais ce fut la dernière fois que Staline rencontra une réelle opposition émanant de la police secrète ou de l'appareil de sécurité. Vers la fin de l'année, il ordonna l'exécution de Yakov Blioumkine, membre senior de la Guépéou ; ce fut le premier membre du Parti à être exécuté pour crime de lèse-Parti[25].

Par la suite, les procès se déroulèrent exactement comme Staline les planifia : n'y manquait même pas la scène finale avec vociférations indignées de la foule, à l'image d'une production gigantesque du cinéaste Serguei Eisenstein. Au cours du procès du « Parti industriel », l'année suivante, l'auditoire cria, à intervalles soigneusement calculés, « Mort aux saboteurs » et dans les rues, à l'extérieur, des milliers d'ouvriers défilaient en hurlant « A mort, à mort, à mort ![26] ». En 1929, Staline qualifiait tous ceux qu'il cherchait à détruire de l'épithète à tout faire, *stakhtyites* — saboteurs. Selon ses propres termes, « les *stakhtyites* hantent à présent toutes les branches de notre industrie. Nombre d'entre eux — non pas tous, loin de là — ont été arrêtés... Le sabotage représente un danger car il est lié au capitalisme international. Le sabotage bourgeois est un signe indubitable que les éléments capitalistes... rassemblent leurs forces pour porter de nouvelles attaques contre l'Union soviétique[27] ». Il allait rapidement atteindre le point où il lui suffirait de mentionner une liste de noms au Comité central pour en recevoir des instructions instantanées : « Qu'on les arrête, qu'on les juge, qu'on les fusille[28] ! »

Tout en encourageant la chasse aux sorcières par le développement de la paranoïa et de l'hystérie, Staline travaillait à sa propre apothéose, comme héritier d'un Lénine déifié. Dès 1924-1925, Youzovka, Youzovo et Tsaritsyne devinrent Stalino, Stalinsky et Stalingrad ; mais ce fut la célébration de son cinquantième anniversaire, fin 1929, qui marqua le vrai début non seulement de la dictature incontestée de Staline mais de son culte dans toute son ampleur cauchemardesque : des Stalinabad, Stalin-Aul, Staliniri, Stalinissi, Stalino, Stalinogorsk, Stalinsk, mont Staline, éclosant sur l'ensemble du territoire de l'Empire soviétique, les premières litanies staliniennes apparurent : l'Homme d'Acier, le Bolchevik de Granit, le Léniniste à la Poigne de Fer, le Soldat de Fer, le Génie Universel[29], forme d'adoration du souverain, renvoyant aux pharaons égyptiens. Tandis que le gouvernement soviétique devenait en apparence plus hiératique et plus liturgique, et en essence, plus terroriste, la « science » soviétique donnait dans l'irrationnel avec des groupes presque religieux de « penseurs de pointe », connus sous les appellations diverses de généticiens, de téléologistes, de mécanistes et de dialecticiens — parmi nombre d'autres luttant pour obtenir l'approbation de Staline pour leurs théories générales de progrès physique[30]. Certains experts de la cour de Staline étaient prêts à soutenir qu'avec l'Homme d'Acier à la barre, la volonté humaine triompherait de tout et que ce que l'on avait considéré jusque-là comme les lois de la nature et de l'économie pouvaient être mises en suspens. Ce que S.G. Choumiline, l'un des économistes de Staline, exprima ainsi : « Notre tâche n'est pas d'étudier l'économie, mais de la changer. Aucune loi ne nous limite[31]. »

C'est sur cet arrière-plan d'irrationalité, et ainsi affranchi de tout système économique et moral, que Staline mena à bien son colossal exercice d'organisation sociale systématique : la destruction de la paysannerie russe indépendante. Comme nous l'avons vu, c'étaient les paysans qui avaient rendu possible le putsch de Lénine ; et qui, par la suite, en le défiant, le forcèrent à une reddition qu'il avait dissimulée sous l'euphémisme de Nouvelle Politique Economique. C'était au nom de la continuation du léninisme et de la N.E.P. que Staline avait détruit l'aile gauche du Parti dans les années 1924-1928. Mais l'heure était venue de prendre une terrible revanche sur les masses rurales qui avaient humilié le pouvoir des Soviets.

Il n'y avait aucune base théorique marxiste — ou autre — pour justifier ce que Staline allait entreprendre. Mais son action comportait une certaine logique monstrueuse. Il n'existe aucun moyen de stabiliser un Etat qui est engagé dans un processus de nationalisation généralisée. Il ne peut qu'avancer ou reculer. S'il ne va pas de l'avant, la puissance du système de marché — qui est l'expression de certains instincts humains de base, comme l'accumulation et l'échange — est telle qu'elle se réimposera d'elle-même et que le capitalisme fera sa réapparition. En ce cas, l'embryon d'Etat socialiste avortera. Si le socialisme veut aller de l'avant, il doit tendre vers une industrialisation à grande échelle. Ce qui implique des surplus de nourriture pour les ouvriers ainsi que des excédents alimentaires pour l'exportation, afin de lever des capitaux d'investissement. En raccourci, les paysans doivent payer le prix du progrès socialiste. Et puisqu'ils sont peu désireux de payer ce prix volontairement, l'on doit recourir à la force, en doses croissantes jusqu'à ce que leur volonté soit brisée et qu'ils livrent ce qu'on leur réclame. Cela est l'amère logique du pouvoir socialiste, que Staline comprit dans les années 20 : il n'y avait aucun moyen terme entre un retour au capitalisme et l'utilisation sans limite de la force[32].

Cette logique formait un sinistre contrepoint aux étapes successives de la destruction par Staline de ses opposants de droite et de gauche. Trotski, Zinoviev et Kamenev avaient toujours soutenu que les paysans ne fourniraient jamais volontairement des quantités alimentaires suffisantes, devraient y être forcés et, si besoin était, écrasés. Staline écarta leurs arguments sous le prétexte qu'ils cherchaient à « piller les paysans » qui étaient « les alliés de la classe ouvrière » et qui ne devaient pas être assujettis à « un surcroît d'oppression[33] ». Mais la récolte de

1927 fut pauvre et ce fut alors que la logique du socialisme se mit à opérer. Les paysans amassèrent des réserves ; ils ne voulaient pas du papier-monnaie du gouvernement, qui n'achetait rien qui en valût la peine. Ainsi le compromis de Lénine — basé sur la théorie qu'il fallait soutenir les 76,7 millions de « paysans moyens » et les 22,4 millions de « pauvres paysans » contre les 5 millions de koulaks : en fait, il était impossible, sauf sur le papier, d'établir de telles distinctions, la paysannerie, dans son ensemble, étant hostile au gouvernement — ce compromis donc échoua[34].

En janvier 1928, face au défaut d'approvisionnement des villes, à l'absence d'exportation de céréales et à un besoin croissant de devises étrangères, Staline déclencha sa première offensive contre les paysans : il envoya 30 000 ouvriers du Parti en armes dans la campagne, une répétition du procédé de rançonnement utilisé en 1918. Il y eut rapidement des rapports d'atrocités commises, camouflées par des expressions du genre « rivalité entre organisations céréalières collectives », « manquements regrettables à la légalité soviétique », « dérapage dans les méthodes du communisme de guerre », « erreurs administratives » etc. Plus sinistre encore était la tendance grandissante des porte-parole de Staline à mettre tous les paysans dans le même sac. Molotov parlait de forcer « le paysan moyen à se soumettre » ; Mikoyan accusait « le paysan pauvre » de se trouver « sous la coupe des koulaks ». Quelque 1 400 « actes terroristes » de paysans — à savoir, leur résistance aux réquisitions de vivres par la force armée — furent recensés en 1928. Un koulak, capturé avec un fusil, ricana : « Voilà donc à quoi se résume la lutte des classes ! » Des rapports de la région de Smolensk, saisis par les nazis et publiés par la suite, nous laissent entrevoir, au vu de documents officiels inexpurgés, la nature bouillonnante de ce martyre paysan. Pour la première fois, Staline utilisa le verbe « liquider » en se référant à « la première campagne sérieuse d'éléments capitalistes, infiltrés chez les paysans... dirigée contre le pouvoir soviétique ». Quiconque, remarqua-t-il cyniquement, qui s'imaginait que la mise en pratique de la politique ne comportait aucun inconvénient n'était pas « un marxiste, mais un imbécile[35] » !

Mais voler les vivres des paysans les incita à semer moins ; et la récolte de 1928 fut pire que celle de l'année précédente. À l'automne 1928, Staline avait un besoin urgent de devises étrangères, comme nous l'apprennent dans un autre domaine les ventes, effectuées en secret, à l'Occident de nombreux trésors de l'art russe. Ce fut en novembre 1928, si l'on en croit Tatiana Chernavine, l'un des conservateurs du musée de l'Ermitage à Léningrad, que « l'on nous ordonna de réorganiser le plus rapidement possible les collections complètes de l'Ermitage selon des principes de "formation sociologique" ...et de contribuer ainsi au démembrement d'une collection dont la création avait nécessité plus d'une centaine d'années[36] ». Les tableaux furent achetés par des milliardaires du monde entier. Le plus grand acquéreur fut Andrew Mellon qui acheta en 1930-1931 pour 6 654 053 de dollars un lot de 21 toiles qui comprenait cinq Rembrandt, un Van Eyck, deux Franz Hals, un Rubens, quatre Van Dyck, deux Raphaël, un Velasquez, un Botticelli, un Véronèse, un Chardin, un Titien et un Pérugin — probablement le plus beau trésor jamais transféré d'un seul tenant et à si bon marché. Tous firent partie de la National Gallery de Washington que créa effectivement Mellon. C'est l'une des nombreuses ironies de cette période qu'au moment où l'intelligentsia américaine accusait Mellon d'évasion fiscale, en soulignant le contraste entre l'économie dirigiste au cours régulier de l'U.R.S.S. et la crise aux Etats-Unis, ce dernier exploitât secrètement les nécessités frénétiques des dirigeants soviétiques pour jeter les bases de l'une des plus splendides collections publiques du pays [37]. L'apport en dollars des seuls achats de Mellon représentait le tiers du chiffre officiel des exportations russes aux Etats-Unis en 1930.

Ironie supplémentaire, et combien plus cruelle, ce fut l'exemple d'une entreprise américaine prospère qui persuada finalement Staline de cesser d'extorquer les céréales des paysans indépendants et de rassembler ces derniers en collectivités par la force. Jusque-là Staline avait toujours nié la différence entre ferme coopérative et ferme collective, décrivant cette dernière comme étant simplement « un type plus prononcé de coopérative de production [38] ». Telle quelle, il s'agissait d'une institution volontaire. Mais, en 1928, Staline entendit parler de la ferme Campbell qui couvrait 30 000 hectares du Montana et qui était la première exploitation céréalière du monde [39]. Il prit la décision d'installer des « usines à grain » de ce type en Russie, sur une échelle gigantesque. Cette année-là, l'une d'elles fut mise sur pied dans le Caucase : elle couvrait 150 000 hectares et était équipée de 300 tracteurs. Pour Staline, le tracteur devint un symbole du futur par opposition à la charrue de bois : 5,5 millions d'entre elles étaient encore en service en octobre 1927. Le tracteur joua pour Staline le rôle que l'électricité avait tenu pour Lénine. Staline fit accuser les koulaks par ses partisans de mener une campagne antitracteur, prétendant qu'ils faisaient courir la rumeur que c'était « l'Antéchrist venu sur la terre monté sur un cheval de fer », que les vapeurs d'essence « empoisonnaient » le sol, et qu'ils étaient les auteurs de dictons des bords de la Volga comme : « Où le tracteur creuse son sillon, le sol se dessèche pour de bon. » C'étaient en fait les paysans les plus riches qui achetaient des tracteurs, dès qu'ils pouvaient se le permettre. L'effort fourni par Staline en faveur de ce qu'il appelait « colonnes de tracteurs » ou « bases de tracteurs » entraîna, selon la description de rares observateurs objectifs, « une utilisation téméraire de la machine sur l'ensemble des terres étatisées » et « des régiments de tracteurs en panne » qui « émaillaient le paysage russe [40] ». Cet état de fait était une parfaite illustration de l'ignorance de Staline quant à ce qui se passait vraiment dans la Russie rurale — ignorance qui avait déjà été le fait de Lénine. Suivant Khrouchtchev, « Staline s'était coupé du peuple et ne se rendait jamais nulle part...

Sa dernière visite d'un village remontait à janvier 1928[41] ». La gigantesque opération de collectivisation des terres, qui concerna 105 millions d'individus, fut menée par Staline depuis son bureau du Kremlin.

Sa planification ne fut pas pour autant rationnelle ni sujette à concertation, bien au contraire. Ne pas recourir à la force pour enrôler les paysans dans les fermes d'Etat était toujours allé de soi. On se basait sur l'affirmation d'Engels dans *La Question paysanne en France et en Allemagne*, paru en 1894 : « Quand nous obtiendrons le pouvoir, il ne faudra pas songer à nous approprier les petits paysans par la force. » Lénine citait souvent ce passage. Trotski lui-même avait parlé « d'accord », de « compromis » et de « transition graduelle ». *La Pravda* insistait encore sur ce point en juin 1929 : « Ni terreur, ni dékoulakisation, mais l'offensive socialiste sur les voies de la N.E.P.[42]. » La décision de la collectivisation forcée fut prise soudainement, sans aucun débat public, dans les dernières semaines de 1929. Conduite typique d'un petit groupe d'hommes au pouvoir qui, à la poursuite d'une utopie, prennent d'assaut brusquement une structure sociale vieille de plusieurs siècles en traitant les populations comme des fourmis dont on écrase le nid. Sans avertissement, Staline appela à « l'offensive totale contre les koulaks... nous devons les écraser, éliminer la classe qu'ils forment... Nous devons frapper les koulaks durement pour les empêcher de redresser un jour la tête... Nous devons briser la résistance de cette classe par une lutte ouverte ». Le 27 décembre 1929, fête de saint Jean l'apôtre, il leur déclara la guerre par ce slogan : « Il faut liquider la classe des koulaks[43] ! » Le feu vert à une politique d'extermination était donné : plus de trois ans avant la prise de pouvoir de Hitler, douze ans avant que ce dernier n'ordonne la « solution finale ».

La collectivisation fut la pire calamité qu'ait connue le monde paysan depuis l'époque de la guerre de Trente Ans en Allemagne. C'est la Guépéou qui se chargea officiellement de la besogne mais on eut recours à toute sorte d'expédients. On encouragea les paysans les plus démunis à piller les demeures des koulaks dépossédés et à traquer ces derniers à travers champs. Le terme koulak fut bientôt appliqué à tout paysan qui s'opposait activement à la collectivisation; des communautés entières de paysans résistaient avec l'énergie du désespoir. Ils étaient alors encerclés par des unités militaires et policières qui employaient des méthodes qu'imita Hitler dans le moindre détail, lors des rafles des juifs : ils étaient abattus sur place ou entassés dans des fourgons et déportés. Deutscher, lors d'un voyage en Russie, rencontra un colonel de la Guépéou qui lui confia, en pleurant : « Je suis un vieux bolchevik. Sous le tsar, j'étais dans la clandestinité, puis j'ai pris part à la guerre civile. Ai-je accompli tout cela pour finir par assiéger des villages et ordonner à mes hommes de tirer avec leurs mitrailleuses, sans discrimination, sur des groupes de paysans ? Oh non, non, non[44] ! » Cette violence à grande échelle fut déclenchée à la fin de 1929 et se poursuivit jusqu'à la fin février 1930 : le nombre des propriétés collectivisées augmenta de 30 %. Troublé par l'ampleur de la résistance, Staline changea soudain de tactique ; il écrivit un article dans *La Pravda* du 2 mars 1930 : « On ne peut implanter les fermes collectives par la violence, ce serait stupide et réactionnaire. » En quelques semaines, la moitié des fermes collectives votèrent alors en faveur de leur dénationalisation ; et au début de l'été, Staline fut contraint de revenir à sa « politique stupide et réactionnaire » d'emploi de la force : cette fois, il la mena à bonne et triste fin[45].

Il en résulta ce que le grand érudit marxiste, Leszek Kolakowski a appelé « l'opération de guerre la plus massive probablement jamais conduite par un Etat contre ses propres citoyens[46] ». Le chiffre réel des paysans tués par le régime n'est toujours pas connu et ne peut l'être, même si un jour les historiens ont accès aux archives soviétiques. Churchill a raconté qu'à Moscou, en août 1942, Staline lui dit froidement qu'on « s'était occupé » de « 10 millions de paysans[47] ». Selon une estimation autorisée, il faut ajouter au nombre de paysans exécutés par la Guépéou ou tués au cours d'échauffourées, entre 10 et 11 millions de déportés en Russie d'Europe du Nord, en Sibérie et en Asie centrale ; un tiers d'entre eux fut interné en camps de concentration, un tiers fut exilé et le troisième tiers fut exécuté ou mourut au cours du voyage[48].

Les paysans rescapés furent dépouillés de leurs propriétés — peu importait leur étendue — et entassés dans les « usines à grains ». Pour les empêcher de s'enfuir dans les villes, on créa un système de passeports intérieurs : tout changement de domicile effectué sans autorisation officielle était puni d'emprisonnement. Les paysans n'avaient pas du tout droit à ces passeports. Ils se retrouvaient attachés au sol, *glebae adscripti*, comme dans la phase finale de l'Empire romain ou durant l'ère du servage féodal. Le système était plus rigoureux que dans les périodes les plus sombres de l'autocratie tsariste et ne fut pas assoupli avant les années 1970[49].

Le résultat était prévisible : ce qu'on a appelé « la seule occurrence dans l'histoire, peut-être, d'une famine purement créée par l'homme[50] ». Plutôt que de livrer leurs récoltes, les paysans les brûlèrent. Ils détruisirent leur matériel. Ils massacrèrent 18 millions de chevaux, 30 millions de têtes de bétail — 45 % du chiffre total — 100 millions de moutons et de chèvres — les deux tiers du chiffre total. Même si l'on en croit les chiffres de l'histoire soviétique officielle, la production de bétail en 1933 n'atteignit que 65 % de celle de 1913, celle des bêtes de trait tomba à moins de 50 % et la force de traction totale — y compris celle des tracteurs — ne dépassa celle de 1928 qu'en 1935[51]. Malgré la famine de 1932-1933, Staline s'arrangea pour effectuer certaines exportations de céréales afin de subvenir aux importations de machines et à l'outillage de ses nouvelles usines d'armement. Le coût en vies humaines fut exorbitant. L'étude démographique d'Iosif Dyadkine, « Évalutation des morts non naturelles de la population russe entre 1927 et 1958», qui circula sous forme de *samizdat* — ouvrage clandestin — à la fin des années 70, évalue à 10 millions, les morts non naturelles d'hommes, de femmes et d'enfants, durant la collectivisation et la période « d'élimination des classes », entre 1929 et 1936[52].

Le retour de la paysannerie russe — qui représentait alors les trois quarts de la population — sous un système féodal eut un effet désastreux sur le moral du communiste de base dont ce fut la tâche. D'après Kolakowski : « L'ensemble du Parti devint une organisation de tortionnaires et d'oppresseurs. Personne n'était innocent; tous les communistes étaient les complices de cette coercition. Le Parti acquit ainsi une nouvelle sorte d'unité morale et s'engagea dans une direction où tout retour en arrière était impossible[53]. » La même chose devait arriver, quelques années plus tard, aux nationaux-socialistes en Allemagne : Staline montra le chemin à Hitler. Dans le Parti, tout le monde était au courant des événements. Boukharine grommelait en privé que « l'anéantissement en masse d'hommes, de femmes et d'enfants sans aucune défense » acclimatait les membres du Parti à la violence et à l'obéissance aveugle et les transformait « en rouages d'une terrible machine[54] ». Une seule personne protesta auprès de Staline. Sa deuxième femme, Nadejda, l'avait quitté en 1926 avec ses deux enfants en bas âge, Vassili et Svetlana. Staline la persuada de revenir près de lui et la fit surveiller par la Guépéou; quand elle s'en plaignit, il retrouva ses informateurs et les fit arrêter. Le 7 novembre, devant témoins, elle éleva une violente protestation contre sa manière de traiter les paysans, rentra chez elle et se suicida. C'était un second drame familial : Yakov, fils aîné de Staline, avait tenté de se suicider par désespoir en 1928; Svetlana écrivit par la suite : « Je pense que la mort de ma mère, qu'il considéra comme une trahison personnelle, dépouilla son âme de ses derniers vestiges de chaleur humaine[55]. »

En réaction, Staline chargea la Guépéou de l'organisation de sa demeure, du choix et du dressage des serviteurs, de la supervision des cuisines et du contrôle de l'accès à sa personne[56]. Il opérait à présent, non par l'intermédiaire normal du gouvernement ou des organes du Parti, mais par celui de son secrétariat personnel, une excroissance de l'ancien secrétariat du Parti; et par ce biais, il se créa une police secrète personnelle au sein de la police officielle, appelée Sécurité politique spéciale et secrète du département d'État[57]. Dans ce cocon, il se sentit invulnérable; et certainement d'autres que lui le crurent. Malgré l'état désespéré de la Russie en 1932 — ce qui menaça d'effondrement le régime de Staline comme celui de Lénine, début 1921 — personne, dans son entourage, ne chercha à l'assassiner.

Quant au dirigisme économique, donné en exemple au monde entier, c'était pour l'essentiel un exercice sur le papier. Aucun des chiffres avancés n'a jamais été vérifié en toute indépendance depuis 1928. Les contrôles non gouvernementaux — qui sont une part essentielle de tout Etat constitutionnel soumis à la loi — n'existent pas en Union soviétique. Le premier plan quinquennal comportait, dès le départ, des élements douteux. Le Comité central l'approuva en novembre 1928, l'adopta formellement en mai 1929 et le déclara rétroactivement entré en vigueur depuis octobre 1928 ! Comme à partir de fin 1929, le pays fut bouleversé de fond en comble par la brusque décision de collectiviser l'agriculture, le Plan de 1928 — en assumant qu'il ait jamais existé — fut rendu complètement obsolète. Cependant, en janvier 1933, alors que Hitler accédait au pouvoir, Staline annonça soudain que le Plan avait été mené à bien en quatre ans et demi, avec « une réussite maximale et même au-delà », à de nombreux égards [58].

Ce Plan, présenté comme un modèle de processus civilisateur à la société occidentale sophistiquée, était en fait d'une barbarie fantastique. La Russie est un pays riche, doté de ressources en matières premières d'une variété sans équivalent dans le reste du monde. Le régime soviétique hérita d'une population en expansion et d'une base industrielle à croissance rapide. Comme l'Allemagne de Guillaume II l'avait pressenti, rien ne pouvait empêcher la Russie de devenir l'une des plus grandes — et bientôt la première — puissances industrielles du monde. La politique de Lénine, combinée à celle de Staline — où plutôt la série d'expédients hâtifs qui tinrent lieu de politique —, eut pour effet de ralentir nettement cette expansion inévitable, tout comme cette double politique endommagea énormément — mais, dans ce cas, de façon permanente — l'agriculture florissante de la Russie.

Mais néanmoins des progrès furent accomplis. De grands projets furent menés à terme — comme, entre beaucoup d'autres : le barrage du Dniepr en 1932, l'usine de tracteurs de Stalingrad, l'aciérie de Magnitogorsk dans l'Oural, les mines du bassin de Kouznetsk en Sibérie et le canal reliant la Baltique à la mer Blanche. Certaines de ces réalisations, le canal par exemple, furent menées à bien, partiellement ou totalement, grâce aux travaux forcés. Comme nous l'avons vu, l'utilisation d'esclaves politiques avait fait partie du régime politique de Lénine — initialement à toute petite échelle — dès les premiers mois de son existence. Sous Staline, ce système prit de l'ampleur, d'abord lentement, puis à une allure terrifiante. Avec la mise en pratique de la collectivisation forcée, en 1930-1933, la population des camps de concentration atteignit 10 millions et à partir de début 1933, elle ne redescendit jamais en dessous de ce chiffre; sauf, bien entendu, après la mort de Staline. Parmi les industries qui recouraient régulièrement au travail forcé à large échelle, on trouvait les mines d'or et de charbon, les Eaux et Forêts, l'agriculture industrielle et les transports — avec, en particulier, la construction de canaux, voies de chemin de fer, aéroports et routes. La Guépéou négociait des contrats de travail forcé avec divers offices gouvernementaux, tout comme les nazis devaient louer les services des déportés à Krupp, I.G. Farben et autres firmes allemandes. 300 000 travailleurs forcés furent employés à la construction de l'énorme canal de la mer Blanche, l'une des réalisations dont se glorifia Staline [59]. Le travail forcé cessa d'être marginal, comme au temps de Lénine, pour devenir une part importante et intégrante de l'économie stalinienne, la Guépéou administrant de vastes zones en Sibérie et en Asie centrale [60].

Le taux de mortalité dans les camps de travail totalitaires semble avoir été de 10 % par an, si l'on en juge d'après les chiffres des Allemands [61]. Il dut être plus élevé en Russie car un grand nombre de camps étaient situés dans les régions arctiques et subarctiques. En tout cas, le besoin de ces ressources en travailleurs forcés fut sans doute l'une des raisons principales des arrestations sans nombre d'ouvriers non affiliés au Parti, dans les années 1929-1933. Périodiquement se tenaient des procès truqués, soigneusement mis en scène, comme le procès menchevique en mars 1931 ou le procès des ingénieurs Metro-Vickers en avril 1933. Ces événements, auxquels on faisait la publicité nécessaire, servaient à révéler, dans le moindre détail, l'existence d'une série de conspirations diaboliques, dont chacune était une petite partie d'une gigantesque conspiration contre le régime et le peuple russes, et à créer la xénophobie et l'hystérie sans lesquelles l'Etat stalinien ne pouvait tenir debout. Mais ils ne représentaient qu'une infime fraction du processus, la raison d'être explicite des arrestations et des disparitions qui avaient lieu à travers le pays, à une échelle sans précédent.

La plupart de ces « procès » étaient passés sous silence même s'ils impliquaient souvent d'importants groupes de personnes, regroupées d'après leurs occupations. Certaines ne furent jamais jugées. La nature arbitraire de ces arrestations était essentielle à la création d'un climat de peur qui, après le besoin de main-d'œuvre, était le principal objectif de la terreur hors Parti. Un membre de la Guépéou reconnut devant le correspondant du *Manchester Guardian* à Moscou que des innocents étaient arrêtés : naturellement, dit-il, sinon personne n'aurait été effrayé. Si les gens n'étaient arrêtés que pour des délits spécifiques, tous les autres se sentiraient en sécurité et deviendraient mûrs pour la trahison [62]. Cela mis à part, il semble que, dans de nombreux cas, il n'y eut aucun recours à un raisonnement logique. Un bolchevik de la première heure cite le cas d'un expert en énergie qui, sur une période de dix-huit mois, fut arrêté, condamné à mort, grâcié, envoyé en camp, relâché, réhabilité et finalement décoré d'une médaille, sans aucun motif apparent [63]. Mais l'écrasante majorité de ceux qui furent arrêtés passèrent le reste de leur vie dans les camps.

À l'extérieur, l'ampleur de la tyrannie de Staline — ou même son existence — fut rarement saisie. La plupart de ceux qui se rendaient en Russie étaient soit des hommes d'affaires désireux de commercer sans avoir l'intention de critiquer ou d'enquêter sur ce qui ne les regardait pas, soit des intellectuels, venus pour admirer et encore plus pour y croire. Si le déclin du christianisme a engendré le fanatisme politique moderne — et ses crimes — de même la volatilisation de la croyance religieuse dans le milieu cultivé laissa un vide dans l'esprit des intellectuels occidentaux, aisément rempli par une superstition laïque. Il n'y a pas d'autre explication à la crédulité avec laquelle des scientifiques, habitués à évaluer les preuves, et des écrivains, dont la seule fonction était d'étudier et de critiquer la société, acceptèrent la propagande stalinienne la plus grossière, au premier degré. Ils avaient besoin de croire ; ils voulaient être dupes[64]. Ainsi, Amabel Williams-Ellis, dans l'introduction d'un ouvrage traitant de la construction du canal de la mer Blanche — décrite par la suite de façon si déchirante par Alexandre Soljénitsyne — écrivit cette phrase : « Ce récit de la réalisation d'un travail de haute précision technique, au cœur de forêts primitives, par des dizaines de milliers d'ennemis de l'Etat, aidés — dois-je écrire gardés ? — par trente-sept officiers de la Guépéou seulement, est l'une des histoires les plus passionnantes qui aient jamais été publiées. » Sidney et Béatrice Webb déclarèrent à propos du même projet : « C'est réconfortant de penser que l'appréciation officielle, chaleureusement exprimée, du succès de la Guépéou porta non seulement sur la performance d'un grand exploit technique mais sur la triomphale régénération humaine qu'il a occasionnée. » Harold Laski vantait les prisons soviétiques qui permettaient aux prisonniers de mener « une existence bien remplie où ils conservaient le respect d'eux-mêmes ». Anna Louise Strong relatait : « Les camps de travail ont conquis une grande réputation en Union soviétique comme les endroits où des dizaines de milliers d'hommes ont été réformés. » « La méthode soviétique de refonte de l'être humain est d'une efficacité si réputée, ajoutait-elle, que des criminels demandent parfois à y être soumis. » Tandis qu'en Grande-Bretagne, écrivit George Bernard Shaw, un homme qui entrait en prison était un être humain mais en ressortait en criminel typique, en Russie, il y entrait « en criminel et en sortirait en homme comme les autres, s'il n'était difficile de le convaincre de sortir pour de bon. Autant que j'ai pu en juger, ils pouvaient y rester aussi longtemps qu'ils le désiraient[65] ».

La famine de 1932, la pire de l'histoire russe, ne fut en fait pas signalée. À son apogée, le biologiste Julian Huxley, de passage, nota « un niveau de santé physique, en général, bien supérieur à celui observé en Angleterre ». Shaw jeta par la portière du train ses provisions de nourriture en franchissant la frontière russe, « convaincu qu'il n'y avait pas de disette en Russie ». « Où voyez-vous la disette ? », demanda-t-il, en jetant un regard sur la salle de restaurant, réservée aux étrangers, du Métropole de Moscou[66]. Il écrivit : « Staline a tenu ses engagements à une échelle impensable il y a dix ans et je lui tire mon chapeau par conséquent. » Mais Shaw et sa compagne de voyage, lady Astor, connaissaient l'existence des prisonniers politiques, puisque cette dernière intercéda auprès sur Staline en faveur d'une femme qui désirait rejoindre son mari en Amérique — Staline la remit promptement entre les mains de la Guépéou — et qu'elle lui demanda : « Combien de temps encore allez-vous continuer à tuer du monde ? » Quand il lui répondit : « Aussi longtemps qu'il le faudra », elle changea de sujet et lui demanda de lui fournir une bonne russe pour ses enfants[67].

Des appréciations sur Staline écrites dans les années 1929-1934 laissent rêveurs. H.G. Wells disait qu'il n'avait « jamais rencontré d'homme plus franc, plus juste et plus honnête... personne ne le craint et chacun lui fait confiance ». Les Webb soutenaient qu'il avait moins de pouvoir que le président des Etats-Unis, qu'il agissait simplement sous les ordres du Comité central et du Présidium. Hewlett Johnson, doyen de Canterbury, le décrivit conduisant « son peuple, le long d'avenues nouvelles et peu fréquentées de la démocratie ». L'ambassadeur américain, Joseph E. Davies, rapporta qu'il « avait insisté sur la libéralisation de la constitution » et « qu'il projetait réellement le suffrage universel à bulletin secret ». « Son regard brun est excessivement sage et doux, écrivit-il. Un enfant aimerait s'asseoir sur ses genoux et un chien se coucherait près de lui. » Emil Ludwig, le célèbre biographe, le jugea un homme « auquel je confierais volontiers l'éducation de mes enfants ». Le physicien J.D. Bernal rendit hommage à la fois à « son approche profondément scientifique de tous les problèmes » et à « sa capacité d'émotion ». Il était, d'après l'écrivain chilien, Pablo Neruda, « un homme de principe et d'un bon naturel » ; « un homme d'une bonté joviale », lui faisait écho le doyen de Cambridge[68].

Certains de ces hommages peuvent s'expliquer, soit par la corruption, soit par la vanité ou la pure sottise. Davies, qui présenta sous un faux jour la Russie stalinienne à son gouvernement, fut en effet soudoyé par le régime soviétique, qui l'autorisa à acheter des icônes et des calices pour sa collection privée, à des prix inférieurs à ceux du marché[69]. Anna Louise Strong fut très bien décrite par Malcolm Muggeridge : « C'est une femme énorme au visage très rouge, aux cheveux très blancs, et dont l'expression de stupidité est si stupéfiante qu'elle en acquiert une étrange beauté[70]. » L'auto-aveuglement fut de manière évidente le principal facteur de la présentation de l'échec d'un despotisme sous l'image d'une utopie en train de se réaliser. Il y eut aussi une tromperie consciente de la part d'hommes et de femmes qui se croyaient des idéalistes et qui, à l'époque, pensèrent honnêtement servir un dessein humain supérieur en mentant et en dénaturant les faits systématiquement. Si la Grande Guerre et sa violence sans précédent brutalisèrent le monde, la Grande Crise le corrompit en semblant limiter les options offertes à l'humanité et en les présentant sous des couleurs au contraste grossier. Les activistes politiques estimèrent qu'ils devaient faire un terrible choix et après l'avoir fait, s'y tenir avec une résolution désespérée. Les années 30 furent l'ère du mensonge héroïque. La « fraude sacrée » fut la vertu la plus prisée. La Russie, torturée par Staline, fut la première bénéficiaire de cette falsification sanctifiée. Cette compétition dans la supercherie devint plus ardente encore quand le stalinisme rencontra un adversaire mortel dans l'hitlérisme.

Il y eut en effet un élément de tromperie au cœur même de la rivalité entre les formes fasciste et communiste du totalitarisme. Elles étaient liées organiquement dans le processus de leur développement historique. Tout comme la guerre avait rendu possible la prise de pouvoir par la violence de Lénine et comme « le socialisme de guerre » allemand lui avait donné sa politique économique, de même la propre existence de l'État léniniste, avec son contrôle par un seul parti de tous les aspects de la vie publique et son relativisme moral érigé en système, offrait un modèle aux contempteurs de la société libérale, de la démocratie parlementaire et de la suprématie de la loi. Il encourageait l'imitation et il engendrait la peur ; et ceux qui le redoutaient le plus étaient le plus enclins à en adopter les méthodes en construisant un contre-modèle de leur cru. Le totalitarisme de gauche donna naissance au totalitarisme de droite ; le communisme et le fascisme furent le marteau et l'enclume qui réduisirent en pièces le libéralisme. L'émergence de l'autocratie de Staline altéra la dynamique de la corruption, en degré non en nature. Car Staline « ne fut que le vieux Lénine écrit en plus gros ». Ce changement de degré fut néanmoins important par son échelle. Les arrestations, les prisons, les camps, l'envergure, la brutalité et la violence de cette organisation sociale systématique — rien de tout cela n'avait été vu ni imaginé auparavant. Aussi le contre-modèle devint d'une ambition encore plus monstrueuse ; et la peur qui alimenta son élaboration, encore plus intense. Si le léninisme engendra le fascisme de Mussolini, ce fut Staline qui rendit possible le Léviathan nazi.

Hitler sortit de la prison de Landsberg à la fin de 1924, pratiquement au moment même où Staline achevait de détruire politiquement Trotski et s'installait au poste de commandement de l'Etat léniniste. Ces deux événements étaient liés, car Hitler venait de comprendre qu'il ne pourrait pas renverser la République de Weimar par la force mais devrait l'infiltrer en créant un parti de masse ; et l'ombre grandissante de Staline lui fut un allié essentiel dans cette tâche. Ce fut l'Etat communiste de 1919 qui donna à Hitler sa première base en Bavière, rassemblant par la crainte les séparatistes catholiques « noirs » et les nationalistes radicaux « bruns » de l'armée privée du capitaine Roehm. Le noyau central du parti était bavarois, comprenant un groupe important de réfugiés baltes, ayant fui le léninisme et vivant en Bavière[71]. Mais pour prendre le pouvoir, Hitler devait s'évader de l'enclave bavaroise et gagner le Nord industriel. En 1925, il forma une alliance avec Gregor Strasser, démagogue radical qui, avec son lieutenant, l'habile Joseph Goebbels, prêchait à sa manière la révolution socialiste à la classe ouvrière. Hitler persuada Strasser de transformer son idée d'une « révolution spécifiquement germanique », aux buts nationalistes et anticapitalistes en « révolution antijuive », qui exercerait un plus grand attrait sur la classe moyenne[72]. Ce furent Strasser et Goebbels qui, les premiers, firent du nazisme un large mouvement dans le nord du pays.

Mais à la conférence de Bamberg, en 1926, Hitler fut en mesure d'imposer sa suprématie dans le parti et Goebbels changea d'allégeance.

Pendant les années 1925-1929, les meilleures de la République de Weimar, alors que l'Allemagne profitait d'une renaissance industrielle qui frôlait le niveau d'avant-guerre et qu'aucun facteur économique ne jouait en faveur d'Hitler, celui-ci s'affirma comme un brillant orateur novateur, un organisateur de parti dur à la besogne et un chef autoritaire à la terrifiante volonté de puissance. Comme pour le léninisme, l'organisation allait devenir la base du contrôle, une fois le pouvoir assuré. Hitler divisa le pays en 34 *Gaue*, basées sur les circonscriptions électorales, avec chacune à sa tête un *Gauleiter* — qu'il choisissait personnellement — avec sept *Gaue* complémentaires pour Dantzig, la Sarre, l'Autriche et le territoire des Sudètes, objets de la première vague de sa future expansion. Son parti, comme celui de Lénine, était fortement centralisé — autour de sa personne, en fait — mais prônait « la participation », comme le fit son futur régime : ainsi existaient les Jeunesses hitlériennes, la Ligue des écoliers nazis, le Syndicat des avocats nazis, la Ligue des étudiants, une Association des professeurs nazis, l'Ordre des femmes allemandes, la Ligue des médecins nazis et des dizaines d'autres groupements. La méthode de Hitler consistait à priver toujours ses partisans d'une vraie participation aux décisions, mais à leur ouvrir un champ infini d'activités sans relâche, y compris la violence.

Avec l'installation du stalinisme, la violence s'accrut dans le mouvement international communiste et le parti de Rosa Luxemburg, autrefois fortement intellectuel, déserta ses bureaux pour envahir les rues. Là, les Chemises brunes des SA de Roehm les affrontaient allégrement en des combats sanglants, dont chaque parti tirait bénéfice. Les communistes recouraient à la violence pour affaiblir les sociaux-démocrates — qu'ils appelaient sociaux-fascistes et considéraient comme leur véritable ennemi — qu'ils jugeaient trop faibles et trop « réformistes » pour se dresser contre le pouvoir brut de la droite. Mais les nazis étaient destinés à être gagnants en dernier ressort car, en utilisant la violence, ils se posaient en défenseurs de « l'ordre aryen » — la République de Weimar étant trop faible pour le faire respecter effectivement — et se présentaient comme la seule force capable en Allemagne d'exorciser la « terreur rouge » et de donner aux innocents citoyens la paix d'une autorité véritable. Ces combats de rues incessants empêchèrent la République de Weimar de tirer un bénéfice permanent de ses années d'expansion économique. Ceux qui rejetaient à la fois une tyrannie de type stalinien et un Etat libéral capitaliste, qui ne parvenait pas à procurer un sentiment d'honneur national ni même à assurer une sécurité élémentaire, étaient toujours à la recherche d'une « troisième voie ». C'était là, significativement, le titre original de l'ouvrage de Bruck, *Le Troisième Reich*. À la fin des années 20, les partisans de la « troisième voie » comptaient dans leurs rangs des figures influentes comme Carl Schmitt, le juriste le plus éminent d'Allemagne, qui n'était absolument pas nazi, mais qui avait soutenu et plaidé la cause — dans une longue série d'ouvrages lus par un large public — d'une constitution et d'un système de gouvernement plus autoritaires pour l'Allemagne[73]. Oswald Spengler en était une autre : sa « troisième voie » incorporait le *Führenprinzip* d'autorité, le *Führer* étant un membre représentatif de la race du *Volk*, désigné par ses fonctions de chef charismatique[74]. Dès que Hitler devint une figure publique majeure, lui et son parti correspondirent à cette description plus qu'aucun autre prétendant, en particulier depuis l'ascension de Staline. Spengler avait averti que les temps à venir « seraient une époque de guerres cruelles où de nouveaux Césars se dresseraient avec une élite d'hommes d'acier, peu préoccupés de bonheur et d'acquisitions personnelles mais de l'exécution de leurs devoirs envers la communauté, qui remplaceraient les démocrates et les humanitaires[75] ». Cet âge était venu : le nom même de Staline ne signifiait-il pas « acier » ? Où était donc « l'homme d'acier » de l'Allemagne ?

L'Allemagne de Weimar était une société où régnait l'insécurité, elle requérait — et n'eut jamais — un homme d'État capable d'inspirer une confiance nationale. Bismarck avait habilement enseigné aux différents partis à ne pas viser le consensus national mais à représenter des intérêts particuliers. Les partis, sous la République, restèrent les groupes de pression d'une classe ou d'une fraction. Cela fut fatal : le système des partis et le parlementarisme démocratique dans le même temps parurent des facteurs de division et non d'unification. Pis encore : cela signifiait que les partis n'avaient pas de dirigeant dont l'influence dépassât le cercle étroit de leurs partisans. Les sociaux-démocrates, groupe respectable et borné, furent les plus à blâmer. Ils auraient pu créer un bloc de centre gauche inattaquable s'ils avaient abandonné leurs projets de nationalisation et d'imposition ; mais ils s'y refusèrent, craignant de se faire déborder sur leur gauche par les communistes.

Deux hommes politiques de Weimar seulement eurent un impact au-delà des partis. L'un d'entre eux fut Gustav Stresemann, ministre des Affaires étrangères entre 1923 et 1929 ; sa mort à l'âge de cinquante et un ans marqua l'une des étapes importantes de Hitler vers la victoire. L'autre fut Konrad Adenauer, maire de Cologne. Par une ironie tragique, Stresemann détruisit les chances d'Adenauer. L'administration municipale, se fondant sur une solide tradition bourgeoise qui remontait au Moyen Age, était la seule institution politique qui fonctionnait bien en Allemagne. Adenauer, aidé par les socialistes, était à la tête de l'administration municipale la plus appréciée du pays. En 1926 — il avait cinquante ans — on lui demanda de former une coalition gouvernementale sur les mêmes principes. Par la suite, il devait se révéler l'un des hommes d'Etat démocratiques les plus capables et les plus empreints d'autorité du XXe siècle, mêlant habilement une astuce modérée à des principes stricts. Il est plus que vraisemblable que, sous sa direction, le système de Weimar aurait fonctionné : en particulier, parce qu'il en aurait pris les rênes au meilleur moment, d'un point de vue économique. Mais Adenauer était un « Occidental » convaincu — certains disaient même un séparatiste rhénan — dont les visées étaient de lier fermement l'Allemagne aux démocraties d'Europe de l'Ouest et surtout de réaliser ce qu'il décrivait en privé comme « une paix durable entre la France et l'Allemagne... par l'établissement d'une communauté d'intérêts économiques ». Stresemann, par contre, était un « Oriental », fidèle au credo allemand alors prédominant du *Primat des Aussenpolitik*. À l'aide d'Ernst Scholtz, chef du Parti du peuple, et surtout du maréchal Pilsudski qui établit une dictature militaire brutale en Pologne — ce qui arriva pendant la crise — Stresemann torpilla avec succès l'appel à Adenauer pour que ce dernier forme une coalition avec les socialistes. Ainsi cette occasion, qui aurait pu changer radicalement le cours de l'histoire, fut manquée ; et Hitler, « l'Oriental » par excellence, en fut le bénéficiaire[76].

La prospérité de Weimar entre 1924 et 1929 ne fut pas aussi impressionnante qu'elle le parut à certains. Le chef de l'état-major général impérial britannique, à en juger par ses rapports, était terrifié par la puissance industrielle croissante de l'Allemagne[77]. L'inflation avait épongé les dettes de l'industrie allemande ; et pendant la seconde moitié des années 20, l'inflation bancaire de Benjamin Strong avait procuré à la Ruhr des investissements financiers américains considérables. Les exportations allemandes doublèrent dans les cinq ans qui suivirent 1924. La production dépassa le niveau d'avant-guerre en 1927 et en 1929, elle était, *per capita*, supérieure de 12 %. L'Allemagne investissait un revenu net de 12 %[78]. Mais, même dans la meilleure année, les revenus réels furent inférieurs de 6 % au niveau d'avant-guerre. Le chômage était élevé également. Il atteignit 18,1 % en 1926, tomba à 8,8 % et à 8,4 % les deux années suivantes ; puis au cours de l'hiver 1928-1929, il dépassa le chiffre de trois millions ; bien avant le krach de Wall Street — qui mit fin à l'argent américain bon marché — il avait grimpé au-dessus des 13 %. Après le décret Smoot-Hawley, il dépassa allégrement la barre des 20 % pour atteindre 33,7 % en 1931 et connaître une pointe effrayante de 43,7 % en 1932. Cet hiver-là, il y avait plus de six millions de chômeurs permanents[79].

Hitler fut porté au pouvoir par la peur. Aux élections de 1928, le nombre des députés du parti nazi chuta de 14 à 12, recueillant 2,8 % du vote global. Cependant cette élection marqua un tournant pour Hitler, car elle amena une poussée de la gauche, communiste en particulier, ce qui suffit à créer le climat de peur qui lui fut propice. En 1929, son parti comptait 120 000 membres ; au cours de l'été 1930, 300 000 et début 1932, presque 800 000. Le nombre des SA augmentait également : ils étaient un demi-million à la fin de 1932[80]. À chaque stade, le soutien à Hitler grandissait en premier lieu chez les étudiants et les professeurs, puis connaissait une augmentation plus générale. En 1930, il dominait le mouvement étudiant ; ce recrutement des possesseurs de diplômes tenait aussi au chômage — les universités en jetaient 25 000 sur le marché chaque année, qui venaient s'ajouter aux 400 000 existants, dont 60 000 étaient enregistrés officiellement comme chômeurs. En 1933, un *Akademiker* — universitaire — sur trois n'avait pas de travail[81].

En 1929, Hitler avait acquis une respectabilité suffisante pour que Alfred Hugenberg, industriel et dirigeant de la droite nationaliste, s'associât à lui, pensant pouvoir se servir des nazis pour prendre le pouvoir. Hitler eut ainsi accès aux sphères financières et, par la suite, l'argent ne lui fit jamais défaut. Le système des partis faisait visiblement faillite. À la suite des élections de 1928, il fallut une année pour former un gouvernement. En 1930, Heinrich Brüning, chef du parti centriste, essaya de faire jouer l'article 48 pour diriger par décret présidentiel et quand le Reichstag s'y opposa, il ordonna sa dissolution. Ce qui eut pour résultat l'obtention de 107 sièges par les nazis et de 77 par les communistes, qui devinrent les deuxième et troisième partis du Reichstag. Brüning, terrifié par l'inflation, prit des mesures vigoureuses de déflation — ce qui favorisa les nazis et les communistes — et dans la seconde moitié de 1931, le système monétaire international et l'ère de coopération économique prirent brutalement fin. La Grande-Bretagne, imitée par dix-sept autres pays, abandonna l'étalon-or. Les tarifs douaniers grimpèrent partout. C'était maintenant chacun pour soi. Pour la première fois de son histoire, l'Amérique devint complètement isolationniste. La Grande-Bretagne se retrancha derrière le protectionnisme et les tarifs préférentiels aux membres de l'Empire. L'Allemagne opta pour un bizarre mélange de sévères restrictions gouvernementales et de lois-décrets fixant les prix et les salaires, le gouvernement contrôlant la politique bancaire et par là l'industrie. Brüning perdit ainsi la confiance de l'industrie allemande. On commença à parler sérieusement d'inclure Hitler dans une sorte de coalition de l'aile droite. Roehm eut des conversations secrètes avec le général Kurt von Schleicher, chef politique de l'armée. Hitler eut une première rencontre avec Hindenburg : après cette entrevue, le président déclara qu'il ne ferait pas chancelier « ce caporal bohème », mais qu'il pourrait l'employer comme ministre des PTT[82].

La droite et la gauche sous-estimèrent complètement Hitler jusqu'à ce qu'il mît le pied dans la Chancellerie. Comme nous l'avons vu, la gauche était dépendante d'un système d'analyse marxiste-léniniste désuet car préfasciste, ne prévoyant donc pas cette éventualité. Les communistes considéraient Hitler comme une simple excroissance du capitalisme, un pantin entre les mains de Hugenberg et Schleicher, Krupp et Thyssen manipulant ces derniers[83]. Sous l'influence de Staline, le PC allemand ne faisait pas alors de vraie distinction entre les sociaux-démocrates « sociaux-fascistes » et Hitler. Son chef, Ernst Thälmann, s'adressa au Reichstag, le 11 février 1930, en disant que le fascisme était déjà au pouvoir en Allemagne, puisque le chef du gouvernement était un social-démocrate. Leur principal organe de réflexion, le *Linkskurve*, ne tenait pas compte des nazis, à l'exemple du seul vrai film communiste *Kuhle Wampe* en 1932. La seule attention que les communistes prêtaient aux nazis, c'était de les affronter dans les rues, ce que voulait exactement Hitler. Il y avait quelque chose de faux et de rituel dans ces rencontres, comme le nota Christopher Isherwood : « Au milieu d'une rue passante, un jeune homme était assailli, dévêtu, rossé et abandonné saignant sur la chaussée ; en quinze secondes, tout était terminé et ses agresseurs avaient disparu[84]. » Au Reichstag, Thälmann et Goering s'arrangeaient pour transformer les débats en émeutes. Parfois la collaboration allait plus loin. Au cours de la grève des transports de novembre 1932 à Berlin, des hommes de main du Front rouge et les Chemises brunes formèrent ensemble des piquets de grève, molestèrent ceux qui se présentèrent au travail et arrachèrent les fils des tramways[85]. L'une des raisons pour lesquelles l'armée recommanda la participation des nazis au gouvernement fut qu'elle ne pensait pas pouvoir venir à bout en même temps des forces paramilitaires nazies et communistes, en particulier si elle devait essuyer aussi une attaque de la Pologne. Aveuglés par l'absurdité de leur analyse politique, les communistes souhaitaient vraiment l'arrivée de Hitler au gouvernement, imaginant que cela tournerait à la farce et que cela préluderait à leur propre prise du pouvoir.

La droite partageait la même illusion, jugeant que Hitler n'était qu'un poids léger, un démagogue autrichien ridicule dont elle pourrait exploiter les dons d'orateur — 1932 fut son *annus mirabilis*, celle de ses meilleurs discours — tout en le « dirigeant » et le « contenant ». « Si les nazis n'existaient pas, s'exclama Schleicher en 1932, il faudrait les inventer[86]. » En fait, l'exploitation marchait en sens inverse. Les événements qui précédèrent l'accession de Hitler au pouvoir rappellent curieusement ceux qui précédèrent celle de Lénine — même si le premier se servit de la légalité et le second la détruisit : ils démontrèrent tous deux que la clarté des objectifs alliée à une immense et impitoyable volonté de puissance est irrésistible. Schleicher, cherchant à séparer Hitler de ses hommes de main, avait fait interdire les S.A. En mai 1932, il fit renvoyer Brüning et le fit remplacer par son candidat, Franz von Papen, diplomate retors. Espérant obtenir la coopération de Hitler, von Papen leva l'interdiction contre les S.A. et appela à de nouvelles élections. Hitler ne le paya pas de retour et dénonça son gouvernement comme le « cabinet des barons ». Le 17 juillet, il provoqua une émeute à Altona et von Papen se saisit de ce prétexte pour s'emparer du gouvernement de l'Etat prussien et de ses forces de police, dernier bastion des sociaux-démocrates. Il comptait renforcer de la sorte le pouvoir central, mais en fait il marquait la fin de la République de Weimar et ouvrait directement la voie à un gouvernement reposant sur l'illégalité.

Aux élections, Hitler doubla ses résultats en obtenant 37,2 % des voix; il tenait, avec les communistes, plus de la moitié des sièges du Reichstag. Quand Hindenburg refusa de le nommer chancelier, Hitler lâcha ses hommes dans les rues et, le 10 août, cinq de ses affidés frappèrent à mort un ouvrier du PC, sous les yeux de sa famille. Hitler écrivit un article qui justifiait ce crime et montrait clairement ce que serait un gouvernement nazi. À d'autres élections, en novembre, le vote en faveur des nazis retomba à 33 % ; les communistes étaient les grands vainqueurs ; ils comptaient 100 sièges au Reichstag — les nazis, 196 — et, paradoxalement, il en résulta que la droite fut encore plus désireuse de voir Hitler au gouvernement. Schleicher remplaça von Papen comme chancelier, espérant mater les nazis en séparant la fraction Strasser — sans importance aucune alors — de Hitler. Cela eut pour effet d'inciter von Papen à intriguer avec Hindenburg pour former une coalition von Papen-Hitler, avec le général Werner von Blomberg comme ministre de la Défense, chargé de « contenir » Hitler par la suite. Les détails de cette manœuvre sont excessivement compliqués — une « danse de mort » ou *totentanz* — mais son essence est simple : d'un côté, des objectifs changeants et divisés et une incapacité à se concentrer sur les vérités essentielles du pouvoir, de l'autre, un objectif inébranlable et une bonne approche des réalités.

Après deux jours de négociations byzantines, Hitler devint chancelier le 30 janvier 1933. On ne comptait que trois nazis sur un cabinet de douze membres et on pensait que, par la suite, Hitler serait bridé d'une part par Blomberg et, de l'autre, par Hugenberg, qui « tirait ses ficelles ». Mais Hitler, Goering et Frick, les trois ministres nazis, tenaient les trois postes clés : la Chancellerie avec le recours possible à l'article 48, le ministère prussien de l'Intérieur et le ministère national de l'Intérieur. L'armée mise à part, la seule force dans le pays capable de contrôler les 500 000 Chemises brunes était la police prussienne. Elle avait déjà été retirée des mains des sociaux-démocrates et elle était confiée à présent à Goering ! On ne pouvait espérer de Blomberg qu'il combattît sur deux fronts. Quant à Hugenberg, von Papen l'avait secrètement trahi en accordant à Hitler de nouvelles élections — qu'il était certain de remporter et qui remettraient Hugenberg à sa place[87].

Donc le 30 janvier 1933 fut un point de non-retour pour l'Allemagne et le reste du monde. Comme Goebbels en fit la remarque : « Si nous obtenons le pouvoir, nous ne le rendrons jamais — ce sont nos cadavres qui abandonneront nos postes[88]. » Dès qu'il mit le pied dans la Chancellerie, Hitler agit avec la même rapidité que Lénine en octobre 1917. Il fit venir immédiatement 25 000 hommes dans le quartier ministériel de Berlin. Cette nuit-là, ses hommes paradèrent aux flambeaux, passant par la porte de Brandebourg et défilant sous les fenêtres de la Chancellerie, durant presque six heures : la police « spéciale » de Hitler maintenait en bon ordre une foule immense et joyeuse. À l'une des fenêtres illuminées, on pouvait voir la silhouette surexcitée de Hitler. À une autre, la forme impassible de Hindenburg, le « titan de bois », frappant sa canne en mesure au rythme martial de la fanfare[89].

La foule était joyeuse car la plupart des Allemands détestaient la vie politique et Hitler leur avait promis d'y mettre un terme en y substituant un Etat à parti unique. Le grand thème de ses discours de l'année précédente avait été que « les politiciens avaient causé la ruine du Reich ». À présent, il se servirait de la politique pour faire la guerre aux politiciens, son élection mettrait fin aux élections, son parti aux partis : « Je le dis à ces politiciens navrés, l'Allemagne n'aura qu'un seul et unique parti, le parti d'une grande nation héroïque. » Ce qu'il proposait était une révolution pour établir la stabilité, une révolte contre le chaos, un putsch légal en vue de l'unité. Tel quel, il renouait avec une puissante tradition germanique. Wagner avait présenté la politique comme une activité immorale et non germanique. Thomas Mann avait dénoncé « le terrorisme de la politique[90] ». Hitler offrait ce que l'écrivain marxiste Walter Benjamin appela « l'esthétisation de la politique », l'art sans la substance. En 1919, les surréalistes avaient réclamé un « gouvernement des artistes ». Ils en tenaient un à présent. Parmi les chefs nazis, Hitler n'était pas le seul « bohème », comme l'avait qualifié Hindenburg. Funk composait de la musique, Baldar von Schirach et Hans Frank écrivaient de la poésie, Goebbels, des romans; Rosenberg était un architecte et Dietrich Eckart, un peintre. Hitler montra le côté unifié de la vie publique aux Allemands : spectacle, parade, discours, cérémonie; le côté divisé — débats, votes et prises de décisions — fut soit totalement aboli soit le fait d'une minuscule élite œuvrant en secret. La parade du 30 janvier était un avant-goût du premier volet — ce que Hitler mena à bien mieux que quiconque —, ce fut le premier aspect du régime que Staline se mit à imiter.

Le second commença le matin suivant quand Goering prit possession de la machine d'Etat prussienne — ce qui fut marqué par des changements massifs de personnel, en particulier des officiers de police les plus anciens, et par la publication des ordres touchant l'expansion rapide de la Gestapo ou *Geheime Staats Politzei*, sous la direction d'officiers nazis. Quatre jours plus tard, Hitler publia un décret, usant de son droit de recours à l'article 48, intitulé « Pour la protection du peuple allemand », qui accordait au gouvernement les pleins pouvoirs discrétionnaires d'interdire réunions publiques ou journaux. Le 22 février, Goering créa « une police auxiliaire » supplémentaire, forte de 50000 hommes et composée entièrement d'unités nazies. Le but était de briser toutes les organisations non nazies capables d'opposer une résistance. Comme il le dit lui même : « Mes mesures ne seront pas restreintes par des scrupules légaux ou par la bureaucratie. Ce n'est pas mon affaire de rendre la justice. Mon travail consiste à annihiler et à exterminer — un point, c'est tout ! » Il s'adressa à sa police en ces termes : « Quiconque a fait son devoir au service de l'État, quiconque a obéi à mes ordres et a pris de sévères mesures à l'encontre des ennemis de l'État, quiconque s'est servi de son revolver sans hésitation quand il était attaqué, peut être assuré de ma protection... Si l'on appelle ça meurtre, alors je suis un meurtrier[91]. » La tâche de Goering fut grandement facilitée par l'incendie du Reichstag, le 28 février; on considère généralement aujourd'hui que ce fut l'œuvre du simple d'esprit, Martinus van der Lubbe, en tout cas le fait ne pouvait tomber mieux pour le nouveau régime. Le même jour, Hitler fit adopter le décret d'urgence ou « Pour la protection du peuple et de l'État », augmenté d'un décret supplémentaire intitulé « Contre toute trahison du peuple allemand et toute machination séditieuse ». Ces décrets formèrent la base réelle de la loi nazie, en autorisant la police à court-circuiter totalement le pouvoir judiciaire[92]. Le passage clé était le suivant :

> Les articles 114 et 118, 123-124 et 153 de la Constitution du Reich allemand sont pour l'heure frappés de nullité. Par conséquent, les atteintes à la liberté individuelle, au droit de liberté d'expression et d'opinion — y compris à la liberté de la presse — à la liberté d'association et de réunion, la surveillance du courrier, des télégrammes et des communications téléphoniques, les perquisitions à domicile, les confiscations, ou les restrictions au droit de propriété, sont par là autorisées au-delà des limites établies jusqu'ici par la loi.

Ce décret accorda à Hitler tout ce qui lui était nécessaire pour établir un Etat totalitaire et fut en effet la base de son régime, restant en vigueur jusqu'en 1945. Mais à la suite des élections du 5 mars, qui donnèrent aux nazis 43,9 % des votes — soit 288 sièges au Reichstag — Hitler présenta une loi d'habilitation qu'il fit débattre et voter par le Reichstag — dont le siège temporaire était l'Opera Kroll, protégé par des unités de SA et de SS — le 23 mars. L'article premier transférait le droit de légiférer du Reichstag à l'administration, le deuxième donnait à cette dernière le pouvoir d'effectuer des changements constitutionnels, le troisième confiait au chancelier — et non plus au président — la rédaction des projets de loi, le quatrième étendait la loi aux traités et le cinquième en limitait la durée à quatre ans — elle fut prolongée en 1937, 1941 et à nouveau en 1943. C'était, en effet, une loi qui abolissait la Constitution et tout gouvernement légal — Hitler ne ressentit jamais le besoin de remplacer l'ancienne Constitution de Weimar par une de son cru. Cette loi n'ajoutait rien, en vérité, au décret du 28 février, sauf sur un plan métaphysique. Elle fut effectivement débattue — et occasionna le seul et unique débat politique que Hitler autorisât jamais après sa prise de pouvoir : à l'exemple de Lénine et de la seule réunion de l'Assemblée provisoire. Le parallèle est presque étrange, sauf que Hitler, contrairement à Lénine, prit part en personne au débat, répliquant furieusement au discours des sociaux-démocrates qui s'opposaient à la loi : 26 d'entre eux — ainsi que 81 communistes — étaient déjà arrêtés ou en fuite. Mais les partis de droite et du centre votèrent le projet de loi, qui fut approuvé par 441 voix contre 94; cet acte d'abdication marqua la mort morale d'une république qui avait déjà été tuée par le décret du 28 février.

La résistance fut faible ou inexistante. Certains des chefs communistes qui, quelques semaines plus tôt à peine, avaient cru que l'entrée en fonction de Hitler ne serait qu'un éphémère prélude à leur triomphe, furent purement et simplement assassinés. D'autres s'enfuirent en Russie où un sort similaire leur fut bientôt réservé. La grande masse des communistes de base se soumit humblement et on n'en entendit plus parler. Les syndicats se rendirent sans la moindre velléité de lutte. Le 10 mai, les sociaux-démocrates, tout en affirmant avec insistance que les nazis n'étaient que « la dernière carte jouée par la réaction », se laissèrent saisir leurs biens et leurs journaux. Une semaine plus tard, leurs députés votèrent effectivement en faveur de la politique étrangère de Hitler et Goering put déclarer : « Le monde entier a vu que le peuple allemand est uni quand son sort est en jeu. » En juin, tous les partis de droite non nazis, ceux de gauche et du centre, ainsi que leurs forces paramilitaires, furent officiellement dissous. A la fin du mois, Hugenberg — qui avait été chargé de « contenir » Hitler — fut renvoyé ignominieusement de son poste. En juillet, finalement, le Parti national-socialiste fut déclaré le seul parti légal. Il avait fallu à Hitler moins de cinq mois pour détruire complètement la démocratie allemande, aussi peu de temps qu'à Lénine. Personne ne bougea. Comme l'écrivit Robert Musil : « Les seules personnes qui donnent l'impression de refuser absolument d'accepter tout cela — sans en dire un seul mot — ce sont les servantes[93]. »

Avec le modèle soviétique — déjà rodé — pour le guider, Hitler mit sur pied l'appareil de terreur et la machinerie de la police d'Etat beaucoup plus rapidement encore que Lénine — et bientôt, à une échelle aussi grande que Staline. Goering en fut l'initiateur, utilisant la police prussienne et la Gestapo récemment créée avec des SA et des SS et opérant depuis son quartier général berlinois de la Prinz Albrechtstrasse. Ce fut Goering qui détruisit le parti communiste en l'espace de quelques semaines, par une politique de meurtre délibérée : « Toute balle tirée par le canon d'un pistolet de la police est une balle tirée par moi », telle fut l'assurance qu'il donna à ses hommes ; il eut également recours aux internements en camps de concentration qu'il se mit à créer à partir du mois de mars. La brutalité à couper le souffle des menées de Goering, poursuivies sans le moindre souci de la légalité, explique pour une bonne part le silence ou la soumission des groupes que l'on aurait pu s'attendre à voir s'opposer au nouveau régime. Ils étaient simplement terrorisés. On savait que les nazis faisaient tout bonnement disparaître sans laisser de traces ceux qu'ils détestaient : ils les assassinaient, les torturaient à mort, les ensevelissaient dans des camps. L'opposition dans son ensemble était muselée par la peur et c'était là précisément l'effet que Goering souhaitait obtenir. Hitler louait son travail « brutal et glacial[94] ».

Hitler, cependant, avait l'habitude de doubler ou de renforcer tous ses organismes, de manière à pouvoir, si besoin était, jouer l'un contre l'autre et diviser pour régner. Il n'avait jamais accordé toute sa confiance aux SA, forts d'un million d'hommes à présent, qui étaient une création de Roehm. A sa sortie de la prison de Landsberg, il avait créé, au sein des SA, une formation de gardes du corps — *Shutzstaffel* ou SS, unités de sécurité. En 1929, quand les SS aux chemises noires atteignirent le chiffre de 290, Hitler les confia à Heinrich Himmler, alors âgé de 29 ans, le fils d'un ancien précepteur de la famille royale de Bavière. En dépit de son apparence et de ses habitudes guindées — il consignait dans son journal quand il se rasait, prenait un bain, se faisait couper les cheveux; il conservait tous les reçus et tous les talons de ticket — Himmler était un membre des *Freikorps* et un violent antisémite, qui ne quittait pas son pince-nez, même pour se battre en duel. Il avait eu la charge de dépôts d'armes secrets, dissimulés dans la campagne pour tromper la vigilance de la Commission de contrôle alliée; et ses relations dans l'armée et la société lui permirent d'élever le niveau des SS au-dessus de celui des SA. Les commandants de certaines unités étaient nobles. Les SS comptaient dans leurs rangs de nombreux médecins. D'anciens fonctionnaires et des industriels étaient membres honoraires. Himmler, à l'opposé de Roehm, ne recrutait pas chez les chômeurs[95].

Encouragé en ce sens par Hitler, Himmler développa rapidement les SS — ils étaient 52000 quand Hitler arriva au pouvoir. La garde SS personnelle de Hitler, la *Leibstandarte*, représentait une division entière. Himmler ne fut jamais l'un des intimes de Hitler. Il était traité comme un fonctionnaire dont la loyauté reposait sur la terreur et la crainte; et curieusement, Himmler, le seul homme qui aurait pu détruire Hitler, le redouta jusqu'à la fin. Hitler considérait les SS comme son propre instrument de pouvoir et leur confiait des tâches spéciales. A partir de 1931, exista un Bureau des races et des peuplements, chargé de mettre en pratique les théories raciales de Hitler, conservant les sources généalogiques des membres du Parti et rédigeant les lois raciales. Les SS devinrent ainsi l'instrument naturel de la mise en application, quand le temps fut venu, du gigantesque programme d'extermination et de peuplement hitlérien. En même temps, Himmler recruta un ancien officier de marine, Reinhard Heydrich, qui représentait pour lui le type aryen idéal, pour prendre en charge le *Sicherheitsdienst* ou SD, nouveau service de sécurité et de renseignements, auquel Hitler donna pour instructions de surveiller les SA de Roehm.

Donc, quand Hitler arriva au pouvoir, Himmler fut rapidement en mesure d'étendre son organisation en un système de sécurité total, avec ses propres unités militaires — les *Waffen SS* — et un groupe, les *Totenkopfverbände*, pour diriger les camps de concentration et remplir d'autres missions particulières. Cette dernière organisation comprenait plusieurs criminels, comme Adolf Eichmann et Rudolf Hoess, qui avaient déjà été condamnés pour meurtre[96]. La tâche initiale de Himmler fut d'être simplement le chef de la police de Munich et à ce titre, il requit la permission de Heinrich Held, primat catholique de Bavière, pour établir le premier camp de concentration à Dachau, ce qui fut dûment annoncé par voie de presse en ces termes :

> Le mercredi 22 mars 1933, le premier camp de concentration sera ouvert près de Dachau. Il pourra recevoir 5 000 prisonniers. En planifiant à une telle ampleur, nous refusons d'être influencés par toute objection insignifiante, car nous sommes convaincus que ceci rassurera tous ceux qui respectent la nation, en servant leurs intérêts.
>
> Heinrich HIMMLER,
> Chef de Police
> En exercice de la Ville de Munich[97]

Les premiers ordres de « détention par mesure de protection » de Himmler étaient ainsi libellés : « D'après l'article premier du décret du président du Reich pour la protection du peuple et de l'État allemands du 28 février 1933, vous êtes passible de détention par mesure de protection dans l'intérêt de la sécurité et de l'ordre publics. Motif : vous êtes soupçonné d'activités hostiles à l'État. » Contrairement à Goering, Himmler, à ce stade, se montrait désireux de respecter les formalités de l'État nazi à la lettre. Mais la réglementation des camps, dont il fit la compilation, indiquait, dès le départ, la compréhension horrifiante des pouvoirs dont lui et ses hommes jouissaient et l'emploi sans restrictions de la terreur :

> La mention « emprisonnement en camp de concentration » doit être accompagnée clairement de « jusqu'à plus ample informé »... Dans certains cas, le Reichführer SS et le chef de la police allemande ordonneront le fouet en châtiment supplémentaire... Il n'y a aucune objection à répandre la rumeur de ce surcroît de punition... pour ajouter à l'effet préventif. Les contrevenants suivants, considérés comme agitateurs, encourront la pendaison : Quiconque tient des discours séditieux, organise des réunions, forme des cliques, rôde et complote dans l'ombre ou, dans le but de fournir à l'opposition de la propagande par des récits atroces, qui collecte des informations vraies ou fausses sur les camps de concentration.[98]

L'impeccable paperasserie bureaucratique de Himmler et ses courbettes à la légalité — quand il faisait conduire ses parents dans son véhicule de fonction, il en déduisait le coût sur son salaire[99] —, étaient frauduleuses, à l'instar de la structure pseudo-légale dans laquelle fonctionnait la Guépéou. Hans Gisevius, membre de la Gestapo, fit plus tard le témoignage suivant : « L'une des tactiques favorites des SS fut de prendre l'apparence de citoyens respectables et de condamner vigoureusement tous les excès, les mensonges et les atteintes à la loi. Himmler... prenait le ton d'un croisé résolu en faveur de la décence, de la propreté morale et de la justice[100]. » Il avait le souci que ses hommes se différencient des SA, ruffians des combats de rues, et de la Gestapo de Goering. A l'intérieur des camps, toutefois, la différence ne se remarquait guère : tout n'était que cruauté innommmable, sadisme et négation de toute loi.

Un cas type, parmi des milliers, est fourni par le poète juif Erich Muhsam. Il avait pris part à la République socialiste bavaroise, téméraire, de Kurt Eisner et avait pour cela purgé une peine de six ans de prison, ayant été amnistié en 1924. Immédiatement après l'incendie du Reichstag, craignant d'être arrêté, il avait pris un billet pour Prague mais l'avait remis à un autre intellectuel, encore plus terrorisé que lui. On s'empara de lui et on l'interna au camp de Sonnenburg. On commença par briser ses lunettes, lui casser les dents et lui arracher des touffes de cheveux. On lui cassa les deux pouces pour qu'il ne pût écrire et on le frappa sur la tête jusqu'à le rendre sourd. Il fut transféré ensuite au camp de Oranienburg. Là-bas, en février 1934, les gardes, en possession d'un chimpanzé trouvé au domicile d'un savant juif arrêté et le supposant violent, le précipitèrent sur Muhsam ; mais, à leur grande fureur, l'animal s'accrocha à lui, en nouant ses bras autour de son cou. Ils torturèrent le chimpanzé à mort sous ses yeux pour amener Muhsam à se suicider. Ce dernier, ne voulant pas s'y résoudre, fut battu jusqu'à ce que mort s'ensuive, puis pendu à une poutre dans les latrines. Muhsam avait appris à se méfier du totalitarisme : avant son arrestation, il avait confié ses papiers à sa femme, en lui recommandant expressément de ne se rendre sous aucun prétexte à Moscou. Malheureusement elle lui désobéit et y emporta ses papiers ; dès que les autorités soviétiques mirent la main sur elle, elles l'arrêtèrent. Elle passa les vingt années qui suivirent dans les camps soviétiques comme « agent trotskiste » et les papiers de Muhsam sont encore à ce jour sous clé à l'Institut Gorki de littérature mondiale de Moscou [101].

L'anarchie de l'Allemagne de Hitler, malgré une fine couche de vernis légal, était complète. D'après Goering : « La loi et la volonté du Führer ne sont qu'une seule et même chose. » Hans Frank : « Notre constitution, c'est la volonté du Führer. » Hitler ne gouvernait qu'à coups de décrets et d'ordonnances, ressemblant aussi par là à Lénine, qui n'accorda jamais le moindre intérêt à l'établissement d'une constitution [102]. Dans toutes les affaires auxquelles les nazis portaient intérêt, le ministère de la Justice ne fonctionnait pas. Franz Guertner, qui était à sa tête — en 1924, en tant que ministre de la Justice de Bavière, il avait signé la remise en liberté anticipée de Hitler — était un fantoche qui prétendit être resté en poste pour combattre l'hitlérisme, mais qui ne fut jamais autorisé à parler à Hitler d'autre chose que de romans. Peu avant sa mort en 1941, il confia à Frank : « Hitler aime à être cruel. Cela lui plaît... quand il peut tourmenter quelqu'un. Il est d'un sadisme diabolique. Autrement, il ne pourrait simplement pas supporter Himmler et Heydrich [103]. » Hitler disait lui-même : « J'eus les plus grandes difficultés à réussir à convaincre le Dr Guertner... de l'absolue nécessité d'exercer une extrême sévérité dans les cas de trahison. [104] » Façon de parler. En fait, Hitler modifiait fréquemment des sentences qu'il jugeait

« clémentes », en imposant à leur place la peine de mort. Il changea le Code de l'administration civile de 1933 en y ajoutant le paragraphe 71, qui lui donnait le pouvoir de renvoyer un juge si « dans l'exercice de ses fonctions officielles et, en particulier, dans ses décisions, il montre sa répugnance de la *Weltanschauung* du national-socialisme » — l'un des exemples cités était l'octroi d'une sentence minimale en cas de « souillure raciale [105] ».

Mais Hitler n'aimait guère les juges, même amovibles et serviles. Comme Marx et Lénine, il détestait les avocats — « On doit considérer un avocat comme un homme déficient par nature ou déformé par l'expérience », disait-il. Il superposa, par la suite, au système judiciaire traditionnel, le « tribunal du peuple » nazi, dispositif léniniste qui connut une sombre apogée sous le féroce Roland Freisler en 1944-1945 [106]. Aucune protection contre les empiètements nazis sur le système légal ou les libertés civiles ne fut jamais garantie par le ministre de l'Intérieur, Wilhelm Frick, qui était lui-même un nazi. En 1930-1932, Frick était jugé, par les observateurs extérieurs, comme le second de Hitler dans le mouvement nazi : en réalité, c'était un homme faible et, comme son ministère avait perdu tout contrôle réel de la police, ni lui ni son ministère n'avaient d'importance. La seule contribution d'envergure qu'il apporta à la réglementation hitlérienne fut la rédaction, en 1935, sous la direction de Hans Globke — qui servirait plus tard Adenauer — des lois de Nuremberg, concernant les juifs. Si ce code eut pour effet, comme le soutint Globke, d'atténuer les actes de violence terrifiante, perpétrés contre les juifs par les nazis, au plan local, ou bien s'il donna une autorité morale et légale à une persécution systématique, cela reste, de nos jours encore, sujet à débat [107].

La manière dont Hitler régentait la sécurité intérieure, s'appuyant sur trois systèmes en compétition — SS, SA, Gestapo et police de Goering — ainsi que sur deux ministères qui n'avaient pas voix au chapitre sur les affaires d'importance, était caractéristique. L'État étant dépourvu de constitution, autre que celle — anesthésiée — de Weimar, ne possédait par conséquent aucun système de gouvernement ; ou plutôt en avait plusieurs : celui des quarante environ *Gauleiter*, corps collégial puissant, que Hitler pouvait nommer ou révoquer individuellement mais qu'il n'affronta jamais en bloc. Le *Gauleiter* de Düsseldorf, Florian, cria bien haut qu'il n'avait jamais invité Himmler dans sa *Gaue* et avait interdit à ses hommes de coopérer avec la Gestapo. Le vrai chef du Parti, délégué de Hitler, était Rudolf Hess. Mais Hess était un mystique inefficace. Martin Bormann était plus important : assassin patenté et bureaucrate acharné du Parti, comme Staline, il mena une lutte permanente contre les *Gauleiter*, d'une part, et contre Goering et Goebbels, de l'autre [108].

Hitler ne voyait pas d'objection à ces luttes intestines ; au contraire, il les encourageait. « Les gens doivent pouvoir se frotter les uns aux autres », disait-il. « Les frictions produisent de la chaleur et la chaleur c'est de l'énergie. » Il appelait ça « un darwinisme institutionnalisé ». Si un ministère opposait la moindre résistance à Hitler, il en créait un duplicata. Il qualifia le ministère des Affaires étrangères, fief encore des aristocrates, de « ramassis d'ordures et d'intellectuels » ; à partir de 1933, il mit sur pied une organisation rivale, dirigée par Joachim von Ribbentrop, qui volait souvent le courrier du ministère et y répondait à sa place [109]. Le ministère du Travail, dirigé par Franz Seldte, faisait particulièrement obstruction. Aussi Hitler nomma l'un de ses *Gauleiter*, Fritz Sauckel, plénipotentiaire général de la Mobilisation du travail [110]. Frustré une fois encore, sur le front économique et financier, Hitler créa un doublon du ministère de l'Économie, sous la forme d'un Plan quadriennal, aux bons soins de Goering. En 1942, en addition au quota des ministères qu'il avait hérités de Weimar, Hitler avait créé 58 chambres suprêmes du Reich et de nombreux autres bureaux extra-gouvernementaux. Les empiètements étaient généralisés et délibérés. Cela arrangeait Hitler, par exemple, que Ribbentrop et Goebbels se disputent le contrôle de la propagande extérieure et en viennent au point où leurs hommes s'arrachaient, en batailles rangées, les équipements radio. Alors tous deux faisaient appel à lui pour arbitrer.

Tout système autoritaire qui abandonne les procédures constitutionnelles et la souveraineté de la loi contient des éléments d'anarchie. Le régime de Staline n'était guère dissemblable — quoique ce dernier fût plus méthodique que Hitler. Le terme « bohème » que Hindenburg avait appliqué à Hitler convenait parfaitement. Ce dernier détestait les horaires fixes. Après la mort de Hindenburg, il occupa le double poste de chancelier et de président et s'en servit comme excuse pour détruire le fonctionnement formel de chacune de ces attributions. Le Dr Hans Lammers, fonctionnaire à l'ancienne mode, conserva un semblant d'ordre au bureau de la chancellerie : il répondait, avec un personnel de dix à douze *Beamten*, aux 600 lettres que Hitler recevait chaque jour. Hitler semble n'avoir jamais écrit une seule lettre ni signé un document officiel. Dès qu'il fut au pouvoir, il fit de son mieux pour que tous les documents le mentionnant, y compris les déclarations d'impôts, fussent détruits ; et par la suite, il répugna de façon extraordinaire à donner des directives par écrit. L'un des seuls documents autographes de Hitler en notre possession date d'avant la Première Guerre mondiale.

Quand Hitler devint chancelier, il rejoignait son bureau à dix heures du matin ; mais vite fatigué de la routine, il prit peu à peu l'habitude de travailler la nuit. Il se déplaçait constamment dans le pays, comme un monarque du Moyen Age ; et même, quand il se trouvait à Berlin, il refusait souvent de prendre des décisions, prétendant qu'il n'était pas un dictateur [111]. Il n'aimait pas les réunions de cabinet, précisément parce qu'elles étaient une procédure régulière de prise de décisions. Il les tenait à des intervalles de plus en plus espacés ; et même quand elles avaient lieu, les affaires vraiment importantes se réglaient ailleurs. Ainsi, lorsque Hitler renvoya Hjalmar Schacht, il nomma Walter Funk ministre de l'Économie, au cours d'un entracte à l'Opéra, et le présenta sans prévenir lors de la séance de cabinet suivante, le 4 février 1938, la dernière qui eut lieu [112]. Il ne fait cependant aucun doute que les décisions importantes étaient toutes prises par Hitler en personne, en règle générale au cours de réunions bilatérales avec des ministres ou des patrons ; cela n'est jamais reflété dans les rapports, sauf de manière indirecte. Les ordres de Hitler étaient toujours donnés oralement, surgissant souvent incidemment, au cours de longues harangues et parfois à l'improviste, étaient adressés à quiconque se trouvait dans les parages [113].

L'État hitlérien n'était pas corporatiste — le corporatisme impliquant une répartition du pouvoir entre différents organismes —, Hitler ne souhaitait partager le pouvoir avec personne. Il ne voyait aucun inconvénient à ce que certains de ses partisans de la première heure fussent à la tête de petits empires privés, tant qu'il avait le pouvoir de les briser. Mais Lammers, au procès de Nuremberg, témoigna qu'il ne leur permettait pas de se rencontrer, même de façon informelle, de telle sorte qu'ils ne purent jamais régler leurs différends de façon collégiale. Le régime de Hitler fut donc marqué par des luttes continuelles, sur un plan bilatéral ou multilatéral, entre ses diverses composantes — ce que Hobbes définit comme « le désir perpétuel et sans repos du pouvoir pour le pouvoir, qui ne s'éteint qu'avec la mort [114] ». Goering, depuis son « bureau des recherches », mettait sur écoute les téléphones de ses collègues ou obtenait des trésors d'information utile comme, par exemple, l'échange de lettres d'amour d'Alfred Rosenberg avec une belle jeune femme juive [115]. Bormann espionnait tout le monde. Himmler et Heydrich faisaient de même. De fait, chacun était en mesure de faire chanter les autres et tous recherchaient les bonnes grâces de Hitler en rapportant ce qu'ils savaient des autres ; le Führer était ainsi toujours bien informé.

Aucun gouvernement dirigé de la sorte ne pouvait espérer poursuivre une politique consistante et soigneusement réfléchie : Hitler échoua, même en des domaines qui lui tenaient particulièrement à cœur. Il avait promis d'aider les petites entreprises, les paysans, le secteur agricole, de remettre les villes à leur place, de ramener au foyer les femmes en leur faisant quitter l'usine, d'enlever l'industrie aux capitalistes, la terre aux *Junkers*, l'armée aux noms à particule et l'administration aux *Doktors*. Il n'en fit rien. Au contraire : les villes, l'industrie et les grands milieux d'affaires prospérèrent et les paysans et les femmes continuèrent à peupler les ateliers [116]. L'armée, les affaires et l'administration civile restèrent semblables.

Même la question juive, qui pour Hitler primait tout le reste, fut traitée avec hésitation et incohérence. Dans la première ivresse du triomphe nazi, de nombreux juifs furent assassinés ou relégués dans des camps ou encore dépouillés de leurs biens par les SA et autorisés à fuir. Certains chefs nazis désiraient une politique d'émigration forcée mais aucun train de mesures systématiques et effectives ne fut jamais pris dans ce but. Hitler ne détruisit pas non plus les grands magasins juifs — ce qu'il avait promis de faire un nombre incalculable de fois. Schacht l'en dissuada en lui prouvant qu'il supprimerait du même coup 90 000 emplois [117]. Le ministère de l'Économie s'opposa aux attaques contre les entreprises juives, craignant surtout qu'elles ne dégénèrent en attaques généralisées contre les grandes entreprises, et il créa un bureau spécial pour mettre fin au harcèlement nazi [118]. Les lois de Nuremberg elles-mêmes furent rédigées en hâte. Hitler les présenta comme « le règlement final de la question juive ». En fait, subsistaient de nombreuses ambiguïtés, même dans son esprit. Il autorisa l'apposition de panneaux « Juifs indésirables » à l'extérieur des villes, ce qui était théoriquement illégal, mais accepta qu'on ne pût vraiment interdire aux juifs d'y pénétrer. En 1936, le ministère de l'Intérieur discuta même de l'interdiction de *Der Sturmer*, journal nazi antisémite. L'antisémitisme devint plus virulent en 1938, probablement par suite de l'adoption par Hitler d'une politique économique plus isolationniste. Le ministère de l'Intérieur édicta le « décret du nom », qui obligeait tous les juifs à ajouter Israël ou Sarah entre leur nom et leur prénom [119]. Suivit la violence terrifiante de la *Kristallnacht*, le 9 novembre 1938, à l'incitation de Goering. Mais on n'a pas éclairci si Goering agit de sa propre initiative ou, comme il est plus vraisemblable, sur les ordres de Hitler, donnés en passant [120]. Ce n'est qu'au début de la guerre que Hitler opta pour « la solution finale » : il y avait pensé depuis le départ mais la guerre rendit sa mise à l'exécution possible. Quant à ses objectifs à l'échelle mondiale, contrairement à ceux de sa politique intérieure, ils furent toujours clairs, cohérents et fermes, comme nous le verrons.

Si Hitler n'avait pas de politique économique, par contre il possédait une politique nationale très spécifique. Il désirait se réarmer aussi vite que possible, tout en évitant une attaque alliée préventive. Il donna simplement ses ordres à l'industrie allemande et laissa agir ses dirigeants. Avant son accession au pouvoir, Otto Strasser lui avait demandé quelles étaient ses intentions vis-à-vis de Krupp. Hitler lui répondit : « Évidemment je n'y toucherai pas. Pensez-vous que je serais assez fou pour détruire l'économie allemande ? [121] » Hitler pensait que la plus grande erreur économique de Lénine avait été de confier à des membres du Parti les rênes de l'industrie et de tuer ou d'expulser ses dirigeants capitalistes. Il était déterminé à empêcher les Chemises brunes ou d'autres éléments du Parti de toucher aux entreprises ; il prévint le commandant Walter Buch, juge du tribunal du Parti, en 1933 : « Il est de votre tâche, en tant que juge suprême à l'intérieur du Parti, de freiner les éléments révolutionnaires. » Le refus d'agir de la sorte avait conduit d'autres révolutions à leur perte, ajouta-t-il [122].

Il n'existe aucune preuve que Hitler fut influencé, même très faiblement, par la philosophie des grandes entreprises. Il se rangeait à leurs avis seulement quand il était convaincu que ses visées militaires, à l'extérieur, s'en trouveraient favorisées. Il se considérait comme un socialiste et l'essence de ce socialisme était que chaque individu ou groupe, au sein de l'État, devait servir sans hésiter la politique nationale. Ainsi peu importait à qui appartenait réellement une usine, tant que ceux qui la dirigeaient faisaient ce qu'on leur disait de faire. Le socialisme allemand, confia-t-il à Hermann Rauschning, ne recourait pas aux nationalisations : « Notre socialisme va au plus profond. Il ne change pas l'apparence des choses, il met simplement de l'ordre dans les rapports de l'individu et de l'État... Alors pourquoi prendre en compte la propriété et les revenus ? Pourquoi devrions-nous nationaliser les banques et les usines ? Nous nationalisons le peuple [123]. » En présentant son Plan quadriennal — comme le Plan quinquennal de Staline, ce n'était que pure propagande — il affirma qu'il revenait au ministère de l'Économie de « définir les tâches de l'économie nationale » et, ajouta-t-il, « c'est à l'économie privée de les remplir ». Si elle y répugnait, « l'État national-socialiste saura alors comment y remédier [124] ».

Ainsi Hitler conserva les cadres aux postes de commande et les fit travailler pour lui. Les firmes prospéraient ou non, suivant le degré avec lequel elles exécutaient les ordres de Hitler. Évidemment, il leur extorquait de l'argent : relation de maître chanteur à victime, non d'employeur à employé. Ce fut le cas, entre autres, de la firme de produits chimiques I.G. Farben — rebaptisée à l'origine « Isidore Farben » par les nazis à cause de ses directeurs, cadres et savants juifs. Elle s'attira la faveur du Führer en congédiant ses éléments juifs — en particulier le prix Nobel, Fritz Haber — et en acceptant de donner la priorité absolue au programme de Hitler concernant les matières plastiques, qui était au cœur de ses préparatifs de guerre : un accord secret fut signé le 14 décembre 1933. Par la suite, Farben connut une relative tranquillité, en contrepartie de cet esclavage à Hitler. Au lieu que les grandes entreprises corrompent son socialisme, ce fut l'inverse qui se produisit. La corruption d'I.G. Farben par les nazis fut l'une des tragédies particulières les plus saisissantes, au sein de la tragédie généralisée que vivait la nation allemande [125].

Ne pas avoir de politique économique présentait un avantage. Hitler eut de la chance. Il arriva au pouvoir un mois avant Roosevelt et bénéficia comme lui d'un redressement économique qui avait débuté peu auparavant. Contrairement à Roosevelt, cependant, il ne rafistola pas l'économie par des programmes systématiques de travaux publics, bien qu'il y en eût. Le 8 février 1933, au cours d'une réunion, il dit qu'il rejetait ce genre de programmes quand ils ne portaient pas sur le réarmement. Il démarra la construction d'autoroutes en septembre 1933, parce qu'il désirait des axes routiers rapides et pensait avoir découvert pour leur création un génie organisateur en la personne de Fritz Todt : il avait raison [126]. Brüning avait conduit une politique déflationniste excessive par crainte paranoïaque de l'inflation. Hitler y mit un terme. Il congédia le Dr Hans Luther, président de la Reichbank, et le remplaça par Hjalmar Schacht, qu'il fit également ministre de l'Économie. Aucun autre pays n'eut de financier-ministre plus habile entre les deux guerres. C'était un économiste de marché aux méthodes empiriques, qui ne croyait pas aux théories et réglait chaque situation au pifomètre.

Hitler détestait les taux d'intérêt élevés et les restrictions du crédit, non pas qu'il fût partisan de Keynes, mais parce qu'il associait ces pratiques aux juifs. Il demanda à Schacht de trouver des fonds pour le réarmement et ce dernier y parvint, violant à cette fin les règles de la Reichbank. L'inflation fut évitée, grâce au contrôle des changes strict de Brüning — que Hitler, dans sa quête d'autarcie, renforça encore plus — à la fiscalité — les impôts sur le revenu triplèrent entre 1933 et 1938 — et à un bouclage de ceinture généralisé : le niveau de vie, en Allemagne, était, en 1938, à peine supérieur à celui de la décennie précédente. Les Allemands s'en souciaient peu car ils retrouvaient du travail. Il y avait plus de 8 millions de sans-emploi quand Hitler arriva au pouvoir. Ce chiffre commença à baisser dès la seconde moitié de 1933 et en 1934, certains secteurs étaient déjà à court de personnel qualifié — mais le pays comptait encore 3 millions de chômeurs. En 1936, cependant, le plein emploi était effectif et en 1938, les firmes allemandes croulaient sous l'ouvrage alors que la France et l'Angleterre connaissaient une nouvelle récession.

L'Allemagne fut ainsi la seule puissance industrielle à se relever rapidement et complètement de la Grande Dépression. Sans aucun doute, cela tient à la grande force intrinsèque de l'industrie allemande qui a toujours été phénoménalement performante depuis 1860, sauf quand la guerre la mutilait ou quand l'incertitude politique l'entravait. Weimar avait fourni une structure politique désastreuse aux affaires, qui fixent comme condition préalable à l'efficacité des investissements, un arrière-plan fiscal stable et cohérent. Weimar eut toujours du mal à faire voter le budget par le Reichstag et dut souvent conduire la politique financière par des décrets d'urgence. L'instabilité politique, qui lui était inhérente, alla en empirant. A la suite des élections de 1928, il devint de plus en plus difficile de former un gouvernement stable; et en mars 1930, il était clair que ce régime ne durerait pas et qu'il risquait d'être remplacé par un système marxiste. L'arrivée de Hitler au pouvoir, par conséquent, prodigua à l'industrie allemande ce qu'il lui fallait pour fonctionner efficacement : la stabilité gouvernementale, la fin des querelles politiques et le sentiment d'un dessein national. Elle se chargerait du reste. Hitler fut assez sagace pour le comprendre. Alors qu'il autorisait son parti à envahir chaque sphère du gouvernement et de la vie publique, il le tint à l'écart de l'industrie et de l'armée, ayant besoin qu'elles fonctionnent toutes deux le plus rapidement possible à leur efficacité maximale [127].

Au milieu des années 30, Hitler dirigeait un régime brutal, solide, sans conscience, couronné de succès et populaire auprès de la majorité des Allemands. Les ouvriers allemands, dans l'ensemble, préféraient un emploi stable à des droits civiques, sans grand sens pour eux [128]. Ce qui fut significatif à leurs yeux, par contre, fut le nombre étonnant d'organisations sociales créées par Hitler dans sa politique dite de « participation ». Il avait aussi une politique de coordination, qui mettait l'accent sur l'unité de l'État, sous l'égide du Parti nazi, bien entendu. Le troisième Reich fut un État « coordonné » auquel « participait » le tout-venant des Allemands. Ce concept de vie politique séduisait beaucoup plus d'Allemands que la politique des partis de Weimar. Cet état d'esprit n'aurait pas duré indéfiniment, mais était encore puissant quand Hitler détruisit sa popularité en replongeant l'Allemagne dans la guerre. Là où il était probablement le plus fort, c'était chez les plus humbles et les plus pauvres — pas chez les paysans catholiques, toutefois, qui se refusaient au salut nazi et ressentaient avec amertume les attaques contre le christianisme.

Hitler charmait aussi la nature moralisante de nombreux Allemands, à savoir ceux qui avaient le vif désir d'une « morale » du comportement sans posséder un code moral absolu, enraciné dans la foi chrétienne. Himmler, le criminel de masse consciencieux, le tortionnaire scrupuleux, était l'archétype des hommes qui servirent le mieux Hitler. Il représentait les vertus des SS, l'incarnation de la « moralité » nazie : loyauté, honnêteté, obéissance, rigueur, bienséance, pauvreté et bravoure. Le concept d'obéissance à des « lois de fer » ou à une « loi supérieure », préféré à l'absolu de la morale traditionnelle, enseignée par les Églises, était hégélien. Marx et Lénine le traduisirent en termes de classe ; Hitler, en termes de race. Tout comme on enseignait aux cadres soviétiques à justifier les crimes les plus révoltants au nom de la lutte des classes, de même les SS agissaient au nom de la race — ce qui était une motivation humaine beaucoup plus puissante, insistait Hitler. La dévotion à la race — opposée au prolétariat marxiste — était la base du puritanisme nazi, marqué par ce que Rudolf Hoess, commandant d'Auschwitz, appelait « la froideur de pierre » du nazi idéal, qui avait « cessé d'éprouver des sentiments humains » dans l'accomplissement de son devoir [129].

Début 1933, donc, les deux nations les plus grandes et les plus puissantes d'Europe étaient sous l'emprise de régimes totalitaires qui prêchaient, pratiquaient et incarnaient en effet le relativisme moral, accompagné de toutes ses potentialités horrifiantes. Chacun des deux systèmes aiguillonnait les caractères les plus répréhensibles de l'autre. L'un des aspects les plus dérangeants du socialisme totalitaire, léniniste ou hitlérien, cherchant à conquérir le pouvoir ou l'ayant obtenu, était d'être animé par une loi de Gresham de moralité politique : l'horreur chassait l'instinct humanitaire et chacun corrompait l'autre en le précipitant dans les profondeurs sans fond du mal.

Hitler apprit de Lénine et de Staline comment mettre sur pied un régime de terreur à large échelle. Mais il pouvait être aussi un bon professeur. Comme Lénine, il souhaitait concentrer tout le pouvoir dans sa seule volonté. Comme Lénine, c'était un gnostique ; et tout comme ce dernier pensait être le seul et véritable interprète de l'Histoire, incarnation du déterminisme prolétarien, de même Hitler ne faisait confiance qu'à lui-même pour traduire la volonté raciale du peuple allemand. Le régime qu'il installa en janvier 1933 ne comportait qu'une anomalie de taille : les SA. Hitler n'en avait pas le plein contrôle et Roehm avait des vues qui n'entraient pas dans les plans de Hitler. Les SA, déjà nombreux avant la prise de pouvoir de Hitler, se développèrent rapidement, tout de suite après. A l'automne 1933, ils comprenaient un million de membres actifs payés et trois millions et demi de réservistes. L'objectif de Roehm était de faire des SA la future armée allemande qui mettrait fin au traité de Versailles et assurerait les buts expansionnistes de l'Allemagne. L'ancienne armée, avec sa classe d'officiers professionnels, deviendrait un simple organisme d'entraînement d'une armée révolutionnaire et radicale, qu'il mènerait lui-même sur la voie de la conquête. Hitler était déterminé à rejeter ce projet napoléonien. Il tenait en haute estime l'armée régulière et croyait qu'elle mènerait rapidement à bien le réarmement, et qu'elle le ferait avec assez de discrétion pour faire traverser au pays cette période de danger aigu, la France et ses alliés étant toujours susceptibles d'envahir l'Allemagne et de détruire son régime. Fait encore plus important, Hitler n'avait pas la moindre intention de partager le pouvoir avec Roehm, et encore moins de le lui remettre.

A partir de mars 1933, quand il se mit à favoriser l'ascension de Himmler, qui était secrètement relié à lui par une ligne téléphonique directe, il est clair que Hitler avait en tête un crime colossal pour résoudre le dilemme que les SA de Roehm lui posaient. Il le prépara très minutieusement. A partir d'octobre 1933, Himmler fut autorisé par Hitler à ajouter, à ses fonctions de chef de la police de Munich, celles de chef de la police politique dans tous les États allemands. Ce processus — que les ennemis de Himmler considérèrent comme la construction d'un empire — requit de par son illégalité l'aide active de Hitler à chaque stade : Frick ne devait pas être mis dans le secret ; d'autre part, il incluait des négociations avec les *Gauleiters* qui étaient, dans chaque *Gau*, sous le contrôle direct de Hitler. Ce processus fut parachevé, le 20 avril 1934, quand le SD de Heydrich révéla un « complot » d'assassinat contre Goering que sa propre Gestapo avait échoué à détecter. Hitler donna alors à Himmler l'ordre de s'emparer de la police de Goering — officiellement, en tant que suppléant. L'organisation des SS, déjà énorme en elle-même, eut alors sous son contrôle la police politique de tout le territoire et était donc en mesure de frapper même la force armée gigantesque des SA.

Pendant ce temps, les motifs de Hitler pour détruire la prééminence

nence et l'indépendance des SA s'étaient accrus. Leurs démonstrations de violence et de brutalité dans les rues lui aliénaient, à l'intérieur du pays, certains de ses partisans et étaient la principale source des critiques que l'étranger adressait à son régime. Lors de la visite de sir John Simon et d'Anthony Eden, le 21 février 1934, Hitler leur avait promis de démobiliser les deux tiers des SA et de permettre l'inspection du tiers restant; Eden écrivit : « La dissolution véritable de cette force mise à part, il pouvait difficilement aller plus loin. [130] » L'hostilité de l'armée était tout aussi importante. Au printemps 1934, le vieil Hindenburg approchait visiblement de sa fin. Hitler souhaitait lui succéder et réunir en un seul homme la présidence et la chancellerie. Les commandants de l'Armée et de la Marine le lui accordèrent, à condition qu'il émasculât les SA et détruisît leurs prétentions : naïveté typique qu'ils montrèrent toujours en négociant avec Hitler, lui octroyant quelque chose de vital contre une « concession », qu'il lui était nécessaire de faire de toute façon et dans laquelle la coopération de l'armée était essentielle.

Hitler procéda à sa purge, un acte de pur gangstérisme, dès que Himmler eut acquis le monopole de la police politique. Il était décidé à faire assassiner, en même temps, tous ses ennemis politiques immédiats — tout en réglant de vieux comptes au passage — ainsi les « preuves » d'une conspiration, fabriquées par les services d'espionnage de Heydrich, procédaient par recoupements improbables, dignes des procès truqués de Staline. Himmler et Heydrich dressèrent la liste finale et Hitler se contenta de souligner au crayon les noms de ceux qu'il fallait fusiller; Heydrich signa les mandats d'amener, qui portaient simplement ces mots : « Sur ordre du Führer et du chancelier du Reich, X. est condamné à être fusillé pour haute trahison. » Goering fut mis dans le secret à un stade relativement tardif du complot. Blomberg, ministre de la Défense, et le général von Reichenau, son adjoint politique, furent faits complices, des unités de l'armée étant tenues en au cas où des unités de SA opposeraient une résistance. Le 30 juin 1934 à l'aube, Hitler en personne réveilla Roehm dans un hôtel de Bad Wiessee, puis alla se reposer au QG des Chemises brunes de Munich. Le ministre de la Justice bavarois n'était pas prêt à ordonner des exécutions en masse au vu d'une simple liste dactylographiée et Roehm et ses compagnons ne furent pas assassinés effectivement avant le 2 juillet, la police politique s'en chargeant. A Berlin, pendant ce temps, si l'on en croit le vice-chancelier von Papen, qui en fut le témoin oculaire, les accusés furent conduits dans la demeure personnelle de Goering, sur la Leipzigerplatz. Là, Goering et Himmler les identifièrent, cochant leurs noms sur la liste, et ordonnèrent qu'on les emmène pour les fusiller sur-le-champ; les pelotons d'exécution furent constitués de membres de la police privée de Goering. Deux jours plus tard, Hitler atterrit à l'aéroport de Tempelhof, venant de Munich. Himmler et Goering l'accueillirent à sa descente d'avion, sous un ciel rouge sang; les trois hommes examinèrent alors les listes des fusillés et de ceux qui allaient l'être, scène wagnérienne décrite par Hans Gisevius, officier de la Gestapo. On demanda à Frick, le ministre de l'Intérieur, de se retirer : l'affaire ne le concernait pas. Selon Gisevius, Frick répondit : « Mon Führer, si vous n'agissez pas immédiatement contre Himmler et ses SS comme vous venez de le faire contre Roehm et ses SA, tout ce que vous aurez fait c'est d'avoir appelé Belzébuth pour chasser Satan [131]. » Ce qui démontre le peu de compréhension qu'il avait de son maître.

Parmi ceux qui furent assassinés, nombreux étaient ceux qui étaient étrangers aux SA. On y trouvait Gustav von Kahr, ancien Premier ministre de Bavière — qui avait refusé de prendre part au putsch de 1923 — Gregor Strasser, ancien collègue et rival de Hitler au sein du Parti, la vieille baderne galonnée et retorse qui avait été censée le « contenir », le général von Schleicher, ainsi que sa femme et son proche adjoint, le général von Bredow, Ernst Klausener, le dirigeant catholique berlinois et une foule d'autres personnes jugées gênantes ou dangereuses : probablement, cent cinquante en tout [132].

Cette série de meurtres perpétrés par la police et le gouvernement fut une catastrophe morale pour l'Allemagne. Le code d'honneur des généraux allemands, en tant que tel, était en miettes, car ils avaient trempé dans le meurtre de deux de leurs amis et collègues. La justice fut tournée en ridicule par une loi, qui fut votée le 3 juillet, justifiant les faits *ex post facto*. Hitler fut reçu en grand apparat par Hindenburg sur son lit de mort et le vieil homme en pleine confusion — et qui l'avait renvoyé autrefois en le traitant de « caporal bohème » — le salua par ces mots : « Votre Majesté. » Le 2 août, après la mort du « titan de bois », Hitler prit sa succession en vertu d'une loi qu'il avait votée le jour précédent et qui le faisait « chef et chancelier du Reich ». Le même jour, les officiers et les soldats de l'armée lui prêtèrent le serment qui commençait ainsi : « Je jure obéissance inconditionnelle au Führer du Reich et du peuple allemands. » Cet arrangement donna lieu ensuite à un plébiscite et au mois d'août, le peuple allemand récompensa le meurtrier en chef par un verdict de 84,6 % [133]. L'un des aspects les plus significatifs de ce tournant du régime fut la remise de dagues d'honneur aux SS qui s'étaient chargés des meurtres. Ce fut là un symbole éhonté de relativisme moral. Les SS furent ainsi lancés dans leur monstrueuse carrière d'assassins couverts par la loi. L'affaire Roehm où l'État s'engagea ouvertement dans le meurtre de masse — avec la complicité de l'ancienne élite militaire et l'approbation de l'électorat — préfigurait directement les programmes d'extermination à venir.

Ce fut l'audace sans fioritures de la purge Roehm — et la façon dont Hitler la fit accepter par les opinions allemande et mondiale, ainsi que par ses collègues et partisans — qui encouragea Staline à consolider sa dictature personnelle par des moyens similaires. Jusque-là, l'élite du Parti lui avait simplement permis d'assassiner le tout-venant des Russes. L'expulsion d'un ancien du Parti requérait de savantes préparations. En 1930, Staline avait subi des critiques ouvertes de Syrtsov, candidat au Politburo, et de Lominadze, membre du Comité central. Il avait tenté de les faire fusiller, mais tout ce qu'il avait pu obtenir avait été leur expulsion du Comité central. Deux ans plus tard, il avait demandé l'exécution de Ryoutine, qui avait fait circuler sous le manteau un document de vingt pages, critiquant sa dictature. Serguei Kirov, qui avait succédé à Zinoviev comme chef du Parti à Leningrad, avait insisté pour que Ryoutine soit épargné et envoyé « en camp d'isolement », prison réservée aux membres éminents du Parti [134]. En été 1934, l'influence de Kirov grandit encore et il fit figure de successeur probable de Staline — au risque de l'évincer. Le succès de la purge Roehm inspira à Staline d'en finir une fois pour toutes avec certaines contraintes internes du Parti et de la façon la plus ingénieuse qui fût : en faisant assassiner Kirov et en se servant de ce crime pour mieux frapper tous ses autres ennemis [135].

Kirov fut tué dans des circonstances mystérieuses, le 1er décembre 1934, en plein Institut Smolny, l'ancienne école de filles d'où Lénine avait lancé son putsch et qui était resté depuis lors le quartier général du Parti à Leningrad. C'était un endroit sous haute surveillance et on n'expliqua jamais comment l'assassin, Leonid Nikolaïev, pût franchir le cordon de sécurité. Circonstance encore plus suspecte, quelques jours auparavant, le garde du corps de Kirov avait été révoqué sur l'ordre de Yagoda, chef du NKVD — commissariat du Parti aux Affaires intérieures. En 1956 — et une fois encore, en 1961 — Khrouchtchev fit fortement allusion à la responsabilité de Staline dans l'événement — et les preuves circonstancielles semblent écrasantes [136].

Staline réagit avec une grande violence à la nouvelle du meurtre, mais d'une façon qui suggère la préméditation. Il prit le train de nuit pour Leningrad. L'aube se levait quand il fut accueilli à la gare de Moscou par Medved, chef de la police de Leningrad. Sans un mot, Staline le frappa durement au visage. Ensuite il réquisitionna un étage de l'Institut Smolny et prit personnellement l'enquête en charge, assis derrière une table, flanqué de ses laquais, Molotov, Vorochilov, Jdanov et les autres, les membres officiels du Parti de Leningrad, d'un côté, les hommes de la sécurité, de l'autre. Quand Nicolaïev fut introduit, et que Staline l'interrogea sur les raisons de son geste, le malheureux tomba à genoux et s'écria, en désignant les membres de la sécurité : « Ils m'y ont poussé ! » Ces derniers se précipitèrent sur lui et le frappèrent à coups de crosse jusqu'à ce qu'il sombre dans l'inconscience ; il fut traîné hors de la pièce et on le ranima, en le plongeant alternativement dans des bains chauds et froids. Staline fit battre à mort Borisov, chef des gardes du corps de Kirov, à coups de barre ; Medved fut envoyé en camp et assassiné trois ans plus tard ; Nicolaïev fut exécuté le 29 décembre, après un procès à huis clos. Plus d'une centaine de prétendus « Blancs » furent fusillés et 40000 habitants de Leningrad expédiés dans des camps. Rapidement, quiconque avait eu connaissance de l'affaire Kirov était mort ou disparu à jamais dans l'archipel du Goulag[137].

Ce n'était qu'un début. Deux semaines après le meurtre de Kirov, Staline fit arrêter Zinoviev et Kamenev. Il formula les charges retenues contre eux dans le moindre détail et révisa le texte du témoignage qu'ils devaient faire à la virgule près. Cela prit des mois pour les faire répéter; Staline les menaça que rien ne serait épargné « pour qu'ils sachent le texte de leur confession sur le bout du doigt, dussent-ils ramper sur le ventre[138] ». Ils furent jugés en 1936, après avoir passé un marché, selon lequel ils acceptaient d'avouer n'importe quoi, à condition que leurs familles fussent laissées en paix et eux-mêmes épargnés. En fait, ils furent fusillés tous deux, le lendemain de la fin du procès. La façon dont Zinoviev demanda grâce devint l'objet d'une macabre imitation, aux fortes connotations antisémites, lors de fêtes privées de Staline, de la part de K.V. Pauker, ancien habilleur de théâtre promu chef de la garde personnelle du NKVD de Staline et seul homme autorisé à le raser. Pauker exécuta régulièrement cette imitation, jusqu'à ce qu'il soit, lui aussi, fusillé comme « espion allemand[139] ».

Dès la mort de Zinoviev et Kamenev, Staline donna l'ordre d'exécuter plus de 5000 membres du Parti, déjà arrêtés. Ce fut le début de la Grande Terreur. Peu après cela, Staline expédia de Sotchi, où il passait des vacances, le sinistre télégramme du 25 septembre 1936 : « Nous jugeons absolument nécessaire que le camarade Iejov soit nommé, de toute urgence, au poste de commissaire du peuple aux Affaires intérieures. Yagoda s'est révélé définitivement incapable de démasquer le bloc zinovievo-trotskiste. La Guépéou a quatre ans de retard en cette matière[140]. » Ce télégramme fut suivi d'une purge systématique de la police secrète, menée par deux cents à trois cents fanatiques du Parti, recrutés secrètement par Iejov[141]. Ensuite, Staline élimina son vieil ami le Grégorien Ordjonikidze, dernier membre du Politburo à pouvoir l'appeler par son surnom, « Koba », et à pouvoir discuter avec lui : on lui donna le choix entre se suicider ou mourir dans les cachots de la police. Après février 1937, Staline put mettre à mort quiconque comme il le désirait. Au cours du plénum du Comité central, à la fin du mois, on « demanda » à Staline de faire arrêter Boukharine et Rykov. Boukharine essaya de sauver sa tête en pleurnichant. Staline : « Si vous êtes innocent, vous pourrez le prouver au fond d'un cachot ! » Le Comité central : « Qu'on fusille ce traître ! » Les deux hommes furent immédiatement emprisonnés et mis à mort; par la suite, on entendit murmurer Yagoda : « Quel dommage que je ne vous ai pas tous arrêtés plus tôt, quand j'en avais le pouvoir[142]. » Cela n'aurait fait aucune différence : les deux tiers des cent quarante présents allaient être rapidement assassinés.

De fin 1936 à la seconde moitié de 1938, Staline frappa chaque groupe de son régime. Pour la seule année 1937, il fit tuer 3000 officiers de la police secrète et 90 % des procureurs de province. Il entretenait des négociations secrètes avec Hitler depuis 1935. L'année suivante, il persuada le gouvernement nazi de forger des preuves truquées concernant des contacts secrets qu'aurait entretenus avec les généraux de Hitler le maréchal Toukhatchevski, commandant de l'armée soviétique — ce qui fut fait par la Gestapo et transmis par l'un de ses agents, le général Skobline, qui travaillait aussi pour le NKVD[143]. Le premier militaire à être victime de Staline fut Dimitri Schmidt, général de cavalerie, qui l'avait, semble-t-il, injurié en 1927 ; Schmidt fut arrêté le 5 juillet 1936, torturé et assassiné ; ce fut le tour de Toukhatchevski et de sept autres généraux, le 11 juin 1937, puis celui de 30000 officiers — la moitié de leurs corps — y compris de 80 % de colonels et de généraux[144]. La plupart des officiers étaient fusillés vingt-quatre heures après leur arrestation. Dans chaque groupe, l'objectif était de tuer le doyen, en particulier ceux qui avaient pris part à la Révolution ou qui avaient connu le Parti, avant sa prise en main par Staline. La purge du Parti proprement dit fut la plus longue et la plus sévère. A Leningrad, seulement deux délégués sur 150 du XVIIe Congrès du Parti survécurent. Les pertes du Parti de Moscou furent tout aussi importantes. En tout, environ un million de membres du Parti furent exécutés[145].

Les crimes commis au cours de ces années-là ne furent jamais réparés : on ne fit aucune enquête en bonne et due forme et il n'y eut aucun châtiment — sauf par accident. Cela s'explique par le fait que les générations successives de dirigeants qui vinrent après Staline y avaient tous trempé. Iejov, le principal assassin, fut lui-même mis à mort par Staline, après la fin des purges. Lavrenti Béria, son successeur à la tête de la police secrète, fut abattu par ses collègues du Politburo, immédiatement après la mort de Staline. Georgi Malenkov, qui fut à la tête de la Russie entre 1953 et 1956, eut la charge des purges en Arménie et en Biélorussie. Khrouchtchev, qui lui succéda et dirigea le pays entre 1956 et 1964, eut la responsabilité des purges de Moscou et d'Ukraine — avec Iejov et Molotov. La purge de Leningrad fut menée par Jdanov : l'un de ses assistants et l'un des rares survivants fut Alexis Kossyguine, Premier ministre des années 70 à sa mort. Kaganovitch, qui occupa de hautes fonctions jusque dans les années 60, détruisit le Parti de la région de Smolensk. Leonid Brejnev, survivant et complice de la purge d'Ukraine, fut le numéro un soviétique de 1964 à sa mort, en 1982.

Tous ces hommes, qui dirigèrent la Russie pendant les trente années qui suivirent la mort de Staline, travaillèrent selon un mélange de terreur et de culte de la personnalité, sous les instructions directes et détaillées de Staline. Un membre du NKVD, qui avait fait partie de la garde personnelle de Staline, témoigna que Iejov rencontra quotidiennement Staline, dans les années 1937-1939, avec une épaisse liasse de documents ; Staline donnait ses ordres pour les arrestations, l'usage de la torture et les sentences — avant le procès. Staline menait certains interrogatoires lui-même. Il annotait les documents comme suit : « à arrêter », « arrestation générale », « inutile de vérifier : arrestation ». Au XXIIe Congrès du Parti de 1961, Z.T. Serdiouk lut à haute voix une lettre de Iejov : « Camarade Staline, je vous fais parvenir pour confirmation quatre listes de personnes dont les affaires viennent devant le Collège militaire : liste 1, liste générale ; liste 2, ancien personnel de l'armée ; liste 3, ancien personnel du NKVD ; liste 4, épouses d'anciens ennemis du peuple. Je sollicite votre approbation d'une condamnation au premier degré — *pervaia kategoriia*, c'est-à-dire peloton d'exécution. » La liste était signée : « Lu et approuvé, J. Staline et V. Molotov. » La signature de Staline fut apposée au bas de plus de 400 listes entre 1937 et 1939, représentant 44 000 noms : doyens du Parti, fonctionnaires du gouvernement, officiers et personnalités culturelles [146].

Les communistes étrangers, qui avaient cherché refuge à Moscou, furent assassinés également en grand nombre : par exemple, Béla Kun et la plupart des chefs communistes hongrois, la quasi-totalité des leaders communistes polonais, tout le gratin du Parti yougoslave, à l'exception de Tito, les célèbres Bulgares, Popov et Tanev, héros du procès de Leipzig avec Dimitrov — qui en réchappa par chance pure : Staline avait un dossier sur lui —, tous les Coréens, de nombreux Chinois et Indiens, les chefs des PC de Lettonie, de Lituanie, d'Estonie, de Bessarabie, d'Iran, d'Italie, de Finlande, d'Autriche, de France, de Roumanie, de Hollande, de Tchécoslovaquie, des États-Unis et du Brésil. Furent durement frappés, en particulier, les Allemands qui avaient fui Hitler. L'on ne connaît le nom que de 842 d'entre eux, qui furent arrêtés : mais il y en eut beaucoup d'autres, y compris les femme et les enfants de dirigeants, comme la famille de Karl Liebknecht. Certains des Allemands qui survécurent purent montrer par la suite la trace des tortures à la fois de la Gestapo et du NKVD ; ils furent de vivants symboles des contacts furtifs que les services secrets de l'Allemagne nazie et de la Russie soviétique entretinrent durant cette période. Dans l'ensemble, les communistes européens étaient plus à l'abri dans leurs propres pays — même fascistes — que dans la « mère patrie socialiste ». Roy Medvedev, historien soviétique et marxiste, indépendant, remarqua : « C'est un terrible paradoxe que la plupart des activistes et des dirigeants communistes européens vivant en Russie y périrent, alors que la plupart de ceux qui furent emprisonnés dans leur pays natal, en 1937-1938, survécurent [147]. » Que Staline ait échangé des listes d'activistes « recherchés » avec les nazis est certain, comme il aurait pu le faire avec d'autres régimes totalitaires que sa propagande attaquait avec une férocité mécanique. Il prit un soin particulier du sort des communistes européens auxquels il eut affaire. Mais alors il veillait soigneusement à tous les aspects de la terreur qu'il faisait régner. Au cours du procès d'une de ses victimes, son ancien camarade Boukharine, l'éclat d'une lampe à arc révéla fugitivement aux spectateurs le visage attentif de Staline, derrière le verre fumé d'une petite ouverture ménagée sous le plafond du tribunal [148].

Le roman brillant d'Arthur Koestler, *Darkness at Noon — Le Zéro et l'Infini* — 1940 — donna l'impression que les principales victimes de Staline — piégées par leur propre théologie marxiste et le relativisme moral qu'elles partageaient avec lui — en venaient à témoigner mensongèrement et à croire à leurs propres mensonges. Rien n'était plus éloigné de la vérité. Alors que les principaux « conspirateurs », dont le témoignage était nécessaire à l'édification de ce mensonge, étaient amenés à se confesser, à la fois par des promesses de clémence et par la violence physique — et sous peine de voir leurs femmes et leurs enfants tués ou torturés —, pour la majorité écrasante de ceux qui s'y trouvaient soumis, les méthodes de Staline différaient peu de celles de Pierre le Grand — à une échelle différente, évidemment — et excluaient toute subtilité.

Durant ces années-là, environ 10 % de la vaste population de la Russie passa à travers les rouages de la machinerie pénitentielle de Staline. Les célèbres prisons tsaristes, comme la Lefortovskaïa, qui avaient été transformées en musées et peuplées de figures de cire, furent remises en service et la cire céda la place à la chair et au sang. Des églises, des hôtels, jusqu'à des bains publics et des étables furent convertis en geôles ; et des dizaines de nouvelles prisons furent bâties. A l'intérieur de ces établissements, la torture fut employée à un stade que les nazis eux-mêmes égalèrent difficilement par la suite. Des hommes et des femmes furent mutilés, on leur arracha les yeux, on leur creva les tympans ; ils étaient enfermés dans des « boîtes à clous » et autres inventions diaboliques. Les victimes étaient souvent torturées sous les yeux de leur famille. L'épouse de Nestor Lakoba, femme d'une étonnante beauté, préféra mourir sous la torture, malgré la présence de son fils de quatorze ans en larmes, plutôt que d'accuser son mari. Nombre d'entre eux affrontèrent une mort horrible avec un stoïcisme semblable. Le plan du NKVD, visant à échafauder un procès truqué du Mouvement de la Jeunesse, échoua car S.V. Kovarev et d'autres chefs du Comité général des *komsomol* préférèrent tous mourir sous la torture que de confesser des mensonges. Un grand nombre d'officiers de l'armée furent exécutés pour la même raison ; *in extremis*, ils acceptaient de signer leur propre « confession », sans accepter d'impliquer quelqu'un d'autre qu'eux-mêmes. Selon Medvedev, des recrues du NKVD, âgées de dix-huit ans, « étaient conduites aux chambres de torture, comme les étudiants en médecine se rendaient dans les laboratoires pour assister aux dissections [149] ».

Que l'exemple de Hitler ait aiguillé Staline vers une plus grande terreur est assez clair, car ses agents furent toujours prompts à apprendre tout ce que la Gestapo et les SS pouvaient leur enseigner. Mais cette instruction était mutuelle. Le système des camps fut importé de Russie par les nazis. Himmler les implanta à très grande vitesse ; avant la fin de 1933, il y avait environ une centaine de camps nazis. Cependant, même à l'apogée du programme d'extermination des SS en 1942-1945, il y eut toujours un plus grand nombre de camps en Union soviétique, la plupart étant plus vastes et renfermant beaucoup plus de prisonniers que les camps nazis. En effet, les camps soviétiques, comme Soljenitsyne et d'autres l'ont montré, constituaient une longue série d'îlots de vaste superficie, à l'intérieur du territoire russe, couvrant plusieurs milliers de milles carrés. Comme les camps nazis, qui représentaient toute une gamme — Dachau étant « l'Eton » du système — les camps russes étaient de toutes sortes. Il existait, par exemple, un camp spécial pour les veuves, les orphelins et les autres parents des officiers de l'armée qui avaient été massacrés ; existaient aussi des orphelinats-prisons, réservés aux enfants des « ennemis du peuple », qui étaient eux-mêmes susceptibles d'être jugés et condamnés, comme ce fut le cas de la fille du maréchal Toukhatchevski, Svetlana, dès qu'ils étaient en âge de l'être[150].

La plupart des camps, cependant, servait un dessein économique précis : et ce fut leur exemple qui inspira, à partir de 1941, Hitler à chercher à créer « un secteur nationalisé » substantiel de l'économie allemande. L'Union soviétique ne s'engagea pas dans une politique délibérée et systématique de génocide, bien que Staline n'en fût pas très éloigné quand il régla le problème des « nationalités » soviétiques, au cours de la Seconde Guerre mondiale. Mais les camps soviétiques étaient — sont encore — tout de même « des camps de la mort ». L'inscription en lettres de fer, au-dessus de l'entrée des camps de la région de Kolyma — parmi les plus durs — disant : « Le Travail est une question d'honneur, de valeur et d'héroïsme », était aussi trompeuse que son imitation nazie, qui se balançait à l'entrée d'Auschwitz : *Arbeit macht frei* — Le Travail, c'est la liberté. A l'intérieur de ces camps, le NKVD organisait fréquemment des exécutions en masse à la mitrailleuse : rien que dans les camps de Kolyma, en 1938, 40 000 hommes, femmes et enfants furent ainsi mis à mort. Les camps du « châtiment spécial » et des mines d'or étaient les plus meurtriers. Lénine et Staline par la suite mirent sur pied une industrie aurifère, la seconde sur le plan mondial, après celle d'Afrique du Sud ; ils entassèrent d'énormes réserves d'or, grâce aux seize heures de travail quotidiennes d'hommes, en haillons, sans aucun jour de repos, dormant souvent sous des toiles déchirées, par des températures atteignant moins soixante degrés et dont les rations alimentaires étaient pitoyablement congrues. Des témoins certifièrent plus tard qu'il suffisait de vingt à trente jours dans ces camps pour faire d'un homme bien portant une loque sur le plan physique, et certains déclarèrent que ces conditions étaient délibérément planifiées pour obtenir un taux de mortalité élevé. Les gardes administraient de sévères corrections et des éléments criminels professionnels étaient chargés de superviser la masse des « politiques » — une autre caractéristique de ces camps imitée par les nazis.

Dans ces conditions, le taux de mortalité dépassait de loin l'imagination des gens civilisés. Medvedev chiffre à 400 ou 500 000 les personnes sommairement exécutées sous la Grande Terreur. D'après lui, entre 1936 et 1939, le nombre total des victimes avoisina 4,5 millions. Hommes et femmes mouraient à cette époque — comme plus tard — au rythme d'un million par an ; la somme totale des morts causées par la politique de Staline tourne autour de 10 millions [151]. Tout comme la purge Roehm incita Staline à l'imiter, l'échelle de ces atrocités commises en masse encouragea, à son tour, Hitler à tenter, pendant la guerre, de modifier l'entière démographie de l'Europe de l'Est. Quand il s'agit d'organisation sociale systématique, le meurtre de masse à échelle industrielle est toujours l'arme suprême : la « solution finale » de Hitler pour les juifs prit son origine non seulement dans son esprit enfiévré mais aussi dans la collectivisation de la paysannerie russe.

Malgré leur nature sans précédent, les atrocités commises par les régimes totalitaires nazi et soviétique, dans les années 30, eurent remarquablement peu d'impact sur le reste du monde, quoique le caractère — sinon la portée — des deux, et particulièrement du premier, fût relativement bien connu à l'époque. On prêta plus d'attention aux crimes de Hitler, non seulement parce qu'ils concernaient de plus près l'Occident et parce qu'ils étaient souvent et ouvertement revendiqués, mais surtout parce qu'ils furent répandus par une émigration croissante des intellectuels. Comme ennemi proclamé de la « civilisation », par opposition à la *Kultur*, Hitler était une cible naturelle pour les écrivains du monde libre, avant même de devenir chancelier ; une fois au pouvoir, il fit en sorte de confirmer son image d'ennemi mortel de l'intelligentsia. Les autodafés de livres en public commencèrent en mars 1933 et atteignirent leur comble en mai suivant, à Berlin, Goering y présidant et citant les paroles d'Ulrich von Hutten : « O siècle, ô sciences, quelle joie d'être vivant ! » Des expositions « d'art dégénéré » eurent lieu à Nuremberg en 1935 et à Munich en 1937. Les musées furent contraints de se débarrasser de certaines de leurs toiles : ainsi, lors d'une vente à Lucerne en juin 1939, des œuvres de Gauguin et de Van Gogh furent cédées pour un prix dérisoire et *La Buveuse d'absinthe* de Picasso ne trouva même pas acquéreur. Des listes d'émigrés déchus de leur citoyenneté allemande étaient régulièrement publiées. On pouvait y lire les noms de Leon Feuchtwanger, Helmut von Gerlach, Alfred Kerr, Heinrich Mann, Kurt Tucholsky, Ernst Toller — en août 1933 ; Robert Becher, Einstein, Theodor Plievier — en mars 1934 ; Bruno Frank, Klaus Mann, Piscator — en novembre 1934 ; Friedrich Wolf, Berthold Brecht, Paul Bekker, Arnold Zweig, Thomas Mann — en 1935-1936 ; et des dizaines d'autres célébrités [152]. Ceux-ci, ainsi que des milliers de journalistes et de professeurs d'université, juifs ou antinazis, que l'on empêchait de vivre et de travailler en Allemagne, et qui furent contraints effectivement à l'émigration, grossirent le chœur de ceux qui cherchaient à dénoncer les conditions du Reich de Hitler.

Pourtant, Hitler avait des admirateurs. On comptait dans leurs rangs Lloyd George, le duc de Windsor et lord Rothermere, propriétaire du *Daily Mail*. Le major Yeats-Brown, auteur du célèbre *Lives of a Bengal Lancer - Les Trois Lanciers du Bengale*, témoigna qu'à son humble avis, « l'Allemagne d'aujourd'hui est plus authentiquement chrétienne qu'elle ne le fut jamais sous la république de Weimar ». Parmi ceux qui exprimèrent modérément leur approbation du fascisme sous ses diverses formes : Benedetto Croce, Jean Cocteau, Luigi Pirandello, Giovanni Gentile, James Burnham, W.B. Yeats, T.S. Eliot et Filippo Marinetti, ainsi que des intellectuels réellement profascistes, Charles Maurras, Louis-Ferdinand Céline, Ezra Pound, Oswald Spengler et Martin Heidegger[153].

Cependant, à une écrasante majorité, les intellectuels virèrent à gauche. Ils considéraient le nazisme comme un danger beaucoup plus important, à la fois pour eux-mêmes et pour la liberté sous toutes ses formes. Au milieu des années 30, nombre de gens intelligents croyaient que le fascisme allait devenir le système de gouvernement prédominant en Europe et peut-être dans le monde. L'Allemagne, l'Italie, l'Espagne, le Portugal, la Pologne, la Hongrie, l'Autriche, la Turquie, la Grèce, la Roumanie, le Japon et de nombreux autres États connaissaient un régime fasciste ou avoisinant; et presque partout ailleurs, existaient des partis fascistes prospères. L'Union soviétique apparaissait aux yeux des intellectuels comme la seule grande puissance qui s'opposait entièrement au fascisme, étant prête si nécessaire à le combattre. De ce fait, beaucoup d'entre eux étaient non seulement décidés à défendre ses vertus apparentes mais encore à justifier le caractère manifestement impitoyable du régime stalinien. Très peu d'entre eux, du moins à ce moment, furent conscients de la vraie nature de ce régime. Les écrivains juifs en particulier ignoraient à peu près tout du violent antisémitisme de Staline. On ignorait également qu'il avait envoyé plus de six cents écrivains dans les camps dont beaucoup, comme Isaac Babel et Ossip Mandelstam, ne revinrent jamais, qu'il avait très certainement fait assassiner Maxime Gorki ; et qu'à l'exemple de Hitler, il avait retiré de la circulation des millions de livres qu'il avait fait brûler, quoique non publiquement[154].

Cependant les intellectuels occidentaux en savaient suffisamment sur le sévère régime soviétique pour que cela les obligeât à adopter pour le défendre la règle « deux poids, deux mesures ». Lincoln Steffens donnait le ton : « Trahir le tsar n'était pas un péché, trahir le communisme en est un[155]. » G.B. Shaw argumenta : « Nous ne pouvons pas nous permettre de nous poser en donneur de leçons de morale quand notre voisin le plus entreprenant... liquide judicieusement et humainement une poignée d'exploiteurs et de spéculateurs, rendant ainsi le monde inoffensif aux honnêtes gens[156]. » André Malraux avança que : « De même que l'Inquisition n'affecta pas la dignité du christianisme, les procès de Moscou n'ont pas diminué la dignité fondamentale du communisme[157]. » De nombreux intellectuels, y compris certains qui savaient ce que signifiait une justice totalitaire, prirent la défense des procès. Brecht écrivit : « De l'avis même des ennemis les plus acharnés de l'Union soviétique et de son gouvernement, les procès ont clairement prouvé l'existence d'une conspiration active contre le régime », « un ramassis de crimes abominables », commis par « la lie de l'étranger et de la nation, toute cette vermine de criminels et de délateurs professionnels ...cette racaille... je suis convaincu que c'est la vérité [158] ». Feuchtwanger assista au procès Pyatakov en 1937 — dont découla le procès Boukharine, et bien d'autres — et écrivit immédiatement un livre à ce sujet, *Moscou 1937*, où il déclarait : « Il n'existait aucune justification pour nous faire imaginer qu'il y eût quelque chose de fabriqué ou d'artificiel dans la conduite de ce procès. » Staline fit sur-le-champ traduire et publier cet ouvrage à Moscou en novembre 1937, et une copie du livre fut offerte au malheureux Boukharine, la veille de son propre procès, pour achever de le désespérer [159].

Le NKVD, en effet, se servait fréquemment de textes prostaliniens des intellectuels de l'Ouest pour briser la résistance de ses prisonniers. Il était également secondé par les éléments prostaliniens des ambassades et de la presse occidentales à Moscou. L'ambassadeur Davies informa son gouvernement que les procès n'étaient absolument pas truqués et insista sur ce point dans un livre mensonger, *Mission à Moscou*, publié en 1941. Harold Denny, du *New York Times*, écrivit à propos des procès : « Au sens large, ce ne sont pas des faux. » (14 mars 1938.) Son collègue, Walter Duranty, correspondant régulier du journal à Moscou, fut l'un des apologistes les plus indulgents de Staline. Comme l'écrivit Malcolm Muggeridge : « Il y avait quelque chose de vigoureux, de vivace et d'irrationnel dans son absence de scrupules qui rendait passionnante son obstination dans le mensonge. » Son expression favorite était : « Je mise tout sur Staline [160]. » Du procès Pyatakov, Duranty écrivit : « Il est impensable que Staline, Vorochilov, Boudienny et la cour martiale aient pu condamner à mort leurs amis sans que les preuves de leur culpabilité soient flagrantes [161]. » Suggérer que les preuves étaient truquées, lui faisait écho l'ambassadeur Davies, « demanderait le génie créateur de Shakespeare [162] ».

La tentative des intellectuels occidentaux de défense du stalinisme les impliqua dans un processus d'autocorruption qui transmit — par le biais de leurs écrits — à eux et donc à leur pays un peu de la déchéance morale inhérente au totalitarisme — et en particulier, son refus de la responsabilité individuelle du bien ou du mal. Lionel Trilling observa avec finesse que les staliniens occidentaux désavouaient la politique, celle du moins de la « vigilance et de l'effort » :

> Ils voyaient dans l'établissement d'un gouvernement monolithique la promesse d'un repos de la volonté que requéraient certains actes pour faire face aux nombreuses exigences, souvent conflictuelles, de la société démocratique... ils chérissaient l'idée de la révolution comme un dernier et immense acte de volonté qui mettrait fin à jamais aux efforts de nos volontés individuelles [163].

Pour l'Amérique, ce développement était particulièrement sérieux car les staliniens formaient alors la partie saillante du nouveau mouvement radical; et comme Trilling le nota aussi :

> En ce qui concerne la situation culturelle américaine, l'importance du mouvement radical des années 30 ne peut être surestimée. On peut affirmer qu'il a créé la classe intellectuelle que nous voyons maintenant dans toute l'ampleur de son influence. Il a fixé le caractère de cette classe comme étant, au travers de toutes les fluctuations d'opinion, de gauche de façon prédominante [164].

Ce fut cette classe qui façonna la pensée de l'establishment politique libéral et démocrate, qui devait être au pouvoir de la plus puissante nation du monde, jusqu'à la fin des années 1970.

Les ramifications de l'influence de la terreur totalitaire des années 30 furent donc immenses, à l'échelle du temps et de l'espace. Mais à cette époque, les conséquences ultimes de l'hitlérisme et du stalinisme paraissaient sans importance. Ce qui importait, à leurs sujets sans défense comme à leurs proches ou lointains voisins, était à quoi ces régimes tendaient dans le futur immédiat. L'accession de Hitler et de Staline au pouvoir absolu porta un coup décisif à une structure mondiale, déjà instable et fragile. Tous deux avaient des visées territoriales illimitées, puisque tous deux souscrivaient à d'imminentes eschatologies, l'une des classes, l'autre des races, au cours desquelles leurs systèmes de pouvoir rivaux domineraient le globe. Donc l'arrivée sur la scène mondiale de ces deux hommes marqua ce que l'on pouvait appeler le point culminant de l'agression.

IX

Le point culminant de l'agression

Au cours des années 1920, les démocraties occidentales — civilisées — avaient réussi à maintenir un semblant d'ordre mondial bien fragile, d'une part à travers la Société des Nations, et de l'autre, par la diplomatie financière anglo-américaine. Au début de la décennie suivante, le système — si toutefois on pouvait baptiser cela un système — s'effondra totalement, inaugurant une ère de banditisme international dans laquelle les États totalitaires se comportèrent purement et simplement en fonction de leurs moyens militaires. Les pouvoirs respectueux de la loi étaient économiquement ruinés et unilatéralement désarmés. L'économie française, pour sa part, atteignit son apogée en 1929, puis entama une longue et constante période de déclin et ne réussit à retrouver son niveau qu'au début des années 1950. Les statistiques du chômage y demeuraient comparativement basses, pour la bonne raison que les travailleurs licenciés rentraient dans les fermes de leur naissance et que les immigrés étaient expulsés. La France s'assoupissait dans une position isolationniste et entreprenait la construction de la ligne Maginot : en soi déjà, un symbole de défaitisme. De leurs côtés, Anglais et Américains étaient obsédés par l'économie. Au début des années 30, l'armée américaine, forte de 132069 officiers et hommes de rang, ne figurait qu'au seizième rang mondial, derrière les forces tchèques, polonaises, turques, espagnoles et roumaines [1]. Son chef d'état-major, MacArthur, bénéficiait de la seule limousine en dotation dans l'armée. Ramsay MacDonald, le Premier ministre britannique travailliste, qui ne possédait, lui, aucun véhicule personnel ni fourni par l'État, devait trottiner jusqu'au bout de Downing Street, et héler un bus ou un taxi, lorsqu'il avait à se déplacer pour les affaires de la nation [2]. En 1930, les Américains avaient réussi à convaincre le gouvernement travailliste, semi-pacifiste, de signer le traité naval de Londres, qui réduisit la marine à un état d'impuissance inconnu depuis le XVIIe siècle. Méthodiste utopiste, le secrétaire aux Affaires étrangères, Arthur Henderson, qui parlait de « mobiliser une démocratie diplomatique », défendit le projet de cesser les travaux sur la future base de Singapour, et de réduire de moitié le nombre des croiseurs britanniques, sous prétexte que le Japon « était bien décidé à résoudre les problèmes par des voies pacifiques [3] ».

Par une cinglante ironie du sort, ce fut le traité naval de Londres, de 1930, signé à contrecœur, qui incita les Japonais à rompre, en fin de compte, avec l'Occident, et à poursuivre leurs intérêts propres. L'accord douanier Smoot-Hawley de la même année, qui porta un coup très dur à leurs échanges avec les États-Unis (15 % des exportations) et les autres tarifs qui suivirent en guise de représailles leur parurent constituer une raison morale suffisante pour adopter la loi de la jungle. Rendus furieux par une diminution d'un dixième de leur solde, des marins de la base navale britannique d'Invergordon se mutinèrent le 10 septembre 1931 et immobilisèrent certaines unités importantes de la flotte anglaise. Huit jours plus tard, l'état-major japonais fomenta une crise en Mandchourie, qui déboucha sur l'invasion, malgré l'opposition formelle des membres civils du gouvernement de Tokyo[4]. Cependant, celui-ci se plia, entérina le *coup d'État* militaire, et créa le nouveau mini-État du Mandchoukouo.

La Grande-Bretagne ne put rien faire; elle ne fit d'ailleurs rien : son ambassadeur à Tokyo, sir Francis Lindley, rapporta qu'il se trouvait « dans la fâcheuse posture de celui qui cherche des assurances auprès d'un gouvernement incapable de les fournir [5] ». Par l'intermédiaire de lord Lytton, l'Angleterre porta l'affaire devant la Société des Nations, qui se borna à émettre une critique de l'attitude japonaise : la seule conséquence qui en découla fut que Tokyo quitta la SDN le 27 mars 1933. Certains fanatiques de cette Société, tel lord Robert Cecil, étaient partisans d'entreprendre « une action » contre le Japon; mais c'étaient les mêmes qui avaient, auparavant, été les parangons du désarmement. Le 29 février 1932, sir Frederick Field, Premier Lord de l'Amirauté, déclara que l'Angleterre était « impuissante » en Extrême-Orient, et Singapour « indéfendable ». La règle des dix ans était tranquillement reléguée, mais trop tard[6]. Stanley Baldwin déclarait : « Si vous renforcez le boycott économique, le Japon déclarera la guerre, mettra la main sur Singapour et Hong-Kong; dans l'état où nous sommes, il ne nous est pas possible de l'en empêcher. Vous n'obtiendrez de Washington rien d'autre que des mots, des grands mots certes, mais seulement des mots[7]. »

En fait, l'Angleterre et les États-Unis, auraient pu, en joignant leurs forces telles qu'elles étaient, dissuader et contenir la poussée japonaise. Pearl Harbour ne pouvait être défendu que par voie maritime, et la flotte américaine du Pacifique, renforcée par des unités navales britanniques, avait les moyens de rendre la base sûre. Sa protection de Singapour ne nécessitait qu'une couverture aérienne adéquate. Le renfort de l'aviation américaine aurait également pu contribuer à consolider les défenses des deux bases[8]. Il eût alors été possible de tenir la dragée haute au gouvernement de Tokyo ; mais l'isolationnisme croissant des États-Unis — bien plus typique dans les années 30 que dans les années 20 — empêchait toute espèce d'actions combinées et concertées. En effet, Washington s'acheminait vers le *Neutrality Act* de 1935, et la situation empira lorsque Roosevelt succéda à Hoover. Celui-ci avait donné son appui à la mise sur pied d'une conférence économique mondiale, qui devait se tenir à Londres au cours des mois de juin et juillet 1933. Il est possible que cette réunion ait réussi à persuader les puissances « pauvres » qu'il pouvait exister des alternatives au combat pour la survie. Roosevelt la torpilla le 3 juillet : après quoi, il n'y eut plus de véritables efforts entrepris pour organiser un cadre financier stable dans lequel les antagonismes pourraient se résoudre par des moyens diplomatiques. Dans les années 20, le monde avait été soumis au pouvoir de l'argent ; au cours de la décennie suivante, l'arbitrage de l'épée prévalut.

L'étude chronologique minutieuse de cette période révèle l'étendue prise par les régimes totalitaires, tout en agissant indépendamment l'un de l'autre et même parfois l'un contre l'autre, d'une manière avouée. Ils pouvaient se prévaloir de leur nombre et de leur force sans cesse grandissants pour contrecarrer le pouvoir tristement distendu de l'ordre démocratique. L'Italie, le Japon, la Russie et l'Allemagne jouaient ensemble une partie de géopolitique, dont l'objet final, essentiel, était de remplacer le droit international et les traités par une nouvelle *Realpolitik*, à travers laquelle chacun pensait pouvoir réaliser le millénarisme auquel il se croyait destiné. Aucune de ces nations revenues à l'état sauvage ne se faisait mutuellement confiance : il existait donc une conspiration du crime, instable et mouvante, parfois ouverte, le plus souvent cachée, doublée d'une compétition dans ce même domaine : le processus employé par un État totalitaire pour en corrompre un autre de l'intérieur s'étendait à toutes les relations extérieures ; la loi de Gresham se révélait donc aussi dans ce domaine, évinçant peu à peu la diplomatie au profit de la force.

Ces États prédateurs pratiquaient la *Realpolitik* à des manières et des allures différentes. La Russie de Staline était la plus bismarckienne, se contentant de saisir simplement les opportunités qui s'offraient à elles et suffisamment patiente pour ne se mouvoir que sur des échelles d'ères géologiques, convaincue qu'elle était que le monde tomberait en fin de compte dans son escarcelle. L'Allemagne était la plus dynamique, nantie de son eschatologie obsidionale que Hitler sentait devoir réaliser de son vivant. L'Italie mussolinienne jouait le rôle du chacal, avançant sur les traces de fauves plus grands, et s'emparant de toutes les petites proies laissées sans protection. Hanté par le spectre d'une famine de masse, le Japon était le plus instable. La récession mondiale avait fait chuter de 50 % les prix de la soie brute, son principal produit d'exportation, et le pays se trouvait maintenant à court de devises pour acheter du riz. Cependant, en 1934, ses dépenses militaires et navales se montaient à 937 millions de yens, soit près de la moitié de son budget total de 2 112 millions[9]. De plus, toutes ces dictatures souffraient également de prédation intérieure, ce que Hobbes appelait : « La guerre de tous contre tous. » Mais, au moins, l'Allemagne, la Russie et l'Italie possédaient-elles des gouvernements, fussent-ils de gangsters. Rien de tel au Japon, où personne ne tenait en main les rênes du pouvoir.

L'affaire de Mandchourie, en 1931, démontrait que les militaires pouvaient usurper le pouvoir et rester impunis. L'assassinat du Premier ministre, du ministre des Finances et des chefs de l'industrie en 1932; marquait bien le terme d'une politique réglée par des voies parlementaires. Le *tenno* lui-même manqua d'être occis en décembre 1933 : depuis lors, il vivait dans la terreur. La seule véritable personnalité japonaise marquante des années 1931-1934 était le général Sadao Araki, ministre de la Guerre, fanatique de l'idéologie du bushido, — initiateur d'un mouvement de jeunesse de type hitlérien, et phare du nouveau shintoïsme totalitaire. Dans un pays européen, il serait presque certainement devenu un dictateur, et aurait donc imposé un centre de décision et de responsabilité. Mais au Japon, pays théoriquement gouverné par un homme-dieu vivant, l'initiative personnelle était non seulement inadmissible mais punie de mort. Même — et surtout — les personnalités les plus autoritaires de ce pays se pliaient à la loi du groupe ou du clan, constituant des petites oligarchies dont les rencontres et les réunions secrètes débouchaient sur des prises de décision collectives, évacuant totalement la responsabilité individuelle[10]. Il s'agissait bien d'un système qui encourageait tout à la fois la témérité physique et la couardise morale; tout en bâillonnant la conscience de l'être, les élites dirigeantes de l'empire nippon étaient donc particulièrement sensibilisées au collectivisme prêché, quoique de façon différente, tant par Staline que par Hitler ou Mussolini et au centralisme sur lequel ils étaient tous les trois unanimement d'accord; centralisme selon lequel les droits individuels étaient pleinement et entièrement soumis aux droits de l'État. Depuis les années 1860, Anglais et Américains avaient durement bataillé pour inculquer une autre tradition : avec quelques résultats. Il faut dire que ces deux démocraties avaient reçu le soutien non négligeable du professeur Tatsukichi Minobe, qui faisait autorité dès 1902 à l'Université impériale en matière de droit constitutionnel et qui pouvait en plus, se prévaloir du titre de pair du Japon par nomination de l'empereur. Ses trois ouvrages majeurs sur la constitution japonaise en firent le maître du libéralisme parlementaire dans son pays, et un objet de haine particulière pour les *dévots* du totalitarisme shinto. Plus le Japon laissait impunies les agressions contre l'autorité de la loi, aidé en cela par le triomphe de l'hitlérisme en Allemagne, plus les attaques contre le vieux professeur, champion de la légalité protectrice des individus et supérieure à l'autorité de l'État, se faisaient virulentes. Dénonçant le traité naval de Londres, le 19 décembre 1934, le Japon se lança à la suite de l'Allemagne, dans une course effrénée au réarmement. Hitler répudia le traité de Versailles le 16 mars 1935 ; et le 25 avril des miliciens japonais firent un autodafé des ouvrages du professeur Tatsukichi.

Ce divorce symbolique avec le règne de la loi fut rapidement suivi par l'adoption de ce qu'on peut nommer une forme japonaise aiguë d'idéologie hégélienne, qui devint la doctrine officielle de l'État, enseignée dans les écoles et les services. Le ministre de la Justice les résuma ainsi :

> La mentalité japonaise n'a jamais conçu d'opposition entre l'individu et l'État... Les traits caractéristiques de l'Ouest mettent l'accent sur une vision qui prend l'individu comme un absolu, une entité indépendante... comme la norme de toutes les valeurs, et se considèrent eux-mêmes comme les plus hauts de tous. (Mais) les êtres humains, tout en conservant leur propre existence indépendante, dépendent, plus profondément encore, de l'ensemble de la communauté et vivent en relation coordonnée les uns avec les autres. Ils sont nés de l'État, soutenus par l'État et élevés dans l'histoire et les traditions de l'État. Les individus ne peuvent donc exister qu'en tant que liens dans la longue chaîne infinie de la vie qui s'appelle l'État ; ce sont les maillons par lesquels l'héritage des ancêtres est transmis à la postérité... Les individus y participent, de la grande et la plus haute manière, lorsqu'ils servent l'État, en se considérant comme des parties de celui-ci [11].

L'exposé était fallacieux car soutenu par une philosophie d'origine occidentale, et trompeur par le fait que ses partisans les plus fanatiques au Japon étaient les premiers à lui désobéir et à se regimber contre l'Etat lorsque la politique menée par celui-ci échappait à leur contrôle. En tout cas, l'Etat ne constituait pas une entité homogène, mais un ensemble de factions guerrières, arbitrées par le meurtre. L'arrivée des militaires dans les ministères ne résolut aucun problème : ils pouvaient servir de cibles à des assassins tout aussi bien que des civils. La prise de décision collégiale ne constituait pas non plus une garantie : les « flingueurs » utilisaient la méthode du meurtre collectif. De plus, les milieux militaires étaient aussi divisés que les milieux civils. La marine penchait pour une géopolitique orientée vers le « Sud », en direction des colonies extrêmes-orientales et des îles hollandaises, françaises et britanniques, riches en matières premières, surtout en pétrole, qui faisaient tant défaut au Japon. L'armée de terre, elle, poussait à l'expansion en Asie continentale. Mais, elle aussi, était partagée entre les « nordistes », partisans de la création de la Mandchourie et de l'attaque sur les frontières soviétiques, et les « sudistes », davantage favorables à la prise des métropoles chinoises et à l'occupation des grandes vallées. Aucun de ces hommes, ni les politiciens civils qui les secondaient, ne pensait aux ultimes conséquences de leurs plans. Brillants tacticiens, aucun d'eux n'était stratège. Tout le monde avait émis des idées et des opinions sur le déclenchement d'une guerre ; mais, du premier au dernier, de 1931 jusqu'à l'heure de l'amère défaite de 1945, aucun Japonais, civil ou militaire, n'envisagea de manière réaliste la façon dont le conflit pouvait se terminer. Pourquoi ? En certaines circonstances, on était en danger de mort dans ce pays, lorsqu'on était connu pour admettre la simple éventualité d'une possible défaite. Lorsque le débat des idées était inhibé par la crainte physique, et que les changements de direction politiques ne survenaient que par les exécutions, le calcul froid — essence de la *Realpolitik* — devenait impossible. Il faut bien dire la vérité : au fur et à mesure que le Japon s'avançait dans la décennie des années 30, l'anarchie de la terreur tenait lieu de système de gouvernement et pesait sur les décisions politiques.

Le tournant décisif s'amorça en 1935-36. Le 12 août 1935, les luttes intestines gagnèrent les milieux militaires, lorsque le général Tetsuzan Nagata, chef des services de renseignements de l'armée, fut tailladé à mort par le fanatique colonel Saburo Aizawa. Celui-ci déclara à son procès : « Je n'ai pas réussi à exécuter Nagata d'un seul coup de sabre, et, j'en ai honte, en tant qu'instructeur d'escrime[12]. » Il n'avait honte de rien d'autre et utilisa son procès truqué pour lancer une violente offensive de propagande en faveur de la guerre. Cette situation durait toujours lorsque les élections du 20 février 1936 virent un retour au libéralisme parlementaire. Cinq jours plus tard, Joseph Grew, ambassadeur des Etats-Unis, donnait une soirée à sa résidence. Grew était sourd; cette surdité était caractéristique des difficultés rencontrées dans les relations avec le Japon; pendant ses audiences avec le *tenno*, il ne comprenait rien de ce que lui disait l'interprète, puisqu'il était considéré comme un outrage impardonnable de s'exprimer autrement qu'en murmurant en présence de l'empereur[13]. Heureusement néanmoins, l'épouse de Grew, petite-fille du célèbre commandant Perry, parlait couramment le japonais, et leur résidence servait de point de rencontre au constitutionnalisme encore existant dans ce pays. Ce soir-là, on comptait l'amiral Makoto Saito, conseiller privé, et l'amiral Kantaro Susuki, grand chambellan, parmi les invités. Après le repas, Grew leur projeta le film *Naughty Marietta* de Nelson Eddy-Jeanette MacDonald, qui fut très apprécié, et fit abondamment pleurer les épouses japonaises[14].

Le lendemain à l'aube, 1500 hommes de la garnison de Tokyo, y compris la garde, deux régiments d'infanterie d'élite et des unités d'artillerie provoquèrent un *putsch* : ils occupèrent les cours de justice, la Diète, et les QG de l'armée, de la marine et de la police; ils encerclèrent le palais impérial. On envoya des brigades de tueurs, armés de sabres (pour l'honneur) et de pistolets-mitrailleurs Thomson (pour l'efficacité) au domicile des principaux membres du gouvernement. Saito fut assassiné. Ainsi que le chef de l'Instruction militaire et le ministre des Finances. Bien que blessé, Suzuki fut sauvé par l'héroïsme de sa femme. L'amiral Okada, Premier ministre et devenu une cible de choix depuis qu'il venait d'annoncer que les élections signifiaient un retour à la loi constitutionnelle, fut, lui aussi, sauvé par son épouse qui l'enferma dans un placard, mais son frère abattu par erreur. Le véritable objet du complot était d'assassiner et de remplacer l'empereur ; celui-ci toutefois survécut, tandis que les marins et la Garde impériale forcèrent les mutins à se rendre quatre jours plus tard. Treize chefs rebelles furent sommairement jugés et exécutés en secret — deux seulement se firent *hara-kiri* bien que l'on eût donné à tous les moyens de cette sortie honorable. Remarquable est de constater que tout au long de cette sinistre période, aucune des personnes concernées — les victimes, leurs collègues, l'empereur, les officiers supérieurs, les officiers de marine, la police, les gardes du corps, et moins encore les assassins eux-mêmes — ne se comportèrent autrement qu'avec couardise et pusillanimité. Les seules exceptions vinrent du « sexe faible » si méprisé en général : les épouses et les servantes des ministres se révélèrent d'un courage extraordinaire et pleines de ressources [15].

La tentative de *putsch* fut largement interprétée comme d'obédience pronazie, mais il est plus probable que ses auteurs étaient, sciemment ou non, selon les cas, des agents stipendiés de la politique soviétique. Leur manifeste dénonçait « les nombreuses personnes dont l'objectif principal fut d'amasser des gratifications matérielles pour elles seules, sans tenir compte du bien-être général et de la prospérité du peuple japonais... *Le Genro*, les vieux chefs d'État, les cliques militaires, les ploutocrates, les bureaucrates et les partis politiques sont tous des traîtres qui détruisent l'âme nationale [16] ». Les jeunes officiers impliqués dans le mouvement étaient tout à fait préparés à introduire une forme de communisme au Japon, par une sorte de mélange de marxisme et de *Kodo* (la voie impériale), coiffée par un empereur-marionnette communiste. Cette optique correspondait à la vision de l'agent soviétique Richard Sorge, employé à l'ambassade d'Allemagne. Devinant que les mutins favoriseraient la politique de l'URSS en se démarquant de la tactique de confrontation avec la Russie sur la frontière du Mandchoukouo, et préféreraient celle qui prévoyait une pénétration en Chine continentale, il informa en ce sens les maîtres du Kremlin. Etat de choses doublement favorable à Staline parce qu'une guerre totale entre la Chine et le Japon n'aurait pas seulement pour conséquence de porter une attaque sur ses bases orientales, mais aussi, selon toute vraisemblance, forcerait Tchang et le Kouo-min-tang à mettre leurs différends avec les communistes chinois en sourdine, pour former un front populaire et hâter ainsi le moment où le bloc chinois dans son ensemble viendrait rejoindre le bloc soviétique [17].

C'est, en effet, exactement ce qui se passa. Les mutins avaient voulu que le Japon mène une politique militaire plus active, privilégiant la tactique « nordiste ». Les milieux militaires traditionnels, après avoir pendu les rebelles, adoptèrent promptement et ardemment leur activisme, mais, comme l'avait prévu Sorge, en lui donnant une orientation « sudiste ». De toute façon, il n'existe aucune preuve évidente permettant de conclure que le Japon ait jamais désiré une guerre totale avec la Chine. Il semble d'ailleurs que ce fût le contraire : sa politique consistait à être le « protecteur » oriental, le « grand frère » du peuple chinois, et à parvenir à ses fins par le commerce, la diplomatie, la pression et la propagande. La seule grande puissance ayant intérêt à un conflit sino-japonais était l'Union soviétique, et le seul élément susceptible d'en tirer parti à l'intérieur même de la Chine était le PCC (parti communiste chinois).

La chronologie des événements est éloquente. En été 1934, les armées communistes chinoises, dont Chou En-lai était le commissaire politique, se trouvaient proches du désastre face aux troupes du KMT de Tchang et de ses conseillers allemands : von Seeckt et von Falkenhausen. A l'automne, les seigneurs de la guerre communistes décidèrent d'entreprendre ce qui deviendra la « Longue Marche », dans l'intention avouée de livrer bataille aux Japonais dans le nord du pays ; mais en fait, pour rompre l'encerclement de Tchang. Les détails de cette « Marche », qui débuta en octobre 1934, et se termina au Yunnan en décembre 1936, appartiennent à la légende maoïste, et peuvent être tenus pour vrais ou non, selon le goût de chacun [18]. Le trait saillant réside dans le fait que Mao, pour la première fois, y prit le contrôle des forces communistes. Tchang Kouo-tao, le commandant en chef en titre, fit sessession et emmena ses hommes au Sin-k'iang ; on le frappa de l'hérésie « de l'instabilité ». Dorénavant, en tant que suprême seigneur de la guerre communiste (dont Chou était le Merlin), Mao pouvait accuser tout concurrent communiste d'être « un seigneur de la guerre » et concentrer entre ses mains tous les pouvoirs, militaires et politiques [19].

Au moment où s'achevait ce processus de concentration communiste et que la Marche prenait fin, vers la fin de l'année 1936, Staline poussait sa politique de « front populaire » consistant à tenter de faire collaborer le PCC et le KMT dans la guerre contre le Japon. Dans un premier temps, Mao était réticent et considérait que Tchang devait être fusillé. Cependant, au cours d'une visite sur le front du Nord vers la fin de l'année 1936, Tchang fut mystérieusement arrêté, au cours d'une aventure restée dans l'histoire sous le nom de « l'incident de Sian » ; ses papiers furent trouvés et Chou En-lai prit connaissance de ses carnets de marche, révélant la férocité de ses sentiments antijaponais [20]. Il en résulta que Mao se laissa persuader ; et le 1er mars 1937, il retourna à son nationalisme d'origine, déclarant à Agnès Smedley, qui lui rendait visite : « Les communistes ne lient aucunement leur point de vue aux intérêts d'une seule classe, dans une seule époque ; mais se sentent passionnément concernés par le destin de la nation chinoise [21]. »

Pour vaincre, la voie nationaliste demandait à se développer pleinement, et sur une grande échelle, dans une « guerre patriotique ». C'est pourquoi, les communistes chinois et le KMT signèrent un accord de travail le 5 juillet 1937. Deux jours plus tard, dans la nuit du 7 juillet, éclata le premier « incident » entre le KMT et les troupes japonaises au pont Marco-Polo, dans les environs de Pékin ; les premiers tirs émanaient du camp chinois : c'était l'escalade qui menait à un conflit de grande envergure. Les deux commandants en chef ennemis, Sung Chi-yuen, commandant du KMT pour le secteur de la Chine du Nord, et le général Gun Hashimoto, commandant les armées japonaises, entretenaient — tout un symbole ! — des liens d'amitié et firent tout ce qui était en leur pouvoir pour apaiser les esprits et étouffer l'affaire. Mais, il était clair que les violences répétées et inexplicables profitaient à quelqu'un qui cherchait délibérément l'affrontement généralisé. Le général Ho Ying-chin, ministre de la Guerre du KMT en 1937, crut jusqu'à son dernier jour que les provocations émanèrent des milieux militaires extrémistes, les mêmes qui avaient provoqué la mutinerie de Tokyo, l'année précédente. Mais les officiers japonais présents sur les lieux, lors de l'incident du pont, pensèrent, à l'époque, que la violence résultait de certains éléments subversifs noyautant les forces chinoises ; le triomphe de Mao, après la guerre, acheva de les convaincre que les agents communistes, sur l'ordre des Soviétiques, provoquèrent la guerre. En 1967, le général Akio Doi, spécialiste japonais des affaires soviétiques, déclara : « Nous étions trop naïfs à l'époque, pour nous rendre compte que tout cela n'était qu'un complot monté par les communistes. » Il semblait tout à fait clair que l'affaire du pont Marco-Polo n'était pas une répétition de l'incident de Mandchourie en 1931 : aucune conspiration n'existait au sein des armées japonaises. Une fois éclaté l'incident, les Chinois se conduisirent avec plus d'arrogance et d'intransigeance que les Japonais ; ils prirent, de plus, l'initiative d'étendre considérablement le conflit [22].

Il est clair également que la Russie tira le plus grand bénéfice de la guerre sino-japonaise. En effet, l'Empire du Soleil levant avait été le dernier à abandonner l'idée d'écraser le régime bolchevique par la force. La tension resta vive sur la frontière russe, et dans la fin des années 30, de nombreux incidents militaires y éclatèrent : sur le fleuve Amour, en 1937 ; à Changkufeng en 1938, à 35 kilomètres de Vladivostok ; enfin, en mai-juin 1939, où, sur la frontière Mandchoukouo-mongole, de dures opérations laissèrent présager les vastes engagements de blindés de la Seconde Guerre mondiale. Le Japon aurait sans aucun doute été à même de forcer l'URSS à entrer dans le conflit, et de l'éliminer de la scène extrême-orientale, si la guerre avec la Chine n'avait pas eu lieu ; mais, en l'état des choses, il lui était impossible de déployer suffisamment de troupes : la bataille de 1939, dans laquelle s'illustra le général Joukov, tourna à l'avantage des Soviétiques et vit la première défaite militaire japonaise des temps modernes [23].

Mao fut l'autre bénéficiaire. La guerre faisant rage à l'automne 1937, il déclara à ses généraux :

> La guerre sino-japonaise nous fournit, à nous communistes chinois, une excellente occasion de nous étendre. Nous devons y consacrer 70 % de

> notre effort; 20 % de celui-ci pour affronter le gouvernement, et 10 % à combattre les Japonais. Il nous faut mener cette politique sur trois niveaux. En premier lieu, nous devons travailler avec le KMT pour assurer notre existence et notre croissance. En second lieu, nous devons atteindre l'égalité des forces avec le KMT. En troisième lieu enfin, nous devons pénétrer profondément au cœur de la Chine pour y établir nos bases de contre-attaque en direction du KMT[24].

Cette politique fut exécutée à la lettre. Chiang se retira à Tchoung-king, très loin au cœur du pays. Mao demeura dans le nord-ouest, évitant les grands affrontements avec l'ennemi, mais harcelant les troupes japonaises par une guérilla modérée et étendant son influence grandissante sur le plan politico-militaire, dans le monde rural.

La guerre fut pour le Japon une lourde épreuve morale et politique, avant de se terminer en désastre militaire et économique : en effet, les Américains avaient toujours été, fondamentalement, prochinois ; le « lobby chinois » existait déjà ; Roosevelt était violemment anti-japonais. Lors d'un discours à Chicago le 5 octobre 1937, il compara le Japon aux nazis et aux fascistes et donna le signal d'une campagne ayant pour but de l'isoler moralement : « Lorsqu'une épidémie commence à s'étendre, la communauté approuve et rejoint la mise en quarantaine des malades[25]. » Les militaires tenaient désormais bien en main la conduite politique de Tokyo, et les ministres civils n'étaient non seulement plus consultés, mais même plus informés des décisions prises ; l'autorité militaire elle-même vacillait du fait de l'extension prise par le totalitarisme shinto et le bushido. En décembre 1937, Nankin, la capitale chinoise, tomba. En pénétrant sur le continent, le général Iwane Marsui, commandant en chef des armées japonaises, avait déclaré : « Je ne monte pas au front dans l'esprit de combattre un ennemi, mais dans le but de pacifier mes frères » ; il donna l'ordre à ses hommes de « protéger les fonctionnaires chinois et la population aussi loin que possible ». Mais en fait, dès que l'armée pénétra à Nankin, les officiers les plus extrémistes se rendirent maîtres de la situation. Pendant quatre semaines, les rues de la ville devinrent le théâtre d'un des plus grands massacres de l'histoire. Selon les déclarations d'un témoin oculaire, hommes, femmes et enfants « furent tirés comme des lapins. On abattit tout ce qui bougeait ». Quelque 20000 civils chinois, de sexe masculin et en âge de porter les armes, furent emmenés à la campagne et tués à la baïonnette et à la mitrailleuse, donnant un avant-goût du massacre des Polonais par les Soviétiques, en 1941, à Katyn et ailleurs. La tuerie se poursuivit jusqu'au 6 février 1938, provoquant entre 200 et 300000 morts. Même un fonctionnaire de l'ambassade d'Allemagne décrivit la scène comme étant « l'œuvre d'une machinerie bestiale ». Ces atrocités firent la « une » de la presse mondiale ; mais l'empereur et les membres civils du gouvernement clamèrent qu'ils ignorèrent tout de ces événements avant la fin de la guerre[26].

Le Japon était maintenant entièrement sous la coupe de la censure. La Diète abdiqua en mars 1938, et vota la loi martiale, qui donna les pleins pouvoirs aux généraux et aux amiraux. La terreur policière n'était pas grande, parce qu'inutile : en effet le peuple japonais faisait bloc derrière la politique guerrière. Toutefois, pour plus de prudence, l'opposition ouverte n'avait pas le droit de cité. Sir George Sansom, l'ambassadeur britannique, rapporta : « La différence existant entre les extrémistes et les modérés ne réside pas dans le but, mais dans les moyens et la vitesse adoptée d'y parvenir[27] ». Déjà, au début de l'année 1938, le pays vivait dans une économie de guerre totale : le travail, les prix, les salaires étaient contrôlés, ainsi que toutes les décisions industrielles majeures. De nombreuses firmes étaient aux mains de l'Etat, souvent patronnées par des militaires. Comme l'armée occupait les grandes villes chinoises et remontait les fleuves, en s'appropriant rapidement les centres industriels du continent, un état-major de décision, surtout composé par des officiers, fut créé afin de gérer l'économie du pays envahi. Mais ces hommes ne savaient comment vaincre ou mettre fin à la guerre, et ignoraient même la raison pour laquelle existait l'état de conflit. Etait-ce pour rendre le Japon prospère ? Ce fut l'inverse. Correspondant du *New York Times* à Tokyo, Hugh Byas, écrivait le 31 juillet 1938 : « Le Japon a atteint le point où la longueur d'une tige d'allumette et une peau de rat représentent d'importants facteurs économiques dans la poursuite de la guerre contre la Chine. » Les rationnements et les ruptures de stock étaient maintenant plus sévères, dit-il, qu'en Allemagne, en 1918. On tannait les peaux de rat pour en tirer des substituts de cuir. Il n'était plus possible de trouver les produits indispensables, tels que coton, tissu, produits chimiques, cuir, métaux, pétrole, laine et acier. Impossible également d'acheter de la pâte dentifrice, du chocolat, du chewing-gum, des balles de golf, et des poêles à frire. Tout objet en fer, écrivait-il « est plus précieux que l'or[28] ». Bien avant que la guerre n'éclate en Europe, le Japon était un pays tendu, sous-alimenté, et nanti d'un régime totalitaire désespérément tentaculaire; il avait aliéné tous ses voisins, aboli son système constitutionnel et démocratique, abandonné le règne de la loi, perdu toute stratégie à long terme et de bon sens, et adopté l'usage de la force, comme un expédient, pour briser des difficultés croissantes; lesquelles s'amplifiaient par sa propre faute. On peut donc voir, là, à la fin des années 30, un exemple typique de mise en pratique d'une morale relative.

L'Italie constituait un autre exemple. Là encore nous voyons à l'œuvre le processus de la corruption mutuelle. Le *putsch* de Mussolini s'était inspiré de celui de Lénine. Dès ses débuts de militant politique, Hitler avait cité le dictateur italien comme un exemple, et un modèle. Dans son bureau de la Maison Brune à Munich trônait un grand buste de Mussolini, et Goebbels, dans un court pamphlet daté de 1935, reconnaissait dans les détails la dette des nazis envers le fascisme italien[29]. Les compliments, du moins dans un premier temps, n'étaient pas réciproques : se considérant avec quelque raison comme un homme instruit et civilisé, Mussolini voyait Hitler comme un vulgaire charlatan et un dangereux gangster. L'Italie abritait une petite communauté juive, bien intégrée et très respectée, et le futur « duce » devait beaucoup aux juifs ; particulièrement, à Angelico Balabanov, l'un des plus grands chefs socialistes, à Enrico Rocca, fondateur du fascisme romain, et à Gino Arias, théoricien du corporatisme italien [30]. Donc, le racisme hitlérien lui répugna de prime abord, et les dangers potentiels du régime nazi lui apparurent même avant les Français, sans parler des Anglais. En 1934, il le décrivait ainsi : « Raciste à un pour cent, ennemi de tout et de tous : hier contre la civilisation chrétienne ; aujourd'hui contre la civilisation latine, demain, qui sait ? Contre la civilisation du monde entier ». Il considérait le régime comme « drogué d'agressivité bornée [31] ». Craignant depuis toujours les invasions teutonnes venues du Nord, l'Italie avait été l'ennemie héréditaire de l'Autriche, et la politique hitlérienne de l'*Anschluss* préfigurait les tentations germano-autrichiennes de récupérer les acquis italiens lors du traité de Versailles. En effet, Rome avait autant à perdre que quiconque à la rupture du traité, et lorsque Hitler le révoqua le 16 mars 1935, Mussolini donna son accord pour rencontrer la France et la Grande-Bretagne à Stresa (11-14 avril), afin d'y élaborer un « front » contre l'agression nazie.

Mais déjà à ce moment, Mussolini était tombé dans un processus de gangrène. Il avait été impressionné par l'audace des purges de Roehm et le silence tombé sur ce crime d'Etat ; de même que par l'apparent succès hitlérien dans la remontée des taux de natalité. Il remarqua que la conquête japonaise en Mandchourie était demeurée impunie et que la rupture du traité naval de Londre de 1930 — signifiant que Tokyo construisait à toute allure des navires et des avions de transport et de combat — était restée sans réponse immédiate de la part de la Grande-Bretagne. Il ne savait pas cependant, mais aurait pu le deviner, que le cabinet britannique avait décidé, le 19 mars 1934, de considérer l'Allemagne comme « le grand ennemi potentiel, contre lequel notre politique de défense "à long terme" doit être dirigé ». Il en résulta une tentative désespérée de renouer des liens amicaux avec le Japon ; mais l'idée fut abandonnée sans espoir devant l'implacable hostilité des Etats-Unis [32]. Mussolini ignorait cela ; il aurait pu, cependant, regarder une carte et compter. Il savait qu'il était inconcevable pour l'Angleterre de maintenir sa puissance navale et aérienne intacte à la fois devant l'Allemagne, devant le Japon en Extrême-Orient, et dans la Méditerranée. Il pensait que Paris et Londres seraient désireux et disposés à payer le prix de sa constante amitié. Conformément à l'esprit d'une *Realpolitik* totalitaire, le chef de l'Etat italien désirait avoir les mains libres dans l'affaire de l'Abyssinie où des incidents frontaliers avaient éclaté le 5 décembre 1934, sur les frontières de la Somalie et de l'Erythrée italiennes. Deux mois avant la conférence de Stresa, des mouvements de troupes avaient été signalés. L'occasion était rêvée : l'Abyssinie était elle-même un empire, qui régissait des sujets et souvent des populations immigrées, par la force et la terreur, et à l'abri de frontières mouvantes et indéterminées. Bien des problèmes soulevés en 1935 devaient renaître dans la période post-coloniale, à la fin des années 70 — quoi qu'à cette époque, l'Abyssinie ait trouvé en l'Union soviétique un allié plus résolu sinon plus dangereux, et conservé ainsi son indépendance et son empire. Cependant, la crise de 1935 n'était pas née de questions locales, mais de la crédibilité de la Société des Nations, dont l'Abyssinie était membre et à laquelle elle fit énergiquement appel lors de l'attaque italienne du 3 octobre 1935. La SDN déclara l'Italie responsable de l'agression cinq jours plus tard et imposa les « sanctions » le 19 octobre.

La crise de l'Abyssinie, dont l'Angleterre était effectivement responsable, constitue un exemple frappant de la façon dont il est possible d'aboutir au pire des mondes. Nullement moderne, l'Abyssinie était une monarchie africaine primitive et esclavagiste, qui n'avait rien à faire dans la Société des Nations. L'obligation faite à celle-ci de garantir les frontières de cet État illustre excellemment l'absurdité du pacte qui provoqua le refus du sénateur Lodge et de ses amis. La SDN aurait dû être dissoute après le fiasco mandchou de 1931. Cependant, si l'on considérait qu'elle valait la peine d'être préservée, et que l'intégrité abyssinienne pouvait mener à un point de rupture alors, la France comme l'Angleterre auraient dû mobiliser ; auquel cas, l'Italie aurait reculé. Les deux puissances occidentales auraient sans doute perdu l'amitié de Rome, et s'en seraient même fait une ennemie, mais, au moins, la SDN aurait prouvé qu'elle avait des dents et pouvait s'en servir ; les effets auraient pu se faire sentir ailleurs, et particulièrement en Europe centrale. Toutefois c'était folie d'imposer des sanctions ; celles-ci ne sont que très rarement efficaces : elles blessent, mettent en colère et créent de l'amertume, mais ne découragent ni n'empêchent une agression. Et dans ce cas précis, elles n'avaient aucun sens parce que la France ne pouvait consentir à des sanctions pétrolières (les seules susceptibles d'avoir un impact sur les événements) et l'Amérique, plus gros producteur mondial de pétrole, n'imposerait aucune sanction du tout. De son côté la Grande-Bretagne ne pouvait concevoir la fermeture du canal de Suez et l'imposition d'un blocus maritime : Chatfield, Premier Lord de l'Amirauté, fit savoir que seuls sept bâtiments de surface importants étaient opérationnels[33]. Pendant le temps que passait le cabinet à discuter s'il fallait ou non tenter d'imposer des sanctions pétrolières, Hitler remilitarisa la Rhénanie le 7 mars, rendant caducs le traité de Versailles et le pacte de Locarno. A cette date, Londres n'avait que trois navires de guerre ancrés dans ses eaux territoriales : guère suffisants pour neutraliser les vedettes d'assaut allemandes. Addis Abeba tomba le 5 mai et Mussolini annexa le pays quatre jours plus tard. Le 10 juin, Neville Chamberlain, Chancelier de l'Echiquier, qualifia la politique des sanctions comme « la pire des folies », et une semaine plus tard, elles furent levées par le gouvernement britannique[34].

Le seul effet des sanctions contre l'Italie fut de transformer Mussolini en adversaire. Dès le milieu de l'année 1936, les Allemands commencèrent de le courtiser et les visites accomplies à Rome par Frank, Goering, Himmler et Baldur von Shirach se succédèrent. Pour la première fois, le 1er novembre, Mussolini parla de « l'axe Rome-Berlin ». Lors d'une réunion le 22 février 1937, les chefs d'état-major britanniques observèrent que « les jours étaient passés où l'on pouvait automatiquement compter sur une Italie amicale et soumise[35] ». Cela signifiait qu'il n'était plus envisageable de mettre à exécution les plans prévoyant le renforcement de la flotte en Extrême-Orient, en cas de crise avec le Japon, en faisant transiter les bâtiments par la Méditerranée et Suez. La Grande-Bretagne devait désormais faire face à trois ennemis navals potentiels dans ses eaux territoriales, en Méditerranée, et sur le théâtre océanique Indien-Pacifique. Ceux-ci pouvaient agir de concert. Trois semaines après la mention de l'axe par Mussolini, le Japon et l'Allemagne signaient le pacte anti-Komintern, désignant ainsi comme cible la Russie soviétique, mais révélant toutefois la formation possible de groupes de nations totalitaires et prédatrices à l'image des meutes de loups. Mussolini se rendit à Berlin le 27 septembre 1937. Il succomba aux compliments de son hôte, qui le qualifia « de premier homme d'État au monde, auquel personne, même rétrospectivement, ne pouvait être comparé[36] ». Ne se satisfaisant plus de l'Abyssinie, il se mit à imiter Hitler dans sa recherche de proies et de cibles éventuelles, échafaudant des revendications sur Nice, la Corse, Tunis et l'Albanie. Revenant sur ses idées originelles concernant le problème racial, il produisit une version personnelle des lois raciales de Nuremberg en novembre 1938[37]. Ayant déjà adhéré au pacte anti-Komintern (6 novembre 1937) et quitté la SDN (11 décembre), il débuta sa carrière de prédateur européen en avril 1939, par l'invasion et l'annexion de l'Albanie, et le processus de corruption culmina le mois suivant (22 mai), lors de la signature du « pacte d'acier », avec l'homme qu'il avait considéré comme « l'ennemi potentiel de la civilisation », cinq années auparavant.

Pendant ce temps, Mussolini et Hitler avaient collaboré au premier conflit idéologique par procuration. Staline était leur « partenaire » dans ce sinistre rituel. L'Espagne fut le théâtre d'opération sélectionné pour cette action dévastatrice : depuis le début du XIXe siècle la péninsule ibérique était à l'écart du courant politique européen : elle devenait maintenant le point focal de son agonie. Phénomène en soi extraordinaire : ce royaume si réservé, autonome, xénophobe, était le pays d'Europe résistant le plus au principe holistique, le moins vulnérable aux virus totalitaires étrangers de droite ou de gauche, à la planification sociale, et à la morale relative. Tout cela rendit la guerre civile espagnole particulièrement tragique. C'est par le parti socialiste (PSOE) qu'entra et se répandit l'infection : ainsi que Salvador de Madariaga le fit remarquer, « ce fut la guerre intestine à l'intérieur même du parti socialiste qui rendit inévitable la guerre civile espagnole[38] ». Au cours des années 20, les socialistes espagnols avaient été raisonnablement et pragmatiquement réformistes. Francino Largo Caballero, leur plus éminente figure, se situait dans la mouvance traditionnelle du républicanisme ibérique. S'il devait prendre un modèle hors de ses frontières, il portait une admiration particulière aux fabians britanniques et pensait que la formation du premier gouvernement travailliste en 1924 « constituait l'événement le plus important de toute l'histoire du socialisme international[39] ». Il lui arrivait même de collaborer, sur une base de réciprocité, avec la dictature familière et paternaliste de Primo de Riveira (1923-30) et expliquait que les régimes et les dictatures passaient, mais que la finalité du socialisme était d'améliorer les conditions morales et matérielles des travailleurs à l'intérieur du capitalisme[40]. La modération des socialistes laissait entrevoir la possibilité de mettre fin à la dictature sans effusion de sang et, l'année suivante, d'effectuer dans un climat pacifique, la transition de la monarchie vers la république.

Au début, Caballero fut un bon serviteur de la république, et affirma que la violence et le non-respect de la légalité par la gauche serviraient de provocation aux militaires et engendreraient une autre dictature de l'armée; dans cette optique, il empêcha les partisans de brûler la maison du général Mola, phare de la droite militante, appuya la mise en forme d'une constitution réformiste qui permettait une nationalisation dans le strict cadre de la loi et moyennant des compensations financières. La construction d'écoles constitua la grande fierté de sa vie : alors que 505 seulement avaient été érigées entre les années 1908-30, plus de 7000 furent construites au cours de la première année du régime républicain[41]. Là résidait la véritable mission des ministres socialistes. Caballero condamna les grèves politiques fomentées par les anarchistes et le petit parti communiste, ainsi que l'agitation dans les campagnes et donna des ordres afin de les réduire quitte à, si nécessaire, utiliser l'artillerie[42]. En conséquence, le *coup d'État* militaire de la droite (août 1932) se solda par un fiasco. Une loi agraire réformiste et de petite portée fut votée : pendant une courte période, pleine de promesse et d'espoir, on crut que l'Espagne aboutirait au terme de la consolidation de son système républicain sur une base solide, humaine, et progressive.

Cette espérance s'effondra. Caballero fut la première victime de « l'entrisme » — cette furtive pénétration du parti et des cadres syndicaux par la minorité d'extrême gauche. Prenant le contrôle de la plus grande centrale syndicale (UGT), il durcit, pour le reconquérir, ses positions d'homme de gauche; au même moment, apparurent de sinistres parallèles avec l'étranger. Le triomphe de Hitler et la déconcertante facilité avec laquelle furent détruits les sociaux-démocrates allemands, indiquèrent clairement que la modération n'était pas profitable : en juillet 1933, Caballero affirma que les socialistes prendraient le pouvoir plutôt que d'accepter le fascisme. Au début de 1934, le chancelier catholique autrichien Dollfuss brisa le parti socialiste local, en mitraillant son quartier général de la Karl Marx Hof. Aussitôt, on établit des comparaisons avec la situation en Espagne et des avertissements émanant de personnalités socialistes d'Europe centrale tels que Otto Bauer et Julius Deutsch remplirent la presse espagnole[43]. Le virus de l'extrémisme proliféra au sein de la jeunesse socialiste, qui se transforma en bandes de rue et plongea dans une violence systématique. Cette jeunesse encensa Caballero en le surnommant le « Lénine espagnol ». Cette appellation ayant rendu un bain de jouvence au vieux réformiste, celui-ci laissa ses militants le mener par le bout du nez sur le chemin de la violence, tout enchanté du *Caballerismo* marquant la nouvelle orientation idéologique[44]. Autant ce fut la droite qui corrompit Mussolini, autant la gauche corrompit-elle Caballero.

La crise grandissante dans laquelle plongea le pays accéléra le processus : fin de l'émigration (100000 retours obligatoires en 1933), chute des prix, et controverse sur une réforme foncière, jugée révolutionnaire par les propriétaires terriens, frauduleuse par les anarchistes, impossible à mettre en application. Dans les campagnes, « les pauvres étaient affamés, et les riches terrorisés[45] ». *Comed Republica* — Laissez la République vous nourrir ! Tel était le slogan utilisé par les propriétaires, à l'égard de ceux qui souffraient de la faim. Les gardes civils usaient d'une « brutalité préventive » pour éviter les émeutes paysannes fomentées par les anarchistes. En novembre 1933, les socialistes perdirent les élections, quittèrent le gouvernement, et bifurquèrent vers l'action directe.

Ce changement de tactique n'était pas viable et ne pouvait aboutir qu'à la destruction du système républicain : il tournait le dos à tout ce que Caballero avait, dans le passé, représenté. En mai 1934, il encouragea une grève des travailleurs agricoles, qui échoua : en effet, les services du ministère de l'Intérieur embarquèrent par la force des milliers de paysans, et les larguèrent à plusieurs centaines de kilomètres de leur ferme. En octobre de la même année, Caballero ne connut plus de frein : une grève générale, suivie avec enthousiasme, paralysa Madrid ; une éphémère « République indépendante de Catalogne » qui dura exactement dix heures, vit le jour à Barcelone. Dans les Asturies, une commune de travailleurs, soutenue par les socialistes, vécut quinze jours, les mineurs armés de dynamite résistèrent férocement : mais, le refus de l'insurrection, opposé par les travailleurs madrilènes et catalans, la firent échouer. La révolte fut matée par Francisco Franco, le plus habile des généraux espagnols, à la tête de quatre colonnes formées de troupes régulières et coloniales.

Jusqu'ici, Franco s'était toujours opposé à des soulèvements militaires et persista dans ce refus. Mais il se rendit compte désormais que l'Espagne était en proie à une maladie importée de l'étranger : « Les principaux fronts sont constitués par le socialisme, le communisme et autres formules, dont le but est de saper la civilisation et de la faire basculer dans la barbarie[46]. » Il découvrit qu'en 1935, 25 % des jeunes conscrits militaient dans les partis de gauche, et que les cadres de ceux-ci consacraient toute leur énergie à les organiser et à les endoctriner. Dimitrov introduisit le concept de « front populaire », au septième congrès du Komintern d'août 1935, par ces mots : « Camarades ! Souvenez-vous de la légende de la prise de Troie... Les troupes qui encerclaient la ville étaient incapables de vaincre jusqu'au moment où, avec l'aide du fameux cheval de Troie, elles réussirent à pénétrer jusqu'au cœur même du camp ennemi[47]. » Franco craignit que rien ne pourrait empêcher une prise de pouvoir par l'extrême gauche, débouchant sur toutes les horreurs de la Russie léniniste, et la collectivisation forcée des paysans à la mode stalinienne, si l'armée venait à être divisée ou neutralisée. Au début du mois de février 1936, une fois formé le Front populaire et à la veille des élections, il informa l'attaché militaire espagnol à Paris que l'armée devait se préparer à agir « si le pire devait tourner au pire ». Mais il crut que la crise s'estomperait, et aucun plan d'intervention armée ne fut dressé[48]. Même après la victoire du Front populaire le 16 février, il crut l'armée incapable de « l'unité morale nécessaire pour une telle entreprise[49] », si elle ne pouvait s'appuyer sur des civils respectables.

Les socialistes et autres extrémistes de gauche furent entièrement responsables de ce renfort apporté à l'armée. En effet, c'est la gauche qui avait, la première, rompu avec la démocratie, en utilisant des moyens violents, dès 1934[50]. Il en résulta qu'une vague de crainte souffla sur la CEDA (*confederación espanola de derechas autónomas*) premier rassemblement démocratique de droite par ordre d'importance dirigé par Gil Robles. Authentique républicain, Robles était haï par les milieux monarchistes et fascistes autant que par les socialistes[51]. Son parti était un mouvement de masse groupant les classes moyennes qui n'avaient pas besoin d'utiliser la force pour bénéficier de ce qu'elles pouvaient obtenir par le bulletin de vote : la sécurité. Cependant, la corruption totalitaire était également présente dans la CEDA : ses mouvements de jeunesse, les *Juventudes de Acción Popular* (JAP), répondaient durement aux violences des organisations de gauche. Il acclamait Robles lui-même aux cris de « *Jefe, Jefe, Jefe* ! » et « le *Jefe* a toujours raison », et considérait la gauche comme « l'anti-Espagne », en proclamant : « Ou bien l'Acción Popular écrase le marxisme ou bien celui-ci détruira l'Espagne. On est pour le *Jefe* ou contre lui ! Il ne peut y avoir aucun dialogue avec l'anti-Espagne. Nous et pas eux. Ecrasons le marxisme, la franc-maçonnerie et le séparatisme afin que l'Espagne puisse poursuivre son immortel chemin ! » Certains des partisans de Robles dramatisèrent le programme des élections de 1936 : la victoire de la gauche signifierait « la distribution d'armes à la populace ; l'incendie des banques et des résidences privées ; la distribution des biens et des terres ; le pillage généralisé et le partage commun des femmes[52] ».

L'arrivée de la gauche au pouvoir après les élections confirma la plupart de ces craintes. Bien que victorieux, les partis du Front populaire obtinrent finalement moins de 50 % des suffrages. La gauche améliora sa position en gagnant 1 million de voix ; mais la droite en conquit 750000 de plus également [53]. Ces schémas appelaient la prudence : au lieu de cela, la gauche écarta toutes les facilités constitutionnelles, telles que l'attente des résultats finals et forma un gouvernement le lendemain même du premier tour. Cette nuit-là flambèrent les premières églises et couvents ; le signal fut donné à Oveido. Au parlement, la gauche entama une campagne immédiate visant à priver les députés du CEDA de leurs sièges, sous prétexte de « prétendues irrégularités », et à attaquer le président Alcalá Zamora, républicain parfaitement honorable.

L'influence rapidement grandissante des communistes ne laissait pas d'être alarmante. Ils n'avaient réussi à élire que dix-sept députés — dont *la Pasionaria* Dolorès Ibarruri, dont on disait qu'elle avait déchiré la gorge d'un prêtre avec ses dents — mais le 5 avril, ils tentèrent un *coup d'État*. Grâce aux efforts habiles de Vittorio Codovilla, agent du Komintern, et à la trahison du dirigeant des jeunesses socialistes Santiago Carrillo (qui avait déjà participé à des réunions du Comité central du parti communiste), les mouvements de jeunesse socialistes et communistes fusionnèrent, apportant ainsi 40 000 militants supplémentaires au PC [54]. Dix jours plus tard, on annonça un sanglant programme de Front populaire, qui ne tenait aucun compte de la mince victoire électorale et de la division du pays. A l'audition des termes de ce programme, Robles mit les Cortès en garde : « La moitié de la nation ne se résignera pas à mourir. Si elle ne peut se défendre par une voie, elle choisira l'autre... Ceux qui recherchent la conquête révolutionnaire du pouvoir apportent la guerre civile... Les armes ont été livrées par... un gouvernement qui n'a pas été capable de faire son devoir vis-à-vis de groupements politiques demeurés dans la plus stricte légalité [55]. »

Le vote du programme révolutionnaire par les Cortès n'aurait pas, à lui seul, provoqué un soulèvement militaire. Le facteur décisif résida dans la faillite du Front populaire à contrôler ses propres militants ou même à assurer une quelconque stabilité gouvernementale. Les socialistes se déchiraient sans espoir sur le chemin à suivre. Le chef des modérés, Indalecio Prieto, haïssait Caballero et refusait même de se trouver dans la même pièce que lui : « Laissez Caballero aller en enfer ! » Lorsqu'il lança une mise en garde au sujet de la violence des socialistes, susceptible de provoquer les militaires, on l'accusa de souffrir de « troubles de la ménopause [56] ». Le résultat fut le pire des deux mondes : un gouvernement faible doublé d'une forte rhétorique principalement due à Caballero. Les exactions commises par les mouvements de jeunesse du Front populaire dans les rues des grandes villes, des anarchistes embrigadant les paysans dans les campagnes et les grèves antigouvernementales dans les usines, semblèrent appuyer sérieusement cette rhétorique, aux yeux déjà affolés des classes moyennes et artisanales, et des officiers subalternes de la police et de l'armée. La gauche militante, à savoir les gangs des rues, les anarchistes, le nouveau parti marxiste révolutionnaire, le POUM (*Partido Obrero de Unificación Marxista*) et les *Syndicos Libres*, prit l'initiative de la violence, à laquelle répondirent avec enthousiasme les groupes fascistes naissants. Les tentatives montées plus tard pour faire endosser la violence de la gauche à des *agents provocateurs* fascistes ne résistent pas à l'examen[57]. Indubitablement, les gangs de jeunes révolutionnaires du Front populaire nourrirent en leur sein des tueurs sadiques, qui devinrent plus tard les pires agents de la terreur stalinienne durant la guerre civile.

Au mois de mai, les grévistes anarchistes et ceux du POUM commencèrent de contrôler les usines, et les paysans d'occuper les grandes propriétés (notamment en Estrémadure et en Andalousie) et de partager les terres. La garde civile était consignée dans ses casernements et une grande partie des effectifs de l'armée renvoyée dans ses foyers. La nouvelle police républicaine, la garde d'assaut, se joignait parfois aux exactions, demeurant l'arme au pied tandis que le feu était mis aux récoltes. En juin, la violence alla grandissante. Le 16 juin, lançant un dernier avertissement aux Cortès, Robles énuméra la liste des outrages et des atrocités : 160 églises brûlées, 269 meurtres (principalement) politiques, 1287 cas d'agressions caractérisées, 69 permanences politiques détruites, 113 « grèves générales », 228 grèves partielles, 10 sièges de journaux saccagés. Il termina en concluant ainsi : « Un pays peut vivre sous un régime monarchique ou républicain, avec un système parlementaire ou présidentiel, sous le communisme ou le fascisme. Mais il ne peut vivre dans l'anarchie[58]. » Le gouvernement signa son échec lorsqu'il fournit le prétexte qui donna aux chefs militaires conservateurs « l'appui des milieux civils respectables » dont ils avaient besoin pour prendre la situation en main. Le 11 juillet, la découverte du cadavre de Calvo Sotelo, assassiné par les gardes d'assaut en représailles de la mort de deux des leurs, fit déborder la coupe[59]. Deux jours plus tard, Robles mit publiquement en cause la responsabilité du gouvernement. La guerre civile éclata la 17 juillet et Robles, peu désireux de participer à un *putsch*, s'exila en France[60].

Les causes du déclenchement de la guerre civile peuvent se lire dans les résultats indécis des élections de février, exact reflet d'un pays divisé en deux blocs presque égaux; l'intervention étrangère prolongea le conflit de deux ans et demi. Aucun événement survenu au cours des années 30 ne fut davantage occulté que celui-là, et ce n'est que depuis quelques années seulement que les historiens ont commencé à l'exhumer de sous les montagnes de mensonges sous lesquelles il était enfoui depuis une génération. Le résultat de ces recherches montre qu'il ne s'est aucunement agi d'une lutte entre le bien et le mal, mais d'une tragédie générale. Les généraux insurgés reprirent rapidement le contrôle du sud et de l'ouest du pays. Mais ils ne réussirent pas à reprendre Madrid, et le gouvernement maintint son contrôle sur la plus grande partie des provinces du Nord et de l'Est jusqu'en 1938. Derrière ces lignes fermement établies, chaque camp commit, contre les opposants réels ou imaginaires, des crimes abominables.

Pour les républicains, l'Eglise catholique représentait l'objet de haine majeur. Fait étrange car, si le clergé était effectivement antilibéral et antisocialiste, il n'était nullement fasciste : la plus grande partie était monarchiste. Le cardinal, primat d'Espagne et évêque de Tolède, Pedro Segura, était antifasciste et aussi anglophile. Il est exact que le clergé était trop nombreux : 20000 moines, 60000 religieuses, 35000 prêtres, pour une population globale de 24,5 millions d'habitants, mais il avait perdu ses terres en 1937, compensées toutefois par des liquidités ; ainsi, bien que l'Eglise fût supposée être riche, le prêtre de paroisse ne l'était certainement pas. Il était rare que des paysans tuent leur propre curé, mais ils prêtaient quelquefois leur concours pour exécuter celui d'un autre village. Anticléricaux dans l'ensemble, ils ne l'étaient pas en particulier; de la même façon que la gauche intellectuelle se parait globalement d'un manteau humanitaire, mais ses membres, pris séparément, s'en défaisaient. Des paysans, le cardinal-archevêque de Valladolid disait : « Ces gens seraient prêts à mourir pour leur Vierge locale, mais brûleraient celle de leurs voisins à la moindre provocation[61]. »

La plupart des atrocités commises par les républicains furent le fait de bandes de tueurs, composés de militants syndicaux, de jeunes, de cadres politiques, qui s'étaient baptisés : « les Lynx de la République », « les Lions Rouges », « Furies », « Spartacus », « Force et Liberté », etc. Ils avaient l'habitude de raconter que les insurgés faisaient feu sur eux, perchés sur les clochers des églises; cela est faux, à l'exception des événements qui se produisirent à l'église des Carmélites, rue Lauria, à Barcelone[62]. En fait, l'Eglise d'Espagne ne prit aucunement part au soulèvement, et le soutien ponctuel qu'ont pu apporter certains de ses membres aux nationalistes fut une conséquence, et non une cause, des atrocités. Onze évêques, soit un cinquième du nombre total, furent assassinés, ainsi que 12 % des moines et 13 % des prêtres[63]. Hommage leur fut rendu dans le célèbre poème de Paul Claudel : « Aux martyrs espagnols » :

Sœur Espagne, sainte Espagne — tu as choisi ! Onze évêques, seize mille prêtres massacrés — et pas une apostasie !

Deux cent quatre-vingt-trois religieuses furent tuées; quelques-unes violées avant d'être exécutées, bien que les agressions contre les femmes fussent rares dans l'Espagne républicaine. Dans la province de Ciudad Real, on tua la mère de deux pères jésuites en lui enfonçant un crucifix dans la gorge. Le curé de la paroisse de Torrijos fut flagellé, couronné d'épines, forcé à boire du vinaigre et chargé d'un madrier de bois sur le dos — puis fusillé et non crucifié. L'évêque de Jaén fut exécuté avec sa sœur devant 2000 personnes : le bourreau était une féroce milicienne connue sous le nom de *La Pecosa* (celle qui porte des taches de rousseur). Certains prêtres furent brûlés vifs, d'autres enterrés vivants, d'autres encore eurent les oreilles coupées [64].

Les républicains assassinèrent également des laïques nationalistes, principalement des membres de la Phalange. A Ronda, 512 personnes furent précipitées dans le ravin séparant dramatiquement la ville en deux, événement cité dans l'ouvrage d'Ernest Hemingway *Pour qui sonne le glas*. Lénine servait de guide; les bandes de tueurs de la gauche étaient connues sous le nom de *checas*; elles utilisaient l'argot en vigueur à Hollywood : *dar un paseo* signifiait « faire une balade ». A Madrid seule, il existait des dizaines de ces gangs; les pires avaient pour chef le responsable des jeunesses communistes Garcia Attadell, qui dirigeait la sinistre « patrouille de l'aube », et totalisait un nombre impressionnant de meurtres. Il vécut dans un palais, amassa un important butin avec lequel il tenta de fuir en Amérique latine, mais fut capturé et garrotté dans la prison de Séville, après avoir réintégré le sein de notre sainte mère l'Eglise [65]. Beaucoup de ces tueurs intégrèrent progressivement l'organisation policière clandestine des Soviétiques à Barcelone. Au total, la gauche semble avoir été responsable de la mort d'environ 55000 civils (le Sanctuaire national de Valladolid en dénombre 54594), parmi lesquels 4000 femmes et plusieurs centaines d'enfants [66].

Le nombre des victimes des nationalistes, derrière leurs lignes, fut sensiblement identique, mais pour la plupart, causé par les troupes. La méthode était léniniste et consistait à détruire la gauche en tant que force politique organisée, en tuant tous ses militants et en faisant régner la terreur chez ses partisans. Comme le déclara le général Mola à Pampelune (19 juillet 1936) : « Il faut répandre une atmosphère de terreur; nous devons créer une impression de maîtrise absolue... Tout ceux qui se réclament ouvertement ou secrètement du PC doivent être abattus [67]. » Les arrestations se faisaient la nuit et les fusillades dans l'obscurité, parfois après torture. L'Eglise insista pour que tous reçoivent d'abord la confession (il y eut 10 % de refus), ce qui rendit peu aisées les exécutions secrètes. Mais il y eut également certaines atrocités blasphématoires : sous les yeux de sa femme forcée de contempler le spectacle et qui en perdit la raison, on coupa les bras et les jambes d'un homme que l'on avait auparavant écartelé. Les prêtres qui tentèrent d'intervenir furent également tués [68]. Georges Bernanos décrivit les massacres de Majorque dans son roman *Les Grands Cimetières sous la lune*. Mais dans *Hiéroglyphes*, Arthur Koestler expliqua également où et comment les crimes fascistes furent élaborés et commandités dans l'usine à mensonge dirigée par Otto Katz, appartenant au bureau du Komintern à Paris [69].

La victime la plus célèbre des nationalistes fut le poète Garcia Lorca dont le beau-frère était le maire socialiste de Grenade. On le fusilla aux alentours du 18 août 1936, mais sa sépulture n'a jamais été retrouvée ; environ 571 personnes furent exécutées dans cette ville au cours du même mois. Une estimation récente et faisant autorité du nombre des exactions nationalistes indique près de 8000 tués dans la province de Grenade, entre 7 et 8000 dans la Navarre, 9000 à Séville, 9000 à Valladolid, 2000 à Saragosse, 3000 aux Baléares. A cours des six premiers mois de la guerre, les nationalistes abattirent six généraux et un amiral, firent prisonniers pratiquement tous les députés du Front populaire, gouverneurs, médecins et instituteurs — soit environ 50000 personnes en tout[70]. On peut en conclure que les massacres s'équilibrèrent dans les deux camps, et qu'ils prirent tous un caractère totalitaire, à savoir que le châtiment reposait sur des critères de classe, statut et situation, et non sur une culpabilité individuelle.

Dès le début, l'intervention étrangère fut très importante : sans elle, le *putsch* militaire aurait sans doute échoué ; en effet, le soulèvement tourna au fiasco dans cinq des six plus grandes villes du pays. De plus, le gouvernement bénéficiait d'une large supériorité numérique en forces terrestres, bientôt renforcées encore par les milices politiques. La Marine neutralisa et exécuta ses officiers : ainsi les deux croiseurs et les deux destroyers empêchèrent l'armée d'Afrique de franchir le détroit de Gibraltar par la voie maritime. Au début, les nationalistes gardaient la supériorité aérienne, mais possédaient trop peu d'appareils pour transporter jusqu'en Espagne plus de 200000 hommes par jour. Chef du soulèvement à Burgos, le général Mola avait trop peu de munitions et songea d'ailleurs sérieusement à abandonner la partie et à s'évader[71]. Dès son arrivée à Tétouan, en provenance des Canaries, le dimanche 19 juillet 1936, la première décision que prit Franco fut de demander à Rome la fourniture d'une douzaine de bombardiers ; trois jours plus tard, il commandait aux Allemands des appareils « transport de troupes ». Les avions allemands se posèrent à Tétouan le 28 juillet ; les appareils italiens deux jours après. Au tout début du mois d'août, Franco fit parvenir 600000 cartouches à Mola, et traverser le détroit à 3000 hommes en une seule journée. A ce moment, la chance s'était retournée. Les armées du Nord et du Sud firent leur jonction le 11 août et le mois suivant, Franco, qui avait réussi une éblouissante opération de propagande en libérant l'école des cadets de l'armée à l'Alcázar de Tolède, fut nommé chef de l'Etat et généralissime, « doté de tous les pouvoirs dans le nouvel État[72] ». Il espéra alors voir s'effondrer rapidement le moral des républicains, et pouvoir foncer sur Madrid. Mais l'entrée en scène des avions français et soviétiques rendit au gouvernement le contrôle de l'espace aérien sur la quasi-totalité du front — une des leçons du conflit fut de souligner l'importance de l'appui tactique aérien — et l'apparition de chars russes à Madrid signa la capitulation de la ville. L'apport de l'aide étrangère empêcha un règlement décisif et rapide dans les deux camps.

Cependant, le déroulement de la guerre ne fut ni déterminé par des corps expéditionnaires puissants qui se résorbèrent d'eux-mêmes, ni par la politique non interventionniste de la France et de la Grande-Bretagne, car il était toujours possible de se procurer des armes moyennant des lingots d'or et des devises fortes. Les Allemands envoyèrent un maximum de 10000 hommes, comprenant les 5000 soldats de la légion Condor, ainsi qu'une unité expérimentale combinant des blindés et leurs appuis aériens, et perdirent 300 hommes. Ils dépêchèrent également des instructeurs, qui accomplirent un rapide et excellent travail d'entraînement chez les officiers des armées de terre et de l'air, firent parvenir 200 chars, 600 avions et des tubes anti-aériens de 88 ultra-modernes, qui neutralisèrent la supériorité aérienne des combattants républicains dès le début de l'année 1937. La contribution italienne fut bien plus importante : 40 à 50000 hommes maximum (dont 4000 furent tués), 150 chars, 660 avions, 800 pièces d'artillerie, dont certaines de très haute qualité ainsi que des quantités considérables de pistolets-mitrailleurs, de fusils et de fournitures diverses. Ils prétendirent avoir abattu 903 appareils ennemis et coulé 72800 tonneaux du trafic maritime républicain. Les combattants nationalistes furent également épaulés par plusieurs milliers de Portugais, 600 Irlandais sous les ordres du général O'Duffy, et quelques Français, Russes blancs, Américains, Britanniques, et Sud-Américains, auxquels vinrent s'ajouter 75000 soldats marocains, sous la dénomination de « volontaires[73] ».

Les Soviétiques fournirent aux républicains 1000 avions, 900 chars, 300 véhicules blindés, 1550 pièces d'artillerie et de grandes quantités d'équipements militaires de toute sorte. Quant aux Français, ils envoyèrent 300 avions. Quantitativement, les rouges reçurent donc autant de *matériel* de l'étranger que les nationalistes. Mais la qualité en était plus variable; de plus, il fut moins utilisé et un nombre bien trop important laissé sur le champ de bataille, lors des retraites infligées aux troupes républicaines. Les chars russes étaient plus lourds, mieux armés, plus rapides et supérieurs dans tous les domaines aux modèles allemands et italiens — comme les Japonais devaient en faire l'expérience en 1939, et Hitler en 1941-1942, — mais ceux-ci également furent sous-exploités et facilement abandonnés : à la fin de la guerre, les nationalistes possédaient un régiment au complet, équipé de matériel blindé soviétique[74].

Les Russes envoyèrent également 1000 pilotes et environ 2000 autres spécialistes, mais aucune grande unité constituée; considérant l'Espagne comme un terrain de manœuvre de choix dans le domaine de la propagande internationale, leurs efforts portèrent sur l'organisation des brigades internationales. Tous chiffres et nationalités confondus, 40000 étrangers se battirent dans les rangs républicains, dont 35000 dans les brigades, bien que jamais plus de 18000 personnes n'aient été engagées à la fois. Au total, 10000 médecins vinrent de France, suivis par 5000 autres d'Allemagne et d'Autriche, 5000 de Pologne, 3350 d'Italie, 2500 de Grande-Bretagne et 2500 des Etats-Unis, 1500 de Yougoslavie, 1500 de Tchécoslovaquie, 1000 de Scandinavie, 1000 de Hongrie, et 1000 du Canada, et des contingents plus petits, en provenance de quarante autres pays. Les pertes furent très nombreuses, bien que toutes les statistiques existantes soient contestables. Selon l'une d'entre elles, les Britanniques eurent à déplorer 2762 victimes, dont 1762 blessés et 543 morts et les Américains environs 900 tués[75].

L'aide et l'intervention étrangères ne firent pas pour autant pencher l'équilibre des forces militaires dans l'autre camp, car les nationalistes n'obtinrent la victoire principalement, qu'en raison de la compétence et du bon jugement de Franco. Bien que non pourvu de motifs particuliers d'admiration et incapable à jamais de gagner l'estime des historiens, il faut pourtant considérer le général Franco comme l'un des hommes publics ayant le mieux réussi au cours de ce siècle. Son tempérament froid se doublait d'un esprit également froid, d'une grande intelligence, et de formidables réserves de courage et de volonté. Fils d'un officier de marine porté sur la boisson, et frère aîné d'un pilote d'essai, amateur de record à battre et de grands fracas, Franco incarnait toute la discipline de la famille, et n'était porté ni sur les femmes, ni sur la boisson, ni sur les cartes. Passionné par les cartes de géographie, il devint à vingt-deux ans le plus jeune capitaine de l'armée, et à trente-trois le plus jeune général en Europe. Il fut témoin de bien des combats désespérés au Maroc, notamment pendant la guerre du Rif dans les années 1920, au cours de laquelle, en 1925, il commanda les troupes d'assaut dans une des opérations amphibies les plus importantes jamais réalisées à ce jour. Sa doctrine militaire était largement en avance sur son époque : comme de Gaulle, il voyait la guerre future comme une « guerre de mouvement » ; en 1928, il réorganisa complètement l'Académie militaire espagnole, et en fit un instrument qu'André Maginot, ministre français de la Guerre, appela « le centre le plus moderne de ce type existant dans le monde... le dernier cri en matière de technique et d'instruction militaires[76] ».

La philosophie de Franco mérite d'être brièvement étudiée, car elle différa totalement de tous les courants de pensée dominant à l'époque, qu'ils soient libéraux ou totalitaires. Ressemblant à Wellington, personnage fort admiré en Espagne, par sa double qualité de militaire et d'homme d'État, Franco considérait la guerre comme une calamité, inséparable de cruauté, mais parfois nécessaire pour faire avancer la civilisation, et se situait dans la droite ligne de la tradition de Rome, des Croisés, des Conquistadors, et du *tercio* de Parme. En Afrique, les légionnaires étrangers avaient l'habitude de mutiler les cadavres de leurs ennemis, en leur coupant la tête, mais ils étaient strictement disciplinés : Franco était un chef dur, mais juste, donc populaire et aimé de ses hommes. Considérant l'Espagne chrétienne comme indiscutablement supérieure, il trouvait « inexplicable » la « résistance » marocaine à la « civilisation ». Plus tard, alors qu'il démantelait les mineurs des Asturies, il trouva bizarre que, « tout en n'étant visiblement ni des monstres ni des sauvages », ils manquent tellement « de ce respect du patriotisme et de la hiérarchie indispensable à tout homme bien né[77] ». Il décrivait ainsi invariablement sa propre motivation : « le devoir, l'amour de la patrie ».

A ses yeux, l'armée était la seule institution véritablement nationale, traditionnelle, sans clivage de classes sociales, non régionaliste, apolitique, non corrompue et désintéressée. Si on l'oppressait, elle se mutinait, comme elle l'avait déjà fait depuis le XVIe siècle et plus récemment en 1917 ; autrement, elle servait. Tout autre milieu, en Espagne, lui était suspect. L'Eglise était bonne enfant. Franco était *croyant* — il réussit à faire prier le sceptique général Mola pour obtenir des renforts de munitions — et recherchait toujours l'approbation de la hiérarchie religieuse en établissant une « emprise ecclésiastique », mais n'était nullement clérical et ne prenait jamais le moindre conseil des milieux religieux pour toute question ne relevant pas du domaine spirituel[78]. Il détestait les milieux politiques quels qu'ils soient : les conservateurs étaient des réactionnaires et des propriétaires terriens égoïstes ; les libéraux étaient des corrompus et des hommes d'affaires également égoïstes et les socialistes étaient dans l'erreur, ou pis. Franco exploita au maximum les deux mouvements insurrectionnels, la Phalange et le Mouvement carliste ; il les amalgama sous son autorité, mais les cantonna dans un rôle subordonné, voire même servile. Le Caudillo ne fut jamais fasciste, et ne se laissa jamais tenter par quelque forme d'utopie ou de système que ce soit. Dans ses quartiers généraux, un seul politicien pouvait se prévaloir d'une certaine audience : c'était son beau-frère, Ramón Serrano Suner et il était fonctionnaire. Franco avait l'habitude de dire : « Les Espagnols sont fatigués de la politique et des politiciens. » Et encore : « Seuls ceux qui vivent de la politique peuvent craindre quelque chose de notre mouvement. » En fait, il passa sa vie politique tout entière à chercher par tous les moyens la possibilité d'éliminer les politiciens[79].

Franco fit un meilleur usage des ressources en hommes et en matériel parce qu'il mena la guerre sur un mode militaire, tandis que les républicains se battirent sur un mode politique. Il régnait en maître sur tous les arts et toutes les subtilités propres au combat : topographie, entraînement, infrastructures, logistique, communications, contrôle aérien n'avaient pas de secrets pour lui. Sans génie, mais cependant toujours minutieux et calme, il ne persistait jamais dans les échecs et tirait l'expérience de ses erreurs. Ayant éliminé les politiciens, il avait les coudées franches et, dans pratiquement tout le pays, groupait entre ses mains l'unité de commandement. Il est possible que l'un de ses atouts majeurs ait résidé dans la liberté totale qu'il avait très vite établie et conservée envers ses alliés étrangers. Ici réside un facteur souvent négligé. S'il est vrai que l'idéalisme constitua l'élément moteur de la guerre pour les combattants de base, hommes ou femmes qui vivaient sur le terrain, il n'en est pas moins évident que le conflit fut, au niveau des nations belligérantes, une affaire parfaitement prosaïque. Hitler, Mussolini, Staline et tous les autres gouvernements fournisseurs d'armes et de services attendaient d'être payés. D'une certaine façon, les finances constituaient la clé du conflit : Franco et ses conseillers la tenaient avec une grande sagacité. Leur plus grande réussite dans ce domaine fut d'avoir maintenu le cours du papier-monnaie à un niveau respectable, sans le soutien des réserves d'or de la nation ni du système bancaire central. La peseta nationaliste conserva un cours oscillant entre 70 et 80 par rapport à la livre sterling ; en revanche, la peseta républicaine chuta de 36 en juin 1936 à 226 en décembre 1937, puis s'effondra peu après [79]. Très tôt, Franco toucha des fonds de la famille royale, de grandes firmes anglaises et étrangères installées en Espagne, de magnats comme Juan March et Juan Ventosa. Il fit de prodigieux efforts, d'ailleurs avec un grandissant succès, pour maintenir les exportations. Une telle politique eut pour résultat de stabiliser la monnaie, d'augmenter les emprunts à l'intérieur de l'Espagne, et par-dessus tout d'obtenir des crédits de paiement pour la majeure partie des armes importées de l'étranger. Ainsi, l'Allemagne à laquelle Franco devait 225 millions de dollars et l'Italie à laquelle il devait 273 millions en 1940, étaient matériellement fortement intéressées à la victoire du Caudillo et à sa survie, afin d'être payées — ce qui fut le cas.

A l'inverse, les républicains gérèrent leurs finances avec une folle inconscience. Au début du conflit, ils bénéficiaient d'une des plus fortes réserves d'or du monde : 700 tonnes, soit la contre-valeur de 162 millions de livres sterling (ou 788 millions de dollars). Au lieu d'utiliser ce fameux pactole à lancer des emprunts, ou à régler directement les fournitures sur le « dur » marché des armes des pays capitalistes de l'Ouest, en attendant de recevoir à crédit des armes soviétiques, ils confièrent plus des deux tiers de leur or à Staline. En échange de fourniture d'armes de qualité variable qu'il aurait pu tout aussi bien céder à crédit ou contre du papier-monnaie, celui-ci avala goulûment 500 millions de dollars en lingots d'or, auxquels il faut ajouter encore 100 millions de dollars gagnés dans les exportations puis, pour couronner le tout, prétendit qu'on lui en devait encore 50. A la fin de 1938, il déclara doucereusement aux négociateurs républicains que leur crédit était « épuisé ». En aucun cas, et à aucun moment, Staline ne fut titulaire de grosses créances, et n'eut dont jamais un intérêt véritable à assurer la survie de la République pour rentrer dans ses fonds [80].

D'un point de vue républicain, l'insistance mise par Staline, malgré des paiements en or et rubis sur l'ongle, pour obtenir un prix politique en compensation de ses fournitures d'armes à tous les combattants, fut plus désastreuse encore. Au début des hostilités, et lorsque les besoins en armement se firent cruellement sentir, l'influence du PC espagnol grandit dangereusement. Cela n'aurait peut-être pas constitué une telle importance, si ce parti avait eu une existence autonome. Mais en fait, il était contrôlé par l'ambassade d'URSS, le NKVD et les unités de l'OGPU sous la direction d'Alexandre Orlov — qui lui-même avait une peur bleue de Yezhov — et par des grands agents du Komintern, tel le chasseur de sorcières français André Marty, dont Hemingway écrivit que le faciès « ressemblait à la pourriture, comme s'il était modelé dans les déchets trouvés sous les griffes d'un très vieux lion[81] ». A ce jour, il n'est pas encore certain que Staline ait souhaité gagner la guerre ; mais il est certain qu'il était déterminé à avoir la haute main sur le camp républicain.

Devenu Premier ministre en septembre 1936, Caballero, quoique stupide et facilement déçu, résista quelque peu à l'emprise stalinienne. Il refusa aux communistes le droit d'absorber le parti socialiste, comme cela s'était passé pour les mouvements de jeunesse ; en janvier 1937, ayant reçu une lettre menaçante de Staline, et l'injonction de mettre aux arrêts son meilleur général, il éjecta l'ambassadeur soviétique, Marcel Rosenberg, de son bureau, en hurlant suffisamment fort pour être entendu à l'extérieur : « Sortez ! Dehors ! » L'Espagne avait beau être pauvre, disait-il, elle ne pouvait tolérer qu'« un ambassadeur étranger tente d'imposer sa volonté par-dessus la tête du gouvernement espagnol[82] ». Par cet incident, Caballero signa son arrêt de mort (celui de Rosenberg aussi, que Staline rappela aussitôt et fit assassiner), quoique les autorités soviétiques missent un certain temps pour monter un *coup*. Celui-ci fut décidé au cours d'une réunion du comité exécutif du PC, auquel assistait le chargé d'affaires soviétique, Marty, Orlov et d'autres fonctionnaires de la police secrète. Il est certain que le secrétaire général du PC, José Diaz, s'opposa à l'élimination de Caballero sur l'instruction de Staline, et qu'à un moment, il interpella violemment Marty : « Vous êtes un hôte aux réunions du parti communiste espagnol. Si nos méthodes ne vous plaisent pas, voici la porte ! » Mais dans le brouhaha et le vote qui suivirent, seuls Diaz et Jesús Hernández, ministre de l'Education et le témoin de cette scène votèrent contre le *coup* ; les autres communistes espagnols étaient terrorisés par les hommes d'Orlov[83].

Successeur de Caballero, Juan Negrín avait été jugé par l'agent de Staline, Arthur Stashevsky, comme le polichinelle idéal, dès le mois de novembre précédent : apolitique, professeur, issu de la haute bourgeoisie, sans soutien syndical ou ouvrier, sans affiliations communistes, donc « respectable » aux yeux de la presse étrangère, et habitué à de gros besoins personnels, donc facile à faire chanter. Au lieu d'acheter des armes, il sillonnait les routes de France dans une voiture de sport, en courtisant les filles. Sa gourmandise était spectaculaire : il lui arrivait de dîner trois fois dans la même soirée. Comme il protestait de son manque de popularité pour être le numéro un, Hernández lui rétorqua cyniquement : « La popularité, ça se crée » — la propagande étant en effet l'activité dans laquelle les communistes sont sans rivaux[84]. Abrités derrière la complaisance ignorante de Negrín, les communistes, c'est-à-dire la police secrète de Staline, mirent la main sur la République espagnole. Il en résulta l'une des plus grandes tragédies politiques de ce siècle.

Il est certain que si l'armée n'avait pas organisé un *putsch* en juillet 1936, l'Espagne aurait été victime, tôt ou tard, d'une guerre civile menée entre partis de gauche. Les prémices éclatèrent d'ailleurs à Barcelone au printemps 1937, lors des affrontements entre communistes, membres du POUM et anarchistes. Le prétexte immédiat, apparent, comme dans la guerre civile plus étendue, fut le meurtre politique d'un dirigeant communiste, Roldán Cortada, abattu le 25 avril, peut-être par une « patrouille de contrôle » anarchiste, peut-être aussi par l'agent du Komintern Ernö Gerö. Les deux camps possédaient leurs milices privées, leurs polices secrètes, et leurs gangs de tueurs. Le slogan du POUM était : « Avant de renoncer à la révolution, nous mourrons sur les barricades. » Quant aux communistes, ils chantaient : « Avant de prendre Saragosse, nous devons conquérir Barcelone. » En mai, éclatèrent des fusillades et des combats de grande envergure, suivis par l'intervention de la Marine et de 4000 gardes d'assaut[85]. Le refus opposé par Caballero au démantèlement des milices du POUM constitua le prétexte immédiat à son élimination. Au moment même où Negrín devint le numéro un, les communistes prirent le contrôle du ministère de l'Intérieur, de tous les postes clés de la police et des organisations paramilitaires, et se préparèrent à un *règlement de comptes*.

La purge coïncida avec celle de Staline au sein de son propre parti et porta toutes les marques de ses méthodes. Entièrement aux mains du PC, la police madrilène obligea deux phalangistes capturés à mettre au point un faux plan de soulèvement de la capitale, par la très célèbre « Cinquième Colonne » de Franco; puis ils envoyèrent à celui-ci une fausse lettre rédigée au dos de ce plan signée de Andrés Nin, le dirigeant du POUM. Une grande quantité de faux documents impliquant le POUM dans une trahison fasciste fut placée dans une valise abandonnée à Gérone, et « découverte » par la police. Le 14 juin, Orlov, chef du NKVD en Espagne et agissant probablement sur instructions directes de Staline, ordonna l'arrestation de tous les chefs du POUM, et ce, malgré les protestations de tous les membres communistes du gouvernement (ceux qui ne l'étaient pas, et Negrín en premier, ne furent même pas informés)[86]. Le commandant de la 29e division du POUM fut rappelé du front « pour consultations » et arrêté également. Les détenus furent directement conduits dans des centres d'interrogatoire et des chambres de torture soigneusement préparés, dont la plupart étaient souterrains, mais dans lesquels on trouvait l'ancien couvent Sainte-Ursule de Barcelone, connu sous le nom de « Dachau de la République espagnole ». Les efforts entrepris pour assurer la libération de Nin se révélèrent vains, mais les plans de Staline pour en faire le personnage central d'un procès fleuve échouèrent car Nin, qui servit de modèle à Goldstein, le héros orwellien de *1984*, préféra mourir sous la torture plutôt que de parler. (Il fut en fin de compte assassiné par Orlov dans le parc du Pardo, plus tard devenu la résidence de Franco.) Pendant tout le restant de l'année 1937 et une bonne partie de 1938, des milliers de membres du POUM, et d'autres gauchistes de tout acabit, furent exécutés ou torturés à mort dans les prisons communistes. Parmi eux, on comptait beaucoup d'étrangers, dont Erwin Wolff, l'ancien secrétaire de Trotski, le socialiste autrichien Kurt Landau, le journaliste britannique « Bob » Smilie, et un ancien maître de conférences de l'université John Hopkins, José Robles. Parmi ceux qui réussirent à s'échapper de justesse, se trouvèrent Orwell et Willy Brandt, le futur chancelier d'Allemagne fédérale[87].

Ce fut un des nombreux malheurs de l'Espagne de traverser une guerre civile dans une époque coïncidant avec l'apogée de la grande terreur stalinienne. En effet, bien des meurtres commis à Barcelone n'eurent pas grand-chose à voir avec la politique intérieure espagnole, mais s'inscrirent sur la toile de fond des événements de Moscou et de Leningrad. Ainsi, Robles fut exécuté parce qu'en tant qu'interprète du général Jan Antonovich Berzin, chef de la mission militaire russe en Espagne, il en savait trop sur le rappel et la liquidation de Berzin dans le cadre préfabriqué des purges staliniennes en milieu militaire. Dans les années 1937-1938, Staline liquida tous ses principaux agents à travers le monde; comme en Russie, pratiquement tout ceux qui l'avaient aidé à prendre la gauche en main dans la péninsule ibérique puis à la terroriser, furent à leur tour abattus. Le chef du département étranger du NKVD fut coincé dans son propre bureau parisien en février 1938 et forcé d'avaler du cyanure. Parmi ceux qui organisèrent les livraisons d'armes à l'Espagne, on trouve Evhen Konovalek assassiné à Rotterdam en mai 1938, Rudolf Clement repêché décapité dans la Seine, et Walter Krivitsky, patron des services soviétiques de renseignements militaires en Europe occidentale, pourchassé par les limiers de Staline pendant trois ans et enfin abattu à Washington le 10 février 1941[88]. En plus du général Berzin, Staline fit assassiner Michael Koltzov, le célèbre correspondant de *La Pravda* en Espagne, Arthur Stashevky, chef de la mission économique dans le même pays, et Antonov Ovseenko, consul général d'URSS à Barcelone, à qui on raconta qu'il était rappelé à Moscou pour être nommé ministre de la Justice : plaisanterie caractérisant l'humour morbide du « Petit Père des peuples[89] ». Le seul personnage qui réussit à échapper au massacre stalinien fut le maître tueur Orlov lui-même, qui trahit, écrivit un compte rendu de tout ce qu'il savait, informa Staline qu'il s'était arrangé pour que ses notes soient immédiatement publiées en cas de mort violente, et qui fut ainsi laissé en paix; il publia son histoire après la mort du dictateur[90].

Arrivé à ce point, on peut se poser une question : comment se fit-il que ces atrocités commises contre la gauche à Barcelone ne provoquèrent pas une immense vague de répulsion envers le stalinisme dans le monde entier ? Un des facteurs réside dans la chance. Le 26 avril 1937, soit le lendemain de l'explosion de la crise interne de Barcelone allumée par le meurtre de Cortada, quarante-six appareils de la légion Condor bombardèrent la ville basque historique de Guernica, dont le célèbre chêne avait abrité le premier parlement basque. Environ 1000 personnes trouvèrent la mort et 70 % des bâtiments furent détruits. Ce n'était pas le premier bombardement d'une ville par l'un ou l'autre camp, et Guernica constituait un objectif légitime, bien qu'il s'agît d'un raid de terreur, décidé par le colonel Wolfgang von Richthofen, le commandant de la légion Condor, en liaison avec le colonel Juan Vigón, chef d'état-major de Mola. Il n'existe aucune preuve attestant que celui-ci était au courant; en tout cas, Franco, certainement pas; quant aux Allemands, ils ne connaissaient pas l'importance historique de la cité[91]. Pour les propagandistes du Komintern — les meilleurs du monde — cet événement constitua une sorte d'aubaine miraculeuse, dont ils firent aussitôt l'épisode le plus célèbre de toute la guerre. Picasso, à qui on avait déjà commandé une grande fresque pour le pavillon espagnol de l'Exposition universelle de Paris, sauta sur le sujet et l'œuvre fut plus tard transportée au Metropolitan de New York. Le bombardement de Guernica fut le mobile qui favorisa le glissement d'un pan entier de l'opinion occidentale, y compris des revues comme *Times* et *Newsweek*, dans le camp républicain[92]. Le tintamarre qui suivit, dont on pouvait encore entendre les échos dans les années 80 lorsque l'on accrocha solennellement le tableau dans la galerie du Prado, couvrit allégrement le son tragique et assourdi des massacres de Barcelone.

La manière dont Guernica fut utilisé pour occulter la destruction du POUM caractérisa typiquement l'habileté de la propagande du Komintern, manipulée par deux menteurs professionnels inspirés : Willi Muenzenberg et Otto Katz, tous deux assassinés plus tard sur ordre de Staline[93]. Tout au long de la guerre civile espagnole, le stalinisme fut non seulement soutenu par un remarquable service de relations publiques, mais aussi par la naïveté, la crédulité, et, il faut bien oser l'avouer, par le mensonge et la corruption des intellectuels occidentaux, surtout la facilité avec laquelle ils négligèrent ce que W.H. Auden appelait « le meurtre nécessaire ». Lorsque Orwell parvint à s'échapper et songea à publier un compte rendu sur le scandale du POUM, titré « En vendant la mèche espagnole » dans le *New Statesman*, le rédacteur en chef, Kingsley Martin, le refusa catégoriquement sous prétexte que cela nuisait au support occidental de la cause républicaine; il soutint plus tard que Negrín aurait rompu avec les communistes à propos de l'affaire du POUM, si l'Ouest avait été prêt à lui fournir des armes. Mais lorsque parut l'exposé d'Orwell dans le *New English Weekly*, l'article ne fut pas très remarqué[94]. Les intellectuels de gauche ne voulurent pas regarder la vérité objective en face et encore moins voir se dissiper leurs illusions. Tous fascinés et excités par la cause, peu nombreux furent ceux qui montrèrent le courage déterminé d'Orwell dans le soutien des critères de la moralité ou dans la confirmation des horreurs qui ne manquèrent pas de survenir lorsqu'ils viennent à être remplacés par des critères relatifs. Beaucoup d'entre eux adoptèrent vis-à-vis du « Parti » une servilité abjecte. Ainsi le poète Cecil Day-Lewis, qui le rejoignit en 1936, présenta ses excuses pour ne pas l'avoir fait plus tôt, confessant d'une manière pédante « un raffinement subtil de subjectivisme bourgeois par lequel je ne désirais pas rejoindre le parti avant d'avoir gagné assez d'argent pour m'assurer moi-même que je m'engageai de manière désintéressée, et non à la manière du pauvre et de l'affamé qui profiteraient personnellement de la révolution ». Il se sentit obligé de demander l'autorisation du Parti avant même d'accepter l'invitation que le lui fit la Société du livre pour siéger dans son comité de sélection[95].

En outre, les communistes contrôlaient tous les accès à l'Espagne républicaine. Pour y parvenir, un écrivain britannique, par exemple, devait posséder une lettre d'introduction du chef du PC, Harry Pollit, qui travaillait en liaison étroite avec Victor Gollancz, le leader des éditeurs de gauche, dont le Club du livre de gauche dominait le marché. Le poète W.H. Auden échappa, par sa « lettre Pollit », à une sentence le condamnant à une peine de prison après son arrestation pour atteinte à la pudeur dans un parc de Barcelone[96]. Un intellectuel progressiste se devait de rendre visite à « notre Espagne » et, tout comme les Allemands, les Russes et les Italiens utilisèrent le pays comme un champ d'expérimentation pour tester leurs nouveaux équipements militaires — exploitation matérielle —, les gens de lettres s'y rendirent pour y glaner les matériaux nécessaires à leurs nouveaux romans ou poèmes, ce qu'on peut appeler une exploitation intellectuelle. André Malraux, dont le roman *La Condition humaine* (1932), mettant en scène la révolution chinoise, lui donna une célébrité mondiale, se rendit en Espagne dans l'espoir d'y écrire une suite : il en résulta un livre ennuyeux : *L'Espoir* (1938). Malraux emmena avec lui une escadrille de bombardiers lents Potex, qui firent grand bruit dans les journaux, mais causèrent peu de dommages aux nationalistes ; de toute manière, ils durent être pilotés par des équipages espagnols : le commandant en chef de la chasse aérienne républicaine, Garcia Lacalle, écrivit que les amis de Malraux étaient « des écrivains, des artistes, des photographes, des femmes, des enfants et je ne sais quoi encore — tout sauf des aviateurs[97] ». Hemingway lui-même alla en Espagne, « à la recherche » de *Pour qui sonne le glas ?* ; se prenant pour un homme aguerri et habitué au cynisme de la guerre, « Papa » se laissa aisément berner. Lorsque son ami Dos Passos commença de s'inquiéter de la disparition de Robles, qu'il connaissait bien (en fait, il avait été déjà assassiné), le sinistre Pepe Quintanilla, qu'Hemingway prenait pour son *amigo* dans les services de contre-espionnage, se débarrassa de lui, en lui fournissant un renseignement erroné selon lequel Robles était un espion : Hemingway le crut sur parole et assura qu'il était coupable. Il attribua « à la naïveté typique du bon cœur américain que Dos Passos puisse encore croire au loyalisme de Robles », — « attitude typique du libéral américain » ; le naïf, ce fut bien entendu Hemingway[98].

Afin de garder les milieux intellectuels bien disposés à leur égard, les commis-voyageurs du Komintern organisèrent des rencontres internationales tous frais payés : il y eut successivement la campagne internationale pour la paix en 1937 à Bruxelles, chapeautée par le secrétaire général du PC français Marcel Cachin, qui fut à l'origine d'une Journée de la Paix, d'une Foire de la Paix, d'un Franc de la Paix, et d'un Serment de la Paix. La description qu'en fit Kingsley Martin — non à l'époque mais trente ans plus tard — provoqua en lui un sentiment de « désespérance » tant il s'agit vraiment du « meurtre de l'honnêteté, de l'enthousiasme et de la foi [99] ». Pis encore, la même année se tint le Congrès des écrivains de Madrid. Stephen Spender rapporta que « les autres invités et lui-même furent traités comme des princes ou des ministres... circulèrent en Rolls Royce, furent invités à des banquets, célébrés ; on chanta et dansa pour eux, bien que le véritable but de toutes ces manifestations consistât en une vicieuse attaque portée contre André Gide, dont le dernier livre *Retour d'URSS* était très critique à l'égard de la Russie, et que l'on exhiba maintenant publiquement comme un « monstre fasciste ». Un bombardement d'artillerie permit de revenir à une réalité plus sensible :

> Le lendemain matin, André Chamson (chef de la délégation française) annonça que Julien Benda, l'auteur de *La Trahison des clercs*, et lui-même devaient quitter Madrid aussitôt. Car, si par malheur l'un ou l'autre était tué, la France ne pourrait pas faire d'autre choix que de déclarer la guerre à Franco, et que cela pourrait mener à un conflit mondial. Chamson refusa de porter la responsabilité d'une telle catastrophe [100].

Spender lui-même était déjà un vétéran du front où, dans un poste de tir de mitrailleuse :

> ...le servant insista pour que je tire quelques rafales en direction des lignes maures. Je m'exécutai, priant le ciel intérieurement de ne toucher aucun Arabe. Soudain, le front m'apparut comme une sorte de relation d'amour entre deux camps, vus ici dans leurs aspects les plus opposés... et l'intervention d'un visiteur dans leur mortel orgasme me sembla terriblement indécent [101].

Pendant ce temps, cette terrible indécence se poursuivait derrière les lignes rouges. Comme le fit remarquer Orwell, toutes les factions de gauche étaient obsédées par la nécessité de se trouver en position de force sur le plan militaire après la défaite franquiste, et laissèrent ce désir acharné influencer leurs tactiques et la conduite de la guerre. Afin de rester suffisamment nombreux, ils évitaient d'avoir des pertes et souvent les communistes levaient des tirs d'artillerie ou des appuis-feux aériens, afin de laisser le POUM ou d'autres unités qu'ils souhaitaient affaiblir se faire étriller [102]. Le moral du camp républicain flancha sérieusement après la destruction du POUM. Dans ces conditions, Franco opta pour une guerre d'usure tout au long de l'effroyable hiver 1937-1938, et coupa l'Espagne républicaine en deux au mois d'avril. Le reste ne fut seulement qu'une question de temps, Franco ne prenant aucune initiative, et se contentant d'une écrasante supériorité. A l'automne, Staline s'était soudain fatigué de la guerre, ayant tiré d'elle toutes les ressources possibles sur le plan de la propagande, avait terminé ses purges, et échafaudait déjà de nouvelles combines, soit avec les démocraties occidentales, soit plus probablement avec Hitler. Il avait également pompé toutes les réserves d'or de la République espagnole. Alors il suspendit toute aide, et Franco put lancer sa dernière offensive catalane, juste avant Noël, en sentant que la fin approchait. Barcelone tomba le 28 janvier 1939 et Madrid le 28 mars. Franco avait mené la guerre sans passion et ne leva même pas les yeux de son bureau lorsqu'il en apprit la fin [103].

Ayant occupé toute la Tchécoslovaquie une semaine auparavant, Hitler dénonça le traité germano-polonais de 1934, le jour même de la reddition de Madrid. Il devint clair qu'une guerre européenne était inévitable et imminente. Franco réagit par une brutale tentative d'éloigner l'Espagne non seulement de la prochaine catastrophe, mais aussi, et autant que possible, du XXe siècle tout entier. En effet, le pays possédait une longue tradition de changements sociaux brutaux et de croisades intérieures. Aux XVe et XVIe siècles, un grand nombre de Maures, de juifs et de protestants avaient été tour à tour expulsés et de telles persécutions à grande échelle avaient permis d'éviter le venin de la Réforme et les horreurs des guerres de religions. La non-application de méthodes drastiques similaires avait permis l'intrusion des idées de la Révolution française et donc le calvaire de quinze années de guerre civile, comme en témoignaient éloquemment les dessins de Goya. Aujourd'hui l'invasion du totalitarisme postchrétien avait apporté trois autres années de martyre dans ses bagages : 90000 tués au combat dans le camp nationaliste ; 110000 dans le camp républicain ; un million d'estropiés ; 10000 personnes étaient mortes sous les raids aériens ; 25000 de malnutrition ; 130000 avaient été exécutées derrière les lignes ; et maintenant 500000 étaient exilées, dont la moitié ne devait jamais revenir [104]. Depuis la très célèbre bibliothèque de la cathédrale de Cuenca jusqu'aux premiers tableaux de Goya, exécutés à Fuentodos, son lieu de naissance, les destructions causées au patrimoine artistique furent immenses.

Franco décida de briser dans l'œuf le processus de corruption en éliminant tout embryon de collectivisme en Espagne. Ses réactions envers la gauche anticipèrent et laissèrent entrevoir celles des Alliés du temps de guerre envers les nazis : capitulation sans condition d'abord, puis décommunisation, dans un style qui devait ressembler davantage à l'épuration lors de la libération de la France qu'aux procès systématiques de l'Allemagne. En aucun cas, la situation ne put se comparer aux massacres de type léniniste : la loi des responsabilités politiques du 9 février 1939 concernait les actes criminels commis individuellement (seule exception faite pour les francs-maçons du dix-huitième degré et plus haut). Il n'y eut, à proprement parler, aucune condamnation à mort pour motifs politiques reconnus comme tels [105]. Mais les vainqueurs avaient une grande soif de vengeance — tel Suner, le ministre de l'Intérieur, qui désirait venger son frère, fusillé dans les prisons républicaines — et il ne fut pas difficile d'attribuer des crimes majeurs à des fonctionnaires républicains de tous niveaux. Beau-frère de Mussolini, Ciano décrivit ainsi l'atmosphère régnant en Espagne au mois de juillet : « Les procès se déroulent tous les jours à un rythme qui me les fait qualifier de sommaires... Il y a encore beaucoup de fusillades. Entre 200 et 250 par jour pour la seule ville de Madrid, 150 à Barcelone, et 80 à Séville [106]. » Plusieurs dizaines de milliers de personnes furent donc passées par les armes, mais le chiffre total de 193000, parfois avancé, est faux, car beaucoup de condamnations à mort prononcées par les tribunaux furent commuées. Franco annonça clairement, le 31 décembre 1939, que bien des longues peines de prison (habituellement quinze ans) seraient nécessaires : « Il est nécessaire d'extirper tous les germes de haine et de passion semés lors de notre guerre. Mais cette liquidation ne doit pas être menée d'une manière libérale, avec son cortège de grandes et désastreuses amnisties, et qui ressemblent davantage à des remords qu'à un geste de pardon. Cette liquidation doit se faire de manière chrétienne, et être réalisée dans une perspective de rédemption par le travail, la repentance et la pénitence [107]. » En 1941, la population carcérale comptait encore 233375 personnes ; des milliers de militants républicains moururent en prison ou en exil. D'autres furent bannis d'un grand nombre de postes ou d'activités privées ou publiques par un décret du 25 août 1939, qui plaça les motifs de la purge avant l'efficacité gouvernementale ou les intérêts économiques [108]. Dirigée par un homme qui regretta toutes les secondes de son existence le vieux monde disparu en 1914, l'Espagne ancienne et traditionnelle chercha à s'immuniser contre le présent. A long terme, la tentative échoua, mais conféra à ce pays une protection certaine contre la pandémie qui, à ce moment, submergea l'Europe.

X

La fin de la vieille Europe

Inévitablement l'ère de l'agression devait déboucher sur un conflit mondial. Il est cependant primordial de comprendre comment et pourquoi on en arriva à cette crise, car ce sont les événements qui se déroulèrent dans les années 30 qui ouvrirent la voie aux années 80. Le 5 avril 1940, quatre jours avant que l'invasion de la Norvège par les nazis ne marquât le début de la guerre en Europe, Goebbels donna une conférence de presse secrète à quelques journalistes allemands triés sur le volet ; l'un d'entre eux en fit un compte rendu écrit, dont voici le passage essentiel :

> ... Jusqu'à présent, nous avons réussi à maintenir l'ennemi dans l'ignorance des buts réels poursuivis par l'Allemagne, de même qu'en 1932 l'opposition intérieure au régime s'était laissé prendre au piège de notre légalité sans chercher plus loin. Nous voulions certes parvenir au pouvoir par des voies légales, mais nous n'avions nulle intention de nous enfermer dans le légalisme... Ils auraient pu se débarrasser de nous. Il leur aurait suffi d'arrêter une ou deux personnes en 1925 et on n'aurait plus entendu parler de nous. Mais non, ils nous laissèrent franchir sans encombre le passage délicat. Et il en fut de même en politique étrangère... En 1933 le président du Conseil français aurait pu déclarer (et c'est exactement ce que j'aurais fait si j'avais été à sa place) : « Le nouveau chancelier du Reich est l'auteur de *Mein Kampf*, l'homme qui affirme telle et telle chose. Il est impensable que nous tolérions cet individu dans un pays voisin du nôtre. Ou bien il démissionne ou bien nous prenons les armes. » Mais la France n'a pas bronché. Elle nous laissa toute faculté de franchir la zone dangereuse après en avoir contourné tous les écueils. *Et une fois que nous fûmes arrivés à bon port, avec un armement de qualité, bien supérieur au sien, voilà qu'elle se décida à ouvrir les hostilités*[1] !

Cette intéressante déclaration résume bien le déroulement des événements dans les années 30. On en trouvait déjà les points principaux énoncés dans un discours privé de Hitler aux chefs de ses services secrets, le 3 février 1933, alors qu'il les réunissait pour la première fois après son accession au pouvoir suprême. Il leur dit qu'il avait l'intention de ne plus tenir compte du traité de Versailles et de faire de l'Allemagne la plus grande puissance d'Europe; puis il ajouta : « La période la plus dangereuse pour nous sera celle du réarmement. C'est là que nous verrons si le gouvernement français vaut quelque chose. Si c'est le cas, ils ne nous laisseront pas le temps de souffler et nous sauteront dessus [2]. »

Tout le monde connaissait les ambitions de Hitler. Le peuple s'imaginait que les buts poursuivis pouvaient être atteints, et le seraient, sans guerre, simplement grâce à une politique étrangère ferme, soutenue par un armement dissuasif. On avait dit aux généraux que la guerre serait, certes, inévitable, mais brève et limitée à quelques territoires. Les généraux et, à plus forte raison, la population, n'en avaient nullement conscience; en réalité, les plans de Hitler impliquaient non pas un conflit local, mais une multitude de fronts. Le Führer entendait s'en tenir à la lettre de ce qu'il avait écrit dans *Mein Kampf* : « Ou l'Allemagne sera une puissance mondiale, ou il n'y aura pas d'Allemagne. » Quand il parlait de « puissance mondiale », il ne faisait pas allusion à l'Allemagne du Kaiser, qui n'était jamais que la puissance dominante en Europe centrale; c'est bien du monde entier dont il était question. De l'analyse que Ludendorff avait faite de la Première Guerre mondiale, Hitler avait retenu que l'Allemagne devait à tout prix faire éclater les limites imposées par sa situation au cœur de l'Europe, où elle pouvait sans cesse se trouver encerclée [3]. Selon Hitler, Ludendorff commençait à toucher au but, à Brest-Litovsk, lorsque le « coup de poignard dans le dos » que lui porta le Front intérieur ruina ses espérances. En conséquence, il décida de remonter le temps jusqu'au printemps 1918 et fit reposer ses plans sur les bases des accords de Brest-Litovsk, mais avec une Allemagne solide, unie, fraîche et par-dessus tout « purifiée ».

On peut reconstituer les intentions de Hitler non seulement à partir de *Mein Kampf*, et plus particulièrement des passages consacrés à la « politique orientale », mais aussi à partir de ses premiers discours et du *Livre secret*, appelé aussi *Tome 2*, écrit en 1928 [4]. A partir de ces textes, il apparaît que l'entreprise de « purification », c'est-à-dire l'élimination des juifs, était un point essentiel d'une stratégie à long terme. Croyant en un socialisme fondé sur la race, et non sur la classe, Hitler voyait en la pureté raciale une ligne de force de l'histoire. Cette ligne de force avait perdu son élan par contamination, essentiellement à cause des juifs. Il éprouvait une certaine admiration pour ceux-ci, qu'il considérait comme des surhommes négatifs. Dans ses *Propos de table* il déclarait que si cinq mille juifs émigraient en Suède, ils occuperaient en un clin d'œil toutes les positions clés; il expliquait ce phénomène par la « pureté du sang » qui est une chose, écrivait-il dans *Mein Kampf*, « que le juif excelle à préserver, plus que tout autre peuple ». Quant aux Allemands, ils avaient bel et bien été « empoisonnés ». Voilà pourquoi ils avaient perdu la Première Guerre mondiale. Lui-même ne s'était pas trouvé exempt de cette contamination, ce qui expliquait les erreurs occasionnelles qu'il pouvait commettre — « nous avons tous été touchés par cette maladie, cette corruption de notre sang[5] ». Du temps de la jeunesse de Hitler, l'obsession de la contamination raciale était assez répandue, tout comme celle de la contamination écologique le fut dans les années 70-80. Certains individus virent les rouages de la vie publique soumis à l'impulsion de multiples intrigues et conjurations ; ce sont les mêmes qui furent sensibles à la théorie de la contamination universelle. Tout comme le firent, plus tard, les écologistes, ils s'imaginèrent que la pollution raciale se répandait à grande vitesse, que le désastre absolu était imminent, et que cela prendrait des années pour inverser le processus et purger définitivement l'Allemagne. Par ailleurs, si l'Allemagne était la première nation (ou la première race) à retrouver sa pureté, elle se trouverait par là même en position de suprématie sur toutes les autres (*cf. Mein Kampf*).

L'originalité des théories raciales hitlériennes résidait d'abord en cette certitude qu'une « purification » suffirait pour faire de l'Allemagne la première vraie superpuissance, et même dans un deuxième temps la puissance suprême ; ensuite la conviction absolue que le « poison juif » et le bolchevisme n'étaient qu'un seul et même phénomène. En 1928, lorsqu'il écrivit son *Tome 2*, Hitler ne sut pas se rendre compte que le judéo-bolchevisme n'était plus que de l'histoire ancienne et que la Russie stalinienne était, dans ses grandes lignes, tout autant antisémite que l'avait été le tsarisme. Bien au contraire, il prenait l'Union soviétique comme un phénomène culturel juif. Aussi le but de la politique était-il de combattre « une invasion de germes infectieux qui, à l'heure actuelle, ont leur foyer en Russie[6] ». On le voit, le programme de « purification » cadrait parfaitement avec la politique orientale traditionnelle de l'Allemagne, mais sur une bien plus grande échelle.

Voici comment Hitler envisageait le déroulement des opérations. D'abord, prendre en main l'Allemagne elle-même, et commencer le nettoyage de l'intérieur. Deuxièmement, jeter au feu le traité de Versailles et faire de son pays la première puissance d'Europe centrale. (Tout cela pouvait se faire sans conflit extérieur.) Troisièmement, la force étant du côté allemand, liquider par la guerre l'Union soviétique et par la même occasion le « foyer » du « germe infectieux », puis créer, par la colonisation, une base économique et stratégique solide sur laquelle pourrait être fondé un empire continental dont la France et l'Italie ne seraient que des satellites. Quatrièmement, doter l'Allemagne d'un vaste empire colonial en Afrique, et d'une flotte considérable, pour la placer au rang des trois superpuissances : la Grande-Bretagne, le Japon et les Etats-Unis. En conclusion, Hitler prévoyait que la génération qui lui succéderait devrait mener à bien un conflit décisif entre l'Allemagne et les Etats-Unis pour la suprématie mondiale[7].

Personne, depuis Napoléon, n'avait conçu de projet aussi audacieux ; cette gigantesque ambition n'avait d'égale que celle d'Alexandre le Grand. Néanmoins, avant d'être broyé par la machine guerrière qu'il avait lui-même mise en route, Hitler fit toujours preuve d'un grand pragmatisme. Tout comme Lénine, c'était un opportuniste de haute volée, toujours prêt à profiter des occasions favorables et à modifier ses théories en conséquence. Certains historiens en ont conclu qu'il ne s'attachait pas à un plan précis. Mais en réalité, tout en accordant ponctuellement sa tactique aux circonstances, il suivait une stratégie à long terme avec une détermination inflexible rarement égalée dans l'histoire de l'ambition humaine. A l'inverse de la plupart des dictateurs, jamais il ne connut la satiété du pouvoir, jamais il ne fut tenté d'en relâcher les rênes. Bien au contraire. Il plaçait la barre de plus en plus haut et faisait tout son possible pour hâter le cours de l'histoire. Il redoutait de voir sa révolution perdre de son dynamisme. Il était persuadé d'être indispensable et estimait que, à tout le moins, les quatre premiers points de son programme devaient atteindre leur but non seulement de son vivant mais tant qu'il bénéficiait du maximum de ses facultés mentales. Ce fut son impatience qui le rendit si dangereux à court terme et si inefficace à long terme — à l'inverse des stratèges soviétiques. Dans son discours secret aux rédacteurs des journaux allemands en novembre 1938, après son grand triomphe à Munich, il déplora le fait d'avoir dû parler de paix au peuple allemand : il craignait que cela n'entraînât un amollissement excessif. Accepter la paix, la stabilité, et voir en elles un état permanent des relations internationales représentaient selon lui, pour l'Allemagne, l'essence même du défaitisme. La violence était une nécessité, et le peuple devait y être préparé[8].

L'économie de l'Allemagne occupait alors le second rang mondial, immédiatement après les Etats-Unis ; elle était la première, et même la seule, à être sortie intacte de la grande crise. Mais ayant à sa tête un être empli d'idées et d'intentions aussi monstrueuses, quelle chance y avait-il de maintenir le système européen sous son ancienne forme ? Les Etats-Unis en vinrent à se couper pratiquement de l'Europe. En 1930, ils optèrent pour le protectionnisme, et ce choix fut renforcé quand Roosevelt accéda à la présidence ; en effet, il apparut clairement, lorsqu'il eut dissous la conférence économique internationale en juillet 1933, que son *New Deal* était incompatible avec un système commercial mondial soumis à négociations ; sa devise était : « Le capitalisme dans un seul pays », tout comme celle de Staline était : « Le socialisme dans un seul pays. » Cet isolement prit forme en 1935 quand un Congrès démocrate vota l'acte de neutralité. La même année, le jeune écrivain Herbert Agar se fit porte-parole de bien des intellectuels américains, consternés par ce qui se passait en Europe, en exhortant ses compatriotes à oublier leurs racines européennes et à rester fidèles à la culture et aux idéaux de leur jeune pays. Au cours des six années qu'il passa en Europe, il écrivit : « J'ai pu constater que les traits les plus intéressants de la vie américaine ne sont pas ceux que nous avons servilement imités de l'Europe mais ceux que nous avons librement adoptés, ou même créés de toutes pièces — ceux qui n'appartiennent qu'à nous [9]. »

Il arrivait à Roosevelt de se voir en citoyen du monde, mais son internationalisme était purement verbal — et même rhétorique —, fort rarement concret. On ne pouvait lui reprocher l'état de désarmement unilatéral dans lequel il trouva l'Amérique en 1933 ; mais il ne fit rien pour arranger les choses pendant son premier mandat, et fort peu pendant le début du second. Ainsi que le faisait remarquer George Kennan, l'un des plus avisés parmi les jeunes diplomates, les affirmations de Roosevelt étaient destinées à produire leur petit effet en politique intérieure, sans considération pour les événements internationaux [10]. Pour mener à bien son *New Deal*, Roosevelt s'était entouré d'une équipe jeune, pleine de bonnes intentions à l'égard de l'Europe, mais aussi totalement inexpérimentée, désespérément ignorante dans le domaine des affaires étrangères et par ailleurs absolument obsédée par les problèmes internes de l'Amérique. Quant à Roosevelt, il tenait à faire preuve d'élévation d'esprit et à passer pour un progressiste. Mais son élévation d'esprit se limitait à exiger de la Grande-Bretagne qu'elle se montrât ferme dans le domaine de l'ordre international, et ce progressiste comptait plus sur l'Union soviétique, l'un des prédateurs totalitaires, que sur le Royame-Uni pour maintenir la paix dans le monde.

Jusqu'à sa mort en 1945, Roosevelt fit preuve d'une incorrigible légèreté dans le domaine de la politique étrangère. Ainsi vers la fin des années 30, l'une de ses principales sources d'informations sur la Grande-Bretagne et d'une façon générale l'Europe entière se trouvait être *The Week*, la publication dans laquelle Claud Cockburn, le journaliste du *Daily Worker*, exposait sa théorie d'une conspiration d'extrême gauche [11]. Quant aux ambassadeurs accrédités par Roosevelt, certaines de leurs nominations furent de grosses erreurs de jugement. Il envoya à Londres Joseph Kennedy, malgré ses sentiments notoirement anti-anglais, et à Moscou Joseph Davies, personnage corrompu et crédule. Cette dernière nomination se révéla particulièrement désastreuse, car l'ambassade américaine à Moscou était pourvue d'un personnel efficace et remarquablement renseigné, appuyé, au département d'Etat, par une section des Affaires est-européennes extrêmement compétente. Le ministre soviétique des Affaires étrangères, Litvinov, reconnaissait que ces fonctionnaires étaient mieux informés sur la politique étrangère de l'URSS que le gouvernement soviétique lui-même [12]. En 1936, cinq mois après la nomination de Davies, à qui il avait été expressément recommandé de gagner à tout prix l'amitié de Staline, la section des Affaires est-européennes fut dissoute, ses archives dispersées et ses dossiers détruits. Kennan, à l'ambassade américaine à Moscou, se dit que cela « sentait l'influence soviétique... jusqu'aux plus hautes sphères gouvernementales ». C'était en tout cas le signe d'une âpre lutte d'influence entre le ministre des Affaires étrangères, Cordell Hull, et son chef de cabinet, Sumner Welles — homosexuel taciturne [13]. Tous deux ne cachaient pas leurs sentiments anti-anglais, et Hull pensait que le nouveau système commercial britannique privilégiant les échanges à l'intérieur de l'Empire — qui n'était du reste qu'une réponse à l'avalanche de mesures protectionnistes précipitées par la taxe Smoot-Hawley —, était, pour la paix mondiale, une menace bien supérieure à celle représentée par l'existence d'un quelconque dictateur.

Ainsi que l'attestent abondamment les documents diplomatiques, l'administration Roosevelt n'était absolument pas disposée à envisager un soutien, tant militaire que diplomatique, à la France et à la Grande-Bretagne contre l'Allemagne. Dans une allocution d'octobre 1937, Roosevelt brandissait des menaces de quarantaine ; dans une autre, en avril 1939, il réclamait, sans crainte du ridicule, que Hitler présentât des assurances de non-agression, pour une durée de dix ans, à trente et une nations désignées par les Etats-Unis ; mais ces discours moralisateurs furent totalement inutiles, sinon néfastes. Le second, en tout cas, convainquit Hitler que jamais Roosevelt ne déciderait une intervention armée, et il y répondit le 28 avril, dans le dernier discours public qu'il prononçât au Reichstag, par des paroles de mépris et de dérision qu'il ne prit même pas la peine de voiler [14].

Même sans l'appui de l'Amérique, la France et la Grande-Bretagne auraient fort bien pu contenir la progression de Hitler en 1933-1934, si elles étaient parvenues à se mettre d'accord pour agir avec un minimum de fermeté. Pendant une période assez courte, la France en eut parfaitement les moyens matériels. Mais après le départ de Poincaré en 1929, il devint peu vraisemblable que la France fût capable de porter un coup décisif. La politique de Roosevelt était farouchement anti-française ; non seulement il voulait la contraindre à un désarmement unilatéral, mais il lui fit également subir de fortes pressions économiques lorsque les Etats-Unis eurent renoncé à l'étalon-or : en 1933, les énergies françaises étaient tout entières absorbées dans une tentative désespérée de créer un « bloc or ». Pendant ce temps, Hitler renforçait ses positions et accélérait le réarmement secret déjà amorcé lors des dernières années de la République de Weimar. De leur côté, les Britanniques étaient particulièrement désireux de réduire les prétentions de l'armée française. Ainsi que le déclara à la Chambre des Communes le 13 mai 1932 le ministre des Affaires étrangères, sir John Simon, rien n'était plus susceptible de déclencher une guerre qu'une France « bien armée » face à une Allemagne désarmée. Même lorsque Hitler fut au pouvoir, la Grande-Bretagne persista à vouloir réduire l'armée française de 694000 hommes à 400000, et reprocha à Churchill de protester contre des mesures « aptes à assurer pour l'Europe une période de paix grandement nécessaire ». « Nos parlementaires étaient exaspérés et furieux contre M. Churchill », nota le *Daily Dispatch* [15]. Tandis que les hordes policières de Goering pourchassaient dans les rues les socialistes allemands terrifiés, les camarades britanniques de ces derniers conspuaient Churchill quand il affirmait que Hitler, dans *Mein Kampf*, avait déclaré qu'il s'efforcerait de s'assurer de la neutralité de la Grande-Bretagne pour venir à bout de la France — cela dit, le *Führer* lui-même n'avait pas osé espérer que les Anglais fassent de leur mieux pour empêcher les Français de se défendre. En France même, les socialistes de Léon Blum se conduisaient de façon tout aussi méprisable dans leur lutte effrénée contre l'extension du service militaire de un à deux ans. Chez la droite française, d'autre part, l'antisémitisme connaissait une flambée nouvelle sous l'influence nazie, et le slogan à la mode était : « Plutôt Hitler que Blum. » Et le chancelier pouvait à juste titre considérer qu'en ce qui concernait la France, il avait « franchi sans encombre le passage délicat » dès la fin de 1933 ; ce fut sans doute ce que se dit la Pologne qui, dès le mois suivant, fit son deuil de l'efficacité de la France en tant qu'alliée et signa un traité bilatéral de non-agression avec l'Allemagne hitlérienne — sans grande illusion sur sa valeur.

Dans les années 30, le moral n'était pas aussi bas en Grande-Bretagne qu'en France, mais les signes de décadence menaçaient. Dans le domaine international, le poids de la Grande-Bretagne dépendait essentiellement de son Empire, qui lui-même reposait sur l'Inde. En 1931, le processus déclenché par les réformes Montagu et la débâcle d'Amritsar commençait à s'accélérer. La souveraineté britannique s'effritait de façon notable. Dès 1925, le secrétaire d'Etat, lord Birkenhead, avait signalé que des concessions aux hindous ne feraient qu'amener les musulmans à demander leur indépendance (il faisait un parallèle entre les musulmans et les habitants de l'Ulster d'une part, les hindous et les nationalistes irlandais d'autre part) ; et il avait prédit : « Toutes les conférences du monde ne peuvent rien pour unir ce qui ne peut l'être ; entre ces deux nations il y a un abîme que la machinerie politique moderne est bien incapable de combler [16]. Le 26 janvier 1931, Churchill informa les Communes qu'il y avait à l'heure actuelle « 60000 Indiens emprisonnés pour agitation politique ». Deux mois plus tard, plus de mille musulmans furent massacrés par des hindous à Kanpur, et de multiples émeutes s'ensuivirent partout dans le pays. Ce schéma devait se reproduire tout au long des années 30. L'avenir étant incertain, les affaires indiennes cessèrent d'intéresser les administrateurs britanniques dotés d'ambition et de compétence, et ce furent les Indiens qui occupèrent les premières places aux concours d'accès à la fonction publique [17]. Les investissements britanniques étaient en baisse, et par conséquent la valeur économique représentée par l'Inde pour la Grande-Bretagne également [18]. Churchill aimait beaucoup l'Inde, et plus que chez tout autre à son époque, le dénouement de la crise éveillait en lui des sentiments passionnés. Il redoutait que la faiblesse de la politique de Londres ne plongeât ce pays dans une tragédie semblable à celle qu'avait connue la Chine : une désagrégation, un démembrement, accompagnés de la mort de millions d'êtres humains, dont seraient victimes pour commencer les dizaines de millions d'intouchables. Le

18 mars 1931 il notait : « Il y a bon nombre de gens qui ont l'eau à la bouche à l'idée de pouvoir piller un empire à l'abandon, déjà les doigts leur démangent, déjà ils tendent les mains. » Quant à l'Angleterre, elle ferait aussi partie du camp des perdants. Churchill pensait que le monde « arrivait à un tournant, et que les pays industrialisés au taux de population élevé allaient se trouver engagés dans une âpre lutte pour leur survie personnelle ». Bientôt, la Grande-Bretagne serait dans ce cas, et aurait grand besoin de l'Inde à ce moment-là (mai 1933)[19].

Churchill mena une campagne virulente contre le projet de loi de 1935, avec une ardeur rarement égalée dans toute sa carrière politique. Ce projet de loi, « un monstrueux et honteux monument d'inepties édifié par des pygmées », accordait à l'Inde l'autonomie fédérale ; dont les politiciens professionnels brahmanes seraient les principaux bénéficiaires ; de plus, ses dispositions le rendaient concrètement inapplicable. Malgré ses efforts gigantesques, Churchill n'arriva pas à éveiller l'intérêt du public ni à s'assurer son appui. En vain déploya-t-il ses talents d'orateur. En fait, même la communauté britannique en Inde ne se sentait plus concernée : elle avait déjà en esprit fait son deuil de l'Empire. Les députés conservateurs, apathiques et résignés, acceptaient un retrait britannique progressif. Churchill réussit seulement à en convaincre quatre-vingt-huit de se prononcer contre le projet de loi, qui fut voté à l'écrasante majorité de 264. En réalité, et bien que l'empire britannique occupât encore un quart de la surface du globe, l'impérialisme, en 1935, était en Angleterre une idée morte et presque enterrée. En désespoir de cause, Churchill renonça à se battre pour l'Inde et consacra toutes ses forces au réarmement de la Grande-Bretagne, indispensable à sa survie.

Et pourtant, même cette lutte prenait par moments des allures de cause perdue. Dans les années 30, l'influence des intellectuels de Bloomsbury avait gagné pratiquement toute la classe politique. Pour l'intelligentsia de gauche, le patriotisme contre lequel Strachey s'était battu avec un tel succès avait été remplacé par une soumission primaire et inconditionnelle à Staline. A cette époque, le groupe des « Apôtres » cessa d'être un mouvement de scepticisme politique pour devenir un centre de recrutement actif pour l'espionnage soviétique[20]. Alors que certains de ses membres comme Anthony Blunt, Guy Burgess et Leo Long furent conduits à infiltrer les services britanniques pour transmettre des renseignements à Moscou, la gauche dans son ensemble, menée par les communistes, s'efforça de promouvoir le désarmement en Angleterre, idée que Staline encouragea jusqu'à ce que Hitler attaquât effectivement l'Union soviétique en juin 1941. Dans les années 20, le parti communiste britannique, innovateur et libre de toute indépendance, était essentiellement composé de membres de la classe ouvrière. Le début des années 30 vit l'adhésion d'intellectuels de la classe moyenne et sous leur influence le PC devint peu à peu servilement assujetti aux intérêts de la politique étrangère soviétique[21]. Parmi les marxistes britanniques, on compte des penseurs politiques comme G.D.H. Cole et Harold Laski, des scientifiques comme Joseph Neddham, J.B.S. Haldane et J.D. Bernal; pourtant, ces hommes mêmes crurent naïvement et sans autre examen que « l'Angleterre capitaliste » et « l'Allemagne fasciste » étaient soumises aux mêmes intérêts internationaux et que le réarmement ne servirait qu'à perpétuer l'impérialisme et écraser le socialisme. Pratiquement le parti travailliste partageait ce point de vue. En juin 1933, aux élections partielles de Fulham, le candidat travailliste reçut un message du chef de son parti, George Lansbury : « Il faudrait fermer tous les centres de recrutement, renvoyer tous les soldats dans leurs foyers et désarmer l'armée de l'air. Il faudrait en finir avec l'atroce arsenal de la guerre, et déclarer au monde "allez-y ! faites donc du pis que vous pourrez[22]." » Clement Attlee, qui devait lui succéder à la tête du parti travailliste, affirma à la Chambre des Communes le 21 décembre 1933 : « Nous sommes absolument et à jamais contre toute forme de réarmement ». Ainsi les travaillistes, aussi bien par leurs discours que par leurs bulletins de vote, continuèrent à faire campagne contre le réarmement jusqu'à la déclaration de guerre.

On trouvait également en Angleterre une foule d'hommes de bonne volonté — ceux que Shaw, qui en faisait partie, appelait « les soldats de plomb de la bonté » — tout aussi opposés à une politique de fermeté ou de dissuasion. Comme l'écrivit Trotski avec mépris « où qu'elle aille, la limace humanitaire laisse après elle sa traînée gluante, qui obscurcit l'intelligence et atrophie la sensibilité ». De même, peu avant sa mort, D.H. Lawrence notait : « Ce qu'ils veulent, ce qu'ils baptisent paix et bonne volonté, n'est que nullité profonde, un bon petit système qui leur permettrait de se prendre pour des dieux à l'intérieur d'eux-mêmes, des détenteurs de la vérité absolue, à l'abri de toute question embarrassante... Il y a de quoi vomir. Leur bonne volonté, c'est celle de la larve[23]. » Quant aux arguments avancés pour justifier une politique d'immobilisme quasi pacifiste, ils étaient pour le moins fragiles à l'époque, et paraissaient rétrospectivement pitoyables. On fermait les yeux sur les persécutions que subissaient les juifs en Allemagne, non parce que l'antisémitisme régnait en Grande-Bretagne, à l'inverse de ce qui se passait en France; en Angleterre, les pourfendeurs de juifs comme William Joyce, Henry Hamilton Beamish et Arnold Spencer Leese — ce dernier prônait l'extermination de masse et utilisait le terme « solution finale » étaient tout à fait minoritaires[24]. Il faut plutôt chercher l'explication dans le fait que l'antisémitisme de Hitler, comme bien d'autres choses, passait avec l'excuse : « C'est la faute du traité de Versailles. » Ainsi lord Lothian, l'un des tenants du non-armement de la droite « molle », soutenait-il que le massacre des juifs était « essentiellement une réaction contre les persécutions auxquelles les Allemands ont été en butte depuis la guerre de la part de gouvernements étrangers[25] ».

On trouvait une tendance générale, tout comme pour les atrocités de Staline à refuser de voir les preuves manifestes et abondantes de la perversité des idées de Hitler, et à ne pas tenir compte de la violence de ses assertions, considérée comme une « pure figure de style à usage local » (le *Times*, 10 juillet 1934). Se refusant à l'évidence, « les soldats de plomb de la bonté » persistaient à croire que Hitler non seulement voulait la paix, mais en était un élément constitutif. Temple, l'imposant archevêque d'York, estimait qu'il avait « grandement contribué à assurer à l'Europe une paix durable[26] ». Clifford Allen écrivait : « Je suis persuadé qu'il désire sincèrement la paix[27]. » Le principal argument de Keynes était que Hitler réagissait contre « les iniques accords de Versailles », et ce point de vue était largement partagé aussi bien par la gauche que par la droite ; si bien que voir Hitler fouler aux pieds le traité passait pour un grand pas en direction de la paix. Clifford Allen qualifiait les accords de Versailles de « perfidie ». et Leonard Woolf de « monstrueuse injustice ». Selon Lothian, les Allemands, lorsqu'ils réarmaient en Rhénanie, « ne faisaient que remettre les pieds chez eux ». Et Shaw approuvait en écrivant : « C'est un peu comme si les Anglais réoccupaient Portsmouth[28] ».

Mais derrière toutes ces bonnes raisons se lisait en filigrane la crainte pure et simple, une bonne vieille trouille de la guerre. Ainsi que le notait Harold Nicolson pendant les événements de Rhénanie, « la Chambre des Communes est terriblement pro-allemande, ce qui veut dire qu'elle a peur[29] ». Jusqu'à l'apparition du radar vers la fin des années 30, même les experts étaient d'accord avec Giulio Douhet qui déclarait, dans *La Maîtrise des airs* (1921), que l'aviation de chasse ne pouvait pas grand-chose contre les bombardements en masse. Le 28 novembre 1934, Churchill avertit le Parlement que 40000 Londoniens pouvaient être tués ou blessés pendant la première semaine de la guerre. Baldwin estimait que « l'homme de la rue doit se rendre compte qu'aucun pouvoir au monde ne pourra le protéger des bombardements. N'écoutez pas ce que les gens vous racontent : un bombardier se débrouillera toujours pour passer[30] ». En fait, les gens auraient plutôt eu tendance à abonder dans son sens. L'excellent film inspiré de H.G. Wells, *Things to Come* (1936), montrait une scène terrifiante de dévastation totale. La même année, Bertrand Russell — d'ordinaire pacifiste — soutenait dans *Which Way to Peace ?* (1936) que cinquante bombardiers à gaz toxique (utilisant le lewisite) seraient capables d'asphyxier Londres tout entier. Le général Fuller, autre expert renommé, voyait Londres se transformer « en un immense asile d'aliénés » et le gouvernement « balayé comme un fétu de paille par une vague de terreur ».

Dans cette atmosphère d'extrême nervosité, où le légitime souci pour l'avenir de l'humanité ne formait qu'une croûte mince sur un magma de trouille — et qui n'est pas sans rappeler les angoisses antinucléaires des années 50 ou 80 —, on ne prit jamais la peine d'étudier avec sérieux et d'organiser la défense de la sécurité collective en Europe. Le sentiment général est bien illustré par un débat ridicule qui agita l'Oxford Union, immédiatement après l'accession de Hitler au pouvoir, et qui fut conclu par un vote de 275 voix contre 153 stipulant que « les membres de l'Oxford Union refuseront, quelles que soient les circonstances, de se battre pour le Roi et la patrie ». « Quelle déclaration abjecte, scandaleuse, répugnante » s'écria Churchill, qui voyait en elle « un symptôme inquiétant du méprisable état d'esprit actuel ». En vérité, et très paradoxalement, c'était là une réaction contre la veulerie de l'attitude britannique au sujet de la Mandchourie, ainsi que l'expliqua Michael Foot, alors officier britannique et membre du Parti Libéral[31]. Même l'Union de la Société des Nations, qui était censée être un lobby bien informé, pragmatique et sensible à la sécurité collective, n'exposa jamais clairement la situation au public, car elle était déjà incapable de définir clairement ses propres positions et de décider quand et comment il était légitimement possible d'avoir recours à la force en politique internationale[32]. Son leader, Lord Robert Cecil savait qu'il était inévitable que la Grande-Bretagne abandonnât la Chine, mais il n'était pas assez franc pour l'admettre devant ses partisans[33]. Le clergé voyait dans la lutte pour la paix un moyen de ranimer la foi de ses brebis égarées (situation que l'on retrouve encore dans les années 80), et décida de noyer le débat sous un déluge de spiritualité larmoyante. Trois ecclésiastiques, les révérends Herbert Grey, Maude Royden et « Dick » Sheppard, proposèrent de partir pour la Mandchourie et « de se jeter, désarmés, entre les combattants » — ce qui évoquait l'humour douteux de Strachey tout en étant d'une sincérité ridicule[34]. Le pasteur méthodiste Donald Soper affirma : « Le pacifisme possède une force spirituelle assez puissante pour repousser tout envahisseur[35]. » L'archevêque de Canterbury, Cosmo Gordon Lang, n'était pas entièrement de cet avis, mais ses idées étaient assez confuses puisque d'un côté, il se disait opposé à tout réarmement et de l'autre, il envoyait au *Times* une missive dans laquelle il admonestait Mussolini.

L'aile pacifiste du clergé, avec Sheppard à sa tête, fonda une Union pour la sauvegarde de la Paix qui se mit en devoir de rassembler des signatures pour les agiter sous le nez de Hitler : parmi ceux qui répondirent à son appel, on trouvait Aldous Huxley, Rose Macaulay, Storm Jameson, Vera Brittain, Siegfried Sassoon, Middleton Murry et autres gloires littéraires. Sentant souffler de la Gauche le vent glacé de la concurrence, Cecil organisa dans tout le pays en 1934-35 un « référendum sur la paix »; sur dix millions de votants, 87 pour cent approuvèrent les positions de l'Union de la Société des Nations, et exprimèrent en apparence leur désaccord aussi bien avec les pacifistes qu'avec les Tories favorables au réarmement, tels que Churchill; mais en réalité, on ne leur avait pas demandé si la Grande-Bretagne devrait réarmer au cas où les dictateurs en prendraient l'initiative, aussi le débat ne gagna-t-il rien en clarté[36]. Cependant l'inconstance de l'opinion publique est bien connue. En 1933-34, il y eut six élections partielles, dont celle d'East Fulham, avec comme toile de fond les discussions sur la paix, dans lesquelles se manifesta un important revirement antigouvernemental de l'opinion (jusqu'à 50 pour cent en octobre 1934) ; c'était apparemment le signe d'un rejet du réarmement par le public. Mais tous ces sièges passèrent aux Tories à l'élection générale de 1935, de même que ceux qui avaient voté contre le roi et la patrie à Oxford se battirent pour eux quand l'heure en fut venue. Cela dit, il était compréhensible que Hitler s'imaginât, du moins jusqu'à la fin de 1938, que la Grande-Bretagne ne s'opposerait pas à lui par la force. Il agit donc en conséquence.

Entre son accession au pouvoir et la fin de 1938, Hitler mena de main de maître la conduite des affaires étrangères et militaires. Si l'on fait abstraction de toute notion légale ou morale, on peut dire que sa tactique fut irréprochable. Il ne commit pas une seule erreur de jugement. A ce stade, les buts précis qu'il s'était fixés et sa manière de les atteindre jouaient à son avantage : la nécessaire rapidité d'action à laquelle il se trouvait contraint, imprima à ses mouvements une célérité qui prit sans cesse en défaut ses adversaires et les déconcerta totalement. Il avait décidé de consacrer les années 1933 et 1934 à la consolidation interne du pays et au réarmement. L'action commença le 13 janvier 1935, lorsque Hitler sortit vainqueur du plébiscite sarrois ; onze jours après que la Sarre avait décidé de son rattachement à l'Allemagne, le 7 mars, Hitler rejeta les clauses sur le réarmement du traité de Versailles, et le 18 juin, malgré les accords de Stresa, les Anglais acceptèrent lâchement le *fait accompli*, et signèrent avec une Allemagne réarmée le traité naval anglo-allemand. Non seulement cette inexplicable reddition donna à l'Allemagne le droit à une flotte de surface équivalente à 35 pour cent de celle des Britanniques, mais lui accorda également l'égalité de nombre pour les sous-marins. C'était le début d'une tentative concrète d'apaisement, après une longue période d'immobilisme [37]. Cette concession souleva la fureur des Français et contribua à la rupture des bonnes relations entre la France et l'Angleterre, marquée par l'affaire d'Abyssinie. En vérité, l'Abyssinie fut un coup de chance inespéré pour Hitler.

En principe, les experts en géopolitique savent qu'il y a des degrés dans l'intention de nuire. Mais Anthony Eden, le nouveau ministre des Affaires étrangères, n'était guère doué de discernement. Il ne faisait pas la différence entre Mussolini, corruptible mais susceptible de se laisser influencer dans le bon sens, et Hitler, qui était déjà responsable de la mort de centaines de personnes, en avait enfermé des dizaines de milliers dans des camps de concentration, et proclamait son ambition de transformer radicalement l'Europe. « Dès le début, mon intention était de réduire à néant le traité de Versailles... Je l'ai écrit mille et mille fois. Nul n'a été plus clair que moi, nul n'a exposé plus ouvertement ses intentions » : voici ce qu'il déclarait, et c'était parfaitement exact [38]. Eden n'était pas davantage capable d'apprécier que les menaces italiennes, venant d'un pays dont l'économie vacillait, n'étaient rien en comparaison du potentiel destructeur allemand, fondé sur une puissance industrielle d'ores et déjà la deuxième au monde et en pleine expansion, et sur une tradition militaire d'une dureté impitoyable. Cet extraordinaire manque de perspicacité était aussi le fait de l'opinion publique britannique tout entière. C'est en tout cas ce que l'on pouvait penser en entendant le tumulte soulevé par l'invasion italienne en Abyssinie ; les réactions d'hostilité se manisfestèrent bien plus bruyamment que lors des diverses manœuvres de Hitler, à cette époque-là ou même plus tard, qui pourtant étaient d'une tout autre portée. La France fut abasourdie par un tel manque de réalisme, et indiqua qu'elle n'entendait nullement s'y associer.

Ainsi, non seulement l'Abyssinie fut-elle à l'origine de la rupture des accords de Stresa, mais aussi de l'antagonisme franco-anglais. Toute possibilité d'accord pour mettre sur pied une contre-offensive contre Hitler se trouva du même coup exclue. La France refusait de soutenir l'Angleterre dans l'affaire d'Abyssinie, en conséquence l'Angleterre refusait d'appuyer la France dans la question rhénane. Ainsi Hitler eut-il tout loisir d'anticiper sur son plan de remilitarisation de la rive gauche du Rhin : ce qui ne devait se produire qu'en 1937 put avoir lieu en 1936, et Hitler déclara ses intentions le 7 mars, au plus fort des querelles franco-anglaises. Néanmoins, le Führer était bien conscient de courir un risque. Il admit quelques années plus tard : « Si les Français avaient pris les armes et envahi la Rhénanie, nous n'aurions plus eu qu'à repartir, la queue entre les jambes[39]. » De fait, la France était suffisamment forte pour agir seule ; elle l'avait montré en 1923. Mais elle n'en avait pas la volonté.

Par la suite, Hitler se trouva en position de résister à toute menace occidentale. En 1936-1937, il eut la chance de pouvoir tirer parti des troubles qui agitaient la planète. D'abord la guerre civile espagnole, ensuite la guerre sino-japonaise, firent porter un poids très lourd aux puissances chargées du maintien de la légitimité dans le monde ; devant la multitude de problèmes surgissant à chaque instant, elles ne savaient plus où donner de la tête. Pendant ce temps, Hitler fignolait son réarmement et renforçait ses alliances. L'axe Rome-Berlin, conclu le 1er novembre 1936, fut suivi quelques jours plus tard par le pacte anti-Komintern avec le Japon ; les usines d'aviation hitlériennes marchaient à plein rendement. Aussi, les rapports de force se trouvèrent-ils radicalement modifiés. En 1937, l'Allemagne possédait huit cents bombardiers et la Grande-Bretagne seulement quarante-huit. En mai, on put calculer que les forces aériennes allemandes et italiennes avaient la possibilité de lâcher six cents tonnes de bombes par jour. La psychose des raids aériens, attisée par la propagande soviétique après le massacre de Guernica en juillet 1937, paralysa la diplomatie alliée[40].

Le 5 novembre 1937, Hitler réunit ses conseillers militaires et ceux chargés des Affaires étrangères, et les informa que l'heure était venue de passer à une politique expansionniste active, avec pour premières cibles l'Autriche et la Tchécoslovaquie. Von Blomberg, le ministre de la Guerre, et le chef d'état-major von Fritsch protestèrent : il fallait se méfier des réactions de la France[41]. Mal leur en prit. Jusqu'alors, Hitler ne s'était pas mêlé des affaires de l'armée, se bornant à la prier d'accélérer le réarmement. Il décida qu'il était temps désormais de la prendre en main, pour permettre le déroulement de la phase dynamique de son programme. Le 26 janvier 1938, Blomberg fut démis de ses fonctions : les dossiers de police établissaient que sa deuxième femme était une ancienne prostituée et avait fait des photos pornographiques. Neuf jours plus tard Fritsch tomba : Himmler avait sur lui un dossier sur lui l'accusant d'homosexualité. D'une certaine façon, on pouvait dire qu'ils avaient de la chance : Staline en avait liquidé pour bien moins — en 1937-1938, deux cents généraux furent exécutés. Seize autres généraux allemands furent mis à la retraite, et quarante-quatre furent mutés. Hitler se nomma ministre de la Guerre et chef des Forces armées ; il se fit seconder par le docile von Brauchitsch et le complaisant général nazi Wilhelm Keitel fut chargé d'organiser un nouveau haut-commandement opérationnel. Ainsi le dernier bastion de l'ordre ancien tomba aux mains de Hitler, sans que quiconque osât élever la voix. On retira à Schacht le ministère de l'Economie et à von Neurath celui des Affaires étrangères. Désormais le pays tout entier se trouvait sous la coupe des nazis, et fin prêt pour la guerre.

Une semaine après le renvoi de Fritsch, Hitler convoqua le chancelier autrichien Kurt von Schuschnigg, à son chalet de montagne de Berchtesgaden. Il n'aurait pas été traité plus brutalement s'il avait été un tenancier de saloon sommé à comparaître devant un chef maffioso. Après avoir subi un long discours émaillé de menaces, le pauvre homme accepta de signer tout ce qu'on lui demandait — y compris la nomination d'un nazi comme ministre de l'Intérieur. Plus tard, tandis qu'il rentrait à Salzbourg en voiture en compagnie de von Papen, ce dernier admit : « Eh oui ! Le Führer est quelquefois comme ça, et c'était à votre tour de vous en apercevoir. Mais vous verrez : votre prochaine entrevue se passera bien mieux. Le Führer peut aussi être tout à fait charmant[42]. » En fait, la « prochaine entrevue » de von Schuschnigg fut avec les gardes-chiourme de Dachau : les troupes de Hitler pénétrèrent en Autriche trente jours après l'entrevue de Berchtesgaden.

Les opposants autrichiens furent traités avec barbarie. Ainsi, des professeurs d'université durent nettoyer les rues à mains nues (une forme de « rééducation » reprise par Mao Tsö-tong dans les années 60)[43]. Les envahisseurs firent main basse sur tout ce qu'ils trouvèrent. Lorsqu'ils pénétrèrent dans l'appartement de Freud à Vienne, sa femme posa sur la table l'argent du ménage : « Ces messieurs veulent-ils se servir ? » Il fallut l'intervention de Roosevelt et de Mussolini — ainsi qu'une rançon de 250000 schillings autrichiens — pour que le vieil homme fût autorisé à quitter le pays. Mais auparavant, il dut attester par écrit qu'il avait été bien traité ; en conclusion, il déclara : « Je ne peux que vanter les mérites de la Gestapo. » Ce qui plongea les Allemands dans la jubilation, incapables de voir l'amère ironie. Incapables aussi, désormais, de la moindre pitié. Les quatre sœurs de Freud, très âgées, choisirent de ne pas s'exiler : elles finirent toutes à la chambre à gaz[44].

Le 21 avril, cinq semaines après l'annexion de l'Autriche, Hitler demanda à Keitel de préparer le plan d'invasion de la Tchécoslovaquie, et pria le chef de la minorité allemande présente dans le pays de déclencher les événements. Le mois précédent, le 21 mars, les chefs d'état-major britanniques avaient soumis au gouvernement une note intitulée : « Implications militaires d'une éventuelle attaque allemande de la Tchécoslovaquie. » La Grande-Bretagne s'était enfin décidée au réarmement, mais la note comportait une liste effarante de retards et de faiblesses, particulièrement dans le domaine de la défense aérienne, si cher au cœur de la population[45]. Deux points critiques nous sautent maintenant aux yeux. D'abord, l'armée allemande se serait-elle débarrassée de Hitler si les Alliés avaient déclaré nettement qu'ils déclencheraient la guerre au cas où celui-ci persisterait dans ses vues sur la Tchécoslovaquie ? C'est là un des grands « si » de l'histoire, car si la réponse est « oui », alors la Seconde Guerre mondiale et ses terribles conséquences auraient pu être évitées.

Il est exact que, pour certains généraux allemands, une guerre provoquée par le problème tchèque devait se solder par un désastre pour l'Allemagne. Une assemblée réunie par Brauchitsch en juillet 1938 déclara que le peuple allemand était opposé à la guerre, et que l'armée n'était pas encore assez forte pour vaincre « les grandes puissances[46] ». Le chef d'état-major, Ludwig Beck, demanda au politicien Ewald von Kleist-Schwenzin, qui se sentait en Grande-Bretagne : « Trouvez-moi la preuve que l'Angleterre déclarera la guerre si nous nous en prenons à la Tchécoslovaquie[48], et je renverserai ce régime[47]. » Le 15 août, Hitler assura ses généraux que, tant que Chamberlain et Daladier seraient au pouvoir, les Alliés ne déclareraient pas la guerre — d'après Rauschning, il méprisait les deux pacificateurs, qu'il appelait « mes deux Hugenburg ». Mais cette affirmation n'avait pas convaincu Beck, qui ne voulait pas avoir à se sentir responsable d'une défaite, et donna sa démission le 27 août. On peut penser que d'autres généraux étaient prêts à se débarrasser de Hitler s'il donnait l'ordre d'attaquer la Tchécoslovaquie[48]. Cela reste néanmoins assez douteux. Les généraux allemands n'avaient pas bronché en 1934 quand Hitler avait fait abattre deux des leurs. Ils n'avaient rien dit en janvier quand il avait démis leurs chefs, après les avoir déshonorés. On doit se demander où ils auraient trouvé, au cours des mois suivants, le courage de réagir, qui leur avait si cruellement fait défaut au préalable ; d'autant que Hitler n'aurait pas manqué de les accuser de lâcheté, de traîtrise, de désertion face à l'ennemi.

Quoi qu'il en ait été, les généraux allemands n'alertèrent pas le gouvernement britannique. Lors de la réunion du 30 août, un seul ministre d'Etat, Oliver Stanley, signala que, pour le Grand État-Major du Reich le pays n'était pas prêt pour la guerre. Ce que Beck et ses collègues voulaient, c'était un ultimatum, une menace de guerre. Ce que le gouvernement décida fut exactement le contraire. Chamberlain le résuma ainsi : « Les membres du gouvernement furent unanimes à penser qu'il n'était pas souhaitable de menacer Herr Hitler, mais que s'il entrait en Tchécoslovaquie nous prendrions les armes contre lui. De plus, il leur parut de la plus haute importance de garder le secret sur cette décision. » Or, pour assurer l'efficacité d'une ligne de conduite ferme, il importe de l'entourer de publicité ; que pouvons-nous conclure de la décision du gouvernement anglais sinon que Chamberlain et ses pairs ne souhaitaient pas voir Hitler renversé ?

Cela soulève un point important : le phénomène hitlérien doit être vu en liaison avec le phénomène soviétique. Ce fut la peur du communisme qui porta Hitler au pouvoir, et ce fut elle qui l'y maintint. A ce stade, Chamberlain n'était pas certain que Hitler fût une menace réelle ; mais pour Staline, il n'avait aucun doute. Les Britanniques avaient tendance à sous-estimer la puissance de l'armée soviétique. Mais ils nourrissaient de justes craintes quant au potentiel politique de l'expansion communiste. A sa manière, Hitler avait toujours mis en évidence la parenté des deux totalitarismes rivaux. Il affirmait avec insistance que, si le parti nazi venait à disparaître, « il y aurait dix millions de votes communistes de plus en Allemagne ». Pour lui, l'alternative n'était pas la démocratie libérale, mais le collectivisme soviétique. Et Chamberlain était bien d'accord avec ce raisonnement. Le 26 septembre, à la veille de Munich, alors que le général Gamelin lui traçait un tableau plus optimiste des possibilités alliées et qu'ils discutaient l'éventualité de la chute de Hitler, Chamberlain demanda : « Qui nous dit que l'Allemagne ne deviendra pas bolchevique après ça ? » Bien entendu, personne ne pouvait le lui garantir. Daladier faisait chorus : « L'Europe sera sous la botte des Cosaques[49]. » Aussi des deux maux, les deux hommes choisirent-ils le moindre (à leur avis du moins) et firent des concessions à l'Allemagne.

Le deuxième problème que nous pourrions soulever est le suivant : les Alliés avaient-ils été plus avisés d'ouvrir les hostilités à l'automne 1938, pour défendre la Tchécoslovaquie, qu'à l'automne 1939, pour défendre la Pologne ? Bien sûr, on peut se poser la question, mais la réponse est certainement « oui ». Il est exact que le réarmement allié, particulièrement dans le domaine de l'aviation britannique, progressait plus rapidement que celui de l'Allemagne et s'apprêtait à la devancer. Mais c'était le seul point positif donnant à supposer que 1939 puisse être stratégiquement plus favorable que 1938. On doit bien se rendre compte que la Conférence de Munich, qui se tint dans la *Maison Brune* le 29 et le 30 septembre, fut non seulement une capitulation diplomatique pour la Grande-Bretagne et la France mais aussi un désastre militaire. Cela échappa à Mussolini, qui « jouait les vedettes » — étant le seul à parler les quatre langues ; il s'imaginait que le seul sujet du débat était l'irrédentisme allemand, et que « Hitler n'avait aucunement l'intention » d'annexer l'ensemble de la Tchécoslovaquie dans son intégralité [50]. Cependant le remodelage des frontières tchèques à Munich reposa, selon les vœux de Hitler, sur des critères raciaux autant que militaires. Il n'y eut pas de plébiscite. Quelque 800 000 Tchèques furent ainsi germanisés, tandis que 250 000 Allemands constituaient, parmi eux, une solide cinquième colonne [51]. Les ouvrages de défense sophistiqués, construits le long de la frontière tchèque avec l'assistance de la France, furent tous récupérés par l'Allemagne. Dorénavant, la Tchécoslovaquie n'avait plus la moindre possibilité de résister par les armes à une invasion étrangère. Voilà qui créait un équilibre nouveau dans la répartition des forces stratégiques. Churchill voyait mieux que quiconque les implications militaires de la capitulation de Munich ; ainsi qu'il le fit remarquer le 5 octobre 1938, l'annexion de l'Autriche avait apporté à Hitler douze divisions supplémentaires. Maintenant que la puissance militaire tchèque était réduite à néant, trente autres divisions allemandes avaient toute latitude de porter ailleurs leurs efforts [52].

De fait, la situation était pire encore. Les quarante divisions tchécoslovaques étaient parmi les mieux équipées d'Europe ; lorsque Hitler envahit le pays, il se procura du même coup du matériel pour un nombre égal de divisions allemandes ; et il put également tirer parti des impressionnantes usines d'armement qu'il y trouva. Ce « bénéfice net » de quatre-vingts divisions équivalait l'armée française tout entière [53]. Ainsi que le notait Churchill, la signature des accords de Munich impliquait pour la France le renoncement à son système d'alliances est-européennes et s'accompagnait d'un effondrement moral dans le bassin du Danube. Lorsqu'ils virent que les grandes puissances démocratiques abandonnaient les Tchèques, les petits États coururent se mettre à l'abri, ou, comme des chacals, décidèrent de participer au festin. La Pologne se vit attribuer Teschen, qu'elle convoitait depuis 1919. La Hongrie, elle aussi, eut une part du pays démembré. Dans toute l'Europe centrale et les Balkans, l'amitié et la faveur des nazis furent avidement convoitées, et les partis fascistes gagnèrent en influence et en prestige. Les échanges commerciaux avec l'Allemagne prirent un essor considérable ; l'économie du Reich devint florissante. Vers la fin de l'année 1938, sans qu'il ait été nécessaire de tirer un coup de feu, Hitler parut avoir ressuscité la splendeur de l'empire du Kaiser. N'était-il pas le chef d'État allemand le plus compétent depuis Bismarck ? C'est ce qu'on pouvait croire.

Les derniers mois de 1938 marquèrent l'apogée de la carrière de Hitler, le plus haut point de son idylle avec le peuple allemand. Mais il avait surestimé leur appétit de puissance. Certes, ils soutinrent inconditionnellement sa politique irrédentiste ; ils applaudirent l'*Anschluss* — les plébiscites indiquèrent 99 pour cent en Allemagne et 99,75 pour cent en Autriche de voix favorables au rattachement [54] ; ils désiraient récupérer les terres des Sudètes. Mais rien ne prouve qu'ils aient souhaité intégrer de nombreuses populations non germaniques. Et la plupart des Allemands ne voulaient pas la guerre. Le 27 septembre 1938, quand Hitler ordonna volontairement à la deuxième division motorisée, en route pour la frontière tchèque, de traverser Berlin, moins de deux cents personnes se déplacèrent pour voir passer les troupes en revue depuis la Reichskanzlerplatz. Il en fut mortifié [55]. Par la suite, le déplacement brutal de ses pièces sur l'échiquier européen, même couronné des plus grands succès, ne suscita aucun enthousiasme spontané. Lorsque les troupes allemandes entrèrent dans Prague, l'opinion publique ne manifesta aucune exaltation.

Hitler était parfaitement conscient de ce manque d'enthousiasme chez ses compatriotes. Mais ranimer leur ardeur ne l'intéressait plus : il continuerait, avec ou sans leurs acclamations. Tout ce qu'il demandait était leur obéissance. A partir de 1939, il cessa de jouer les politiciens professionnels, les orateurs, les démagogues. Il devint franchement militariste, son quartier général se confondit avec celui de l'armée, et les méthodes scélérates qu'il employa restèrent en grande partie ignorées du public. Il renonça à rechercher l'approbation du peuple, à paraître comme un leader populaire, et son mode de gouvernement s'apparenta de plus en plus à celui de Staline. Il ne cherchait plus à séduire ; le règne de la violence et de la terreur était commencé. Son discours au Reichstag du 1er septembre 1939, justifiant son intervention en Pologne, fut bref et sans fioritures ; sur son parcours, les rues étaient désertes. Et lorsque les troupes entrèrent victorieuses, elles n'attirèrent pas davantage les foules. De l'ambassade américaine, George Kennan constatait que les Berlinois n'avaient aucune envie de pousser des acclamations ni même de faire le salut nazi : « Même les efforts frénétiques des agitateurs nazis professionnels ne pouvaient pas les inciter à manifester approbation ou enthousiasme. » Et il en fut de même quand les troupes allemandes pénétrèrent dans Paris [56].

Tandis que l'opinion allemande cessait de soutenir les desseins de plus en plus démesurés de Hitler, l'opinion britannique cessait de désirer la paix à tout prix. Ce revirement commençait déjà à se faire sentir au moment de la signature des accords de Munich, à en juger par les articles de certains journaux tels que le *Manchester Guardian*, le *News Chronicle*, le *Daily Telegraph*, et le *Daily Herald*. Quant au *Times*, dont le rédacteur en chef, Geoffrey Dawson, était un confident de Chamberlain, il approuva Munich ; de même le *New Statesman*, journal de gauche, dont le directeur n'était autre que Keynes [57]. Néanmoins, leur enthousiasme décrut bien vite. La vague d'antisémitisme brutale déclenchée en Allemagne par Goebbels au mois de novembre mit le comble à la déroute des partisans de la paix. Pendant l'hiver 1938-1939, l'opinion britannique en arriva à considérer la guerre comme inévitable. Après l'occupation de Prague le 15 mars 1939, suivie six jours plus tard par l'annexion de Memel, en Lituanie, par l'Allemagne, la plupart des Anglais se dirent que la guerre était imminente. La peur céda la place à un désespoir résigné, la couardise et l'égarement qui avaient conduit à Munich se transformèrent en une rage irrationnelle et téméraire de s'opposer à Hitler à tout prix, de tirer parti de la première occasion, quelle qu'elle soit.

Ce genre de réaction hystérique devait être, tôt ou tard, provoqué par l'accélération insensée que Hitler donnait au cours de l'Histoire. Ainsi, tous ses beaux projets furent bousculés, il fut poussé à commettre une grosse erreur de jugement, et le monde fut jeté dans la guerre. Moins de quinze jours après l'occupation de Prague, le 28 mars, Hitler dénonça son pacte de 1934 avec la Pologne, et mit en route le processus de démembrement. Pour lui, la Pologne était une anomalie géographique. Elle comprenait un pourcentage important de populations allemandes, ainsi que de vastes territoires qui, selon lui, auraient dû revenir à la mère-patrie. Mais surtout, elle faisait obstacle sur la route de la Russie et le gênait dans son intention d'en finir avec le « foyer » ou « germe infectieux ». Il fallait qu'elle se soumette ou soit anéantie. Il ne voyait aucune raison pour que les Anglais et les Français s'opposent à ses projets. S'ils n'avaient rien dit pour défendre la Tchécoslovaquie, qui représentait tout de même quelque chose pour eux en matière de sécurité militaire, pourquoi se manifesteraient-ils en faveur de la Pologne, qui n'avait aucune valeur ? Et de toute façon, pourquoi ces pays capitalistes verraient-ils un inconvénient à ce qu'il s'occupât de l'Union soviétique, la patrie du bolchevisme ?

Pourtant, à peine trois jours plus tard, Londres assura Varsovie que si « l'indépendance de la Pologne était menacée au point qu'elle dût la défendre en mobilisant ses forces armées, le gouvernement de Sa Majesté lui prêterait immédiatement toute l'assistance en son pouvoir[58] ». Chamberlain prit cette décision sans avoir consulté au préalable le gouvernement français, bien que ce dernier fût plus ou moins obligé d'y souscrire. Le *Times*, instruit par Chamberlain, se hâta de préciser que les assurances données en termes vagues à la Pologne — l'un des actes les plus considérés de l'histoire britannique — ne parlaient que de son « indépendance » et non de son « intégrité territoriale » — ce qui laissait la possibilité de modifier en faveur de l'Allemagne les frontières établies à Versailles[59]. Hitler vit les choses ainsi : il se dit que les Anglais feraient pression sur les Polonais, comme ils l'avaient fait sur les Tchèques, pour qu'ils accèdent à ses exigences, et lui ouvrent le passage vers la Russie. Il n'avait nulle intention de se lancer dans une guerre contre l'Angleterre. En janvier 1939, il avait entrepris la construction d'une flotte colossale, comprenant dix cuirassés de ligne, trois croiseurs de combat, quatre porte-avions et pas moins de 249 sous-marins ! Et il avait déclaré à l'amiral Erich Raeder qu'il fallait éviter la guerre contre la Grande-Bretagne jusqu'à ce que la flotte ne soit opérationnelle, soit vers 1945[60]. En fait, il pensait que le Royaume-Uni, se rendant compte que le protectionnisme n'était guère rentable, en viendrait à se tourner vers l'Europe, poussé par des facteurs économiques ; or l'Europe était à l'heure actuelle commercialement dominée par l'Allemagne. Cette impression avait été renforcée par des entretiens qu'avait eus à Londres Helmuth Wohlthat, chargé par Goering de la direction du Plan quadriennal — annonçant ainsi l'entrée de l'Angleterre dans l'Europe, qui ne s'effectuerait en réalité que dans les années 70[61].

Néanmoins, les assurances données par la Grande-Bretagne à la Pologne posaient un problème à Hitler, car le pouvoir de décision reposait entre les mains du seul gouvernement polonais, qui n'était pas un dépositaire particulièrement avisé. Car telle était la sottise de l'engagement pris par Londres : l'Angleterre n'avait aucun moyen d'apporter à la Pologne une aide efficace, pourtant elle s'était engagée à déclarer la guerre à l'Allemagne si la Pologne le demandait. Cependant, la situation serait moins embarrassante si la Grande-Bretagne s'alliait à la Russie. Depuis longtemps c'était ce que souhaitait la gauche européenne, qui voyait là la solution à tous ses dilemmes — y compris son désir de résister à Hitler tout en s'opposant au réarmement. Vers l'été 1939, les chefs d'état-major français et britanniques étaient favorables à une alliance avec la Russie dans la mesure où elle permettrait de réduire les aléas militaires auxquels ils devaient actuellement faire face. Mais après les purges de Staline dans l'armée en 1938, ils estimaient que l'armée soviétique était inférieure à celle de la Pologne, et s'il fallait absolument faire un choix ils préféraient se ranger aux côtés de cette dernière. Comme les Russes n'avaient aucune envie de se montrer coopératifs, à moins que les Polonais n'acceptent le passage de leurs troupes, et comme ceux-ci n'avaient pas plus envie de voir les Soviétiques traverser leur territoire pour aller porter la guerre chez les Allemands, que de voir les Allemands passer chez eux pour aller attaquer la Russie, il y avait fort peu de chance d'arriver à une entente militaire anglo-franco-russe. Néanmoins, une délégation franco-anglaise se mit en route pour Moscou le 1er août, par mer (il n'existait pas de voie aérienne, ce qui en dit long sur l'état de la puissance aérienne britannique)[62].

Ce fut suffisant pour décider Hitler à un renversement des alliances capital, bien que temporaire. Hitler avait toujours été persuadé qu'un conflit était inévitable à certains stades de son programme. Mais il voulait à tout prix éviter la guerre d'usure totale que l'Allemagne avait traversée en 1914-1918. Il voulait avoir recours à des actions limitées dans le temps et dans l'espace, mais décisives politiquement, comme celles que Bismarck avait menées dans les années 1860 et 1870. Le *Blitzkrieg*, pour lequel il équipait et entraînait son armée, faisait partie intégrante de tout son programme expansionniste. De son point de vue, ni l'économie ni le peuple allemands n'étaient à même de supporter autre chose que de courtes mais violentes campagnes, d'extrême intensité mais de durée limitée[63]. La dernière de ces guerres éclairs devait être décisive car dirigée contre la Russie. Par la suite, dotée d'un vaste empire eurasien à exploiter, l'Allemagne trouverait peu à peu assez de force pour soutenir un long conflit généralisé. Mais jusque-là, elle devait veiller à s'attaquer à ses ennemis un par un, et surtout à éviter les campagnes prolongées sur plus de deux fronts.

Le résultat de ses réflexions conduisit Hitler à signer ce qu'il appelait en privé « un pacte avec Satan pour chasser le diable[64] ». Le 28 avril, lors de son dernier grand discours public, il s'en prit violemment aux demandes oiseuses de Roosevelt, qui souhaitait une promesse de non-agression, et déclara que tout pacte, tout traité, tout accord conclus antérieurement cessaient d'être en vigueur. Dorénavant, sa seule ligne de conduite serait les intérêts du peuple allemand, tels qu'ils lui apparaissaient. La réponse de Staline à ce discours fut véhémente. Plus que tout autre événement intérieur ou extérieur, il redoutait une invasion allemande. En 1918-1920, l'État bolchevique n'avait pu survivre que parce qu'il n'était pas menacé par un ennemi à l'Ouest. A la session plénière du Comité central du 19 janvier 1925 il avait exposé la position soviétique sur la guerre entre les États capitalistes : « Si une guerre semblable devait éclater..., certes nous interviendrons, mais nous le ferions les derniers, de façon à jeter un poids décisif dans la balance, un poids qui s'avérerait être le facteur déterminant. » Depuis mai 1935, tout en menant publiquement une politique de Front populaire contre le « fascisme international », il avait secrètement mais régulièrement pris contact avec les chefs nazis pour les persuader d'abandonner leur croisade antisoviétique et de former avec lui une communauté totalitaire dans le respect mutuel et le juste partage des dépouilles des autres. L'évidente décision de l'Allemagne, en mars, de découper la Pologne en tranches et de s'en attribuer quelques parts, fournit à Staline l'occasion rêvée d'amorcer sur ces bases de bonnes relations avec l'Allemagne; de même, la perspective de voir les nations démocratiques entrer en guerre pour défendre la Pologne lui semblait une raison supplémentaire pour trouver un accommodement avec Hitler et se tenir à l'écart des hostilités — du moins dans un premier temps. Le 3 mai, Staline renvoya son ministre des Affaires étrangères, le juif Litvinov, et le remplaça par Molotov : une façon comme une autre de déblayer la table de conférences préparée pour Hitler. Huit jours plus tard se déclenchait en Extrême-Orient, et sur un vaste théâtre d'opérations, un conflit avec les forces japonaises; Staline y trouva un motif de plus pour s'entendre avec Hitler, car ni l'un ni l'autre ne souhaitait avoir à se battre sur un double front[65].

La première entente scélérate fut conclue le 22 mai : ce fut le « pacte d'acier » entre Hitler et Mussolini. Consterné par l'entrée des troupes allemandes dans Prague, il avait maintenant avalé la couleuvre; elle lui avait même servi de prétexte lorsque ses troupes avaient envahi l'Albanie, le 7 avril, et maintenant il était disposé à confirmer en compagnie de Hitler, que l'ancien ordre international s'était effondré et avait cédé la place à la loi de la violence. A ce stade, Hitler souhaitait encore s'en tenir à son projet originel, à savoir ; démembrer la Pologne dans un premier temps, puis s'en servir peu après comme voie de communication lorsqu'il choisirait de déclencher un *Blitzkrieg* contre la Russie — sous l'œil neutre et bienveillant de la Grande-Bretagne. Jusqu'en juillet il espéra pouvoir respecter son programme. Mais la nouvelle de l'arrivée à Moscou de la délégation militaire franco-anglaise l'obligea à changer ses plans, car l'éventualité d'un accord entre les Alliés et les Russes changeait les données du problème. Il décida de les devancer, et le 20 août envoya un télégramme à « Herr J.V. Staline, Moscou », le priant de bien vouloir recevoir Ribbentrop trois jours plus tard. La réponse lui parvint en moins de vingt-quatre heures, preuve que Staline n'était que trop heureux d'accepter. Le lendemain, le 22 août, Hitler s'adressa au Haut Commandement à Obersalzberg. Si l'on en croit les notes prises par l'un des assistants, il les informa que les opérations en Pologne pouvaient suivre leur cours. Ils n'avaient rien à craindre de l'Ouest : « Nos adversaires sont des limaces ; je les ai vus, à Munich. » Et il conclut : « Je fournirai à la propagande un prétexte pour déclencher les hostilités ; peu importe qu'il soit crédible ou non. On ne demande pas après coup, au vainqueur s'il avait bien dit la vérité. Ce qui compte dans la guerre n'est pas le bon droit mais la victoire. Fermez vos cœurs à la pitié. Il nous faudra être brutaux. Quatre-vingts millions de gens doivent obtenir ce à quoi ils ont droit. Leur existence doit être garantie. C'est celui qui est le plus fort qui a raison. Il nous faudra faire preuve d'*une rigueur suprême*[66] ».

L'accord avec Staline fut conclu la nuit suivante. C'était l'aboutissement d'une série de contacts entre les gouvernements soviétique et allemand qui avaient commencé dès les semaines qui suivirent le putsch de Lénine. Selon les circonstances, ils avaient été menés par des experts militaires, des membres de la police secrète, des diplomates, ou des intermédiaires à l'origine souvent fort douteuse. Ils avaient été plus fréquents à certaines périodes qu'à d'autres, mais jamais ils n'avaient été totalement rompus ; et il est intéressant de remarquer que, tout au long, jamais ils ne tinrent compte des idéologies ostensiblement professées par l'une ou l'autre partie — à vrai dire, ils montrèrent le mépris le plus parfait pour tout ce qui ne relevait pas purement et simplement des intérêts de chacun tels que se doter d'un armement de qualité, arrêter les opposants puis les faire disparaître, et d'opprimer les pays voisins. Pendant vingt ans, ces échanges d'idées criminelles s'étaient poursuivis secrètement. Maintenant ils pouvaient enfin se faire au grand jour. Dans la nuit du 23 au 24 août, on festoya au Kremlin. Ribbentrop rapporta : « C'était comme de se retrouver entre vieux camarades de parti. » Et il se sentait aussi à l'aise au Kremlin, ajouta-t-il, « qu'au milieu de mes vieux amis nazis ». Staline porta des toasts à Hitler et dit qu'il « savait combien le peuple allemand aimait son Führer ». Il y eut de grosses plaisanteries sur le défunt pacte anti-Komintern, et les deux parties s'accordèrent à reconnaître qu'il n'avait été destiné qu'à impressionner la cité de Londres et « les boutiquiers anglais [67] ». On se découvrit brusquement une grande communauté de buts, de méthodes, de vues, et surtout de principes. Les bouchers de l'Europe, éméchés, titubaient à travers la pièce, tendrement enlacés et avaient tout l'air d'un groupe de gangsters rivaux, qui avaient déjà eu maille à partir ensemble et pourraient bien recommencer, mais étaient avant tout des professionnels du même business.

L'acte signé fut qualifié de pacte de non-agression. En réalité, c'était simplement un pacte d'agression contre la Pologne. Un protocole secret, dont on eut connaissance en 1945, bien que les juges soviétiques ne l'aient pas mentionné dans les comptes rendus des jugements de Nuremberg, partageait l'Europe de l'Est en zones d'influence, mais ne précisait pas « s'il était de l'intérêt des deux parties de conserver un État polonais indépendant, et avec quel tracé de frontières [68] ». Ainsi fut décidé un quatrième partage de la Pologne qui fut réalisé le 17 septembre, date à laquelle les troupes soviétiques franchirent la frontière. La chose fut officialisée par la signature d'un second pacte scélérat, le 28 septembre 1939, le traité d'amitié germano-soviétique. De fait, les territoires concernés ne comprenaient pas uniquement la Pologne car Staline avait la haute main sur la Finlande, la plupart des États baltes, et une partie de la Roumanie. Aussi, dès l'automne 1939, put-il imposer à la Lettonie, l'Estonie et la Lituanie le prétendu « pacte d'assistance mutuelle », impliquant l'entrée de troupes soviétiques. Il déclara au ministre letton des Affaires étrangères : « Ce n'est pas l'Allemagne qui nous empêchera de vous occuper [69]. » Lorsque les Finlandais firent mine de résister, Staline leur déclara la guerre (30 novembre 1939) avec l'accord tacite de l'Allemagne.

Staline était enchanté du pacte germano-soviétique. Il prétendait que, grâce à lui, la Russie n'avait jamais été aussi forte depuis la Révolution. Il fit tout ce qu'il put pour que le traité soit respecté, ainsi que la parole donnée à Ribbentrop « jurant solennellement que l'Union soviétique ne trahirait pas son partenaire [70] ». Dans le monde entier, les communistes renièrent leur politique antinazie, prêchèrent la paix avec l'Allemagne à tout prix, et firent tous leurs efforts pour saboter les préparatifs de guerre ; au plus fort de l'invasion de la France par les nazis, Maurice Thorez, premier secrétaire du PC français, suppliait, sur les ondes de Radio-Moscou, les troupes françaises de ne pas résister. Staline mit à la disposition de Hitler les inestimables matières premières de l'Union soviétique. Pour l'Allemagne, c'était une mesure vitale. En septembre 1939, elle avait besoin d'importer 80 pour cent de son caoutchouc, 65 pour cent de son étain, 70 pour cent de son cuivre, la moitié de son plomb, le quart de son zinc. La Suède, en échange de sa liberté — et du charbon allemand au tiers du prix payé par la Suisse —, fournissait Hitler en minerai de fer et lui accordait toutes facilités de transit et de survol [71]. Mais Staline comblait bien d'autres manques : un million de tonnes de blé, 900 000 tonnes de carburant (parmi lesquelles 100 000 de kérosène), du minerai de fer, du manganèse et du coton arrivèrent de Russie. En échange, l'Union soviétique reçut des moteurs d'avions, des photocalques de la marine, des torpilles et des mines[72].

Le pacte germano-soviétique amena aussi un rapprochement entre les deux dictateurs. Staline parlait de Hitler comme d'un homme de génie, parti de rien, comme lui-même. D'après Ribbentrop, Hitler admirait beaucoup Staline et particulièrement la façon dont il tenait en respect ses propres « extrémistes » — point de vue partagé également par les pays occidentaux. Hitler déclarait que Staline avait réussi à créer « une sorte de nationalisme slavo-moscovite », après avoir débarrassé le bolchevisme de l'emprise du judaïsme international. Mussolini pour sa part pensait que le bolchevisme avait cédé la place, grâce à Staline, à « une sorte de fascisme slave[73] ».

Mais le pacte ne résolvait pas tous les problèmes de Hitler. En vérité, il le contraignait même à inverser l'ordre des priorités dans son programme originel. Il déclara à Danzig au diplomate suisse Carl Burckhardt : « Tout ce que j'entreprends est dirigé contre la Russie. Si les Occidentaux sont trop stupides ou trop aveugles pour le comprendre, alors je me verrai forcé d'arriver à une entente avec la Russie pour écraser les pays de l'Ouest, puis de retourner toute la puissance de mes troupes contre l'Union soviétique[74]. » Après la signature du pacte germano-soviétique, Hitler espérait qu'elle serait comme un coup de massue pour la Grande-Bretagne, la contraignant à la passivité, et que lui-même pourrait ainsi éviter une guerre contre les pays occidentaux. Mais le seul résultat fut que l'opinion anglaise tout entière considéra désormais la guerre comme inévitable. Le pacte fut même accueilli avec jubilation par certains membres de la droite britannique qui y trouvèrent une preuve de la collusion éhontée de deux régimes totalitaires et sans dieu ; ainsi que l'écrivait Evelyn Waugh dans sa trilogie romanesque *L'Épée de l'honneur* : « Ils apparurent au grand jour, monstrueux, hideux. » Le 1er septembre, lorsque Hitler envahit la Pologne et que celle-ci rappela à Londres les engagements pris, il ne fit de doute pour personne que la Grande-Bretagne les respecterait, et que la France, bon gré mal gré, se tiendrait à ses côtés.

Ainsi le programme de Hitler dut-il subir une transformation complète, le chancelier se retrouva devant une guerre qui n'avait plus rien de local, une guerre du genre qu'il souhaitait précisément éviter avant de régler son compte à la Russie. Dès ce moment, cessant de cultiver son image d'homme raisonnable, aussi bien en Allemagne qu'à l'étranger, il s'arrangea pour que le monde entier connaisse son intention d'atteindre ses objectifs par n'importe quel moyen — y compris l'usage de la force et de la terreur. Le jour même de l'invasion de la Pologne, il ordonna le meurtre de tous les incurables dans les hôpitaux allemands[75]. Il ne prit pas la peine de chercher un accord avec Varsovie. Il traita le pays comme un territoire occupé, dont il fallait tirer parti au maximum. Mais la victoire sur la Pologne n'était pas une fin en soi ; elle était le commencement. Quant au moral des populations allemandes, il n'était pas haut. Après l'invasion de la Pologne, le 3 octobre 1939 le général Ritter von Leeb nota dans son journal : « Le moins qu'on puisse dire c'est que le peuple n'est pas enthousiaste. Aucun drapeau ne flotte sur les maisons. Tout le monde espère la paix. Tout le monde souffre de l'inutilité de la guerre. » Mais Hitler était décidé à brûler les ponts et à entraîner ses compatriotes dans une escalade irréversible, déclarant à ses généraux, le 23 novembre 1939 : « Tout espoir de compromis est un rêve puéril. Il nous faudra vaincre ou périr. J'ai conduit le peuple allemand vers des sommets de gloire, en dépit de la haine du reste du monde. Je prends le risque de cette guerre. Il me faut choisir entre le triomphe ou la destruction. Ce n'est pas un problème mineur qui est entre mes mains, mais bien le destin de la nation, son existence même. » Le 17 octobre, il ordonna au général Keitel de considérer la Pologne occupée comme un « glacis » favorisant l'invasion future de la Russie[76]. (On voit combien illusoires étaient les rêves de Staline quand il pensait avoir acheté la sécurité pour son pays.) Mais en attendant, il faudrait éliminer les pays de l'Ouest : la France par le *Blitzkrieg*, l'Angleterre par le désespoir.

Hitler était maintenant général en chef. La campagne polonaise fut la dernière préparée par l'ancien état-major. Dorénavant, comme ç'avait été le cas pour la sécurité intérieure et les ministères civils, Hitler établit une double direction à la tête de l'armée : l'OKW (Haut Commandement des Forces armées) sous ses ordres personnels, et l'OKH (Haut Commandement militaire). N'ayant jamais voulu la guerre, la France lui facilita la tâche. Après Munich, elle dut reconnaître le fiasco de sa politique à l'égard des pays de l'Est, et concernant la Pologne, elle subit la pression des événements. Paris considérait que les promesses faites par l'Angleterre étaient de la folie, mais il dut la soutenir simplement parce qu'il n'avait pas d'autre choix[77]. Conscient qu'une guerre totale contre l'Allemagne hitlérienne signifierait peut-être pour la France revivre un retour aux années 1870. Il lui fallut deux jours et demi de douloureuse hésitation pour se décider à porter assistance à ce pays, allié depuis 1921[78], après l'invasion de la Pologne. Le protocole militaire signé en mai 1939 par le général Gamelin et le ministre polonais de la Guerre, Kasprzycki, spécifiait que l'armée de l'air française riposterait immédiatement si l'Allemagne attaquait la Pologne, et que l'armée de terre envahirait le pays en moins de seize jours. Aucune des ces deux promesses ne fut tenue. Tout au plus l'armée donna-t-elle un coup de semonce le 8 septembre, sans aucune conséquence. Le 22 septembre, alors que les nouvelles du front polonais étaient rien moins que rassurantes, les Français jetèrent aux oubliettes. toutes leurs promesses de riposte militaire. Pourtant, les Allemands n'avaient alors que onze divisions opérationnelles à l'ouest, mais le 1er octobre ils transféraient des troupes depuis le front de l'Est. Par la suite, ainsi que le montrent les comptes rendus des discussions entre les états-majors anglais et français, ce furent les Britanniques qui poussèrent à l'action sur le front allemand, alors que les Français n'en manifestaient nullement l'intention, tout en envisageant de faire diversion en Scandinavie, au Caucase, à Salonique, en Finlande, n'importe où[79].

L'immobilisme de la France sur sa frontière avec l'Allemagne, combiné à une agitation stérile dans d'autres domaines, fit tout à fait le jeu de Hitler. A l'origine, ce dernier avait décidé d'attaquer la France le 12 novembre, ayant choisi parmi plusieurs possibilités l'audacieux projet d'une offensive blindée à travers les Ardennes. Les atermoiements de la politique française l'obligèrent à différer cette manœuvre vingt-neuf fois au cours de l'hiver et du printemps. Mais pendant ce temps, il avait élaboré les détails de la brillante opération norvégienne, que ses conseillers militaires prétendaient irréalisable. Les proclamations anglo-françaises lui en fournirent le prétexte et il déclencha l'invasion, portant un coup fatal au moral des Alliés et plongeant ses propres généraux dans la stupéfaction ; ceux-ci ne firent aucune objection lorsqu'il lança l'offensive sur les Ardennes après en avoir perfectionné les détails, la France étant encore sous le choc de la défaite norvégienne et la logistique alliée en pleine confusion.

La désagrégation rapide de la puissance militaire française en mai-juin 1940 persuada Hitler que les erreurs de l'automne précédent n'étaient pas irréversibles, et qu'il pouvait encore atteindre les buts qu'il s'était fixés par une série de *coups* à la Bismarck. Les premiers mois de la guerre mirent en évidence l'extrême confiance en soi — jusqu'à la présomption — manifestée par Hitler dans l'attaque, ainsi que la fertilité de son imagination pour les points de détail : selon Albert Speer, ce fut lui qui eut l'idée d'équiper les Stukas de sirènes qui hurlaient lorsque les bombardiers piquaient sur leurs objectifs — l'impact psychologique sur les populations fut l'un des plus important du *Blitzkrieg*. Il y eut bien d'autres exemples de l'ingéniosité de Hitler dans le domaine militaire — ainsi il imagina d'augmenter la longueur des canons sur les chars[80]. De même qu'il avait auparavant dérouté les gouvernements des pays démocratiques par la rapidité avec laquelle il savait créer et exploiter les occasions diplomatiques, de même il ne laissa aucune chance aux Français de se remettre du choc de la première surprise. « L'idée directrice des Allemands dans la conduite de cette guerre fut la vitesse », écrivit l'historien Marc Bloch, capitaine à l'état-major de la première armée. Dans son récit de ces semaines fatales, *L'Étrange Défaite*, il insiste sur l'idée que la déroute fut autant le fait de la société française que de son armée. Le système égalitaire et le niveau intellectuel du nazisme étaient d'une tout autre envergure :

> « Comparées à la vieille armée impériale, les troupes du régime nazi donnent l'impression d'être bien plus démocratiques. Le gouffre entre les officiers et les hommes de troupe semble en voie d'être comblé... Le triomphe allemand fut avant tout celui de l'intellect — et c'est ce qui lui donne

toute sa valeur... Tout se passa comme si les deux forces en présence appartenaient à deux périodes historiques totalement différentes. Pour nous, la guerre c'est des sagaies contre des fusils — nous en avions l'habitude, après toutes ces années d'expansion coloniale. Mais cette fois, c'était nous qui tenions les sagaies ! [81] »

Bloch constatait aussi que, quelles que soient les causes profondes, le motif le plus immédiatement évident de la déroute française fut « la totale incompétence du haut commandement ». On sait maintenant que le général Gamelin était atteint de syphilis, ce qui peut expliquer son incapacité à prendre une décision, son manque de concentration et de mémoire, et de la folie des grandeurs qu'il manifesta pendant les brèves semaines de campagne [82]. Mais on peut dire que l'ensemble des officiers supérieurs semblait frappé de paralysie. Bloch donne une description du général Blanchard, commandant la première armée à laquelle lui-même appartenait, « assis à sa table, totalement, tragiquement, immobile, ne disant rien, ne faisant rien, se contentant de jeter un regard fixe sur la carte étalée entre nous, comme s'il espérait lire la décision qu'il était incapable de prendre [83] ».

Si l'attaque de la France pouvait sembler un pari quelque peu risqué pour Hitler, on peut dire qu'il le gagna totalement. La campagne commença le 10 mai et six semaines plus tard, le 22 juin, le gouvernement français signa un armistice qui accordait à l'Allemagne tout ce qu'elle voulait. Le montant des pertes — 27 000 morts pour l'Allemagne contre 135 000 pour les Alliés — donne une idée exacte de l'étendue de la victoire allemande. Le 10 juin, l'Italie s'était rangée aux côtés de l'Allemagne : le 24 juin, la France signa un armistice avec Mussolini, dont l'une des clauses garantissait le retrait de la guerre des colonies françaises. Trois jours plus tard, Staline envahit la Roumanie et s'empara des provinces de Bessarabie et de Bukovine; il s'était déjà approprié l'isthme de Carélie après la capitulation de la Finlande le 12 mars. Dans tous les sens du terme, il était bien l'allié militaire de Hitler, bien qu'il ne fît pas la guerre à ses côtés.

Rapidement, la France se rapprocha du camp nazi. Désarmée par les socialistes, trahie par les fascistes, plus encore par les communistes, et maintenant lâchée par la droite et le centre, la IIIe République s'écroulait, sans un ami pour la pleurer. A Riom, une série de procès se déroula dans l'indifférence générale et l'approbation de certains; les *responsables* de la défaite furent jugés et condamnés : Daladier, Reynaud, Blum, Gamelin, Mandel, Guy la Chambre et quelques autres — en fait, ce fut tout le système parlementaire français qui fut jugé [84]. L'armistice avait été signé par le maréchal Henri Philippe Pétain, et ce fut lui qui se trouva investi des *pleins pouvoirs* par le parlement croupion siégeant désormais à Vichy. Son avènement était prévisible. Il avait été un héros de la guerre de 14-18, et l'une des figures dominantes de la politique militaire française de 1920 à 1936 — ce qui de fait le rendait tout autant responsable qu'un autre de la *dégringolade*. Mais il avait été le plus populaire des généraux français car ses hommes se figuraient qu'ils avaient moins de chances de se faire tuer sous son commandement que sous celui d'un autre. Il ne brillait pas par son intelligence. Les livres qu'il avait publiés avaient, en fait, été écrits par de brillants jeunes officiers. Mais il possédait la dignité simple du paysan français (du reste, son père était cultivateur). Lorsqu'en 1935 *Le Petit Journal* fit une enquête pour savoir qui les Français choisiraient comme chef, Pétain arriva en tête. Il était suivi par Pierre Laval, un ex-socialiste de type Mussolini, que Pétain devait prendre comme président du Conseil[85].

Bien vite, Pétain devint le chef d'État le plus populaire en France depuis Napoléon. Il incarnait l'antiromantisme, le désir de se débarrasser des corvées patriotiques, du sentiment historique, et même du sens du devoir pur et simple, qui cédaient la place parmi la population à une profonde aspiration pour une vie calme et tranquille. Pétain était un coureur de jupons acharné : « Coucher et manger : il n'y a que ça qui compte », disait-il. Néanmoins il bénéficiait de l'appui inconditionnel de l'Église. Le cardinal-archevêque Gerlier déclarait : « La France, c'est Pétain, et Pétain c'est la France[86]. » Et d'une certaine façon, c'était vrai. Les gens se comportaient avec lui comme s'il avait été roi couronné. Le peuple se pressait le long des voies de chemin de fer quand il se déplaçait en train. Les femmes lui tendaient leurs bébés pour qu'il les touche. Un rapport officiel raconte qu'à Toulouse, en novembre 1940, une femme se jeta devant sa voiture pour l'arrêter et pouvoir toucher sa main. Alors que le préfet se tournait vers Pétain pour lui présenter ses excuses après cet incident, il s'aperçut que le Maréchal somnolait (il avait alors quatre-vingt-cinq ans), « sans pour cela » — précise le rapport — « perdre sa dignité ou son auguste maintien[87] ». En 1934, il s'était disputé avec l'un de ses colonels, Charles de Gaulle, qui refusait de lui servir de nègre. En 1940, De Gaulle, qui était sous-secrétaire d'État à la Guerre, refusa de se soumettre à l'armistice et partit pour Londres ; le 5 août, la Grande-Bretagne signa un accord avec la France Libre qu'il représentait ; mais seulement 35 000 personnes se joignirent à lui. Au début de son existence, le régime de Vichy était essentiellement composé de militaires et de fonctionnaires ; les politiciens n'en faisaient guère partie. Et il emporta l'adhésion du peuple français, tout comme Hitler avait emporté celle du peuple allemand en 1933.

Hitler n'eut aucune difficulté à convaincre le régime de Vichy de s'allier à lui. Le 3 juillet 1940, faute de garanties suffisantes, la Royal Navy se vit contrainte de couler la flotte française à Oran et dans d'autres ports d'Afrique du Nord. Deux jours plus tard, Pétain rompit les relations diplomatiques avec Londres, et par la suite Vichy se rapprocha de plus en plus du camp nazi, qui le traita sans pitié et l'exploita sans vergogne. Quelque 40 pour cent de la production industrielle française, 1 500 000 travailleurs, et la moitié du revenu du secteur public français prirent le chemin de l'Allemagne[88].

Avec l'Espagne, Hitler eut moins de succès. Franco était bien décidé à rester à l'écart de la guerre, qu'il considérait comme le mal suprême, surtout s'il s'agissait d'une guerre armée par Hitler avec l'appui de Staline, en qui il voyait l'antéchrist. Il se proclama pour la plus stricte neutralité en septembre 1939, et conseilla à Mussolini d'en faire autant. Le 13 juin 1940, « par sympathie pour les pays de l'Axe », il opta pour « la non-belligérance[89] ». Mais pour prix de l'éventuelle entrée en guerre de son pays, il formulait des exigences extravagantes : Oran, le Maroc entier, d'immenses territoires de l'Afrique occidentale, des quantités massives de matériel de guerre et d'approvisionnement pour attaquer Gibraltar et défendre les Canaries. Le 23 octobre 1940, lorsqu'il rencontra Hitler à Hendaye, non seulement il accrut ses exigences, mais il accueillit son bienfaiteur allemand avec une froideur glaciale à la limite du mépris. Il était lui-même un professionnel de la guerre, Hitler n'était qu'un amateur — et pas même un gentleman : un simple caporal ! ; aussi n'accorda-t-il que froide indifférence au *tour d'horizon* militaire que Hitler avait l'habitude d'effectuer. Paul Schmidt, l'interprète de Hitler, nota : « On ne pouvait pas dire qu'ils échangeaient des propos : ils se les jetaient plutôt à la tête » ; l'entretien se poursuivit jusqu'à deux heures du matin mais n'aboutit à rien. Plus tard, Hitler avoua à Mussolini qu'il préférerait se faire arracher deux ou trois dents que de devoir revivre cette soirée-là[90].

Franco avait d'autres raisons pour refuser de se ranger aux côtés de l'Allemagne, il était persuadé que l'Angleterre ne ferait pas la paix. On peut dire que la plus grosse erreur de Hitler, et peut-être la seule, fut de ne pas avoir su apprécier à quel point la Grande-Bretagne lui était devenue hostile. Son intention principale, en déclenchant son *Blitzkrieg* sur la France, n'avait pas été d'anéantir l'armée française — cela il pouvait le faire à tout moment — mais d'effrayer l'Angleterre au point qu'elle souhaiterait pactiser avec lui. Le 21 mai, jour même de la prise d'Arras, il déclara qu'il voulait « sonder l'Angleterre sur le partage du monde[91] ». A la fin du mois, lorsqu'il décida d'arrêter ses blindés devant Dunkerque, il permit au corps expéditionnaire britannique tout entier de se retirer des plages ; sans doute avait-il pris cette décision pour des motifs tactiques, mais aussi peut-être comme preuve de sa bonne volonté, dans le but d'entamer des négociations avec Londres. Le 2 juin, tandis que les derniers éléments de la FEB s'embarquaient pour l'Angleterre, il déclara à l'état-major du groupe d'armée A, réuni à Charleville, qu'il souhaitait « arriver à une paix raisonnable » avec la Grande-Bretagne pour pouvoir, tout de suite après, se sentir « les mains libres » de « s'attaquer à la tâche qu'il s'était fixée depuis toujours : en finir avec le bolchevisme[92] ». Le 30 juin, alors que la France était liquidée, Hitler évoqua la nécessité de donner à l'Angleterre « encore une démonstration de notre puissance militaire avant qu'elle ne renonce, et nous laisse libre de nous occuper des pays de l'Est sans avoir à nous soucier de ce qui se passe derrière nous[93]. » Jusqu'à la fin de l'automne, il persista dans l'illusion que la Grande-Bretagne accepterait un compromis. « Visiblement, le Führer est déprimé », notait un observateur le 4 novembre. « On a l'impression qu'il ne sait pas, à l'heure actuelle, dans quel sens la guerre doit être poursuivie[94] ». De fait, il attendait de Londres, un signe qui ne vint jamais.

Le bellicisme de la Grande-Bretagne s'accrût notablement pendant l'année 1940. Alors que la France « pantouflarde » se choisissait Pétain, l'Angleterre héroïque se choisit Churchill. Il y avait d'excellentes raisons économiques et militaires à cette divergence. Au contraire de la France, la Grande-Bretagne n'avait pas élu un gouvernement de Front populaire en 1936, et la politique déflationniste des gouvernements Baldwin et Chamberlain, douloureuse sur l'instant, devait lui permettre à plus long terme un substantiel rétablissement économique. Bien que le chômage fût plus important en Angleterre qu'en France au début des années 30, on peut penser qu'une bonne part de chômeurs volontaires, vivant des indemnités relativement importantes dont ils pouvaient bénéficier (plus de 50 pour cent d'un salaire moyen), entraient dans ces chiffres[95]. En réalité, l'économie était bien plus saine que ne le prétendait la propagande de gauche. De 1930 à la déclaration de guerre, l'industrie du bâtiment ne cessa de prospérer : plus de trois millions de maisons furent construites, soit une augmentation de 29 pour cent sur les quantités déjà existantes ; et pendant douze mois (en 1936 et 1937) on peut même relever une période de pointe avec la construction de 400 000 maisons[96]. A la suite de l'échec de la grève générale de 1926, les syndicats virent leur pouvoir diminuer ; une législation antisyndicale fut adoptée rendant possible, quand le plus fort de la crise fut passé, l'adoption par la Grande-Bretagne de techniques nouvelles à une vitesse record, chose impossible dans les années 20. En vérité, on peut dire que la période de l'entre-deux-guerres se termina pour l'Angleterre par une phase d'expansion économique et d'innovation technologique[97]. Les personnels employés dans les industries nouvelles de l'électricité et de l'électronique virent leur nombre s'élever de 192 000 en 1930 à 248 000 en 1936, et la Grande-Bretagne fut le premier pays à créer un réseau électrique national. Les industries chimiques et pétrochimiques prirent rapidement de l'extension, et les exportations augmentèrent de 18 pour cent entre 1930 et 1938. Dans les industries aéronautiques, 35 000 personnes étaient employées en 1935 contre 21 000 en 1930, avant même que le réarmement n'entre en ligne de compte. Le nombre de voitures produites fit plus que doubler entre 1930 (237 000) et 1937 (508 000)[98]. Les industries de guerre seraient à même de tirer grand profit de tous ces progrès technologiques.

Il est vrai que, lorsqu'elle se lança dans le réarmement, la Grande-Bretagne se heurta à de nombreuses difficultés et dut importer, par exemple, des machines-outils d'Amérique, de Hongrie et même d'Allemagne[99]. Mais dans certains secteurs clés, tels que les moteurs d'avions et surtout les radars — qui devaient s'avérer d'une importance décisive tant pour la maîtrise des airs que de la mer —, l'Angleterre jouissait d'une grande avance technologique sur l'Allemagne [100]. En 1939 le réarmement s'accéléra et à l'été 40 la Grande-Bretagne pouvait se flatter de produire plus d'avions et de former plus d'hommes d'équipage que l'Allemagne. Il y avait donc d'excellentes raisons concrètes pour que le moral des Britanniques changeât du tout au tout en 1940. L'arrivée au gouvernement de Churchill, qui devint Premier ministre et ministre de la Défense (une double nomination capitale, que même Lloyd George n'avait pu obtenir pendant la Première Guerre mondiale), cette arrivée donc, qui eut lieu le 7 mai, fut une conséquence naturelle du renversement des mentalités. Churchill était servi par sa détermination, son énergie et son éloquence — qu'il utilisa de façon stupéfiante, précisément à l'heure où Hitler, son principal rival en la matière, décida de ne plus y recourir. A l'été de 1940, Churchill était au moins aussi populaire en Angleterre que Pétain l'était en France, et plus que Hitler ne l'était en Allemagne [101].

Bien que romantique et combatif, Churchill ne manquait pas de réalisme. Il savait que la Grande-Bretagne, même avec l'aide du Commonwealth, ne pourrait jamais battre l'Allemagne : il se disait que tôt ou tard les Etats-Unis seraient obligés d'intervenir, et l'espérait de toutes ses forces. Quoi qu'il puisse raconter en public, il n'éliminait pas totalement l'éventualité d'une entente tactique avec Hitler. On peut lire dans le journal de Chamberlain, à la date du 26 mai 1926, que Churchill avaient déclaré à une séance du ministère de la Guerre : « Il paraît impensable que Hitler puisse envisager un accord acceptable avec nous, pourtant si nous pouvions nous tirer de ce mauvais pas en abandonnant Malte, Gibraltar et quelques colonies africaines je suis sûr qu'il sauterait sur l'occasion. » Le compte rendu de cette séance précise qu'il ajouta que « si Herr Hitler était disposé à faire la paix en échange de la restitution des colonies allemandes, et la reconnaissance de sa suzeraineté sur l'Europe centrale », cela vaudrait la peine d'étudier la question mais qu'« il y avait bien peu de chances pour qu'il fasse jamais semblable proposition [102] ». Cela dit, c'est là la seule trace de son désir de négocier. Les propositions de paix de Hitler n'aboutirent jamais. Si l'on en croit le journal du député « Chips » Channon, alors membre du gouvernement, le Foreign Office ne transcrivait même pas les discours de Hitler [103].

Paradoxalement, la défaite de la France mit fin à toute possibilité de paix négociée, et la position politique de Churchill se renforça de plus en plus. Il fut pour la première fois acclamé depuis les bancs conservateurs le 4 juillet, lorsqu'il annonça que les Anglais avaient coulé la flotte française à Oran ; jusque-là, il avait noté « ce sont les bancs travaillistes qui m'ont accueilli le plus chaleureusement ». Lorsque le cancer emporta Chamberlain, il se trouva débarrassé de son plus dangereux adversaire, et le 9 octobre, fut élu pour le remplacer à la tête de parti conservateur. Mais il n'avait ni l'intention ni la possibilité de purger le pays des éléments qui l'avaient amené à perdre l'empire des Indes, à négliger la défense nationale et à tout faire pour apaiser Hitler. Il dit à Cecil King, directeur du *Daily Mirror* :

> « C'était bien joli de vouloir exclure du gouvernement tous ceux qui lui avaient fait faire fausse route dans les dernières années, mais où fallait-il s'arrêter ? Ces gens-là étaient partout — pas seulement dans le monde politique, mais aussi parmi les chefs de l'armée et ceux de la fonction publique. Vouloir s'en débarrasser à tout prix aurait été une entreprise impossible dans l'état désastreux où se trouvait le pays. De toute façon, s'il n'avait fallu s'appuyer que sur ceux qui avaient vu juste dans les quelques dernières années, il s'en serait trouvé peu sur lesquels on puisse compter ! Non ; il n'était pas question de former un gouvernement de revanchards [104]. »

La décision de Churchill devait, à long terme, avoir de graves conséquences sur la composition et l'attitude du parti conservateur après la guerre. Mais à l'époque elle était sage. La politique étrangère britannique, celle qui concernait la défense nationale ainsi que le Commonwealth, avaient été menées, dans l'entre-deux-guerres, avec imprudence et manque de perspicacité. Churchill lui-même y avait pris une part importante dans les années 20 ; et bien qu'on n'eût pratiquement rien à lui reprocher à partir de 1930, il estimait à juste titre qu'il ne sortirait pas blanc comme neige d'une enquête tant soit peu poussée, pas plus que ses nouveaux alliés travaillistes et que la fragile entente toute neuve dont il entendait désormais faire bon usage n'y survivrait pas. Sa clémence devait s'avérer justifiée. Malgré toutes les épreuves à venir, l'autorité de Churchill ne fut jamais sérieusement remise en question, et, pendant la période des hostilités, son gouvernement qui savait combiner fermeté et popularité fut de tous le plus solide et le plus sûr. C'est ce qui permit, plus que tout autre facteur, de maintenir à la Grande-Bretagne le statut de grande puissance mondiale, qu'elle conservera jusqu'à la convention de Potsdam en 1945.

Pourtant ce n'était qu'une apparence. L'été de 1940 vit mourir la vieille Europe ; l'idée que le monde était mené par un concert de grandes puissances européennes civilisées, à l'intérieur d'une structure de conventions internationales et de valeurs morales universellement acceptées, cette idée-là disparut de la scène de l'histoire. Certes l'Angleterre survécut, mais dans une position défensive, prisonnière de son impuissance relative. En juillet, août et septembre 1940, les escadrilles de chasse britanniques remportèrent une victoire décisive sur la *Luftwaffe* de Goering, qui s'efforçait de détruire les terrains d'aviation de la RAF dans le sud-est de l'Angleterre — préliminaire indispensable à toute tentative d'invasion aérienne du pays. Ainsi Hitler dut-il renoncer dans l'immédiat à apporter une heureuse conclusion à son offensive sur le front occidental. Mais Churchill, pour sa part, ne pouvait mener des opérations fructueuses que contre Mussolini, le faible et embarrassant allié de Hitler. Le 11 novembre, la flotte italienne fut serieusement endommagée à Tarente à la suite d'un raid aérien, et par la suite les Britanniques ne perdirent jamais le contrôle de la Méditerranée. Au début de 1941, l'Angleterre lança une offensive contre les Italiens en Libye et commença de démanteler le précaire empire édifié par Mussolini en Afrique du Nord-Est. Mais l'essentiel de la lutte entre la Grande-Bretagne et l'Allemagne nazie était constitué par le combat aérien et maritime pour conserver la maîtrise des routes maritimes ; c'était une lutte défensive. La seule façon de frapper l'Allemagne au cœur consistait à pénétrer son espace aérien. De jour, il était impossible de faire escorter tous les bombardiers par des avions de chasse ; de nuit ils ne pouvaient pas toucher leur cible avec la précision souhaitable (la marge d'erreur était souvent supérieure à 15 kilomètres). Churchill se trouva donc réduit à opter pour un bombardement massif et sans distinction des villes allemandes. Le 8 juillet, il envoya une lettre assez sinistre à son ministre de l'Aviation, lord Beaverbrook, propriétaire de plusieurs journaux :

« Quand je cherche un moyen sûr de gagner cette guerre, je n'en trouve qu'un seul. Nous n'avons pas d'armée sur le continent qui puisse mettre en échec la puissance militaire allemande. Sur mer, le blocus a été forcé, et Hitler peut maintenant s'approvisionner à son gré en Asie et probablement aussi en Afrique. Si d'un côté nous arrivons à le repousser, il peut toujours se replier vers l'est, et là-bas nous n'avons rien pour l'arrêter. Mais il y a une chose, et une seule, qui le poussera à revenir en Europe, et qui l'abattra, c'est une attaque totale, dévastatrice, meurtrière de tous les bombardiers disponibles dans ce pays contre la terre des nazis [105]. »

Cette lettre est d'une grande importance historique (on peut la comparer aux remarques de Churchill sur le pouvoir de corruption de la guerre, p. 13), car elle marque le point à partir duquel la morale toute relative des sociétés totalitaires vint influencer le mode de pensée et la faculté de décision d'une grande puissance démocratique. Bien entendu on peut se demander qui des Britanniques ou des Allemands déclencha le premier les bombardements systématiques d'objectifs civils [106]. Hitler (comme Lénine et Staline) avait depuis toujours soutenu et pratiqué l'usage de la terreur pour atteindre les buts qu'il s'était fixés. Ce qui est certain c'est que, bien avant la fin de 1940, sous le prétexte de s'en prendre à « des objectifs stratégiques », les bombardiers britanniques intervenaient de plus en plus massivement dans le but de tuer les civils allemands chez eux, et d'effrayer les survivants. Ainsi que le relatent les comptes rendus de la séance gouvernementale du 30 octobre, « il faut que les populations civiles des zones visées ressentent tout le poids de la guerre ». Cette politique, conçue par Churchill, approuvée par le gouvernement, ratifiée par le parlement, recueillit semble-t-il l'approbation massive et enthousiaste de la nation tout entière — franchissant ainsi tous les stades, ainsi que le requiert un régime démocratique. Mais on peut dire qu'elle marqua le début d'un déclin moral de l'humanité contemporaine.

Si le gouvernement britannique se décida pour les bombardements et la terreur, ce fut aussi en désespoir de cause. Il avait été prévenu le 5 juillet 1939 par la Trésorerie que, sans une aide américaine déterminante, « la perspective d'une guerre prolongée semblait devoir être catastrophique ». A l'inverse de l'Allemagne, l'Angleterre ne pouvait pas prétendre vivre en autarcie. La nécessité des productions de guerre imposait le déclin des exportations ordinaires (en donnant 100 comme point de départ en 1938, les exportations britanniques étaient tombées à 29 pour cent en 1943, les importations à 77 pour cent seulement), les réserves d'or et de dollars fondaient. L'administration Roosevelt avait exprimé sa sympathie verbale pour les Alliés, mais concrètement elle ne se manifestait pas. Les pitoyables appels à l'aide de la France au début de juin 1940 furent froidement rejetés par Cordell Hull qui les qualifia « de criailleries hystériques ». Pendant un certain temps, le sort de la Grande-Bretagne ne fut pas meilleur. L'ambassadeur Joseph Kennedy, qui avait pris une large part à la campagne électorale de Roosevelt, ne lui apporta pas même un soutien en paroles : « Depuis le début, je les ai bien prévenus : il était inutile d'attendre de l'aide de notre part. D'ailleurs, nous ne pouvions rien leur offrir ; tout ce que nous possédions nous était indispensable, en particulier le matériel de guerre [107] ». Vers la fin de 1940, les réserves de devises de l'Angleterre étaient épuisées ; il ne lui restait plus que douze millions de dollars (jamais elle n'était descendue aussi bas), et elle se trouvait obligée de suspendre tout achat en dollars [108].

Le 11 mars 1941, le Congrès vota la loi Prêt-Bail, qui permettait au président de « vendre, transférer, échanger, louer, prêter ou disposer de toute autre manière » des matériels à sa disposition au bénéfice de tout pays qu'il jugerait indispensable de secourir, dans l'intérêt de la défense des États-Unis. En théorie, ce décret aurait dû permettre à Roosevelt d'envoyer gratuitement à la Grande-Bretagne des fournitures de guerre. Mais en pratique, l'Angleterre continua de payer la plupart des armes qu'elle reçut ; en retour, elle abandonna même virtuellement aux États-Unis, ce qui lui restait de commerce extérieur, et par la convention du 23 février 1942, s'engagea à renoncer après la guerre au protectionnisme qu'elle avait toujours pratiqué à l'intérieur de l'Empire. C'était du reste ce que Cordell Hull avait toujours recherché — cela lui paraissait bien plus important que de chercher à contenir les puissances totalitaires [109]. En ce qui concernait la fourniture d'armes, Roosevelt se montra bien moins accommodant avec l'Union soviétique. La loi Prêt-Bail était importante aux yeux de Churchill dans la seule mesure où il pensait qu'elle était à même d'inciter Hitler à entrer en conflit avec les Etats-Unis. A la vérité, au début de 1941, il savait bien que l'ancien système européen, légaliste et démocratique, était moribond, et que le seul espoir de rétablir quelque apparence de légalité reposait sur les erreurs de calcul de Hitler. Comme devait le prouver la suite des événements, Churchill avait raison.

XI

L'année charnière

A l'aube du 22 juin 1941, la radio militaire allemande intercepta une communication entre une unité soviétique et son quartier général. « On nous tire dessus. Que devons-nous faire ? » « Mais vous êtes fous ! Pourquoi n'avez vous pas codé votre message ? [1] » Une demi-heure plus tard, à 3 h 40, le chef d'état-major soviétique, G.K. Joukov, prévenu que des avions allemands attaquaient les troupes russes, téléphona à Staline à sa datcha de Kountsevo, située à onze kilomètres de Moscou : le dictateur y vivait, travaillant et prenant ses repas dans la même pièce, dormant sur un canapé. Quand Joukov annonça que les Allemands envahissaient la Russie, il n'entendit rien à l'autre bout du fil, rien qu'un long silence et une respiration oppressée. Enfin, Staline ordonna au général de se rendre au Kremlin et de dire à son secrétaire de prévenir le Politburo. Ils se réunirent à 4 h 30; pâle et silencieux, Staline étreignait une pipe éteinte. Au ministère des Affaires étrangères, ce fut Molotov qui reçut la déclaration de guerre de l'ambassadeur nazi, à qui il demanda d'une voix pitoyable : « Avons-nous vraiment mérité cela ? » Vers midi, 1 200 appareils soviétiques avaient été détruits au sol. Selon le récit de Nikita Khrouchtchev, Staline, désespéré, se laissa aller à une crise de nerfs. Ce ne fut que le 3 juillet, soit onze jours plus tard, qu'il se résolut à s'adresser à la nation. Et on put alors l'entendre employer des mots nouveaux dans sa bouche : « Mes frères, mes sœurs... mes amis [2]. »

Tout le monde avait prévenu Staline que l'attaque nazie était imminente. Churchill lui avait adressé des renseignements précis, qui avait été ultérieurement confirmés par l'ambassade américaine. Le 15 mai, l'espion soviétique à Tokyo, Richard Sorge, avait fourni les détails du plan de l'invasion allemande et sa date exacte. Certains de ses compatriotes, tel le général Kirponos, commandant le district de Kiev, avaient également mis Staline en garde. Mais il avait refusé d'écouter, et entrait en fureur si son interlocuteur se faisait pressant. L'amiral Kouznetsov déclara plus tard qu'il était dangereux, même en conversations privées avec des subordonnés, de prétendre que l'invasion allemande menaçait la Russie. On ne pouvait se hasarder à soutenir ce point de vue devant Staline « qu'en tremblant et claquant des dents », raconta plus tard Khrouchtchev[3].

Staline, qui ne faisait confiance à personne, semble avoir été le dernier à croire en la parole de Hitler. En l'occurrence, il prenait ses désirs pour des réalités. Le pacte soviéto-nazi, était extrêmement profitable pour Staline. Bien qu'il ait, plus tard, prétendu qu'il ne s'agissait que d'une entente tactique temporaire (« nous avons assuré la paix à notre pays pendant un an et demi, le temps de préparer nos forces »), il est incontestable qu'à l'époque il espérait que cette entente durerait indéfiniment, ou en tout cas jusqu'à ce que l'Allemagne et les pays occidentaux se soient mutuellement épuisés dans une longue guerre — et alors, comme il était prévu dans la déclaration de 1925, la Russie pourrait ramasser les restes. Mais en attendant, le pacte germano-soviétique lui était très profitable. Vers l'été 1940, la Russie avait récupéré la plupart des territoires perdus en 1918-1919. La Pologne orientale avait été démantelée. Au printemps de 1940, Staline fit massacrer 15 000 officiers polonais — pour un tiers à Katyn, près de Smolensk, et le reste dans les camps de concentration soviétiques de Starobelsk et Ostachkov. Il n'est pas impossible que ces massacres aient été suggérés par la Gestapo[4]. Les forces de sécurité soviéto-nazies travaillèrent la main dans la main jusqu'au 22 juin 1941. Le NKVD remit à la Gestapo plusieurs centaines de ressortissants allemands, pour la plupart des communistes ou des juifs[5]. En retour, les nazis aidèrent Staline à traquer ses ennemis. Le 20 août 1940, après plusieurs tentatives infructueuses, il parvint à faire assassiner Trotski au Mexique, avec un pic à glace ; ainsi que celui-ci l'avait noté : « Staline s'efforce de frapper non les idées de son adversaire, mais son crâne[6]. » Une façon de voir les choses qu'il partageait tout à fait avec Hitler.

Staline se félicita du triomphe de la *Wehrmacht* en France et s'empressa de réorganiser le dispositif de ses 13 000 chars sur le modèle allemand[7]. Il estimait que la chute des démocraties européennes justifiait ses vues sur les pays de l'Est et du Nord, en échange de la carte blanche donnée à Hitler dans les pays de l'Ouest et en Afrique, et éventuellement aussi au Moyen-Orient. En conséquence, lorsque Molotov se rendit à Berlin le 12 et 13 novembre 1940 pour réactualiser le pacte germano-soviétique, Staline le pria d'exiger, pour commencer, la Finlande, la Roumanie et la Bulgarie, ainsi que les détroits de la mer Noire ; ces territoires devaient faire partie de la zone d'influence soviétique, de même que, dans un deuxième temps, la Hongrie, la Yougoslavie, la Pologne occidentale, la Suède et certains ports sur la mer Baltique[8]. A vrai dire, ces exigences n'étaient guère différentes de ce que Staline finit par obtenir à la fin de la Seconde Guerre mondiale. Les « revendications » de Molotov témoignent de la constance des objectifs soviétiques.

Les requêtes de l'URSS reposaient sur l'idée que Hitler cherchait à s'étendre essentiellement en Europe de l'Ouest, en Afrique et en Asie, avec le Moyen-Orient comme prochain objectif. A l'époque, cela pouvait passer pour une hypothèse raisonnable. Le vœu le plus ardent de Churchill était que les Allemands se jettent sur l'Union soviétique, et ce qu'il redoutait par-dessus tout était que Hitler ne s'en prenne au Moyen-Orient. Dans les premiers mois de 1941, cela semblait hautement probable. L'avidité et l'incompétence de Mussolini avaient entraîné l'Allemagne dans la guerre méditerranéenne. Il avait en effet envahi la Grèce le 28 octobre 1940, mais les Grecs, avec l'aide de la Grande-Bretagne, avaient humilié et repoussé les envahisseurs. Le 9 décembre, les Britanniques avaient entamé une offensive en Libye, s'emparant de Benghazi le 6 février 1941.

Trois jours plus tard, bien qu'à contrecœur, Hitler se porta au secours de son allié mal en point, envoyant l'Africa Korps en Libye sous les ordres du général Rommel. Une fois sur le terrain, les Allemands progressèrent à une vitesse effrayante. Le 28 février, les nazis, qui tenaient déjà la Hongrie et la Roumanie, pénétrèrent en Bulgarie. Trois semaines plus tard, ils obligèrent la Yougoslavie à accepter un accommodement, et lorsqu'un coup d'État à Belgrade eût chassé le gouvernement pro-nazi, adressèrent un ultimatum à la Yougoslavie et à la Grèce. Il fallut seulement onze jours à Rommel pour remporter sa première victoire en Afrique du Nord, à la suite de quoi les Britanniques furent repoussés jusqu'en Egypte. Après une semaine de combat, la Yougoslavie dut s'avouer vaincue le 17 avril, et la Grèce déposa les armes six jours plus tard. Malgré une semaine de lutte désespérée, en mai, les Anglais, qui avaient déjà été chassés de Grèce, furent humiliés en Crète par les parachutistes allemands. A la fin du mois, Le Caire et le canal de Suez, les champs de pétrole du nord de l'Irak, la Perse et le golfe Persique, la plus grande raffinerie du monde à Abadan, ainsi que les routes terrestres et maritimes vers les Indes, tout cela paraissait extrêmement vulnérable..

Dans ses opérations vers le sud, Hitler n'avait eu recours qu'à une infime partie de ses forces. Les victoires remarquables qu'il avait remportées lui avaient très peu coûté. L'amiral Raeder et le haut commandement de la Marine le supplièrent d'effectuer une percée déterminante dans le Moyen-Orient, ce qui, à l'époque, était largement à la portée des troupes allemandes. Les forces britanniques, tant aériennes que navales ou terrestres, couvraient en ligne mince de vastes étendues du globe, et étaient partout vulnérables. Le Japon, allié de l'Allemagne, envisageait déjà une opération en Extrême-Orient. Nous le savons maintenant : l'Allemagne aurait parfaitement pu franchir le canal de Suez, traverser l'océan Indien, et rejoindre les forces japonaises, lorsqu'elles effectuèrent leur descente en Asie du Sud-Est jusqu'au golfe du Bengale. Raeder se disait que semblable opération porterait un *coup* fatal à l'Empire britannique, « pire que la prise de Londres ». Hitler disposait, en Europe de l'Est, de 150 divisions, auxquelles s'ajoutait la majeure partie de la *Luftwaffe*. Il lui aurait suffi d'un quart, à peine, de ces troupes pour aller jusqu'aux Indes[9].

Voilà qui peut donner lieu à d'inquiétantes hypothèses. Si le Japon et l'Allemagne avaient uni leurs forces aux Indes, le plan de guerre japonais y aurait gagné une logique stratégique à long terme dont il fut en réalité toujours dépourvu. La puissance et l'influence anglo-saxonnes auraient été éliminées d'Asie, certainement pour des années, peut-être pour toujours. L'Australie elle-même aurait pu se trouver menacée, et contrainte de chercher un accommodement. L'Afrique du Sud, avec ses immenses richesses en minerais, ne se serait pas trouvée hors de portée de Hitler. L'Angleterre et l'Amérique, au lieu de pouvoir exploiter les ressources des cinq sixièmes du monde et des océans, auraient dû borner leur champ d'action à la zone atlantique. Dans ces circonstances, la victoire aurait paru bien lointaine sinon impossible, et même Churchill aurait dû se résoudre à chercher une solution négociée avec Hitler. Là encore nous nous trouvons devant l'un des grands « si » de l'Histoire.

Mais Hitler, sans hésitation, rejeta ce dessein digne d'Alexandre. Il se cramponna à son idée que la « vraie » guerre, celle qu'il avait toujours eu l'intention de faire, devait être menée contre la Russie. C'était de cette mission que le destin les avait chargés, lui et sa race, c'était pour l'accomplir que l'Allemagne lui avait été confiée. En vérité le cours de l'histoire ne devait pas se borner à la destruction de la Russie, mais sans elle, il perdrait tout son sens. Et avant que la Russie ne soit anéantie, l'Allemagne ne pourrait pas jouer le rôle mondial auquel elle était destinée. Hitler était impatient de hâter les choses : le 31 juillet 1940, il déclara au général Halder que l'Amérique et la Russie représentaient le seul espoir de l'Angleterre; éliminer la Russie signifiait la fin pour les deux autres puissances, car le Japon aurait alors toute latitude de s'occuper des États-Unis. On peut penser que Hitler s'imaginait Roosevelt prêt à intervenir en 1942, car il voulait que le compte de la Russie fût réglé avant. Voici comment il prévoyait la suite des événements : le 9 janvier 1941, il dit à ses généraux qu'après l'élimination de la Russie, l'Allemagne pourrait s'emparer de ses ressources et devenir ainsi *invulnérable*; elle aurait alors la force de soutenir des guerres contre des continents entiers. Tandis que le Japon contraindrait l'Amérique à se débattre dans le Pacifique, il lancerait une triple offensive dans le Caucase, en Afrique du Nord et au Moyen-Orient. Les troupes allemandes se porteraient jusqu'en Afghanistan et de là au cœur de l'Empire britannique, aux Indes. Mais si la Russie était toujours opérationnelle, ce plan était trop risqué[10].

En conséquence, à quelques jours de l'armistice avec Pétain, Hitler attela son état-major à l'étude de la campagne de Russie[11]. Son idée originelle était de déclencher les opérations à l'automne de la même année, et ses généraux eurent le plus grand mal à le faire changer d'avis

— ils durent le persuader qu'il faudrait aux troupes toute la saison sèche, à partir de mai, pour écraser la puissance militaire russe avant l'arrivée des premières neiges. Hitler prit sa décision finale en décembre 1940, après la réélection de Roosevelt, qu'il considérait comme singulièrement de mauvais augure. Par ailleurs, Molotov venait de lui présenter la liste des exigences de Staline rendant le pacte germano-soviétique intolérable, « même comme mariage de convenances ». Par la suite, il ne dévia pas de sa résolution d'exterminer le bolchevisme à la première occasion. Les opérations en Méditerranée furent une regrettable diversion, rendue nécessaire par la sottise de Mussolini. Elles furent responsables de ce que Hitler devait appeler plus tard « un retard catastrophique dans le déclenchement de la guerre contre la Russie... Nous aurions dû pouvoir attaquer la Russie le 15 mai 1941 et... terminer la campagne avant l'hiver [12] ». L'attaque fut lancée immédiatement après la fin des opérations en Méditerranée.

En considérant cette année charnière de 1941, responsable de l'état actuel de l'humanité, l'historien ne peut qu'être stupéfait du rôle décisif de la volonté individuelle. Hitler et Staline jouèrent aux échecs utilisant les hommes comme pièces. D'une manière générale, on peut dire que ce furent les angoisses personnelles de Staline, sa peur obsessionnelle de l'Allemagne, qui le poussèrent à signer le pacte fatal ; et ce furent son avidité et son manque de réalisme, à lui et à lui seul, qui l'amenèrent à se fier à ce marché de dupes, par lequel il se croyait protégé du danger, tandis que Hitler préparait en sous-main son printemps meurtrier. Ce fut Hitler, lui et lui seul, qui prit la décision de déclencher une guerre d'extermination contre la Russie, pour l'annuler ensuite, puis l'ajourner, et enfin la replacer au cœur de sa stratégie, se réservant le droit d'en choisir l'heure et les modalités. Aucun de ces deux hommes n'était représentatif d'irrésistibles courants historiques. Ni l'un ni l'autre ne prirent la peine de consulter son peuple ; ni l'un ni l'autre ne parlèrent au nom d'un quelconque corps constitué. Tous deux étaient des solitaires, inconsidérés dans leurs décisions, qu'ils prenaient au nom de leurs préjugés, de leurs antipathies et de leurs caprices personnels. Leurs lieutenants obéissaient aveuglément, parfois poussés par une terreur contre laquelle ils ne cherchaient aucunement à réagir, et les grandes nations qu'ils menèrent à l'abattoir semblaient n'avoir d'autre choix que de les suivre. Nous nous trouvons ici devant le contraire du déterminisme historique : l'apothéose d'une autocratie solitaire. C'est ainsi que se passent les choses lorsque le frein moral de la religion, de la hiérarchie et de la tradition ne fonctionne plus : le pouvoir de prévenir ou déclencher des événements catastrophiques ne se trouve plus dévolu à la bienveillance impersonnelle des masses, mais tombe entre les mains d'individus isolés par la perversion de leur nature.

La décision de Hitler d'envahir la Russie fut la plus fatale de sa carrière. Elle eut pour conséquence la chute de son régime dans laquelle il sombra lui-même. Ce fut aussi l'une des plus importantes de l'histoire moderne, car elle permit au totalitarisme soviétique de se répandre jusqu'au cœur de l'Europe. Mais c'était un pari que Hitler aurait pu gagner. Il est essentiel de comprendre pourquoi ce ne fut pas le cas. Au début de 1945, Hitler assura que ce fut le retard pris avant le déclenchement des opérations en Russie qui l'empêcha d'atteindre Moscou en temps voulu et d'anéantir le régime de Staline avant l'arrivée de l'hiver. Mais à l'époque il ne paraissait pas aussi à l'étroit dans son emploi du temps. A la vérité, il avait considérablement sous-estimé la puissance militaire soviétique. Ainsi que le fait remarquer un vieux dicton diplomatique : « La Russie n'est jamais aussi forte qu'elle en a l'air. La Russie n'est jamais aussi faible qu'elle en a l'air. » Hitler l'ignorait. Du reste, il n'était pas le seul à mépriser l'Armée rouge. Comme nous l'avons dit, les états-majors anglais et français la plaçaient plus bas que l'armée polonaise. Ce point de vue sembla justifié par la campagne de Finlande. Il était généralement admis que les purges de 1937-1938 avait sapé le moral des troupes russes. L'amiral Canaris, chef du service de renseignements allemand, l'*Abwehr*, croyait Heydrich sur parole lorsque ce dernier affirmait que son organisation avait délibérément dupé Toukhatchevski et tous les autres officiers soviétiques tant soit peu compétents [13]. Ce fut en partie sur la foi des estimations erronées de Canaris que Hitler présuma que la campagne de Russie serait une entreprise plus facile que la conquête de la France. Il déclara à l'ambassadeur de Bulgarie, Dragonoff, que l'Armée rouge n'était qu'« une rigolade ». Elle se retrouverait « coupée en morceaux », « étranglée », « réduite à quelques compagnies ». En décembre 1940, il prétendait : « Dans trois semaines nous serons à Saint-Pétersbourg [14]. » Bien que les Japonais fussent ses alliés, jamais il n'eut l'idée de s'intéresser à leurs estimations, bien plus exactes, des forces soviétiques — en particulier dans le domaine des blindés —, et qui reposaient sur leur douloureuse expérience de mai-juin 1939. L'état-major allemand, qui avait fourni un travail remarquablement approfondi lors de la préparation de la campagne de France, traita la campagne de Russie à la légère : il traversait en effet une période d'euphorie sous l'impression que l'Allemagne avait enfin réussi à briser « le triangle de fer » qui l'enserrait (formé par la France, la Pologne et la Tchécoslovaquie), et qu'elle était maintenant libre de ses mouvements. Le général Marcks, qui dirigeait la préparation des opérations, estimait à neuf semaines au mieux, dix-sept au pire, le temps nécessaire pour anéantir la résistance militaire soviétique. En 1812, la Russie avait trouvé refuge dans l'immensité de ses territoires ; mais l'état-major allemand pensait que cette fois la chose serait impossible, car Staline devrait défendre les régions industrielles à l'ouest du Dniepr. De plus, Marcks estimait que jamais l'Union soviétique ne serait assez organisée pour faire appel à ses réserves de huit à douze millions d'hommes, et en conséquence il s'imaginait que les Russes ne jouiraient même pas de la supériorité numérique [15].

C'était exactement le genre d'opinion que Hitler aimait à entendre, renforçant sa conviction qu'il pourrait faire à bon compte la guerre à la Russie. Concept tant économique que militaire, la *Blitzkrieg* reposait sur l'idée de Hitler que l'Allemagne serait incapable de soutenir une guerre prolongée avant de s'être appropriée les richesses de la Russie. « L'opération Barbarossa », ainsi qu'elle fut appelée, devait être la dernière *Blitzkrieg* et les moyens mis en œuvre avaient été calculés au plus juste. Même en 1941, Hitler n'était pas désireux de mettre l'économie allemande sur le pied de guerre. Depuis l'occupation de Prague, il nourrissait des doutes justifiés sur le désir du peuple allemand de se trouver entraîné dans une guerre totale; et en conséquence, il hésitait à rendre obligatoire le travail des femmes dans les fabriques d'armement ou à limiter la production civile ainsi que la consommation plus qu'il n'était absolument indispensable pour atteindre ses objectifs militaires. C'est ainsi que dès le départ l'opération Barbarossa se trouva gravement handicapée : on y trouvait impliqués assez d'éléments pour former 153 divisions, mais seulement 3 580 chars, 7 184 canons et 2 740 avions. A titre de comparaison, l'offensive soviétique de janvier 1945 fit usage, sur le seul front berlinois, de 6 250 chars, 7 560 avions, et pas moins de 41 600 canons [16]. Une grande partie du matériel allemand était remorqué par des chevaux, et le manque de mobilité se révéla une hypothèque de plus en plus lourde. Les Allemands en furent réduits à livrer une guerre des années 40 avec un matériel vieux de dix ans, et qui plus est en quantité insuffisante.

Cette carence était particulièrement perceptible au niveau de l'armée de l'air; la *Luftwaffe* de Goering, qui avait déjà manifesté des faiblesses regrettables lors de la bataille d'Angleterre, se révéla incapable d'apporter une aide efficace à l'armée de terre, ou même de bombarder les usines d'armements de Staline. Force fut de constater que Goering était un chef de plus en plus incompétent et paresseux; l'officier commandant ses services techniques, de même que son chef d'état-major devaient finalement se suicider lorsque leurs bourdes furent dévoilées [17]. Mais la responsabilité incombait aussi à Hitler, qui n'avait pas su fournir à l'armée de l'air des appareils en quantité suffisante. La faute en revenait également à la politique d'approvisionnement nazie, étatiste, bureaucratique, et totalement incapable de permettre la mise au point d'un bombardier lourd approprié à l'entreprise. Il est à noter que les meilleurs appareils de la Seconde Guerre mondiale, tels que le Mosquito britannique et le Mustang américain (cf. p. 51), furent le produit de l'initiative privée et non du gouvernement ou de l'armée de l'air [18]. En Allemagne, la *Luftwaffe* devint le corps le plus inféodé au parti et le plus totalitaire des trois armes; Hitler ne fit rien pour l'empêcher et paya chèrement par la suite.

Aux erreurs commises par les autres, lui-même devait contribuer largement, et de plus en plus au fil des mois. L'opération Barbarossa avait été conçue de manière bien trop optimiste; de plus les premières brillantes victoires remportées par l'armée allemande confortèrent Hitler dans sa certitude que tout serait terminé avant peu. Dès le début de la guerre la Russie jouissait d'une écrasante supériorité numérique dans le domaine de l'armement : sept chars contre un, quatre ou cinq avions contre un [19]. Mais Staline avait refusé de voir l'imminence de l'attaque allemande; il avait exigé que les troupes soviétiques soient regroupées le long de la frontière et restent à leur poste coûte que coûte. Aussi les premières pertes furent-elles considérables. Avant la fin de l'année, les Allemands avaient fait trois millions et demi de prisonniers, tandis qu'un autre million d'hommes avaient été tués ou blessés [20]. La plupart de ces grandes victoires allemandes furent remportées durant le premier mois de la campagne. Vers la mi-juillet, convaincu que la guerre était gagnée, Hitler donna l'ordre de transférer la production de guerre de l'armée de terre à la marine et à l'aviation [21]. Ainsi les 600 chars mensuels originellement prévus virent-ils leur nombre amputé d'un tiers. Hitler espérait rappeler fin août quelques divisions d'infanterie et les blindés en septembre, pour ne plus laisser que cinquante à soixante divisions le long d'une ligne Astrakhan-Arkhangelsk, de façon à pouvoir conduire, le cas échéant, des expéditions punitives jusqu'à l'Oural et au-delà. Alors il serait libre d'amorcer sa descente sur le Moyen-Orient et les Indes.

Ces projets devaient se révéler ridiculement optimistes. Dans la seconde moitié de juillet, Hitler décida, pour des motifs économiques, de pénétrer en Ukraine. Les troupes allemandes ne se mirent en route vers Moscou que deux mois plus tard — le 2 octobre. Le jour même, le général Guderian, meilleur officier de chars de Hitler, aperçut les premiers flocons de neige. Quatre jours plus tard de grosses pluies se mirent à tomber; les gelées furent fortes et commencèrent tôt cette année-là — dès la deuxième semaine de novembre. L'offensive dut réduire son allure. Les chars allemands s'approchèrent de Moscou à 32 km au nord et 48 km à l'ouest. Mais la température tomba progressivement, atteignant 20° puis 60° au-dessous de zéro. L'intendant général Wagner adressa le 27 novembre un rapport résumé en une seule phrase par le général Halder : « Nous avons atteint la limite de nos forces humaines et de nos possibilités matérielles [22]. » Puis le 6 décembre, sans que rien puisse le laisser prévoir, les Russes contre-attaquèrent avec une fougue extraordinaire.

Dès lors il était évident que l'opération Barbarossa était vouée à l'échec. Il fallait recourir à une stratégie entièrement nouvelle. Le premier mouvement de Hitler fut de renvoyer Brauchitsch et de prendre lui-même la tête des opérations. Immédiatement, il interdit tout repli stratégique et devait par la suite s'en tenir à cette tactique, qui interdisait aux troupes la moindre souplesse de mouvement. La lutte défensive dans laquelle la *Wehrmacht* se trouva dès lors engagée, au plus froid de l'hiver, lui coûta plus d'un million d'hommes, soit 31,4 pour cent de l'ensemble de l'armée de l'Est. Jamais elle ne retrouva son *élan*.

L'ère du *Blitzkrieg* était révolue ; elle n'avait duré que deux ans. Au printemps l'offensive reprit. Le 21 août, les Allemands atteignirent les sommets du Caucase, mais ils ne purent jamais parvenir jusqu'aux champs de pétrole situés plus au sud. Deux jours plus tard, ils pénétrèrent dans Stalingrad, sur la Volga. Mais dans tous les sens du terme la capacité offensive allemande était alors épuisée : elle n'avait plus devant elle qu'une douloureuse guerre défensive.

Le passage de l'attaque à la défense fut marqué par l'ingérence croissante de Hitler dans la stratégie à adopter. Il donnait maintenant ses ordres directement aux chefs des groupes d'armée, aux officiers en charge de certains secteurs, et même aux commandants de divisions ou de régiments. Il y eut de violentes altercations avec les officiers plus haut placés, dont beaucoup furent relevés de leurs fonctions — l'un d'eux fut même abattu. Pendant l'hiver 1941, écrivit Goebbels, Hitler « vieillit beaucoup ». Et le général Halder nota : « Sa sous-estimation des possibilités de l'ennemi, qui a toujours été l'une de ses faiblesses, atteint maintenant des proportions grotesques [23]. » Il renvoya le commandant d'un groupe d'armée, prit en main lui-même le contrôle détaillé des opérations, et refusa de discuter avec Jodl. Pour finir, il se trouva en désaccord avec tous ses commandants en chef, tous ses chefs d'état-major, onze sur dix-huit de ses maréchaux, vingt et un sur quarante de ses généraux, et pratiquement tous les commandants des trois secteurs du front russe [24].

Bien que la prise en main par Hitler des opérations de la campagne de Russie ait été une grosse erreur, elle ne fut pas la seule, ni même la principale, responsable de l'échec final. La cause réelle était bien plus profonde et se trouvait dans la conception même de la guerre, au cœur des intentions politiques de Hitler. En attaquant la Russie, il s'efforçait de réaliser simultanément deux choses totalement différentes ; d'abord remporter une victoire militaire, mais aussi mettre en route une formidable entreprise de remodelage social. Ces deux intentions étaient absolument incompatibles. Bien entendu, il n'est pas rare d'accompagner une campagne militaire d'un but politique, d'en faire une « guerre de libération ». Du reste, en 1941, la chose pouvait parfaitement se concevoir. Le régime de Staline était entièrement assis sur la terreur. Il était universellement impopulaire — détesté dans son pays, redouté dans toute l'Europe. Bien des gens en Allemagne, et plus encore ailleurs, considéraient une guerre contre le bolchevisme comme une croisade, menée pour le bien d'une douzaine de peuples européens opprimés, de l'Arctique à la mer Noire, qui avaient été dépouillés et opprimés par des Russes à moitié asiatiques. A l'opération Barbarossa prenaient part plus de douze divisions roumaines, deux finlandaises, trois hongroises, trois slovaques ; plus tard elles furent rejointes par trois divisions italiennes et une espagnole [25]. Un bon nombre de ces soldats était des volontaires. Par ailleurs, bien des Russes, dans leur pays ou à l'étranger, considérèrent l'attaque de Hitler comme une occasion de se libérer de la tyrannie et de détruire le régime qui avait apporté à leur peuple vingt années de misère et coûté plus de 15 millions de morts.

Hitler aurait pu se placer à la tête d'une telle croisade. Mais le faire aurait été se trahir : il n'était pas là pour jouer les libérateurs ; tout comme Staline, il était là pour jouer les tyrans. Seul un hasard de naissance et de race en faisait des adversaires, et dressait leurs régimes l'un contre l'autre. Mais sur l'essentiel, leurs idéologies se rejoignaient : tous deux entendaient bâtir une utopie où l'humanité serait divisée en maîtres et esclaves. Les vues de Hitler sur la Russie n'étaient nullement idéalistes : elles étaient tout simplement impitoyablement expansionnistes. Le 30 mars 1941, il s'efforça de les faire comprendre à 250 officiers supérieurs des trois armées[26]. La guerre contre la France, expliqua-t-il, avait été une guerre « conventionnelle ». Il en était de même pour la guerre contre les pays occidentaux. Elle était essentiellement de caractère militaire. Les lois de la guerre pouvaient s'y appliquer. Mais dans l'Est les choses devaient être différentes. Contre la Russie, l'Allemagne entreprenait une guerre totale. « Nous nous trouvons devant une guerre d'extermination. » Le but de la campagne était la destruction totale, puis l'expansion coloniale sur les territoires ainsi acquis. Il semblerait que les généraux allemands n'aient pas très bien saisi l'énormité de ce que Hitler entendait leur faire accomplir[27]. Cela ne le surprit guère. Il s'y attendait. C'est la raison pour laquelle il avait favorisé l'expansion de la SS, qui allait maintenant pouvoir accomplir l'œuvre pour laquelle il l'avait créée. Elle comprenait des groupes de « spécialistes » — 3000 dans chacun d'eux, — nommés *Eisatzgruppen*, qui suivaient le sillage des unités militaires régulières, dans le but d'accomplir la plus audacieuse entreprise de remodelage social jamais imaginée.

La pauvre Europe de l'Est, torturée, mal gouvernée, qui avait déjà soutenu le choc de l'aventurisme idéologique de Lénine, puis la version brutalement magnifiée de ses plus mauvais côtés sous la coupe de Staline, allait devoir se trouver être le théâtre d'une autre expérience totalitaire. L'objectif militaire de l'opération Barbarossa n'était qu'un à-côté. Le but réel était d'exterminer le bolchevisme et son « bassin de réception juif », de façon à acquérir des territoires en vue d'une expansion coloniale, à réduire en esclavage des peuples slaves au sein de quatre « commissariats du Reich » (nommés Baltique, Ukraine, Moscovie et Caucase), et à créer un système économique autarcique qui permettrait de résister à n'importe quel blocus de la part des puissances anglo-saxones[28].

Le but final de Hitler était de créer un *Volk* germanique de 250 millions d'âmes. Déclarant avoir l'intention d'installer 100 millions d'Allemands sur les vastes plaines de l'ouest de l'Oural, il prévoyait en 1941 qu'au cours de la décennie suivante les 20 premiers millions pourraient partir pour l'Est. Bien qu'ayant des vues précises sur le processus de colonisation, il restait assez vague sur l'origine des futurs colons. Ceux qui semblaient acceptables et désireux de partir, les *Volksdeutsche* de l'Europe du Sud-Est, n'étaient pas plus de 5 millions — huit au mieux. Un autre théoricien nazi, Alfred Rosenberg, envisagea de « détacher » des Scandinaves, des Hollandais et des Anglais de leur territoire d'origine pour les transformer en colons, une fois la guerre remportée, car ils étaient d'une origine raciale proche de celle des Allemands. Certains des aspects de cet immense transfert de population, qui devait être le plus spectaculaire et déterminant de toute l'histoire de l'humanité, étaient réglés dans les plus petits détails. La polygamie devait être en vigueur, ainsi que le libre choix parmi les femmes, pour les militaires décorés. La Crimée, après avoir été « épurée » des Slaves et des juifs, devait être transformée en une gigantesque zone de villégiature allemande sous son ancien nom grec de Tauride, et peuplée par un transfert en masse de paysans du Tyrol du Sud[29]. Sur les immenses territoires de l'Ukraine et de la Russie sud-européenne, était planifiée une nouvelle civilisation germanique. Voici comment Hitler la décrivait :

> « La région doit perdre son allure de steppe asiatique. Il faudra qu'elle soit européanisée !... Le "paysan du Reich" devra vivre dans une terre d'une grande beauté. Il faudra que les bâtiments administratifs allemands soient splendides; les gouverneurs devront résider dans des palais. A trente ou quarante kilomètres autour de chaque cité sera placée une couronne de villages ravissants... Voilà pourquoi nous construisons à l'heure actuelle de grandes voies de communication à l'extrémité sud de la Crimée et jusqu'aux montagnes du Caucase. Ces routes relieront entre elles les cités allemandes comme des perles sur le fil d'un collier, et autour des villes nous établirons les colonies rurales allemandes. Car nous n'allons pas nous doter de *Lebensraum* en utilisant les misérables trous perdus des Russes ! Les colonies allemandes seront placées à un tout autre niveau ![30] »

Dans l'impétuosité des jours de gloire de 1941, la vision de Hitler, s'élargissant sans cesse, en arriva à englober toute l'Europe. La Belgique, les Pays-Bas, le Luxembourg, tout le Nord de la France jusqu'à la Somme devaient faire partie d'une grande Allemagne; le nom des villes serait changé — ainsi Nancy deviendrait Nanzia, Besançon Bisanz. Trondheim serait une très importante ville allemande ainsi qu'une base navale de 250000 habitants. Les Alpes formeraient la frontière entre « l'empire allemand du Nord » — avec une nouvelle capitale, « Germania » — et « l'Empire romain du Sud ». Le pape serait pendu en grande pompe au milieu de la place Saint-Pierre. La cathédrale de Strasbourg serait transformée en un immense « Monument au Soldat Inconnu ». On inventerait de nouvelles cultures, telles que le seigle vivace. Il serait interdit de fumer; on devrait obligatoirement être végétarien. L'art du tricot renaîtrait, dans lequel excellaient les Cimbres. On créerait un poste de « délégué à la protection des chiens » et un autre de « sous-secrétaire à la défense contre les moustiques et autres insectes[31] ».

La plupart de ces propositions « constructives » durent attendre. Mais à partir du 22 juin 1941 le processus destructeur put se mettre en mouvement. A l'origine, la « solution finale » pour les juifs était liée au programme de colonisation de la Russie. Ce sera le sujet de notre prochain chapitre. Dans le domaine militaire, ce qui comptait en 1941 était une décision, prise par Heydrich en mai et confirmée par un « décret du Führer », selon laquelle il était nécessaire de repérer les officiels communistes, les juifs, les Gitans et les « Asiatiques inférieurs » en vue d'une extermination immédiate ; tout militaire qui appliquerait ces ordres serait bien évidemment exempt de punition. Selon les « dispositions relatives aux commissaires du peuple » du 6 juin 1941, tout fonctionnaire soviétique « devait en principe être abattu immédiatement ». Les instructions données juste avant le déclenchement de l'opération Barbarossa demandaient que soient prises « des mesures énergiques, impitoyables, contre les agitateurs bolcheviques, les terroristes, les saboteurs, les juifs » pour en arriver à « une suppression totale de toute résistance active et passive [32] ». En pratique, les *Einsatzgruppen* se mirent à rafler tous les hommes cultivés, tous les leaders sociaux dans les zones occupées par les Allemands et les fusillèrent en masse. Environ 500000 juifs furent ainsi massacrés en Russie d'Europe pendant la seule année 1941, et peut-être autant de Russes. Otto Ohlendorf, l'un des commandants SS, reconnut à Nuremberg que son unité à elle seule élimina 90000 hommes, femmes et enfants en 1941. En juillet, la Russie, tout entière avait commencé à comprendre que la guerre qu'elle subissait n'était ni plus ni moins qu'une entreprise d'extermination.

Et c'est là où Staline et son régime trouvèrent le salut. Lorsqu'il se décida enfin à s'adresser au peuple russe le 3 juillet, il était évident qu'il n'aurait aucun mal à le mobiliser pour un « grand conflit patriotique ». Il compara Hitler à Napoléon. Il appela à une guerre de francs-tireurs, fit ressortir la nécessité d'une politique de « la terre brûlée ». Cet appel ne resta pas sans réponse. Pour la première fois depuis 1918, on autorisa les pratiques religieuses. Et ce fut certainement là le facteur principal de la renaissance d'une identité nationale. Certains prisonniers des camps de concentration furent autorisés à sortir pour aller former des « bataillons disciplinaires » et se battre en première ligne. Dans le *Docteur Jivago*, Boris Pasternak raconte de manière émouvante comment les détenus se réjouirent de la guerre [33]. Staline se laissa même aller à fraterniser quelque peu avec le peuple, délaissant les voûtes de son bureau au Kremlin — où le masque mortuaire de Lénine reposait près de son coude gauche — pour aller s'adresser aux Soviétiques le 6 novembre bien à l'abri dans le métro de Moscou. Pour ne pas changer, il leur raconta un mensonge et prétendit que la Russie avait « bien moins de chars que les Allemands » — alors qu'en réalité l'Armée rouge en possédait 13000 au début des hostilités [34]. Le lendemain, il parla sur la place Rouge, invoquant les saints et les combattants de la Russie impériale : « Laissons-nous inspirer dans cette guerre par l'image virile de nos grands ancêtres — Alexandre Newski, Dimitri Donskoï, Kozma Minine, Dimitri Pojarski, Alexandre Souvorov, et Mikhaïl Koutouzov ! [35] »

Néanmoins, le régime faillit s'effondrer en novembre 1941. La plupart des services gouvernementaux se replièrent à Kouïbychev sur la Volga. On brûla des monceaux d'archives impossibles à emporter. Une fois la nouvelle connue, il y eut des émeutes : la populace pilla les magasins d'alimentation, certains officiers du Parti déchirèrent leurs cartes et se disposèrent à entrer dans la clandestinité. Mais Staline resta à Moscou, et ce fait seul empêcha la catastrophe [36].

Staline demeura à Moscou pour la même exacte raison qui poussa Hitler à concentrer tout le pouvoir entre ses mains : il ne faisait pas confiance à ses généraux, et souhaitait assurer le contrôle personnel de la terreur qu'il entendait faire régner. Ne connaissant pas d'autre moyen de gouverner, bien qu'il jouât, en apparence, la carte patriotique, à aucun moment il ne soulagea son peuple de la chape de plomb qu'il faisait peser sur ses épaules. Si l'armée conservait sa cohésion c'était autant par crainte que par loyalisme. Son bras droit était son ancien secrétaire, le général L.Z. Mekhlis, actuellement chef de la Direction politique de l'armée, responsable de milliers d'exécutions pendant les purges : au cours de la débâcle de l'hiver 1939-1940, Staline l'avait envoyé en Finlande où il avait démis de leurs fonctions, arrêté puis fait fusiller les officiers supérieurs jugés responsables du désastre. La loi martiale léniniste considérait comme des criminels les soldats coupables de s'être laissés capturer. Mekhlis avait organisé une macabre mise en scène en 1940, au cours de laquelle des milliers de prisonniers de guerre furent accueillis à Leningrad par des banderoles proclamant « La patrie accueille ses héros » ; puis on les poussa vers des voies de chemin de fer et on les entassa dans des wagons à bestiaux, en route vers les camps [37]. Suivant les ordres personnels de Staline, Mekhlis et son assistant le commissaire aux Armées E.A. Chtchadenko continuèrent à arrêter, emprisonner et faire fusiller certains officiers en 1940 et 1941 Le commandant en chef des armées de l'Ouest, D.G. Pavlov, fut ainsi abattu pour « trahison ». Il y eut une fournée importante d'exécutions en octobre 1941, et une autre en juillet 1942, cette dernière en anticipation d'un ultime coup bas porté à l'armée [38]. Une nouvelle et terrifiante force de sécurité sur le terrain, le Smersh, s'occupait du menu fretin, en coopération avec les bataillons de police placés à l'arrière du front pour empêcher toute retraite. La famille des soldats connus pour avoir été capturés par l'ennemi était passible de longues peines de prison [39]. Cerné par la mort comme il l'était, le deuxième classe russe n'avait d'autre solution que de se battre juqu'à la limite de ses forces.

Quiconque se rendait coupable d'avoir manqué un tant soit peu de loyauté, fût-ce seulement en théorie, était traité comme une bête.

Dans les zones susceptibles de tomber aux mains de l'envahisseur allemand, les prisonniers politiques étaient massacrés[40]. Staline se lança dans un remodelage social défensif sur une échelle à peine moins ambitieuse que les plans extravagants de Hitler. Les Allemands de la république autonome de la Volga, au nombre de 1650000, furent chassés jusqu'en Sibérie. Ils y furent suivis par d'autres nations entières : les Tchétchènes, les Ingouches, les Karatchaïs, les Balkars du Caucase septentrional, les Kalmouks de la région au nord-ouest de la Caspienne, les Tatars de Crimée, les Meskhètes de la frontière soviéto-turque. Certains de ces forfaits apparentés au génocide, furent perpétrés bien après que tout danger allemand avait été écarté. Les Tchétchènes furent déportés seulement le 23 février 1944, au moyen de camions américains fournis grâce à la loi prêt-bail[41].

La brutalité de Staline, s'ajoutant à la folie de Hitler, permit à l'Union soviétique de survivre. En tant que chefs suprêmes, les deux hommes étaient étrangement semblables, avec leur indifférence totale aux pertes humaines, quelle que soit leur étendue, leur refus de rendre visite au front (dans les deux cas pour motifs de sécurité), et leur exigence de diriger personnellement les campagnes. Staline, comme Hitler, se chargea parfois lui-même de déployer des régiments. Le 30 novembre 1941, il reçut un rapport lui signalant la chute de la ville de Dedovo-Dedovsk, à trente-deux kilomètres à l'ouest de Moscou. Il ordonna à Joukov, ainsi qu'à deux colonels, Rokossouki et Govorov, de rassembler une compagnie d'infanterie et deux chars, et de la reprendre personnellement[42]. Par ailleurs Staline était encore plus secret dans ses décisions que ne l'était Hitler pourtant soupçonneux. Dès le moment où il eut recouvré son sang-froid, au début de juillet 1941, il se mit discrètement à constituer des réserves militaires secrètes, la *Stavka*, sur lesquelles il avait personnellement la haute main et dont l'existence fut cachée à tous les officiers, quelle que soit l'importance de leur grade[43]. Cela était rendu possible par le système léniniste de contrôle politique de l'armée, avec son double système de commandement. Ainsi, tout au long de la guerre, Staline posséda sa propre armée, qu'il dirigeait en personne, soit pour déclencher des offensives imprévues et ainsi avoir le contrôle de la bataille, soit pour terroriser ses généraux, ainsi que le fit Hitler grâce aux SS. Il se souvenait des paroles de Lénine : « Ce furent les arrières fragiles de Denikine, Koltchak, Wrangel et des agents impérialistes qui précipitèrent leur défaite. » Staline, quant à lui, « consolida » ses arrières avec sa *Stavka*, les hommes du parti et du NKVD, ainsi qu'une organisation appelée *Tsentral'nyi Chtab* qui contrôlait les francs-tireurs, et qu'il commandait lui-même[44].

Dans cette lutte personnelle pour la survie, Staline bénéficia tout du long de l'aide non négligeable des démocraties occidentales. On peut dire que, si la politique de Hitler assura la sauvegarde du régime, Churchill et Roosevelt assurèrent celle de Staline lui-même. Lorsque

Hitler attaqua la Russie, il se trouva certains esprits clairs pour affirmer que l'aide occidentale à l'Union soviétique devrait se limiter à ce qui était conforme aux intérêts occidentaux, sans se soucier de morale ou d'engagement politique. Elle devrait, précisa George Kennan au département d'État, « exclure tout ce qui pourrait créer entre nous-mêmes et l'effort de guerre soviétique une quelconque identification, politique ou idéologique ». La Russie devrait être traitée comme « une compagne de route » et non comme « une associée politique[45] ». C'étaient là des paroles sensées. Moralement, Staline ne valait pas plus cher que Hitler ; par certains côtés, il était pire. C'était également un point de vue avisé sur le plan pratique, car il établissait une structure à l'intérieur de laquelle on pouvait traiter des affaires, sans que cela impliquât pour autant la consultation de la Russie à la fin de la guerre sur la manière de disposer du monde.

La Grande-Bretagne n'avait pas la moindre obligation vis-à-vis de l'URSS. Jusqu'au moment même de l'attaque allemande, le régime soviétique avait toujours fait de son mieux pour assister Hitler dans son effort de guerre, remplissant scrupuleusement son contrat de fournisseur de matières premières, et en juin 1941, la RAF se demandait encore si elle devrait ou non bombarder les champs de pétrole de Bakou qui ravitaillaient la *Wehrmacht*[46]. A ce stade, Churchill n'était pas loin de désespérer des perspectives à long terme du déroulement de la guerre, et redoutait une percée allemande victorieuse dans le Moyen-Orient, et lorsque Hitler choisit de s'en prendre à la Russie, son soulagement fut si intense qu'il le poussa à agir d'une manière peu rationnelle. Il tenait l'occasion rêvée de combiner la puissance industrielle anglo-saxonne à l'immensité des effectifs soviétiques pour saigner à blanc l'armée allemande. Un instinct identique lui avait inspiré son projet de Gallipoli pendant la Grande Guerre, lequel, s'il avait été mené à bien — il en était encore persuadé — aurait changé tout le cours de l'histoire. Le soir de l'invasion allemande, Churchill, sans consulter les autres membres du ministère de la Guerre, engagea l'Angleterre aux côtés de la Russie comme partenaire à part entière ; Eden était encore plus enthousiaste, influencé qu'il était par son secrétaire, Oliver Harvey, un intellectuel prosoviétique issu de Cambridge, qui considérait « l'archipel du goulag » comme un mal nécessaire à la modernisation de la Russie[47]. Pour mettre en place la nouvelle alliance, Churchill choisit pour émissaire son ami lord Beaverbrook. Il repoussa les demandes des spécialistes de l'ambassade britannique, qui partageaient les vues de Kennan, et qui souhaitaient un marchandage serré : « des fournitures commerciales en échange de renseignements détaillés, sur la production et les ressources soviétiques ». Beaverbrook exposa la politique que les Anglais et les Américains entendaient appliquer : « Il fallait que tout le monde comprenne bien qu'ils satisferaient les besoins des Russes du mieux qu'ils le pourraient, que ces derniers offrent quelque chose en échange ou pas. Cela devait être un vrai arbre de Noël[48]. »

L'aide fut donc accordée inconditionnellement et remise directement entre les mains de Staline auquel on ne demanda aucun compte : les Soviétiques n'en furent jamais officiellement informés. Ainsi l'Angleterre et l'Amérique fournirent au dictateur russe les moyens de consolider son pouvoir personnel, et en échange il leur offrit la vie de ses soldats. L'arrangement parut satisfaisant à Churchill et Roosevelt. Le maître du Kremlin avait le don de se faire passer pour un modéré : il y recourut abondamment de 1921 à 1929, tandis qu'il gravissait l'une après l'autre les marches qui allaient le conduire au pouvoir absolu. A cette époque, le « centriste » c'était lui, qui devait lutter contre les « extrémistes » de droite ou de gauche. Et maintenant encore il jouait les modérés. Churchill et Eden, Roosevelt et son envoyé Averell Harriman, tous acceptaient l'idée que Staline était un politicien du centre qui s'efforçait, avec beaucoup de difficulté, de contenir les débordements violents de ses sectateurs fanatiques. Staline entretenait cette opinion à l'aide d'allusions choisies. (Bizarrement, Hitler lui-même, qui pourtant avait eu dans le passé recours à la même tactique, s'y laissa prendre; il en fut de même pour Mussolini[49].) Ainsi fut-il avec son autocratie, le seul bénéficiaire du secours des pays démocratiques.

Jusqu'à quel point l'aide occidentale fut-elle essentielle à la survie de l'Union soviétique ? On ne pourra le savoir avec exactitude que lorsque seront ouvertes les archives soviétiques; il faudra pour cela attendre la chute du régime. On peut affirmer, après contrôle minutieux, que Staline fut informé d'une manière extraordinairement détaillée des décisions et des plans adoptés par les Allemands sur le front de l'Est; informations obtenues grâce au système des services de renseignements Enigma/Ultra[50], qui eut un impact direct et très important sur la suite des combats à partir de 1942, et aida Staline à remporter les spectaculaires victoires de 1943-1944, portées à son actif. Mais avant tout, il est certain que le matériel militaire expédié en toute hâte jusqu'à Arkhangelsk et Mourmansk au cours du premier automne de l'invasion fut d'une importance décisive. Il permit à Staline de prendre l'offensive le 6 décembre et fit pencher la balance de l'autre côté, alors que, cet hiver-là, la situation semblait désespérée. Ce matériel comportait 200 avions de chasse modernes, destinés originellement à la base britannique de Singapour dont la situation était extrêmement vulnérable, ne possédant pratiquement aucun chasseur moderne. Le départ de ces appareils pour la Russie ainsi qu'un certain nombre de chars décida du destin de Singapour[51]. Ainsi, par une cruelle ironie de l'histoire, il se pourrait que Churchill, le dernier des grands impérialistes britanniques, ait sacrifié un empire libéral pour assurer la sauvegarde d'un empire totalitaire.

Le déclenchement de la contre-offensive soviétique, le 6 décembre 1941, marqua le point à partir duquel Hitler perdit le contrôle de la guerre. Depuis que ses troupes avaient pénétré en Rhénanie en 1936, il avait dominé la politique mondiale; le pouvoir décisionnel n'appartenait qu'à lui. Et brusquement il se retrouvait l'esclave des événements et non plus leur maître. Peut-être parce qu'il se rendait compte de la funeste tournure des choses, ou plutôt pour tenter de la cacher, il prit cinq jours plus tard une décision tellement folle qu'on a peine à y croire.

L'un des plus grands mystères de la carrière de Hitler réside dans son incapacité à accorder ses plans avec ceux des Japonais, bien qu'allié depuis le pacte anti-Komintern du 25 novembre 1936. Le Japon et l'Allemagne étaient deux puissances « non possédantes », aux grands desseins expansionnistes : beaucoup de points communs les rapprochaient y compris de très importantes possibilités militaires à court terme, ainsi que des faiblesses logistiques à long terme presque insurmontables (ni l'un ni l'autre ne possédaient de pétrole et de moyen d'en acquérir). Pour que leurs projets respectifs aient des chances d'aboutir, il leur fallait agir de concert, ce qu'ils ne firent pas. En effet, Hitler ne prévint le Japon que deux jours à l'avance de son entente avec Staline en août 1939, réduisant à néant les clauses du pacte anti-Komintern[52]. Lorsqu'en 1941, il décida de changer de politique, il ridiculisa encore plus les Japonais, car il savait que la classe dirigeante japonaise était partagée entre deux tendances : une stratégie « du nord », qui souhaitait attaquer la Russie, et une stratégie « du sud » qui comptait s'en prendre aux anciens empires. Le Japon signa le pacte d'alliance de l'Axe le 27 septembre 1940. Si Hitler avait décidé de se tourner contre la Grande-Bretagne en traversant le Moyen-Orient en 1941, alors la stratégie « du sud » aurait pu l'aider ; mais si, comme il finit par le faire, il attaquait d'abord la Russie, alors son intérêt était de persuader le Japon d'opter pour une stratégie « du nord ». Au début d'avril 1941, le ministre japonais des Affaires étrangères, Matsuoka Yosuke, ardent partisan de l'Axe, se trouvait à Berlin. Hitler ne lui dit pas un mot de son projet de fondre sur la Russie. De Berlin, Matsuoka se rendit à Moscou, et le 13 avril signa avec Staline un traité de neutralité, ouvrant ainsi la voie à une stratégie « du sud ». Quand huit semaines plus tard Hitler envahit la Russie, Matsuoka confessa naïvement à ses collègues : « J'ai signé des accords de neutralité parce que je pensais que l'Allemagne et la Russie n'entreraient pas en guerre. Si j'avais su... Je n'aurais pas signé le traité de neutralité[53]. » En conséquence le Japon s'orienta vers une stratégie « du sud », et en octobre Sorge, l'espion de Staline, l'informa qu'il serait prudent de faire passer quelques-unes de ses vingt divisions du front de l'Est au front de l'Ouest, où elles arrivèrent à temps pour la contre-offensive de décembre.

Malgré tout, Hitler ouvrit la voie à l'attaque de l'Amérique par le Japon en permettant à Ribbentrop, le 21 novembre, d'assurer le Japon que l'Allemagne l'appuierait dans sa guerre contre les États-Unis même si les accords de l'Axe ne l'y obligeaient pas[54]. Du point de vue de l'Allemagne, l'attaque surprise du Japon sur Pearl Harbor le 8 décembre à 2 heures du matin, ne pouvait pas tomber plus mal : deux jours après la mauvaise nouvelle de l'offensive soviétique. Néanmoins, le 11 décembre, Hitler déclara la guerre aux États-Unis. Ribbentrop, hors de lui, convoqua le chargé d'affaires américain, Leland Morris, ne le pria pas de s'asseoir, lui adressa un discours interminable et finit en hurlant : « *Ihr Präsident hat diesen Krieg gewollt; jetzt hat er ihn* ! » (Votre Président a voulu cette guerre : il l'a); puis il sortit en claquant la porte[55].

En fait, il est très improbable que Roosevelt aurait pu persuader le Congrès de déclarer la guerre à l'Allemagne si Hitler n'en avait pris l'initiative, et encore moins d'accorder la priorité à la défaite nazie. Le 22 juin 1941 Hitler risqua un fantastique coup de poker, qui ne tourna pas à son avantage; et par la suite, le mieux qu'il puisse espérer était de bloquer le jeu de la guerre. Mais le 11 décembre 1941 il prit une décision qui précipita sa défaite. Le seul avantage à court terme qu'il ait pu en tirer était la possibilité de lancer une offensive sous-marine en Atlantique avant que l'Amérique ne soit prête pour y résister. Il déclara à Ribbentrop : « La principale raison que nous ayons [de faire la guerre] est que les États-Unis ont déjà commencé à tirer sur nos bateaux[56]. » En 1939, ses amiraux avaient demandé à Hitler de faire construire une flotte de 100 sous-marins assez puissants pour sillonner l'océan; mais en décembre 1941, seulement soixante étaient disponibles, ce qui réduisit grandement la portée de cette offensive préventive. Le reste ne fut prêt qu'à la fin de 1942, et entre-temps les Alliés avaient pris les mesures nécessaires pour contrecarrer les plans de l'Allemagne et rendre impossible la victoire dans l'Atlantique. Sur tous les autres plans, à court terme et plus encore à long terme, la guerre avec les États-Unis tourna nettement au désavantage de l'Allemagne : le geste de Hitler n'était rien de plus que de la bravade. Au Reichstag, il déclara : « Nous frapperons toujours les premiers. Nous porterons toujours le premier coup. » Ce n'était là qu'une tentative de faire croire aux Allemands, au monde, et peut-être à lui-même qu'il était toujours le premier homme d'État en Europe, qu'il présidait toujours aux destinées du monde. En réalité, il fit le contraire, marquant ainsi la fin de l'hégémonie européenne, et amenant l'avènement d'une ère de superpuissances extra-européennes.

L'entrée du Japon dans le conflit était tout aussi mal avisée. Les circonstances étaient cependant plus compliquées. On y trouvait des éléments que l'on pouvait qualifier d'hystérie rationnelle. Comme le disait l'ambassadeur américain Joseph Grew : « Lorsqu'un pays entier est plongé dans le désespoir il peut être amené à tout risquer[57] ». Les Japonais avaient conscience que, malheureusement pour eux, ils n'étaient pas en mesure de soutenir un conflit de longue durée, ainsi que l'avait prouvé en 1904-1905 la guerre russo-japonaise, qui avait pourtant débuté par de brillantes victoires mais s'était transformée en guerre d'usure; et le Japon n'avait dû son salut qu'à l'intervention des grandes puissances. La guerre avec la Chine, commencée en 1937, s'était déroulée de la même façon. En 1940, le Japon avait occupé toutes les grandes villes de la Chine, contrôlé tout le secteur moderne de son économie, ses voies de chemin de fer principales, ses routes et ses fleuves ; et pourtant la guerre avait fini par pourrir ; il était impossible de conquérir la Chine ; et tous les problèmes économiques du Japon restaient posés, se trouvant même aggravés par l'effort demandé pour soutenir le conflit. Il n'était plus question pour lui d'absorber la Chine, comme l'avaient prédit les têtes chaudes de l'armée, mais on pouvait au contraire redouter que la Chine, qui semblait noyée dans sa gigantesque impuissance, n'avalât le Japon. Pratiquement, dépourvus de défense, les empires français, anglais et hollandais du Sud-Est asiatique et des Indes, les Philippines américaines et tout le Pacifique offraient des tentations et des dangers similaires. Malgré son intelligence limitée, ce fait n'échappa nullement à l'empereur Hirohito. Quand, le 5 septembre 1941, ses deux chefs d'état-major, le général Sugiyama et l'amiral Nagano, lui affirmèrent que la stratégie « du sud » permettrait de mener à bien une guerre-éclair de quatre-vingt-dix jours, il répondit que Sugiyama avait prétendu la même chose pour la guerre de Chine, déjà vieille de trois ans et qui durait toujours. « La Chine est un continent, répondit Sugiyama. Le "Sud" comprend surtout des îles. » « Si l'intérieur de la Chine est vaste, rétorqua l'empereur, l'océan Pacifique ne l'est-il pas plus encore ? Comment pouvez-vous être certains que la guerre sera finie dans trois mois ? [58] »

A cette question, personne ne répondit. Ainsi que le dit l'amiral Nagano : « Si on me dit de me battre sans me soucier des conséquences, je me déchaînerai pendant six mois ou un an. Mais la deuxième année et encore moins la troisième ne m'inspirent aucune confiance [59]. » Le plus compétent des officiers de marine, l'amiral Yamamoto, déclara que le Japon ne pouvait en aucune façon espérer gagner une guerre contre la Grande-Bretagne et l'Amérique, même s'il remportait au début des victoires spectaculaires. Au cours d'une des « conférences de liaison », où se rencontraient régulièrement les chefs de l'armée et du gouvernement, le colonel Iwakuro, expert en logistique, annonça qu'entre la production américaine et la production japonaise les rapports étaient les suivants : vingt contre un pour l'acier, cent contre un pour le pétrole, dix contre un pour le charbon, cinq contre un pour les avions, deux contre un pour les navires, cinq contre un pour la main-d'œuvre — soit une moyenne de dix contre un. Exprimer semblable opinion, même au cours d'une conférence de liaison dont les débats demeuraient secrets, c'était courir le risque d'être assassiné ou démis de ses fonctions. C'étaient là des paroles contraires au prétendu code de « l'honneur », qui représentait alors la force motrice de la vie publique japonaise. Après son discours Yamamoto se vit confier un commandement à la mer, afin de l'éloigner d'éventuels assassins. Quant au colonel Iwakuro, on l'expédia au Cambodge. Le 22 octobre 1940, l'ambassadeur Grew fit savoir que l'empereur avait été clairement prévenu de la menace de mort qui pesait sur lui s'il s'opposait à la guerre [60].

En conséquence, les téméraires se retrouvèrent au pouvoir

— voire les névrosés, tels que Matsuoka. Cet homme avait dirigé les chemins de fer de Mandchourie, et s'était illustré dans les manœuvres... entre l'armée et le monde des affaires — qui avaient provoqué la guerre de Chine et étaient les seuls à en avoir tiré profit. En vérité il était l'incarnation du concept, en grande partie mythique, et plus tard connu sous le nom de « complexe militaro-industriel » ; il donna un air de vraisemblance tant politique qu'économique à la « stratégie du sud » ; en inventant l'expression de « la sphère de coprospérité de la grande Asie orientale[61] ». Il symbolisait la schizophrénie du Japon, le douloureux conflit de l'ancien et du nouveau, de l'Est et de l'Ouest, où se mêlaient le catholicisme et le shintoïsme, les techniques commerciales les plus sophistiquées et la barbarie la plus noire. Profondément offensé après la signature du traité avec la Russie, il se retrouva entraîné par Staline dans une valse autour de la salle (ce qui était bien dans la manière de ce dernier) ; tandis que le maître du Kremlin répétait : « Ici nous sommes tous des Asiatiques — tous des Asiatiques ! » Hitler se méfiait de lui et répéta un jour à Mussolini que Matsuoka, bien que chrétien, « sacrifiait à des dieux païens » et combinait en lui « l'hypocrisie d'un missionnaire américain avec la fourberie d'un Asiatique japonais ». « L'Opération Magie », grâce à laquelle les Américains avaient pu percer à jour les codes japonais, permit à Roosevelt de prendre connaissance de certains des messages de Matsuoka ; ceux-ci semblaient être « le produit d'un cerveau malade ». Le point de vue était du reste partagé par les collègues de Matsuoka. A la fin d'une conférence de liaison, le ministre de la Marine demanda : « Est-ce que le ministre des Affaires étrangères ne serait pas fou ?[62] »

Cependant, dans l'atmosphère d'anarchie héroïque qui régnait chez les milieux dirigeants de Tokyo, la folie passait quasi inaperçue. Une fois embarqué dans la campagne de Chine, le Japon s'était retrouvé moralement isolé du reste du monde. Lorsque Hitler eut réduit la France à l'impuissance, la balance pencha en sa faveur, et l'ambassadeur britannique sir Robert Craigie pouvait écrire : « Je ne vois pas comment le Japon pourrait s'attendre à ce que Hitler partage son butin avec lui s'il n'a pas pris part au pillage[63]. » C'est ce qui motiva le pacte tripartite avec l'Allemagne et l'Italie que signa Matsuoka en septembre 1940. La ligne de conduite suivie par Tokyo interdisait toute discussion raisonnable ; la démocratie avait cessé d'exister en 1938. Les partis avaient été supprimés en 1940 et remplacés par l'Association d'aide au gouvernement impérial[64]. Le cabinet n'eut plus à s'occuper des décisions importantes ; elles étaient censées être prises lors des conférences de liaison, auxquelles assistaient l'empereur, le Premier ministre, le ministre des Affaires étrangères, les deux ministres des Armées (quelquefois aussi les chefs d'état-major), et deux ministres de la Cour. Mais les militaires ne faisaient pas confiance aux politiciens ; chacun menait sa petite diplomatie personnelle en se méfiant de son voisin.

Tojo, ministre de la Guerre depuis 1940, considérait la marine comme poltronne et peu digne de confiance, et faisait en sorte de lui dissimuler ses intentions. Il s'efforça de mener à bien ses projets et de se tenir au courant en collectionnant les postes... Ainsi il devint ministre de l'Intérieur et ministre des Affaires étrangères en juillet 1941 (lorsque Matsuoka fut évincé à la suite de l'invasion allemande en Russie), et enfin Premier ministre le 18 octobre de la même année. Néanmoins, il ignorait tout du projet de Pearl Harbor et n'en fut informé que huit jours avant sa mise à exécution. En réalité, il était impossible à un seul homme, quel qu'il fût, de contrôler efficacement le pouvoir central sans adopter une attitude jugée arrogante et risquer de se faire aussitôt assassiner. Il est significatif de constater que Tojo, le tranche-montagne de la « stratégie du sud » — on l'avait surnommé « le Rasoir » — devint nettement moins agressif lorsqu'il fut nommé Premier ministre; il dénonça même le projet Pearl Harbor (lorsqu'il en eut connaissance) comme « absolument inadmissible, allant à l'encontre de la procédure admise... et nuisible à l'honneur et au prestige nationaux[65] ». Ce qui n'empêcha ni l'attaque d'être déclenchée, ni la guerre de continuer.

Les conférences liaisons interdisaient tout franc-parler. L'empereur-dieu siégeait entre deux brûle-parfums, sur une estrade, devant un écran doré; et les simples mortels se tenaient à angle droit par rapport à lui, assis derrière deux tables recouvertes de brocart[66]. Un langage de cour spécial — et archaïque — devait être utilisé. Si l'empereur souhaitait manifester son approbation, il pouvait le faire en frappant avec son sceau d'or. En principe, il ne parlait pas; ou si cela lui arrivait, le protocole interdisait que l'on notât ses paroles — aussi n'en avons-nous aucune trace. Une fois (le 6 septembre 1941) il donna un avertissement à l'assemblée en lisant un poème allusif écrit par son grand-père. Il ne devait ni poser de questions, ni formuler une opinion : c'était le président du Conseil qui s'en chargeait à sa place, en fonction de ses suppositions personnelles[67]. Très souvent, la décision proprement dite était prise — quand elle l'était — lors d'apartés bilatéraux, ou bien chacun repartait de son côté et agissait par la suite comme il l'entendait.

La conférence du 19 septembre 1940, au cours de laquelle fut approuvée l'alliance avec les nazis, révéla toute l'ineptie du système. Par la suite, Hirohito l'appela « le moment de vérité » et déclara que son incapacité à rompre avec le protocole et à exprimer son opinion avait été « un crime moral ». Matsuoka s'en était rendu compte dès avant Pearl Harbor; il était allé trouver l'empereur pour lui « confesser son erreur la plus grave », l'avertir du « désastre » imminent, puis éclater en sanglots[68]. Tout le monde trouvait le système insupportable, et cherchait à s'en évader dans une activité physique forcenée — chose qui a toujours plu au Japonais, de naturel impatient. Tojo, pour oublier ses frustrations, se mit à parcourir à cheval les marchés japonais; et quand les pêcheurs se plaignaient qu'ils n'avaient pas d'essence pour faire marcher leurs bateaux, il leur criait : « Travaillez plus dur, travaillez plus dur ! » Il dit un jour à un collègue : « Il faut parfois avoir le courage de faire des choses extraordinaires, comme sauter les yeux fermés depuis la véranda du temple Kiyomizu ! [69] »

Sauter les yeux fermés du haut d'un temple symbolise précisément ce que fit le Japon quand il opta pour la guerre. Les minutes des réunions politiques révèlent quatre choses : tous les leaders japonais croyaient indispensable pour la survie de leur pays d'avoir accès aux ressources naturelles du Sud-Est asiatique ; que le Japon se trouvait acculé par l'Amérique et l'Angleterre ; que tout le monde était d'accord pour prendre des risques, si bien que la dissuasion n'était pas possible ; enfin on trouvait parallèlement un refus de discuter les conséquences d'un échec éventuel. Quand l'Allemagne eut éliminé la France, les Japonais demandèrent et obtinrent les champs de pétrole d'Indochine : c'est cela qui provoqua les premières sanctions économiques américaines. A ce stade, seule l'armée voulait la guerre à tout prix. En 1941, l'Indochine fut occupée, et le 28 juillet l'Amérique appliqua les premières sanctions économiques, touchant entre autres le pétrole, et précipita d'évidence les événements. Car le Japon vit diminuer ses réserves de pétrole de 28000 tonnes par jour, et le seul moyen pour lui de les renflouer était de s'emparer des Indes néerlandaises. La marine précisa bien qu'il faudrait soit aboutir à un accord négocié soit à la guerre. Nagano disait : « La Marine consomme quatre cents tonnes de pétrole à l'heure... Il faut qu'une décision rapide soit prise, dans un sens ou dans l'autre [70]. »

L'Amérique aurait-elle put « apaiser » le Japon ? Le souhaitait-elle ? Il est certain que les chefs de l'armée de terre et de la marine, le général Marshall et l'amiral Stark, le souhaitaient, estimant en effet que la destruction de la puissance allemande devait être prioritaire, et qu'il leur fallait du temps pour affermir les défenses des Philippines et de la Malaisie. Tandis qu'au Japon les militaires poussaient les civils à la guerre, ils s'efforcèrent de modérer les ardeurs de l'administration Roosevelt [71]. Roosevelt lui-même était passionnément prochinois. Il aurait pu être nommé membre fondateur du « lobby chinois », qui existait déjà en 1940 et se manifestait bruyamment, et dont faisaient partie ses camarades Harry Hopkins et Henry Morgenthau. Pendant longtemps, le président des États-Unis crut à l'existence d'un « plan de conquête » secret (qui en réalité n'existait pas), portant sur une durée de cent ans, et que les Japonais auraient conçu en 1889 [72]. Alors qu'il n'avait nulle envie de prendre part aux conflits européens, Roosevelt avait toujours été animé d'intentions belliqueuses à l'égard de l'Asie ; ainsi en décembre 1937, il avait déjà proposé à la Grande-Bretagne un blocus du Japon. Sachant bien que les sentiments antijaponais avaient toujours été florissants aux États-Unis, il considérait toujours comme inévitable la guerre contre l'Empire du Soleil levant et à l'inverse de ses officiers d'état-major, il ne voyait que des avantages à la précipiter. Lui qui avait toujours été prosoviétique, il vit son ardeur guerrière augmenter encore lorsque la Russie s'engagea dans la guerre. Son propre collaborateur, le secrétaire d'État à l'Intérieur Harold Ickes, lui écrivit le lendemain de l'invasion de la Russie :

> « Jeter l'embargo sur le pétrole à destination du Japon serait une mesure extrêmement populaire dans tous les points du pays. Et il se pourrait qu'à la suite de cet embargo se développât une situation qui nous permettrait enfin d'entrer en guerre facilement et utilement. De plus, si nous nous trouvons indirectement contraints d'entrer en guerre, nous éviterons les critiques qui n'auraient pas manqué de faire remarquer que nous nous allions à la Russie communiste [73]. »

« L'Opération Magie » interceptait des messages qui ne faisaient que conforter Roosevelt dans sa politique belliciste ; en effet, ils mettaient clairement en évidence que les Japonais s'efforçaient systématiquement de duper les Américains, en planifiant une attaque, tout au long des négociations consécutives à l'embargo sur le pétrole qui se prolongèrent jusqu'à Pearl Harbor. Mais le gouvernement américain ne pouvait pas tout savoir. Si Roosevelt et Cordell avaient pu prendre connaissance des comptes rendus des conférences de liaison, ils auraient pu se faire une idée de la confusion et des hésitations douloureuses qui se cachaient derrière la politique japonaise. A la conférence de liaison du 1er novembre, au cours de laquelle fut prise la décision finale de déclencher les hostilités (tout en continuant les négociations), le niveau des discussions stratégiques ne volait pas haut :

> *Le ministre des Finances Kaya* : — Si nous poursuivons notre actuelle politique pacifique, et que dans trois ans la flotte américaine nous attaque, est-ce que notre marine aura des chances de la battre ou non ? (*Question posée à plusieurs reprises*).
> *Le chef d'état-major de la Marine Nagano* : — Personne n'en sait rien.
> *Kaya* : — Est-ce que la flotte américaine a l'intention de nous attaquer, ou non ?
> *Nagano* : — Je n'en sais rien.
> *Kaya* : — Je ne crois pas qu'elle le fera.
> *Nagano* : — Il se peut que nous évitions la guerre maintenant, pour nous y trouver contraints dans trois ans. Ou bien nous pourrions décider d'entrer en guerre maintenant et étudier ce que la situation sera devenue dans trois ans. Cette deuxième possibilité me paraît plus simple [74].

La marine et le reste de l'armée savaient très bien comment ils avaient l'intention de conduire la guerre à ses débuts, c'est-à-dire pendant les trois ou six premiers mois. Mais pour la suite, leurs plans, ainsi que les moyens de les appliquer, étaient on ne peut plus vagues. Ainsi, la marine et l'armée avaient calculé séparément leurs besoins en acier ; mais chacune de ces évaluations n'était valable que si l'autre se trouvait restreinte au point de ne plus pouvoir continuer le combat [75]. Après la conclusion des premières opérations, le Japon caressa le projet de s'en prendre à l'Inde et à l'Australie. Mais il n'avait nullement envisagé d'envahir l'Amérique, de l'éliminer du conflit ou de réduire à néant ses moyens d'y participer. En bref, le Japon n'avait absolument aucun plan stratégique pour gagner la guerre. Il se contentait de nourrir l'espoir, fort optimiste, qu'à un moment quelconque les États-Unis (ainsi que la Grande-Bretagne) jugeraient bon de négocier des accords de paix.

Même au niveau tactique, les plans de guerre japonais brillaient par leur absence. La marine avait presque complètement négligé la bataille sous-marine, tant défensive qu'offensive. La « stratégie du sud » adoptée par l'armée consistait à occuper des milliers d'îles réparties sur des millions de kilomètres carrés d'océan, et qui toutes devraient être approvisionnées par la mer. Comme la marine avait oublié de se soucier de la guerre sous l'eau, elle n'avait absolument aucun moyen d'assurer cet approvisionnement, ni d'empêcher les Alliés d'assurer le leur. Ce dernier point impliquait que, à long terme, le Japon serait incapable d'empêcher les États-Unis d'élaborer une stratégie de la victoire. Si l'on prenait en considération l'énorme prépondérance industrielle de l'Amérique, il fallait admettre qu'elle n'avait aucun intérêt à rechercher une paix négociée, même si les premiers succès du Japon étaient assez spectaculaires. Il était donc évident que la décision japonaise d'entrer en guerre était absurde et équivalait à se faire *hara-kiri*.

De plus, les circonstances de l'attaque sur Pearl Harbor avaient tout pour provoquer l'intransigeance de l'Amérique. Depuis 1937, Roosevelt et ses conseillers avaient toujours prévu dans leurs plans que l'attaque japonaise porterait avant tout sur les possessions britanniques et hollandaises. Bien sûr, on pouvait admettre que les Philippines aussi étaient en danger. Mais jamais apparemment l'idée d'une attaque sur Pearl Harbor n'avait été envisagée. L'ambassadeur Grew avait écrit le 27 janvier 1941 : « On raconte beaucoup en ville que, en cas de rupture avec les États-Unis, les Japs pourraient lancer une attaque surprise sur Pearl Harbor. » Mais personne ne tint compte de cet avertissement[76]. Et pourtant l'idée était dans l'air depuis 1921, année où le correspondant naval du *Daily Telegraph*, Hector Bywater, écrivit *Puissance maritime dans le Pacifique*, plus tard développé en roman, *La Grande Guerre du Pacifique* (1925). La marine japonaise avait fait traduire ce roman, et l'avait inscrit au programme de son école de guerre[77]. L'idée resta en sommeil jusqu'à ce que Yamamoto, impressionné par les améliorations apportées à la formation des pilotes de l'aviation embarquée, se dit qu'elle était applicable. Entre-temps, l'idée de réaliser une série de débarquements militaires sous les tropiques avaient été développée par un officier d'état-major fanatique, le colonel Masanobu Tsuji, tellement imprégné de shintoïsme qu'il avait tenté de faire sauter un Premier ministre à la dynamite et que, mû par l'indignation morale, il avait mis le feu à un bordel plein d'officiers. Son projet d'invasion de la Malaisie, des Philippines, des Indes néerlandaises ainsi que d'autres objectifs impliquait l'élimination préalable de la flotte américaine du Pacifique pendant les périodes de débarquement.

Cela conférait une sorte de vertu stratégique au projet Pearl Harbor : la flotte américaine devrait être détruite à l'ancre, et pendant que les États-Unis seraient occupés à la reconstruire, le Japon pourrait s'emparer de tout le Sud-Est asiatique. Le projet lui-même exigeait de faire franchir des milliers de kilomètres d'océan à une impressionnante armada de porte-avions sans que d'éventuels observateurs ne s'en émeuvent ; c'était là, en son genre, le dessein le plus complexe et le plus audacieux que l'histoire ait jamais connu ; cela impliquait la création d'un réseau spécial de renseignements, la mise au point de nouveaux moyens de ravitaillement en mer, la conception de nouvelles torpilles et d'obus capables de venir à bout des cuirassés, et la mise en place de programmes d'entraînement d'une intensité et d'une perfection inconnues jusqu'alors. La dernière conférence relative à ce projet se tint à l'École navale, près de Tokyo, le 2 septembre 1941 ; elle était sans précédent dans les annales maritimes, car elle embrassait toutes les attaques, tous les débarquements sur plusieurs millions de kilomètres carrés, relatifs à l'intégralité de la phase offensive de la guerre dans laquelle le Japon entendait se lancer.

Pourtant toute cette ingéniosité ne devait servir à rien. La guerre d'Extrême-Orient débuta à une heure quinze du matin, le 7 décembre, avec le bombardement maritime de la zone portuaire de Malaisie, l'attaque de Pearl Harbor devant se produire deux heures plus tard. L'effet de surprise fut total. Seuls vingt-neuf appareils ne regagnèrent pas leurs porte-avions et la flotte japonaise put s'éloigner sans coup férir. Cependant, bien qu'à l'époque l'effet eût été spectaculaire, les résultats furent maigres. Dix-huit bâtiments de guerre avaient été coulés ou gravement endommagés ; mais la plupart se trouvaient en eau peu profonde. Ils furent renfloués et réparés, et presque tous purent reprendre du service actif à temps pour participer aux principales opérations. Les pertes en hommes d'équipage furent relativement réduites. Par le plus pur des hasards, les porte-avions américains étaient en mer à l'heure de l'attaque, et le commandant des forces japonaises, l'amiral Nagumo, était trop juste en carburant pour partir à leur recherche et les couler, aussi échappèrent-ils totalement au désastre. Les bombardiers japonais ne parvinrent à détruire ni les réservoirs de carburant de la marine ni le nid de sous-marins, si bien que ces derniers ainsi que les porte-avions — qui représentaient alors les armes clés de la guerre en mer — purent faire le plein et appareiller immédiatement.

Tout cela représentait un bien piètre avantage militaire, alors que le Japon avait pris le risque politique d'attaquer par traîtrise une aussi grande puissance que les États-Unis, extrêmement sensible au code de la morale, sans être passé par une déclaration de guerre en bonne forme. Il se peut que telle n'ait pas été l'intention des Japonais (à l'heure actuelle la question reste toujours posée), car les dipositions prises par eux se présentaient comme un mélange bizarre d'une efficacité exceptionnelle et d'une confusion inexplicable. Mais c'est en tout cas ce qui se produisit. Lorsque les deux émissaires japonais lui remirent leur message à deux heures vingt de l'après-midi, le secrétaire d'État Hull savait déjà tout de l'attaque de Pearl Harbor et de l'ultimatum. Il avait eu le temps de peaufiner le verdict historique qu'il s'apprêtait à rendre (à l'origine, il était juge dans le Tennessee) : « Au cours des cinquante années que j'ai passées au service de cette nation, jamais je ne me suis trouvé en présence d'un document si plein de mensonges et de déformations des faits aussi infâmes, à tel point que je n'aurais jamais cru jusqu'à ce jour qu'un seul gouvernement au monde fût capable de les proférer. » Puis, alors que les diplomates quittaient la pièce, il lança : « Ces gredins ! ils en pissent dans leur culotte ! [78] » C'est ainsi que l'Amérique, jusque-là paralysée par son éloignement, sa diversité raciale et la faiblesse de ses dirigeants, se retrouva du jour au lendemain soudée, outragée, et déterminée à se lancer dans une guerre totale de toute la force de son ressentiment. L'imprudente déclaration de guerre de Hitler la semaine suivante porta l'exaspération à son comble, et il devait en faire les frais.

A la conférence de liaison du 5 novembre 1941, le général Sugiyama, chef d'état-major de l'armée de terre, avait déclaré à propos de la grande série d'offensives que le Japon entendait mener : « Cela prendra cinquante jours pour venir à bout des Philippines, cent pour en finir avec la Malaisie, et cinquante pour s'occuper des Indes néerlandaises... L'ensemble des opérations devrait être terminé cinq mois après le début de la guerre... Nous serions à même d'affronter une guerre plus longue si nous parvenions à nous emparer de bases stratégiques telles que Hong-Kong, Manille et Singapour, ainsi que des zones clés des Indes néerlandaises [79]. » Il est à remarquer que ces objectifs extrêmement ambitieux furent tous atteints, sans que le cours de la guerre en fût modifié en faveur du Japon ni même qu'il lui fût possible de faire pourrir la situation, ce qui en dit long sur les insuffisances fondamentales de l'ensemble de sa stratégie. Ainsi, à la conférence, on ne déploya même pas les cartes de l'Inde et de l'Australie, qui étaient pourtant censées être les objectifs ultimes ; et on ne fit rien pour former des techniciens afin d'exploiter efficacement les champs de pétrole de Sumatra.

Singapour se rendit le 15 février 1942, les Indes néerlandaises le 8 mars, les Philippines le 9 avril, Corregidor le 6 mai ; et une semaine plus tôt, les Japonais s'étaient emparés de Mandalay en Haute-Birmanie. Le coût en matériel de ces remarquables victoires s'élevait à cent avions, quelques destroyers, et pour 25 000 tonnes environ de ces navires si précieux aux Japonais. Mais il faut dire que ces derniers avaient eu beaucoup de chance. Le 10 décembre 1941, un raid aérien détruisit le *Prince de Galles* et le *Repulse*, qui coulèrent en eau profonde avec pratiquement tout leur équipage de marins expérimentés ; c'était là une victoire navale plus importante que Pearl Harbor, en partie parce qu'elle démoralisa les hommes en garnison à Singapour et dans toute la Malaisie.

L'imposante place forte présentait de nombreuses faiblesses dues aux économies faites en temps de paix, aux retards accumulés et à l'habitude de l'administration de prendre ses désirs pour des réalités. Cependant elle aurait pu tenir bon si le commandant anglais, le général Percival, et le général Gordon Bennett, qui commandait les Australiens, avaient fait preuve d'un peu plus de ténacité. Le général Tomoyuki Yamashita, qui commandait les forces d'assaut japonaises, admit après la guerre que sa stratégie n'était que « du bluff, mais que ce bluff avait marché ». Il se trouvait tout autant à court d'eau, de carburant et de munitions que Percival, qui expliqua par là les raisons de sa capitulation. Aucun des canons japonais n'avait plus de cent coups à tirer. Les Japonais étaient du reste persuadés que si la garnison avait résisté une semaine de plus, ils auraient dû s'avouer vaincus. Churchill avait pourtant clairement spécifié au maréchal Wavell, le commandant de zone, que « l'île entière devait être défendue jusqu'à ce que chaque unité, l'une après l'autre, chaque point stratégique, l'un après l'autre, aient été détruits. A la fin, la cité de Singapour devait être transformée en citadelle et défendue jusqu'à la mort ». Mais Wavell, dépressif et défaitiste, fut incapable d'insuffler l'énergie nécessaire à l'apathique Percival [80]. La reddition de l'importante garnison des Philippines fut elle aussi un acte de faiblesse, accomplie à l'encontre des ordres du commandant en chef. Mais les Japonais ne remportèrent la victoire que de justesse, ce qui montre bien que, même au début de la guerre, ils en étaient réduits à aller jusqu'à la limite de leurs ressources.

L'idée d'une stratégie d'ensemble germano-nippone disparut totalement au début de l'été. Le 18 janvier 1942, les Allemands et les Japonais avaient signé un traité militaire, fixant le méridien 70 comme limite de leurs zones d'opérations respectives. On avait vaguement parlé de se rejoindre en Inde [81]. Mais ce ne fut que fin juillet que les troupes hitlériennes atteignirent l'Asie. Entre-temps les Japonais, bloqués aux portes de l'Inde, étaient repartis dans la direction opposée, passant par les îles Aléoutiennes avant d'atteindre l'Alaska début juin — ultime limite de leur conquête. Ils avaient déjà subi deux défaites catastrophiques. Le 7 et le 8 mai, une partie de la flotte japonaise en route pour Port Moresby en Nouvelle-Guinée s'était trouvé prise, sur la mer de Corail, dans une attaque à longue distance par les appareils d'un porte-avions ; elle fut si gravement endommagée qu'elle dut faire demi-tour. C'était la première défaite après cinq mois d'incessants triomphes. Le 3 juin, une autre partie de la flotte se dirigeait sur Midway Island lorsqu'elle fut assaillie et vaincue, perdant quatre de ses porte-avions ainsi que la fine fleur de l'aviation embarquée japonaise. Le fait qu'elle fut contrainte de regagner ses eaux territoriales était le signe que le Japon avait bel et bien perdu la suprématie aérienne et maritime dans le Pacifique [82]. Alors que la guerre durait depuis six mois, Yamamoto se sentit obligé de rassurer ses officiers : « Il nous reste encore huit porte-avions pour les opérations air-mer. Nous ne devons pas nous décourager. A la guerre comme aux échecs, celui que le désespoir amène à déplacer inconsidérément ses pièces est un imbécile[83]. » Pourtant la guerre tout entière et l'acharnement de Hitler à y participer étaient des actions inconsidérées, inspirées par le désespoir. L'année précédente, on aurait pu croire que le Führer contrôlait la totalité de l'échiquier européen, de même que le Japon contrôlait l'Est asiatique. Mais lorsqu'ils se furent alliés pour mettre le monde en coupe réglée, ils se virent rapidement ravalés au rang de nations secondaires, se débattant désespérément contre la puissance inentamable de l'immensité économique et démographique. L'inégalité des forces en présence n'apparut clairement que vers la fin de 1941. Le 3 janvier 1942 Hitler dut reconnaître devant le général Hiroshi Oshima, ambassadeur japonais, qu'il ne savait pas « comment vaincre l'Amérique[84] ». Dès lors, ils étaient deux à se poser la question, en effet les Japonais n'étaient pas plus avancés que lui. En 1945, le général Jodl affirma que « dès les premiers mois de 1942 », Hitler savait « que l'Allemagne ne pouvait plus être victorieuse[85] ». Il ne se rendait pas encore compte, bien qu'il fût obligé d'admettre en 1942, que la grande coalition formée contre ses deux alliés et lui-même jouissait d'une supériorité décisive non seulement en hommes et en matériel mais aussi en technologie : si les Alliés purent remporter la bataille de Midway, c'est qu'ils avaient d'abord percé à jour les codes japonais. En prenant l'initiative de la guerre, l'Allemagne et le Japon avaient fait franchir au monde la ligne de crête séparant le nouveau monde de l'ancien; l'ère nouvelle allait échapper à leur contrôle ou au contrôle de quiconque; elle allait être remplie de merveilles et d'horreurs sans nom.

XII

Superpuissance et génocide

Au début d'avril 1943, les Américains décidèrent de tuer l'amiral Yamamoto, qui était à la fois le maître et l'âme de la marine japonaise. Il leur semblait que l'écrasante supériorité morale de leur cause justifiait entièrement une telle entreprise. De son côté, Yamamoto ne croyait pas que la victoire du Japon fût possible sans l'intervention miraculeuse de Dieu. Peu de temps après Pearl Harbor, il disait à son chef d'état-major : « Une seule question demeure ouverte, celle de la bénédiction du ciel. Si elle nous est acquise, notre succès ne fait plus de doute. » Mais il n'y avait alors aucun dirigeant qui ne fût une cible éventuelle d'assassinat, et c'est pourquoi ni Hitler ni Staline ne quittaient plus leurs quartiers généraux. Churchill, cependant, prenait davantage de risques. En décembre 1941, après la conférence d'Arcadia, à Washington, l'hydravion Boeing qui le ramenait en Europe n'avait pas d'escorte et il faillit être abattu à deux reprises, d'abord par la défense allemande de Brest, puis par l'intervention des Hurricanes britanniques. « C'était une imprudence de ma part », devait-il dire par la suite. Au cours de ce même mois d'avril qui vit le projet d'assassinat de Yamamoto, les Allemands détruisaient un avion anglais en provenance de Lisbonne, croyant que Churchill se trouvait à bord ; en fait, c'est à cette occasion qu'ils tuèrent l'acteur de cinéma Leslie Howard[1]. S'il existait, de ce point de vue, une différence entre les deux parties, elle résidait surtout dans le fait que, du côté allié, l'assurance morale se trouvait renforcée par une réelle supériorité technique. Les Allemands ignoraient par quels vols Churchill se déplaçait tandis que les mouvements de Yamamoto étaient connus à l'avance grâce aux décodeurs américains.

Ceux-ci possédaient depuis 1940 la clé du code diplomatique japonais, mais Kazuki Kamejama, le chef des Communications japonaises avait affirmé qu'une pareille éventualité était « humainement impossible » et les Japonais continuaient à sous-estimer les capacités de déchiffrage des services alliés[2]. Lorsque Yamamoto commença sa tournée des îles Salomon, le 13 avril, son programme de vol fut transmis par radio, le département des Communications ayant assuré que « le code ne pouvait être déchiffré, puisqu'il n'était entré en application que le 1er avril ». En fait, dès le lendemain matin, les Américains en connaissaient la clé. Roosevelt approuva personnellement la destruction de l'avion de Yamamoto. Le commandant du théâtre opérationnel, l'amiral Hasley, en fut informé par un message qui reprenait le titre d'une chanson enfantine : « Pop goes the weasel* » et ce fut l'occasion pour lui d'exprimer quelque dépit. « Qu'y a-t-il de si bon là-dedans ? » dit-il. « J'espérais couvrir ce salopard de chaînes et le traîner sur Pennsylvania Avenue[3] ».

A partir de 1942, malgré tout le courage et l'énergie dont ils faisaient preuve, les Allemands et les Japonais allaient mener le combat d'une façon fort mal synchronisée. La principale raison de cet état de choses tenait à la façon dont l'Angleterre et l'Amérique avaient su mettre les techniques de pointe au service de la guerre totale. A mesure que leur retard s'accentuait, Allemands et Japonais semblaient être les survivants d'une époque déjà quelque peu dépassée, comme des combattants de l'âge de bronze face aux guerriers de l'âge de fer. Depuis près d'un demi-siècle, les Anglais étaient passés maîtres dans l'art du déchiffrage. C'est dans le « bureau 40 » de l'ancienne Amirauté de Whitehall qu'avait été décodé, en 1917, le télégramme qu'Arthur Zimmermann, ministre des Affaires étrangères de l'Allemagne, adressait au président du Mexique, pour lui proposer la reconquête militaire du Texas. Ce *coup* fut assez brillamment monté en épingle, et il contribua certainement à provoquer l'entrée des Etats-Unis dans la guerre[4]. L'histoire des services secrets britanniques peut être retracée, sans aucune interruption, jusqu'au XVIe siècle, et c'est un aspect de la défense nationale qui ne fut nullement négligé par les Anglais pendant l'entre-deux-guerres. Les Allemands étaient également actifs dans ce domaine, mais de façon bien plus limitée. Ayant intercepté le circuit téléphonique d'Angleterre en Amérique et réduit son brouillage, ils purent écouter quelques-unes des conversations entre Churchill et Roosevelt, mais elles étaient trop prudentes pour qu'ils puissent en tirer beaucoup de renseignements. Ils déchiffrèrent les codes russes ainsi que celui des attachés militaires américains au Caire, ce dont Rommel sut faire un excellent usage. Un changement de système fut adopté, toutefois, en 1942, et ce nouveau code demeura inviolé[5]. En ce qui concerne les codes de la marine britannique, les Allemands ne surent pas répéter leurs succès du début de la guerre et, à partir de 1942, la sécurité des communications anglo-américaines fut à peu près complète.

Pour les Allemands, il en allait autrement. L'armée et la marine, la première en 1926 et la seconde deux ans plus tard, avaient adopté

* N.d.T : « Les Allemands sont responsables de tout ».

la machine de codage électrique Enigma. Elles étaient l'une et l'autre convaincues de l'inviolabilité de ce système mais, en fait, les services secrets polonais étaient parvenus à reconstituer cette machine et, en juillet 1939, ils en adressaient respectivement un exemplaire à l'Angleterre et à la France[6]. Cela devait permettre l'opération de renseignement la plus réussie de toute la guerre. Elle fut conduite à partir de Bletchley, dans le Buckinghamshire, sous le nom d'« Ultra », et tenue secrète jusqu'en 1974, ou même, pour certains de ses aspects relatifs aux codes soviétiques, jusqu'aux années 80[7]. Nombre d'informations captées par Ultra n'ont fait l'objet d'aucune publication à ce jour, et peut-être ne sera-t-il jamais possible d'évaluer avec précision quel put être son impact sur le déroulement des événements[8]. Il est certain que, dès 1940, c'est en partie grâce à Ultra que fut gagnée la Bataille d'Angleterre, mais le déchiffrage, à Bletchley, en mars 1943, du code allemand « Triton » est plus important encore, car il eut une incidence décisive sur la Bataille de l'Atlantique. Les sous-marins allemands, confiants dans la sécurité de leurs communications, continuaient à émettre de nombreux messages, et le déchiffrage du code Triton permit aux Alliés de les détruire, de même que les bâtiments chargés de les ravitailler. C'est ainsi que la victoire de l'Atlantique put intervenir très rapidement en 1943, résultat crucial si l'on songe que les sous-marins étaient certainement l'arme la plus dangereuse dont disposait Hitler[9]. Le système Ultra se prêtait fort bien, par ailleurs, à fournir de faux renseignements aux puissances de l'Axe ; cette tactique devait bientôt devenir l'un des traits dominants de l'effort de guerre allié, et ses résultats furent remarquables, en particulier lorsqu'il fallut, en 1944, faire croire aux Allemands que les débarquements du jour J, en Normandie, n'étaient qu'une feinte[10].

Cette capacité de déchiffrage des codes n'était, d'ailleurs, que l'aspect central d'une opération fort vaste et d'une complexité croissante qui se situait à l'avant-garde du développement des techniques électroniques. Les recherches effectuées par l'Etablissement des Postes britanniques avaient abouti à la construction du premier ordinateur électronique, Colossus, qui permit d'accélérer considérablement les processus d'analyse, essentiels pour le décodage. La conjonction de cette technologie avancée avec l'efficacité des services de renseignements anglais et américain devait permettre, dès le début de 1942, une percée rapide sur le front du Pacifique. Midway, en juin 1942, fut, en fait, une victoire des Renseignements alliés. La position des principaux navires de guerre japonais fut connue par la suite, de façon presque constante. Peut-être n'est-il pas, à cet égard, de réussite plus importante et plus spectaculaire que celle de l'offensive menée par les sous-marins alliés contre les bâtiments ravitailleurs de la marine japonaise. Ce fut elle qui transforma l'empire insulaire conquis par les Japonais dans les premiers mois de la guerre (10 %, à son optimum, de la surface du globe) en un très lourd passif et qui en fit, en dernier lieu, un véritable cimetière de la marine marchande et des meilleures unités de combat du Japon : à lui seul, le déchiffrage des codes augmentait de près d'un tiers les pertes navales de l'ennemi [11].

Cependant, si complet qu'il puisse être, le Renseignement n'a jamais suffi à gagner une guerre. L'ordre des opérations prévu par l'Allemagne avait été livré aux Britanniques par Enigma dès la campagne de Norvège, en 1940, mais cette bataille fut perdue parce que les ressources nécessaires manquaient, ou n'avaient pu être mises en place. Lorsque l'un des adversaires surclasse l'autre sur le plan de la puissance militaire, il est rare que le Renseignement pèse assez lourd dans la balance pour inverser la situation [12]. Mais lorsqu'une supériorité écrasante dans le domaine de l'information s'accompagne de réels avantages quantitatifs, le résultat ne manque pas d'être dramatique pour le plus faible. La situation économique des nazis, tout comme celle du Japon, s'appuyait alors sur une politique de pénurie. Pour les Japonais, il n'existait pas d'alternative. Malgré leur prodigieuse ingéniosité, leur production totale n'avait, en 1943, augmenté que de 2 % par rapport à celle de 1940 alors que pour cette même période, aux Etats-Unis, la croissance atteignait 36 % [13]. L'économie allemande demeurait, quant à elle, nettement plus forte et plus diversifiée, mais Hitler était obsédé par le coût dangereux d'une éventuelle surproduction, autant que par la nécessité de pallier les défaillances de l'importation. En conséquence, la recherche allemande fut amenée à se concentrer sur l'élaboration de nouveaux ersatz au détriment d'une augmentation de la production de masse, ce qui représentait un frein considérable pour l'économie du pays. A la fin de l'année 1941, Fritz Todt, chef de la production du gouvernement hitlérien, protestait avec amertume contre le changement prématuré qui dirigeait la production sur les besoins du théâtre d'opérations occidental au lieu de ceux du front russe ; il déplorait, en même temps, l'échec de toute tentative pour juguler les dépenses civiles. Il est possible que sa mort, survenue le 2 février 1942 dans un mystérieux accident d'avion, ne soit pas un hasard [14]. Pour l'Allemagne, dit Jodl, « le véritable réarmement ne put intervenir qu'après le début de la guerre ». Le 1er septembre 1939, elle ne possédait, en tout, que 3 906 avions militaires ou navals de tous les types. 10 392 appareils seulement furent produits en 1940, 12 992 en 1941 et 15 497 en 1942. Ce n'est qu'en 1943-44, alors qu'il était déjà trop tard, que l'économie guerrière du Reich atteignit, malgré les bombardements alliés, sa production maximale, avec 24 795 appareils en 1943 et 40 953 en 1944 [15]. Staline assurait, en 1949, que l'Allemagne avait perdu la guerre « parce que les généraux hitlériens, nourris des dogmes de Clausewitz et de Moltke, n'avaient pas compris qu'une guerre se gagne dans les usines ». Sur une population de 80 millions, ajoute-t-il, 13 millions d'hommes furent affectés aux forces armées, et « l'histoire nous démontre qu'un seul État ne saurait maintenir longtemps un pareil effort ». L'armée soviétique n'était que de 11,5 millions d'hommes pour une population totale de

194 millions [16]. Il s'agit là d'un point de vue marxiste; il exagère grandement le pouvoir que les généraux nazis pouvaient alors exercer sur la production; il ignore la véritable raison pour laquelle l'économie allemande n'approcha de son meilleur rendement qu'à la fin de 1942 : l'attachement obstiné dont Hitler ne cessa de faire preuve à l'égard de la doctrine économique et militaire du *Blitzkrieg*. En fait, de nombreux travailleurs de l'industrie, et en particulier les femmes, n'entrèrent dans les usines d'armement qu'à partir du moment où les bombardements alliés eurent détruits leurs moyens de subsistance civils.

L'idée selon laquelle la guerre aurait été gagnée grâce à une industrie « socialisée » est dépourvue de fondement. Il est certain, par exemple, que les Aciéries Hermann Goering, l'un des secteurs socialisés de l'industrie allemande, furent un échec total. Certes, l'économie soviétique obtenait d'assez bons résultats dans la production massive d'un certain matériel de base; en août 1942, au moment de la plus forte avance allemande, la production de chars par les usines russes atteignait déjà 1200 unités par mois [17]. Mais les véhicules de transports de troupes et les jeeps qui devaient accroître de façon décisive la mobilité de l'Armée rouge en 1943-44 étaient tous produits par l'industrie américaine, et ce sont les puissances occidentales qui fournirent, conjoin tement, à la Russie la technologie avancée qui lui permit d'acquérir peu à peu la maîtrise aérienne en Orient. Jusqu'en 1946, c'était encore de Grande-Bretagne que provenaient les moteurs qui servirent de base à la construction du très performant appareil soviétique de l'après-guerre, le Mig 15. Pour ce qui est du Royaume-Uni lui-même, l'adoption simultanée d'un « socialisme de guerre » façon Ludendorff, et d'une macroéconomie de type keynésien devait permettre au capitalisme britannique de réaliser des performances bien supérieures à celles de l'Allemagne : en 1942, l'économie de guerre de la Grande-Bretagne connaissait une augmentation de 50 %. Mais le véritable moteur de la victoire alliée se trouve sans conteste dans l'effort économique américain. En une seule année, la production des chars avait atteint 24000 unités et celle des avions 48000. Vers la fin de cette première année de guerre, la production d'armements de l'Amérique avait donc atteint un niveau égal à celui des trois nations de l'Axe réunies; en 1944, elle avait à nouveau doublé son chiffre et dans le même temps, elle avait créé une armée qui, dépassait déjà en 1943, les 7 millions d'hommes [18].

Cette étonnante accélération, elle la devait au dynamisme, à la souplesse de son système économique, mais aussi à la force d'une volonté nationale dont le rôle galvanisateur peut se comparer à celui qu'avait exercé l'optimisme des années 20. La guerre agissait à la façon d'un marché en pleine expansion. Elle encourageait l'Amérique, avec toute son habileté et son esprit d'entreprise, à jeter dans le puits sans fond de la consommation, les ressources apparemment illimitées de ses hommes et de ses matières premières. Si les Américains furent vainqueurs dans la bataille de Midway, c'est en partie pour avoir su réduire à deux jours, au lieu de trois mois, le temps de réparation du transporteur *Yorktown* en affectant à ce travail 1200 techniciens qui s'y employèrent vingt-quatre heures sur vingt-quatre[19]. Le programme de construction du centre de coordination de la défense, le Pentagone, avec ses 26 kilomètres de couloirs et ses 56000 mètres carrés de bureaux fut ramené de sept ans à quatorze mois[20]. La guerre restituait leur piédestal aux héros du folklore capitaliste américain. Henry Kaiser, Henry Morrisson et John McClure, les trois ingénieurs de San Francisco qui avaient créé le barrage de Boulder, purent, dans la bousculade du temps de guerre, reconquérir la première place. A l'époque du *New Deal*, ils avaient été harcelés, pour contravention aux règlements fédéraux, par Harold Ickes, secrétaire de l'Intérieur du gouvernement Roosevelt, mais ce furent eux, à nouveau, qui entreprirent la construction de la plus grande cimenterie du monde ainsi que celle de la première usine de traitement intégral de l'acier. Lorsqu'on leur demanda de fournir des navires à n'importe quel prix, ils réduisirent aussitôt le temps de production d'un « Liberty » de 196 à 27 jours et, vers 1943, leurs chantiers produisaient même un bâtiment de ce type toutes les dix heures et demie[21]. La General Electric réussit, pour la seule année 1942, à faire passer sa production de turbines marines de 1 million à 300 millions de dollars[22]. Si l'Amérique emporta la victoire, c'est essentiellement parce qu'elle appliquait les méthodes capitalistes à l'augmentation illimitée de sa puissance de feu et de sa main-d'œuvre technique. Après la défaite décisive de Guadalcanal, le tenno Hirohito s'adressait en ces termes au chef d'état-major de la marine : « Comment se fait-il que les Américains aient construit une base aérienne en quelques jours, quand il a fallu plus d'un mois aux Japonais ? » Nagano, ne sachant que dire, répondit seulement : « Je le regrette infiniment. » Mais la vérité était simple : les Américains avaient un vaste assortiment de bulldozers et d'autres machines de déblaiement, tandis que les Japonais ne disposaient que de la force de leurs bras[23].

C'est dans l'utilisation des forces aériennes offensives que cette rencontre dévastatrice de la haute technologie avec une capacité de production sans rivale trouva, sans aucun doute, sa forme la plus significative et la plus directement manifeste. Il y avait à cela deux raisons : d'une part, les Britanniques[24] avaient convaincu les Américains que c'était la meilleure façon d'utiliser à plein leurs immenses ressources économiques et, d'autre part, il est certain que les tendances moralistes des deux nations les incitaient fortement à avoir recours aux bombardements offensifs. C'est ce que le savant atomiste P.S.M. Blackett appelait « le complexe de Jupiter », l'image des Alliés en tant que dieux vengeurs, châtiant d'iniques ennemis par un déluge de foudre.

Nous voyons ici à l'œuvre l'influence corruptrice du relativisme éthique. Churchill était parfaitement conscient de la déchéance qu'entraînait, dans ce domaine, l'état de guerre, et cela le consternait. S'il avait donné le départ aux bombardements massifs, le 2 juin 1940, c'est qu'il était accablé par la perspective d'une occupation nazie, ultime catastrophe morale qui justifiait, à ses yeux, l'usage de la seule arme offensive dont l'Angleterre disposait alors. C'était l'ancienne théorie utilitaire, par opposition à celle de la loi naturelle. Pour cette dernière, en effet, il n'existait pas d'autre façon légitime de mener le combat que la destruction directe du potentiel de guerre ennemi [25]. Mais il est inhérent à toute forme de relativisme moral qu'elle finisse par provoquer un effondrement des valeurs. Le relativisme supprime toute espèce d'ancrage fixe, il lance le navire de l'État sur un océan où il n'existe plus aucun point de repère. A la fin de l'année 1941, alors que la Russie et l'Amérique étaient toutes deux entrées en guerre, la défaite finale de Hitler était, à long terme, inévitable, et Churchill le savait. Du point de vue utilitaire, l'attaque des villes allemandes avait perdu sa raison d'être ; sur le plan strictement moral, elle n'avait jamais été justifiée. Mais la force de bombardement était devenue une réalité dont il fallait tenir compte, et toute l'économie s'embrayait sur la production d'un grand nombre de Lancasters à longue portée opérationnelle. C'est ainsi que, le 2 février 1942, le commandement des forces de bombardement reçut une directive définissant de nouveaux objectifs : il s'agissait désormais de démoraliser les populations civiles de l'Allemagne [26]. Le premier raid important eut lieu sur Lübeck, le 28 mars 1942. « La ville, dit le rapport officiel, a brûlé comme un fagot. » Le 30 mai de la même année vit le premier raid de 1000 bombardiers et, dans le courant de l'été, les forces aériennes américaines se joignaient à la campagne.

Les bombardements utilisaient 7 % du personnel militaire de la Grande-Bretagne et ils occupaient sans doute près de 25 % de sa production de guerre [27]. Il se peut que cette stratégie n'ait été qu'une erreur, même sur le plan militaire. Les bombardements, qui devaient tuer 600000 personnes, parvinrent à réduire l'expansion de la production d'armes en Allemagne, mais non pas à l'arrêter. Elle se poursuivit jusqu'à la seconde moitié de 1944, le Reich ayant transféré dans ce secteur tout son effort de guerre, au détriment de celui des biens de consommation civile. Pour un indice de 100 en 1939, leur production descendit à 91 en 1943, puis à 84 en 1944. (Au cours de ces mêmes années, le niveau ne dépassa jamais, en Grande-Bretagne, l'indice 54 [28].) Certes, à partir de la fin de l'année 1944, les bombardiers allaient effectivement détruire l'économie guerrière du Reich. Il est vrai, aussi, qu'avant cette date, la nécessité de défendre nuit et jour les villes allemandes avait empêché la *Luftwaffe* de maintenir sa supériorité sur le front russe. Mais pour que ces bombardements soient une arme capable de gagner la guerre, il aurait fallu qu'on puisse répéter indéfiniment, nuit après nuit et sur les mêmes objectifs, des raids de toute première grandeur. Les Alliés approchèrent d'une telle « victoire » statégique lors de la série de raids effectués sur Hambourg, entre le 24 juillet et le 30 août 1943. C'était de loin la ville la mieux protégée d'Allemagne, mais les radars purent être brouillés par l'utilisation du système « Window » à rubans de papier métallisé. La nuit du 27 au 28 juillet, la RAF provoqua, au-dessus de la ville, des températures de 800 à 1000 degrés centigrades dont il résulta un ouragan de feu d'une force colossale. Des transports de tous les types furent détruits ainsi que 214350 foyers civils sur 414500 et 4301 usines sur 9592 ; plus de 20 km² furent entièrement brûlés et, en une seule nuit, le nombre des victimes, à la suite des quatre tempêtes de feu, s'éleva à 40000 personnes, soit 37,65 % de la population totale[29]. Albert Speer, successeur de Todt à la tête de la production, fit savoir à Hitler que six autres cités détruites de cette manière suffiraient à couler l'armement allemand, mais il est évident que les ressources dont disposaient alors les Britanniques ne permettaient pas à leur commandement aérien de répéter en peu de temps des pilonnages d'une pareille ampleur.

Le pire aspect de ces bombardements de pure terreur fut sans doute la façon dont les dirigeants de la guerre, alors même qu'ils négociaient leurs marchandages géopolitiques, trouvaient leur justification dans le « complexe de Jupiter ». On ne peut expliquer autrement ce qui représente, pour les Anglo-Américains, le plus grand désastre moral de la guerre contre l'Allemagne : la destruction de Dresde, dans la nuit du 13 au 14 février 1945. Qu'y avait-il à l'origine de ce raid ? De la part de Churchill et de Roosevelt, c'était, au moment de la conférence de Yalta, une façon de prouver à Staline que les Alliés étaient prêts à faire de leur mieux pour seconder l'effort russe sur le front de l'Est. Il s'agissait de porter au moral de l'Allemagne un coup dont il ne se relèverait pas et d'appuyer ainsi l'offensive de la Russie, qui avait débuté le 12 janvier. Dresde n'était pas une ville industrielle, mais un centre de communications. Sa population de 630000 âmes s'était vue doublée par l'arrivée des réfugiés dont 80 % étaient des paysans de Silésie. Staline souhaitait la disparition de ces derniers, car elle facilitait son projet de « déplacer » la Pologne vers l'ouest, et il pensait aussi que la ville servait de point de ralliement aux troupes. Selon sir Robert Saundby, commandant adjoint de l'état-major des bombardiers, les Russes avaient demandé expressément que la ville de Dresde soit choisie comme objectif pour l'opération « Coup de Tonnerre ». Peu de temps auparavant, le chanoine L. John Collins, aumônier du commandement des bombardiers (il devait, par la suite, être l'initiateur de la campagne pour le désarmement nucléaire), avait prié sir Stafford Cripps, ministre de la Production aéronautique, socialiste chrétien et homme de foi, de s'adresser aux officiers supérieurs. « Dieu est mon copilote », fut le thème qu'il choisit pour sa causerie. Il était essentiel, disait-il, qu'ils soient sûrs de ne s'attaquer qu'à des cibles militaires. « Alors même que vous commettez des actions iniques, Dieu ne cesse de regarder par-dessus votre épaule. » Ce discours provoqua une scène où les officiers donnèrent libre cours à leur colère, car ils étaient persuadés que le ministère de Cripps les avait, dans un esprit de pseudomoralisme, privés d'un grand nombre d'appareils. Ils prirent soin, par la suite, d'insister clairement sur le fait qu'ils obéissaient aux directives des politiciens, et c'est ainsi qu'ils finirent par mettre en question le bombardement de Dresde. Mais l'ordre fut confirmé directement de Yalta, soit par Churchill, soit par le général d'aviation Portal[30].

Il y eut deux vagues d'attaque successives, bientôt suivies d'une troisième intervention par l'aviation américaine. Les deux premières furent menées selon la tactique du « double coup de poing » habituelle au commandement britannique, la seconde vague devant frapper la ville au moment de la concentration des troupes de secours. Il fut lâché plus de 650000 bombes incendiaires et la tempête de feu engloutit une surface de 20 km², détruisant complètement plus de 1600 hectares, tuant 135000 hommes, femmes et enfants. Comme c'était le soir du Mardi gras, un grand nombre d'enfants portaient encore des costumes de carnaval. Jamais, sur toute la durée de la guerre, un objectif n'avait été frappé aussi fort. Il ne restait plus assez de survivants valides pour enterrer les morts, ce qui ne s'était produit pour aucun des autres raids. On fit venir des troupes qui rassemblèrent les cadavres en d'énormes tas. Autour de l'Altmarkt, tout le centre fut isolé par un cordon. On installa des grilles d'acier de sept mètres de large, chargées de paille et de bois, et les cadavres y furent livrés aux flammes par fournées de cinq cents. Quinze jours plus tard ces bûchers funéraires brûlaient encore. « C'est, dit Goebbels, l'œuvre de fous furieux ». Selon Speer, l'attaque avait suscité dans tout le pays une vague de terreur, mais aucune pression de l'opinion publique ne pouvait alors pénétrer l'isolement paranoïaque de Hitler ni l'amener à négocier la reddition de l'Allemagne. Du côté allié, les ressources manquaient pour recommencer un tel raid, mais aussi la volonté de le faire, et les pilotes eux-mêmes avaient été profondément choqués. « Après bien des opérations, dit l'un d'eux, c'était la première fois que j'avais pitié de ceux d'en bas », tandis qu'un autre témoignait de même : « C'est vraiment la seule fois où j'ai plaint les Allemands[31]. »

Si l'Allemagne ne céda au syndrome de Jupiter que dans une moindre mesure, c'est sans doute parce que Hitler doutait que Goering fût capable de gérer efficacement les énormes ressources nécessaires à l'organisation d'une campagne de bombardements stratégiques. Cependant, l'idée d'une destruction massive et impersonnelle de l'ennemi présentait, pour lui, un attrait certain. Le traité de Versailles interdisait aux Allemands la construction de bombardiers, mais il avait omis de mentionner les missiles balistiques, de sorte qu'à son arrivée au pouvoir, Hitler hérita, dans ce domaine, d'une équipe de spécialistes militaires déjà en place. En 1936, son chef, Walter Dornberger, fut autorisé à lancer le projet d'une fusée dont la charge propulsive devait être cent fois supérieure à celle des obus de la Grosse Bertha, pour une portée deux fois supérieure au célèbre canon de 1918 (soit 958 kg de charge pour 251 km)[32]. En un sens, Hitler avait raison, car l'avenir de l'armement stratégique reposait effectivement dans le développement des engins balistiques à forte charge explosive. Chez les Alliés, l'une des rares personnes à l'avoir compris fut le député conservateur Duncan Sandys à qui l'on doit, en date du 23 novembre 1944, cette mise en garde : « A l'avenir, la supériorité d'une artillerie à base de fusées pourrait bien égaler celle de la puissance navale ou aérienne. » Mais l'orthodoxie de la pensée stratégique se fondait alors sur la souplesse d'utilisation des grands bombardiers, concept typique de la Première Guerre mondiale. Le principal chercheur de l'équipe de Churchill, lord Cherwell, répondit que la précision d'une fusée à longue portée serait largement insuffisante, à moins qu'elle ne fût compensée par une très lourde charge. A une époque où l'on n'utilisait que des explosifs conventionnels, cet argument était sans réplique.

Les difficultés de Hitler venaient de ce qu'il lui fallait choisir l'une des deux possibilités rivales. Hitler possédait au plus haut point le sens de l'économie militaire et, de ce point de vue, le V 1, appareil sans pilote à guidage automatique, présentait d'indéniables avantages. De toutes les armes, ce fut, sans doute, sur le plan des coûts de production, l'une des plus performantes. Pour le prix d'un seul Lancaster, en y incluant l'entraînement de l'équipage, les bombes et le carburant, Hitler pouvait construire trois cents V 1, portant chacun une tonne d'explosifs de grande puissance, avec une portée de 320 km et de meilleures chances d'atteindre la cible. Pour la période du 12 juin au 1er septembre 1944, sur une dépense totale de 12600,190 livres sterling, l'offensive des V 1 coûta aux Alliés la somme de 47645,190 livres, aussi bien en pertes de production que pour la défense passive, les avions de chasse et l'affectation d'équipages et d'appareils supplémentaires au bombardement des sites de lancement. Le rapport du ministère de l'Air, en date du 4 novembre 1944, indique que « les résultats sont grandement favorables à l'ennemi ; l'estimation de nos propres dépenses par rapport aux siennes fait ressortir une proportion de presque quatre pour un ». Chez les Allemands, il n'y eut que 185 pertes de vies humaines contre 7810 du côté des Alliés, et ce chiffre comprend 1850 aviateurs entraînés. En juillet 1944, les V 1 endommageaient 20000 maisons par jour avec de très sérieuses conséquences pour le moral des Londoniens.

Mais l'investissement de Hitler dans cet engin d'une haute efficacité était à la fois tardif et insuffisant. Au milieu du chaos qui présidait à la distribution des fonds nazis, il fallait, pour qu'un projet obtienne la priorité, qu'il fasse appel au romantisme du Führer. C'est ce qui s'était produit pour les grandes fusées de Dornberger. Le programme V 2 était peut-être le seul qui fût susceptible de plaire à Hitler, car il éprouvait un intense désir de se venger de Roosevelt par la destruction de New York. Au regard des performances qu'on pouvait en attendre, l'allocation de ressources à l'exécution de ce projet n'avait aucun sens. Rien que sur le territoire allemand, il employait 200000 personnes, dont un grand nombre de techniciens hautement qualifiés. Ce programme devait empêcher l'Allemagne de progresser dans le domaine des moteurs à réaction et la priver de raffineries souterraines ; dans la mesure où il consommait des équipements électriques fort rares, il gênait également la production des avions, des sous-marins et des radars. Les fusées qui furent utilisées dans la campagne des V 2, les A 4, dont 3000 seulement furent effectivement mises à feu, coûtaient chacune 1200 livres (contre 125 pour les V 1) et ne portaient qu'une charge de 5,40 tonnes. De plus, elles étaient désespérément imprécises. Le projet de l'A 9-A 10, fusée intercontinentale de 100 tonnes, pourvue d'un second étage qui l'eut propulsée à 370 km dans la stratosphère et qui devait servir contre New York et Washington ne dépassa jamais le stade de la planche à dessin[33]. Même dans l'éventualité de sa construction et de son lancement, elle serait restée inefficace à cause de ses explosifs conventionnels.

Pour Hitler, il n'y avait qu'une seule possibilité d'égaliser la partie par une avance technique décisive : c'était de réaliser le mariage de la fusée A 10 avec une charge nucléaire. Un tel objectif avait peu de chances d'être atteint avant la fin de la guerre, mais les Alliés ne cessèrent jamais de craindre que Hitler ne soit le premier à posséder la bombe atomique. Beaucoup de savants étaient persuadés que la Seconde Guerre mondiale finirait par devenir une guerre nucléaire. Entre 1920 et 1939, on peut remarquer une certaine symétrie entre la montée du nazisme et le progrès des connaissances dans le domaine de l'atome. L'idée que l'homme pourrait un jour provoquer des explosions d'une puissance colossale existait déjà, implicitement, chez Einstein, dans la théorie de la relativité spéciale. Une énorme quantité d'énergie maintenait la cohésion des particules à l'intérieur de l'entité concentrée du noyau. S'il était possible de libérer cette énergie, il fallait, les éléments les plus lourds étant ceux qui en possédaient le plus, que l'uranium 235, au sommet de l'échelle des poids atomiques, soit le matériau privilégié de cette quête. La physique des hautes énergies fut, au cours des années 20, la branche de la science qui connut le développement le plus rapide. En 1932, alors que l'Allemagne se tournait vers Hitler, les résultats directs de ce progrès commençaient à se manifester dans toute l'Europe aussi bien qu'en Amérique. Ce fut l'année où J.D. Cockcroft et E.T.S. Watson réalisèrent la fission de l'atome dans le laboratoire de Cavendish, à Cambridge, utilisant, pour cela, un matériel d'une valeur de 500 livres que leur directeur, lord Rutherford, jugea outrageusement cher. Leur collègue, sir James Chadwick, découvrait de son côté le neutron, constitué de protons et d'électrons, avec son énergie de cohésion égale à 1 ou 2 millions d'électrons-volts. En 1934, Joliot-Curie obtenait, en France, les premiers isotopes radioactifs artificiels tandis qu'en Italie Enrico Fermi parvenait à ralentir, c'est-à-dire à contrôler les neutrons, puis à produire de nouveaux éléments transuraniques dont les masses, sur l'échelle atomique, étaient supérieures à celle de l'uranium. Le progrès des notions théoriques en matière de fission nucléaire, œuvre de savants allemands aussi bien qu'américains, allait atteindre son zénith au cours des neuf premiers mois de l'année fatale : 1939. Lorsque Hitler envahit la Pologne, il ne subsistait aucun doute sur la possibilité de provoquer des explosions atomiques d'origine humaine. L'année 1939 connut une progression particulièrement spectaculaire de ces connaissances nouvelles et le fait que cela se soit produit au moment même où la guerre allait éclater, constitue l'une des coïncidences les plus sinistres et les plus frappantes de l'Histoire. En juin 1940, une revue fut en mesure de résumer plus de cent publications significatives pour l'ensemble de l'année précédente. La plus importante expliquait le processus de la fission nucléaire. Elle était due au Danois Niels Bohr et à son élève américain J.A. Wheeler. Sa date de parution ne précède la déclaration de guerre que de deux jours [34].

En physique nucléaire appliquée, la recherche eut, dès ses origines, des implications morales et idéologiques. La conception de la bombe fut l'œuvre d'un groupe de chercheurs réfugiés en Angleterre ou en Amérique dont la plupart étaient juifs. Ils étaient terrifiés à l'idée que Hitler pourrait être le premier à la posséder, et ce fut l'un d'eux, Leo Szilard, qui proposa l'autocensure générale des publications scientifiques. La bombe fut créée par des hommes pour qui les considérations idéologiques prenaient toujours le pas sur les intérêts strictement nationaux, et c'est pourquoi ce furent souvent les mêmes qui s'y opposèrent par la suite. Un grand nombre de ceux qui travaillaient au projet britannique — le plus secret de tous — étaient, pour raison de sécurité, tenus à l'écart de toute autre recherche militaire [35]. La peur fut sans conteste le motif dominant de cette entreprise. Robert Openheimer, qui était juif, construisit la bombe A parce qu'il craignait pardessus tout que l'Allemagne nazie ne prenne les devants, et c'est la peur de voir s'instaurer un monopole soviétique de l'armement nucléaire qui poussa le Hongrois Edward Teller à réaliser la bombe H [36].

On peut donc dire que le véritable père de la bombe atomique était Hitler, ou, pour le moins, le spectre qu'évoquait son effrayante volonté de puissance. En mars 1940, Otto Frisch et Rudolf Peierls, de l'université de Birmingham, présentaient un étonnant mémorandum de trois pages dactylographiées dans lequel ils expliquaient comment réaliser une bombe à uranium enrichi. Afin de pousser ce projet de toute urgence, on créa le puissant comité Maud (le nom qu'il s'était choisi par fantaisie était celui d'une gouvernante du Kent, Maud Ray). En juin, cette organisation fut rejointe par l'équipe nucléaire française. Celle-ci apportait dans ses bagages le stock mondial d'eau lourde de l'époque, 26 bidons, représentant, en tout, 185 kilogrammes qui avaient pu être saisis en Norvège. Ils furent entreposés provisoirement dans la prison de Wormwood Scrubbs, puis dans la bibliothèque du château de Windsor [37]. A la demande d'Einstein, qui craignait, lui aussi, une bombe « antisémite », Roosevelt avait, en octobre 1939, créé un « comité de l'uranium ». Ce dernier devait recevoir un coup d'envoi décisif à l'automne 1940, lorsque les principaux chercheurs anglais, sir Henry et sir John Cockcroft, arrivèrent à Washington, porteurs d'une « boîte noire » qui contenait, entre autres, toute la documentation secrète du projet britannique.

A cette époque, la Grande-Bretagne avait plusieurs mois d'avance sur les autres nations et la recherche anglaise était celle qui connaissait la progression la plus rapide. Les plans d'une première usine de séparation étaient achevés dès le mois de décembre 1940, et, en mars de l'année suivante, la fabrication de la bombe atomique quittait le domaine de la spéculation scientifique pour entrer dans celui de la technologie et de l'ingénierie. En juillet 1941, le rapport du comité Maud, « Utilisation de l'uranium pour la fabrication d'une bombe » assurait que cette arme, dont on pensait alors qu'elle serait réalisée en 1943, serait, quant à son coût de production par livre, beaucoup plus économique que les explosifs classiques ; elle promettait également une notable économie d'appareils de bombardement, les effets de son impact seraient plus concentrés et, enfin, elle atteindrait profondément le moral de l'ennemi. Même si la guerre venait à prendre fin avant que la bombe ne soit devenue opérationnelle, l'effort, ajoutait ce texte, n'en demeurait pas moins essentiel, car « s'agissant d'une arme aux capacités aussi décisives, aucune nation ne pouvait courir le risque de s'en passer[38] ». On voit donc que, dès cette époque, la puissance atomique pouvait être conçue, au-delà du conflit antinazi, comme un élément permanent des futures relations internationales. Par ailleurs, dans la mesure où l'on croyait imminente la réalisation de la bombe, celle-ci s'intégrait tout naturellement à la politique générale de bombardement de l'Allemagne. Si la Grande-Bretagne avait disposé à temps d'une bombe de fabrication nationale, il est certain qu'elle aurait été utilisée contre les villes allemandes, et cela avec la pleine approbation d'une opinion publique qui ne cessa jamais d'être favorable au bombardement des agglomérations ennemies.

Mais l'optimisme du projet britannique était injustifié. Dès qu'il s'agit de produire en quantités suffisantes de l'U-235 ou bien, alternativement, du plutonium, on se heurta à des problèmes de fabrication et d'ingénierie décourageants et il en fut de même pour l'assemblage de la bombe. Pour que le projet aboutisse enfin, il fallut que la théorie européenne fusionne avec la technologie industrielle de l'Amérique, ou, ce qui paraît plus essentiel encore, qu'elle soit alimentée par les ressources matérielles de ce pays, vivifiée par son esprit d'entreprise et son sens de l'initiative aventureuse. Le rapport Maud servit de base au projet « Manhattan » des Américains. Sur les deux milliards de dollars de son budget total, un milliard entier fut dépensé rien que pour l'année 1944.

Afin de s'assurer la victoire dans la course supposée contre Hitler, les Américains appliquèrent simultanément trois méthodes différentes à la production des matériaux de la bombe : pour l'enrichissement de l'uranium, il y eut, en plus d'une série de réacteurs à plutonium, deux sortes d'appareillage, l'un à base de diffusion gazeuse et l'autre de type électromagnétique. Ces trois complexes prenaient rang parmi les plus grandes usines qu'on ait jamais construites.

L'ingénieur en chef de ce projet était un militaire, du nom de Leslie Groves. Il avait entièrement fait sienne la nouvelle philosophie capitaliste des années 40, avec tout ce qu'elle impliquait sur le plan du gigantisme industriel[39]. Si l'objectif était clair, si l'affaire était réalisable, aucune difficulté ne semblait capable de l'arrêter, qu'il s'agisse de ressources matérielles ou de la qualité des résultats. Il éprouvait un furieux plaisir à la prodigalité de ses entreprises. Il se vantait d'employer un si grand nombre de diplômés supérieurs qu'on en avait perdu le compte. Lorsqu'il demanda au Trésor américain quelques milliers de tonnes d'argent pour les câblages électriques, on lui répondit : « Ici nous ne calculons pas en tonnes ; l'argent du Trésor se mesure à l'once de troy (environ 31 g)[40] », mais il obtint ce qu'il voulait. L'effort de création d'une puissance nucléaire entraînait dans son sillage toute une technologie nouvelle : la première usine entièrement automatisée, les premiers appareillages commandés à distance, le premier processus industriel à isolation totale — 182 hectares de machines à l'abri de toute fuite — ainsi que toute une collection d'accessoires révolutionnaires[41]. Le gaspillage était énorme. Pour un regard rétrospectif, cet aspect des choses peut sembler inexcusable, mais de quoi s'agit-il, qu'est-ce que la guerre, sinon le gaspillage ? Les Américains avaient entrepris de concentrer sur une période de quatre années ce qui, en temps normaux, eût peut-être représenté trois décennies de progrès scientifique et industriel. C'était, pour eux, la seule façon d'être certains qu'ils seraient les premiers à fabriquer la bombe et il n'existait pas, dans le monde, d'autre pays, d'autre système qui fût capable de se donner les moyens d'une telle certitude. Sans doute Hitler fut-il le véritable père de la bombe, mais aussi, avant tout, elle était fille du capitalisme.

Ce fut donc la crainte qui poussa les nations démocratiques à créer, en toute bonne conscience, l'arme atomique. Les efforts des pays totalitaires justifiaient-ils cette peur ? Il est assez ironique de constater combien, en réalité, ils furent faibles. A Leningrad, vers la fin des années 30, le physicien Igor Kurchatov avait demandé des fonds pour la construction d'un réacteur, et sans doute la prodigalité des publications occidentales y était-elle pour quelque chose. L'un de ses élèves ayant remarqué que ce flot de données avait subitement tari, Kurchatov alerta ses supérieurs (en mai 1942) et parvint, finalement, à obtenir la fondation d'un Institut de l'uranium à Moscou. Le projet soviétique fut lancé peu de temps après « Manhattan », mais son rang dans les attributions budgétaires montre que les autorités russes doutaient de son aboutissement[42]. Selon Nikita Khrouchtchtev, ce n'est qu'après Hiroshima que Staline aurait confié à Beria, le chef de sa police secrète, la direction d'un programme d'urgence dont la priorité devait être absolue sur toutes les autres dépenses de l'Etat[43]. Les Japonais avaient également un projet de bombe A géré par Yoshio Nishina, leur principal physicien, et ils construisirent cinq cyclotrons. Mais là encore, les ressources manquaient, et, en 1943, le Japon concluait que l'économie américaine elle-même serait incapable de fabriquer une bombe dans un avenir prévisible[44]. L'Allemagne, malgré l'exode scientifique qu'elle avait connu, conservait encore assez de spécialistes pour qu'il lui fût possible de concevoir un armement atomique, mais tout le domaine nucléaire s'identifiait, pour Hitler, à la « physique juive » d'Einstein. Les savants allemands ne parvinrent jamais à éveiller l'enthousiasme du Führer, et peut-être évitaient-ils délibérément de le faire. Pourtant, l'explosif nucléaire était précisément ce qui eût rendu efficace le programme des fusées. Sa puissance colossale aurait dû en faire l'archétype de l'arme hitlérienne, le symbole absolu de l'Etat destructeur. Avant la guerre, Hitler avait esquissé, pour Herman Rausching, le sombre tableau de ce que pourrait être l'éventuel échec du nazisme : « Même s'il nous fallait descendre dans l'abîme, disait-il, nous y entraînerions la moitié du monde[45] ». Il est certain qu'avec la bombe atomique, il aurait été bien près de réaliser cette folle vantardise, mais c'étaient les fusées qui possédaient son esprit. L'imagination du grand romantique nihiliste lui faisait défaut en cette matière, mais les savants qui, dans leur exil, préparaient la fabrication de la bombe ne pouvaient pas savoir qu'il en était ainsi et que leurs craintes étaient en grande partie injustifiées.

Par une dernière ironie du sort, mais aussi de façon très logique, au fur et à mesure que la nécessité morale ou militaire d'utiliser la bombe s'estompait, la course n'en devenait que plus urgente. En 1943 et 1944, l'ennemi commençait à perdre sa puissance et il devenait clair que l'avènement de la victoire totale n'était plus qu'une question de temps. La nécessité de devancer Hitler fut alors remplacée par une urgence d'un caractère nettement plus sinistre : il fallait terminer la bombe avant la fin de la guerre, sans quoi on n'aurait plus l'occasion de s'en servir. Dès la fin décembre 1941, il était visible que Hitler et ses alliés japonais n'allaient pas être victorieux. L'été 1942, qui vit le désastre japonais de Midway et l'épuisement progressif de l'offensive allemande, entre la Volga et le Caucase, montra que l'Axe ne parviendrait pas non plus à égaliser ses chances. Le 2 novembre, afin de dégager l'Afrique du Nord et la Méditerranée, les Britanniques se lançaient dans la bataille décisive d'El Alamein, suivie, une semaine plus tard, par les débarquements américains en Algérie et au Maroc. Le lendemain, le dernier effort majeur des Japonais se soldait par un échec. La bataille de l'île de Guadalcanal, dans l'archipel des Salomon, devait être, selon leur propre commandant en chef, « celle qui déciderait de l'ascension ou de la chute de l'Empire ». Neuf jours après cette catastrophe, les Russes lançaient la contre-offensive de Stalingrad. C'est alors que Roosevelt put dire, dans les colonnes du *Herald Tribune* : « Il semble que nous ayons enfin atteint le tournant décisif de cette guerre. »

L'Italie fut la première à comprendre la logique des puissances alliées. Dès le mois de décembre 1940, Mussolini disait à son gendre Ciano que les Italiens de 1914 s'étaient mieux comportés que ceux de l'État fasciste. Il admettait que cela donnait une mauvaise image de son régime[46]. Lorsque les Alliés envahirent la Sicile, le 10 juin 1943, son humeur était pénétrée, déjà, du plus extrême pessimisme. Il ne fit rien pour étouffer les critiques ni pour empêcher, quinze jours plus tard, la convocation du Grand Conseil; ayant assisté à un débat de dix heures, il attendait patiemment son arrestation et lorsqu'une femme lui demanda de dédicacer sa photographie, il le fit en ces termes : *Mussolini defunto*[47]. Mais tandis que l'Italie cherchait, hâtivement, à engager la négociation, Hitler en faisait une zone occupée, venant au secours du dictateur déchu qu'il plaça à la tête d'un gouvernement fantoche. Au crépuscule de son pouvoir, Mussolini revint au socialisme totalitaire de type léniniste qui avait toujours servi de base à sa philosophie politique; il prêcha la destruction de la « ploutocratie » et la suprématie du syndicalisme. A la fin mars 1945, il avait achevé, au moins sur le papier, une révolution socialiste qui nationalisait toutes les entreprises de plus de cent ouvriers. Juste avant d'être capturé, puis pendu, la tête en bas, aux côtés de sa maîtresse, il était revenu à sa violente germanophobie des années 1914-1915. L'une de ses dernières paroles fut : « *Il tedeschi sono responsabili di tutto*[48].

La fin était maintenant inévitable, mais l'Allemagne allait combattre jusqu'au bout, et ce fut essentiellement une décision personnelle de Hitler. Staline resta favorable, au moins pendant quelques années, à la reprise du pacte germano-soviétique. Il offrit de négocier avec Hitler en 1942, puis , à nouveau, pendant l'été 1943. A l'automne de la même année, craignant que la stratégie anglo-américaine ne débouche, à long terme, sur une guerre d'épuisement entre les Soviétiques et les nazis, il envoya en mission à Stockholm son ancien ambassadeur de Berlin, Wladimir Dekanozov; il s'agissait de proposer un retour aux frontières de 1914 ainsi qu'un accord économique[49]. Sans doute Staline espérait-il reprendre la tactique qu'il avait défendue en 1925, se retirer de la guerre pour y revenir par la suite. Mais en novembre 1942, lors de l'anniversaire de son *putsch*, Hitler avait dit : « Il n'y aura plus d'offres de paix de notre part. » Et il devait s'en tenir à cette résolution, accomplissant la menaçante prédiction qu'il avait faite plus d'une fois dans les années 20 et 30. L'Allemagne ne se donnait le choix que d'une seule alternative, ou elle parviendrait à conquérir la suprématie mondiale, ou elle serait détruite.

Cette prise de position devait épargner aux nations démocratiques de douloureux débats intérieurs. En effet, au début de 1942. il était clair qu'il existait, tant en Grande-Bretagne qu'aux Etats-Unis, deux courants de l'opinion officielle : les uns étaient partisans d'un armistice « dur », tandis que les autres défendaient une formule plus souple. Pour la résolution de ce dilemme, le département d'Etat américain, puis celui de la Défense, avaient proposé de retenir, comme base de discussion, le principe de la « reddition inconditionnelle ». Roosevelt désirait éviter les difficultés qu'avait connues Wilson en 1918 et 1919. Il commença par appuyer cette idée à la conférence de Casablanca, le 24 janvier 1943, où Churchill se montra réticent, puis il la rendit publique, par décision unilatérale. Churchill craignait que Hitler ne se serve de l'intransigeance des Alliés pour durcir la résistance allemande, mais rien, en fait, ne justifiait son appréhension[50]. En Allemagne, aucun pouvoir n'était capable, ni par la force, ni par la persuasion, d'amener Hitler à négocier la paix, sous quelque condition que ce fût. L'invasion de l'Europe par les Alliés avait commencé le 6 juin 1944, mais tant que son succès ne fut pas absolument évident, la hiérarchie des officiers supérieurs allemands, ou ce qu'il en restait, ne bougea pas. Puis, le 15 juillet, le maréchal Rommel envoya à Hitler le télétype suivant : « Le combat inégal approche de sa fin. Je dois vous demander de tirer immédiatement les conclusions qu'exige cette situation[51]. » Hitler le laissa sans réponse, et c'est alors qu'eut lieu, le 20 juillet, l'attentat à la bombe des Junkers. Si le Führer avait été tué, une dictature militaire lui aurait succédé. Mais il n'est pas du tout sûr que Roosevelt aurait été disposé à négocier avec elle, comme dans le cas de l'Italie. (Elle avait, en effet, été exclue de la formule de reddition inconditionnelle lors de la conférence de Casablanca.)

Cependant, Hitler avait survécu, et il en tirait ses conclusions : « Le sort ne veut pas qu'il m'arrive quoi que ce soit. Rien n'est plus évident, car ce n'est pas la première fois que j'échappe miraculeusement à la mort... Plus que jamais, je suis convaincu que ma destinée est de mener à son heureuse conclusion notre grande cause commune[52] ». Les conspirateurs étaient presque tous des aristocrates, jouissant, par tradition, d'un monopole des fonctions d'état-major. Ils n'avaient donc pas de troupes, ils ne pouvaient donner aucun ordre, et personne ne les suivit. Il n'était pas question pour eux de s'appuyer sur une quelconque popularité, car ils étaient sans contacts d'aucune sorte avec l'opinion. Découvrant à quel point leur base sociale était étroite, Hitler vira émotionnellement à gauche, ou plutôt, il y retourna. Plus que jamais, au cours de cette dernière phase de son règne, il exprimait son admiration pour Staline. Si cet homme parvenait à vivre encore dix ou quinze ans, « il ferait de la Russie la plus grande puissance du monde ». Staline était une bête, disait-il, mais « une bête de première grandeur ». « J'ai toujours regretté amèrement, disait-il encore, de n'avoir pas pratiqué l'épuration de mes officiers comme Staline sut le faire. » Ce fut alors qu'il offrit au « tribunal populaire » de type léniniste et au féroce juge ultra Roland Freisler leur moment d'apothéose. « Soyez sans crainte, Freisler saura s'en occuper. C'est lui qui est notre Vishinsky[53]. » Hitler adopta le principe léniniste de la « responsabilité du plus proche parent », tout en niant, d'ailleurs, qu'il fût d'origine bolchevique. « C'est, disait-il, une très ancienne coutume que pratiquaient nos ancêtres. » « Je veux qu'ils soient pendus haut et court, je veux qu'ils le soient comme du bétail en boucherie. » Les exécutions de suspects, sans jamais atteindre l'ampleur des tueries staliniennes dans les années 36 à 38, continuèrent à se succéder jusqu'aux dernières heures du régime[54].

Goebbels, le plus socialisant des dirigeants nazis, devint alors le conseiller le plus proche du Führer, ce qui lui permit de pousser à l'extrême l'effort de guerre. Il décréta la mobilisation totale, l'enrôlement des femmes, ferma les théâtres, prit d'autres mesures qu'une longue résistance avait empêchées jusqu'alors. La *Wehrmacht* comptait encore plus de neuf millions d'hommes. Alors que certains des dirigeants nazis proposaient, au nom de l'« antibolchevisme », que l'on tente de négocier un accord avec les Anglo-Saxons, Hitler, lui, ne cessa jamais de s'attacher à l'image idéale d'un Frédéric le Grand, capable de survivre à tout encerclement. En même temps que Goebbels, il lut l'étrange biographie aux multiples volumes que Carlyle avait consacrée à ce roi, portant ainsi un coup fatal à la réputation déjà chancelante du vieux sage écossais[55]. Loin de chercher à réaliser un front commun contre la Russie, Hitler transféra ses divisions à l'ouest, lançant, en décembre 1944, sa dernière offensive dans les Ardennes, et c'est ainsi que les Russes purent effectuer la grande poussée de janvier 1945 qui allait porter le pouvoir soviétique jusqu'au cœur de l'Europe.

Jusqu'au bout, Hitler resta un socialiste, quoique d'un type quelque peu excentrique. Tout comme Staline, il vivait dans des conditions d'un affreux inconfort. Ciano fut horrifié par son quartier général à Rastenburg, qualifiant ses habitants de « troglodytes ». « Il y a partout des odeurs de cuisine, d'uniformes, de lourdes bottes[56]. » C'était une sorte de croisement entre le camp de concentration et le monastère, — un Escurial dénudé de toute sa splendeur royale. Car Hitler ressemblait alors à Philippe II, isolé, lointain, avec cette même opiniâtreté, et surtout cette même manie des cartes. Il passait des heures à les étudier alors que l'évolution de la guerre les avait déjà rendues caduques, donnant, pour l'investissement d'un pont minuscule ou d'une quelconque redoute, des ordres qui ne concernaient plus, en général, que des soldats imaginaires. La chienne de berger, Blondi, et Wolf, son chiot, étaient ses compagnons les plus intimes. Le professeur Morell, élégant médecin berlinois, le soignait à l'aide de sulfamides et d'injections glandulaires ; Hitler prenait aussi du glucose, des hormones, des pilules antidépressives. Selon Karl Brandt, un autre de ses médecins, « en une seule année, il en prenait quatre ». Ses cheveux devenaient gris ; mais jusqu'à la fin il conserva son impressionnante capacité de travail.

Hitler déménagea dans son bunker, sous la chancellerie de Berlin, en janvier 1945. Il y entraîna Goebbels et tous deux se mirent à cracher des flammes socialistes. « Enfouis sous les ruines de nos cités dévastées commentait triomphalement Goebbels, les derniers des prétendus accomplissements de notre XIXe siècle bourgeois ont enfin disparu[57]. » Lorsqu'il n'était pas occupé par son incessante consommation de gâteaux à la crème — selon l'une des personnes de son entourage, il n'était plus, alors, « qu'une loque humaine qui se bourrait de pâtisseries » —, Hitler donnait libre cours à ses regrets gauchisants : pourquoi, disait-il, n'avait-il pas exterminé la noblesse allemande ? Son accession au pouvoir avait été trop facile, elle s'était faite sans la révolution classique « qui eût balayé les élites et les classes sociales » ; en Espagne, il avait eu tort de soutenir Franco, au lieu des communistes ; il n'avait pas su prendre la tête d'un grand mouvement de libération des peuples colonisés — « surtout les Arabes » ; il n'avait pas su délivrer la classe ouvrière d'une « bourgeoisie de fossiles ». Mais surtout, il regrettait d'avoir été trop clément, d'avoir manqué de l'admirable dureté dont Staline, cet homme qui méritait « un respect sans réserve », avait su faire preuve avec tant de constance. Le 27 avril 1945, trois jours avant son suicide, (on ne sait s'il se tua d'une balle ou par le poison), l'une de ses dernières paroles fut encore : « Après coup, on se repent d'avoir été trop bon[58] ».

Mais avant d'en arriver à ces dernières heures consacrées à déplorer sa propre bienveillance, Hitler avait mené bien près de sa consommation finale le plus grand crime de l'histoire du monde. Il s'agit de l'extermination des juifs européens. Dans sa vision historique, dans sa philosophie politique et son programme d'action, le « problème juif » occupait une position clé. L'ordre de priorité de ses objectifs de guerre plaçait l'extermination du « bacille juif » et de son foyer d'infection en Russie bolchevique tout de suite après l'acquisition d'espace et de matières premières pour la « race des seigneurs » germanique. Pour sa politique antijuive, comme d'ailleurs pour tout le reste, les années de paix, entre 1933 et 1939 ne furent qu'une période préparatoire. On n'insistera jamais assez sur le fait que c'est seulement par la guerre, ou sous le couvert de la guerre, que Hitler pouvait réaliser ses desseins. Tout comme Lénine et Staline, il croyait à la possibilité de modifier délibérément les rouages de la machine sociale. Comme eux, il trouvait parfaitement légitime de faire disparaître des catégories entières d'êtres humains s'il jugeait qu'elles mettaient en péril sa mission historique. Il ne craignait véritablement qu'une chose : que la publicité de ses actes et l'opposition qu'elle risquait de susciter ne viennent compromettre l'accomplissement nécessaire de sa tâche.

De ce point de vue, la guerre avait l'énorme avantage de plonger l'Allemagne dans le silence et l'obscurité. Le 1er septembre 1939, il envoyait au chef de sa chancellerie, Philip Bouhler, une note par laquelle il ordonnait l'extermination de tous les individus chroniquement aliénés et incurables. Le travail fut confié à des médecins SS qui purent ainsi s'entraîner aussi bien au gazage qu'à la sélection massive de personnes destinées à la mort. Ce programme ayant entraîné l'assassinat de près de 70000 Allemands, il ne fut évidemment pas possible de le tenir entièrement secret. Deux ecclésiastiques éminents, l'évêque de Wurtemberg, Mgr Wurm, et celui de Munster, le comte Gallen, protestèrent. C'était la première fois que des membres de la hiérarchie allemande élevaient la voix, et ce fut aussi la seule. A la fin de 1941, le programme était annulé sur un coup de téléphone personnel de Hitler[59]. Mais les « centres d'euthanasie » ne furent pas fermés. Ils continuèrent à servir pour supprimer les aliénés des camps de concentration. Rétrospectivement, on ne peut s'empêcher d'y voir l'opération pilote du génocide qui allait suivre.

Pour Hitler, la guerre ne commença réellement que le 21 juin 1941. En effet, c'est alors qu'il put réaliser simultanément ces deux ambitions complémentaires : le nettoyage des régions de l'Est en vue de l'expansion germanique et un génocide de grande envergure. Les données sont, ici, plutôt confuses. On ignore quel fut l'enchaînement exact des événements et l'on ne sait pas davantage quelle fut la définition précise des objectifs, mais cela ne fait que refléter le chaos qui régnait dans l'esprit de Hitler et l'anarchie de l'administration nazie. Dès le 7 octobre 1939, par décret secret, Hitler avait nommé Himmler au poste nouvellement créé de commissaire à la Consolidation de la nationalité germanique, avec, pour mission, le « nettoyage racial » de l'Est, qui devait ouvrir la voie à l'installation des populations allemandes. Il y avait eu, déjà, de nombreux assassinats de juifs polonais, mais comme toutes les instructions de Hitler étaient verbales, on ne sait pas à quel moment exact il donna l'ordre d'une « solution finale » ni dans quelle mesure il en précisa l'étendue. En mars 1941, Himmler réunit la première conférence sur le génocide, annonçant que l'objectif de la future campagne de Russie était de « décimer 30 millions de l'ensemble de la population slave[60] ». A la fin de ce même mois de mars, Hitler révéla en personne à ses officiers supérieurs l'existence des *Einsatzgruppen* d'extermination qui devaient opérer dans le sillage des armées allemandes. Deux jours plus tard, le 2 avril, Alfred Rosenberg, après un entretien de deux heures avec Hitler, écrivait dans son journal : « Je ne veux rien en dire ici, mais je ne l'oublierai jamais[61]. » Les unités d'extermination SS commencèrent leur travail dès le début de l'invasion. A la fin de 1941, ils avaient assassiné, en même temps que d'autres Russes, près de 500000 juifs (le plus souvent, ils étaient fusillés). Le document clé du programme de génocide semble bien être l'ordre que Goering, agissant au nom du Führer, délivra le 31 juillet 1941 à Reinhardt Heydrich, second de Himmler et chef des SD, celui-là même que Hitler appelait « l'homme au cœur de fer ». Cet ordre mentionnait une solution totale, *Gesammtlösung*, puis une solution finale, *Endlösung*, destinées à « l'annulation du problème juif ». Goering transmit verbalement à Heydrich les instructions qu'il avait reçues de Hitler, définissant, en particulier, le sens qu'il fallait attribuer à la notion de solution « finale ». Adolf Eichmann, dont Heydrich avait fait son adjoint, devait expliquer, en 1961, lors de l'instruction de son procès, que ce terme signifiait : « la destruction biologique planifiée de la race juive dans les territoires de l'Est ». Le programme devait entrer en vigueur au mois d'avril 1942, afin de ménager un temps de préparation[62]. Organisée par Eichmann et présidée par Heydrich, la conférence exécutoire qui déterminait les détails de l'opération se tint à Wannsee, le 20 janvier 1942. On possédait alors une documentation importante sur les différentes méthodes d'assassinat. En effet, à la demande de Himmler, Rudolf Hoess, commandant du camp « A », à Auschwitz-Birkenau, s'était livré, depuis juin 1941, à quelques expériences. Le peloton d'exécution prenait trop de temps, et c'était une méthode « sale ». L'oxyde de carbone fut également jugé trop lent. Puis, en août 1941, Hoess réussit une tuerie de masse à base de Zyklon-B. Ce gaz était fabriqué par une société spécialisée dans les insecticides, Denesch, la firme antivermine, succursale d'I.G. Farben. Hoess put dire que grâce à la découverte du Zyklon-B, « il n'avait plus à se faire de soucis[63] ». La SS passa une énorme commande, exigeant toutefois l'omission du composant « indicateur » qui permettait de reconnaître ce gaz comme étant dangereux pour l'homme. Les dividendes tirés de Denesch par I.G. Farben doublèrent entre 1942 et 1944. On sait que l'un des directeurs, au moins, n'ignorait pas à quoi servait ce produit, mais Denesch ne protesta que contre la suppression de l'indicateur qui, pensait-il, risquait de faire du tort à leur brevet[64].

La solution finale entra en vigueur, comme prévu, au printemps 1942. Les premiers gazages de masse furent ceux de Belzec, le 17 mars 1942. Ce camp avait une capacité meurtrière de 15000 personnes par jour. Puis, le mois suivant, ce furent Sobibor (20000 personnes), Treblinka et Maidanek (25000) et enfin Auschwitz, dont Hoess disait que c'était « la plus grande institution d'annihilation de tous les temps ». La documentation concernant le génocide est énorme[65]. Les chiffres sont presque incroyables. Au mois de décembre 1941, il y avait environ 8700000 juifs dans les pays dominés par Hitler. Au début de 1945, il en avait assassiné au moins 5800000 : 2600000 en Pologne, 750000 en Russie, 402000 en Hongrie, 277000 en Tchécoslovaquie, 180000 en Allemagne, 104000 en Lituanie, 106000 aux Pays-Bas, 83000 en France, 70000 en Lettonie, 65000 en Grèce et autant en Autriche, 60000 en Yougoslavie, 40000 en Bulgarie, 28000 en Belgique, et 9000 en Italie. A Auschwitz, où l'on en assassina 2 millions, tout était organisé comme pour une grande opération industrielle. Des appels d'offre furent lancés aux entreprises allemandes, qui avaient à soumettre des « unités de transformation » capables de « disposer de 2000 cadavres toutes les douze heures ». Les cinq fours crématoires furent fabriqués par la firme allemande Topt & C° et les chambres à gaz, décrites sous le nom de « celliers à cadavres », furent mises au point par la Société des armements allemands. Les spécifications précisaient qu'elles devaient comporter « des portes étanches aux gaz avec joints en caoutchouc et poste d'observation de verre à double épaisseur de 8 mm, de type 100/192[66] ». Par-dessus ces chambres souterraines, il y avait une pelouse bien tenue, d'où s'élevaient à intervalles réguliers des champignons de béton. Ceux-ci recouvraient les conduits dans lesquels des

« infirmiers sanitaires » introduisaient les cristaux couleur d'améthyste du Zyklon-B. Les victimes étaient conduites en rang dans ces caves, dont on leur avait dit que c'étaient des bains, et, tout d'abord, elles ne remarquaient pas le gaz qui s'infiltrait par des perforations pratiquées dans des colonnes métalliques.

> « Puis ils sentaient venir le gaz, ils s'écartaient des menaçantes colonnes pour s'agglutiner les uns aux autres et se ruer enfin en désordre vers l'immense porte de métal avec sa petite fenêtre. Là, ils s'entassaient en une pyramide moite, bleuâtre, éclaboussée de sang, se griffant et se meurtrissant mutuellement jusque dans la mort. Vingt-cinq minutes plus tard, les pompes aspirantes électriques retiraient l'air chargé de gaz, la grande porte métallique s'ouvrait en coulissant et les hommes du *Sonderkommando* juif entraient, munis de masques à gaz et de bottes en caoutchouc. Ils avaient aussi des lances d'arrosage, car leur premier travail consistait à nettoyer le sang et les défécations. Puis, avec des cordes et des crochets, ils séparaient les corps qui s'agrippaient entre eux avant que ne commence l'affreuse recherche de l'or, l'arrachage des dents et des cheveux que les Allemands considéraient comme des matériaux stratégiques. Venaient ensuite le voyage jusqu'aux fours par les ascenseurs ou les wagonnets sur rails, le moulin qui transformait les scories en cendre fine, le camion qui répandait celle-ci dans le courant de la Sola [67]. »

En fait, il arrivait souvent que l'on utilise des quantités insuffisantes de ce gaz coûteux. Les victimes en bonne santé n'étaient alors qu'évanouies, et on les brûlait vives [68].

Comme tous les projets nazis, la « solution finale » allait très vite s'enliser dans la confusion administrative et se charger de contradictions. La discipline, comme dans les camps soviétiques, ne tarda pas à tomber aux mains de criminels professionnels, les terribles *Kapos*. Peu à peu, Eichmann et Hoess perdirent tout contrôle réel. Il y avait, à la base même de la politique des camps, un conflit d'intentions. Hitler voulait que tous les juifs, ainsi qu'un certain nombre d'autres catégories humaines, soient assassinés à quelque prix que ce soit. En particulier, il rejetait violemment toute contestation de la part des militaires, lorsque ceux-ci se plaignaient de ce que l'acheminement des fournitures destinées au front de l'Est soit souvent retardé par la nécessité de transporter à travers l'Europe entière des millions de victimes. (Les trains affectés à cet usage comportaient des centaines de fourgons ou de wagons de voyageurs bondés, et le chargement d'un seul convoi pouvait atteindre des dizaines de milliers de personnes.) Himmler, de son côté, visait principalement l'expansion de son « État dans l'État » SS dont il comptait faire à la fois un véritable empire industriel et une gigantesque entreprise de travaux publics. Tant que durerait le conflit, ce consortium aurait à produire, dans des proportions toujours croissantes, les fournitures militaires de l'Allemagne ; après la guerre, lors de l'implantation, projetée par Hitler, de 150 millions de personnes de l'Est, ce serait lui encore qui bâtirait l'infrastructure. Il était prévu que cette seconde phase du plan durerait vingt ans et que la main-d'œuvre nécessaire à son achèvement devrait, moyennant un taux de mortalité annuel de 10 %, s'élever à 14500000 esclaves [69].

Ce chiffre est loin d'être aussi fantaisiste qu'il ne paraît. En août 1944, l'industrie allemande employait, à elle seule, 7652000 étrangers, dont 1930000 prisonniers de guerre et plus de 5 millions de personnes déportées de force, que l'on peut sans conteste qualifier d'esclaves [70]. Himmler entendait profiter de la guerre pour créer le noyau de son empire esclavagiste, et il n'était guère pressé de tuer les juifs tant qu'il était encore possible de les faire travailler. De plus, ils représentaient une appréciable source de numéraire pour les coffres des SS, grâce aux versements effectués en échange d'une main-d'œuvre venue des camps par Krupp, Siemens, I.G. Farben, Rheinmetall, Messerschmidt, Heinkel et d'autres entreprises. A la fin de 1944, plus de 500000 détenus étaient ainsi « loués » à l'industrie privée. Himmler possédait, par ailleurs, ses propres usines qui fonctionnaient souvent avec des contingents de juifs qu'il avait « mis de côté » pour cet usage, chose que Hitler devait toujours ignorer [71].

Himmler finit par résoudre ce dilemme par un compromis. Il incorpora l'industrie au fonctionnement même des camps de la mort, faisant travailler les esclaves jusqu'à ce qu'ils ne soient plus bons que pour les fours crématoires. Si Auschwitz occupe, dans la hiérarchie de l'ignoble, une place privilégiée, ce n'est pas seulement à cause de sa taille, mais parce que sa conception même le destinait à incarner cette atroce dialectique. Auschwitz fut créé conjointement par les SS et I.G. Farben comme centre de fabrication de caoutchouc synthétique *Buna* et de carburant. Ce vaste complexe comprenait la section A 1, c'est-à-dire le camp d'origine, la section A 2, à Birkenau, avec son usine d'extermination, l'A 3, où se trouvait la fabrique de *Buna* et de carburant synthétique, et enfin l'A 4, à Monowitz, camp de concentration particulier d'I.G. Farben. L'entreprise employait une « division d'Auschwitz » spéciale, avec son propre corps de pompiers et sa police armée de fouets, mais la direction finit par se plaindre, à cause du bruit, du nombre des châtiments corporels infligés par les *Kapos*, exigeant qu'ils soient exécutés à l'intérieur du camp et non pas sur les lieux de travail.

A l'arrivée d'un train de victimes, les passagers étaient divisés en deux groupes dont l'un, celui des hommes valides, était dirigé sur Monowitz, tandis que l'autre, composé des plus faibles, des malades, des femmes et des enfants, était envoyé directement au camp de la mort. A Monowitz, la journée des travailleurs du *Buna* commençait à 3 heures du matin; ils se déplaçaient toujours au « trot SS », même quand ils portaient de lourdes charges; pendant les heures de travail, ils étaient confinés individuellement dans des zones de dix mètres carrés dont il leur était interdit de sortir. Il n'y avait pas de périodes de repos. Toute personne qui quittait sa zone était immédiatement abattue pour « tentative d'évasion ». Les châtiments par le fouet étaient quotidiens et il y avait « plusieurs pendaisons par semaine ». A midi, on servait aux détenus une soupe de pommes de terre et de navets, et le soir ils recevaient un morceau de pain. Fritz Saukel, dirigeant du travail forcé, avait d'ailleurs formulé les principes de la chose : « Tous les détenus doivent être nourris, logés et traités en général de telle manière qu'on puisse les exploiter au maximum de leurs possibilités, tout en maintenant les dépenses au plus bas niveau concevable [72] ». Dans la réalité, ils vivaient des conditions pires que celles de l'esclavage, et rien qu'à Auschwitz, 25 000 d'entre eux furent littéralement tués au travail. Chaque matin, l'officier chargé de la distribution des tâches triait les plus mal en point pour les envoyer à la chambre à gaz. Farben tenait à jour le registre des effectifs, où s'inscrivait aussi l'ordre final : *Nach Birkenau.* Les pertes de poids étaient, en moyenne, de 3 à 4 kilogrammes par semaine, de sorte que ceux qui avaient bénéficié, précédemment, d'une alimentation normale arrivaient, en compensant le manque par la consommation de leur propre substance, à tenir jusqu'à trois mois. (C'était plus que dans les camps russes du même type.) Ces esclaves brûlaient les réserves de leur corps et finissaient par mourir d'épuisement. Selon un autre historien :

> « I.G. Farben assimilait le travail forcé à la consommation d'une matière première, comme si la vie eut été un minerai susceptible d'une extraction systématique. Lorsqu'il ne restait plus d'énergie utilisable, le déchet vivant était expédié vers les chambres à gaz et les fours crématoires du centre d'extermination de Birkenau, où les SS le recyclaient au profit de l'industrie de guerre allemande : les dents en or allaient à la Reichbank, les cheveux fournissaient des matelas, la graisse, du savon [73]. »

Les maigres possessions que les morts avaient pu apporter à Auschwitz étaient officiellement « confisquées » et envoyées en Allemagne. Pour une période de six semaines allant du 1er décembre 1944 au 15 janvier 1945, cette collecte comprenait 22269 costumes et sous-vêtements d'hommes, 192652 ensembles féminins, et 99922 vêtements d'enfants [74]. Malgré toute cette macabre ladrerie, si caractéristique des États totalitaires, Auschwitz, sur le plan économique, fut un échec total. Il n'en sortit que très peu de carburant synthétique, et la production de *Buna* demeura nulle.

Dans le cadre général du génocide qui, en plus des juifs, engloutit des millions de Polonais et de Russes, nombre de pratiques manifestaient les formes les plus bizarres de la cruauté. Le décret *Lebensborn* promulgué par Himmler le 28 octobre 1939, instituait une série de « haras » pour l'élevage de « l'Aryen idéal ». Des officiers SS féminins étaient chargés de fouiller les camps à la recherche d'enfants de type aryen qui étaient enlevés et mis en réserve, « afin que de notre vivant, disait Himmler, nous devenions un peuple de 120 millions d'âmes germaniques ». Comme il admirait fort l'élégante minceur de lord Halifax, il ordonna de nourrir les reproductrices avec du porridge :

« Les Anglais, et en particulier les lords et les ladies anglais, sont élevés presque entièrement à la bouillie d'avoine... On considère qu'il est particulièrement correct d'en consommer. Et ce sont justement ces gens-là, hommes et femmes, qui sont les plus remarquables par la minceur de leurs silhouettes. C'est pourquoi les mères de nos foyers devront s'habituer au porridge et en nourrir leurs enfants. *Heil Hitler*[75] ! »

A l'autre extrémité du spectre, on voit 350 médecins SS (soit 1 sur 300 pour l'ensemble du corps médical allemand) se livrer à des expériences sur les détenus des camps. Le docteur Sigmund Rascher, par exemple, put tester, à Dachau, les réactions des déportés aux basses températures, tuant ainsi des centaines de personnes; après quoi il demanda son transfert à Auschwitz. « Le camp, disait-il, est suffisamment étendu pour que le travail n'y attire pas l'attention. Les sujets poussent de tels hurlements quand ils gèlent ! » De jeunes femmes polonaises, appelées « lapins », furent blessées, puis infectées de la gangrène gazeuse pour tester l'efficacité des sulfamides. Dans les camps de travail, on pratiqua la stérilisation massive des détenues russes à l'aide de rayons X. Il y eut bien d'autres expériences encore, telles que l'injection du virus de l'hépatite au camp de Sachshausen, celle de liquides inflammatoires dans l'utérus, toujours dans un but de stérilisation, au camp de femmes de Ravensbrück, l'induction de phlegmons à des prêtres catholiques à Dachau, l'injection du typhus à Buchenwald; des Gitans, enfin, servirent de cobayes pour des expériences de transplantation de tissus osseux et des absorptions massives d'eau de mer. Orianenburg faisait un tri de juifs que l'on gazait afin d'enrichir de spécimens nouveaux la collection de squelettes de Himmler. C'étaient« des commissaires judéo-bolcheviques, personnifiant un type de sous-humanité repoussant mais bien caractéristique[76] ».

Il est un sens où l'on peut encore dire que le « crime sans nom » dont parlait Churchill avait bien un caractère national. Il est vrai que d'un bout à l'autre, et malgré son énormité, le programme de génocide demeura furtif. Hitler n'en fit jamais mention, même dans les interminables harangues qui forment, parmi d'autres documents, le sujet des *Conversations de table*. Le massacre des conspirateurs de juillet 1944 le faisait exulter, et il demandait sans cesse à revoir le film de leur horrible exécution, mais jamais il ne visita les camps ou, à plus forte raison, les centres d'extermination. Son immense volonté, chargée de haine, sut mettre le processus en branle, puis le maintenir jusqu'à ce qu'il ait pratiquement atteint son but final. Mais cette haine était abstraite. Peut-être sentait-il que, s'il était confronté à ces millions de visages qu'il avait voués à la mort, sa volonté elle-même s'évanouirait; alors, le service suprême qu'il pensait avoir rendu à la « culture » germanique perdrait son soutien, et tout s'effondrerait. Il assistait avec délectation à l'assassinat d'aristocratiques généraux qu'il connaissait et qu'il détestait personnellement, mais massacrer des catégories entières d'êtres humains ne fut jamais pour lui qu'un devoir quelque peu déplaisant. Il semble bien que Lénine ait cultivé exactement la même attitude, et Staline, qui, pendant les procès, assistait à travers un judas à l'agonie de ses vieux camarades, ne visita jamais les caves de la Loubyanka, pas plus qu'il ne mit le pied dans les camps.

Au sommet, nous avons donc ce silence de Hitler. Mais tout au long de l'échelle, nous retrouvons la même chose : l'opération de génocide tout entière était pénétrée d'un sentiment de culpabilité informulé, et probablement informulable. Himmler lui-même, ce prototype du révolutionnaire sacerdotal, dirigea tous les détails du crime mais ne vint que deux fois à Auschwitz. Comme dans tous les pays totalitaires, il fallut inventer un vocabulaire de substitution pour dissimuler l'horreur concrète du relativisme moral. Parmi les termes utilisés par les SS pour déguiser le meurtre, on trouve ceux de « traitement spécial », « repeuplement », « ligne générale », « actes souverains hors de portée du judiciaire » et, surtout, « envoi à l'Est[77] ». Comme pour les meurtres de 1934, crimes majeurs qui furent comme les ascendants de cette colossale abomination, il fallait qu'une conspiration du silence enveloppe la nation. Le 4 octobre 1944, Himmler disait aux généraux des brigades SS : « Entre nous, il faut en parler en toute franchise, mais il ne doit jamais en être question en public. » De même que leur devoir, en 1934, avait été de « fusiller au pied du mur les camarades qui avaient failli », de même, il leur revenait, aujourd'hui, « d'exterminer la race juive ». Jamais on n'avait parlé publiquement des tueries de 1934, et maintenant, comme alors, il fallait garder le silence. Le 29 mai 1944, s'adressant cette fois aux Gauleiter, il répétait qu'avant la fin de l'année, tous les juifs seraient morts.

> « Vous savez tout, maintenant, mais il vaut mieux que vous le teniez secret. Peut-être plus tard, beaucoup plus tard, pourrons-nous considérer l'opportunité d'en dire plus au peuple allemand. Mais je crois que nous ferons mieux de n'en rien faire ! C'est nous qui avons assumé la responsabilité de l'idée comme de l'acte, et je crois que nous ferions mieux d'emporter ce secret dans la tombe[78]. »

On poussa donc fort loin les mesures destinées à cacher ce qui se passait dans les camps. Dans une gare où elle devait changer de train, la femme d'un officier allemand monta par erreur dans un convoi de déportés ; elle fut envoyée au four crématoire comme les autres, afin qu'elle ne puisse raconter ce qu'elle avait vu. Aucune victime ne sortit vivante d'Auschwitz, à l'exception de deux juifs slovaques qui s'en échappèrent en août 1944. Malgré tout, des millions d'Allemands devaient savoir qu'on était en train de faire quelque chose de terrible aux juifs. Les effectifs des SS s'élevaient à 900 000 personnes. Un très grand nombre de gens pouvaient voir ou entendre les interminables convois qui cahotaient dans la nuit, et ils n'ignoraient pas de quoi il s'agissait, comme le suggère cette remarque de l'un d'eux : « Ces maudits juifs ne nous laissent même pas dormir la nuit[79]. » Il faut peut-être rappeler, aussi, qu'en 1916-1918, les Allemands avaient déjà pratiqué une forme de travail jusqu'à l'épuisement ; c'était l'une des réponses de cette nation à l'état de guerre, l'un des traits de ce « socialisme guerrier » que Lénine admirait tant. La paranoïa raciste était d'ailleurs profondément enracinée dans la culture allemande, où elle avait été nourrie par des générations d'intellectuels. Elle précédait de loin l'avènement de Hitler ; c'était une ombre ancienne qui le dominait de très haut. À quarante ans de distance, nous voyons mal l'intensité, l'universalité de ce racisme entre Blancs, et surtout, nous ne réalisons pas ce que pouvait être alors un antisémitisme dont le Reich était bien loin d'être le seul tenant. Il est donc légitime de dire que c'est bien, dans un sens, la volonté du peuple allemand qui tendait à cette fin, et que celle de Hitler ne fit qu'en apporter les moyens[80].

Mais il est vrai, aussi, que ce crime eut des complices dans tout le monde civilisé. 150000 membres des SS n'étaient pas des Allemands. Les pires massacres de Polonais, par exemple, furent l'œuvre d'une division de 6 500 prisonniers de guerre blanc-russiens[81]. Quand il s'agissait de donner la chasse aux juifs des pays occupés, le régime hitlérien ne manquait jamais de collaborateurs volontaires. Paradoxalement, les pays d'Europe où les juifs étaient les moins menacés étaient les deux États fascistes d'Espagne et du Portugal et même l'Italie, avant que Hitler n'y installe un régime de paille. Le plus dangereux de tous était sans doute la France, car le gouvernement de Vichy, dont l'antisémitisme était évident dès son accession au pouvoir, ne cessa de le développer par la suite. Il y avait, en France, deux sortes de juifs : d'une part les Sepharades et les Alsaciens, qui étaient assimilés, de l'autre les nouveaux arrivants et les réfugiés. En novembre 1941, le gouvernement institua l'Union générale des Israélites de France ; largement recrutée parmi les premiers, c'était une sorte de machine bureaucratique destinée à acheminer ceux du second groupe vers les camps, une sorte de petit Vichy juif[82]. En fait, le régime vichyssois contribua activement à précipiter le départ de ces juifs d'origine étrangère, mais il est faux qu'il cherchait, comme on le prétendit par la suite, à protéger les israélites français. Sur 76 000 juifs remis aux nazis par les autorités françaises (20 000 seulement devaient survivre), un tiers au moins était né en France. Parmi ceux qui périrent, il y avait 2 000 enfants de moins de six ans et 6 000 de moins de treize[83].

Cette aura de culpabilité s'étendait plus loin encore. Entre 1933 et 1939, quand la politique de Hitler relative à l'émigration montrait encore une certaine ambivalence, de nombreux juifs auraient pu s'échapper, mais personne ne voulait d'eux. Tous les gouvernements d'Europe avaient, en puissance, un problème d'antisémitisme, et ils craignaient vivement de le voir s'aggraver. Par crainte des Arabes, la Grande-Bretagne verrouilla solidement la porte qui, jusque-là, était restée ouverte en Palestine : le Livre blanc de 1939 limitait le contingent d'immigration juive à 75 000 personnes pour une période de cinq ans. Roosevelt, comme à son habitude, consacra un certain nombre de discours à la sympathie que méritaient les juifs, mais, sur le plan pratique, il ne fit rien pour leur faciliter l'entrée en Amérique. Les premiers échos du génocide se firent entendre au Congrès international juif de Lausanne, en 1942, mais les membres officiels de cette conférence eux-mêmes, si habitués qu'ils puissent être à l'horreur, exprimèrent, tout d'abord, un certain scepticisme. En 1943, lors d'une rencontre officielle anglo-américaine aux Bermudes, il fut décidé qu'aucun des deux pays ne pouvait rien faire pour les juifs, et qu'on éviterait donc, à l'avenir les reproches mutuels ; c'était, en quelque sorte, un protocole d'alliance contre la mauvaise conscience. Au mois d'août 1943, on savait — et ce fut publié —, que 1702500 juifs avaient été exterminés. Le 1er novembre, Roosevelt, Staline et Churchill faisaient savoir conjointement aux dirigeants allemands qu'ils seraient poursuivis et jugés pour ces crimes. Roosevelt rendit public un nouvel avertissement de cet ordre, mais ce fut tout. Bien que l'Amérique disposât d'espace et de nourriture en quantités suffisantes, il n'avait nullement l'intention d'en faire une terre d'asile. Churchill fut le seul qui continua à insister qu'il fallait à tout prix faire quelque chose, mais sa motion fut rejetée par l'ensemble de ses collègues, regroupés derrière Anthony Eden. Le secrétaire de ce dernier pouvait noter alors : « Malheureusement, A.E. reste inébranlable au sujet de la Palestine ; il adore les Arabes et déteste les juifs. » Le 6 juillet 1944, Chaim Weizmann, président de l'Agence juive mondiale, suppliait Eden d'utiliser les bombardiers alliés pour arrêter la déportation des juifs hongrois, dont 12000 passaient journellement aux fours crématoires. Churchill lui envoya cette note : « Tirez tout ce que vous pourrez de l'aviation, et citez-moi à l'appui de votre demande, si c'est nécessaire », mais rien ne fut fait. On peut d'ailleurs se demander si les bombardements auraient servi à quelque chose [84].

À cette époque, la plupart des juifs étaient déjà morts. Les survivants désiraient seulement des preuves que le monde civilisé ne les avait pas oubliés. « Dans nos prières, devait dire l'un d'eux, nous ne demandions pas la vie, car nous n'avions plus d'espoir, mais la vengeance, la dignité humaine, le châtiment des assassins [85]. » Ce que demandaient les juifs, c'était la reconnaissance de l'énormité de ce crime, de son caractère unique dans l'Histoire. On ne peut pas dire qu'ils l'aient obtenue, ni de la part des Allemands, qu'on eût peut-être absous de leur responsabilité collective s'ils avaient pu l'admettre, ni de celle des Alliés. L'histoire du châtiment des crimes de guerre allemands est presque aussi confuse et aussi compliquée que celle du génocide. Staline, comme Lénine avant lui, était persuadé que l'après-guerre verrait une Allemagne soviétique ; en conséquence, il avait tendance à minimiser, dans ses déclarations publiques, l'ampleur de la culpabilité allemande, et il encouragea ses partisans occidentaux à en faire autant. En privé, son sentiment était tout autre. À la conférence de Téhéran, il fit reproche à Churchill de vouloir faire une différence entre les dirigeants allemands et la masse du peuple. Dans le même ordre d'idées, parce que ces textes n'atteindraient que le public soviétique, il encouragea Ehrenbourg et quelques autres écrivains à publier dans la presse, et en particulier dans *La Pravda* et *L'Étoile Rouge*, des articles qui donnaient libre cours au plus violent racisme anti-allemand [86]. Au niveau public, cependant, la ligne adoptée par les communistes occidentaux voulait que l'on fasse des crimes de guerre une affaire politique, et non pas morale. En 1942, Victor Gollancz, le principal éditorialiste de gauche en Angleterre, forgea, dans son pamphlet intitulé *Vie ou Mort pour nos enfants* ? une phrase destinée à devenir célèbre : la culpabilité, disait-il, est avant tout celle de l'impérialisme. Donc « nous sommes tous coupables », bien que les capitalistes le soient davantage que la masse des gens ordinaires [87].

En 1945, les Alliés étaient d'accord pour juger et pendre les principaux responsables des crimes nazis, mais cette décision des échelons supérieurs devait bien vite rencontrer des difficultés au niveau de l'exécution. Les Russes avaient été les premiers à atteindre les camps d'extermination. Certains des responsables avaient alors disparu, et l'on pouvait supposer qu'ils travaillaient pour ceux qui les avaient capturés. Pendant longtemps, des rapports privilégiés avaient uni les services de sûreté nazis avec ceux des Soviétiques ; on les rétablit cordialement aussitôt la guerre finie. Himmler avait toujours admiré les méthodes de la police soviétique — il pensait que Staline avait, dans les veines, le noble sang mongol des hordes de Gengis khan — et son chef de la Gestapo, le général SS Mueller, finit sans doute par travailler pour la NKVD [88]. Beaucoup de policiers prussiens qui avaient servi sous Goering occupèrent bientôt des postes supérieurs dans la police de la République populaire est-allemande, nouvellement créée par Staline.

Les Anglais et les Américains s'employèrent plus activement à punir les criminels, mais la marche de l'Histoire finit par amortir leur ardeur. Lorsque les cadres d'I.G. Farben furent condamnés à Nuremberg, le 18 juillet 1948, le blocus de Berlin avait déjà commencé, l'Allemagne était devenue une alliée potentielle, et la résurrection de son industrie faisait partie des objectifs anglo-américains. Karl Krauch, l'homme qui avait réalisé la conversion de l'entreprise au nazisme et choisi personnellement le site d'Auschwitz pour l'usine de *Buna*, s'en tira avec une sentence de six ans. Onze autres cadres furent condamnés à des peines d'emprisonnement de huit ans à dix-huit mois — « de quoi satisfaire un voleur de poulets », selon le mot rageur du procureur Josiah DuBois [89]. En janvier 1951, tous les industriels accusés de crimes de guerre furent libérés, en vertu d'une amnistie décrétée par les Alliés. Alfred Krupp, qui avait été condamné à la confiscation de tous ses biens, en redevint propriétaire, car le haut-commissaire des Etats-Unis, John J. McCoy jugeait « que la saisie des biens était peu compatible avec l'exercice de la justice américaine ». Lorsque la redistribution passa des mains des Alliés à celles des Allemands, ceux-ci la pratiquèrent d'une manière qui ne fait guère ressortir d'intenses remords collectifs. Une indemnité fut payée par le nouveau gouvernement fédéral au non moins récent État sioniste d'Israël, mais les revendications individuelles d'anciens esclaves furent reçues par les tribunaux allemands avec un certain manque de chaleur. Sur le demi-million de survivants, 14 878 finirent par obtenir, après des années de litige, des sommes qui dépassaient rarement 1 250 dollars. Rheinmetall, non sans de longues escarmouches d'arrière-garde, versa 425 dollars à chacun de ses anciens travailleurs forcés. Krupp, sous la pression du gouvernement américain, finit, en 1959, par débourser la somme totale de 2 380 000 dollars, mais Friedrich Flick ne se dessaisit pas d'un sou; lorsqu'il mourut, en 1972, à l'âge de quatre-vingt-dix ans, il laissait un héritage de plus de 1000 millions de dollars[90], mais qui est encore assez naïf pour croire qu'il existe une justice en ce monde ?

Il y avait plus d'une raison à cette façon confuse et inadéquate d'opérer la redistribution allemande. Lorsque le régime hitlérien tomba en pièces, les Anglais et les Américains avaient encore à mener, seuls, une guerre de destruction totale contre le Japon. Le front du Pacifique vit les plus grandes batailles navales de l'histoire; autant que sur la supériorité des ressources, l'avantage reposait, dans ces combats, sur l'inexorable développement des technologies nouvelles. Les Japonais prirent d'abord une certaine avance avec le remarquable avion de chasse Zero, mais l'un de ces appareils devait tomber intact aux mains des Américains, le 4 juin 1944, dans les îles Aléoutiennes. L'avion destiné à le tenir en échec, le Hell-cat, fut promptement mis au point et fabriqué en quantités prodigieuses[91]. La production aéronautique japonaise atteignit un sommet de 2 857 appareils pendant le mois de juin 1944, après quoi elle déclina de façon constante, par suite des bombardements alliés. Sur toute la durée de la guerre, le Japon ne fabriqua, en tout, que 62795 appareils, dont 52109 furent perdus[92]. En 1943, les Etats-Unis en produisaient 100000 par an, et nous retrouvons cette même inégalité pour les navires de guerre. Le Japon ne mit à flot que vingt porte-avions, et il en perdit seize, tandis que les Américains en utilisaient près d'une centaine dans le Pacifique, au cours de l'été 1944[93]. Ce déséquilibre fut encore augmenté par la stratégie irrationnelle des Japonais. Leurs sous-marins n'étaient entraînés qu'à l'attaque des navires de surface. L'état-major n'avait que deux officiers spécialisés dans la lutte contre les sous-marins ennemis, le minage et la lutte anti-aérienne, ce type d'opérations étant dédaigneusement qualifié de « défenses d'arrière-garde ». Il fallut attendre 1943 pour que la marine japonaise adopte un système d'escorte limité, et ce n'est qu'en mars 1944 qu'elle se résolut à le développer pleinement. Les Américains avaient alors des centaines de sous-marins, et leur système « Wolf-pack » fonctionnait sur une grande échelle[94]. Il n'est donc pas étonnant que, sur les 6 millions de tonnes qu'il possédait au début de la guerre, le

Japon en ait perdu près de 5 : 50 % par les sous-marins, 40 % par les attaques aériennes, et le reste par les mines. Aux erreurs de la marine venaient se joindre celles de l'armée qui, dans son avidité conquérante des cinq premiers mois de la guerre, avait dispersé ses forces sur 5286600 kilomètres carrés de la surface du globe, régnant sur 350 millions de « sujets » avec des effectifs de 3175000 hommes qui devaient, le plus souvent, être ravitaillés par mer. C'est dans un effort sans cesse plus futile pour armer et maintenir en vie ses troupes que le Japon perdit à la fois sa marine de guerre et sa flotte marchande. De nombreuses unités périrent littéralement de faim, ou se virent réduites, faute de munitions, à combattre avec des lances de bambou[95].

La stratégie de l'armée japonaise était de s'accrocher fermement aux territoires conquis; comment, en effet, les recrues américaines eussent-elles été de taille à vaincre les soldats japonais dans un combat rapproché ? On pensait qu'à la suite de lourdes pertes, l'opinion publique des Etats-Unis finirait par faire pression sur son gouvernement pour obtenir un compromis. Mais lorsque les Alliés furent assurés de leur suprématie sur mer et dans les airs, ils adoptèrent la tactique dite du « Pacifique central ». Elle consistait à échelonner, sur la route du Japon, en « sautant » par-dessus d'autres positions tenues par les Japonais, une série de bases qu'ils enlevaient par le débarquement de véhicules amphibies et surtout par une écrasante puissance de feu[96]. La résistance des Japonais fut désespérée pendant toute cette phase du combat, mais, grâce à leur technologie et à leur productivité, les Américains purent maintenir leurs pertes à un niveau qui ne dépassa jamais, dans son rapport avec celles de l'ennemi, celui d'une guerre de l'ère coloniale. Cet aspect des choses ressort dès novembre 1942, à la bataille de Guadalcanal, qui fut véritablement la charnière des conflits du Pacifique. Les Japonais perdirent alors 25000 hommes contre 1592 du côté américain. Lors de l'affrontement initial de l'offensive du Pacifique central, qui eut lieu en novembre 1943 sur l'atoll de Tarawa, il n'y eut que dix-sept survivants parmi les 5000 hommes de la garnison japonaise, pour une perte américaine de 1000 personnes. Les Américains augmentèrent leur puissance de feu et poussèrent plus loin encore leur système de « saute-mouton » par-dessus les positions japonaises. Lors de l'attaque suivante, qui eut lieu sur l'île de Kwajalein, les bombardements, tant d'aviation que de marine, atteignirent une telle ampleur que, selon un témoin oculaire, « il semblait que l'île entière avait été projetée à 6 kilomètres en l'air, pour retomber ensuite. » Il s'agissait de supprimer jusqu'au dernier les 8500 défenseurs de l'île, et, grâce à la puissance de l'attaque préalable, les Américains ne perdirent que 373 hommes[97]. Ces proportions furent constamment maintenues par la suite. Sur l'île de Leyte, seuls 5000 des 70000 Japonais survécurent, tandis que les pertes américaines s'élevaient à 3500. C'est à Iwo Jima que ce rapport fut le plus défavorable aux Américains — 4917 morts contre 18000 du côté japonais —, et ils payèrent, lors de la prise d'Okinawa, la plus forte note : 12520 morts ou manquants contre 185 000 Japonais. Mais dans l'ensemble les pertes américaines restaient faibles. La plupart des Japonais furent tués dans les bombardements. Ceux qui étaient isolés finissaient par mourir de faim. Aucun d'eux ne vit jamais un soldat américain à pied, et il ne fut donc pas question de s'en approcher à portée de baïonnette. En Birmanie, la supériorité navale et aérienne n'entrait pas en ligne de compte, et les combats furent très sévères tout au long de la campagne. La 14e armée indo-britannique tua néanmoins 128000 Japonais, alors que la totalité de ses pertes ne dépassait pas 20000 hommes[98].

L'objet de la stratégie du Pacifique central était de mettre le Japon à portée des bombardiers lourds à base terrestre, afin de le soumettre vingt-quatre heures sur vingt-quatre à des pilonnages d'une intensité croissante. Il s'agissait de réaliser ce que l'expert en stratégie aérienne, Douet, avait prédit dans les années 20, ce que les partisans britanniques de la paix avaient craint dans les années 30, ce que Churchill, enfin, avait tenté contre l'Allemagne. Cette nouvelle phase débuta en novembre 1944, lorsque la base de Guam, conquise sur les Japonais, devint pleinement opérationnelle. Les forteresses volantes B 29 purent alors attaquer par escadrilles de 1 000 appareils, avec des chargements de huit tonnes de bombes et des escortes de chasseurs. En 1939, Roosevelt avait envoyé aux nations belligérantes des dépêches par lesquelles il les priait de s'abstenir de « l'inhumaine barbarie » que constituaient les bombardements de civils, mais cette attitude ne devait pas survivre à Pearl Harbor. De mars à juillet 1945, et pratiquement sans résistance de l'ennemi, les B 29 lâchèrent 100000 tonnes de bombes incendiaires sur soixante-six villes et bourgs japonais, balayant plus de 270000 kilomètres carrés de rues densément peuplées. La nuit du 9 au 10 mars, 300 B 29, aidés par un fort vent du nord, transformèrent l'ancienne plaine marécageuse de Mushashi, où se tient la ville de Tokyo, en un véritable enfer, détruisant 24 kilomètres carrés de zones urbaines, faisant 83000 morts et 102000 blessés. Un prisonnier de guerre britannique qui se trouvait dans un camp tout proche de cette région put comparer l'horreur de ce raid à celle du grand tremblement de terre de 1923 dont il avait également été témoin[99]. Des statistiques japonaises montrent qu'avant la bombe A, les raids effectués sur 69 objectifs avaient détruit 2250000 bâtiments, qu'il y avait 9 millions de sans-logis, 260000 morts et 412000 blessés. Ces raids ne cessèrent de croître en nombre et en puissance; en juillet, les flottes alliées encerclaient le Japon, utilisant leur artillerie lourde pour bombarder à courte portée les villes côtières.

Le 16 juillet, la bombe au plutonium d'Oppenheimer fut testée sur le terrain d'Almogordo, au Nouveau-Mexique. Elle produisit une boule de feu dont la température était neuf fois supérieure à celle qui règne à l'intérieur du soleil. Oppenheimer cita cette phrase de la *Bhagavad Gita* : « ... un rayonnement pareil à celui de mille soleils... Je suis comme la mort, le destructeur des mondes. » Fermi, plus prosaïquement, calcula que l'onde de choc correspondait à celle de 10000 tonnes de TNT. La nouvelle fut transmise d'urgence au nouveau président américain, Harry S. Truman, qui venait de rentrer de Potsdam. Un protocole signé, le 9 septembre 1944 par Churchill et Roosevelt, dans la propriété de ce dernier, à Hyde Park, mentionnait que « lorsque la bombe serait finalement disponible, on pourrait, après mûre réflexion, envisager éventuellement de s'en servir contre les Japonais. » Truman signa très vite un ordre qui permettait l'utilisation de cette arme ; il ne semble pas qu'il y ait eu, au moins parmi les militaires, de discussions prolongées quant à l'opportunité pratique ou morale de la chose. Selon les termes du général Groves : « Les hautes sphères voulaient que ce soit fait le plus vite possible [100]. » L'Amérique et la Grande-Bretagne déversaient déjà sur le Japon tout ce dont leur production était capable en matière d'explosifs classiques, et ce volume augmentait de jour en jour avec le développement des moyens techniques et matériels, mais l'Empire restait inflexible dans sa résistance. Dans la mesure où la bombe était susceptible, de par sa nouveauté, d'exercer un impact décisif qui briserait la résolution de l'ennemi, il eût été illogique, voire irresponsable, de ne pas s'en servir.

Dès le mois de janvier 1942, on avait dit à l'empereur que le Japon ne pourrait pas gagner la guerre. En 1943, la marine était persuadée que la défaite était désormais inévitable. En 1944, ses officiers s'étaient débarrassés de Tojo par un *putsch*, mais tout cela demeurait sans effet. La crainte de l'assassinat demeurait la plus forte. En mai 1945, on demanda la médiation de la Russie. Staline ne s'empressa pas de répondre. En janvier, à Yalta, on lui avait promis de substantiels avantages territoriaux s'il acceptait, au mois d'août, de se joindre au conflit contre les Japonais. Le 6 juin, le Conseil suprême du Japon approuva un document intitulé « De la politique fondamentale qui doit être, dorénavant, celle de la conduite de la guerre » et dans lequel on trouve cette phrase : « Nous poursuivrons la guerre jusqu'à son amère conclusion. » Le plan final de défense du territoire japonais, l'« opération décision », prévoyait 10000 avions — kamikaze —, ce devaient être, pour la plupart, des appareils d'entraînement reconvertis —, 53 divisions d'infanterie et 25 brigades. Des bataillons entraînés de 2350000 hommes combattraient sur les côtes, appuyés, à l'arrière, par 4 millions d'employés civils de l'armée de terre et de la marine, et par une milice civile de 28 millions de personnes. L'armement devait comporter des canons chargés par la bouche, des lances de bambou, des arcs et des flèches. Pour la constitution de cette armée, la Diète passa une législation spéciale[101]. Les commandements alliés estimaient que si l'invasion du Japon devenait nécessaire, les pertes qu'on pouvait en attendre s'élèveraient à près d'un million d'hommes. Quant aux pertes japonaises, en extrapolant à partir de proportions déjà connues, on pouvait supposer qu'elles atteindraient 10 à 20 millions.

L'objectif des Alliés était de briser la résistance japonaise avant que l'invasion ne devienne inévitable. Le 1er août, 820 B. 29 utilisaient 6 600 tonnes d'explosifs sur cinq villes du nord de l'île de Kyushiu. Cinq jours plus tard, l'unique bombe à uranium de l'Amérique, qui n'avait fait l'objet d'aucun test préalable, était lâchée sur Hiroshima, la huitième ville du Japon, quartier général de la seconde armée japonaise et important port d'embarquement de troupes. Deux jours auparavant, la ville avait reçu une pluie de tracts, prévenant ses habitants qu'elle allait être « oblitérée », mais les Japonais n'en tinrent pas compte. Le bruit avait couru que la mère de Truman avait jadis vécu dans les parages et, comme la ville était jolie, on pensait que les Américains se la réserveraient, comme centre de leur future occupation du pays. Sur les 245000 habitants, 100000 périrent ce jour-là et 100000 autres par la suite[102]. Certains d'entre eux moururent sans blessure ni cause visible. D'autres avaient la peau couverte de multiples taches de couleurs vives. Beaucoup de gens vomissaient du sang. Un vieil homme plongea sa main brûlée dans l'eau, « et il en sortit quelque chose d'étrange et de bleuâtre, comme de la fumée. » Un autre, qui était presque aveugle, recouvra une vue parfaite, mais il perdit tous ses cheveux.

La réaction publique du gouvernement japonais fut d'envoyer une protestation au monde, par l'intermédiaire de l'ambassade de Suisse. Après vingt ans de violation de ces mêmes principes, ils dénonçaient « les infractions aux lois internationales dont les Américains se rendaient coupables, en particulier par l'usage d'une nouvelle mine terrestre à Hiroshima ». En privé, ils convoquèrent à Tokyo le chef de leur programme de recherches atomiques, Nishina, pour lui demander si la bombe d'Hiroshima était bien un engin nucléaire et, dans l'affirmative, s'il pensait pouvoir fabriquer une arme de cette espèce dans un délai de six mois[103], ce qui laisse entendre qu'une seule bombe n'eût peut-être pas suffi à provoquer la reddition du Japon.

La seconde bombe, à base de plutonium, fut lâchée non pas sur son objectif premier — que le pilote ne trouva pas — mais sur un site alternatif. Par une cruelle ironie du sort, il s'agissait de la ville chrétienne de Nagasaki, centre de résistance au shinto. 74800 personnes furent tuées ce jour-là. Ce deuxième bombardement fit peut-être croire aux Japonais que les Américains disposaient d'un stock important d'armes atomiques. En fait, il n'y en avait que deux, dont l'utilisation était prévue pour le 13 et le 16 août. La Russie avait alors concentré 1600000 hommes sur la frontière mandchoue, et le lendemain, comme suite aux promesses de Yalta, elle déclara la guerre au Japon. Quelques heures auparavant, les Japonais avaient fait savoir aux Alliés, par télégramme, qu'ils acceptaient le principe d'une reddition inconditionnelle. Les attaques nucléaires furent suspendues, mais les raids conventionnels continuèrent, et, le 13 août, 1 500 B. 29 bombardaient à nouveau Tokyo.

Le 14 août, les Japonais décidèrent de se rendre. Le ministre de la Guerre et deux des chefs d'état-major s'y étant opposés, le Premier ministre, l'amiral Suzuki, dut faire appel à l'arbitrage du tenno. Hirohito devait dire par la suite :

> « Au moment de la reddition, il n'y avait aucune perspective d'arriver à un accord, même si les discussions avaient continué... Lorsque Suzuki me demanda, à la Conférence impériale, lequel des deux points de vue il fallait adopter, je pus enfin exprimer librement mon opinion personnelle; c'était la première fois que je pouvais le faire sans empiéter sur l'autorité ou les responsabilités de quelqu'un d'autre[104]. »

C'est alors que Hirohito enregistra le message par lequel il annonçait la capitulation au peuple japonais, admettant que « la situation avait pris une tournure qui n'était pas nécessairement à l'avantage du Japon » et qu'afin d'éviter « l'extinction totale de la civilisation humaine », le pays serait contraint « d'accepter l'inacceptable et de supporter l'insupportable[105] ». Des officiers de l'armée pénétrèrent de force dans le palais impérial afin de détruire l'enregistrement avant sa retransmission. Ils tuèrent le chef de la garde, incendièrent la maison du Premier ministre ainsi que celle du chambellan de la cour, mais ils ne parvinrent pas à se saisir de l'enregistrement. Tout de suite après sa diffusion, le ministre de la Guerre et quelques autres se suicidèrent dans la cour du palais[106].

Il n'est pas évident qu'une capitulation eût été obtenue sans l'utilisation des deux bombes A. Même sans faire intervenir la nécessité d'une invasion finale, on peut penser qu'il y aurait eu d'importants combats en Mandchourie, et les bombardements, qui n'étaient plus très loin du seuil nucléaire de 10000 tonnes par jour, auraient continué, en s'intensifiant. L'utilisation des armes nucléaires épargna donc des vies humaines, aussi bien parmi les Japonais que du côté allié. Ceux qui périrent à Hiroshima et à Nagasaki ne furent pas tant les victimes de la technologie anglo-américaine que celles d'un système gouvernemental paralysé par ses conventions. Elles étaient elles-mêmes issues d'une idéologie qui, non contente de rejeter les valeurs absolues de la morale, avaient également sacrifié la raison.

Pour que la véritable nature du totalitarisme japonais apparaisse en pleine lumière, il fallut l'ouverture des camps de prisonniers et le travail du tribunal militaire international. Le président de cette cour, Sir William Webb, devait noter par la suite :

> « Les crimes des accusés japonais furent bien moins odieux, variés ou étendus que ceux des Allemands jugés à Nuremberg (mais) la torture, le viol et d'autres cruautés d'un caractère éminemment barbare étaient pratiqués sur une si grande échelle et de façon si commune qu'une seule conclusion paraissait possible : il fallait que ces atrocités aient été l'objet soit d'ordres secrets, soit d'autorisations volontaires de la part du gouvernement japonais, de ses membres, ou des dirigeants des forces armées[107]. »

David James, l'un des interprètes britanniques qui visita les principaux camps après la capitulation, nota l'effondrement des valeurs morales chez les officiers des promotions postérieures à 1920, « profondément conditionnés par le *Kodo* et le shinto d'État », qui, dans les camps, étaient responsables des sévices les plus quotidiens : « Leur instinct de meurtre était le même dans l'action qu'en dehors d'elle... C'est pour cela qu'on a retrouvé partout le même modèle d'atrocités, et le tribunal de Tokyo ne devrait pas s'en étonner. » Le régime n'avait pas, à proprement parler, de camps de concentration ; ses prisonniers politiques ne furent jamais plus de quatre cents. Mais les camps de prisonniers de guerre étaient organisés selon les mêmes principes économiques que l'esclavage pratiqué par les nazis et les Soviétiques. Selon le rapport que James fit, en 1945, en conclusion de sa tournée des camps japonais :

> « Le principe de base... était d'obtenir le maximum de travail pour le minimum de nourriture et de dépenses militaires. Cela finit par précipiter toute l'administration des camps dans un abîme de criminalité qui l'engloutit totalement, et les Japonais devinrent purement et simplement des assassins... La ligne était la même pour tous les camps, ils n'enfreignaient jamais leurs propres règlements... Si nous devons les juger, il faudra témoigner à la charge des individus, mais c'est le système qui les a rendus criminels[108].

Sur les 50000 prisonniers qui travaillèrent à la construction de la ligne de chemin de fer du Siam, 16000 moururent, soit à la suite de tortures, soit de maladie ou de faim. Parmi les ordres japonais qu'on put intercepter, on trouva continuellement des instructions recommandant de tuer les prisonniers quand ils ne pouvaient plus être d'aucune utilité. Les témoignages recueillis par les tribunaux montrèrent que les médecins militaires japonais opéraient sur des hommes vivants et en bonne santé, pour leur ôter le foie et le cœur. Lorsqu'il n'y avait plus aucune autre nourriture, des prisonniers alliés furent autorisés à pratiquer le cannibalisme. Les Japonais tuèrent plus de soldats britanniques dans les camps que sur les champs de bataille. De ce point de vue, le bilan est bien pire du côté japonais que chez les nazis : sur 235000 prisonniers anglo-américains détenus en Allemagne et en Italie, il n'en mourut que 4 %, mais la proportion atteint 27 % pour les 132000 hommes des camps japonais[109].

Le tribunal allié de Tokyo condamna ving-cinq grands criminels. Il s'agissait surtout de ceux qui avaient conçu les plans des quatre horreurs majeures de la guerre : le massacre de Nankin, la « marche à la mort » de Bataan, la construction du chemin de fer du Siam en Birmanie et le sac de Manille. Sept d'entre eux, dont Tojo, furent pendus. 920 criminels de guerre furent, par ailleurs, condamnés à mort par des commissions militaires locales, et plus de 3000 à des peines de prison. Parmi les juges non européens du tribunal, l'Indien Rhadabino Pal se désista ; selon lui, les Japonais avaient agi en état de légitime défense et le procès qu'on leur faisait relevait d'une « justice de vainqueurs ». Le juge philippin Delphin Jarahilla, par contre, trouva que les condamnations étaient trop légères. En fait, les atrocités commises par les Japonais à l'égard des soldats indiens ou philippins ou des civils non européens de Chine ou de Malaisie furent infiniment plus graves et plus nombreuses que celles qu'avaient subies les Anglo-Américains[110]. Mais les principales victimes de ce système furent sans conteste les Japonais eux-mêmes, dont 4 millions avaient péri dans la guerre. Pourquoi étaient-ils morts, si ce n'est en vertu du même dogme qui voulait que les prisonniers de guerre fussent traités comme des auteurs de crimes capitaux ? Et qui fut responsable de l'engagement dans une guerre suicidaire, d'un refus obstiné de négocier la paix ? L'un des coupables, le Premier ministre Konoye, laissa, au chevet de son lit de mort, un exemplaire du *De Profundis* d'Oscar Wilde. Il y avait soigneusement souligné ces mots : « Ce que le monde m'a fait, certes, est affreux ; mais bien plus terrible encore ce que je me suis fait à moi-même. » N'est-ce pas la meilleure épitaphe qui soit pour le Japon totalitaire ?[111] Comme nous l'avons noté plus d'une fois dans ce livre, le principe holistique de la corruption morale paraît engendrer quelque satanique loi de Gresham, selon laquelle le bien doit être chassé par le mal. Le 3 mars 1943, un avion américain coulait un convoyeur qui apportait des renforts à la garnison de Lae, en Nouvelle-Guinée ; il acheva les survivants à la mitrailleuse, dans la mer. Selon le rapport de cette opération : « C'était une tâche horrible, mais nécessaire, car les soldats japonais ne se rendent jamais, et ils étaient assez près de la côte pour pouvoir l'atteindre à la nage. On ne pouvait leur permettre d'aller à terre et de rejoindre la garnison de Lae[112]. » Du côté des Alliés, ce fut bientôt une habitude commune que d'abattre les Japonais qui cherchaient à se rendre. Le capitaine Adolf Feel Jr., l'un des avocats de la défense au tribunal de Tokyo, eut, au cours du procès, cette amère exclamation : « Nous avons défait nos ennemis sur les champs de bataille, mais leur esprit a triomphé de nos cœurs ![113] » Sans doute y avait-il là quelque exagération, mais ce commentaire comporte un élément de vérité. Les bombardements d'importance relativement modeste de villes chinoises par les Japonais en 1937-1938 furent, aux Etats-Unis, l'objet d'une réprobation universelle de la part de l'opinion libérale et des cercles officiels. Puis vint le temps où il fallut décider du meilleur objectif pour une bombe atomique. James Conant, président de l'université Harvard, qui représentait les intérêts de la civilisation au Comité national de recherches pour la défense, fit alors la suggestion suivante : « La meilleure cible serait un complexe industriel d'importance vitale pour la guerre, employant de nombreux ouvriers dont les logements se trouveraient aux alentours immédiats[114]. »

Par ailleurs, il est certain qu'à la fin de la guerre, la présence, dans les rangs des Justes, de la puissance totalitaire soviétique, ne fut pas sans exercer une certaine influence sur la confusion des valeurs morales. Parmi tous les crimes que l'on reprochait aux nazis et aux chevaliers du bushido, il n'y en avait pratiquement pas un seul qui n'eut été commis, et souvent sur une plus grande échelle, par le régime des Soviétiques. Son système de base était exactement le même que ceux qui furent responsables de la guerre et de ses horreurs. Pour être plus précis, on ne saurait exclure des facteurs qui rendirent possible l'agression de l'Axe, le pacte germano-soviétique de septembre 1939, ni le pacte d'avril 1941 entre le Japon et la Russie.

L'État soviétique ne se borna nullement à juger les coupables d'une guerre dont il était en partie responsable, il en devint aussi le seul bénéficiaire, en vertu, précisément, de l'un de ces accords secrets, — de l'un de ces « pots-de-vin » occultes —, que le traité de Versailles avait si vertement dénoncés. Et il ne s'agissait pas que de ce traité-là. La Charte atlantique du 14 août 1941 — reprise par la Déclaration des Nations unies, le 1er janvier 1942 — stipulait que les signataires « ne rechercheraient aucun agrandissement, territorial ou autre. Ils ne désireraient aucun changement territorial qui ne soit en accord avec la volonté librement exprimée des peuples qu'il concerne. » De son côté, le traité anglo-russe du 26 mai 1942 précisait, à l'article 5 : « que (les signataires) agiront conformément aux deux principes suivants : ils ne rechercheront, pour eux-mêmes, aucun agrandissement territorial et s'abstiendront d'intervenir dans les affaires intérieures des autres États. » Mais, en échange de sa participation à la guerre contre le Japon « deux ou trois mois après la capitulation de l'Allemagne », Staline n'en devait pas moins, en janvier 1945, à Yalta, exiger les avantages suivants : la reconnaissance des possessions russes en Mongolie extérieure; la partie méridionale de Sakhaline, et les îles voisines; l'internationalisation de Darien « afin de sauvegarder les intérêts souverains de l'Union soviétique »; la concession à long terme de la base de Port Arthur; le droit d'utiliser conjointement avec les Chinois — et toujours « dans le cadre de la sauvegarde des intérêts soviétiques » — les lignes de chemin de fer de l'est de la Chine et du sud de la Mandchourie; enfin, l'annexion pure et simple des îles Kouriles. Roosevelt, malgré le caractère acquisitif de ces conditions, les accepta toutes, presque sans discussion, et Churchill, devant l'urgence de questions qui touchaient la Grande-Bretagne de plus près, donna lui aussi son accord. Les affaires d'Extrême-Orient, comme il devait le dire par la suite, « semblaient concerner uniquement les Américains... pour nous, le problème était lointain et d'une importance secondaire[115]. »

La Chine fut la première victime de ce vol flagrant de territoires qui devait contribuer à l'effondrement de son régime, mais elle n'était pas présente à Yalta et, bien que ce fût une nation alliée, ce n'est que six mois plus tard qu'elle devait être informée du principe général de cet accord. Elle n'en connut le détail que le 14 août, alors qu'il était irréversible, la Russie s'étant déjà acquittée de sa part du contrat. La déclaration de guerre officielle des Russes fut envoyée quatre heures après que les Japonais avaient accepté le principe de la reddition[116]: Staline se tirait ainsi gratuitement de ce marchandage sur le prix du sang, car les Alliés, s'ils avaient voulu justifier une entorse aux principes qu'ils étaient censés défendre dans cette guerre, ne pouvaient plus invoquer la dure nécessité militaire.

Les procès de criminels de guerre allemands et japonais acquièrent, dans l'absurde, une dimension supplémentaire, si l'on songe qu'au moment même où se recueillaient les témoignages, la Grande-Bretagne et l'Amérique se rendaient complices d'un crime soviétique d'une égale envergure, et qu'elles allèrent jusqu'à utiliser la force pour livrer les victimes aux mains de Staline. Les Alliés, bien qu'ils eussent gardé le silence à ce sujet, n'ignoraient rien de la déportation de nations entières par les Soviétiques en 1941, puis en 1943-1944. Selon la définition du génocide qui fut établie ultérieurement (le 9 décembre 1948) par les Nations unies, il s'agissait bien d'un crime de guerre. Cependant, le 31 mai 1944, on n'en était pas encore là, et lorsque les Soviétiques exigèrent que tout ressortissant russe qui tomberait aux mains des Alliés pendant la libération de l'Europe soit, qu'il le veuille ou non, renvoyé en Russie, il leur fut difficile de refuser. En pratique, on s'apercut que 10 % environ des prisonniers « allemands » étaient des Russes. Certains voulaient rentrer, d'autres pas. Ils n'étaient que des unités individuelles dans le vaste tourbillon humain qu'entraîna la défaite de l'Allemagne, et peu d'entre eux étaient en mesure de comprendre où il les menait. Selon un rapport des Renseignements britanniques de l'époque (le 17 juin 1944) : « On ne leur demanda jamais s'ils voulaient se joindre à l'armée du Reich ; on leur donna simplement des uniformes allemands et des fusils... Ces Russes se considéraient comme des prisonniers de guerre et n'avaient pas idée qu'il put en être autrement[117]. » Le Foreign Office s'en tint, avec pédanterie, à la stricte observance des faits extérieurs, et son conseiller juridique, sir Patrick Dean, put écrire, le 24 juin :

> « Cette affaire est purement du ressort des autorités soviétiques et ne concerne en rien le gouvernement de Sa Majesté. Si les autorités soviétiques ont exprimé leur intention de prendre des mesures à l'égard de ces ressortissants, nous devrons, à échéance, les leur remettre, et nous n'avons pas à faire entrer en ligne de compte le fait qu'ils seront éventuellement fusillés ou, alternativement, traités d'une façon plus sévère qu'ils ne l'auraient été par la loi anglaise. »

C'est sur de telles bases que, malgré les inquiétudes de Churchill, le secrétaire d'État aux Affaires étrangères, Anthony Eden, fit adopter au cabinet ministériel (le 4 septembre 1944) une décision qui cédait intégralement aux exigences de Staline et qui devait, par la suite, être inscrite aux accords de Yalta[118].

C'est ainsi que des centaines de milliers d'individus furent dépêchés en Russie, aux bons soins de Staline. Sur le premier lot de 10 000, il n'y eut que douze volontaires. Un diplomate américain assista à leur arrivée : « On les emmena, écrivit-il, sous forte garde, vers une destination inconnue. » Avec le temps, ces hommes commencèrent à montrer certaines craintes. On possède un témoignage concernant ceux qui furent renvoyés à bord de l'*Empire Pride*. Le navire toucha le port d'Odessa le 10 juin 1945. Les hommes furent immédiatement encadrés par une escorte armée. Il y avait, parmi eux, un certain nombre de blessés et de malades, par suite de tentatives de suicide. Selon l'observateur britannique :

> « Les autorités soviétiques refusèrent d'utiliser des civières dans les cas où elles paraissaient s'imposer. Des malades qui étaient près de mourir furent contraints de débarquer à pied, en portant leurs bagages... Un prisonnier qui avait tenté de se suicider fut traité avec une grande brutalité, sa blessure se rouvrit, et on le laissa saigner. On le fit descendre du bateau et on l'entraîna derrière une grande caisse qui se trouvait sur le quai. Il y eut un coup de feu, mais on ne vit rien d'autre. »

Ce témoin ajoute que trente et un prisonniers furent emmenés derrière un entrepôt. Quinze minutes plus tard, on entendait le bruit d'une mitrailleuse. Le plus gradé des prisonniers, un commandant, avait dénoncé trois cents hommes à bord, et l'on suppose qu'ils furent tous abattus. Puis, dans une veine typiquement stalinienne, le commandant fut pris et fusillé à son tour[119].

Dans son excès de zèle, le Foreign Office alla jusqu'à remettre aux Soviétiques 50000 Cosaques qui s'étaient rendus lors de la précédente guerre. Ces hommes avaient déposé les armes dans le sud de l'Autriche, et ils étaient, depuis plus d'une génération, des réfugiés. Il était impossible, même en vertu des accords de Yalta, de les assimiler à la catégorie des rapatriés de force. Ils furent néanmoins offerts à Staline, comme une sorte de prime humaine, avec leurs femmes et leurs enfants. Quelque 25000 Croates furent, de la même façon, « renvoyés » au régime communiste de Yougoslavie. À leur arrivée, ils devinrent la principale attraction d'une « marche à la mort » dans les différentes villes du pays. « ... affamés, assoiffés, émaciés, défigurés, souffrant mille agonies, on les força à courir sur de longues distances derrière leurs « libérateurs », qui étaient à cheval, ou sur des charrettes...[120] ». Pour obliger ces hommes, ces femmes et ces enfants à passer les frontières, les troupes britanniques durent avoir recours aux baïonnettes ; dans certains cas, elles furent même amenées à tuer pour briser la résistance, et il y eut des occasions où elles se servirent de lance-flammes. Il y eut de nombreux suicides, parfois de familles entières[121]. Parmi ceux dont on avait fait présent à Staline, beaucoup furent fusillés. D'autres survécurent quelque temps dans les camps, inconnus et oubliés, jusqu'à ce que Soljenitsyne attire l'attention sur l'ampleur qu'avait pris cette forme particulière de l'infamie. Mais les rapatriements forcés ne furent que l'un des problèmes que posait aux Anglo-Saxons leur triomphant allié totalitaire. On sait qu'il y en eut beaucoup d'autres par la suite.

Notes

1. UN MONDE EN PROIE À LA RELATIVITÉ

1. A. Einstein, in *Annalen der Physik*, (Leipzig 1905).

2. Banesh Hoffman, *Albert Einstein, créateur et rebelle*, trad. américain, Seuil, 1979. John White, *The Birth and Rebirth of Pictorial Space* (Londres, 1967)

3. Hoffman, *op. cit.*

4. A. Vibert Douglas, *The Life of Arthur Stanley Eddington* (Londres 1956).

5. *Daily Telegraph*, 25 juin 1980; D.W. Sciama, *The Physical Foundations of General Relativity* (New York 1969).

6. Karl Popper, *Conjectures and Refutation* (Londres 1963); et Popper, *Unended Quest : an Intellectual Autobiography* (Londres 1976 ed.).

7. A.N. Whitehead, *Science and the Modern World* (Londres 1925).

8. A. Einstein, *Out of My Later Years* (Londres 1950).

9. *The Born-Einstein Letters* 1916-1955 (Londres 1971).

10. *Ibid.*

11. Ernest Jones, *La Vie et l'œuvre de Sigmund Freud*, 3 vol., trad. anglais, 1975, 1976, 1979 P.U.F. (Biblio. psychan.)

12. *Ibid.*

13. B.A. Farrell, *The Standing of Psychoanalysis* (Oxford 1981); Anthony Clare, *The Times Literary Supplement*, 26 juin 1981.

14. P.B. Medawar, *The Hope of Progress* (Londres 1972).

15. Jones, *op. cit.*.

16. Lettre du 18 décembre 1912. *Correspondance* (2 vol.), 1976, Gallimard (Connaissance de l'inconscient).

17. Voir l'essai de Freud : « L'exploration psychanalytique des profondeurs du mental » dans l'*Encyclopaedia Britanica. These Eventful Years : the Twentieth Century in the Making*, 2 vol. (New York 1924).

18. Sigmund Freud, *L'Avenir d'une illusion*, trad. allemand, 1980, P.U.F.

19. Cité dans Richard Buckle, *Diaghilev*, trad. anglais, 1980, Lattès (Musiques et musiciens).

20. Laqueur, Walter, *Weimar, Une histoire culturelle de l'Allemagne des années 20*, trad. anglais, 1979, Laffont.

21. Ils ne se sont pàs nécessairement rencontrés. La conjonction sert de prétexte à la pièce de Tom Stoppard, *Les Travestis*, 1977.

22. George Painter, *Marcel Proust*, 2 vol., 1979, Mercure de France.

23. Theodore Zeldin, *Histoire des passions françaises, 1848-1945*, 3 vol., trad. anglais, vol. 2, 1978, Recherches.

24. Cité dans Lionel Trilling, *The Last Decade : Essays and Reviews* 1965-1977 (New York 1979), 28.

25. Painter, *op. cit.*, II.

26. Camille Vettard, « Proust et Einstein », *Nouvelle Revue Française*, août 1922.

27. Trilling, *op. cit.*

28. Karl Marx, *Contribution à la critique de l'économie politique*, Éditions sociales.

29. Sigmund Freud, *Beyond the Pleasure Principle* (1920) 70-81.

30. Cité dans Fritz Stern, *The Failure of Illiberalism* (Londres 1972), "Bethmann Hollweg and the War", 77-118.

31. Frederick R. Karl, *Joseph Conrad : The Three Lives* (New York 1979), 737-8.

32. J.B. Bury, *The Idea of Progress* (Londres 1920), 352; voir I.F. Clarke, *The Pat-*

tern of Expectation, 1744-2001 (Londres 1979).

33. Cité par Martin Gilbert in *R.S. Churchill* et Martin Gilbert, *Winston S. Churchill,* 5 vol. (à jour) avec les volumes suivants. (Londres, 1966) IV 913-14.

34. Randolph Bourne, *Untimely Papers* (New York 1919), 140.

35. Foster Rhea Dulles, *The United States since* 1865 (Ann Arbor 1959), 263.

36. Tableaux donnés par Karl Deutsch, The Crisis of the State, *Government and Opposition* (Institut économique de Londres, été 1981).

37. W.W. Rostow, *The World Economy : History and Prospect* (Université du Texas 1978), 59.

38. Margaret Miller, *The Economic Development of Russia,* 1905-1914 (Londres 1926), 299.

39. Olga Crisp, *Studies in the Russian Economy Before* 1914 (Londres 1976).

40. G. Garvy, "Banking under the Tsars and the Soviets", *Journal of Economic History,* XXXII (1972), 869-93.

41. Stephen White, *Political Culture and Soviet Politics* (Londres 1979), 50.

42. Stern, *op. cit.,* 91.

43. E.H. Carr, *La Révolution bolchevique,* 3 vol., trad. américain, 1969-1974, Minuit (Arguments).

44. Le *Journal* de Riezler, 4 août 1917; Stern, *op. cit.,* 118.

45. Hajo Holborn, *A History of Modern Germany* 1840-1945 (Londres 1969), 466, 454.

46. Arthur M. Schlesinger, *The Crisis of the Old Order* 1919-1933 (Boston 1957), 20 ff.

47. Dulles, *op. cit.,* 260-1.

48. John Dewey, "The Social Possibilities of War", *Characters and Events,,* 2 vol. (New York 1929) II 552-7.

49. Dulles, *op. cit.,* 262.

50. Voir Henry Kissinger, *Le Chemin de la paix,* 1972, Denoël (Regards sur le monde).

51. Harold Nicolson, *Diplomatie,* 1948, Baconnière, (Évolution du monde).

52. Cité par Robert Wohl, *The Generation of 1914* (Londres 1980), 44.

53. *Ibid.,* 25 ff.

54. Professeur Carl Pribham et Professeur Karl Brockhausen, "Austria" in *These Eventful Year.*

55. Carr, *op. cit.,* I.

56. F. Lorimer, *The Population of the Soviet Union* (Genève 1946), donne une liste exhaustive, Table 23, 55-61.

57. Nicolson, *op. cit.,* 200-1.

58. *Papers Respecting Negotiations an Anglo-French Pact,* Cmnd 2169 (Londres 1924), 5-8.

59. En ce qui concerne les traités secrets, voir Nicolson, *op. cit.,* 108 ff.; Howard Elcock, *Portrait of a Decision : the Count of Four and the Treaty of Versailles,* (Londres 1972), 1.

60. P.S. Wandycz, *France and Her Eastern Allies* (Minneapolis 196 11-14).

61. H. and C. Seton-Watson, *The Making of a New Europe : R.W. Seton-Watson and the last years of Austria-Hungary* (Londres 1981).

62. Peter A. Poole, *America in World Politics : Foreign Policy and Policymakers since 1898* (New York 1975), 39.

63. *Ibid.,* 46.

64. L.E. Gelfand, *The Inquiry : American Preparations for Peace* 1917-1919 (Yale 1963).

65. Nicolson, *op. cit.,* 21-2.

66. *Ibid.,* 31-3.

67. Holborn, *op. cit.,* 502.

68. En ce qui concerne les négociations de l'armistice, voir : Harold Temperley, *A History of the Peace Conference of Paris,* 4 vol. (Londres 1920-4), 1 448 ff.

69. Pour le « commentaire », voir C. Seymour (ed.), *The Intimate Papers of Colonel House,* 4 vol. (Londres 1928), IV 159 ff.

70. Keith Middlemas (ed.), *Thomas Jones : Whitehall Diary,* I 1916-1925 (Oxford 1969), 70.

71. Nicolson, *op. cit.,* 83-4.

72. Pour cet épisode, voir le propre récit de Robert Lansing, *The Peace Negociations : a Personal Narrative* (Boston 1921).

73. Nicolson, *op. cit.,* 79-82.

74. Elcock, *op. cit.,* 241.

75. *Ibid.,* 242

76. Nicolson, *op. cit.,* 270.

77. Elcock, *op. cit.,* 270-89.

78. *Foreign Relations of the United States : Paris Peace Conference 1919,* 13 vols (Washington DC 1942-7), XI 600.

79. François Kersaudy, *De Gaulle et Churchill,* Plon, 1982.

80. Elcock, *op. cit.,* 320-1.

81. André Tardieu, *La Vérité sur le Traité de Versailles,* 1920.

82. Elcock, *op. cit.,* 310.

83. *Paris Peace Conference*, XI 547-9.
84. Lansing, op. cit., 3.
85. *Paris Peace Conference*, XI 570-4.
86. Walter Lippman, lettre à R.B. Fosdick, 15 août 1919, dans *Letters on the League of Nations* (Princeton 1966).
87. Howard Elcock, "J.M. Keynes at the Paris Peace Conference" dans Milo Keynes (ed.), *Essays on John Maynard Keynes* (Cambridge 1975), 162 ff.
88. *Collected Writtings of J.M. Keynes*, XI *Activities 1914-1919* (Londres 1971), 313-34.
89. *Ibid.*, 375 (référence 334-83).
90. *Ibid.*, 418-19.
91. H. Roy Harrod, *Life of John Maynard Keynes* (Londres 1951), 246.
92. George Papers, Brouillons dans les Lloyd Beaverbrook Library (F/7/2/27 et F/3/34) cité dans Elcock, "Keynes at the Paris Peace Conference".
93. Arthur Walworth, voir par exemple *America's Moment 1918 : American Diplomacy at the end of World War One* (New York 1977).
94. Keynes, *Collected Writtings*, XVI 438.
95. Harrod, *op. cit.*, 250.
96. Elcock, *Keynes*, 174; Harrod, *op. cit.*, 253.
97. Paul Lévy, "The Bloomsbury Group" dans Milo Keynes, *op. cit.*, 68.
98. Citations d'*ibid.*, 67, 69.
99. Pour Cécil, voir Kenneth Rose, *The Later Cecils* (Londres 1975), 127-84.
100. Hankey minute, 1916, Foreign Policy Committee 27/626/, FP (36) 2; Crowe memo, 12 octobre 1916 : Minute de l'Amirauté, 23 décembre 1918 CAB 27/626/, FP (36) 2. Cité dans : Corelli Barnett, *The Collapse of British Power* (Londres 1972), 245.
101. G. Clemenceau, *Grandeurs et misères d'une victoire*, 1968, Plon; A. Tardieu, *op. cit.*
102. Henry Cabot Lodge, *The Senate and the League of Nations* (New York 1925).
103. R.S. Baker and W.E. Dodds (eds), *The Public Papers of Woodrow Wilson*, 6 vol., (New York 1925-7), VI 215.
104. En ce qui concerne les derniers dix-huit mois de la présidence de Wilson, voir : Gene Smith, *Le Fauteuil vide*, trad. anglais, 1965; Table Ronde.
105. *Ibid.*, 153.
106. *Ibid.*, 107, 111-13, 126-8.
107. Dulles, *op. cit.*, 273.
108. G. Smith, *op. cit.*, 149; Robert Murray, *The Harding Era : Warre G. Harding and his Administration* (Université du Minnesota 1969), 91.
109. En ce qui concerne l'importance de l'article 19, voir Nicolson, *op. cit.*, 73-5.
110. Voir le tableau des prix de vente en gros, *US Federal Reserve Bulletin* (1924).
111. Voir R.L. Schuettinger and E.F. Butler, *Forty Centuries of Wage and Price Controls* (Washington DC 1979).
112. *These Eventful Years*, vol. I; cela donne un panorama complet de l'endettement international, 410.
113. A.J.P. Taylor, *English History 1914-45* (Londres 1970 ed.), 74, 169.
114. Voir l'essai de Drelles, "Reparations" in *These Eventful Years*, vol. I.
115. Karl Popper, *Conjectures and Refutations* (Londres 1972 ed.), 367-9.
116. Stern, *op. cit.*, 119.
117. Martin Kaplan and Robert Webster, "The Epidemiology of Influenza", *Scientific American*, décembre 1977.
118. Lee Williams, *Anatomy of Four Race Riots* 1919-1921 (Université du Mississippi 1972).
119. S.W. Horrall, "The Royal NW Mounted Police and Labour Unrest in Western Canada 1919", *Canadian Historical Review*, juin 1980.
120. Jones, *Whitehall Diary*, I 132-6.
121. Pour cela et les paragraphes suivants, voir Roy Mellor, *Eastern Europe : a Geography of the Comecon Countries* (Londres 1975), 65 ff.
122. Cité par Norman Stone, *The Times Literary Supplement*, 2 octobre 1981, 1131.
123. Mellor, *op. cit.*, 73.
124. H. and S. Seton-Watson (eds), *R.W. Seton-Watson and the Yugoslavs : Correspondence* 1906-1941, 2 vol. (Londres 1979), II 97.
125. Mellor, *op. cit.*, 75-7.
126. 4 janvier 1918. Stephen Roskill, *Hankey : Man of Secrets*, 3 vol. (Londres 1970-4), I 479.
127. *Statistics of the Military Effort of the British Empire during the Great War* (Londres 1922), 756.
128. Voir S.F. Waley, *Edwin Montagu* (Londres 1964).
129. Barnett, *op. cit.*, 144 ff.
130. Nicholas Mansergh, *The Commonwealth Experience* (Londres 1969), 256.
131. *Report on Indian Constitutional Reforms*, Cmnd 9109 (1918), 3; cité dans Barnett, *op. cit.*, 147.

132. *Ibid.*, 120; cité dans Barnett, 148.

133. "History and Imagination", Hugh Trevor-Roper's valedictory lecture, Oxford University, 20 mai 1980, publié dans Hugh Lloyd-Jones *et al.* (eds), *History and Imagination* (Londres 1981).

134. S.W. Roskill, *Naval Policy Between the Wars*, 2 vol. (Londres 1968), I 70.

135. John Gallagher, "Nationalism and the Crisis of Empire 1919-22", in Christopher Baker et al. (eds), *Power, Profit and Politics : essays on imperialism, nationalism and change in twentieth-century India* (Cambridge 1981).

136. C.E. Callwell, FM *Sir Henry Wilson*, 2 vol. (Londres 1927) II 240-1.

137. Jones, *Whitehall Diary*, I 101.

138. Philip Woodruff, *The Men Who Ruled India*, 2 vol. (Londres 195) I 370.

139. *Guardian* (Londres), 21 septembre 1981.

140. Percival Griffiths, *To Guard My People : the History of the Indian Police* (Londres 1971), 243 ff ; Référence de Dyer dans le *Dictionary of National Biography* ; Alfred Draper, *Amritsar : the Massacre that Ended the Raj* (Londres 1981) et le Bilan des massacres dans *Booknews*, septembre 1981, par le général sir John Smyth, qui commandait également les forces de sécurité au Penjab en avril 1919.

141. Gilbert : *op. cit.*, IV, chapitre 23, 401-11.

142. Jawaharlal Nehru, *Ma vie et mes prisons*, 1952, Denoël. Nehru, *India and the World* (Londres 1936), 147.

143. Woodruff, *op. cit.*, II 243.

144. Griffith, *op. cit.*, 247 ff.

145. Cité par J.P. Stern, *Nietzsche* (Londres 1978), 93. Le passage est extrait de la cinquième partie de *The Joyous science*, traduit sous le titre de *The Gay science* (New York, 1974).

II. LES PREMIÈRES UTOPIES TOTALITAIRES

1. Au sujet de *Revolutionierungspolitik*, voir G. Katkof, *The February Revolution* (Londres 1967).

2. Il existe beaucoup de témoignages oculaires donnant des versions différentes du retour de Lénine en Russie. Voir Edmund Wilson, *To the Finland Station* (Londres 1966 ed.), 468 ff.

3. Carr, *op. cit.*, (et note 2), 78 ; Wilson, *op. cit.*, 477-8.

4. David Shub, *Lénine*, trad. anglais, 1972 ; Gallimard.

5. *Ibid.*, 39.

6. J.M. Bochenski, "Marxisme-leninisme and Religion" in B.R. Bociurkiw *et al.* (eds), *Religion and Atheism in the USSR and Eastern Europe* (Londres 1975).

7. V.I. Lénine, « Socialisme et religion », *Œuvres complètes*, Éd. sociales, et tous les textes qui s'y rapportent se trouvent dans *V.I. Lenin ob ateisme i tserkvi (V.I. Lenine on Atheism and the Church)* (Moscou 1969).

8. Krupskaya, *Memories of Lenin* (Londres 1930), 35.

9. Maxime Gorki, *Notes et souvenirs*, 1921-1923, EFR (Domaines russe et soviétique).

10. Lénine, *Œuvres complètes*, Éd. sociales.

11. G.V. Plekhanov, *Collected Works* XIII 7, 90-1.

12. *Iskra* N°. 70, 25 juillet 1904.

13. Isaac Deutscher, *Trotski*, trad. anglais, 1979, UGE 10/18.

14. Shub, *op. cit.*, 137.

15. *Ibid.*, 153-4.

16. *Ibid.*, 180.

17. *Ibid.*, 88.

18. Lénine, « Matérialisme et critique empirique », *Œuvres complètes*.

19. Nikolai Valentinov, *My Talks with Lénine* (New York 1948), 325.

20. Lénine, *Œuvres complètes*, Éd. sociales.

21. Trotski, *Lénine*, 1970, PUF (Pensées).

22. Jean Variot, *Propos de Georges Sorel* (Paris 1935), 55.

23. F. Engels, *The Class War in Germany*, 135.

24. Lénine, *Œuvres complètes*, Éd. sociales.

25. Lénine, *Œuvres complètes*, Éd. sociales. 466-9.

26. Vera Zasulich in *Iskra*, 25 juillet 1904.

27. Rosa Luxemburg, *Œuvres*, Maspero.

28. Rosa Luxemburg, *La Révolution russe*, Spartacus.

29. A. James Gregor, *Italian Fascism and*

Development Dictatorship (Princeton 1979). L'article d'Olivetti a été publié dans *Pagine libere*, juillet 1909.

30. Benito Mussolini, *Opera Omnia*, 36 vol. (Florence 1951-63), II 32, 126.

31. *Ibid.*, I 92, 103 185-9.

32. *Ibid.*, V 69.

33. Ernst Nolte, *Les Mouvements fascistes*, Française Lib. ; voir également l'essai de Nolte, « Marx et Nietzsche dans le socialisme de la jeunesse de Mussolini », *Historische Zeitschrift*, CXCI 2.

34. Nolte, *Les Mouvements fascistes*, Française Lib. 154.

35. Mussolini, *Opera Omnia*, V 346.

36. A. James Gregor, *Young Mussolin and the Intellectual Origins of Fascism* (Berkeley 1979); Denis Mack Smith, *Mussolini* (Londres 1982), 10-12, 17, 23.

37. Lénine, *Œuvres complètes*, Éd. sociales.

38. *Ibid.*,, XIX 357.

39. Staline, *Œuvres* (PCF).

40. "April Theses". Ces « Thèses d'avril » ont été publiées dans *la Pravda*, 7 avril 1917.

41. Carr, *op. cit.*, I, 40-1.

42. *Ibid.*, 82.

43. John L.H. Keep, *The Russian Revolution : a study in mass-mobilization* (Londres 1976), 9.

44. D.J. Male, *Russian Peasant Organisation before Collectivization* (Cambridge 1971); T. Shanin, *The Awkward Class : Political Sociology of the Peasantry in a Developing Society Russia* 1910-1925 (Oxford 1972) Moshe Lewin, *Russian Peasants and Soviet Power* (tr. Londres 1968).

45. Keep, *op. cit.*, 172-85.

46. *Ibid.*, 207 ff., 216.

47. M. Ferro, *La Révolution* (Paris 1967), 174, 183.

48. Carr, *op. cit.*, 180.

49. *Ibid.*, 83-6.

50. *Ibid.*, 89.

51. J'ai demandé à Kerenski lors d'un entretien à la BBC pourquoi il n'avait pas fait fusiller Lénine. Il m'a répondu : « Je ne le considérais pas comme important. »

52. Lénine, *Œuvres complètes*, Éd. sociales.

53. Carr, *op. cit.*, I 94-9.

54. Staline, *Œuvres* (PCF).

55. John Reed, *Dix Jours qui ébranlèrent le monde*, 1975, Éd. sociales.

56. Voir le décret dans : Mervyn Mathews (ed.), *Soviet Government : A selection of official Documents on Internal Policies* (Londres 1974).

57. Boris Pasternak, *Le Docteur Jivago*, 1972, Gallimard.

58. Cité *in* Victor Woroszynski, *The Life of Mayakovsky* (Londres 1972), 194.

59. Nicholas Sukhanov, *The Russian Revolution* (Oxford 1955), 518.

60. G. Vellay (ed.), *Discours et Rapports de Robespierre* (Paris 1908), 332.

61. Karl Marx-Friedrich Engels : *Historisch-Kritische Gesamtausgabe*, 1er Teil, VII 423; voir Carr, *op. cit.*, I 155.

62. *Bericht uber den Gründungsparteitag der Kommunistischen Partei Deutschlands (Spartakusbund)* (Berlin 1919), 52.

63. Cité par Alexandre Soljenitsyne, discours de Washington, 30 juin 1975. *Discours américains*, 1975, Seuil, (Points actuels).

64. Carr, *op. cit.*, I 153, note 2.

65. Lénine, *Œuvres complètes*, Éd. sociales.

66. V. Adoratsky, *Vospominaniya o Lenine* (1939), 66-7; V. Bonch-Bruevich, *Na Boevykh Postakh Fevral'skoi i Oktyabr'skoi Revolyutsii* (1930), 195, tous deux cités : Carr, *op. cit.*, I 156-7 note 4.

67. Trotski, *Œuvres.* Études doc. int. (E.D.I.).

68. Voir Lénine, *Œuvres complètes*, Éd. sociales.

69. Carr. *op. cit.*, note 3; *La Révolution bolchevique*, trad. américain, Minuit. J. Bunyan et H.H. Fisher, *The Bolshevik Revolution* 1917-1918 (Stanford 1934), 297-8.

70. Carr, *op. cit.*, I 157.

71. George Leggett, *The Cheka : Lenin's Political Police* (Oxford 1981).

72. Soljenitsyne, *op. cit.*

73. Carr, *op. cit.*, I 158-9.

74. *Ibid.*, 159.

75. Leggett, *op. cit.*

76. Lénine, *Œuvres complètes*, Éd. sociales.

77. *Pravda*, 23 février 1918; Bunyan Fisher, *op. cit.*, 576.

78. Cité dans Leggett, *op. cit.*

79. *Ibid.*

80. Douglas Brown, *Doomsday 1917 : the Destruction of Russia's Ruling Class* (Londres 1975), 173-4.

81. A. Soljenitsyne, *L'Archipel du goulag*, trad. russe, 1974, Seuil.

82. Cité dans Harrison Salisbury, *La Neige et la Nuit,* 2 vol., Belfond. *Black Night, White Snow : Russia's Revolutions,* 1905-1917 (Londres 1978), 565.

83. Lénine.

84. *Ibid.,* XXII 131-4.

85. *Izvestiya,* 22 décembre 1917.

86. Carr, *op. cit.,* I 117-18.

87. *Ibid.,* 119 note 2, 120.

88. Holborn, *op. cit.,* 490.

89. Gilbert, *op. cit.,* IV 220.

90. J.M. Thompson, *Russia, Bolshevism and the Versailles Peace* (Princeton 1966).

91. Gilbert, *op. cit.,* IV 225.

92. *Ibid.,* 227, 278, 235, 275, 362-4.

93. *Ibid.,* 257-9.

94. *Ibid.,* 244, 228, 305-6, 261.

95. *Ibid.,* 342, note 2.

96. *Ibid.,* 316.

97. Par exemple, le télégramme du général Sir H.C. Holman à Churchill du 8 janvier 1980 publié par Gilbert, *op. cit.*

98. Carr, *op. cit.,* I 263 ff., 291-305, et note B 410 ff.

99. Staline, *Œuvres* (PCF).

100. Léon Trotski, *Staline,* 2 vol., trad. russe, UGE 10/18.

101. Carr, *op. cit.,* I 364.

102. *Ibid.,* 380-409.

103. *Ibid.,* 141.

104. *Ibid.,* 143.

105. Bertrand Russell, *Pratique et théorie du bolchevisme,* 1964, Mercure de France.

106. Pour l'affaire de Cronstadt, voir : Léonard Schapiro, *The Origin of the Communist Autocracy* (Londres 2e ed., 1977), 301-14.

107. Lénine, *Œuvres complètes,* Éd. sociales.

108. *Ibid.,* XXVI 208.

109. Carr, *op. cit.,* 221-2.

110. *Ibid.,* 205-8.

111. S. Liberman, *Building Lenin's Russia* (Chicago 1945), 13.

112. Lydia Bach, *Le Droit et les Institutions de la Russie Soviétique* (Paris 1923), 48.

113. Voir George L. Yaney, *The Systematization of Russian Government...* 1711-1905 (Urbana, Illinois, 1973).

114. T.H. Rigby, *Lenin's Government : Sovnarkom,* 1917-1922 (Cambridge 1979), 230-5.

115. Shapiro, *op. cit.,* 343.

116. Carr, *op. cit.,* I 190 footnote 3.

117. Lénine, *Œuvres complètes,* Éd. sociales.

118. Cité dans Schapiro, *op. cit.,* 320.

119. Rigby, *op. cit.,* 236-7.

120. Schapiro, *op. cit.,* 322 ; Carr, *op. cit.,* I 204-5.

121. Carr, *op. cit.,* I, 213.

122. Lénine, *L'État et la Révolution,* 1972, Progrès.

123. Lénine, *Œuvres complètes,* Éd. sociales.

124. *Ibid.,* XXVII 296.

125. Rigby, *op. cit.,* 191-2.

126. Ronald Hingley, *Joseph Stalin : Man and Legend* (Londres 1974), 141.

127. Schapiro, *op. cit.,* 320.

128. Hingley, *op. cit.,* 144-5.

129. Lincoln Steffens, *Autobiography* (New York 1931), 791-2 ; *William Bullitt, The Bullitt Mission to Russia* (New York 1919).

130. Carr, *op. cit.,* II 24.

131. Keep, *op. cit.,* 261.

132. A. Moriset, *Chez Lénine et Trotski à Moscou* (Paris 1922), 240-2.

133. K. Marx, *Le Capital,* Éd. sociales. *Le Manifeste du parti communiste. Critiques des programmes de Gotha et d'Erfurt.* Éd. sociales.

134. Lénine, *Œuvres complètes,* Éd. sociales.

135. *Ibid.,* XXII 516-17. Plus tard, Lénine abandonna cette référence à Pierre le Grand, seule fois qu'il se comparait officiellement et ouvertement aux tsars.

136. Carr, *op. cit.,* II 68.

137. Lénine, *Œuvres complètes,* Éd. sociales.

138. Carr, *op. cit.,* II 102-8.

139. Lénine, *Œuvres complètes,* Éd. sociales.

140. Carr, *op. cit.,* II 109-10.

141. *Ibid.,* 202, note 2.

142. *Ibid.,* 209-10.

143. Les mises en applications légales sont : *Sobranie Uzakonenii,* 1919, n° 12, article 124 ; n° 20, article 235 ; n° 12, article 130 etc.

144. Carr, *op. cit.,* II 212-13 ; *Izvestia,* 2 avril 1920 ; *Sobranie Uzakonenii* 1920, n° 35 article 169.

145. Carr, *op. cit.,* II 215-16.

146. *Sobranie Uzakonenii,* 1918, article 11 (e).

147. Lénine, *Œuvres complètes,* Éd. sociales, 356-7.

148. *Ibid.*

149. Pour la NEP, voir Carr, *op. cit.*, II 273-82.

150. Lénine, *Œuvres complètes*, Éd. sociales.

151. Lénine, *Œuvres complètes*, Éd. sociales, *Pravda*, 22 février 1921.

152. Holborn, *op. cit.*, 512-13, 526-32; Sebastian Haffner, *Failure of a Revolution : Germany* 1918-1919 (Londres 1973).

153. Pour Gömbös, voir Carlile A. MacCartney, *October 15 : A History of Modern Hungary 1929-1945*, 2 vol., (Edinbourgh 1956).

154. David O. Roberts, *The Syndicalist Tradition and Italian Fascism* (Manchester 1979).

155. Mussolini, *Opera Omnia*, XIII 170.

156. Nolte, *op. cit.*, 10.

157. Mussolini, *Opera Omnia*, III 206; v. 67.

158. Luigi Barzini, *De César à la Mafia* (scènes de la vie italienne). Traduit de l'italien, Gallimard, 1973.

159. Image donnée dans Giordano Bruno Guerri, *Galeazzo Ciano : una vita 1903-1944* (Milan 1980).

160. G. d'Annunzio « Il Trionfo della Norte », *Prose di Romani* (Milan 1954), 1958.

161. Mussolini, *Opera Omnia*, VI 82; VI 248.

162. *Ibid.*, XIV 60.

163. Voir Walter L. Adamson, *Hegemony and Revolution : Antonio Gramsci's Political and Cultural Theory* (Université de Californie 1980).

164. Cité dans Angelo Tasca, *Nascita e avvento del fascismo* (Florence 1950), 78.

165. Pour la violence socialiste, consulter Giorgio Alberto Chiurco, *Storia della rivoluzione fascista*, 5 vol., (Florence 1929), II 78, 168.

166. Mussolini, *Opera Omnia*, XV 267.

167. Giorgio Rochat, *Italo Balbo : aviatore e ministro dell'aeronautica*, 1926-1933 (Bologne 1979).

168. Mussolini, *Opera Omnia*, XVI 31, XI 344, XVI 44, 276, 288, 241.

169. Tasca, *op. cit.*, 276: Nolte, *op. cit.*, 210-11.

170. Mussolini, *Opera Omnia*, XVIII 581.

171. L'incident est décrit dans Ivone Kirkpatrick, *Mussolini : Study of a Demagogue* (Londres 1964), 144.

172. Mussolini, *Opera Omnia*, XIX 196.

173. Gaetano Salvemini, *La Terreur fasciste* (Paris 1930).

174. Mussolini, *Opera Omnia*, XX 379.

175. *Ibid.*, XXII 109.

176. *Ibid.*, XXIX 2.

177. Cité *in* Roberts, *op. cit.*, 301.

178. 13ᵉ session plénière du Comité exécutif du parti communiste international, décembre 1933, cité dans Nolte, *op. cit.*

179. Arthur Koestler, "Whereof one cannot speak", *Kaleidoscope* (Londres 1981), 323 ff.

180. Au sujet de la malaria, voir Norman Douglas, *Old Calabria* (Londres 1915), chapitre 34.

181. Sergio Romano, *Giuseppe Volpi : Industria e finanza tra Giolitti e Mussolini* (Milan 1979).

III. EN ATTENDANT HITLER

1. Adolf Hitler, *Mein Kampf*, 202-4; Joachim Fest, *Hitler*, traduit de l'allemand, 1973. Gallimard.

2. Holborn, *op. cit.*, 487.

3. *Ibid.*, 561.

4. *Ibid.*, 602.

5. Traduit comme F. Fischer, *Les buts de guerre de l'Allemagne impériale 1914-1918*, Éd. de Trévise.

6. Au sujet de la controverse sur Fischer, voir Fritz Stern, *The Failure of Illiberalism* (Londres 1972); *International Affairs* (1968).

7. J. Tampke, "Bismarck's Social Legislation : a Genuine Breakthrough ?" in W.J. Mommsen (ed.), *The Emergence of the Welfare State in Britain and Germany*, 1850-1950 (Londres 1981), 71 ff.

8. Fritz Fischer, *The War of Illusions : German Policies from 1911 to 1914* (tr. Londres 1975).

9. Riezler's diary, 18 avril 1915. Cité dans Stern, *op. cit.*

10. *Ibid.*, 4 octobre 1915.

11. *Ibid.*, 1ᵉʳ octobre 1918.

12. Holborn, *op. cit.*, 562-3.

13. Stern, *op. cit.*, 118.

14. Gerhard Ritter, *Staatskunst und*

Kriegshandwerk (2e ed., Munich 1965), 2 vol., II 129.

15. Holborn, *op. cit.*, 514.

16. *Ibid.*, 519-21.

17. George L. Mosse, *The Crisis of German Ideology* (Londres 1966); Fritz Stern, *The Politics of Cultural Despair* (Berkeley 1961).

18. Laqueur, *op. cit.*, 27-30.

19. Martin Esslin, *Brecht : the Man and his Work* (Londres 1959); John Willett, *The Theatre of Bertolt Brecht* (Londres 1959).

20. H.F. Garten, *Modern German Drama* (Londres 1958).

21. Laqueur, *op. cit.*, 36.

22. Frederich V. Grunfeld, *Prophets Without Honour : a Background to Freud, Kafka, Einstein and their World* (New York 1979).

23. Laqueur, *op. cit.*, 155.

24. Roger Manvell and Heinrich Fraenkel, *The German Cinema* (Londres 1971); Lotte Eisner, *The Haunted Screen* (Londres 1969).

25. Walter Gropius, *The New Architecture and the Bauhaus* (Londres 1965); Barbara Miller Lane, *Architecture and Politics in Germany*, 1918-1945 (New York 1970).

26. Arts Council, *Neue Sachlichkeit and German Realism of the Twenties* (Londres 1979).

27. Kurt Tucholsky, *Deutchland, Deutchland uber alles* (Berlin 1931). Voir Harold Poor, *Kurt Tucholsky and the Ordeal of Germany* 1914-1935 (New York 1969).

28. Cité dans Laqueur, *op. cit.*, 81.

29. Voir Ruth Fischer, *Stalin and German Communism* (Londres 1948).

30. Voir Fritz Stern, *Gold and Iron* (Londres 1977).

31. Grunfeld, *op. cit.*, 26-7 : Laqueur, *op. cit.*, 73.

32. F. Nietzsche, *La Généalogie de la Morale*. Traduit de l'allemand, 1966. Gallimard.

33. *Die Tat*, avril 1925.

34. Gerhard Loose, "The Peasant in Wilhelm Heinrich Riehl's Sociological and Novelistic Writings", *Germanic Review*, XV (1940).

35. Mosse, *op. cit.*, 23.

36. *Ibid.*, 171 ff., 112, 82.

37. Laqueur, *op. cit.*, 87.

38. Pour Lagarde et Lengbehn, voir Fritz Stern, *The Politics of Cultural Despair*.

39. Mosse, *op. cit.*, 96-7.

40. *Ibid.*, 143.

41. Cité in Laqueur, *op. cit.*, 75.

42. *Ibid.*, 76.

43. Fest, *op. cit.*, 138.

44. H.P. Ullmann, "German Industry and Bismarck's Social Security System", in Mommsen, *op. cit.*, 133 ff.

45. Max Weber, "Politics as Vocation", paru sous le titre *Gesammelte Politische Schriften* (Munich 1921).

46. K. Hornung, *Der Jungdeutsche Orden* (Dusseldorf 1958).

47. Georg Franz-Willing, *Die Hitlerbewegung* 2 vol., (Hambourg 1926), I 82.

48. Holborn, *op. cit.*, 585.

49. *Ibid.*, 586.

50. Images de E.J. Gumpel, *Vier Jahre politischer Mord* (Berlin 1922); cité dans Grunfeld, *op. cit.*, 211, note.

51. Fritz K. Ringer, *The Decline of the German Mandarins : the German Academic Community*, 1890-1933 (Harvard 1969), 446; Laqueur, *op. cit.*, 189.

52. Holborn, *op. cit.*, 658.

53. Joseph Bendersky, "The Expendable *Kronjurist* : Carl Schmitt and National Socialism 1933-6", *Journal of Contemporary History*, 14 (1979), 309-28.

54. Pour van den Brück, voir Fritz Stern, *The Politics of Cultural Despair*.

55. Michael Steinberg, *Sabres and Brownshirts : the German Students Path to National Socialism* 1918-1935 (Chicago 1977), 7.

56. Laqueur, *op. cit.*, 186.

57. Istavan Meszaros, *Marx's Theory of Alienation* (Londres 1970), 29-30.

58. Robert S. Wistrich, *Revolutionary Jews from Marx to Trotski* (Londres 1976).

59. Cité dans Robert S. Wistrich, "Marxism and Jewish Nationalism : the Theoretical Roots of Contradiction" in *The Left Against Zion* (Londres 1981), 3.

60. Laqueur, *op. cit.*, 103. Hubert. Le portrait d'Hitler en chevalier, par Sanzinger, est reproduit dans Joseph Wulf, *Die Gildenden Künste im Dritten Reich* (Gutersloh 1963).

61. Fest, *op. cit.*, 76.

62. *Ibid.*, 32.

63. August Kubizek, *Adolf Hitler, mon ami d'enfance*. Traduit de l'allemand, 1954. Gallimard.

64. Wilfried Daim, *Der Mann, der Hitler, die Ideegab* (Munich 1958).

65. Hans Jürgen Syberberg, « Hitler,

artiste d'État et l'avant-garde méphistophélique du XXᵉ siècle» in *Les Réalismes 1919-1939* (Paris 1980), 378-403.

66. Adolf Hitler, *Monologe im Führerhauptquartier 1941-1944* (Hamburg 1980), 54, 90, 331.

67. Hitler, *Mein Kampf*, 474 ff.

68. Fest, *op. cit.*, 482.

69. William Carr, *Hitler : a Study in Personality and Politics* (Londres 1978), 2-3.

70. Fest, *op. cit.*, 489.

71. H.P. Knickerbocker, *The German Crisis* (New York 1932), 227.

72. Weigand von Miltenberg, *Adolf Hitler Wilhelm III* (Berlin 1931), II.

73. Max H. Kele, *The Nazis and the Workers* (Chapel Hill 1972) défend la thèse selon laquelle Hitler était suivi par une puissante fraction de la classe ouvrière. J. Noakes, *The Nazi Party in Lower Saxony 1921-1933* (Oxford 1971), et R. Heberle, *From Democracy to Nazism* (Baton Rouge 1970) défend la thèse inverse.

74. W. Carr, *op. cit.*, 6.

75. Holborn, *op. cit.*, 596-8.

76. Fest, *op. cit.*, 271-88.

77. Ernst Hanstaengl, *Zwischen weissem und braunen Haus* (Munich 1970), 114.

78. Werner Maser, *Hitler's Mein Kampf : an Analysis* (Londres 1970) ; Voir aussi son *Hitler : Legend, Myth and Reality* (New York 1973).

79. Hitler, *Mein Kampf*, 654.

80. La lettre de Lawrence fut d'abord publiée dans le *New Statesman*, du 13 octobre 1924 ; puis réimprimée dans *Phoenix* (Londres 1936), 107-10.

81. Hans Frank, *Im Angesicht des Galgens* (2ᵉ ed., Neuhaus 1955), 47.

82. Otto Dietrich, *Zwölf Jahre mit Hitler* (Munich 1955), 180.

IV. LÉGITIMITÉ ET DÉCADENCE

1. Pierre Miquel, *Poincaré* (Paris 1961).

2. Harold Nicolson, *Curzon : the Last Phase* 1919-1925 (Londres 1934), 273-4.

3. Charles Petrie, *Life of Sir Austen Chamberlain*, 2 vol., (Londres 1939), II 263.

4. Lord Murray of Elibank, *Reflections on Some Aspects of British Foreign Policy Between the World Wars* (Edinbourgh 1946), 10.

5. Voir D'Abernon's *An Ambassador of Peace*, 3 vol., (Londres 1929-30), I 14.

6. Barnett, *op. cit.*, 323 ; Lord Vansittart, *The Mist Procession* (Londres 1958), 341.

7. L.B. Namier, *Facing East* (Londres 1947), 84.

8. Zeldin, *op. cit.*, II 949-50.

9. J.M. Read, *Atrocity Propaganda 1914-19* (Yale 1941) ; Alfred Sauvy, *Histoire économique de la France entre les deux guerres*, 4 vol., (Paris 1967-75).

10. André Bisson : *L'Inflation française 1914-1952* (Paris 1953).

11. Zeldin, *op. cit.*, 961, 971.

12. *Ibid.*, 78-81.

13. *Ibid.*, 623-5, 637-42.

14. Sauvy, *op. cit.*

15. Richard Kuisel, *Ernest Mercier, French Technocrat* (University of California 1967) ; J.N. Jeanneney, *François de Wendel en République : l'Argent et le pouvoir* 1914-1940 (Paris 1976).

16. Zeldin, *op. cit.*, 324-9.

17. François Chatelet, *La Philosophie des professeurs* (Paris 1970).

18. G. Pascal, *Alain éducateur* (Paris 1969) ; B. de Huszar (ed.), *The Intellectuals* (Glencoe, Illinois, 1960).

19. Zeldin, *op. cit.*, 1032.

20. Jean Pélissier, *Grandeur et servitudes de l'enseignement libre* (Paris 1951).

21. Joseph de Maistre, *Les Soirées de Saint-Pétersbourg*, 7ᵉ entretien ; *Du Pape* (1819), livre 3, chapitre 2, *Les Soirées*, 2ᵉ entretien. Cité dans Nolte, *op. cit.*, 34-5.

22. Voir Erich Maria Remarque, *Arc de Triomphe* (New York 1946).

23. Zeldin, *op. cit.*, 15-16.

24. Jacques Barzun, *Race : a Study in Modern Superstition* (Londres 1938), 227-41.

25. C'étaient les demandes revendicatives de Maurras lui-même, dans son ouvrage posthume : *Le Bienheureux Pie X, sauveur de la France* (Paris, 1953), 52, 71.

26. Eugen Weber, *Action française* (Stanford University, 1962), 189.

27. Anatole France, *L'Orme du Mail* (Paris n.d.), 219 ; cité dans Nolte, *op. cit.*, 267.

28. Citations extraites de *Le nouveau Kiel et Tanger; Enquête sur la monarchie; Le Mauvais Traité.*

29. Jacques Bainville, *Journal,* 2 vol., (Paris 1948), II 172, 174.

30. Nolte, *op. cit.*, 79.

31. Keith Middlemass et John Barnes, *Baldwin : a Biography* (Londres 1969), 356.

32. Barnett, *op. cit.*, 332.

33. Comité de la défense impériale, réunion du 3 décembre 1928 ; Barnett, *op. cit.*, 324.

34. "A Forecast of the World's Affairs", *These Eventful Years* (New York 1924), II 14.

35. Christopher Andrew and A.S. Kanya-Forstner, *France Overseas : the Great War and the Climax of French Imperial Expansion* (Londres 1981), 208-9, 226-7.

36. J.L. Miller, "The Syrian Revolt of 1925", *International Journal of Middle East Studies,* VIII (1977).

37. Andrew et Forstner, *op. cit.*, 248, 238.

38. Cité dans W.P. Kirkman, *Unscrambling an Empire : a Critique of British Colonial Policy* 1955-1966 (Londres 1966), 197.

39. A.P. Thornton, *Imperialism in the Twentieth Century* (Londres 1978), 136.

40. Andrew et Forstner, *op. cit.*, 245.

41. Robin Bidwell, *Morocco under Colonial Rule : French Administration of Tribal Areas* 1912-1956 (Londres 1973; Alan Scham, *Lyautey in Morocco : Protectorate Administration* 1912-1925 (Université de Californie 1970).

42. J.L. Hymans, *Léopold Sedar Senghor : an Intellectual Biography* (Edinbourgh 1971).

43. Andrew et Forstner, *op. cit.*, 244-5.

44. Cité dans H. Grimal, *Decolonization* (Londres 1978).

45. A. Savvant, *Grandeur et Servitudes Coloniales* (Paris 1931), 19.

46. Alistair Horne, *Histoire de la guerre d'Algérie*, trad. anglais 1980, Albin Michel.

47. Ronald Robinson et John Gallagher, "The Imperialism of Free Trade", *Economic History Review*, 2e série, 6 (1953), 1-15.

48. Donald Winch, *Classical Political Economy and Colonies* (Harvard 1965).

49. Cité dans Raymond Betts, *The False Dawn : European Imperialism in the Nineteenth Century* (Minneapolis 1976).

50. J.S. Mill, *Principles of Political Economy* (Londres 1848).

51. Bernard Porter, *Critics of Empire : British Radical Attitudes to Colonialism in Africa,* 1895-1914 (Londres 1968), 168-79.

52. J.A. Hobson, *Imperialism* (Londres 1954 ed.), 94.

53. Richard Koebner, "The Concept of Economic Imperialism", *Economic History Review,* 2 (1949), 1-29.

54. J. Schumpeter, *Imperialism and Social Classes* (New York 1951); cité dans Fieldhouse, *Colonialism 1870-1945 : An Introduction* (Londres 1981), 20.

55. A.S. Kanya-Forstner, *The Conquest of the Western Sudan* (Cambridge 1968).

56. Cité dans Andrew et Forstner, *op. cit.*, 11.

57. *Ibid.*, 13.

58. Fieldhouse, *op. cit.*.

59. D.K. Fieldhouse, *Unilever Overseas* (Londres 1978), chapitre 9.

60. H.S. Ferns, *Britain and Argentina in the Nineteenth Century* (Oxford 1960).

61. David S. Landes, "Some Thoughts on the Nature of Economic Imperialism", *Journal of Economic History,* 21 (1961), 496-512.

62. A.F. Cairncross, *Home and Foreign Investment* 1870-1913 (Cambridge 1953), 88 ; S.G. Checkland, "The Mind of the City 1870-1914", *Oxford Economic Papers* (Oxford 1957).

63. Lord Lugard, *The Dual Mandate* (Londres 1926 ed.), 509.

64. C. Segre, *Fourth Shore : The Italian Colonization of Libya* (Chicago 1974).

65. Fieldhouse, *Colonialism,* 93-5. Pour les Indes D.H. Buchanan, *The Development of Capitalist Enterprise in India,* 1900-1939 (Londres 1966 ed.); A.K. Bagchi, *Private Investment in India* 1900-1939 (Cambridge 1972).

66. I. Little et coll., Industry and Trade in Some Developing Countries (Londres 1970).

67. Pour ce débat, voir C. Furtado, *Development and Underdevelopment* (Université de Californie 1964); Andrew G. Frank, *Development Accumulation and Underdevelopment* (Londres 1978); H. Myint, *Economic Theory and the Underdeveloped Countries* (Oxford 1971).

68. J.J. Poquin, *Les Relations économiques extérieures des pays d'Afrique noire de l'Union française* 1925-1955 (Paris 1957), 102-4 ; Imprimé en index dans Fieldhouse, *Colonialism*, 87.

69. V. Purcell, *The Chinese in South-East*

Asia (Londres 1962 ed.); H. Tinker, *A New System of Slavery* (Londres 1974).

70. J.S. Furnivall, *Netherlands India : a study of plural economy* (New York 1944), chapitre 5.

71. Lord Hailey, *An African Survey* (Oxford 1975 ed.), 1362-75.

72. E.J. Berg in the *Quarterly Journal of Economics*, 75 (1961).

73. Betts, *op. cit.*, 193 note 7.

74. B.R. Tomlinson, *The Political Economy of the Raj*, 1914-1947 (Londres 1979).

75. Malcolm Muggeridge, *Chronicles of Wasted Time* (Londres 1972), I 101.

76. Evelyn Waugh, *Personne n'est seul.* Traduit de l'anglais, 1973. Paulines.

77. L.S. Amery, *My Political Life*, II 1914-1929 (Londres 1953, 336.

78. H. Montgomery Hyde, *Lord Reading* (Londres 1967), 317-27.

79. Jones, *Whitehall Diary*, I 274.

80. George Orwell, "Shooting an Elephant", *New Writing* 2 (1936).

81. Pour l'examen des pertes britanniques, voir John Terraine, *The Smoke and the Fire : Myths and Anti-Myths of War 1861-1945* (Londres 1980), 35-47.

82. Paul Fussell, *The Great War and Modern Memory* (Oxford 1975).

83. Voir Brian Gardener (ed.), *Up the Line to Death : War Poets* 1914-1918 (Londres 1976 ed.)

84. H.J. Massingham, *The English Countryman* (Londres 1942), 101.

85. C.F.G. Masterman, *England After the War* (Londres 1923), 31-2.

86. H. Williamson, *The Story of a Norfolk Farm* (Londres 1941), 76-7.

87. J.M. Keynes, *Théorie générale de l'emploi, de l'intérêt et de la monnaie*, 1979. Payot. Gilbert, *op. cit.*, v. 99-100.

88. Evelyn Waugh, *Retour à Brideshead.* Traduit de l'anglais, 1947, Laffont (livre II, chapitre 3).

89. Rostow, *Les Étapes de la croissance économique*. Traduit de l'américain, 1962. Le Seuil.

90. Alan Wilkinson, *The Church of England and the First World War* (Londres 1979).

91. Sidney Dark (ed.), *Conrad Noel : an Autobiography* (Londres 1945), 110-20.

92. F.A. Iremonger, *William Temple* (Oxford 1948), 332-5.

93. *Ibid.*, 340.

94. *Ibid.*, 438-9.

95. Cité dans Barnett, *op. cit.*, 241.

96. Peter Allen, *The Cambridge Apostles : the early years* (Cambridge 1978), 135.

97. Michael Holroyd, *Lytton Strachey* (Londres, Penguin ed. 1971), 37-8, 57 ff.

98. G.E. Moore, *Principia Ethica* (Cambridge 1903), "The Ideal".

99. Strachey to Keynes, 8 avril 1906, cité dans Holroyd, *op. cit.*, 211-12.

100. From E.M. Forster, "What I Believe" (1939), imprimé dans *Two Cheers for Democracy* (Londres. 1951),

101. Leon Edel *Bloomsbury* : *a House of Lions* (Londres 1979).

102. P. Alle, *op. cit.*, 71.

103. Jo Vallacott, *Bertrand Russell and the Pacifists in the First World War* (Brighton, 1980).

104. Holroyd, *op. cit.*, 629.

105. Letter to C.R.L. Fletcher, cité dans Charles Carrington, *Rudyard Kipling* (Londres 1970 ed.), 553.

106. Holroyd, *op. cit.*, 200.

107. Noël Annan, "Georgian Squares and Charmed Circles", *The Times Literary Supplement*, 23 novembre 1979, 19-20.

108. E.M. Forster, *Goldsworthy Lowes Dickinson* (Londres 1934).

109. Frank Swinnerton, *The Georgian Literary Scene* (Londres 1935), 291.

110. Holroyd, *op. cit.*, 738, 571.

111. Kingsley Martin, *Father Figures* (Londres 1966), 120.

112. *Ibid.*, 121.

113. Holroyd, *op .cit.*, 200.

114. Cité dans Paul Levy, *G.E. Moore and the Cambridge Apostles* (Londres 1979), 176.

115. Alan Wood, *Bertrand Russell : the Passionate Sceptic* (Londres 1957), 87-8.

116. Holroyd, 164-5.

117. John Pearson, *Façades : Edith, Osbert and Sacheverell Sitwell* (Londres 1978), 124, 126.

118. Cité dans Ronald Clark, *The Life of Bertrand Russell* (Londres 1975), 380.

119. *Ibid.*, 395.

120. Lionel Trilling, *E.M. Forster : a Study* (Londres 1944), 27.

121. Clarke, *op. cit.*, 386-7.

122. Barnett, *op. cit.*, 174.

123. John Darwin, "Imperialism in Decline ? Tendencies in British Imperial Policy between the Wars", *Cambridge Historical Journal*, XXIII (1980), 657-79.

124. Barnett, *op. cit.*, 252.

125. R.W. Curry, *Woodrow Wilson an.*

Far Eastern Policy 1913-1921 (New York 1957).

126. H.C. Allen, *The Anglo-American Relationship since 1783* (Londres 1959).

127. Microfilm AR/195/76 de la Marine américaine. Archives opérationnelles, section historique. Washington Navy Yard, Washington DC.

128. Barnett, *op. cit.*, 252-65.

129. Vincent Massey, *What's Past is Prologue* (Londres 1963), 242.

130. H.C. Allen, *op. cit.*, 737.

131. Gilbert, *Churchill*, v. 69-70.

132. Barnett, *op. cit.*, 217-18.

133. Gilbert, *Churchill*, V, (Companion Volume) 1re partie 303-7.

V. THÉOCRATIE DIABOLIQUE ET CHAOS DIVIN

1. L. Mosley, *Hirohito : Emperor of Japan* (Londres 1966), note 2, 21, 23.

2. David James, *The Rise and Fall of the Japanese Empire* (Londres 1951), 175.

3. Voir Kurt Singer, *Mirror, Sword and Jewel : a study of Japanese characteristics* (Londres 1973), 98-100.

4. Fosco Maraini, *Japan : Patterns of Continuity* (Palo Alto 1971), 191.

5. Chie Nakane, *Japanese Society* (Londres 1970), 149.

6. George Macklin Wilson, "Time and History in Japan", in Special Issue, "Across Cultures : Meiji Japan et the Western World", *American Historical Review*, juin 1980, 557-72.

7. Singer, *op. cit.*, 147 ; Tetsuro Watsuji, *A Climate : a Philosophical Study* (Tokyo 1961).

8. W.G. Beasley, *The Modern History of Japan* (Londres 1963 ed.), 212-17.

9. Robert E. Ward et Dankwart A. Rustow (eds), *Political Modernization in Japan and Turkey* (Princeton 1964).

10. Singer, *op. cit.*, 57-8, 71 ff.

11. I. Nitobe, *Bushido* (Londres 1907); voir aussi Sir George Sansom, *Japan : a short cultural history* (New York 1943), 495.

12. B. Hall Chamberlain, *Things Japanese* (Londres 1927), 564.

13. In William Stead (ed.), *Japan by the Japanese* (Londres 1904), 266, 279.

14. Ito Hirobumi, "Some Reminiscences" in S. Okuma (ed.), *Fifty Years of New Japan*, 2 vol. (Londres 1910), I 127.

15. Chie Nakane, *Kingship and Economic Organization in Rural Japan* (Londres 1967); et son *Japanese Society* (Londres 1970).

16. Ozaki Yukio, *The Voice of Japanese Democracy* (Yokohama 1918). 90 f.

17. Beasley, *op. cit.*, 226-7.

18. A.M. Young, *Japan under Taisho Tenno* (Londres 1928), 280.

19. Beasley, *op. cit.*, 237-9.

20. James, *op. cit.*, 162.

21. Hugh Byas, *Government by Assassination* (Londres 1943), 173-92.

22. *Ibid.*, 173-92.

23. Cité dans Harold S. Quigley et John E. Turner : *The New Japan : Government and Politics* (Minneapolis 1956), 35.

24. James, *op. cit.*, Appendice VIII, 376.

25. *Ibid.*, 163-4.

26. Richard Storry, *The Double Patriots* (Londres 1957), 52.

27. A.M. Young, *Imperial Japan 1926-1928* (Londres 1938), 179-80.

28. Byas, *op. cit.*, 17-31, 41-2.

29. Pour illustrations et exemples, voir Young, *Japan under Taisho Tenno*.

30. Joyce Lebra, *Japan's Greater East-Asia Co-Prosperity Sphere in World War Two* (Londres 1975).

31. M.D. Kennedy, *The Estrangement of Great Britain and Japan* 1917-1935 (Manchester 1969).

32. James, *op. cit.*, 16 ; Beasley, *op. cit.*, 218.

33. Cité dans W.T. de Bary (ed.), *Sources of the Japanese Tradition* (New York 1958), 796-7.

34. James, *op. cit.*, 166.

35. *Ibid.*, 134.

36. *Ibid.*, 138.

37. Singer, *op. cit.*, 39-40.

38. Charles Drage, *Two-Gun Cohen* (Londres 1954), 131.

39. Stuart Schram, *Mao Tsé-Toung parle au peuple*, 1977. P.U.F.

40. Joseph Levenson, *Confucian China and its Modern Fate* (Londres 1958).

41. Drage, *op. cit.*, 130-1.

42. Hallett Abend, *Tortured China* (Londres 1931), 14-15.
43. Schram, *op. cit.*, 74.
44. Drage, *op. cit.*, 154-5.
45. Schram, *op. cit.*, 79.
46. *Ibid.*, note 83.
47. *Ibid.*, 93.
48. Abend, *op. cit.*, 39.
49. Conrad Brandt, *Stalin's Failure in China* 1924-1927 (Harvard 1958), 178.
50. Drage, *op. cit.*, 167 ff.; John Tolland, *The Rising Sun : the decline and fall of the Japanese Empire*, 1936-1945 (Londres 1971), note 38.
51. Abend, *op. cit.*, 49-50, 61, 251.
52. Hsiao Hsu-tung, *Mao Tse-tung and I were Beggars* (Syracuse 1959).
53. Benjamin Schwartz, *In Search of Wealth and Power : Yen Fu and the West* (Harvard 1964).
54. Chow Tse-tung, *The May Fourth Movement : Intellectual Revolution in Modern China* (Harvard 1960).
55. *Far Eastern Review*, décembre 1923.
56. Souvenirs du professeur Pai Yu, cité dans Schram, *op. cit.*, 73.
57. Sun Yat-sen, conférence du 3 février 1924, citée par John Gittings, *The World and China* 1922-1975 (Londres 1974), 43; Staline, *Collected Works*, IX 225.
58. Gittings, *op. cit.*, 39-40.
59. *Cf.* le poème de Mao *Neige*, écrit en février 1936. Schram, *op. cit.*, 107-8.
60. Stuart Schram, *Mao Tsé-Toung — Textes*, 1972. Colin.
61. Chalmers A. Johnson, *Peasant Nationalism and Communist Power : the Emergence of Revolutionary China* 1937-1945 (Stanford 1962).
62. Schram, *Mao Tse-tung*, 127.
63. *Ibid.*, 153.
64. Abend, *op. cit.*, 147-8.
65. *Ibid.*, 80, 67.
66. *Ibid.*, 75, 82.
67. James, *op. cit.*, 139.
68. John Tolland, *op. cit.*, note 7.
69. Cité dans Dulles, *op. cit.*, 281.

VI. LA DERNIÈRE ARCADIE

1. Le schéma 106 (qui comprend beaucoup de sous-groupes) est utilisé dans Stephan Thernstrom et Ann Orlov, *Harvard Encyclopaedia of Ethnic Groups* (New York 1980).
2. Madison Grant, *The Passing of the Great Race* (New York 1916), 3-36.
3. "The Klan's Fight for Americans", *North American Review*, mars 1926.
4. William C. Widenor, *Henry Cabot Lodge and the Search for an American Foreign Policy* (Université de Californie 1980); Robert Murray, *The Harding Era* (Université de Minnesota 1969), 64.
5. John Morton Blum, *The Progressive Presidents : Roosevelt, Wilson, Roosevelt, Johnson* (New York 1980), 97.
6. Dulles, *op. cit.*, 295.
7. A. Mitchell Palmer, "The Case Against the Reds", *Forum*, février 1920.
8. Cité in Arthur Ekirch, *Ideologies and Utopias and the Impact of the New Deal on American Thought* (Chicago 1969), 13-14.
9. *Baltimore Evening Sun*, 27 septembre 1920.
10. Horace Kellen, *Culture and Democracy in the United States* (New York 1924).
11. V.W. Brooks, "Towards a National Culture" and "The Culture of Industrialism", *Seven Arts*, avril 1917.
12. V.W. Brooks, "Trans-National America", *Atlantic Monthly*, 1916.
13. Van Wyck Brooks, *An Autobiography* (New York 1965), 253-6.
14. James Hoopes, *Van Wyck Brooks in Search of American Culture* (Amherst 1977), 130.
15. William Jennings Bryan (and Mary Baird Bryan), *Memoirs* (Philadelphie 1925), 448.
16. *Ibid.*, 479-84.
17. *New Republic*, 10 mai 1922.
18. Robert Sklar (ed.), *The Plastic Age* 1917-1930 (New York 1970), 14.
19. Albert E. Sawyer, "The Enforcement of National Prohibition", *Annals*, septembre 1932.
20. Alan Block, *East Side, West Side : Organized Crime in New York* 1930-1950 (Cardiff 1980).
21. *The Illinois Crime Survey* (Chicago 1929), 909-19.

22. Lloyd Wendt and Herman Cogan, *Big Bill of Chicago* (Indianapolis 1953), 271 ff.

23. Charles Fecher, *Mencken : a Study of his Thought* (New York 1978), 159.

24. *Sidney Bulletin*, 20 juillet 1922; for non-enforcement, voir Charles Merz, *The Dry Decade* (New York 1931), 88, 107, 123-4, 144, 154.

25. T.K. Derry, *A History of Modern Norway* 1814-1972 (Oxford 1973), 301-4.

26. *The Prohibition Amendment : Hearings before the Committee of the Judiciary, 75th Congress, Second Session* (Washington DC 1930), 1re partie, 12-31.

27. Mark H. Haller, "The Changing Structure of American Gambling in the Twentieth Century", *Journal of Social Issues*, XXXV, (1979), 87-114.

28. Par exemple, Annelise Graebner Anderson, *The Business of Organized Crime : a Cosa Nostra Family* (Stanford 1979).

29. Cité dans Seymour Martin Lipset, "Marx, Engels and America's Political Parties", *Wilson Review*, Hiver 1979.

30. David Shannon, *The Socialist Party of America : a History* (New York 1955).

31. Theodore Draper, *The Roots of American Communism* (New York 1957).

32. John Hicks, *The Republican Ascendancy 1921-1933* (New York 1960).

33. Robert Murray, *The Harding Era* (Université de Minnesota 1969), 67.

34. Dulles, *op. cit.*, 302.

35. Murray, *op. cit.*, 70.

36. *Ibid.*, 420.

37. Andrew Turnbull (ed.), *Scott Fitzgerald le Magnifique*. Trad. américain 1964. Laffont.

38. Murray, *op. cit.*, 112.

39. Cité dans Murray N. Rothbard, *America's Great Depression* (Los Angeles 1972), 167.

40. Murray, *op. cit.*, 178-9.

41. *New York Times*, 14 octobre 1922; voir Fritz Marx, "The Burea of the Budget : Evolution and Present Role", *American Political Science Review*, août 1945.

42. Murray, *op. cit.*, 168-9.

43. *Ibid.*, 117-19.

44. *Ibid.*, 108.

45. *Investigation of Veterans Bureau : Hearings before Select Committee US Senate* (Washington DC 1923).

46. Burl Noggle, "The Origins of the Teapot Dome Investigation", *Mississippi Valley Historical Review*, septembre 1957; M.R. Werner and John Starr, *Teapot Dome* (New York 1959), 194-277; Murray, *op. cit.*, 473.

47. Murray, *op. cit.*, 486-7.

48. Alice Roosevelt Longworth, *Crowded Hours* (New York 1933) 324-5.

49. Arthur M. Schlesinger, "Our Presidents : a Rating by Seventy-five Historians", *New York Times Magazine*, 29 juillet 1962, pour une analyse complète de l'historiographie de Harding, voir Murray, *op. cit.*, 487-528.

50. William Allen White, *A Puritan in Babylon* (New York 1938), 247.

51. Donald McCoy, *Calvin Coolidge : the Quiet President* (New York 1967), 33, 158 ff. 139-41.

52. Ishbel Ross, *Grace Coolidge and her Era* (New York 1962), 65.

53. Mark de Wolf Howe (ed.), *The Holmes-Laski Letters* 1916-1935, 2 vol. (Harvard 1953), I 673.

54. Cité dans Sklar, *op. cit.*, 297.

55. McCoy, *op. cit.*, 256-63.

56. Garmaliel Bradford, *The Quick and the Dead* (Boston 1931), 241.

57. McCoy, *op. cit.*, 99, 58, 208 ff., 255.

58. Calvin Coolidge, *Autobiography* (New York 1929).

59. Howard Quint and Robert Ferrell (eds), *The Talkative President : Off-the-Record Press Conferences of Calvin Coolidge* (Amhurst 1964), preface.

60. McCoy, *op. cit.*, 384, 395.

61. *Ibid.*, 53-5.

62. Calvin Coolidge : "Government and Business" in *Foundations of the Republic : Speeches and Addresses* (New York 1926), 317-32.

63. F. Scott Fitzgerald, *La Fêlure*. Traduit de l'anglais, 1963. Gallimard.

64. Lettre à Maxwell Geismar, 10 juin 1942, dans Elena Wilson (ed.), *Edmund Wilson : Letters on Literature and Politics 1912-1972. Lettres*. Traduit de l'anglais. Gallimard. (New York 1977), 385.

65. James Truslow Adams, *The Epic of America* (Boston 1931), 400.

66. Michael Rostovtzeff, *A Social and Economic History of the Roman Empire* (Yale 1926), 487.

67. Stuart Chase, *Prosperity : Fact or Myth ?* (New York 1930).

68. George Soule, *Prosperity Decade from*

War to Depression 1917-1929 (New York 1947).

69. Cité dans Sklar, *op. cit.*

70. Rostow, *World Economy* 209 and Table III-38; Harold Underwood Faulkner, *American Economic History* (New York 7e ed. 1954), 622.

71. Faulkner, *op. cit.*, 624.

72. *Ibid.*, 607-8.

73. Sinclair Lewis, "Main Street's Been Paved!" *Nation*, 10 septembre 1924.

74. Herbert Blumer, *Movies and Conduct* (New York 1933), 243-7, 220-3.

75. Sophia Breckenridge, "The Activities of Women Outside the Home"in *Recent Social Trends in the US* (New York 1930), 709-50.

76. Samuel Schmalhausen and V.F. Calverton (eds), *Woman's Coming of Age: a Symposium* (New York 1931), 536-49.

77. R.S. and H.R. Lynd, *Middletown: a Study in Modern American Culture* (New York 1929), 251-63.

78. Lewis L. Lorwin, *The American Federation of Labour: History Policies and Prospects* (New York 1933), 279.

79. R.W. Dunn, *The Americanization of Labour* (New York 1927), 153, 193-4.

80. Kenneth M. Goode and Harford Powel, *What About Advertising?* (New York 1927).

81. Warren Suzman (ed.), *Culture and Commitment 1929-1945* (New York 1973).

82. Voir Leon Edel, *The Life of Henry James* (Londres 1977 ed.), I chapitre 84: "A Storn in the Provinces".

83. Nathaniel Hawthorne, Préface de *A Marbie Faun* (Boston 1860).

84. Lionel Trilling, "Manners, Morals and the Novel", paru dans *The Liberal Imagination* (1950).

85. E.g., "Best Sort of Mother" écrit pour J.M. Barrie's burlesque *Rosy Rapture*; Gerald Boardman, voir *Jerome Kern: his Life and Music* (Oxford 1980).

86. Voir l'Introduction de Edward Jablonski dans *Lady, Be Good!* dans le Smithsonian Archival Reproduction Series, the Smithsonian Collection R008 (Washington DC 1977).

87. Cité dans McCoy, *op. cit.*, 392.

88. Charles and Mary Beard, *The Rise of American Civilization*, 2 vol. (New York 1927), II 800.

89. Walter Lippmann, *Men of Destiny* (New York 1927), 23 ff.

90. Lincoln Steffens, *Individualism Old and New* (New York 1930), 35 ff.

VII. DÉGRINGOLADE

1. Norman Mursell, *Come Dawn, Come Dusk* (Londres 1981).

2. Gilbert, *op. cit.*, v, (Companion Volume) Part 2, 86-7.

3. J.K. Galbraith, *La crise économique de 1929.* Traduit de l'américain, 1981. Payot.

4. *Ibid.*, 104-16.

5. William Williams, "The Legend of Isolationism in the 1920s", *Science and Society* (Winter 1954).

6. William Williams, *The Tragedy of American Diplomacy* (New York 1962); Carl Parrini, *The Heir to Empire: US Economic Diplomacy 1916-1923* (Pittsburg 1969).

7. Voir la lettre de Jude Wanninski dans *Wall Street Journal*, 16 juin 1980.

8. Rothbard, *op. cit.*, 86.

9. Federal Reserve Bank, *Annual Report 1923* (Washington DC 1924), 10.

10. Seymour E. Harriss, *Twenty Years of Federal Reserve Policy* (Harvard 1933), 91.

11. Rothbard, *op. cit.*, 128-30.

12. Harris Gaylord Warren, *Herbert Hoover and the Great Depression* (Oxford 1959) 27.

13. *Congressional investigation of Stock Exchange Practises: Hearings 1933*, 2091 ff; *Report 1934*, 220-1. Galbraith, *op. cit.*, 186-7.

14. Rothbard, *op. cit.*, 158 ff.

15. Pour Strong, voir Lester V. Chandler, *Benjamin Strong, Central Banker* (Washington DC 1958).

16. Rothbard, *op. cit.*, 133.

17. Melchior Palyi, "The Meaning of the Gold Standard", *Journal of Business*, juillet 1941.

18. Rothbard, *op. cit.*, 139.

19. Cité dans Lionel Robbins, *The Great Depression* (New York 1934), 53. Lord Robbins revint sur ce livre dans son *Autobiography of an Economist* (Londres 1971), 154-5, rédigée juste avant que la grande

récession des années 1970 ne réduise à néant les thèses de Keynes.

20. Cité dans Chandler, *op. cit.*, 379-80.

21. Rostow, *World Economy*, Table II-7, 68.

22. Rothbard, *op. cit.*, 157-8; R.G. Hawtrey, *The Art of Central Banking* (Londres 1932), 300.

23. Galbraith, *op. cit.*, 180.

24. Dulles, *op. cit.*, 290.

25. Schmalhausen and Calverton, *op. cit.*, 536-49.

26. Selma Goldsmith *et al.* : "Size Distribution of Income Since the Mid-Thirties", *Review of Economics and Statistics*, février 1954; Galbraith, *op. cit.*, 181.

27. Walter Bagehot, *Lombard Street* (Londres 1922 ed.), 151.

28. Pour les discours des experts, voir Edward Angly, *Oh Yeah?* (New York 1931).

29. Galbraith, *op. cit.*, 57 ff.

30. *Securities and Exchange Commission in the Matter of Richard Whitney, Edwin D. Morgan etc* (Washington DC 1938).

31. Bagehot, *op. cit.*, 150.

32. Galbraith, *op. cit.*, 140.

33. *Ibid.*, 147.

34. Les principaux travaux sont : E.K. Lindley, *The Roosevelt Revolution. First phase* (New York 1933); Raymond Moley, *After Seven Years* (New York 1939); Dixon Wecter, *The Age of the Great Depression* (New York 1948); Richard Hofstadter, *The American Political Tradition* (New York 1948); Robert Sherwood, *Roosevelt and Hopkins* (New York 1950); Rexford Tugwell, *The Democratic Roosevelt* (New York 1957); et, non des moindres, les nombreux écrits de J.K. Galbraith et Arthur M.Schlesinger surtout le récent : *L'ère de Roosevelt : I Crise de l'ordre ancien 1919-1933.* Traduit de l'américain, 1971. Denoël.

35. Voir John P. Diggins, *The Bard of Savagery : Thorstein Veblen and Modern Social Theory* (Londres 1979).

36. En ce qui concerne la jeunesse de Hoover, voir David Burner, Herbert Hoover: a Public Life (New York 1979).

37. Cité dans William Manchester, *La Splendeur et le Rêve.* Traduit de l'américain, 1976. Laffont.

38. Murray Rothbard : "Food Diplomacy" *in* Lawrence Gelfand (ed.), *Herbert Hoover: the Great War and its Aftermath, 1914-1923* (Université de Iowa 1980).

39. J.M. Keynes, *Economic Consequences of the Peace* (Londres 1919), 257, note.

40. La lettre était adressée à Hugh Gibson et Hoover la garda dans ses archives; maintenant, on peut la consulter dans les manuscrits de Hoover.

41. Herbert Hoover, *Memoirs*, 3 vol., (Stanford 1951-2), II 42-4.

42. *Ibid.*, II 41-2.

43. Martin Fasault et George Mazuzan (eds), *The Hoover Presidency: a Reappraisal* (New York 1974), 8; Murray Benedict, *Farm Policies of the United States* (New York 1953).

44. Murray, *The Harding Era*, 195.

45. Ellis Hawley : "Herbert Hoover an American Corporatism 1929-33" *in* Fasault et Mazuzan, *op. cit.*

46. Eugene Lyons, *Herbert Hoover, a Biography* (New York 1964), 294.

47. Joan Hoff Wilson, *American Business and Foreign Policy 1920-1933* (Lexington 1971), 220; Donald R. McCoy's "To the White House" in Fasault et Mazuzan, *op. cit.*, 55; pour l'antisémitisme de Wilson, David Cronon (ed.), *The Cabinet Diaries of Josephus Daniels* 1913-1921 (Lincoln, Nebraska 1963), 131, 267, 497; for FDR's, Walter Trohan, *Political Animals* (New York 1975), 99.

48. Cité dans Galbraith, *op. cit.*, 143.

49. Hoover à J.C. Penney, cité par Donald McCoy dans Fasault et Mazuzan, *op. cit.*, 52-3.

50. Hoover au général Peyton Marsh du War Food Administration; cité dans Arthur Schlesinger, *La Crise de l'ordre ancien, 1919-1933.* Denoël

51. Rothbard, *The Great Depression*, 187.

52. Hoover, *op. cit.*, II 108.

53. *Ibid.*, III 295.

54. *American Federation*, janvier, mars 1930.

55. Harrod, *op. cit.*, 437-48.

56. Galbraith, *op. cit.*, 142.

57. Rothbard, *op. cit.*, 233-4.

58. Hoover, Republican Convention acceptance speech, 11 août 1932; discours à Des Moines, 4 octobre 1932.

59. Rothbard, *op. cit.*, 268.

60. *Ibid.*, 291.

61. Rostow, *World Economy*, Table III-42, 220.

62. *Fortune*, septembre 1932.

63. Manchester, *op. cit.*, 40-1.

64. C.J. Enzler, *Some Social Aspects of the*

Depression (Washington DC 1939), chapitre 5.

65. Ekirch, *op. cit.*, 28-9.

66. Don Congdon (ed.), *The Thirties: a Time to Remember* (New York 1962), 24.

67. James Thurber, *Fortune*, janvier 1932 ; Rothbard, *op. cit.*, 290.

68. Thomas Wolfe, *You Can't Go Home Again* (New York 1934), 414.

69. Edmund Wilson : "The Literary Consequences of the Crash", *The Shores of Light* (New York 1952), 498.

70. *Harper's*, décembre 1931.

71. Charles Abba, *Business Week*, 24 juin 1931.

72. Fasault et Mazuzan, *op. cit.*, 10.

73. Cité dans Albert Romasco, "The End of the Old Order or the Beginning of the New", *in* Fasault et Mazuzan, *op. cit.*, 80.

74. *Ibid.*, 91, 92.

75. H.G. Wells, *An Experiment in Autobiography* (Londres 1934). *Une tentative d'autobiographie*. Traduit de l'anglais, 1936. Gallimard.

76. Roger Daniels, *The Bonus March: an Episode in the Great Depression* (Westport 1971), surtout le chapitre X, "The Bonus March as Myth".

77. Theodore Joslin, *Hoover Off the Record* (New York 1934); Donald J. Lision, *The President and Protest: Hoover, Conspiracy and the Bonus Riot* (Université du Missouri 1974), 254 ff.

78. James MacGregor Burns, *Roosevelt: the Lion and the Fox* (New York 1956), 20.

79. Cité dans Ekirch, *op. cit.*

80. Ekirch, *op. cit.*, 87-90.

81. Lettre à Christian Gaus, 24 avril 1934, *in* Elena Wilson (ed.), *op. cit.*, 245.

82. Hoover, discours à Madison Square Garden 31 octobre 1932.

83. Roosvelt, discours d'intronisation à la Convention du Parti démocrate.

84. Frank Freidel, "The Interregnum Struggle Between Hoover and Roosevelt", in Fasault et Mazuzan, *op. cit.*, 137.

85. *Ibid.*, 137-8. Dans les papiers de Hoover, il existe un document intitulé : « Mes relations personnelles avec M. Roosevelt ».

86. Burns, *op. cit.*, 162.

87. Trohan, *op. cit.*, 83-4.

88. Pour la composition de ce discours, voir Samuel I. Rosenman, *Working with Roosevelt* (New York 1952) 81-99. L'idée provenait de Thoreau.

89. Moley, *op. cit.*, 151.

90. Burns, *op. cit.*, 148-9.

91. Conférences de presse du 24 mars et des 19 et 26 avril 1933.

92. Burns,, *op. cit.*, 167, 172 ; Elliot Roosevelt (ed.), *FDR : His Personal Letters*, 4 vol. (New York 1947-50), I 339-40, Lettre à Josephus Daniels 27 mars 1933 ; Trohan, *op. cit.*, 64.

93. J.M. Keynes dans *New York Times*, 31 décembre 1933.

94. Joan Robinson, "What Has Become of the Keynesian Revolution?" in Milo Keynes (ed.) *op. cit.*, 135 ; Raymond Moley, *The First New Deal* (New York 1966), 4.

95. Faulkner, *op. cit.*, 658-62.

96. Arthur M.Schlesinger, *The Coming of the New Deal* (Boston 1958), 123 ; Manchester, *op. cit.*, 89.

97. Leverett S. Lyon *et al.*, *The National Recovery Administration* (Washington DC 1935).

98. Cité dans Eric Goldman, *Rendez-vous with Destiny* (New York 1952).

99. Broadus Mitchel et coll., *Depression Decade* (New York 1947).

100. Walter Lippmann, "The Permanent New Deal", *Yale Review*, 24 (1935), 649-67.

101. Par exemple, William Myers et Walter Newton, *The Hoover Administration: a Documented Narrative* (New York 1936).

102. Francis Sill Wickware dans *Fortune*, janvier 1940 ; *Economic Indicators: Historical and Descriptive Supplement, Joint Committee on the Economic Report* (Washington DC 1953); Galbraith, *op. cit.*, 173 ; Rostow, *World Economy*, Table III-42.

103. Keynes, dans *New Republic*, 29 juillet 1940.

104. Trohan, *op. cit.*, 59 ff., 67-8, 115.

105. Joseph P. Lash, *Eleanor and Franklyn* (New York 1971), 220 ff. ; Doris Feber, *The Life of Lorena Hickok, ER's Friend* (New York 1980), *passim* ; Richard W. Steele, "Franklin D. Roosevelt and his Foreign Policy Critics", *Political Science Quarterly*, printemps 1979.

106. "The Hullabaloo over the Brains Trust", *Literary Review*, CXV 1933.

107. Bernard Sternsher, *Rexford Tugwell and the New Deal* (Rutgers 1964), 114-15 ; Otis Graham : "Historians and the New Deals", *Social Studies*, avril 1963.

108. Manchester, *op. cit.*, 84.

109. Lippmann, *Saturday Review of Literature*, 11 décembre 1926.

110. Fecher, *op. cit.*

111. George Wolfskill et John Hudson, *All But the People: Franklyn D. Roosevelt and his Critics* (New York 1969), 5-16.

112. Elizabeth Nowell (ed.), *The Letters of Thomas Wolfe* (New York 1956), 551 ff.

113. Cité dans Ekirch, *op. cit.*, 27-8.

114. Stuart Chase, *The New Deal* (New York 1932), 252.

115. Frank Warren, *Liberals and Communism* (Bloomington 1966), chapitre 4.

VIII. LES DÉMONS

1. Dimitri Shostakovitch, *Memoirs.*

2. Boris I. Nicolaevski, *Les dirigeants soviétiques et la lutte pour le pouvoir*, Denoël.

3. Cité dans K.E. Vorochilov, *Stalin and the Armed Forces of the USSR* (Moscou 1951), 19.

4. Albert Seaton, *Stalin as Warlord* (Londres 1976), 29 ff.

5. Stephen F. Cohen, *Nicolas Boukharine*. Traduit de l'américain, 1979. Maspéro.

6. E.H. Carr, *From Napoleon to Stalin and Other Essays* (Londres 1980), 156.

7. La *Vie de Trotski* en trois volumes, d'Isaac Deutscher comprend *The Prophet Armed* (Oxford 1954), *The Prophet Unarmed* (1959), *The Prophet Outcast* (1963), mais c'est son *Stalin: a Political Biography* (1949, 1966, 1967) qui rend le mieux compte de la dichotomie Staline-Trotski. Pour l'exposé de son œuvre, voir Leopold Labedz, "Isaac Deutscher's 'Stalin' : an Unpublished Critique", *Encounter*, janvier 1979, 65-82.

8. W.H. Chamberlin, *The Russian Revolution 1917-1921*, 2 vol. (New York 1935), II 119.

9. Hingley, *op. cit.*, 162-3; Paul Avrich, *kronstadt 1921* (Princeton 1970), 176-8, 211.

10. Léon Trotski, *Leur morale et la nôtre*. Traduit du russe, 1977. Pauvert.

11. Kolakowski, *op. cit.*, III 186, 199.

12. Leonard Schapiro, *The Communist Party of the Soviet Union* (2e éd., Londres 1970), 353.

13. Boris Bajanov, *Avec Staline dans le Kremlin* (Paris 1930), 74-7, 91, 145, 156 ff.

14. Trotski, *Ma vie*. Traduit du russe, 1973. Gallimard. Clama qu'il fut délibérément non ou mal informé de l'heure des funérailles.

15. Ian Grey, *Stalin: Man of History* (Londres 1979), 199-200.

16. Staline, *Œuvres*. P.C.F.

17. Les circonstances de la mort de Frunze sont décrites dans le roman de Boris Pilnyak : *Contes de la lune non éteinte* — traduit du russe, 1972. Champ Libre — et dans le *Staline* de Trotski. Traduit du russe, 1979, U.G.E. (10/18).

18. Hingley, *op. cit.*, 168.

19. Cité dans Deutscher, *Staline*, 1973. Gallimard.

20. E.H. Carr and R.W. Davies, *Foundations of a Planned Economy* (Londres 1974 ed.), 184-5.

21. Carr, *Foundations*, II 65-6; Hingley, *op. cit.*, 191; Deutscher, *Staline*, 314; B. Souvarine, *Staline. Aperçu historique du bolchevisme*, 1977. Champ Libre.

22. Staline, *Œuvres*, P.C.F.

23. Eugene Lyons, *Assignment in Utopia* (Londres 1937), 117, 123, 127.

24. Abdurakhman Avtorkhanov, *Stalin and the Soviet Communist Party* (Londres 1959), 28-9.

25. Hingley, *op. cit.*, 197.

26. Lyons, *op. cit.*, 372.

27. Staline, *Œuvres*, P.C.F.

28. Cohen, *op. cit.*, 372.

29. Hingley, *op. cit.*, 201; Souvarine, *op. cit.*, 577.

30. Hingley, *op. cit.*, 200.

31. Schapiro, *Communist Party*, 368.

32. Kolakowski, *op. cit.*, III 25 ff.

33. Staline, *Œuvres* P.C.F. Carr, *Foundations*, I 28-9.

34. Pour les tableaux, voir Carr *Foundations*, I 120-1.

35. M. Fainsod, *Smolensk under Soviet Rule* (Londres 1958), 46; Staline *Œuvres*, P.C.F.

36. Tatiana Chernavin, *Escape from the Soviets* (tr. Londres 1933), 37.

37. Robert C. Williams, "The Quiet Trade: Russian Art and American Money", *Wilson Quarterly*, hiver 1979.

38. Staline, *Œuvres*, P.C.F.

39. Carr, *Foundations*, I 201.

40. M. Hindus, *Red Bread* (Londres 1931), 335; Carr, *op. cit.*, 223

41. T.H. Rigby (ed.), *The Stalin Dictatorship: Khrushchev's "Secret Session" Speech and Other Documents* (Sydney 1968).
42. Carr, *Foundations*, I 283.
43. Deutscher, *Staline*, 320; Staline, *Œuvres*, P.C.F.
44. Deutscher, *Staline*, 325 note.
45. Lewin, *op. cit.*, 514.
46. Kolakowski, *op. cit.*, III 38.
47. Winston Churchill, *The Second World War*, 12 vol. (Londres 1964), VIII 78.
48. S. Swianiewicz, *Forced Labour and Economic Development: an Inquiry into the Experience of Soviet Industrialization* (Londres 1965), 123; Lewin, *op. cit.*, 508.
49. Kolakowski, *op. cit.*, III 39.
50. Robert Conquest, *La grande terreur : les purges staliniennes des années trente*, 1978, Beauval.
51. Deutscher, *Staline*, 325; Roy Medvedev, *Faut-il réhabiliter Staline ?* 1969, Le Seuil. Tableaux extraits de *Istoriia SSSR* (1964), N° 5, p. 6.
52. Voir l'article récapitulatif « L'héritage de Staline », *Wall Street Journal*, 23 juillet 1980; M. Msksudov, "Pertes subies par la population de l'URSS. 1918-1958", *Cahier du monde russe et soviétique*, mars 1977.
53. Kolakowski, *op. cit.*, III 43.
54. Cohen, *op. cit.*, 364.
55. Alexander Orlov, *The Secret History of Stalin's Crimes* (Londres 1954), 317-18; Alexander Barmine, *One Who Survived* (New York 1945), 256, 264; Svetlana Alliluyeva, *Vingt lettres à un ami*. Traduit du russe, 1967, Le Seuil.
56. Svetlana Alliluyeva, *Une seule année*. Traduit du russe, 1971. Albin Michel.
57. Wolfgang Leonhard, *Kreml ohne Stalin* (Cologne 1959), 95; Nicolaevsky, *op. cit.*, 93-4.
58. Staline, *Œuvres*, P.C.F.
59. Borys Lewytzkyj, *L'Inquisition rouge*. Traduit de l'allemand, 1968. Laffont.
60. Hingley, *op. cit.*, 214.
61. Albert Speer, *L'Empire S.S.* Traduit de l'allemand, 1982. Laffont.
62. Muggeridge, *op. cit.*, I 234-5.
63. Victor Serge, *Mémoires d'un révolutionnaire 1901-1941*, 1978. Le Seuil.
64. Paul Hollander, *Political Pilgrims: Travels of Western Intellectuals to the Soviet Union, China and Cuba 1928-1978* (Oxford 1981), chapitre 4.
65. Amabel Williams-Ellis, *The White Sea Canal* (Londres 1935), introduction; Sidney et Beatrice Webb, *Soviet Communism: a New Civilization?* (Londres 1935); Harold Laski, *Law and Justice in Soviet Russia* (Londres 1935); Anna Louise Strong, *This Soviet World* (New York 1936); G.B. Shaw, *The Rationalization of Russia* (Londres 1931); L'explication de Soljenitsyne à propos du Canal se trouve dans *L'Archipel du Goulag*, Le Seuil.
66. Julian Huxley, *A Scientist Among the Soviets* (Londres 1932), 67; Lyons, *op. cit.*, 430; Shaw, *op. cit.*, 28.
67. Hesketh Pearson, *GBS: a Full-Length Portrait* (New York 1942), 329-31.
68. Wells, *Autobiography*, 799-807, pour d'autres références, voir Hollander, *op. cit.*, 16 -73.
69. Williams, *op. cit.*
70. Muggeridge, *op. cit.*, 254.
71. Edward N. Peterson, *The Limits of Hitler's Power* (Princeton 1969), 154.
72. Mosse, *op. cit.*, 294 ff.
73. Bendersky, *op. cit.*
74. Mosse, *op. cit.*, 208.
75. Holborn, *op. cit.*, 658.
76. Fritz Stern, "Adenauer in Weimar: the Man and the System" in *The Failure of Illiberalism*, 178-87; Paul Weymar, *Konrad Adenauer* (Munich 1955), 129-43. La citation est extraite d'une lettre d'Adenauer à M. Tirard, président du Comité des Alliés en Rhénanie en 1923; dans les archives de Stresemann; voir Henry Turner, *Stresemann and the Politics of the Weimar Republic* (Princeton 1963).
77. Par exemple, son rapport secret au Cabinet en date du 31 mars 1931, cité dans Barnett, *op. cit.*, 340.
78. Michael Balfour, *West Germany* (Londres 1968), 85-6.
79. Rostow, *World Economy*, Table III-42; Holborn, *op. cit.*, 639-40.
80. Holborn, *op. cit.*, 732.
81. Laqueur, *op. cit.*, 257.
82. Holborn, *op. cit.*, 687.
83. Karl Dietrich Bracher, *The German Dictatorship: the Origins, Structure and Effects of National Socialism* (tr. Londres 1970), 6.
84. Chrisopher Isherwood, *The Berlin Stories* (New York 1945 ed.), 86.
85. Fest, *op. cit.*, 517.
86. Francis Carsten, *Reichswehr und Politik 1918-1933* (Cologne 1964), 377.
87. Fest, *op. cit.*, 545.
88. *Ibid.*, 507.

89. *Ibid.*, 546.

90. Thomas Mann, *Considérations d'un apolitique*, 1957. Grasset.

91. Cité dans E.K. Bramstedt, *Dictatorship and Political Police* (Oxford 1945), 98.

92. Voir Arnold Brecht, *Prelude to Silence: the End of the German Republic* (New York 1944).

93. Cité par Fest, *op. cit.*, 618.

94. Roger Manvell et Heinrich Fraenkel, *Goering* (New York 1962) 296.

95. Manvel et Fraenkel, *Heinrich Himmler, le crime absolu*, 1965. Stock.

96. *Ibid.*, 34.

97. *Neueste Nachrichten* (Munich), 21 mars 1933.

98. Cité dans Manvell et Fraenkel, *Heinrich Himmler, le crime absolu*.

99. *Ibid.*, 41.

100. *Ibid.*, 38-9.

101. Grunfeld, *op. cit.*, 126-9.

102. Peterson, *op. cit.*, 14; Hans Buchheim, *SS und Polizei im NS Staat* (Duisberg 1964).

103. Hans Frank, *Im Angesicht des Galgens* (Munich 1953).

104. *Hitler's Secret Conversations* (New York 1953), 420.

105. Peterson, *op. cit.*, 70-1.

106. *Hitler's Secret Conversations*, 306; Peterson, *op. cit.*, 72.

107. Peterson, *op. cit.*, 133-42.

108. Frank, *op. cit.*, 167; Lutz Graf Schwerin von Krosigk, *Es geschah in Deutschland* (Tübingen 1951).

109. Paul Seabury, *The Wilhelmstrasse: a Study of German Diplomacy under the Nazi Regime* (Berkeley 1954).

110. Herbert Jacob, *German Administration Since Bismarck* (New Haven 1963), 113; Peterson, *op. cit.*, 37.

111. Helmut Heiber, *Adolf Hitler* (Berlin 1960), 92 ff.; Alan Bullock, *Hitler ou les mécanismes de la tyrannie*. Traduit de l'anglais, 1980. Marabout. Joseph Nyomarkay, *Charisma and Factionalism in the Nazi Party* (Minneapolis 1967).

112. Fest, *op. cit.*, 807.

113. Otto Dietrich, *Zwölf Jahre mit Hitler* (Munich 1955), 153.

114. Thomas Hobbes, *Léviathan*. Traduit de l'anglais, 1971. Sirey.

115. Peterson, *op. cit.*, 75-6.

116. David Schoenbaum, *La Révolution brune*. Traduit de l'américain, 1979. Laffont.

117. Heinrich Uhlig, *Die Warenhäuser im Dritten Reich* (Cologne 1956).

118. Friedrich Facius, *Wirtschaft und Staat (Schriften des Bundesarchiv)* (Coblence 1959) 147.

119. Raul Hilberg, *The Destruction of the European Jews* (Chicago 1961), 98.

120. Ceci est le point de vue de E.K. Bramsted, *Goebbels and National Socialist Propaganda* (Lansing 1965); Helmut Heiber, *Josef Goebbels* (Berlin 1962) émet la thèse selon laquelle Goebbels n'était pas antisémite.

121. Bullock, *op. cit.*, 121.

122. Arthur Schweitzer, *Big Business in the Third Reich* (Londres 1964), 643, note 25.

123. Hermann Rauschning, *La Révolution du nihilisme*. Traduit de l'allemand, 1980, Gallimard.

124. Cité par Holborn, *op. cit.*, 753.

125. Joseph Borking, *L'I.-G. Farben, ou la puissance, les crimes et la chute d'une entreprise multinationale et nationaliste*. Traduit de l'américain, 1979. Alta.

126. Pour la conférence de Todt's ability voir Alan Milward, *The German Economy at War* (Londres 1965).

127. Speer, *op. cit.*, 4 ff

128. David Schoenbaum, *La Révolution brune*. Traduit de l'américain, 1979. Laffont.

129. Fest, *op. cit.*, 559.

130. David Carlton, *Anthony Eden* (Londres 1981), 46.

131. Hans Gisevius, *Adolf Hitler* (Munich 1963), 173.

132. Holborn, *op. cit.*, 745-7; Manvell et Fraenkel, *Heinrich Himmler, le crime absolu*.

133. Fest, *op. cit.*, 705.

134. Nicholaevsky, *op. cit.*, 28-30.

135. En ce qui concerne l'influence des purges de Roehm sur la politique de Staline, voir George Kennan, *Russia and the West Under Lenin and Stalin* (New York 1960), 285.

136. Conquest, *op. cit.*, 44.

137. Medvedev, *op. cit.*, 157 ff.; Hingley *op. cit.*, 236 ff.; Conquest, *op. cit.*, 47 ff.

138. Orlov, *op. cit.*, 17-18, 129.

139. Orlov, *op. cit.*, 350.

140. Rigby, *The Stalin Dictatorship*, 39-40.

141. W.G. Krivitsky, *J'étais un agent de Staline*, 1979. Champ Libre.

142. *Ibid.*, 228.

143. Paul Blackstock, *The Secret Road to World War Two: Soviet versus Western Intelligence 1921-1939* (Chicago 1969); Hingley, *op. cit.*, 292 ff.

144. John Erickson, *The Soviet High Command, a Military and Political History, 1918-1941* (Londres 1962), 374; Conquest, *op. cit.*, 224; Hingley, *op. cit.*, 258-9.

145. Schapiro, *Communist Party*, 440.

146. Medvedev, *op. cit.*, 294-6.

147. *Ibid.*, 219-23.

148. Fitzroy Maclean, *Eastern Approaches* (Londres 1966 ed.) 119-20.

149. Pour plus de détails sur l'usage de la torture, voir Medvedev, *op. cit.*, 259-70, 286.

150. Simon Wolin et Robert M. Slusser, *The Soviet Secret Police* (New York 1957), 194; Antoni Ekart, *Vanished Without Trace* (Londres 1954), 244.

151. Medvedev, *op. cit.*, 239; Conquest, *op. cit.*, 525-35; voir aussi les statistiques de Iosif Dyadkin, qui donnent les mêmes chiffres. *Wall Street Journal*, 23 juillet 1980.

152. Laqueur, *op. cit.*, 266-7.

153. En ce qui concerne les intellectuels de droite, voir Richard Griffiths, *Fellow-Travellers of the Right: British Enthusiasts for Nazi Germany 1933-1938* (Londres 1980), et Alastair Hamilton, *L'illusion fasciste, les intellectuels et le fascisme 1919-1945*. Traduit de l'anglais, 1973. Gallimard. Voir aussi Malcolm Muggeridge, *The Thirties* (Londres 1940), 281-2.

154. Pour l'antisémitisme de Staline, voir Medvedev, *op. cit.*, 493 ff.; il fournit une liste de lieux prohibés par le régime à la page 524; pour Gorki, voir Hingley, *op. cit.*, 241-2.

155. *The Letters of Lincoln Steffens*, ed. E. Winter and G. Hicks, 2 vol. (New York 1938), II 1001.

156. Shaw, *The Rationalization of Russia* (Bloomington, Ind., 1964 ed.), 112.

157. Cité par Jean Lacouture, *André Malraux* (New York 1975), 230.

158. Cité par Sidney Hook dans *Encounter*, mars 1978.

159. Cohen, *op. cit.*, 376.

160. Muggeridge, *Chronicles of Wasted Time*, 254-5.

161. Walter Duranty, *The Kremlin and the People* (New York 1941), 65.

162. Cité dans Hollander, *op. cit.*, 164.

163. Trilling, dans *The Last Decade*, "Art, Will and Necessity".

164. *Ibid.*, "A Novel of the Thirties".

IX. L'IMMINENCE DE L'AGRESSION

1. Manchester, *op. cit.*, 7.

2. James Margach, *The Abuse of Power* (Londres 1978).

3. Barnett, *op. cit.*, 291; Mary Agnes Hamilton, *Arthur Henderson* (Londres 1938).

4. Beasley, *op. cit.*, 245.

5. *Documents on British Foreign Policy*, 2, IX N° 43; voir Ian Nish, *Japanese Foreign Policy, 1869-1942* (Londres 1977), 260 ff.

6. Barnett, *op. cit.*, 300.

7. Middlemass et Barnes, *op. cit.*, 729.

8. James Neidpath, *The Singapore Naval Base and the Defence of Britain's Eastern Empire 1919-1941* (Oxford 1981).

9. James, *op. cit.*, 167.

10. Harold S. Quigley et John E. Turner, *The New Japan: Government and Politics* (Minneapolis 1956), 38-9.

11. Cité par Hugh Byas, *op. cit.*, 265-6.

12. *Ibid.*, 97.

13. Mosley, *op. cit.*, 154-5.

14. Tolland, *op. cit.*, 13.

15. Byas, *op. cit.*, 119 ff.; Tolland, *op. cit.*, 13-33; Beasley, *op. cit.*, 250; James, *op. cit.*, 170 ff.

16. Tolland, *op. cit.*, 21.

17. *Ibid.*, 33, note; pour Sorge, voir William Deakin and G.R. Storry, *Le cas Sorge*, traduit de l'anglais, 1967. Laffont.

18. Anthony Garavente, "The Long March", *China Quarterly*, 22 (1965), 84-124.

19. Edgar Snow, *Red Star over China* (Londres 1938); Chen Chang-Feng, *On the Long March with Chairman Mao* (Pékin 1959); *The Long March: Eyewitness Accounts* (Pékin 1963).

20. Edgar Snow, *Random Notes on Red China* (Harvard 1957), 1-11; J.M. Betram, *Crisis in China: the Only Story of the Sian Mutiny* (Londres 1937).

21. Agnes Smedley, *Battle Hymn of China* (Londres 1944), 96-143.

22. Tolland, *op. cit.*, 44-7; voir aussi James B. Crowley dans le *Journal of Asian Studies*, mai 1963, et C.P. Fitzgerald, *The Birth of Communist China* (Baltimore 1964).

23. Nish, *op. cit.*, 232; Katsu Young, "The Nomohan Incident: Imperial Japan and the Soviet Union", *Monumenta Nipponica*, 22 (1967), 82-102.

24. Tolland, *op. cit.*, 44, note.

25. *Ibid.*, 47.

26. Mosley, *op. cit.*, 177-81; Tolland, *op. cit.*, 50.

27. Cité par Nish, *op. cit.*, 260.

28. Hugh Byas dans *New York Times*, 31 juillet 1938.

29. Hans Frank, *Im Angesicht des Galgens* (Munich 1953), 92; Joseph Goebbels, *Der Faschismus und seine praktischen Ergebnisse (1935).*

30. Nolte, *op. cit.*, 230.

31. Mussolini, *Opera Omnia*, XXVI 233.

32. Barnett, *op. cit.*, 344-8.

33. *Ibid.*, 379-80; Carlton, *op. cit.*, 68.

34. Carlton, *op. cit.*, 84-6.

35. Barnett, *op. cit.*, 381.

36. *Ciano's Diplomatic Papers* (Londres 1948), 56.

37. Pour les théories racistes du fascisme italien, voir Antonio Spinosa, "Le persecuzioni razziali in Italia", *Il Ponte* VIII (1952), 964-78, 1078-96, 1604-22, IX (1953), 950 ff.

38. *Salvador de Madariaga, Spain: a Modern History* (Londres 1961), 455.

39. Cité dans Paul Preston, *The Coming of the Spanish Civil War* (Londres 1978), 15.

40. Largo Caballero, *Mis Recuerdos* (Mexico 1954), 37.

41. Mariano Perez Galan, *La Ensenanza en la II Republica espanola* (Madrid 1975), 332-3.

42. Voir les articles de Luis Araquistain, *El Sol* (Madrid), 18, 21, 24 juillet 1931.

43. Preston, *op. cit.*, 107.

44. Stanley Payne, *The Spanish Revolution* (New York 1970), 108.

45. Un témoin oculaire de 1933 a cité Ramón Sender, *Viaje a la aldea del crimen* (Madrid 1934), 33-42.

46. J. Arrarás Irribaren (ed.), *Historia de la Cruzada Espanola*, 8 vol. (Madrid 1940-4), II 263; J.A. Ansaldo, *Para Qui ? De Alfonso XIII a Juan III* (Buenos Aires 1951), 51.

47. George Dimitrov, *The Working Classes Against Fascism* (Londres 1935), 47.

48. Hugh Thomas, *La Guerre d'Espagne*. 1985 (Bouquins), éd. Laffont. George Hills, *Franco: the Man and his Nation* (Londres 1967), 210.

49. J.W.D. Trythall, *Franco: a Biography* (Londres 1970), 80.

50. R.A.H. Robinson, *The Origins of Franco's Spain* (Newton Abbot 1970), 12.

51. Thomas, *op. cit.*, 5.

52. Preston, *op. cit.*, 162-3, 172.

53. Trythall, *op. cit.*, 81; Preston, *op. cit.*, 176.

54. Burnett Bolloten, *The Grand Camouflage* (Londres 2e éd. 1968), 115-16; Juan-Simeon Vidarte, *Todos fuimos culpables* (Mexico 1973), 56-7.

55. Robinson, *op. cit.*, 259-60; Preston, *op. cit.*, 185.

56. Vidarte, *op. cit.*, 100, 115-27; Idalecio Prieto, *Convulciones de Espana*, 3 vol. (Mexico 1967-9), III 143-4.

57. Constancia de la Mora, *In Place of Splendour* (Londres 1940), 214-15; Claud Bowers, *My Mission to Spain* (Londres 1954), 200-8; Henry Buckley, *Life and Death of the Spanish Republic* (Londres 1940), 129; Stanley Payne, *Falange: a History of Spanish Fascism* (Stanford 1961), 98-105; Ian Gibson, *La mort de Federico Garcia Lorca et la réprèssion nationaliste à Grenade en 1936*. Traduit en 1974. Ruedo Iberico.

58. Thomas, *op. cit.*, 5; les tableaux de Robles étaient exacts.

59. Vidarte, *op. cit.*, 213-17.

60. J. Gutiérrez-Ravé, *Gil Robles : caudillo frustrado* (Madrid 1967), 198-9.

61. Thomas, *op. cit.*, 52-4.

62. *Ibid.*, 269, note 1.

63. Antonio Montero, *La Persecución reli giosa en Espagna 1936-1939* (Madrid 1961), 762.

64. Thomas, *op. cit.*, 270-2.

65. Arthur Koestler, *Hiéroglyphes*. Traduit de l'américain, 1955. Calmann-Lévy. Ignacio Escobar, *Asi empezo* (Madrid 1974).

66. Thomas, *op. cit.*, 270, note 2.

67. Juan de Iturralde, *El Catolicismo : la cruzada de Franco*, 2 vol. (Bayonne 1955), II 88-9.

68. Ignacio de Azpiazu, *Siete meses y siete dias en la Espana de Franco* (Caracas 1964), 115.

69. Georges Bernanos, *Les Grands Cime-*

tières sous la lune (Paris 1938), 72-3 ; Koestler, *Hiéroglyphes*.

70. Thomas, *op. cit.*, 265, citant les autorités dans les notes. Ian Gibson, *La mort de Lorca*. Traduit en 1974. Ruedo Iberico.

71. Trythall, *op. cit.*, 94..

72. S.G. Payne, *Politics and the Military in Modern Spain* (Stanford 1967), 371-2.

73. Thomas, *op. cit.* L'édition de 1977 donne des détails sur les interventions extérieures dans Appendix 7, 974-85 ; voir aussi Jesús Salas, *Intervención extrajero en la guerra de Espana* (Madrid 1974).

74. D.C. Watt, "Soviet Aid to the Republic", *Slavonic and East European Review*, juin 1960 ; Thomas, *op. cit.*, 981-2.

75. Thomas, *op. cit.*, 982, note 2 ; Neal Wood, *Communism and British Intellectuals* (Londres 1959), 56.

76. Cité par Trythall, *op. cit.*, 65 ; Luis de Galinsoga, *Centinela del Occidente : Semblanza biográfica de Francisco Franco* (Barcelone 1956), 134-9.

77. Rudolf Timmermans, *General Franco* (Olten 1937), 135 ; Francisco Franco, *Diario de una Bandera* (Madrid 1922), 46, 179 ; Trythall, *op. cit.*, 58.

78. Alekandro Vicuna, *Franco* (Santiago du Chili 1956) 222-3 ; Ignacio Gonazalez, *La Guerra nacional espagnola ante la moral y el derecho* (Salamanque 1937) ; Jay Allen, *Chicago Tribune*, 29 juillet 1936 ; *Cruzada Espanola*, II 84.

79. Thomas, *op. cit.*, Appendix 5, 971.

80. *Ibid.*, 974-7 ; Salas, *op. cit.*, 510.

81. Carlos Baker, *Hemingway*, traduit de l'anglais, 1971. Laffont.

82. Thomas, *op. cit.*, 533.

83. Jesús Hernández Tomas, *La grande Trahison* (Paris 1953), 66 ; Thomas, *op. cit.*, 650-1.

84. Thomas, *op. cit.*, 664, note 1 ; Manuel Azana, *Obras Completas*, 4 vol. (Mexico 1966-8), IV 867 ; Caballero, *op. cit.*, 204 ; Incalecio Prieto, *Convulciones de Espagna*, 3 vol. (Mexico City 1967-9) III 220.

85. George Orwell, *La Catalogne libre 1936-1937*. Traduit de l'anglais, 1976. Gallimard. Thomas, *op. cit.*, 651 ff.

86. Hernández, *op. cit.*, 124-6.

87. Thomas, *op. cit.*, 705-6 ; Bernard Crick, *George Orwell: a Life* (Londres 1980), 224-6.

88. Krivitsky a réussi à publier son livre *J'étais un agent de Staline* en premier ; Hingley, *op. cit.*, 268 ff.

89. Thomas, *op. cit.*, 702-3 et note.

90. Orlov, *op. cit.*

91. Thomas, *op. cit.*, 624-7, Append. 8, 986-91 ; Vincente Talon, *Arde Guernica* (Madrid 1970) ; Herber Southworth, *La Destruction de Guernica* (Paris 1975) ; Adolf Galland, *The First and the Last* (Londres 1957).

92. Allen Guttmann, *The Wound in the Heart: America and the Spanish Civil War* (New York 1962).

93. Koestler, *Hiéroglyphes*.

94. *New English Weekly*, 29 juillet, 2 septembre 1937 ; pour cet épisode connu voir Kingley Martin, *Editor, 1931-1945* (Londres 1968), 218 ; George Orwell, *Collected Essays*, etc., 4 vol. (Penguin 1970), I 333 ff. ; Crick, *op. cit.*, 227 ff.

95. Sean Day-Lewis, *C. Day-Lewis: an English Literary Life* (Londres 1980), 94, 102.

96. Cyril Connoly, "Some Memories" in *Stephen Spender (ed.), W. H. Auden: a tribute* (Londres 1975), 70.

97. Hugh Thomas, "The Lyrical Illusion of Spain 1936" in Mestine de Courcel (ed.), *Malraux : Life and Work* (Londres 1976), 42-3.

98. Carlos Baker, *op. cit.*

99. Martin, *op. cit.*, 219-20.

100. Stephen Spender, *World within World* (Londres 1951), 242-3.

101. *Ibid.*, 223.

102. Orwell, "Notes on the Spanish Militias", *Collected Essays*, I 350-64.

103. Jose Diaz de Villegas, *La Guerra de liberacion* (Barcelone 1957), 384.

104. Thomas, *op. cit.*, 926-7.

105. Texte de loi dans le *Boletín Oficial del Estado*, 13 février 1939 ; Trythall, *op. cit.*, 141.

106. *Ciano's Diplomatic Papers*, 293-4.

107. Cité par Max Gallo, *Histoire de l'Espagne franquiste 1936-1975*, 1969, Laffont. Le tableau donnant le chiffre de 193 000 est fourni par Charles Foltz, *The Masquerade in Spain* (Boston 1948), 97 ; voir Thomas, *op. cit.*, 924-5.

108. Trythall, *op. cit.*, 142 ff.

X. LA FIN DE LA VIEILLE EUROPE

1. H.A. Jacobsen, *Der Zweite Weltkrieg : Grundzüge der Politik un Strategie in Dokumenten* (Francfort 1965), 180-1 ; cité dans Andreas Hillgruber, *Germany and the Two World Wars* (tr. Harvard 1981), 56-7.

2. Notes prises par le Lt-Général Liebmann, cité dans Hillgruber, *op. cit.*, 57.

3. Rudolph Binion, *Hitler among the Germans* (New York 1976), 61-3, 78-82.

4. *Hitlers Zweites Buch : Ein Dokument aus dem Jahre 1928* (Stuttgart 1961); tr. sous le titre *Hitler's Secret Book* (New York 1962).

5. Cité dans Fest, *op. cit.*, 793.

6. *Hitlers Zweites Buch*, 130.

7. Hillgruber, *op. cit.*, 50.

8. Fest, *op. cit.*, 796-7.

9. Herbert Agar, "Culture v. Colonialism in America", *Southern Review*, (1er juillet 1935), 1-19.

10. George Kennan, *Memoirs, 1925-1950* (Boston 1967), 53.

11. C.A. MacDonald, *The United States, Britain and Appeasement 1936-1939* (Londres 1981).

12. Kennan, *Memoirs 1925-1950, 84.*

13. *Ibid.*, 86. Daniel Yergin, *La Paix saccagée : les origines de la guerre froide et la division de l'Europe*, 1980. Balland.

14. Fest, *op. cit.*, 869.

15. Gilbert, *Churchill*, v 459-62.

16. Cité dans Montgomery Hyde, *Carson* (Londres 1953), 387.

17. Roland Hunt et John Harrison, *The District Officer in India 1930-1947* (Londres 1980).

18. B.R. Tomlinson, "Foreign private investment in India 1920-50", *Modern Asian Studies*, XII 4 (1978).

19. Gilbert, *op. cit.*, 399 ff. 480-1.

20. Andrew Boyle, *Un climat de trahison.* Traduit de l'anglais, 1980, Lattès; avec les corrections dans le compte rendu de Noël Annon. *The Times Literary Supplement*, 7 décembre 1979, 83-4.

21. Stuart Macintyre, *A Proletarian Science: Marxism in Britain 1917-1933* (Cambridge 1980).

22. Middlemas et Barnes, *op. cit.*, 745.

23. Cité dans John Gross, *The Rise and Fall of the Man of Letters* (Londres 1969), 283.

24. Gisela Lebzelter, *Political Anti-Semitism in England 1918-1939* (New York 1978).

25. I.R.M. Butler, *Lord Lothian* (Londres 1960), 206.

26. Viscount Templewood, *Nine Troubled Years* (Londres 1954), 133.

27. *Daily Telegraph*, 28 janvier 1935.

28. Martin Gilbert, *The Roots of Appeasement* (Londres 1966), 354-5 ; Barnett, *op. cit.*, 389 ff.

29. Nicolson, *Diaries*, 23 mars 1936.

30. Gilbert, *Churchill*, v 456.

31. V.K. Krishna Menon (ed.), *Yoy Oxford and War* (Londres 1934).

32. Barnett, *op. cit.*, 423-4.

33. Christopher Thorne, "Viscount Cecil, the Government and the Eastern Crisis of 1931", *Cambridge Historical Journal*, XIV (1971), 805-26.

34. Voir Donald S. Birn, *The League Nations Union 1918-1945* (Oxford 1981).

35. Lettre au *Manchester Guardian*, 26 février 1932.

36. Michael Pugh, "Pacifism and Politics in Britain 1931-1935", *Cambridge Historical Journal*, XXIII (1980), 641-56.

37. Pour une explication (non une justification) de la concession, Paul Haggie, *Britannia at Bay* (Oxford 1981).

38. Anthony Eden, discours, 30 janvier 1941.

39. Paul Schmidt, *Hitler's Interprete* (tr. Londres 1951), 320.

40. Barnett, *op. cit.*, 409-10.

41. Cette conférence est décrite dans Friedrich Hossbach, *Zwischen Wehrmacht und Hitler 1934-1938* (Hanovre 1949); Fest, *op. cit.*, 80.

42. Fest, *op. cit.*, 809-10.

43. Voir Stefan Zweig, *The World of Yesterday* (New York 1943)

44. Jones, *La Vie et l'œuvre de Freud*. 636 ff.

45. Barnett, *op. cit.*, 474-5.

46. Robert J. O'Neill, *The German Army and the Nazi Party 1933-1939* (Londres 1966), 152-9.

47. Peter Hoffman, *Widerstand, Staatsstreich, Attentat : Der Kamp der Opposition gegen Hitler* (Munich 1969), 83; Fest, *op. cit.*, 829 ff., and 1174-5 notes 20-3 fo sources.

48. O'Neill, *op. cit.*, 163-5.
49. Fest, *op. cit.*, 832-3.
50. "Letter to Runciman", 15 septembre 1938; *Opera Omnia*, XIX 143.
51. Holborn, *op. cit.*, 780 ff.
52. Gilbert, *Churchill*, V 999 ff.
53. André Beauffre, *1940: the Fall of France* (tr. Londres 1967), 84; Barnett, *op. cit.*, 526-7.
54. Holborn, *op. cit.*, 777.
55. William Shirer, *Le Troisième Reich*, 1967, Stock.
56. Fest, *op. cit.*, 892; Kennan, *Memoirs 1925-1950*, 108.
57. Voir Franklin Reid Gannon, *The British Press and Germany 1936-1939* (Oxford 1971); Martin, *Editor*, 254-7.
58. Barnett, *op. cit.*, 560.
59. *The Times*, 1er avril 1939; Gilbert, *Churchill*, V 1052-3.
60. Hillgruber, *op. cit.*, 61-2.
61. *Ibia* , 66.
62. Barnett, *op. cit.*, 569.
63. Fest, *op. cit.*, 917; Hillgruber, *op. cit.*, 63.
64. Fest, *op. cit.*, 869.
65. Hubertus Lupke, "Japans Russlandpolitik von 1939 bis 1941", *Schriften des Instituts für Asienkunde in Hamburg*, X (Frankfort 1962), 7-24.
66. Fest, *op. cit.*, 884-5; pour les sources, voir : 1177-8, note 27.
67. Hans Gunther Seraphim (ed.), *Das politische Tagebuch Alfred Rosenbergs* (Gottingen 1956), 82; Gustav Hilder et Alfred G. Mever, *The Incompatible Allies: a Memoir-History of the German-Soviet Relationship 1918-1941* (New York 1953), 315.
68. Fest, *op. cit.*, 879-80.
69. Albert Tarulis, *Soviet Policy towards the Baltic States 1919-1940* (Notre-Dame 1959), 154-5.
70. Michael Freund, *Weltgeschichte der Gegenwart in Dokumenten* (Freiburg 1954-6), III 166 ff.
71. F. La Ruche, *La Neutralité de la Suède* (Paris 1953).
72. Henri Michel, *La Seconde Guerre mondiale*, 1979, PUF, pour les questions de détails.
73. A. Rossi, *Deux Ans d'alliance germano-soviétique* (Paris 1949), 88-90; *Hitler's Table-Talk* (tr. Londres 1953), 8.
74. Carl Burckardt, *Meine Danzinger Mission 1937-1979* (Munich 1960), 348; Hillgruber, *op. cit.*, 69.
75. Fest, *op. cit.*, 908; sources, 1179, note 7.
76. *Ibid.*, 906, 921-2.
77. J.-B. Duraselle, *La Décadence 1932-1939* (Paris 1979).
78. Dominique Leca, *La Rupture de 1940* (Paris 1979).
79. François Bedarida (ed.), *La Stratégie secrète de la Drôle de Guerre* (Paris 1979); voir aussi *Français et Britanniques dans la Drôle de Guerre : Actes du Colloque Franco-Britannique de décembre 1975* (Paris 1978).
80. Fest, *op. cit.*, 940, 1181 note 10; Helmut Heiber (ed.), *Hitlers Lagebesprechungen* (Stuttgart 1962), 30.
81. Marcel Bloch : *L'étrange défaite*. Sauret.
82. Voir Dr Pierre Renchnick dans *Médecine et Hygiène* (Genève septembre 1981).
83. Bloch, *op. cit.*, 28.
84. Henri Michel, *Le Procès de Riom* (Paris 1979).
85. Richard Griffith, *Marshal Pétain* (Londres 1970); Judith Hughes, *The Maginot Line: the Politics of French Military Preparation in the 1920s* (Harvard 1971).
86. Cité dans Raymond Tournoux, *Pétain et la France* (Paris 1980).
87. Cité dans Robert Aron, *Histoire de Vichy*. Sauret.
88. Alan Milward, *The New Order and the French Economy* (Oxford 1970), 272-88.
89. Trythall, *op. cit.*, 161-3; *Documenti Diplomatici Italiani*, 9e série (Rome 1954), IV N° 260.
90. Schmidt, *op. cit.*, 191-4; *Ciano's Diplomatic Papers*, 412.
91. Franz Halder, *Kriegstagebuch : Tägliche Aufzeichnungen des Chefs des Generalstabes des Heeres 1939-1942* (Stuttgart 1962) I 308.
92. Karl Klee, *Das Unternehmen "Seelöwe"* (Gottingen 1958), 189-90.
93. Halder, *op. cit.*, I 375.
94. Cité dans Hillgruber, *op. cit.*, 354n.
95. Daniel Benjamin et Levis Kochin "Voluntary Unemployment in Interwar Britain", *The Banker*, février 1979.
96. A.J. Younger, *Britain's Economic Growth 1920-1966* (Londres 1967), 112.
97. R.S. Savers in *Economic Journal*, juin 1950.
98. Younger, *op. cit.*, 107 ff.; H.W. Richardson, *Economic Recovery in Britain 1932-1939* (Londres 1967).
99. Barnett, *op. cit.*, 482-3.

100. Voir M.M. Postan, D. Hay et J.D. Scott, *The Design and Development of Weapons* (Londres 1964).

101. Pour la popularité de Churchill durant l'été 1940, voir Brian Gardner, *Churchill in his Time: a Study in a Reputation 1939-1945* (Londres 1968), 65-96.

102. Carlton, *op. cit.*, 163.

103. Robert Rhodes James (ed.), *Chips: the Diaries of Sir Henry Channon* (Penguin 1967), 19 juillet 1940, 320.

104. *Cecil's aide-mémoire* est publié dans Hugh Cudlipp, *Publish and Be Damned* (Londres 1953), 144.

105. Winston Churchill, *The Second World War: Their Finest Hour* (Londres 1949), 567.

106. Voir, par exemple, Taylor, *op. cit.*, 629 ff. et note C 648-9.

107. Cité dans Gardner, *op. cit.*, 69.

108. H. Duncan Hall, *North American Supply* (Londres 1955), 247 ff.

109. Taylor, *op. cit.*, 623-4, 647.

XI. L'ANNÉE CHARNIÈRE

1. Erickson, *op. cit.*, 587.

2. G. Joukov, *Mémoires*, Fayard; Kennan, *Memoirs 1925-1950*, 324; Rigby, *Stalin*, 57; Staline, *Œuvres*, P.C.F.; Ivan Maiski in *Novy Mir*, Moscou 1964, 12, 162-3.

3. Seaton, *op. cit.*, 95; Hingley, *op. cit.*, 309; Rigby, *op. cit.*, 55.

4. J.K. Zawodny, *Katyn, massacre dans la forêt*, Stock. Hilder et Meyer, *op. cit.*, 330; Hingley, *op. cit.*, 301 ff.

5. Margarete Buber-Neuman, *Als Gefangene bei Stalin und Hitler: eine Welt im Dünkel* (Stuttgart 1958), 179.

6. Conquest, *op. cit.*, 449.

7. Seaton, *op. cit.*, 91.

8. *Akten zur deutscher auswartige Politik, 1918-1945* (Bonn 1966-), Series D, XI, N° 329, 472.

9. Fest, *op. cit.*, 957-8; Bullock, *op. cit.*, 639.

10. Fest, *op. cit.*, 952-5; *Le Testament politique de Hitler*, 93 ff.

11. Halder, *op. cit.*, II 6.

12. Fest, *op. cit.*, 1104.

13. Heinz Hohne, *Canaris* (tr. Londres 1980).

14. Hillgruber, *op. cit.*, 80-1; Fest, *op. cit.*, 955.

15. Pour le « Plan Marcks », voir Alfred Philippi, *Das Pripjetproblem: Ein Studie über die operative Bedeuting des Pripjets-Gebietes den Feldzug des Jahres 1941* (Francfort 1956), 69 ff.

16. Fest, *op. cit.*, 962, 1091.

17. Matthew Cooper, *La machine de guerre hitlérienne*. Traduit de l'anglais, 1976 Elsevier.

18. Postan, *op. cit.*

19. Erickson, *op. cit.*, 584.

20. Alexander Werth, *La Russie en guerre*, Stock. Seaton, *op. cit.*, 271.

21. Hillgruber, *op. cit.*, 90.

22. Fest, *op. cit.*, 972.

23. *Ibid.*, 978.

24. *Ibid.*, 996.

25. *Ibid.*, 962.

26. Halder, *op. cit.*, II 335-8.

27. Hans-Adolf Jacobsen, "The *Kommissarbefhl* and Mass Executions of Soviet Russian Prisoners of War" in Hans Buchheim *et al.*, *Anatomy of the SS State* (tr. New York 1968).

28. Hillgruber, *op. cit.*, 86-7.

29. *Hilter's Table-Talk*, 426; Fest, *op. cit.*, 1017, 1021 ff.

30. Adolf Hitler, *Monologe im Führerhauptquartier 1941-1944* (Hambourg 1980) 54, 90, 331.

31. Fest, *op. cit.*, 1025.

32. Nuremberg Document NODW 1692; imprimé avec d'autres documents justificatifs dans Jacobsen, *op. cit.*; Fest, *op. cit.*, 968-9.

33. Boris Pasternak, *Le docteur Jivago*.

34. Seaton, *op. cit.*, 91.

35. J. Staline, *War Speeches and Orders of the Day* (Londres 1945), 26.

36. Deutscher, *Staline*.

37. Gustay Herling, *A World Apart* (Londres 1951), 59.

38. Conquest, *op. cit.*, 486-90.

39. Albert Seaton, *The Russo-German War 1941-1945* (Londres 1971), 90.

40. Hingley, *op. cit.*, 318.

41. Robert Conquest, *The Nation-Killers: the Soviet Deportation of Nationalities* (Lon-

dres 1970), 65, 102; Hingley, *op. cit.*, 348.

42. Deaton, *Stalin as Waslord*, 131-3.

43. *Ibid.*, 126.

44. *Ibid.*, 265-6.

45. Kennan, *Memoirs 1925-1950*, 133-4.

46. R.J.M. Butler, *Grand Strategy* (Londres 1957), II 543-4.

47. Carlton, *op. cit.*, 184-5. Les *Carnets* d'Harvey, non expurgés, sont à Londres à la British Library, Add. MS 56398.

48. A.J.P. Taylor, *Beaverbrook* (Londres 1972), 487.

49. Churchill, *War Memoirs*, X 210.

50. Voir F.H. Hinsley et coll., *British Intelligence in the Second World War* (Londres 1981), II.

51. Haggie, *op. cit.*; Neidpath, *op. cit.*.

52. Nish, *op. cit.*, 232.

53. *Ibid.*, 242.

54. *Ibid.*, 246; B. Martin, *Deutschland und Japan in 2 Weltkrieg* (Gottingen 1969), chapitre 1.

55. Kennan, *Memoirs 1925-1950*, 135.

56. Tolland, *op. cit.*, 244.

57. *Ibid.*, 95.

58. Nobutaka Ike, *Japan's Decision for War: records of the 1941 policy conferences* (Stanford 1967), 133 ff.; Mosley, *op. cit.*, 215.

59. Mosley, *op. cit.*, 207, note.

60. Tolland, *op. cit.*, 94, 148; Mosley, *op. cit.*, 200, note.

61. Barbara Teters, "Matsuoka Yusuke: the diplomacy of bluff and gesture" in R.B. Burns and E.M. Bennett (ed.), *Diplomats in Crisis: United States, Chinese, Japanese Relations 1919-1941* (Oxford 1974).

62. Tolland, *op. cit.*, 75, note, 77.

63. Robert Craigie, *Behind the Japanese Mask* (Londres 1945).

64. Nish, *op. cit.*, 235.

65. Tolland, *op. cit.*, 179 et note.

66. R.J.C. Butow, *Tojo and the Coming of War* (Princeton 1961), 172.

67. Ike, *op. cit.*, 151 note 36; Mosley, *op. cit.*, 216-20.

68. Mosley, *op. cit.*, 200.

69. Tolland, *op. cit.*, 112.

70. Ike, *op. cit.*, 188.

71. Tolland, *op. cit.*, 133.

72. *Ibid.*, 47, 68, note.

73. *Ibid.*, 82.

74. Ike, *op. cit.*, 201.

75. *Ibid.*, 189-92.

76. Mosley, *op. cit.*, 205, note.

77. Tolland, *op. cit.*, 150, note.

78. *Ibid.*, 225, 235 ff.

79. Ike, *op. cit.*, 233.

80. Tolland, *op. cit.*, 273-5.

81. Martin, *Deutschland und Japan*, chapitre 1.

82. Voir Masatake Okumiya, *Midway: the Battle that Doomed Japan* (Annapolis 1955).

83. Tolland, *op. cit.*, 339.

84. Hans-Adolf Jacobsen, *1939-1945 : Der Zweite Weltkrieg in Chronik, und Dokumenten* (Darmstadt 1961) 290.

85. Hillgruber, *op. cit.*, 96.

XII. SUPERPUISSANCE ET GÉNOCIDE

1. George Bruce, *Second Front Now the Road to D-Day* (Londres 1979); Ian Colvin, *Flight* 777 (Londres 1957) pour Leslie Howard.

2. Tolland, *op. cit.*, 75-6 et note.

3. *Ibid.*, 441-4; Burke Davis, *Get Yamamoto* (New York 1969).

4. Barbara Tuchman, *The Zimmerman Telegram* (New York 1958).

5. David Kahn, "Codebreaking in World Wars I and II : the Major Successes and Failures, their Causes and their Effects", *Cambridge Historical Journal*, septembre 1980.

6. Richard Woytak, *On the Border of War and Peace : Polish Intelligence and Diplomacy in 1939 and the Origins of the Ultra Secret* (Boulder 1979).

7. Cela fut révélé pour la première fois par F.W. Winterbotham, *Ultra*, trad. de l'américain, 1976, Laffont. Écrit de mémoire.

8. Ralph Bennett, "Ultra and Some Command Decisions", *Journal of Contemporary History*, 16 (198) 131-51.

9. Vice-Admiral B.B. Schofield, "The Defeat ot the U-boats During World War Two", *Ibid.*, 119-29; P. Beesley, *Very Special Intelligence* (Londres 1977), 152-85; voir également Jürgen Rohwer et Eberhard Jackel (ed.), *Die Funkaufklärung und ihre Rolle in 2 Weltkrieg* (1979), rapport de la Confé-

rence internationale tenue entre le 15 et le 18 novembre 1978 sur les causes de la défaite des sous-marins.

10. John Masterman, *The Double-Cross System in the War 1939-1945* (Yale 1972).

11. Edward Van Der Rhoer, *Deadly Magic : a personal account of communications intelligence in World War Two in the Pacific* (New York 1978); W.J. Holmes, *Double-Edged Secrets : US Naval Intelligence Operations in the Pacific during World War Two* (Annapolis 1979).

12. Harold Deutsch, "The Historical Impact of Revealing the Ultra Secret", US Army War College : *Parameters*, VII 3 (1978).

13. Tolland, *op. cit.*, 444-6.

14. Milward, *German Economy at War*.

15. Andreas Hillgruber, *Hitlers Strategie : Politik und Kriegführung 1940 bis 1941* (Francfort 1965), 38 note; Fest, *op. cit.*, 1179-80, note 11.

16. Cité dans Seaton, *Stalin as Warlord*, 263.

17. Fest, *op. cit.*, 980.

18. *Ibid.*, 974.

19. Tolland, *op. cit.*, 327.

20. Susman (ed.), *op. cit.*

21. Charles Murphy, "The Earth Movers Organize for War", *Fortune*, août-octobre 1943.

22. Gilbert Burck "GE Does IT", *Fortune*, mars 1942.

23. Tolland, *op. cit.*, 426.

24. Ike, *op. cit.*, XXVI; Bruce, *op. cit.*, pour l'épisode de Churchill.

25. Voir Geoffrey Best, *Humanity in Warfare* (Londres 1981); et l'article de Hans Blix in *British Yearbook of International Law* (Londres 1978).

26. Charles Webster et Noble Frankland, *The Strategic Air Offensive Against Germany*, 4 vol., (Londres 1961), I 323.

27. *Ibid.*, III 287; Taylor, *English History* 1914-45, 693.

28. Taylor, *English History*, 1914-46, 692, note 4.

29. David Irving, *La destruction de Dresde*, 1964, Laffont; Martin Middlebrook, *The Battle of Hamburg* (Londres 1980).

30. Irving, *op. cit.*, 51-2, 99-100.

31. *Ibid.*, 154-8, 175, 142-3.

32. Hugo Young, Brian Silcock et Peter Dunn, *Journey to Tranquillity : the History of Man Assault on the Moon* (Londres 1969), 29-32.

33. David Irving, *The Mare's Nest* (Londres 1964), 229, 306-14.

34. Neils Bohr et J.A. Wheeler, *Physics Review*, 56 (1939), 426.

35. Margaret Gowing, *Britain and Atomic Energy*, 1939-1945 (Londres 1964), 54.

36. Freeman Dyson, *Disturbing the Universe* (New York 1979).

37. Gowing, *op. cit.*, 45-51.

38. *Ibid.*, 76-8.

39. Richard Hewlett et Oscar Anderson, *The New World 1939-1946* (Washington DC 1972).

40. Stephane Groueff, *Manhattan Project* (Boston 1967), 62; Leslie Groves, *Now It Can Be Told : the Story of the Manhattan Project* (New York 1962), 107.

41. Peter Pringle et James Spigelma *The Nuclear Barons* (Londres 1982), 26 ff.

42. David Holloway, "Entering the Nuclear Arms Race : the Soviet Decision to Build the Atomic Bomb 1939-45", *Working Paper N. 9*, Woodrow Wilson Center (Washington DC 1979).

43. Strobe Talbot (éd.), *Khrushchev Remembers : the Last Testament* (Londres 1974), 60.

44. Deborah Shapley, "Nuclear Weapons History : Japan's Wartime Bomb-projects Revealed" *Science*, 13 janvier 1978.

45. Rauschning, *op. cit.*

46. Nolte, *op. cit.*, 234.

47. Mussolini, *Opera Omnia*, XXXI 223.

48. *Ibid.*, XXXII 1-5, 190.

49. Fest, *op. cit.*, 1031.

50. Michael Balfour, "The Origins of the Formula 'Unconditional Surrender' in World War Two", *Armed Forces and Society* (Université de Chicago, Hiver 1979).

51. Hans Speidel, *Invasion 1944* (Tübingen 1961), 155.

52. Cité dans Schmidt, *op. cit.*

53. *Hitler's Table-Talk*, 657, 661, 666, 684 : Fest, *op. cit.*, 1057, 1063.

54. Fest, *op. cit.*, 1057-9.

55. Voir Hugh Trevor-Roper, "Thomas Carlyle's Historical Philosophy" *The Times Literary Supplement*, 26 juin 1981, 731-4.

56. Cité dans Hugh Trevor-Roper, *Les derniers jours d'Hitler*, 1978, Beauval.

57. Albert Zollar, *Hitler privat* (Dusseldorf 1949), 150.

58. Fest, *op. cit.*, 1069 ff., 1077, 1104-12.

59. A. Mitscherlich et F. Mielke, *The Death Doctors* (Londres 1962), 236 ff.; Man-

vell et Fraenkel, *Himmler*, 87 ff. ; Holborn, *op. cit.*, 811.

60. Manvell et Fraenkel, *Himmler*, 117.

61. Fest, *op. cit.*, 1011.

62. Manvell et Fraenkel, *Himmler*, 118-19.

63. *Ibid.*, 120-2.

64. Borkin, *op. cit.*, 122-3.

65. Pour une sélection, voir Raul Hilberg (ed.), *Documents of Destruction : Germany and Jewry 1933-1945* (New York 1971), et son *Destruction of the European Jews* (New York 1961).

66. Martin Gilbert, *Final Journey : the Fate of the Jews in Nazi Europe* (Londres 1979), 69-70.

67. Cité dans Gerald Reitlinger, *The Final Solution* (Londres 1953).

68. Gilbert, *Final Journey*, 77-8.

69. Speer, *op. cit.*, 302-4.

70. *Ibid.*, 368 note 23.

71. Voir Benjamin B. Ferencz, *Less than Slaves : Jewish Forced Labor and the Quest for Compensation* (Harvard 1981).

72. *Trial of the Major War Criminals before the International Military Tribunal*, ed. L.D. Egbert, 42 vol., (Nuremberg 1947-9), I 245.

73. Borkin, *op. cit.*, 111-27.

74. Gilbert, *Final Journey*, 78.

75. Manvell et Fraenkel, *Himmler*, 91.

76. *Ibid.*, 104-11. Voir aussi Mitscherlich et Mielke, *op. cit.*

77. Manvell et Fraenkel, *Himmler*, Appendix B, 252-3.

78. *Ibid.*, 136-7, 196-7.

79. Gilbert, *Final Journey*, 70 ; Luba Krugman Gurdus, *The Death Train* (New York 1979).

80. Pour une discussion de cet aspect, voir Rainer C. Baum, *The Holocaust and the German Elite : Genocide and National Suicide in Germany 1871-1945* (Londres 1982).

81. Gerald Reitlinger, *The SS : Alibi of a Nation, 1922-1945* (Londres 1956), 377.

82. Maurice Raisfus, *Les Juifs dans la Collaboration* : L'UGIF 1941-1944 (Paris 1981).

83. Michael R. Marrus et Robert O. Paxton, *Vichy et les juifs*. Traduit de l'anglais, 1981. Calmann-Lévy.

84. Martin Gilbert, *Auschwitz and the Allies* (Londres 1981), 267-70.

85. Cité dans *Ibid.*

86. John Wheeler-Bennett et Anthony Nicholls, *The Semblance of Peace : the Political Settlement after the Second World War* (New York 1972), 146-8, 166 ; Alexander Werth, *La Russie en guerre*, 2 vol., 1965, Stock.

87. Aaron Goldman, "Germans and Nazis : the controversy over 'Vansittartism' in Britain during the Second World War", *Journal of Contemporary History*, 14 (1979), 155-91.

88. Manvell et Fraenkel, *Himmler*, 157, 169-70, 266 note 20.

89. Borkin, *op. cit.*, 135-56.

90. Tableaux de Ferencz, *Less than Slaves.*

91. Tolland, *op. cit.*, 499 note.

92. James, *op. cit.*, 322.

93. Tolland, *op. cit.*, 477-8.

94. James, *op. cit.*, 246-7, 321, 396.

95. *Ibid.*, 299 ; Tolland, *op. cit.*, 468.

96. Tolland, *op. cit.*, 469-71.

97. James, *op. cit.*, 246-7.

98. *Ibid.*, 293.

99. Lansing Lamont, *La fantastique aventure de la bombe*, 1968. Gallimard.

100. En ce qui concerne la décision du bombardement, voir Martin Sherwin, *A World Destroyed : the Atomic Bomb and the Grand Alliance* (New York 1975), chapitre 8.

101. Tolland, *op. cit.*, 756.

102. D'après les calculs du professeur Shogo Nagaoka, premier président du Mémorial de la Paix à Hiroshima, Tolland *op. cit.*, 790 note.

103. James, *op. cit.*, 328 ; Shapley, *op. cit.*

104. Tolland, *op. cit.*, 813 note.

105. Texte dans R.J.C. Butow, *Japan's Decision to Surrender* (Stanford 1954) 248.

106. Beaseley, *op. cit.*, 277-8.

107. Voir le Tribunal Militaire International pour l'Extrême-Orient, *Proceedings*, 3 mai 1946 au 16 avril 1946, *Judgement*, novembre 1948, Tokyo.

108. James, *op. cit.*, 259-60.

109. Philip R. Piccigallo, *The Japanese on Trial : Allied War Crimes Operations in the East 1945-1951* (Austin 1979), 27.

110. *Ibid.*, 23, pour les controverses.

111. Cité dans Mosley, *op. cit.*

112. Samuel Eliot Morrison, *History of the US Naval Operations in World War Two : VII Aleutians, Gilberts and Marshalls* (Washington DC 1951).

113. Tolland, *op. cit.*, 677 note.

114. Sherwin, *op. cit.*, 302.

115. Poole, *op. cit.*, 130.

116. James, *op. cit.*, 335-40.

117. Nicholas Bethell, *Le dernier secret, 1945 : comment la Grande Bretagne et les*

Etats-Unis livrèrent à Staline plus de deux millions de Russes. Traduit de l'anglais, 1975. Le Seuil.

118. *Ibid.*, 8-13; Carlton, *op. cit.*, 239-42.

119. *Ibid.*; Bethell, *op. cit.*, 57-60.

120. Joseph Hecomovic, *Tito's Death-Marches and Extermination Camps* (New York 1962) 23.

121. Bethell, *op. cit.*

Remerciements

Parmi les nombreuses institutions et personnalités auxquelles je suis redevable de cet ouvrage, je tiens à remercier tout particulièrement l'Institut américain de recherches et d'archives politiques à Washington (American Entreprise Institute for Public Policy Research), qui a eu l'obligeance de bien vouloir m'accueillir en tant que président et auditeur libre ; le Dr Norman Stone, qui a bien voulu relire le manuscrit et corriger bien des erreurs ; mes conseillers d'édition Linda Osband à Weidenfeld et Sally Mapstone ; ainsi que mon fils aîné Daniel Johnson, qui a également participé à l'élaboration de ce travail.

Cet ouvrage a été composé par Charente-photogravure
et imprimé par la S.E.P.C. à Saint-Amand-Montrond/Cher)
pour le compte des Éditions Laffont

Achevé d'imprimer le 1er août 1985

N° d'édition : L. 388. N° d'impression : 1370.
Dépôt légal : septembre 1985.